新时代 中国行政法 前沿问题研究

杨建顺 ◎主编

刘 艺 许 兵 张步峰 ◎副主编

XINSHIDAI
ZHONGGUO XINGZHENGFA
QIANYAN WENTI YANJIU

中国法制出版社
CHINA LEGAL PUBLISHING HOUSE

作者简介

杨建顺

中国人民大学法学院教授、博士生导师、比较行政法研究所所长,《法学家》副主编,日本国一桥大学法学博士,中国法学会行政法学研究会副会长,中国法学会法学期刊研究会副会长,北京市法学会行政法学研究会副会长。

刘连泰

厦门大学法学院教授、博士生导师,法学博士,中国人民大学比较行政法研究所研究员。

刘 艺

中国政法大学教授、博士生导师,法学博士,中国政法大学检察公益诉讼研究基地执行主任,中国人民大学比较行政法研究所研究员。

高秦伟

中山大学法学院教授、博士生导师,法学博士,中国人民大学比较行政法研究所研究员。

张 禹

中国人民大学法学博士,中国人民大学比较行政法研究所研究员。

许 兵

中国人民大学法学博士,司法部全面依法治国研究中心研究员,中国人民大学比较行政法研究所研究员。

张艳丽

天津师范大学教授、硕士生导师，法学博士，中国人民大学比较行政法研究所研究员。

张步峰

中央民族大学法学院教授、硕士生导师，法学博士，中国人民大学比较行政法研究所研究员。

王丹红

西北政法大学行政法学院副教授、硕士生导师，法学博士，中国人民大学比较行政法研究所研究员。

赵银翠

山西大学法学院副教授、硕士生导师，法学博士，中国人民大学比较行政法研究所研究员。

刘亚凡

中国人民大学法学博士，中国人民大学比较行政法研究所研究员。

栾志红

北京交通大学法学院副教授、硕士生导师，法学博士，中国人民大学比较行政法研究所研究员。

白贵秀

北京市应用法学研究中心主任、法学研究员，中国人民大学法学博士，中国人民大学比较行政法研究所研究员。

何　倩

北京城市学院公共管理学部副教授、硕士生导师，法学博士，中国人民大学比较行政法研究所研究员。

张宏娟

甘肃省高级人民法院行政庭副庭长、三级高级法官，兰州市西固区委常委、区政府副区长（挂职）。

龙　非

已任律师事务所高级顾问，法学博士，中国人民大学比较行政法研究所研究员。

邹艳晖

山东师范大学法学院副教授、硕士生导师，法学博士，中国人民大学比较行政法研究所研究员。

欧元军

安徽省法治宣传和研究中心副主任、教授，法学博士，中国人民大学比较行政法研究所研究员。

史全增

中国人民公安大学法学院副教授，博士生导师，法学博士，中国人民大学比较行政法研究所研究员。

栾平平

北京盈科（天津）律师事务所律师，法学博士，中国人民大学比较行政法研究所研究员。

黄　硕

广东省社会科学院法学研究所副研究员，法学博士，广东君信律师事务所律师，中国人民大学比较行政法研究所研究员。

王叶臣

中国人民大学法学博士。

潘　迪

国家邮政局发展研究中心副研究员，中国人民大学法学博士，中国人民大学比较行政法研究所研究员。

田　林

北京和民咨询有限公司创始人、北京瀛和律师事务所平台法律合规和公共政策中心主任，中国人民大学法学博士，中国人民大学比较行政法研究所研究员。

魏新科

中国人民大学法学博士，中国人民大学比较行政法研究所研究员。

张　滨

中国人民大学法学博士，中国人民大学比较行政法研究所研究员。

汤　莹

淮南师范学院法学院讲师，法学博士，中国人民大学比较行政法研究所研究员。

封蔚然

中国人民公安大学交通管理学院讲师，中国人民大学法学博士、中国人民大学比较行政法研究所研究员。

莫勋哲

中国人民大学法学博士，中国人民大学比较行政法研究所研究员。

陈　洁

中国人民大学法学院博士研究生，中国人民大学比较行政法研究所助理研究员。

叶益均

中国人民大学法学院博士研究生，中国人民大学比较行政法研究所助理研究员。

张天翔

中国人民大学法学院博士研究生，中国人民大学比较行政法研究所助理研究员。

王　蒙

法学硕士，甘肃省高级人民法院行政庭法官助理。

周　润

天津师范大学博士研究生，天津师范大学公共安全与治理现代化研究中心助理研究员。

序 言
PREFACE

贯彻党的二十大精神，
为推进中国行政法治发展贡献力量

一

2023 年是全面贯彻党的二十大精神的开局之年，是三年新冠疫情防控转段后经济恢复发展的一年，是共建"一带一路"倡议提出 10 周年，也是中国自贸试验区建设 10 周年，还是中国改革开放 45 周年。在党中央的正确领导下，在诸多先贤与同仁的努力下，中国行政法学取得了长足发展，成为社会主义法治的重要组成部分，书写了对法治中国孜孜以求的壮丽画卷。

党的十八大以来，以习近平同志为核心的党中央尤其重视法治建设，为新时代中国特色行政法治建设指明了方向，明确了任务。党的十八届四中全会审议通过的《中共中央关于全面推进依法治国若干重大问题的决定》，提出了全面推进依法治国的总目标：建设中国特色社会主义法治体系，建设社会主义法治国家。提出"坚持依法治国、依法执政、依法行政共同推进，坚持法治国家、法治政府、法治社会一体建设"，"深入推进依法行政，加快建设法治政府"，"建立权责统一、权威高效的依法行政体制，加快建设职能科学、权责法定、执法严明、公开公正、廉洁高效、守法诚信的法治政府"。为实现中华民族伟大复兴，习近平总书记在党的十九大报告中首次提出"新时代中国特色社会主义思想"。为了推动中国特色社会主义法治的自主性与原创性发展，2020 年 11 月 16 日至 17 日召开的中央全面依法治国工作会议，明确了习近平法治思想在全面依法治国工作中的指导地位。党的二十大报告进一步指出，"全面依法治国是国家治理的一场深刻革命"，"必须更好发挥法治固根本、稳预期、利长远的保障作用，在法治轨道上全面建设社会主义现代化国家"。

新时代新气象，国家治理翻开了新篇章，也对行政法学理论研究提出了一系列新的重大课题，理论界有必要进行专门的研究和回应，从而为新时代中国行政法治建设做出应有的贡献。这是当代中国行政法学者义不容辞的历史使命。回望中国行政法治发展道路，实务界与理论界密切合作，形成了宝贵的中国经验，谱写了中国法治发展的辉煌篇章。行政法实务的推进，带动了行政法学理论研究的繁荣；行政法学理论研究不断取得丰硕成果，逐渐形成比较完整、系统的行政法学体系，为行政立法、行政执法和行政司法等实务提供了坚实的理论支持。面对现代国家政治经济和社会发展中的各种问题，中国行政法学界以习近平新时代中国特色社会主义思想为指导，深入贯彻党的二十大精神，坚持以人民为中心的核心价值观，坚持系统治理、依法治理、综合治理、源头治理，注重实质性化解行政争议，推进法规范的系统性和柔性解释，使得政策纲领等事实上的法源成为可能，在传统的依法律行政的原理和原则基础之上，努力探索扎根于中国大地、服务于中国政治经济和社会发展的行政法规范解释论和解释体系，正在迈入中国行政法学自主知识体系和话语体系建设的全新阶段。从改革开放初期追求行政法一般法典的制定，到采取各个击破、稳步推进的立法思路，先后制定施行《行政诉讼法》《行政复议条例》《国家公务员暂行条例》《国家赔偿法》《行政处罚法》《行政复议法》《立法法》《行政许可法》《道路交通安全法》《公务员法》《治安管理处罚法》《行政强制法》等关键领域的法律法规，逐步形成全面推进依法行政、持续推进法治政府建设的重要格局，让行政法成为基本建成的中国特色社会主义法律体系的重要组成部分。伴随着改革开放的推进，中国行政法治研究超越了从前效法苏俄、"拜师"欧美、全面学习借鉴日本法的阶段，到了全面改革和迭代发展的重要阶段。

本书取名《新时代中国行政法前沿问题研究》，汇集了一批来自理论界和实务界的中坚力量，尝试对新时代中国行政法所面临的系列前沿问题进行回应。本书分设七章进行研究和探索，主要从国内外行政法学理论和行政法制度体系两个方面展开，既有对中国行政法前沿问题和热点问题的深邃思考，也有以历史与现实相对接的思维，对多年来的体制转型与发展转型即"双重转型"实践的理论提炼与创新的成果。通过对国内外相关行政法学研究的理论文献进行梳理分析，研究确认经典行政法学的基本理论体系，分析其适用于新时代中国的理论因子，对其有所继承和扬弃，综合借鉴各国的行政法理论，从不同侧面勾勒出新时代中国行政法学基本理论体系的雏形。这是一部直面现实问题进行立论，为应对新时代行政法前沿问题而拨开迷雾的好书。借用一位从事编辑出版工作的朋友之言，本书"没有丝毫的故作高深、生造名词现象"，理论紧密联系实际，致力于切实助推前沿问题的有效解决，为架构和完善科学的行政法学体系提供了重要的素材和观点支持。

二

应对新时代中国行政法前沿问题是一项复杂的系统研究工程。前沿问题的内容丰富，涉及制度、机制、程序和标准等，需要有相关价值探索作为指引，有学科体系作为支撑。本书按照传统的行政法学体系的架构[1]，从行政法总论、行政组织法、行政作用法（行政行为法）、行政程序法、行政救济法和行政法各论这六个方面来展开分析。重点探讨新时代行政作用法体系、新《行政复议法》、检察行政公益诉讼、行政法新技术、部门行政法的最新进展，研究执政党与行政法制度体系的互动机制。在此基础上还添加了行政法治案例评析，为相关问题的理解和把握提供素材和视角。虽然目录中没有设置"行政程序法"专章，但关于正当行政程序的研究已经融入其他各章之中。本书专设了"比较行政法研究"一章，延续了中国人民大学比较行政法研究所自成立以来就坚持的研究特色，对德国、美国、日本等国家以及中国澳门特别行政区的行政法制度进行研究。

（一）行政法治基础理论研究

1. 行政法总论的课题

传统行政法基于立法、行政、司法这几种公权力的相互分工、配合和相互制约的原理建立了行政法理论与制度体系。作为行政法基本原则的合法性原则（依法行政原则）便是这种原理的体现。而现代法治国家对权力的规制，与孟德斯鸠的权力分立论相比，呈现出不同的形态，亦存在不同的实现路径。比如传统行政法以秩序行政法为研究重点，而中国式现代化国家的建设，要求政府不仅要依法行政还要积极行政，转变为服务型政府。而合法性原则对服务行政的规制不应仅是防御性的，还应是指导性与规制性并行的。要实现服务行政的目标，除了立法、行政、司法这几种公权力之间需要分工与合作外，还需要公权力主体与私主体之间通力合作、采取多种手段实现服务目标。这些变化让中国行政法的理论与制度体系之前提性条件发生了重大变化，亟须对中国行政法的理论性基础和制度性前提进行重新审视。行政法基本理论与范畴的变迁修正了行政法只是纯粹技术性法的认识论。换言之，应当对行政法学之父奥特·玛雅[2]提出的"宪法消亡，行政法依然存在"[3]这一命题加以修正，使行政法与宪法相辉映，共同支撑法治国家的建设。

在宪法和行政法价值重合的背景下，法治国家的一般规范便基于个别行为与一般规则的严格区别而发挥了技术性作用。将宪法规范予以技术化，可以增加各种政治制度的协同性，大幅提升国家治理能力。伴随着大数据、AI 技术等的导入，

---

[1]　杨建顺：《行政规制与权利保障》，中国人民大学出版社 2007 年版，第 37—44 页。

[2]　此为杨建顺教授自 1998 年出版《日本行政法通论》一书以来坚持的独特译法。

[3]　杨建顺：《日本行政法通论》，中国法制出版社 1998 年版，第 70 页。

国家治理体系更是迭代升级。但是，如何确保法律规范符合正确价值理念，有效处理存在和当为之间的关系，真正达至良法善治，仍需聚力深入研究。

本书设"行政法治基础理论研究"专章，围绕构建一个国家行政法学框架体系中最根本、最重要的内容部分进行探讨，涉及基本的概念、观点与体系。从理论体系的角度，对当代中国行政法学理论体系的组成与发展进行梳理，明确了新时代中国行政法学研究守正创新、以我为主的追求与目标。结合近年来党中央的有关文件之内容与精神，对具象层面法治政府建设的作用与意义进行了阐述，并对其建设的具体路径进行了探讨。

2. 行政法各论方面的前沿问题

作为行政法各论的"部门行政法研究"，在某种程度上可以说是行政法总论的实验场，对于扎实推进依法行政，建设法治政府乃至建设法治中国，具有极其重要和深远的意义。然而，中国行政法学界的研究长期以来大多集中于行政法总论领域，对部门行政法理论与实践的研究相对较少。本书特设"部门行政法研究"专章，从警察行政、交通行政、邮政行政以及自贸区行政等角度，以小见及大，对部门行政进行了深入探讨和系统论述。一方面，对交通领域失信联合惩戒、公安机关执法中的个人信息披露等近年来出现的新问题进行了回应；另一方面，在邮政行政、自贸区建设以及校车的法律规制领域，进行了专门的研究，有效地填补了既有理论的空白。

（二）比较行政法研究

众所周知，对于某一法领域的研究来说，有必要展开相关外国法的研究。这个道理，即便是在追求中国自主法学知识体系和话语体系的今天，对于中国的法律人来说，也是不证自明的。无论是公法还是私法，无论是宪法、行政法，还是民商法和刑事法，许多学科都曾经历过学习借鉴域外经验的阶段。在这个过程中，每个学科都始终面临着一个重要课题，即法律移植论和法律本土化论的融合问题。尤其是对于宪法学和行政法学来说，不同的国家所研究的对象在相当程度上相异，对于不同社会制度的国家来说这是当然的事情。在这里，无法适用比较法上最常用的"应当导入论"，即便生搬硬套地引进他国制度或者理论，也难免被基于法秩序统一性原理而判定为做无用功。

但是，绝不能以其相异性为理由而轻视甚至排斥异域法律文化交流。越是强调中国元素，聚力于中国自主法学知识体系和话语体系的建构，越能够清楚地知道：面对我们所关注和追求的法治目标，从更好发挥法治固根本、稳预期、利长远、保稳定的重要作用的角度来看，要求理论不断自我更新，才能为现行法及法政策选择提供合理解释和弥补法律漏洞的新的逻辑基础。倘无比较法的视野，倘无比较法背景下的理论体系、制度架构和思想观念为基础，那是难以有任何建树和进益的。党的二十大报告所论述的"守正创新"正是一种以我为主、为我所用的理论研究方法，这表明学界仍要以开放的视野来把握全球行政法学研究的脉搏。

我们面临的是世界百年未有之大变局，涉外法治和涉外法治人才培养得到高度重视和全面支持，这是可以理解的；其他方面的外国法、比较法同样十分重要。比如美国的生成式人工智能的发展不仅引发了外国数据法研究的热潮，也引发了对中国行政法学理论和体系的重大挑战。这些机遇与挑战是全方位的，从行政法的理念、原则到组织、作用、救济都面临着新的阐释和构建。如何打通推进外国法和比较法研究的渠道，建立和扩展平台，提升相关研究交流沟通的质效，亦是新时代的重要课题。本书设"比较行政法研究"专章，对多国征收补偿标准、"行政行为"概念在德国行政诉讼中的功能变迁、中国澳门特别行政区行政程序裁量控制、美国铁路制度体系以及日本民宿的法律规制等进行了针对性的介绍。

（三）行政组织法研究

行政组织法方面面临的课题比较多，尤其是行政主体理论和组织法体系都需要重构。党的机关和行政机关的相互关系，乃至党内法规的属性，都让我国行政法的理论与体系的构成要件发生了重大变化。既有的行政主体理论无法全部涵盖，使得行政组织的定位和职能需要重新确认和建构。

近年来的党和国家机构改革，对于中国行政法学来说，无疑是划时代的重大举措。一系列谋求政治主导行政的改革，虽然存在浓淡和强弱之别，但这些改革成果都是在中共中央作出深化党和国家机构改革的决定、提出深化党和国家机构改革方案的基础上，从中央到地方次第推开的。对这些改革举措及其效果进行总结和思考，应当是宪法学和行政法学的重要课题。近年来在行政组织法上的研究进展，也在很大程度上体现出公法学与行政学的协力色彩。长期以来，中国法学界对行政组织法的研究深度远没有对行政行为法和行政救济法的研究深入，尤其是公物法制这一领域，虽然有个别的体系性教科书进行了系统介绍，但依然处于薄弱状态。随着我国国家机构改革与监察体制改革的进一步深化，既有行政组织法体系面对迅速变化的社会环境显得有些难以招架。本书设置"行政组织法研究"一章进行专门论述，对党内法规、监察建议、行政评价以及行政容错机制等组织法领域的热点进行回应，亦对国有财产的征收使用进行论述，可望在很大程度上填补既有的理论空白。

（四）行政作用法研究

行政作用法，是行政法学研究体系中几乎可以称得上是核心领域的部分，应当予以高度重视和认真对待。中国行政法学界对行政行为论的研究由来已久，但多是个别、孤立的，对现有问题，尤其是新时代以来行政作用领域的主要问题的回应有限。传统行政法并没有将党的机关的公权力作用纳入其规制范围；而在党和国家机构改革之后，党的机关的行政作用越发凸显，比如电影管理、版权管理、宗教事务管理、网络安全管理等领域。因此，也应当将党的行政作用一并纳入作用法体系予以研究，其行政作用的形式与传统行政作用形式有何不同，都是行政作用法的重要课题。随着 2021 年《行政处罚法》的修订，行政执法权向基层组织转移已成事实，对我国基层治理能力提出的挑战也不能回避。行政执法活动与司法活动之间需要协同配合才能提升国家治理能力，因此当检察机关进一步加强职务犯罪侦查活动时，必须推动检察行政公益诉讼和行政监督检察建议等新型行政活动的开展。本书专设"行政作用法研究"一章，选择行刑衔接中行政违法行为检察监督机制、地方性法规的行政处罚设定权、行政机关在公共场所使用监控设备在内的多个角度，对行政作用与其他部门法作用的衔接以及行政自动化等新时代新问题进行回应，以求在既有理论框架下追求行政作用法的理论突破。

（五）行政救济法研究

基于权责一致性原则，决策者不承担责任，担责任者没有决策权，这会导致行政效率、行政的质量、行政的信度都受到严峻的挑战。因此，党的机关如果作出行政性的行为，那就应该纳入行政救济的范围。此外，作为化解行政纠纷的主渠道，行政复议在复议范围、管辖、被申请人确定、责任制度等方面的问题，仍需要进一步研究。作为"说最后一句话"的行政诉讼，在受案范围扩大、程序简化之后，还需对诉的基本概念与源流等基础问题进行探讨，对健康权的可诉性、行政规范性文件一并审查的关联性要件进行研究。作为新时代创新制度的行政违法行为检察监督机制应如何展开与完善，也是重要的课题。本书专设"行政救济法研究"一章，以行政纠纷实质性解决的手段为类型化标准，从行政复议、行政诉讼、行政检察监督三个方面进行了论述。

（六）行政法治案例评析凸显前沿问题

"法律的生命力在于实施，法律的权威也在于实施。"以行政法理论为基础工具，对近年来具有广泛社会影响的案例进行评析，也是行政法治建设的应有之义。本书的最后一章为"行政法治案例评析"，选择了"毒芹菜案""朱某诉甲市公安局行政处罚案"，对其涉及的法律要件与法治问题进行了深入剖析，并结合已有的理论工具，为执法机关在类似执法活动之中有效、合理地适用法律提出了建议。

三

中国行政法治的建设，是近代百年来代代行政法学人孜孜以求的目标与使命。而今，在习近平法治思想的指引下，全面贯彻落实党的二十大精神，扎实推进依法行政，切实推进转变政府职能，中国行政法治踏上了新时代新征途。当然，从对经典行政法学理论进行确认、承继和发展的角度来看，我们依然面临着党和国家机构改革为行政法学研究带来的诸多新课题，需要有良法善治的学术支撑，实现观念更新，以科学推进实践发展。

行政法治最关键的是要遵循政治、经济和社会发展规律，有利于发挥公民、法人或者其他组织的积极性、主动性，维护公共利益和社会秩序，促进经济、社会和生态环境协调发展。经济的发展和繁荣需要行政法治的保障，需要公开透明的法治环境，需要用好行政规制的路径和手段，需要始终不忘权利保障和公益实现这一目的和任务，需要切实发扬理论联系实际的风气，合法合理科学有效地对新时代中国行政法的前沿问题作出回应。本书的每一篇文章都是作者研精毕智的结果，不仅表达了大家对行政法热爱的真情，而且体现出大家对新时代新使命新气象有了更加准确清晰、全面系统的认识和理解，展示了新时代年轻的中国行政法学研究中坚力量的风貌以及其大有可为的广阔发展空间。

天地有心，吾道不孤。我们将沿着这条既定的道路继续前行，陆续推出更多的研究成果，为新时代中国行政法体系的构建和发展完善贡献绵薄之力。当然，本书的尝试只是我们在这条转型之路上进行探索的初步成果，犹显稚嫩，难免存在这样或者那样的缺点和不足，敬请各位读者批评指正！

是为序。

杨建顺、刘艺、许兵、张步峰

2023 年 12 月 21 日

目　录
CONTENTS

第一章　行政法治基础理论研究

构建现代国家背景下的中国行政法学之理论与体系

　　——《行政规制与权利保障》读后暨贺杨建顺教授六十华诞……… 高秦伟　003

法治政府建设是全面依法治国的重点任务和主体工程…………………… 王叶臣　009

第二章　比较行政法研究

征收补偿中的主观价值 ……………………………………………… 刘连泰　021

"行政行为"概念在德国行政诉讼中的功能变迁 …………………… 龙　非　035

论澳门行政执法的程序性裁量统制 ………………………………… 黄　硕　047

美国联邦铁路安全法的变迁 ………………………………………… 栾志红　070

日本民宿的法律规制模式及对我国的启示 ………………………… 田　林　081

第三章　行政组织法研究

论党内法规体系的四个逻辑 ………………………………………… 张　禹　093

监察建议的法解释学展开

　　——概念构成、适用范围与法律效果 ………………………… 张　滨　102

论国有财产的行政征用 ·· 莫勋哲　117

容错政策执行研究：影响因素及理论分析模型

　　——基于对基层管理者的案例研究与问卷调查 ·············· 张艳丽　周　润　134

行政评价研究 ·· 栾平平　148

第四章　行政作用法研究

论行刑衔接中行政违法行为检察监督的建构 ····················· 刘　艺　167

论地方性法规的行政处罚设定权 ··································· 王丹红　192

行政协议中行政主体资格的审查

　　——以房屋征收补偿协议为例 ······························· 陈　洁　209

论行政机关在公共场所利用"电子监控技术"对公民权利的影响

　　——兼论新修《行政处罚法》第41条规定的"法律、行政法规保留"··· 魏新科　231

第五章　行政救济法研究

论行政复议法律责任制度的功能失范及其立法改善 ·············· 史全增　249

健康权可诉性的可能性及其限度 ··································· 邹艳晖　275

诉的利益：概念、起源、性质及功能 ······························ 刘亚凡　288

新《行政复议法》解读

　　——以权利救济为视角 ··· 赵银翠　308

论行政复议中的暂时性权利保护

　　——以行政复议与行政诉讼的衔接为中心 ··················· 汤　莹　321

法院启动行政规范性文件—并审查的关联性要件研究 ············ 叶益均　333

自动化行政的检察监督机制研究 ··································· 张天翔　346

第六章　部门行政法研究

交通安全失信联合惩戒制度的行政法检视及完善 ················· 张步峰　365

中国自由贸易港区法治创新研究 ··································· 许　兵　389

论校车安全协同治理·····················封蔚然 400

论公安机关执法公开中的个人信息披露·····················欧元军 410

邮政管理部门对邮政企业实施行业监管的法理分析·····················潘 迪 431

环境行政处罚裁量基准的目的审查·····················何 倩 437

第七章 行政法治案例评析

行政处罚的正当性分析

　　——以"毒芹菜"案为例·····················白贵秀 449

朱某诉甲市公安局行政处罚案

　　——行政处罚作出时应兼顾行政合理性原则·····················张宏娟 王 蒙 460

第一章

行政法治基础
理论研究

构建现代国家背景下的中国行政法学之理论与体系

——《行政规制与权利保障》读后暨贺杨建顺教授六十华诞 [1]

高秦伟

　　杜甫诗云:"读书破万卷,下笔如有神。"当收到恩师杨建顺教授赠送给我的他厚厚的专著《行政规制与权利保障》之时,[2] 我依稀可以想象出他负笈东洋勤奋求学的身影,我也可以回忆起他执教中国人民大学勤奋教学、做科研与参与国家立法、为社会发展建言献策的情景,我更会记住他对学术的独立与真诚,和他那种身体力行、浓浓的人文精神,还有那种对学生的殷殷期许。

　　收到《行政规制与权利保障》一书的准确时间是 2007 年 8 月 21 日,本文初稿是应本书编辑中国人民大学出版社高媛女士 [3] 之邀而作的一篇书评,收到邀请时,我思之再三,因情难却而应允。不过,当时(甚至时至今日)仍难理解全书的内容及精湛的要义,更难达到清代仇兆鳌在《杜诗详注》中对于"读书破万卷"中"破"字的阐释。其云"破"字有三层意义,一曰:"胸罗万卷,故左右逢源而下笔有神。"二曰:"书破,犹韦编三绝之意。盖熟读则卷易磨也。"三曰:"识破万卷之理。"这三层含义概括起来就是:突破、磨破、识破。《行政规制与权利保障》一书即如此,恩师(以下也称作者)通过广泛的阅读、深入的思考、精心的架构为我们呈现了现代国家背景下的中国行政法学基本理论、学科体系与前沿知识。从书评初稿形成至今亦经十年有之载,适值恩师六十之华诞,我想仍然有必要重读此书并展开反思。[4] 恰如丘吉尔所言:"回望的时间越长,展望得就越远。"[5] 由于内容精深,在此我仅就自己的感悟写出四个方面,恐有误读、误解,

　　[1] 初稿并未公开发表于传统媒体,仅在各主要法学网站上出现。在"明德公法网"上发表时间为 2009 年 4 月 4 日,详见 http://www.calaw.cn/article/default.asp?id=1685。

　　[2] 杨建顺:《行政规制与权利保障》,中国人民大学出版社 2007 年版。该书系属中国人民大学出版社"21 世纪法学研究生参考书系列",由北京市社会科学理论著作出版基金资助出版。全书约 91 万字。

　　[3] 高媛女士毕业于中国人民大学法学院,获宪法学与行政法学专业硕士学位,师从韩大元教授。

　　[4] 杨建顺教授独著、参编以及翻译的书籍众多,但笔者认为《行政规制与权利保障》一书全面体现了他面向中国行政法的思考,此后的《行政强制法 18 讲》《行政法总论》《权力的规则——建顺微思录》等,皆为延续。

　　[5] SW Stark, The Longer You Can Look Back, the Further You Can Look Forward: The Origins of the Scottish Law Commission, (2014)18 Edinburgh Law Review 59(The Longer You Can Look Back).

亦请读者明鉴。

一、现代国家背景下行政法学的核心内容

中国行政法学从晚清时期生成，[6] 到如今繁荣发展，学界一直在探讨行政法学的核心内容究竟是什么。甚至在改革开放初期，学界还掀起了一场所谓的"行政法学理论基础"的大讨论。尽管如今行政法制的迅速发展已经不再需要这样"启蒙式"的宣传与教育，但是一门学科要想独立发展、要想与其他法律学科共同协力解决纷繁复杂的社会问题，就必须予以正面回答。在本书的绪论部分，作者阐释了自己的观点，他指出中国行政法学应该围绕宪法原理展开建构，以切实保障公民的权利。而这一观点正是本书也是现代国家背景下行政法学的核心内容：行政规制与权利保障。因此，作者在序言中写道：本书以现代国家中行政规制与权利保障的探讨为主要内容，以裁量与羁束这对行政法学上的核心概念为线索，从社会秩序、国家权力、公共利益和私人的权利保障等多个领域展开对政府职能的探讨，从法哲学、行政学和行政法学等多个视角来分析权利保障与政府职能，尤其是行政规制之间的辩证关系，阐述政府在法制建构方面的科学定位。[7]

现代国家之所以与以往的社会不同，就在于在现代国家背景之下，多种思想并存：自由放任与政府干预、规制缓和与再规制、政府裁量与法规范拘束等导致权利保障与行政规制这两个方面将永远或平行或交织地存在下去。[8] 鉴于此，作者认为现代国家背景下的行政法学在建构与设计上，"并不一定要削弱政府的权力，但必定要规范政府的权力；不一定要事无巨细地设定实体规范，但必须尽可能详尽地明确组织规范（包括诸多实体规范）和程序规范"。"而私人的权利保障，皆依赖于政府职能，尤其是规制职能的准确定位；政府规制的增加或者减少，对权利保障是否充分，则依赖于相关法制的建立和完善；法制的建立和完善，是实现法治的重要基础，也是实现权利、自由乃至民主等价值的制度支撑。"[9]

二、行政国家与中国行政法的基本原则

现代国家的最大特征就是行政国家。[10] 但值得注意的是，行政介入并不是解决社会诸问题的充分保障，而且其自身也会带来新的问题，甚至会产生与"市场失灵"类似的"政府失灵"现象，因此行政必须受到法原理的拘束方可以发挥正

---

[6]　关于中国近代行政法学的生成可参见何勤华：《中国近代行政法学的诞生与成长》，载《政治与法律》2004 年第 2 期。

[7]　杨建顺：《行政规制与权利保障》，中国人民大学出版社 2007 年版，序言第 2 页。

[8]　杨建顺：《行政规制与权利保障》，中国人民大学出版社 2007 年版，序言第 3 页。

[9]　杨建顺：《行政规制与权利保障》，中国人民大学出版社 2007 年版，序言第 3 页。

[10]　杨建顺：《行政规制与权利保障》，中国人民大学出版社 2007 年版，第一章。

面与积极的功效。[11] 这正是行政法与行政法学产生的原因。作者在第一章中重点论述了"法治行政原理的确立及发展"，应该讲为我们还原了行政法、行政法学的起因。可惜的是在中国其他的行政法学教材或著作中，或因为篇幅的关系或因为认识的问题对此较少涉及，而不知法治行政原理中的依法律行政原理、法律保留原理正是展开行政法学的基础。法的基本原理是指法的基本理论主张，显然要比基本原则更具根本性。原理有时也被泛称为理论体系，但二者仍然是有区别的，理论体系强调体系性与系统性，而行政法的原理特别是行政法的基本原理主要是指行政法理论体系中最为根本的理论。当然，基本原则与基本原理也是有一定联系的。基本原则经过长期的解释适用以及学术界的深入探讨，也有可能转变为基本原理的重要因素。基本原理由于没有直接的规范效力，可能在某种程度上需要借助其他的原则、规范来实现，所以其对基本原则具有极为重要的指导意义。但在中国，多数学者虽从一些外来的资料中了解到了这些原理，却将其演绎成为"中国行政法的基本原则"这一命题。通过对本书的阅读，我们基本能够了解这样演变的历程与中国化的思路。[12]

沿着这样的思路，作者对于中国行政法的基本原则的命题也提出了自己的观点，我认为值得学界认真探讨。中国行政法学初期，学界对行政法是否存在自己特有的基本原则一度持怀疑态度；之后又出现将宪法原则或行政的原则视作行政法基本原则的情形。[13] 再后来行政法学界逐步达成共识：行政法应当有自己独立的原则，并提出行政法的基本原则应当是"贯穿全部行政管理"的原则或者"贯穿行政法律关系"的原则，但如何贯穿却并不明确。此后，行政法学者又提出了行政法基本原则应当具有"普遍性"与"法律性"的主张，这一主张对于正确理解行政法的基本原则具有关键性的意义，因为任何法律原则都必须是"普遍的法律性的原则"。但其不足是未能结合行政法展开考虑。具体而言，20 世纪 80 年代以降，中国行政法学先后出现了若干的"行政法基本原则"的主张，其中最具代表性的当属合法性原则与合理性原则，[14] 但时至今日却呈现出复杂的局面，有人甚至提出了十多个原则。作者则认为中国行政法上的基本原则有合法性原则与合理性原则就足够了，其他的诸多原则更适合作为某个特定领域的原则，或者作为两个基本原则的具体构成要素，如比例原则、信赖保护原则均可以作为合理性

---

[11]　[日]南博方：《日本行政法》，杨建顺、周作彩译，中国人民大学出版社 1988 年版，第 10—11 页。

[12]　事实上，作者的这种观察在他的另一部参编著作中已经体现了，胡锦光、杨建顺、李元起：《行政法专题研究》，中国人民大学出版社 1998 年版，第 32 页以下（杨建顺执笔）。

[13]　张尚鷟主编：《走出低谷的中国行政法学——中国行政法学综述与评价》，中国政法大学出版社 1991 年版，第 98 页。

[14]　罗豪才主编：《行政法学》，中国政法大学出版社 1989 年版，第 34—45 页。

原则的下位原则。合法性原则与合理性原则并存于行政法之中，缺一不可，均是现代法治社会对行政主体制定、实施行政法规范提出的基本要求。行政主体的活动必须既合法又合理，合法与合理两个方面不可有所偏废，任何只合法不合理或只合理不合法的行为均应当予以纠正。合法性原则与合理性原则互为前提、互为补充，共同为完善行政法治发挥功效。两者之间的区别在于合法性原则主要是从成文法上演化而来的原则，而合理性原则主要是执法上的原则，可以讲二者起源是不相同的。合法性原则在行政法上是全方位、整体性适用的原则，而合理性原则主要适用于裁量领域。随着国家立法进程的推进以及人们认识的深入，合理性原则的问题可能会转变到合法性原则的层次之中。

此外，如果要列第三个原则，那么公开原则可以作为行政法基本原则来把握，主要原因在于：[15] 其一，公开原则是行政立法、行政作用等几乎所有的行政法领域均必须坚持的原则，从节约资源以及便利性的角度出发应将其作为行政法基本原则来架构。其二，从理论研究与立法实务来看，无论是合法性原则抑或是合理性原则，其内容要求中均包含了公开的因素，说明公开原则本身存在于合法性原则与合理性原则之中。从这个逻辑上讲似乎不应单列，但公开原则不仅仅是合法性原则与合理性原则的重要组成部分，更为重要的是，公开是公平、公正、平等理念得以实现的保证，是合法性原则与合理性原则得以贯彻遵循的重要保障，也是民主主义与法治主义得以实现的前提性准备。[16]

三、中国行政法学的体系框架

正是基于前述的认识与对基本原理、基本原则的建构，本书在设计行政法学体系时基本上按照行政法总论、行政组织法、行政行为法、行政救济法和行政程序法五大模块来建构。而其中又提出了参与型行政[17]、能动行政[18]、政民协治[19]、行政裁量论[20] 等具有前沿性的术语、概念与制度。作者指出自己围绕上述五大模块，"试图在兼顾体系性的基础上，通过诸多热点、难点和重点问题的探讨，阐述公共利益与个体利益，行政规制与行政给付，民主、自由和法制与权利保障，政府介入与市场自治，裁量与羁束等的辩证关系，论证这样一个主题：对政府职能、行政规制必须客观对待，并且，在立法层次、执法层次和司法审查层次，必须有不同的标准"[21]。而这些正是现代中国行政法制建设与行政法学成长所急需

---

[15] 杨建顺：《行政规制与权利保障》，中国人民大学出版社 2007 年版，第 120—121 页。

[16] 杨建顺：《行政规制与权利保障》，中国人民大学出版社 2007 年版，第 120—121 页。

[17] 杨建顺：《行政规制与权利保障》，中国人民大学出版社 2007 年版，第三章。

[18] 杨建顺：《行政规制与权利保障》，中国人民大学出版社 2007 年版，第十一章。

[19] 杨建顺：《行政规制与权利保障》，中国人民大学出版社 2007 年版，第九章。

[20] 杨建顺：《行政规制与权利保障》，中国人民大学出版社 2007 年版，第十二章。

[21] 杨建顺：《行政规制与权利保障》，中国人民大学出版社 2007 年版，序言第 3 页。

的，作者无疑在用他客观、独立、公正的态度给予我们一个相当明确的答案。

在建构中国行政法学体系框架过程中，作者为行政法学研习者"还原"了许多被误读的概念，如行政行为、行政裁量。在行政行为的概念方面，作者主张采用"最狭义说"，[22]因为只有这样才能揭示行为特有的共同性质及适用的特殊法规，并服务于行政诉讼制度。也只有坚持"最狭义说"，才能与民法学上的法律行为相对接。在行政裁量方面，作者在此前的一篇文章中解释过裁量并非"自由裁量"，[23]以"行政裁量"取代"行政自由裁量"，对于正确把握法治行政原理、合理构建国家权力配置体系，均具有极其重要的意义。在"还原"的同时，作者还提出了许多值得研究的术语、制度，如政府规制[24]、尊重行政的首次性判断权[25]等，不一而足。而同时，作者又将行政程序法这部分独立进行论述，也是一种不同于国内其他教材或著作的做法，期望能够推动中国行政程序法典的制定与践行。

现代意义的行政法是作为"具体化了的宪法"而存在，最早产生于西欧，诞生于法国，成熟于德国；在其他地方（如日本）得以发展，同时加上英美法系行政法的知识，中国行政法的体系框架得到了诸多营养的供给，快速成长。在这个过程中，日本行政法的影响不遑多让，作为美浓部达吉一脉相传的杨建顺教授也在回到中国后为我们展现了这样的情景，但是他也并未全盘照搬，而是批评性地吸收，创造性地提炼出了中国行政法学的体系框架，这体现在杨建顺教授所主编的《行政法总论》教材之中，[26]亦是我们作为学生后辈应当学习的地方。

四、关注行政法学的研究方法

对于法学学科的学生而言，行政法学极为难学。[27]对此，杨建顺教授在结语部分写出了自己从学、从教多年积累的经验，即"行政法学研究方法论"，我想这也值得行政法学研习者关注，其甚至能够成为学好行政法学的"利器"。杨建顺教授一再强调，既然行政法不是仅进行形式上的、逻辑性的法解释学探讨便可以掌握的，不可以忽视行政的概念和实际形态，那么，行政法学研究就必须对行政法的活生生的、丰富的、实际的内容及其存在基础予以必要的重视，并进行相应的探讨。因此，学习行政法时，也该抛弃抽象思维，在学习和掌握行政法学一般理论的前提下，应该尽量多地接触具体案例，结合有关案例的剖析，培养一般

---

[22]　杨建顺：《行政规制与权利保障》，中国人民大学出版社 2007 年版，第 281 页。

[23]　杨建顺：《行政裁量的运作及其监督》，载《法学研究》2004 年第 1 期。

[24]　杨建顺：《规制行政与行政责任》，载《中国法学》1996 年第 2 期。

[25]　杨建顺：《行政规制与权利保障》，中国人民大学出版社 2007 年版，第 675 页。

[26]　杨建顺主编：《行政法总论》，北京大学出版社大学 2016 年版。

[27]　Sidney A. Shapiro，The Top Ten Reasons That Law Students Dislike Administrative Law and What Can（or Should）Be Done About Them？ 38 Brandeis L.J. 351（1999-2000）.

理论的应用能力。[28] 当然，作者也一再强调以上只是自己经验的总结，并不一定适合所有人。因此，我想强调的是读者可以结合自己的情况去理解，但其中的相互尊重与学会接力赛、学术真诚、戒除急功近利、正视行政法学与其他相关学科的关系却是学习行政法学的人、研究行政法学的人，甚至是我们所有人都应该考虑与实践的事情。

本书是作者杨建顺教授长期坚持教学、科研的结果，是他"十年磨一剑"的精品，是他常怀报国之心、心系中国行政法制建设与行政法学理论建设的精品，[29] 更是他对自己的信仰长期坚持的结晶。也许对生活在现代中国社会之下的人们而言，"坚持""认真"最是难得，但是杨建顺教授做到了，他写出了精品，他的坚持与认真如同本书一样值得我们学习。我国台湾地区的朱瓯先生写的一段趣事或许可以印证杨建顺教授的认真、坚持与勤奋：朱瓯先生有早起打太极拳的习惯，在中国人民大学攻读博士学位时，某日清晨七时左右，见杨建顺教授自法学院办公楼出来，骑单车顺着校园的道路而行，便问："杨老师，怎么这么早就出门？"杨教授的回答依然令人惊讶不已："一晚写文章没睡，现在才要回家。"[30]

所以我建议读者在阅读此书、收获行政法学基本理论与前沿知识的时候，静心感受书中浓郁的人文气息，因为宁静方可致远。[31] 行文至此，20 年前求学恩师的情景仍然历历在目，他的言语虽不多，但刻苦的身影总催人奋进；他的高情逸态，其实更是一种与世间相处的姿态。

---

[28] ［日］南博方：《日本行政法》，杨建顺、周作彩译，中国人民大学出版社 1988 年版，第 2 页；［日］南博方：《行政法》，杨建顺译，中国人民大学出版社 2009 年版，初版序第 2 页。

[29] 杨建顺：《日本行政法通论》，中国法制出版社 1998 年版，皮纯协序。

[30] 朱瓯：《两岸行政程序法制之比较研究》，中国人民大学出版社 2008 年版，自序第 9 页。

[31] 杨建顺：《行政规制与权利保障》，中国人民大学出版社 2007 年版，后记第 845 页。

法治政府建设是全面依法治国的
重点任务和主体工程

王叶臣

党的十八大以来，在习近平新时代中国特色社会主义思想特别是习近平法治思想指引下，我国法治政府建设取得了伟大成就。法治政府建设是全面依法治国的重点任务和主体工程，要以习近平法治思想为根本遵循，总结经验成就，明确重点任务，从行政组织法、行政作用法、行政救济法等不同领域，加快法治政府建设，扎实推进依法行政，切实提高我国法治政府建设实效。

一、习近平法治思想为法治政府建设提供了行动指南

党的十八大以来，以习近平同志为核心的党中央从坚持和发展中国特色社会主义的全局和战略高度定位法治、布局法治、厉行法治，创造性提出了关于全面依法治国的一系列新理念新思想新战略，形成了习近平法治思想。[1] 习近平法治思想内涵丰富、论述深刻、逻辑严密、系统完备，是马克思主义法治理论中国化最新成果，是中国特色社会主义法治理论的重大创新发展，是习近平新时代中国特色社会主义思想的重要组成部分，是新时代全面依法治国的根本遵循和行动指南。[2] 其中法治政府建设是习近平法治思想的重要篇章，深刻回答了建设一个什么样的法治政府、怎样建设法治政府的重大问题，为法治政府建设提供了行动指南。建设法治政府、推进依法行政，要全面准确学习领会习近平法治思想，牢牢把握法治政府建设的政治方向、重要地位、目标任务、重要环节、重大关系、人才保障、关键所在，切实把这一重要思想贯彻落实到法治政府建设全过程。

---

[1] 习近平法治思想集中体现为"十一个坚持"，即坚持党对全面依法治国的领导；坚持以人民为中心；坚持中国特色社会主义法治道路；坚持依宪治国、依宪执政；坚持在法治轨道上推进国家治理体系和治理能力现代化；坚持建设中国特色社会主义法治体系；坚持依法治国、依法执政、依法行政共同推进，法治国家、法治政府、法治社会一体建设；坚持全面推进科学立法、严格执法、公正司法、全民守法；坚持统筹推进国内法治和涉外法治；坚持建设德才兼备的高素质法治工作队伍；坚持抓住领导干部这个"关键少数"。中共中央宣传部、中央全面依法治国委员会办公室编：《习近平法治思想学习纲要》，人民出版社、学习出版社2021年版，第7—8页。

[2] 《中共中央宣传部、中央全面依法治国委员会办公室关于认真组织学习〈习近平法治思想学习纲要〉的通知》，载中共中央宣传部、中央全面依法治国委员会办公室编：《习近平法治思想学习纲要》，人民出版社、学习出版社2021年版。

（一）法治政府建设的政治方向

法治政府能不能建设好，最关键的是方向是不是正确、政治保证是不是坚强有力。习近平总书记指出，党的领导是中国特色社会主义法治之魂，是我们的法治同西方资本主义国家的法治最大的区别。坚持党的领导，不是一句空的口号，必须具体体现在党领导立法、保证执法、支持司法、带头守法上。必须坚定不移走中国特色社会主义法治道路，具体讲就是要坚持党的领导，坚持中国特色社会主义制度，贯彻中国特色社会主义法治理论。[3]

（二）法治政府建设的重要地位

习近平总书记强调，全面依法治国是一个系统工程。要坚持系统观念，准确把握全面依法治国工作布局，坚持依法治国、依法执政、依法行政共同推进，法治国家、法治政府、法治社会一体建设。依法治国、依法执政、依法行政是一个有机整体，关键在于党要坚持依法执政、各级政府要坚持依法行政。法治国家、法治政府、法治社会三者各有侧重、相辅相成，法治国家是法治建设的目标，法治政府是建设法治国家的主体，法治社会是构筑法治国家的基础。[4]在党的二十大报告中进一步提出，法治政府建设是全面依法治国的重点任务和主体工程，对法治国家、法治社会建设具有示范带动作用。

（三）法治政府建设的目标任务

法治政府建设还有一些难啃的硬骨头，依法行政观念不牢固、行政决策合法性审查走形式等问题还没有根本解决。各级政府必须坚持在党的领导下、在法治轨道上开展工作，创新执法体制，完善执法程序，推进综合执法，严格执法责任，建立权责统一、权威高效的依法行政体制，加快建设职能科学、权责法定、执法严明、公开公正、智能高效、廉洁诚信、人民满意的法治政府。要用法治给行政权力定规矩、划界限，用法治来规范政府和市场的边界，健全依法决策机制，加强对政府内部权力的制约，全面推进政务公开，研究建立健全行政纠纷解决体系。[5]

（四）法治政府建设的重要环节

全面推进依法治国，必须坚持严格执法。推进严格执法，重点是解决执法不规范、不严格、不透明、不文明以及不作为、乱作为等突出问题，切实做到严格规范公正文明执法。要深化行政执法体制改革，推进执法规范化建设；全面落实

［3］ 中共中央宣传部、中央全面依法治国委员会办公室编：《习近平法治思想学习纲要》，人民出版社、学习出版社 2021 年版，第 13、19、37—40 页。

［4］ 中共中央宣传部、中央全面依法治国委员会办公室编：《习近平法治思想学习纲要》，人民出版社、学习出版社 2021 年版，第 96—97 页。

［5］ 中共中央宣传部、中央全面依法治国委员会办公室编：《习近平法治思想学习纲要》，人民出版社、学习出版社 2021 年版，第 101—103 页。

行政执法责任制；健全行政执法和刑事司法衔接机制。[6]

（五）法治政府建设的重大关系

习近平总书记精辟论述了党与法、法治与改革、法律与政策等法治政府建设中的重大关系，指出"党大还是法大"是一个政治陷阱，是一个伪命题，但"权大还是法大"则是一个真命题。[7] 改革与法治如鸟之两翼、车之两轮。要在法治下推进改革，在改革中完善法治。[8] 我们党的政策和国家法律都是人民根本意志的反映，在本质上是一致的。党的政策是国家法律的先导和指引，是立法的依据和执法、司法的重要指导。[9]

（六）法治政府建设的人才保障

建设法治国家、法治政府、法治社会，实现科学立法、严格执法、公正司法、全民守法，都离不开一支高素质的法治工作队伍。执法是把纸面上的法律变为现实生活中活的法律的关键环节，执法人员必须忠于法律、捍卫法律，严格执法、敢于担当。[10]

（七）法治政府建设的关键所在

领导干部是全面依法治国的重要组织者、推动者、实践者。习近平总书记强调，各级领导干部在推进依法治国方面肩负着重要责任，全面依法治国必须抓住领导干部这个"关键少数"。领导干部要做尊法学法守法用法的模范，提高运用法治思维和法治方式的能力，党政主要负责人要履行推进法治建设第一责任人职责。[11]

二、新时代十年法治政府建设取得了伟大成就

新时代十年来，党中央全面加强对法治政府建设的集中统一领导，加强顶层设计，健全行政决策体制，推进"放管服"改革，深化行政执法体制改革，加大政务公开力度，我国法治政府建设取得历史性成就、发生历史性变革。

---

[6] 中共中央宣传部、中央全面依法治国委员会办公室编：《习近平法治思想学习纲要》，人民出版社、学习出版社 2021 年版，第 108—110 页。

[7] 中共中央宣传部、中央全面依法治国委员会办公室编：《习近平法治思想学习纲要》，人民出版社、学习出版社 2021 年版，第 15—16 页。

[8] 中共中央宣传部、中央全面依法治国委员会办公室编：《习近平法治思想学习纲要》，人民出版社、学习出版社 2021 年版，第 65—67 页。

[9] 习近平：《在中央政法工作会议上的讲话》，载中共中央文献研究室编：《习近平关于全面依法治国论述摘编》，中央文献出版社 2015 年版，第 20 页。

[10] 中共中央宣传部、中央全面依法治国委员会办公室编：《习近平法治思想学习纲要》，人民出版社、学习出版社 2021 年版，第 127—129 页。

[11] 中共中央宣传部、中央全面依法治国委员会办公室编：《习近平法治思想学习纲要》，人民出版社、学习出版社 2021 年版，第 139—150 页。

（一）党对法治政府建设的集中统一领导全面加强

党的十八大以来，以习近平同志为核心的党中央将全面依法治国纳入"四个全面"战略布局，作出一系列重大决策部署，开辟了全面依法治国的新境界。党的十八届四中全会首次以中央全会形式专门研究全面依法治国，颁布《中共中央关于全面推进依法治国若干重大问题的决定》，党对法治政府建设的领导全面加强。党对法治政府建设的组织领导是全面推进依法治国的组织保障，党的组织领导的主要任务是履行好选人用人功能，加强法治领导干部的监督和管理工作。[12]在党领导法治政府建设的组织制度上，中共中央办公厅、国务院办公厅印发《党政主要负责人履行推进法治建设第一责任人职责规定》和《法治政府建设与责任落实督察工作规定》，要求各级党委履行法治建设领导职责，党政主要负责人承担第一责任人职责，党对法治政府建设的领导全面制度化、规范化、法治化。党的十九大召开后，党中央组建中央全面依法治国委员会，加强党对全面依法治国的集中统一领导，统筹推进包括法治政府建设在内的全面依法治国工作。中央全面依法治国委员会办公室印发了《关于开展法治政府建设示范创建活动的意见》，并确立了市县法治政府建设示范指标体系，充分发挥法治政府建设先进典型的示范引领作用和法治评估的检查督促作用，有力推动了党中央决策部署的贯彻落实。在党的坚强领导下，我国新时代法治政府建设推进机制基本形成，进程明显加快，取得了历史性成就，发生了根本性变革。[13]

（二）法治政府建设的顶层设计更加清晰

注重完善顶层设计，编制法治中国建设规划、法治政府建设实施纲要、法治社会建设实施纲要，统筹推进法律规范、法治实施、法治监督、法治保障和党内法规体系建设，全面依法治国总体格局基本形成。2015 年 12 月，中共中央、国务院印发《法治政府建设实施纲要（2015—2020 年）》，明确总体目标是到 2020 年基本建成职能科学、权责法定、执法严明、公开公正、廉洁高效、守法诚信的法治政府。主要任务是：依法全面履行政府职能；完善依法行政制度体系；推进行政决策科学化、民主化、法治化；坚持严格规范公正文明执法；强化对行政权力的制约和监督；依法有效化解社会矛盾纠纷；全面提高政府工作人员法治思维和依法行政能力。2021 年 8 月，中共中央、国务院发布《法治政府建设实施纲要（2021—2025 年）》，明确到 2025 年，政府行为全面纳入法治轨道，职责明确、依法行政的政府治理体系日益健全，行政执法体制机制基本完善，行政执法质量和效能大幅提升，突发事件应对能力显著增强，各地区各层级法治政府建设协调并进，更多地区实现率先突破，为到 2035 年基本建成法治国家、法治政府、法

---

[12]　黄文艺:《论党法关系的规范性原理》，载《政法论坛》2022 年第 1 期。

[13]　马怀德:《新时代法治政府建设的使命任务》，载《政法论坛》2023 年第 1 期。

治社会奠定坚实基础。

（三）行政决策制度体系更加健全

从中央到地方，大量涉及行政决策程序的法规、规章得以制定和落实，把公众参与、专家论证、风险评估、合法性审查、集体讨论决定确定为重大行政决策法定程序，提高了政府依法决策、民主决策、科学决策的水平。其中，2019 年 4 月，国务院颁布《重大行政决策程序暂行条例》，明确了重大行政决策的事项范围、基本原则，规定了决策草案的形成、合法性审查和集体讨论决定、决策执行和程序调整等，并明确了决策机关、承办单位、执行单位等方面的法律责任，行政决策法治化迈出重要步伐。

（四）"放管服"改革持续推进

"放管服"改革是贯穿过去十年，我国法治政府建设和行政管理体制改革的重点内容。主要体现为依法界定政府职权职责，确立和推行权力清单、负面清单和责任清单"三张清单"制度。其中，权力清单明确政府该做什么，做到法无授权不可为；负面清单明确企业不该做什么，做到法无禁止皆可为；责任清单明确政府怎么管市场，做到法定责任必须为。着眼于建设服务型政府，依法大幅取消和下放行政审批事项，彻底废除非行政许可审批，全面推行"五证合一、一照一码"商事登记制度改革，过去所谓"公章四面围城""审批长途旅行"等现象得到了有效遏制。[14] 比如，到 2020 年年底，国务院围绕协同推进"放管服"改革，先后取消和下放国务院部门行政审批事项的比例达 47%，彻底终结非行政许可审批，压减国务院部门行政审批中介服务事项达 71%。工商登记前置审批事项压减 87%。[15]

（五）行政执法体制改革不断深化

深化党和国家机构改革。2018 年对政府机构进行了大幅度精简整合，其中，国务院减少了 8 个正部级机构，7 个副部级机构，创新党政合署办公，组建国家市场监管总局等大部制机构，大力度整合相近职权。推进跨领域跨部门综合执法，在市县开展综合执法改革试点，推动执法中心向市县两级政府下移，在市场监管等领域加快推进跨部门的综合执法。推动行政执法规范化，推行行政执法公示、执法全过程记录、重大执法决定法制审核三项制度[16]，有效遏制了乱执法和执法不作为等突出问题。推行行政裁量权基准制度，完善行政执法标准体系，提高行

---

[14] 黄文艺：《中国法治这十年》，载《中国司法》2022 年第 8 期。

[15] 中共司法部党组：《党领导法治建设的经验与启示》，载中国长安网，http://www.chinapeace.gov.cn/chinapeace/c100007/2021—11/16/content_12560467.shtml，最后访问时间：2022 年 11 月 16 日。

[16] 2017 年年初，国务院办公厅印发《推行行政执法公示制度执法全过程记录制度重大执法决定法制审核制度试点工作方案》的通知。试点结束后，司法部总结试点经验，起草了全面推行行政执法三项制度的指导意见。

政执法的标准化、精细化水平。

（六）政务公开和监督力度持续加大

加快推进互联网政务信息数据服务平台建设，信息公开标准化、规范化、便民化程度不断增强。强化对地方各级政府和县级以上政府部门行政规范性文件、地方各级监察委员会检查规范性文件的备案审查。加强省市县乡四级全覆盖的行政执法协调监督工作体系建设，强化全方位、全流程监督，提高执法质量。加大对执法不作为、乱作为、选择性执法、逐利执法等有关责任人的追责力度，落实行政执法责任制和责任追究制度。完善行政执法投诉举报和处理机制。加强和改进行政复议工作，强化行政复议监督功能，加大对违法和不当行政行为的纠错力度。

三、加快法治政府建设、扎实推进依法行政的重点任务

建设法治政府、推进依法行政，在全面依法治国工作布局中具有示范带动作用，是推进国家治理体系和治理能力现代化的基础支撑，也是深化行政体制改革、转变政府职能的重要着力点。当前，我国法治政府建设还面临不少问题和挑战，依法行政观念不牢固、行政决策合法性审查走形式等问题还没有根本杜绝，运动式、"一刀切"执法问题仍时有发生。[17]应从行政过程论的视角[18]，聚焦法治政府建设的薄弱环节，突出重点，扎实推进依法行政。

（一）完善行政组织法，进一步推动政府职能转变

党的十八届三中全会指出，经济体制改革是全面深化改革的重点，核心问题是处理好政府和市场的关系，使市场在资源配置中起决定性作用和更好发挥政府作用。应着眼于推进国家治理体系和治理能力现代化，用法治来规范政府和市场的边界，通过进一步深化党和国家机构改革，修改《国务院组织法》《地方各级人民代表大会和地方各级人民政府组织法》，厘清政府和市场、政府和社会的关系，完善经济调节、市场监管、社会管理、公共服务、生态环境保护等职能，推动有效市场和有为政府更好结合。特别是应全面实行政府权责清单制度，落实和完善行政许可事项清单，坚决防止在清单之外违法实施行政许可。其中一个重要方面，是深化事业单位改革。事业单位改革是行政体制改革的重要组成部分，也是推进依法行政的内在要求。目前我国已经基本完成承担行政职能事业单位和从事生产经营活动事业单位的改革，应持续推进政事分开、事企分开、管办分离，巩固深化行政类、经营类事业单位改革成果，区分情况实施公益类事业单位改革。

---

[17] 肖捷：《扎实推进依法行政》，载《党的二十大报告辅导读本》，人民出版社 2022 年版，第 146—155 页。

[18] 行政过程论是最早在日本兴起的行政法学理论，强调将行政过程中的各种行政行为都纳入研究视野，加以全面、动态的分析和考察。王叶臣：《政府工作规则法治化研究》，法律出版社 2021 年版，第 30—32 页。

改革创新事业单位管理体制和运行机制，探索在组织结构、用人制度、财政支持、社会保障等方面拿出更多有效举措，不断增强事业单位活力。

（二）改进行政作用法，进一步推动依法决策、规范执法、合理裁量

应着眼于健全制度，加快重点立法。推进国家安全、科技创新、公共卫生等重要领域立法，及时跟进研究数字经济、互联网金融、人工智能等相关法律制度，推进机构、职能、权限、程序、责任法定化，完善行政程序法律制度。应从完善程序入手推动依法决策。探索推进行政决策、行政执法等重点环节行政程序法立法，严格执行《重大行政决策程序暂行条例》，增强公众参与实效，提高专家论证质量，充分发挥风险评估功能，用好法律顾问和公职律师，强化决策合法性审查，健全决策跟踪反馈制度，确保所有重大行政决策都严格履行合法性审查和集体讨论决定程序。特别是涉及社会公众切身利益的重要规划、重大公共政策和措施、重大公共建设项目等，应当通过举办听证会等形式加大公众参与力度，深入开展风险评估，认真听取和反映利益相关群体的意见建议，不断提高行政决策质量和效率。应从改革体制切入规范行政执法。推进行政执法体制机制改革，坚持严格规范公正文明执法，继续深化综合行政执法体制改革，推进跨领域跨部门联合执法，进一步整合基层执法队伍，加大食品药品、公共卫生、自然资源、生态环境、安全生产、劳动保障、城市管理、交通运输、金融服务、教育培训等关系群众切身利益的重点领域执法力度，持续优化行政执法流程，规范行政执法行为，实现行政执法信息及时准确公示、行政执法全过程留痕和可回溯管理、重大行政执法决定法制审核全覆盖。应从健全基准突破实现合理裁量。应规范行政裁量权基准制定和管理，在法律法规规定的幅度内，根据违法行为的事实、性质、情节以及社会危害程度细化、量化行政裁量权基准，规范裁量范围、种类、幅度，建立行政裁量权基准动态调整机制，做到过罚相当、宽严相济，避免出现同案不同罚、显失公平的现象。[19]

（三）健全行政救济法，进一步强化行政定分止争

发挥行政在定分止争中的重要作用，推动完善信访、调解、仲裁、行政裁决、行政复议、诉讼等社会矛盾纠纷多元预防调处化解综合机制。应加强重点领域行政调解，特别是注重发挥行政调解在依法加强消费者权益保护、交通损害赔偿、治安管理、环境污染、社会保障、房屋土地征收、知识产权等方面的作用，推进

---

[19] 行政裁量基准是为了个案正义，由行政机关从若干法效果中选择它认为最为妥当的法效果的行政行为，通常的做法是在法规范空间内再细化设置若干的阶格，作为行政裁量的基本准则，以进一步限缩行政主体的裁量余地，增强行政法规范的可操作性。杨建顺：《行政裁量的运作及其监督》，载《法学研究》2004 年第 1 期；周佑勇：《行政裁量的治理》，载《法学研究》2007 年第 2 期；郑雅方：《行政裁量基准研究》，中国政法大学出版社 2013 年版；胡建淼：《行政裁量权基准的属性、制定和适用》，载《中国司法》2022 年第 8 期。

行政调解与人民调解、司法调解有效衔接。应有序推进行政裁决，健全行政裁决立法，明确行政裁决适用范围，推行行政裁决权利告知制度，规范行政裁决程序，推动履行行政裁决职责，发挥行政裁决化解民事纠纷的"分流阀"作用。应发挥行政复议化解行政争议主渠道作用，深化行政复议体制改革，整合地方行政复议职责，县级以上各级政府建立行政复议委员会，优化行政复议审理机制，建立行政复议决定书以及行政复议意见书、建议书执行监督机制，实现个案监督纠错与倒逼依法行政的有机结合。[20]

四、提高法治政府建设的实效

（一）突出领导干部这个"关键少数"

领导干部应做尊法学法守法用法的模范，提高运用法治思维和法治方式的能力，特别是党政主要负责人要履行推进法治建设第一责任人职责。应注重强化制度约束，特别是建立健全法律顾问制度，党政部门依法决策机制，行政机关内部重大决策合法性审查机制，重大决策终身责任追究制度及责任倒查机制，领导干部干预司法活动、插手具体案件处理记录、通报和责任追究制度，法治建设成效考核制度等，提高领导干部依法行政的能力和水平，努力以法治凝聚改革共识、规范发展行为、促进矛盾化解、保障社会和谐。

（二）强化行政权力制约监督

强化内部权力制约，深化政府机构大部制改革，通过行政分权、程序控制及岗位轮换等手段，对财政资金分配使用、国有资产监管、政府投资、政府采购、公共资源转让、公共工程建设等权力集中的部门实行分事行权、分岗设权、分级授权，定期轮岗，强化内部流程控制，防止权力滥用。[21]强化综合监督，将行政权力制约和监督体系纳入党和国家监督体系全局统筹谋划，推动党内监督与人大监督、民主监督、行政监督、司法监督、群众监督、舆论监督等各类监督有机贯通、相互协调，积极发挥审计、财会、统计、执法、行政复议等的监督作用，对行政机关公职人员依规依纪依法严肃问责、规范问责、精准问责、慎重问责。强化行政督查，依法组织开展政府督查工作，重点对党中央、国务院重大决策部署落实情况等开展监督检查，保障政令畅通，督促提高行政效能、推进廉政建设、健全行政监督制度。强化政务公开，坚持以公开为常态、不公开为例外，推进行政全过程公开，加快构建具有中国特色的公共企事业单位信息公开制度。强化政务诚信，建立健全政务失信记录制度、政府失信责任追究制度，重点治理债务融

---

[20]　杨建顺：《让行政复议成为法治政府建设的重要保障》，载凤凰网，https://ishare.ifeng.com/c/s/v002jN7BDIoV1GnTWrcwBEtnqOx7--mXSl9EKs5UwsK5eTMQ_，最后访问时间：2023 年 10 月 9 日。

[21]　中共中央宣传部、中央全面依法治国委员会办公室编：《习近平法治思想学习纲要》，人民出版社、学习出版社 2021 年版，第 102—103 页。

资、政府采购、招标投标、招商引资等领域的政府失信行为。

（三）提高依法行政信息化水平

加强数字政府建设，将数字技术广泛应用于政府管理和服务，加快推进政务数据有序共享，优化创新政府治理流程和方式，促进政府高效履职。坚持运用互联网、大数据、人工智能等技术手段促进依法行政，着力实现政府治理信息化与法治化深度融合，优化革新政府治理流程和方式，大力提升法治政府建设数字化水平。建立健全政务数据共享协调机制，构建全国一体化政务大数据体系，优化政务服务流程，善于运用大数据辅助行政决策、行政立法、行政执法工作。加快建设全国行政执法综合管理监督信息系统，将执法基础数据、执法程序流转、执法信息公开等汇聚一体，建立全国行政执法数据库。[22]

---

[22]　数字政府是指以新一代信息技术为支撑，重塑政务信息化管理架构、业务架构、技术架构，通过构建大数据驱动的政务新机制、新平台、新渠道，进一步优化调整政府内部的组织架构、运作程序和管理服务，全面提升政府在经济调节、市场监管、社会治理、公共服务、生态环境等领域的履职能力，形成"用数据对话、用数据决策、用数据服务、用数据创新"的现代化治理模式。国务院《关于加强数字政府建设的指导意见》（国发〔2022〕14号）。

第二章

比较行政法研究

征收补偿中的主观价值 [1]

刘连泰

征收补偿的标准是征收法上一个老生常谈的问题，[2]《国有土地上房屋征收与补偿条例》第 2 条规定，"为了公共利益的需要，征收国有土地上单位、个人的房屋，应当对被征收房屋所有权人（以下称被征收人）给予公平补偿"。第 19 条规定，"对被征收房屋价值的补偿，不得低于房屋征收决定公告之日被征收房屋类似房地产的市场价格"。归纳我国上述立法，可以将补偿标准理解为公平市场价值标准，与通行的征收补偿标准合拍。公平市场价值标准在征收法上几乎处于王者地位，即便是不能流转的农村住宅，在特定条件下，也可以按照类似房地产的市场价格补偿。[3] "一个自愿的买家支付给一个自愿的卖家的价格"，这是公平市场价值定义的通说。[4] 公平市场价值的确定必须通过虚拟、一次透明的交易，买家和卖家不是某个具体的既有七情六欲，又精于算计的张三李四，更不是政府和财产权人，[5] 而是同质的普通人。这是一条将财产价值客观化的进路，即由第三者确定边际价值，学界一般称之为客观价值。[6] 更准确地说，是客观化的价值，既包括被征收不动产的物理适用性，也包括可以客观化的一部分主观价值，如审美、对良好秩序的偏好等。将被征收财产的价值客观化，首要目的是避免政府在征收定价中的恣意以及由此产生的"财政幻觉"，[7] 其次也避免财产权人的"财产

---

[1]　本文系国家社会科学基金一般项目"财产准征收与补偿研究"（17BFX039）的阶段性研究成果，原载于《法学家》2020 年第 2 期，略有改动。

[2]　陈新民：《德国公法学基础理论》（增订新版 . 下卷），法律出版社 2010 年版，第 16 页。

[3]　征收农村集体土地时未就被征收土地上的房屋及其他不动产进行安置补偿，补偿安置时房屋所在地已纳入城市规划区时，可以按照《国有土地上房屋征收与补偿条例》进行补偿，参见《最高人民法院关于审理涉及农村集体土地行政案件若干问题的规定》第 12 条第 2 款。

[4]　United States v. Miller，317 U.S. 369（1943），at 374.

[5]　《国有土地上房屋征收与补偿条例》第 2 条表述为"房屋所有权人（以下称被征收人）"。考虑到征收不单单涉及房屋所有权人，有法院判例支持其他物权的补偿，本文表述为财产权人。参见上海蝶球开发部诉闵行区政府履行征收补偿法定职责案行政裁定书，（2018）最高法行申 1995 号。

[6]　Coniston Corp v. Village of Hoffman Estates，844 F.2d 461（7th Cir.1988），at 464.

[7]　卿志琼：《禀赋效应、财政幻觉与公共政策——拆迁中情绪事件的行为经济学分析》，载《南开学报（哲学社会科学版）》2011 年第 6 期。

错觉"，[8] 从而漫天要价。学界对公平市场价值极尽溢美之词，仿佛公平市场价值蕴藏了所有打开中国征收迷局的密码，但公平市场价值不是完美的概念天国，而是反复试错后的实践理性。

如果我们回到补偿的元问题，为什么补偿？学界的解释离不开对财产权的重要性论述。在解释财产权的重要性时，往往强调"财产权是人格的定在"，"无财产即无人格"。[9] 讨论财产权对人的意义时，学界走的是主观化进路；讨论补偿时，走的是客观化进路。补偿针对人还是针对物？如果针对人，同一宗财产，不同的人会赋予其不同的价值；如果针对物，才可能有客观的估值。财产权的脱俗与世俗，就这样耦合在一起。经济学上有禀赋效应一说，当个体占有某物品并持有一段时间后，会在该物品上投入情感，并将其视为自身禀赋的一部分，个体对该物品产生禀赋效应，从而使个体对该物品赋予更高主观价值评价，表现为个体出让该物品的意愿接受价格（WTA，willingness to accept）与得到某物品的意愿支付价格（WTP，willingness to pay）相比，通常意愿接受价格会高于意愿支付价格。[10] 如何消解主观与客观的紧张？禀赋要计价吗？征收法上要补偿主观价值吗？如果不补偿，理由是什么？如果要补偿，如何操作？这都是征收法上要解决的理论和实践问题。

一、公平市场价值能客观化和不能客观化的主观价值

在稠密市场中，由于交易频繁，交易标的的市场价值容易确定，比如汽油多少钱一升；在稀薄市场中，由于交易较少，交易标的的市场价值不易确定，如不动产的价值。世界上没有两宗完全相同的土地，这就给不动产价值的确定增加了困难。征收涉及的对象一般是土地或土地上的房屋。[11] 不动产的市场价值很难确定，但征收补偿却要以此为标准。而且，在征收预期弥漫市场之际，买卖双方的"自愿"大打折扣，公平市场价值本质上是一个虚构的概念。[12] 确立公平市场价

---

[8]　Clynn S. Lunney Jr, Compensation for Takings: How Much is Just?, Catholic University Law Review, Vol.42, No.4（1993），pp.761-762.

[9]　［德］黑格尔：《法哲学原理》，范扬、张企泰译，商务印书馆 1961 年版，第 50—55 页。

[10]　Thaler R.H, Toward a Positive Theory of Consumer Choice, Journal of Economic Behavior and Organization, Vol.1, No.1（1980），pp.43-47；Elizabeth Hoffman, Matthew L. Spitzer, Willingness to Pay vs. Willingness to Accept: Legal and Economic Implications, Washington University Law Quarterly, Vol.71, No.1（1993），pp.59, 88-89.

[11]　征收除了必须满足公共利益要件外，还必须满足必要性原则，即只有在无法通过购买取得财产时，才需要征收。动产一般数量多，可替代性强，政府可以通过市场交易取得。不动产的可替代性弱，当事人不愿将不动产出售给政府，政府才启动征收程序。中国法也主要将征收的对象确定为土地和房产。

[12]　Thomas W. Merrill, Incomplete Compensation for Takings, New York University Environmental Law Journal, Vol.11, No.1（2002），p.110.

值标准的目的在于用"看不见的手"确定补偿价格，但那只手明明就在，我们只是视而不见。这种选择性失明也许仅仅是出于策略考虑，解决问题的迫切永远优位于正确解决问题的唯美，我们必须找到一种相对简单且易于表达，还能在修辞上显得正确的公式化标准，公平市场价值标准就成了不二之选。如前文所述，公平市场价值是在虚拟市场中确定的价值，对征收人和财产权人而言，就是客观价值。那么，我们在构造这个概念的过程中，考量了哪些因素？财产权人的主观价值有没有被客观化？有没有进入补偿？

（一）公平市场价值可以客观化的主观价值：平均主观价值

公平市场价值中的"公平"修饰"市场"而非"价值"，[13] 作为主体赋予客体意义的价值，无所谓公正——只要交易双方真正自愿，两者都能接受的价格就是公平价值。所谓公平的市场，就是交易双方有足够的认知能力、没有受到外来压力、信息对称、可以自由决策的交易环境。虚拟出这种类似"真空"的市场后，再虚拟出财产的最高最佳用途，通过某种方法推算出被征收财产在被征收时的价值。

"自愿的买家支付给自愿的卖家的价格"不是一个客观、可观察的数字，而是一种计算方法，需要进一步讨论哪些因素能计价，哪些因素不能计价。从字面上看，以"自愿的买家支付给自愿的卖家的价格"作为公平市场价值，似乎虚拟了一个买方市场，买方主导定价权。如果由买方主导定价权，财产权人与财产的情感纽带，财产权人的审美偏好，甚至某种宗教情感，都不会进入计价体系。也正是在这个意义上，有学者主张公平市场价值补偿不是公正补偿。[14] 但仔细分析，公平市场价值标准的核心在于"自愿"，如果买家将卖家的主观价值归零，卖家不可能"自愿"出售自己的财产，交易也不可能达成。但单单对卖家有价值，对买家没有价值的元素，买家也不会买单，交易一定是"重叠共识"的结果。公平市场价值虚拟的交易双方是普通人，公平市场价值包含了财产权人具有的能为普通人接受的主观价值，包括对秩序良好社区的偏爱，对景观的审美，让房屋变得更宜居的改造，令人愉悦的作为文化、历史遗产的价值等。作为公平市场价值的"自愿的买家支付给自愿的卖家"的价值客观化了财产权人能为普通人接受的主观价值，这部分主观价值一般被称为平均主观价值。[15]

---

[13] 刘连泰、左迪：《征收法上按公平市场价值补偿规则的白圭之玷——以美国法为例》，载《浙江社会科学》2013 年第 9 期。

[14] John Fee, Reforming Eminent Domain, in Dwight H. Merriam & Mary Massaron Ross, ed., Eminent Domain Use and Abuse: Kelo in Context, Chicago: American Bar Association, 2006, pp.125, 128-129.

[15] Brian Angelo Lee, Just Undercompensation: The Idiosyncratic Premium in Eminent Domain, Columbia Law Review, Vol. 113, No. 3（2013）, p.593.

（二）公平市场价值无法客观化的主观价值：特殊主观价值和自治价值

如前文所述，公平市场价值是一个虚拟的价值，需要通过评估来判断。那些对于参与交易的普通买家没有价值的价值就不能进入计价体系，我们将这些不能进入计价体系，仅对财产权人才有意义的主观价值称为特殊主观价值，包含三种情形：第一种情形是财产权人的特殊情感；第二种情形是对房屋特殊适用性的改造，甚至有负面价值；第三种情形是不正当的主观价值。第一种情形的典型例证是某财产权人在房屋内有美好的回忆，如自己的童年在这里度过，并据此认为自己的房屋弥足珍贵，这意味着财产权人为自己特殊情感赋予价值，这种情感过于私人化，无法进入计价体系。第二种情形的典型例证是某财产权人将自己的房屋改造成某种小众宗教的祭拜场所，并据此认为自己的房屋价值高于周边其他同类房屋的价值，这意味着财产权人为自己的宗教情感赋予价值，普通买家没有这种宗教情感，不可能为此买单，该财产权人的宗教情感价值无法进入计价体系。如某幽闭恐惧症患者将房屋的隔音设施全部破坏，并斥资建造大量放大室外噪声并引入室内的设施，这意味着财产权人为自己房屋的特殊适用性赋予价值，普通买家没有幽闭恐惧症，认为这种改造反而降低了房屋价值，该房屋的特殊适用性无法进入计价体系。第三种情形的典型例证是某财产权人居住在自然形成的单一种族居住区，该财产权人不愿意离开，这意味着该财产权人为自己的种族情绪赋予价值，评估机构评估财产的公平市场价值时，不能将种族情绪计价，否则有悖宪法的价值立场。上述三种情形可以归纳为："自愿的买家支付给自愿的卖家的价格"不包含财产权人赋予其财产的特殊情感价值，以及对普通人没有价值，甚至有负面价值或者不正当的特殊溢价，以公平市场价值作为征收补偿价格也不可能包含这些特殊的主观价值。

公平市场价值除了不包含财产权人的特殊主观价值外，也不包含财产权人的自治价值。财产权人可以自由决定是否处分自己的财产权，这种自由对于财产权人的价值就是自治价值。特殊主观价值只有部分财产权人有，财产权所包含的自治价值所有财产权人都有。如果财产权人确实不愿意将财产出售给政府，而不是仅仅将此作为抬高码码的策略，则征收会损害财产权人的自治价值。将"自愿的买家支付给自愿的卖家的价格"作为公平市场价值，并以此作为补偿标准，忽略了买卖与征收的最大区别：自愿还是不自愿。单就价款而言，评估机构以公平市场价值为被征收财产的价值，政府以此为补偿标准，目的就是无限趋近甚至等于买卖的价格，征收补偿的数额与自愿买卖的价款差别并不大。但买卖是民事行为，平等自愿是民法的基本原则，买卖双方意思达成一致才有交易；征收是行政行为，强调单方性，其合法性不以财产权人同意为前提。民法鼓励买卖，财产在流转中资源达到最优化配置；征收法限制征收，宪法中的征收条款意在限制而非鼓励政府征收。[16] 当然，征收程序必须有公众和财产权人、利害关系人参与，政府也必须听取财产权人和利害关系人的意见，但征收的合法性不以财产权人和利害关系人同意为前提。征收法上，一般要求政府首先要约定购买拟征收的财产，如果财产权人愿意按照政府出价出售自己的财产，就无须启动征收程序。[17] 只有在交易无法达成时，才需要启动征收程序。也就是说，一般情形下，财产权人不同意出售自己的财产给政府才会发生征收。在征收场景中，作为买家的政府愿意购买财产权人的财产，但财产权人要么不愿意出售自己的财产，要么不愿意按照公平市场价值出售自己的财产，财产权人并非自愿的卖家，否则就不会有类似于"强制交易"的征收。[18] 财产权人本可以自主决定是否出售自己的财产，什么时间出售自己的财产，将财产出售给谁，所谓"我的地盘我做主"，物权的排他性意味着财产权人对自己的财产享有支配权，但上述权利可能被征收程序破坏了。政府将财产征收后转让给另一个私人，[19] 对财产权人的自主价值伤害更甚——仅仅因为另一个私人能更高效地利用这宗财产，就能剥夺财产权人对财产的支配权？公平市场价值以自愿交易为虚拟场景，没有货币化因强制给财产权人强加的不适，以公平市场价值为标准确定的补偿价格也不可能内化这部分成本。

二、不补偿无法客观化的主观价值之制度成因

既然公平市场价值不包括财产权人对财产的特殊主观价值和自治价值，补偿为什么要以公平市场价值为标准呢？为什么不以公平市场价值＋特殊主观价值＋自治价值为标准？征收补偿的内在机理是卡尔－希克斯标准，政府通过征收，提升共同体的利益，同时为利益受损者提供补偿。[20]"不让部分人承担按照公平和

---

[16] 美国宪法第 5 修正案规定，"未经正当程序，不得剥夺生命、自由和财产；未经公正补偿，私有财产不得被征为公用"，限制政府征收的意蕴非常清楚。不是只要有公正，并且为了公用目的就能征收，还要满足正当程序等一系列条件。中国宪法第 13 条首先规定保护公民财产权，然后规定征收，保护是一般，征收是对财产权的限制，是特殊。《土地管理法》第 45 条规定，"为了公共利益的需要，有下列情形之一，确需征收农民集体所有的土地的，可以依法实施征收"，其中的"确需"二字就意味着，征收是一种无法选择其他手段时才选择的手段，可以理解为中国法上的征收也要遵从比例原则。

[17] 当公共事业的承办者与财产权人达不成协议时，为鼓励公共事业起业者与土地所有权人达成协议，而不是通过征收取得公共事业所需土地，日本《土地收用法》第 15 条之 2 至第 15 条之 6 还规定了斡旋程序：公共事业的起业者与土地所有权人无法达成协议时，任意一方当事人还可以请求土地征收相关部门斡旋，促成双方协议。

[18] 英国法将征收称为强制交易（compulsory purchase）。

[19] 《土地管理法》将土地的"成片开发"作为征收的理由，这就意味着政府征收房屋后，很可能将土地使用权出让给开发商，开发商也是私人。

[20] Frank I. Michelman, Property, Utility, and Fairness: Comments on the Ethical Foundations Just Compensation Law, Harvard Law Review, Vol.80, No.6（1967）, p.1196.

正义本应由公众承受的负担”，“让财产权人像财产未被征收的状态”，[21] 我国《土地管理法》上“被征地农民原有生活水平不降低”[22]，其实都是卡尔－希克斯标准在征收法上的表达。如果按照这个标准，财产权人对财产的平均主观价值、特殊主观价值和自治价值损失都应该补偿。而且，征收也应该遵守比例原则，如果不将财产权人的全部主观价值损失计算在内，就无法平衡因征收收获的公共利益与因征收导致的损失之间的对比关系，征收的合比例性无从甄别。[23] 但征收法的实践为什么仍然选择了公平市场价值作为补偿标准？

（一）财产权人赋予自己财产的主观价值是否一定高于平均主观价值很难判断

按照经济学上的理性人假定，既然财产权人不愿出售自己的财产，一定是因为财产权人对自己财产的估值高于公平市场价值。如果财产权人认为自己财产的价值低于公平市场价值，财产权人则会选择出售自己的财产。财产权人不愿按照公平市场价值将财产出售给政府，就意味着财产权人赋予了自己财产高于平均主观价值的主观价值。这一说法隐含的假定是财产权人知道自己财产的价值，通过理性地比对公平市场价值，然后理性地选择不出售自己的财产，但这一假定很容易被证伪。如前文所述，在政府的组织下确定公平市场价值尚且不易，单个的财产权人清楚自己财产的价值就更难了。比如对于用作居住用途的房屋，业主不可能聘请一位评估师给自己的房屋估价，将自己的各种主观价值货币化后加总，得出房屋对自己的价值是多少。美国联邦全国抵押协会 2011 年的一项调查发现，38% 的房屋所有人“从未或者几乎从未”估算过自己房屋的价值，还有 26% 的房屋所有人只会偶尔隔几年估算自己房屋的价值。[24] 从财产权人没有出售自己的财产这一事实，并不能推导出他们对自己财产的估值高于公平市场价值，更不能推导出他们对自己财产赋予了高于平均主观价值的主观价值。他们不愿以公平市场价值出售自己的财产，很有可能是他们并不知道自己财产的价值到底是多少，不出售很可能仅仅是“拖延决策”而已。

（二）给无法客观化的主观价值估价在技术上不可能

主观价值的信息不透明，当事人对自己的主观价值无法全面客观地呈现出

---

[21]　Brian Angelo Lee, “Just Undercompensation: The Idiosyncratic Premium in Eminent Domain”, Columbia Law Review, Vol. 113, No. 3（2013），p.619.

[22]　《土地管理法》第 48 条。

[23]　美国法上的实质促进标准是指只有手段实质性促进目的的实现时，才可免于征收规范的约束。该标准最早出现在阿金斯诉提布朗市案中，“如果一项管制令给某一宗财产施加负担，却并没有实质性促进正当的政府利益，就可以构成征收。……尽管没有一个精确的公式衡量何时构成征收，但仍有必要权衡私人利益和公共利益的关系”。Donald W. Agins et ux.v.City of Tiburon, 447 U.S. 255（1980），at 260-261.

[24]　Fannie Mae's National Housing Survey: Third Quarter（2011），p. 75.

来，财产评估师不会"读心术"。即便能读出财产权人的心思，知识上也面临如何将上述主观价值货币化的难题。求解这一难题的可能方法是在征收程序启动后，要求财产权人申报价格，并将此作为补偿价格。但财产权人的道德风险无法估量，他们可能虚报主观价值。

在有不动产税的国家，还有另外一种可能的方法：以财产权人申报的纳税价格作为补偿价格。纳税人可以选择低报纳税价格，从而少缴不动产税，但征收时得到的补偿也会变少；纳税人也可以选择高报纳税价格，虽然多缴纳不动产税，但征收时得到的补偿会增多。风险与机遇并存，从而激励财产权人纳税申报时报出真实的主观价值。但这一方法存在的问题是：不动产被征收的风险极低，理性的财产权人依然会选择低报纳税价格，申报的纳税价格甚至会低于公平市场价值，如果政府以低于公平市场价值的价格补偿，必然招致财产权人反抗。最后的结果可能是：政府少征了不动产税，却仍然要按公平市场价值补偿。而且，补偿的价格有时间维度，不同的时点，被征收财产的价格可能不同，而纳税价格却要求相对稳定，不能将一个时点确定的纳税价格作为另一个时点的补偿价格。

（三）补偿无法客观化的主观价值可能激励财产权人"策略性抵抗"，整体推高征收成本

由于被征收财产对财产权人的特殊主观价值无法精确衡量，甚至仰赖财产权人的申明，追求利益最大化的财产权人可能夸大财产对自己的主观价值，从而获得远高于被征收财产全部价值的巨额补偿。即便征收补偿价格已经等于或高于财产权人赋予被征收财产的全部价值，财产权人仍选择抵抗。抵抗仅仅是一种策略，目的是获取被征收财产的高额溢价。一旦这种"策略性抵抗"成功，还会形成"卖价锁定"效果，其他财产权人也向政府索要更高的补偿价格，推高征收补偿总成本，甚至因此使整个公益项目搁浅。经济学家发现了土地整合中的"小地勒索"现象，即小土地所有者在土地征收中往往具有独特的垄断地位，并可以据此获得超额溢价。[25] 假如一个政府开发项目对相邻土地的需求不可分化，而这些土地又分属不同的所有者，政府要么全部购买这些分散的土地，要么全部放弃。这时，最小土地的所有者就有索取高额溢价，从而左右开发进程的力量。[26] 当土地所有人发现政府的开发项目价值远高于土地现有用途的价值时，更有夸大土地对自己主观价值的激励。如果政府不按此补偿，小土地所有者就采取各种办法延迟搬迁，强迫政府就范。大土地所有者为什么没有这种勒索能力呢？因为政府也是理性人，

---

[25] ［美］理查德·波斯纳：《法律的经济分析》，蒋兆康译，中国大百科全书出版社 1997 年版，第 80—87 页。

[26] Eckart Wolfgang, On the Land Assembly Problem, Journal of Urban Economics, Vol.18, No.3（1985）, p.372.

如果大宗土地所有人要价高昂，征收成本的攀升幅度巨大，政府可能选择严格执法，拒绝妥协，还可能重新选址建设公益项目，财产权人的勒索也会因此告吹。相反，占有小份额的土地所有人即便索要高额溢价，只要不是天价，占整个征收补偿成本的比例不会太高，政府不会因此放弃该项目，"小地勒索"更容易成功。[27]

如果征收中的补偿永远等于财产权人的全部损失，即主观价值也分文不少地进入补偿价值，宪法就应该鼓励而不是限制征收，也就无须规定征收的比例原则，因为这是一个等价的交易——交易可以让产权配置最优化，交易双方在自利的过程中最大限度地促进了公益。[28]法律限制而不是鼓励征收，恰恰是意识到了征收一般不可能做到帕累托最优，这里蕴含了法律对征收的"戒慎恐惧"。因为征收事实上会给财产权人造成损失，而且其中部分财产权人的部分主观损失无法得到完全补偿，才需要通过比例原则限制国家征收权的行使。

（四）补偿无法客观化的主观价值可能不正当

补偿财产权人的某些特殊主观价值，可能意味着对某些与宪法价值不兼容的主观价值计价，从而损害宪法价值。如某些财产权人有特殊的种族情感，补偿这部分主观价值损失就意味着宪法将种族歧视情绪正当化，这种补偿反而是违宪的。尽管宪法主要调整国家和公民的关系，但宪法价值是公民生活的指引，甚至肩负了某些道德使命。[29]如果给财产权人的不正当情感计价，宪法规定的种族平等就无法在价值体系上自洽。公正补偿中的"公正"有两个面向：对财产权人公正，对公众也公正。补偿如果超出普通人理解的公正限度，会颠覆公众对公正补偿的法感，[30]对征收秩序构成威胁。

补偿特殊主观价值，会破坏法律体系的融贯性。即便在侵权法上，侵犯财产权一般也不赔偿财产权人因不合理的自我行为应导致的损失，征收补偿就更不可能对特殊主观价值计价。征收法上的主观价值损失与侵权法上的精神损害相似，可以借鉴侵权法上精神损害赔偿的规则讨论征收法上的主观价值损害。如果侵犯财产权，是否需要赔偿精神损失？多数欧洲国家仅将精神损害限于人身伤害案件，[31]如奥地利法律规定，只有在故意犯罪或恶意造成损害时，才需赔偿财产的情

---

[27]　Cohen Lloyd, Holdouts and Free Riders, The Journal of Legal Studies, Vol.20, No.2（1991），pp.351-362.

[28]　［英］亚当·斯密：《国富论》（下卷），郭大力、王亚南译，商务印书馆1983年版，第4页。

[29]　秦小建：《宪法的道德使命：宪法如何回应社会道德困境》，法律出版社2015年版，第58—65页。

[30]　法感一词出自［德］鲁道夫·冯·耶林：《为权利而斗争》，刘权译，法律出版社2019年版，第13页。

[31]　［德］U.马格努斯主编：《侵权法的统一：损害与损害赔偿》，谢鸿飞译，法律出版社2009年版，第278页。

感价值。[32] 我国法律对侵犯财产权是否需要赔偿精神损害的规定也颇为谨慎，原则上只有侵犯他人人身权，且造成严重精神损害，才需要赔偿精神损失，《民法典》第 1183 条规定，"侵害自然人人身权益造成严重精神损害的，被侵权人有权请求精神损害赔偿"。对侵犯财产权，只有在个别情形下才需要赔偿精神损失，《民法典》第 1184 条规定，"侵害他人财产的，财产损失按照损失发生时的市场价格或者其他合理方式计算"。可见，侵权法将对财产的精神损害赔偿限制在非常逼仄的空间。侵权有道德和法律上的可非难性，侵权责任兼具补偿和惩罚功能，尚且严格限制精神损害赔偿的适用范围，征收补偿不对特殊主观价值计价就顺理成章了：征收不具有道德和法律上的可非难性，补偿的功能是限制而非惩罚征收。如果征收补偿的数额大于侵权赔偿的数额，[33] 会激励政府通过侵权而不是征收来获取公民不动产。

三、不补偿未客观化主观价值的合宪性

以公平市场价值为补偿价格，不补偿财产权人未被客观化的特殊主观价值和自治价值，是否违反宪法上的补偿要求，让补偿沦为"部分不补偿"？补偿的目的是让"财产权人过得像财产未被征收时一样好"，[34] 如果不补偿财产权人未被客观化的特殊主观价值和自治价值，财产权人不可能过得"像财产未被征收时一样好"，如何消解补偿目的和补偿标准之间的逻辑紧张？合宪性如何证成？

（一）"公正补偿"中"公正"的双面向

"公正补偿"中的"公正"是双向的概念，对财产权人公正，也对公众公正。如果漫无边际地满足财产权人对公正的感受，将超出普通人理解的主观价值纳入补偿之列，对公众不公正。"公平市场价值"其实是两者的中道，是两种公正妥协的结果，美国联邦最高法院深谙此道，"根据联邦宪法第五修正案的公正补偿要求，法院应当使被征收财产所有者所处的金钱地位与财产未被征收一样。但这一规则无法完美且严格地实施，……在实践中异常困难，所以，我们认可相对客观、有效率的规则"[35]，这个相对客观、有效率的规则就是公平市场价值概念。"财产权人过得像财产未被征收时一样好"必须客观化，这就要仰赖第三者的判断，

---

[32] ［德］U. 马格努斯主编：《侵权法的统一：损害与损害赔偿》，谢鸿飞译，法律出版社 2009 年版，第 19 页。

[33] 侵权赔偿数额与征收补偿数额的差距可参见刘连泰、左迪：《征收法上按公平市场价值补偿规则的白圭之玷——以美国法为例》，载《浙江社会科学》2013 年第 9 期。

[34] Marisa Fegan, Just Compensation Standards and Eminent Domain Injustice: An Underexamined Connection and Opportunity for Reform, Connecticut Public Interest Law Journal, Vol.6, No.2（2006–2007），p.285.

[35] 刘连泰：《宪法文本中的征收规范解释——以中国宪法第十三条第三款为中心》，中国政法大学出版社 2014 年版，第 212 页；Shai Stern, Just Remedies, Rutgers University Law Review, Vol.68, No.2（2016），pp.719–761. 该文描述了公正补偿与公平市场价值的紧张关系。

也就是普通人的判断。如果补偿财产权人的特殊主观价值和自治价值，补偿数额将高于普通人认为应该补偿的数额，意味着在普通人看来，"财产权人过得比财产未被征收时更好"，这不是"公正补偿"的题中应有之义。

财产权的概念是建构的，"公正补偿"中的"公正"概念同样是建构的，反映普通人而非某一特定财产权人的理解。公平市场价值是根据反复交易的样本推算出的价格，已包含了普通人认为被征收财产的价值，不补偿超出公平市场价值的主观价值没有颠覆公众理解的"公正补偿"之公正概念。

（二）"物权法定"意味着财产权不是自然权利，与人格的关联度不高

宪法上的财产权需要通过法律来形成，"物权法定"就是对财产权建构特性的经典表达。"物权法定"意味着财产与人格的关联度降低。"物权法定"中的"法"只能是实证法，不是自然法。尽管洛克以降，政治哲学家将财产权描述为自然权利，[36] 但这类主张常常只能作为对政府一般性限制的理论资源，用于证成"有限政府"，与财产法的制度实践有云泥之别——财产权是制定法的产物。我国《宪法》第 13 条规定，"公民的合法的私有财产不受侵犯。国家依照法律规定保护公民的私有财产权和继承权"。这意味着，宪法所保护的财产权依然仰赖于法律形成的财产权。《民法典》第 116 条规定，"物权的种类和内容，由法律规定"。作为制定法产物的财产权，是世俗的，甚至是工具性的，与财产权人的人格要素的关联日益松散。

当然，法律对财产权的安排不能恣意，不能形成"绞杀效果"，[37] 但法律在形成财产权的过程中，已规定了征收作为对财产权的限制，个人在财产权上的自由意志要与社会的普遍意志相一致——财产权天然有其社会边界。[38] 这就意味着财产权概念同时蕴含了财产权人的自由意志和公共意志，财产权人的自由意志必须在公共意志允许的边界内游弋。财产权人对被征收财产的特殊主观价值如已超出一般人理解的主观价值，就超出了公共意志。

（三）财产权社会义务的对冲

与"物权法定"相关，财产权负有社会义务。"不存在那么绝对的所有权，也就是那种不考虑社会利益的所有权"[39]，财产权人"如果对第三方的干预进行精神过

---

[36]　王铁雄：《征收补偿与财产权保护研究》，中国法制出版社 2011 年版，第 21 页。

[37]　刘剑文：《私人财产权的双重保障——兼论税法与私法的承接与调整》，载《河北法学》2008 年第 12 期。

[38]　张翔：《财产权的社会义务》，载《中国社会科学》2012 年第 9 期；[德]康德：《纯粹理性批判》，邓晓芒译，人民出版社 2004 年版，第 609—610 页。

[39]　Rudolph von Jhering, Der Geist des Romischen Rechts auf den Verschiedenen Stufen Seiner Entwicklung, Teil.1, 5.Aufl., Leipzig: Druck und Verlag von Breitkopf und Hartel, 1878, S.7. 转译自张翔：《财产权的社会义务》，载《中国社会科学》2012 年第 9 期。

敏式的抗辩,那么安全、自由、独立的感受和对土地的热爱反而会被损害"[40]。作为关系概念的财产权,必然内含了为他人、为社会的义务,财产权人超出平均主观价值的主观价值不是财产权的保护范围,不补偿财产权人未被客观化的超出平均主观价值的价值不违反公正补偿教义。我国《宪法》中"社会主义制度是中华人民共和国的根本制度"条款位列第一条,这是我国《宪法》文本的统摄性条款,对财产权的解释必须以此为背景展开。《民法典》第1条将立法目的表述为"……适应中国特色社会主义发展要求,弘扬社会主义核心价值观",这意味着我国法上财产权的概念规范上具有更浓厚的社会色彩。再结合《宪法》第51条,财产权的行使"不得损害国家的、社会的、集体的利益和其他公民的合法的自由和权利",就很容易得出财产权有促进公益,不妨碍财产优化利用的社会义务。如果财产权人超出普通人对财产权的理解,要求补偿超过平均主观价值的主观价值,致使公益实现受阻,就违反了财产权的社会义务。财产权人本应承担的社会义务,当然不在补偿之列。

四、制度妥协的中道:未被客观化的主观价值如何"溜进"补偿

"法律的生命不在于逻辑而在于经验。"[41]尽管不补偿超过平均主观价值的主观价值能够在法律体系内求得融贯的解释,但在经验的世界里,许多财产权人对这套逻辑并不买账。[42]除开那些内心愿意将财产出售给政府,仅仅将抵抗作为漫天要价策略的财产权人外,被征收人的确遭遇了精神上的痛苦——尽管我们不能将这些痛苦理解为征收法上应该补偿的损失,《土地管理法》《国有土地上房屋征收与补偿条例》均要求在确定征收以前要进行社会稳定风险评估,[43]就暗含了立法者对征收可能遭遇抵抗的风险预期。理论可以剑走偏锋,实践必须回归中道,法律必须安置这种普遍存在但在规范上又无立身之地的"损失",以减少征收可能遭遇的抵抗。既然无法为补偿平均主观价值之外的主观价值打开一扇门,那就凿开一扇窗——让无法客观化的主观价值从别的概念里偷偷溜进一部分。

(一)笼统规定加成补偿

美国法的处理思路是笼统规定加成补偿,对于加成补偿的是什么价值损失语焉不详。有美国学者经过建模分析,认为征收对财产权人幸福的平均损害程度是财产价值的25%。[44]此外,美国一些州也将补偿价格定为被征收财产价值的

---

[40] 张翔:《财产权的社会义务》,载《中国社会科学》2012年第9期。

[41] [美]霍姆斯:《普通法》,冉昊、姚中秋译,中国政法大学出版社2006年版,第1页。

[42] 王玥、卢新海:《国有土地上房屋被征收人的公平感知对征收补偿意愿的影响》,载《中国土地科学》2013年第9期。

[43] 《土地管理法》第47条,《国有土地上房屋征收与补偿条例》第12条。

[44] David L. Callies & Shelley Ross Saxer, Is Fair Market Value Just Compensation? An Underlying Issue Surfaced in Kelo, in Dwight H. Merriam & Mary Massaron Ross, ed., Eminent Domain Use and Abuse: Kelo in Context, Chicago: American Bar Association, 2006, p.152.

125%。[45] 当然，也有些州按照财产权人持有被征收不动产的时间，逐年增加补偿比例，最高到 150%。[46]

当然，这种加成补偿的正当性存疑。特殊的主观价值和自治价值能货币化吗？最让人诟病的是自治价值的货币化问题。自治价值能计价吗？用金钱换取财产权人在财产问题上的自主，这不是将人类基本价值商品化吗？会不会破坏人的尊严？我们一定要以破坏人类尊严的方式来表达对人类尊严的尊重吗？而且，按照被征收财产的公平市场价值加成补偿意味着：被征收财产的公平市场价值越高，补偿的主观损失就越大。人们自然会追问：富人就一定比穷人有更高的主观价值吗？也许有人说，根据金钱效益边界递减原则，更多的钱才能补偿富人的主观价值损失，但损害赔偿的一般法则从来不支持这种说法。甚至有可能，因为穷人的不动产少，被征收后的痛苦更甚于富人。虽然难以求得圆融的解释，这种加成补偿依然在美国许多州盛行，"多补总比少补好"，这是财产权人的一般想法，这是加成补偿能够得到认同的重要原因。

（二）公正权衡与概括性条款

与美国法的加成补偿不同，德国法和日本法赋予征收主体和法院宽广的裁量空间，经由公正权衡与概括性条款处理部分未被客观化的主观价值问题。

德国法声称不补偿财产权人的特殊主观价值损失，但特殊主观价值损失可以透过公正权衡原则部分进入补偿。德国法院通常认为，"在确定补偿标准之时，应当以被征收客体的通常价值为出发点。通常的价值是指在通常的交易中的价格，也就是说客体所拥有的针对所有人的交易价格或者交换价值"，是排除了特殊因素，比如个人的偏好而得出的价格。按照这一标准，被征收财产对财产权人具有的非常个体化的主观价值不在补偿之列。但宪法法院认为，征收法的制定者对补偿标准有权衡的空间，"权衡在这里才是最关键的，并不存在一项绝对不变的原则"。经过公正权衡，征收法的制定者可以在交易价值之外加减某些主观价值，执法者也有部分衡平补偿的裁量空间，法官在审理具体案件时也可以自由决定估值方式，只要选择的方式能够得出公正的补偿结果即可。[47]

日本国《宪法》第 29 条第 3 项规定了正当补偿，将正当补偿标准理解为被征收财产客观的市场价值是日本法律界的主流学说，[48]客观的市场价值不包含财产权人未被客观化的主观价值。但日本国《土地收用法》第 88 条后半段规定了其他损失的补偿，即"其他的因为征收或使用土地引起的土地所有人或关系人通常

---

[45]　Mich. Const. art. X，§ 2.

[46]　Mo. Ann. Stat. §§ 523.001，523.039.

[47]　本段参见《德国土地征收补偿法律机制研究》，载《环球法律评论》2016 年第 3 期。

[48]　黄宇骁：《日本土地征收法制实践及对我国的启示——以公共利益与损失补偿为中心》，载《环球法律评论》2015 年第 4 期。

遭受的损失，应当进行补偿"[49]。什么是"其他通常遭受的损失"？这是关于损失的概括性条款，蕴含了巨大的解释空间，许多成文法没有明确规定的损失类型经由该条款进入补偿，部分财产权人未被客观化的主观价值也可能被囊括在这个概念之下。当然，这需要政府或法院在个案中裁量。

（三）中国法的思路：补助和奖励

中国法采通行的公平市场价值标准，没有明确规定未被客观化的主观价值的补偿。这是否意味着未被客观化的主观价值没有进入补偿的任何管道？显然不是。财产权人超出平均主观价值的主观价值可以透过其他概念进入征收补偿款，与德国法、日本法"异曲同工"。"公平市场价值"是《国有土地上房屋征收与补偿条例》规定的征收补偿下限而非上限，《国有土地上房屋征收与补偿条例》第19条规定，"对被征收房屋价值的补偿，不得低于房屋征收决定公告之日被征收房屋类似房地产的市场价格"。这就为补偿超出平均主观价值的价值准备了制度前提。当然，规定补偿"不低于"公平市场价值不意味着补偿就可以"明显高于"公平市场价值，政府也应该用尽量少的成本实现公共利益。"不低于"公平市场价值也蕴含了"不得明显高于"公平市场价值的规范意旨，否则，公平市场价值就不具有任何参照意义。

在公平市场价值之外，《国有土地上房屋征收与补偿条例》第17条第2款规定，"市、县级人民政府应当制定补助和奖励办法，对被征收人给予补助和奖励"。具体补助什么，奖励什么，补助多少，奖励多少，中央立法并未明确规定，而是赋予市、县级人民政府制定办法，这就赋予了启动征收的政府裁量空间。公平市场价值就已经填补了财产权人遭受的普通人认为的损失，为什么补助？搬出已经被政府征收的房屋本属财产权人的义务，为什么还要奖励？这就意味着立法者已经意识到财产权人可能遭受超出平均主观价值的主观价值损失，但又不能明确进入规范，只能由启动征收权的政府在个案中裁量。事实上，启动征收权的政府在公布征收补偿方案时，往往同时公布补助和奖励方案，以换取财产权人的合作。[50]与被征收不动产的市场价值相比，补助和奖励的金额没有刚性标准，启动征收的人民政府可以考虑多种因素，在与被征收人的交流甚至博弈中，通过补助和奖励，事实上变相补偿被征收人无法客观化的部分主观价值。

五、结语

公平市场价值作为征收补偿的标准，的确是治疗征收补偿领域诸多顽疾的特

---

[49] 黄宇骁：《日本土地征收法制实践及对我国的启示——以公共利益与损失补偿为中心》，载《环球法律评论》2015年第4期。

[50] 刘芳圣、王玥、李岩等：《国有土地上房屋征收补偿现状调查——基于全国43个城市的调研》，载《中国房地产》2017年第18期。

效药，可以通过内化成本来制约政府的征收冲动，可以通过第三方定价警醒想一夜暴富的财产权人，可以求得合宪性证成。但公平市场价值标准不是神药，任何特效药的治愈率都不可能是百分之百。公平市场价值标准通过虚拟政府和财产权人无法操控的市场，将被征收财产的价值客观化，普通人具有的主观价值，即平均主观价值也被客观化。但启动征收的政府是具体的，财产权人也是具体的，财产权人未被客观化的特殊主观价值和自治价值更是具体的，尽管无法精确量化，但的确在很多征收案件中存在，加成补偿、衡平补偿和概括性条款，中国法上的救助和奖励，都是制度妥协的中道，是逻辑和经验在制度中淬炼的结晶。值得指出的是，公平市场价值标准仍是征收补偿的基本标准，是政府和财产权人在征收中博弈的均线，可以利用其他概念调适，"溜进"一些公平市场价值无法客观化的特殊主观价值和自治价值，但在公平市场价值基础上的上下摆幅不应太大，否则会破坏征收补偿标准的基本功能，使征收补偿实践走向歧路。

"行政行为"概念在德国行政诉讼中的功能变迁 [1]

龙　非

在我国行政诉讼法中，行政行为承担着界定受案范围的功能，几乎每一次关于扩大行政诉讼受案范围的争论，都伴随着扩展行政行为范围的讨论。2015年《行政诉讼》修改将"具体行政行为"改为"行政行为"，核心目的之一就是尽可能地扩大受案范围。[2] 但是，行政行为在扩展的同时也给法学研究和司法审判带来一系列挑战。从法学研究的角度看，宽泛的外延和模糊的内涵会导致其丧失概念应有的类型化功能；从司法审判的角度看，"大一统"的行政行为概念也难以承担精细化行政审判的需求。

传统行政行为的概念来自19世纪末德国学者奥托·迈耶（Otto Mayer）对行政行为概念的界定。在德国，以行政机关的行为作为行政诉讼标的也具有相当悠久的历史，[3] 但在《行政法院法》实施之后，其第40条第1款以"非宪法的公法争议"作为受案范围的标准，并进一步结合该法第42条第2款关于诉讼权能的规定，共同划定了行政法院的审判权限范围。自此行政行为这个概念在行政诉讼法上不再用于划定受案范围，而仅仅作为划定诉讼类型的依据，并作为一种法定行政活动类型为行政程序提供定型化的基础。

行政行为这一概念在德国行政诉讼中的功能为何会发生流变？探究这一问题的答案对于我国行政行为概念的发展无疑具有重要的参考意义。本文将对德国行政诉讼以及受案范围的发展历史进行梳理，以探究行政行为概念在行政诉讼中功能变迁的原因。

一、中世纪至19世纪中叶——"行政行为"之前的德国行政审判

德国的行政诉讼制度萌芽于16世纪上半叶，自其诞生之初就带有强烈的个人权利保护色彩，虽然行政诉讼的标的主要以行政机关的行为作为连接点，但行为所指称范围比较宽泛，并不具有严格意义上界定受案范围的功能。

---

[1]　本文原载于《财经法学》2020年第2期，略有改动。

[2]　童卫东：《进步与妥协：〈行政诉讼法〉修改回顾》，载《行政法学研究》2015年第4期。

[3]　实际上，即使在《行政法院法》实施之后，在相当长的一段历史时期内，司法实务也将能否构成行政行为作为判断行为是否可诉的重要标准。BVerwGE 3, 258.

（一）枢密司法时期

1495 年，神圣罗马帝国成立了帝国枢密法院（Reichskammergericht），其后又成立了帝国最高参事院（Reichshofrat），这一时期的司法审判又被称为枢密司法（Kammerjustiz）。不过，这些法院并不是为审理行政诉讼案件而成立的。[4]1525年"农民战争"之后，帝国统治者在强力镇压暴动的同时，也认识到需要给底层民众提供一个法律化的反映诉愿的渠道，允许其向法院提起诉讼成为首选方案。[5]于是，帝国枢密法院以及帝国最高参事院开始审理臣民起诉邦君侵犯其权益的案件，这些被称为"臣民诉讼"（Untertanenprozess）的案件成为行政案件的最早雏形。

"臣民诉讼"主要包括两类：一类是集体诉讼，是具有自治权的乡镇针对邦君的侵害行为提起诉讼，其请求保护的是村民集体性的权利；另一类则是臣民个人针对州君主的侵害行为提起的个人臣民诉讼。[6]虽然并没有针对这些"民告官"的案件单独设计诉讼程序，但是在诉讼性质上已经与行政诉讼非常接近。这种案件发展非常迅速，据统计，到 16 世纪末的时候，帝国枢密法院每年审理的臣民诉讼案件已经能够达到 700 件左右。[7]

这一时期并无特定的法律概念来指称受案范围，如 1555 年《帝国枢密法院法》就规定，臣民针对邦君的管理行为不服，如果在州法院无法提起诉讼时，可以向帝国枢密法院提起诉讼。[8]这里的"管理行为"范围非常宽泛，可以涵盖行政管理活动的各个方面，对于界定受案范围的角度并不具有实质意义。这一时期无论是从法学研究的体系化角度，还是从司法审判的精细化角度，都没有就行政机关的行为予以类型化的需求。虽然行为的范围比较宽泛，但是基于这一时期奉行的所谓"良好警察"的观念，统治者的行为原则上并不具有可诉性，只有在例外的情况下，如果臣民认为邦君的行为侵犯其"既得权利"（wohlerworbene Rechte），才可以通过法院提起诉讼的方式寻求救济。[9]因此，德国的行政审判从一开始就与个人权利保护功能紧密相关。

（二）法院司法与行政司法

1806 年神圣罗马帝国灭亡，帝国枢密法院和帝国最高参事院也随之终结。

---

[4]　Karl-Peter Sommermann, Bert Schaffarzik, Handbuch der Geschichte der Verwaltungsgerichtsbarkeit in Deutschland und Europa, Springer-Verlag, 2018, S.16–17.

[5]　Sommermann, Schaffarzik, aaO, S.5.

[6]　Sommermann, Schaffarzik, aaO, S.16–17.

[7]　Heinz Schilling, Höfe und Allianzen. Deutsche Geschichte von 1648 bis 1763（Siedler Deutsche Geschichte, 5）, Berlin 1989, S. 114.

[8]　Reichskammergerichtordnung 1555, S. 191.

[9]　Sommermann, Schaffarzik, aaO, S.24–25.

以普鲁士为代表的北德地区将原来的行政案件交给独立的普通法院进行审理，称为法院司法（Gerichtsjustiz）。关于行政权会被让渡给司法权的担忧逐渐占据上风。虽然法院独立于行政机关，但在能否受理相关行政争议方面，普通法院在相当程度上会受制于行政机关的意见。[10] 再到后来，越来越多的法律规定将大量的行政争议明确排除于司法审查范围之外，[11] 到了 1842 年，《涉及警察处理行为的法律途径适法性法》明确规定，针对各种警察处理行为的异议都由其上级机关负责处理，实际上排除了司法审查，最终导致行政审判的范围受到极大限制。即便如此也保留了一个重要的例外情形，如果原告认为警察措施对其私人财产权造成侵害时，仍然可以向法院提起诉讼，[12] 通过行政诉讼为公民提供私权救济的法律之门仍然没有关闭。

与普鲁士地区相反，以巴登－符腾堡州为代表的南德各州借鉴法国模式，在行政系统内部设立机构行使行政审判权，即所谓"行政司法"（Administrativjustiz）。"行政司法"制度的观念基础其实也是权力分立原则，基于这一原则，行政争议不能由普通法院审理，而是应当由行政系统自行处理。"行政司法"建立的初衷并不是为个人权利提供救济途径，而是立足于对行政活动的客观合法性进行控制。[13] 但是客观合法性控制的功能并未得到体现，在实践中仍然转向了个人权利救济。[14] 而且由于审判机构欠缺独立性，行政司法并没有取得其应有的效果。到了 1848 年，《法兰克福宪法》第 182 条规定，"行政司法终止，一切权利侵害均通过法院救济"，否定了行政司法模式。[15]

这一时期行政诉讼的标的通常是行政机关的处理（Verfügung）或者决定（Entscheidung）。[16] 比如，1819 年《符腾堡王国宪法典》第 60 条第 1 款就规定，"枢密委员会职掌针对部长之处理行为的申诉审查"。[17] "处理""决定"这些概念也成为后来行政行为概念的重要基础，直到德国现行《行政程序法》第 35 条对

---

[10] Sommermann, Schaffarzik, aaO, S.210–211.

[11] Sommermann, Schaffarzik, aaO, S.213.

[12] Sommermann, Schaffarzik, aaO, S.213, auch Gesetz über die Zulässigkeit des Rechtswegs in Beziehung auf polizeiliche Verfügung von 11.05.1842, GS, S.192.

[13] André Niesler, Individualrechtsschutz im Verwaltungsprozess: Ein Beitrag zur Neujustierung des Rechtsschutzsystems der VwGO, Berliner Wissenschafts-Verlag, 2012, S. 79.

[14] E. -U. Erichsen, Verfassungs-und verwaltungsrechtsgeschichtliche Grundlagen der Lehre vom fehlerhaften belastenden Verwaltungsakt und seiner Aufhebung im Prozeß., Verlag Athenäum, 1971, S. 215.

[15] Die Verfassung des deutschen Reiches vom 28. März 1849, § 182.

[16] Otto Kuhn, Die Trennung der Justiz und Administration: Ein Beitrag zur Staatsphilosophie und zum positiven deutschen Staatsrechte, Verlag Wigand, 1840, S.103.

[17] Verfassungsurkunde für das Königreich Württemberg, § 60 Abs.1.

于"行政行为"的定义，也使用了这些表述方式。[18]但是，这些概念的范围十分宽泛，也并非所有的处理决定都具有可诉性，其主要功能还是对诉讼的标的进行描述而非严格界定。

二、19世纪下半叶至"二战"以前——行政行为与主观公权利的竞夺

从19世纪下半叶开始，德国现代行政诉讼制度逐步成型，行政行为这一概念也得到长足发展，但与此同时，另一个概念也几乎同时发展并体系化，这就是主观公权利。二者在德国行政法学体系中形成相互并行的体系脉络，并进一步竞夺行政法体系础石概念的地位。

（一）行政行为概念的产生背景

其实在"行政行为"使用之初，其指称的范围就相当宽泛。例如，在1845年弗里德里希·施密特赫纳（Friedrich Schmitthenner）所著《一般或者理想国家法的基本方针》一书中就提到了这一概念，书中认为行政机关修建道路或者建设文化设施等各种行为，都属于行政行为。[19]

但是，随着19世纪中叶权力分立观念的进一步广泛传播，立法权、行政权以及司法权之间需要有一个概念工具来划分其边界。基于这一背景，行政行为这一概念很快就从宽泛的指称转而强调其处理对象的具体性以及国家意志的单方性，以与立法行为的普遍性及司法裁判的中间性相区分。[20]例如，在1874年奥托·吉尔克（Otto Gierke）所著《国家法的基本概念》一书中，其在使用行政行为这一概念时，就主要是与立法行为（Gesetzesakt）相对应。[21]又如，在1886年艾德蒙德·贝尔纳茨克（Edmund Bernatzik）所著《司法裁判与实体法律效力》一书中，对行政行为的定义是"由法规授权的行政机关组织，根据抽象规定的行政程序所作出的一种宣告，该宣告在于有目的地针对具体的事件确定其法律关系"，[22]已经与现代意义上"行政行为"的指称范围相当接近。

19世纪下半叶，关于行政诉讼制度功能定位的争论达到顶峰，由此出现了所谓的北德方案和南德方案之争。北德方案强调行政诉讼制度应当立足于对行政行为的客观合法性进行审查，而南德方案则强调行政诉讼制度应当立足于救济公民权利。1863年，南德地区的巴登州成立了巴登州最高行政法院，这个法院就采取了典型的个人权利保护模式，原告必须主张行政机关的处理行为对其权利造成侵害时方可提起诉讼。到了1875年，北德地区的普鲁士成立了普鲁士高等行

———————————

[18]　德国《行政程序法》第35条第1款规定，行政行为是指行政机关为解决公法领域中的具体事件所采取的，具有外部法律效力指向的任何决定，命令或其他高权措施。

[19]　F. Schmittbenner, Grundlinien des allgemeinen oder idealen Staatsrechts, Gießen 1845, S. 499.

[20]　Georg Jellinek, System der subjektiven öffentlichen Rechte, Verlag Mohr, 1892, S. 342.

[21]　Otto Gierke, Die Grundbegriffe des Staatsrechts, Verlag H. Laupp, 1874, S.36.

[22]　E. Bernatzik, Rechtsprechung und materielle Rechtskraft, 1886, S.64.

政法院，这个法院则采取了客观合法性审查与个人权利救济相结合的模式。不过，客观合法性审查仅限于特定行政管理领域，采取严格的列举主义，而在个人权利救济层面上则采取概括受案范围模式。

北德地区的概括受案范围有两种确定标准，一种是行政机关的行为。比如，巴登 - 符腾堡州 1873 年《行政裁判管辖法》第 13 条就规定："除下列情形以外，任何个人、团体或者组织认为行政机关基于公法依据而作出的裁决或者处理不合法，并且侵害自己的权利或者施加了本来没有的义务时，高等行政法院有权就其针对该裁决或者处理所提出之异议作出裁判。"[23] 另一种则是以"行政争议"作为受案范围的判断标准，比如在汉堡和不莱梅，法院对公法争议均有权作出裁判，而不必限于特定的行为。[24] 行政诉讼受案范围从行政行为扩展至行政争议，为后来行政行为的式微也埋下了伏笔。

（二）奥托·迈耶对"行政行为"的体系化

德国学界一般认为现代行政法中的行政行为这一概念是由迈耶塑造而成的。迈耶将行政行为定义为"归属于行政的一种决断，其在个案中确定臣民的权利与义务"。[25] 他将行政行为作为其行政法体系的核心概念的主要目的，是希望找到一个能够将行政活动统一于法治国背景下的概念工具。正如其在《德意志行政法》第二卷中所指出的，"行政行为这一概念首要的功能是以最简洁的方式描述行政法律程序，这一概念使得行政法学在使用行政行为这一概念时，就能够表明其具有的法律效力"。[26] 在迈耶看来，行政行为这个概念完美地统一了警察国时期的各种行政活动形态，在此之前所使用的"处理"和"决定"等概念均可纳入其中，[27] 而在此基础上将各种行政活动置于法律框架之内，进一步体现了法治国的精神和要求。

由于迈耶认为行政行为这个概念已经可以囊括几乎所有在法治国语境下需要法治化的行政活动，因此臣民提起行政诉讼的基本前提之一就是诉讼对象应当构成行政行为。[28] 行政行为不仅作为划定权力边界的概念工具，同时也成为划定行政诉讼受案范围的标准。迈耶对于个人权利保护并不感兴趣，恰恰相反，他反对以保护权利作为行政诉讼的出发点。迈耶认为行政诉讼的重点不在于保护个人权利，而是在于维护客观的行政合法性秩序。[29] 他甚至认为，如果从保护权利的角

---

[23]　Walter Jellinek, Verwaltungsrecht, Ausgabe 3, Verlag Springer, 1931, S. 314.

[24]　Walter Jellinek, aaO, S. 314.

[25]　Otto Mayer, Deutsches Verwaltungsrecht. Bd. 1. Verlag Duncker und Humblot, 1895, S.84.

[26]　Otto Mayer, Deutsches Verwaltungsrecht, Bd.2, Verlag, Duncker & Humblot, 1896, S.32.

[27]　Otto Mayer, aaO, S.64.

[28]　Otto Mayer, Deutsches Verwaltungsrecht. Bd. 1. Verlag Duncker und Humblot, 1895, S.162.

[29]　Otto Mayer, aaO, S.149.

度去建构行政诉讼，会导致许多不直接涉及个人权利的行政活动难以得到有效监督，从而导致合法性监督出现漏洞。[30] 在迈耶看来，行政行为这个概念正好成为实现行政审判无漏洞法律监督功能的最佳基石，行政诉讼的受案范围当然也就应当以行政行为作为核心判断标准。

迈耶通过行政行为确实完成了对最典型行政活动予以定型化和法治化的任务，但行政行为这一概念显然无法囊括行政活动的全部形态——即使在迈耶所处的时代就已经捉襟见肘。为了解决这一难题，迈耶将那些无法纳入行政行为概念范围的行政活动直接排除于司法审查范围之外。比如，迈耶认为行政裁量权属于行政权的专属领域，行政机关行使其自由裁量权的行为应当排除司法审查；[31] 他强调特别权力关系理论，将军队、公务员、教育甚至公共设施的利用等诸多管理活动均界定为不应受到司法审查的特别权力活动；[32] 他也不承认公民享有对于国家的给付请求权，从而进一步排除了行政诉讼中那些不以行政行为为对象的给付之诉。

（三）主观公权利体系的崛起

与行政行为的发展几乎同时，主观公权利这一概念开始受到关注并逐渐体系化。主观公权利这个概念也产生于法治国的背景之下，但是不同于行政行为从权力边界角度去塑造法治国，主观公权利更强调从国家与公民的权利义务关系角度去建构法治国的基本体系。

1852 年，卡尔·格贝尔（Carl Friedrich Wilhelm Gerber）发表了《论公权利》一文，这是德国学术界第一次专门针对公权利问题进行的系统性研究。[33] 在此之后，格奥尔格·耶利内克（Georg Jellinek）对公权利理论进行了更为系统性的研究。1892 年，格奥尔格·耶利内克出版了《主观公权利体系》一书，成为主观公权利体系化的一个里程碑。格奥尔格·耶利内克认为，主观公权利指向了国家应当为个人的利益而作为或不作为的一种义务，但是国家应当如何作为或不作为，则必须通过公法规范予以规定。主观公权利不仅通过客观法得以产生并获得保护，同时也通过客观法得以实现。在格奥尔格·耶利内克看来，行政诉讼当然具有保障国家机关依法履行职责的功能，但行政诉讼制度的首要功能就是保护个人权利，并非所有的法律事件都能够纳入行政诉讼的受案范围，而是需要通过法

---

[30] Otto Mayer, aaO, S.163.

[31] Otto Mayer, aaO, S.164.

[32] Manfred Abelein, Rechtsstaat und Besonderes Gewaltverhältnis, Zeitschrift für Politik, Vol. 14, No. 3, 1967, S.315.

[33] Carl Gerber, Grundzüge eines Systems des deutschen Staatsrechts, Verlag Tauchnitz, 1865, 3.Auflage, §11.

律规范来确定哪些属于个人的请求权范畴。[34] 因此，与迈耶希望通过行政行为这个概念来实现无漏洞的合法性监督不同，格奥尔格·耶利内克更强调行政诉讼的权利救济功能。由此可以看出，行政行为与主观公权利这些概念从其发展之初，就与行政诉讼的功能定位存在着紧密的关系。

1914年，另一位学者奥特玛·比勒（Ottmar Bühler）在其《主观公权利及其在德国的行政司法保护》一书中，对主观公权利的体系进一步予以完善，并提出了保护规范理论（Schutznormtheorie）。根据比勒的定义，所谓主观公权利是指基于法律行为或者为保护个人利益而制定的法律规范，臣民针对国家享有一种法律地位，基于这种法律地位臣民可以要求从国家获得一定的利益或者要求国家实施特定行为。[35] 基于上述定义，比勒认为构成主观公权利必须满足三个要素：第一是强制性的法律规范构成主观公权利的基础；第二是具有强制性的法律规范必须服务于个人利益的保护；第三是权利主体应当能够基于法律规范主张这一权利。比勒将主观公权利这个概念的地位提到了一个相当高的位置，他认为承认公民对国家享有主观公权利，是建构法治概念体系的基础。[36] 比勒对于主观公权利的上述界定，也成为保护规范理论的最早形态。

这一时期，另外一位学者同样明确地将行政诉讼的功能定位于主观公权利保护，就是格奥尔格·耶利内克的儿子瓦尔特·耶利内克（Walter Jellinek）。1925年，瓦尔特·耶利内克在德国国家法教师联合会上做了题为"通过普通法院及行政法院保护公权利"的报告。在这一报告中，瓦尔特·耶利内克指出，对主观公权利的保护同时也能够起到维护客观法秩序的作用，但维护客观法秩序未必能保护主观公权利。必须在国家与个人利益之间进行理性平衡的边界内对公民权利予以维护，而法院的职责应当致力于保护公民权利。[37] 瓦尔特·耶利内克认为行政审判的标的应当是那些与个人主观权利相关而又不属于行政裁量范围的"权利争议"[38]。在瓦尔特·耶利内克的思想中已经能够看到无漏洞权利保护的萌芽，其将行政诉讼的受案范围从行为扩展到争议，也为后来德国行政诉讼受案范围的扩大奠定了重要的理论基础。

---

[34] Georg Jellinek, System der Subjektiven Öffentlichen Rechte, Verlag Mohr（Siebeck），1892，S. 342.

[35] Ottmar Bühler, Die subjektiven öffentlichen Rechte und ihr Schutz in der deutschen Verwaltungsrechtsprechung. Verlag W. Kohlhammer，1914，S.224.

[36] Hans Heinrich Rupp, Grundfragen der heutigen Verwaltungsrechtslehre, Mohr（Siebeck），1965，S.147.

[37] Walter Jellinek, Der Schutz des öffentlichen Rechts. Die neueste Entwicklung des Gemeindeverfassungsrechts：Verhandlungen der Tagung der deutschen Staatsrechtslehrer zu Leipzig am 10. und 11. März 1925. Mit Eröffnungs-und Begrüßungsanprachen sowie einer Zusammenfassung der Diskussionsreden.

[38] Walter Jellinek, Verwaltungsrecht：Ausgabe 3，Verlag Springer-1931，S. 302f.

不过，作为迈耶的学生，瓦尔特·耶利内克仍然试图让"行政行为"这一概念承担行政法体系的核心功能，但是又面临行政行为范围过于狭窄的问题。于是，瓦尔特·耶利内克提出，"唯一的办法就是在迈耶的基础上对行政行为作更为宽泛的解释"，"将行政活动范畴内针对个人所作出的所有行为均纳入行政行为的范围"。[39] 瓦尔特·耶利内克的上述观点也反映出在这一时期，德国行政法学在选择基础性概念的问题上仍然存在争议和摇摆。

三、"二战"以后——"无漏洞权利救济"与行政行为的式微

（一）《基本法》实施之前

"二战"之前的法律实践发展，基本上已经将个人权利保护确立为德国行政诉讼制度的基本功能，但行政行为与主观公权利这两个概念究竟哪一个能够作为行政诉讼的基础性概念，仍未分明。这种摇摆直接地反映在"二战"结束后美、英、法三国军事占领区的行政诉讼立法之中。

"二战"结束后不久，盟军管委会（Kontrollrat）就颁布了《管制委员会法令》第 36 号，第 1 条即规定，"各占领区及柏林应当针对行政案件成立行政法院予以裁决"。[40] 该法中并未将行政法院的受案范围限定于"行政行为"，而是使用了较为宽泛的"行政案件"（Verwaltungssachen）。

1946 年 10 月，在以瓦尔特·耶利内克为代表的起草小组的努力下，美占区各州相继出台了关于行政法院管辖的法律，史称"行政法院管辖法"（Verwaltungsgerichtsbarkeitsgesetz，VGG）。以巴登 - 符腾堡州为例，其《关于行政法院管辖之第 110 号法令》第 22 条第 1 款就规定："针对行政机关之处理行为或者特定行政行为之撤销，以及其他公法上之争议（政党争议），若未交由其他特别行政法院、仲裁法院或者根据帝国法律应由民事法院裁判者，则由行政法院裁决之。"[41] 上述规定较为明确地将"行政行为"作为最主要的行政诉讼标的，同时包含政党争议等"其他公法争议"，并且引入了公法关系的确认之诉以及规范审查程序等。

1948 年，英占区先后制定了第 141 号军管法令和第 165 号军管法令，统一了英占区的行政审判制度。通过这些规定，英占区各州将行政诉讼的受案范围扩展到所有行政行为，明确以行政行为为概括受案的连接点。特别是第 165 号军管法令，第一次在法律层面对行政行为这个概念给出了定义，明确行政行为是指"行政机关在公法领域内为规制具体事件而作出的处理、命令、决定或者特定措施"，这一定义后来也成为德国《行政程序法》关于行政行为定义的重要

---

[39]　Walter Jellinek，Verwaltungsrecht：Ausgabe 3，Verlag Springer–1931，S. 246.

[40]　Kontrollratsgesetz Nr.36，§ 1.

[41]　Gesetz über die Neuordnung der Verwaltungsgerichtsbarkeit vom 12. Mai 1958，§ 1.

基础。[42]

1952 年，德国首先在联邦层面出台了《联邦行政法院法》（Gesetz über das Bund-esverwaltungsgericht），该法第 9 条第 1 款明确列举了六种联邦行政法院受理的案件类型，包括针对联邦行政机关作出的行政行为所提起的撤销之诉，与联邦行政机关之间就公法关系是否存在的确认之诉，联邦与州以及州之间非宪法争议的公法争议等。虽然行政行为被作为主要的审理对象，但行政诉讼的受案范围已经扩展到一般确认之诉以及行政主体之间的非宪法争议的公法争议。

（二）奥托·巴霍夫的主观公权利体系

行政行为在行政诉讼法中的基础地位并没有坚持很长时间。20 世纪 50 年代初，奥托·巴霍夫（Otto Bachof）在前人的基础上发展了新的主观公权利体系，并由此进一步完善了行政诉讼的诉讼类型体系，这些发展从理论上动摇了行政行为在行政诉讼中的基础性地位。

巴霍夫首先确认了公民对国家的给付请求权，基于这一请求权，行政诉讼不再局限于撤销之诉，而是扩展至义务之诉（Verpflichtungsklage），从而将民事诉讼中的三大诉讼类型——形成之诉、给付之诉和确认之诉均完整地引入行政诉讼之中。[43] 巴霍夫将后果清除请求权、损害赔偿请求权以及针对事实行为的排除妨碍请求权等纳入公法的请求权体系，进一步形成了体系完备的公法给付之诉。巴霍夫对行政诉讼类型的这些发展，大大突破了迈耶所确立的行政法体系架构。

在将行政诉讼类型化的同时，巴霍夫注意到诉讼标的在不同诉讼类型中的差异。在传统的撤销之诉中，诉讼标的是典型的行政行为，但是在给付之诉或者确认之诉中，诉讼标的不再是典型意义的行政行为。即使在拒绝性答复之诉中，虽然行政机关已经对相对人作出了一个否定性的行政决定，但是仅仅撤销这个决定仍然是不够的，诉讼标的还包含着相对人请求行政机关作出特定行为的请求权。[44] 在后果清除请求权中，也存在不依附于行政行为，而仅针对事实行为的清除请求权。在确认之诉中，诉讼标的是法律关系是否存在的确认，而非行政行为，主要针对撤销之诉的行政行为这一概念已经难以适应复杂的行政争议和诉讼类型。

巴霍夫认为，德国行政诉讼的历史传统是保护个人权利，无论是在义务之诉中还是在撤销之诉中，权利受到侵害都是提起诉讼的条件。[45] 而这里所指的权利，只能是基于法律规范所保护的个人利益，因为超出法律规范的范畴讨论应受保护

---

[42]　Dr. 7/910 S. 57.

[43]　Otto Bachof, Die verwaltungsgerichtliche Klage auf Vornahme einer Amtshandlung, Verlag Mohr Siebeck, Aufl. 2, 1968, S.55.

[44]　Otto Bachof, aaO, S.49.

[45]　Otto Bachof, aaO, S.49.

的个人利益是没有边界的。[46] 因此，行政诉讼所保护的就是主观公权利，而能够统摄各种诉讼类型的核心概念也是主观公权利。通过上述推演，巴霍夫在理论层面将主观公权利推到了行政诉讼的核心地位。

（三）从《基本法》到《行政法院法》

如果说巴霍夫的主观公权利和诉讼类型体系动摇了行政行为作为核心概念的理论基础，那么几乎同一时期由《基本法》和《行政法院法》确立的"无漏洞权利保护原则"，则进一步从法律规范层面掏空了行政行为作为础石性概念的根基。

1949 年颁布的《基本法》第 19 条第 4 款规定，"任何人的权利受到公权力的侵害，皆有权通过法律途径获得救济"，这一规定被称为"权利保护保障"条款（Rechtsschutzgarantie）。相比于《魏玛帝国宪法》第 107 条的表述，《基本法》已经完全放弃了对行为类型的限定，而是以公民的权利受到公权力的侵害作为开启公法诉讼途径的唯一条件，这意味着无论是什么行为类型，只要公民的权利受到公权力之侵害，就应当获得法律救济，这一规定所确立的原则就被称为"无漏洞权利保护原则"。

1953 年，联邦政府向议会提交了《行政法院法草案（第一版）》（以下简称《草案》），这一版的第 38 条就明确规定，行政法院的受案范围是除宪法争议以外的公法争议。相比于《联邦行政法院法》，《草案》已经采取更为明确的概括模式，将公法争议的范围从政党争议扩展到了所有非宪法争议的公法争议。[47] 在第 40 条，该草案也参考民事诉讼的诉讼类型，规定了行政诉讼的三大诉讼类型，即形成之诉、确认之诉及给付之诉，从而与第 38 条形成了一个周严的框架，将行政诉讼的受案范围予以了概括性的框定，而不再以行政行为作为确定受案范围的标准。

《行政法院法》上述规定的直接依据是 1949 年颁布实施的《基本法》第 19 条第 4 款。在《草案》的说明部分，《行政法院法》的立法者明确指出："行政诉讼途径应当为所有的公法争议敞开，需要考量《基本法》第 19 条第 4 款，基于该规定，任何人的权利因公权力措施而受到侵害，皆得诉至行政法院。由此，行政诉讼途径对于所有的公法争议均应当敞开，无论是否存在一个公权力措施，亦无论该公权力是否直接参与系争议的法律关系。"[48] 在此框架下，如果《行政法院法》仍然以行政行为作为受案范围的立法模式，显然将面临行政行为这个概念无法承担无漏洞权利救济功能的难题，而主观公权利自然承担起了这一功能。

---

[46]　Otto Bachof，aaO，S.79.

[47]　Dr. 4278-1953 S.33

[48]　Dr. 4278-1953 S.33.

（四）《行政程序法》——回归实体法上的定型功能

制度的变迁从来都不是一蹴而就的，实际上在《行政法院法》实施之后很长时间内，联邦行政法院仍然将行政行为作为判断是否符合起诉条件的重要标准。比如，直到 1968 年，联邦行政法院仍然认为："行政行为这一概念是行政法学带有目的性的创造。通过这个概念，公民针对公权力的权利保护获得保障，因此对这一概念的解释和适用对于公民的权利保护需要具有重要意义。"[49]

不过，在 1973 年《行政程序法》草案对行政行为这一概念予以明确界定之后，行政行为的功能定位就更加明确。正如立法说明中所指出的，行政行为这个概念不是诉讼法层面的概念，而是行政程序法和实体法层面的概念。立法说明特别强调，在审查《基本法》第 19 条第 4 款的过程中，无须考虑行政行为的问题。[50]行政行为这一概念回归到了迈耶创设这一概念的初衷，即在行政程序法层面对特定行政活动予以定型化。

正如 Kopp 及 Schenke 在其所著《行政法院法评注》中所指出的，行政行为这个概念在行政诉讼中对于确定特定诉讼类型的起诉条件，以及在行政实体法上均仍然具有重要作用，但基于《基本法》第 19 条第 4 款对于高权行政活动宪法保障，以及将上述规定具体化的《行政法院法》第 40 条的概括受案范围规定，行政活动能否构成行政行为对于能否获得法律保障已经不再具有决定性的意义。因此，没有必要为了确保行政诉讼法上的法律保护范围，而对行政行为的概念予以宽泛的界定。[51]

四、结语

从德国行政行为概念的发展历程来看，其功能的变迁与行政诉讼制度的功能定位有着密切联系。行政行为是在法治国的背景下，为划定公权力边界而创造的概念，与个人权利保护其实并不处于同一脉络。在行政审判提供的权利保护范围较为有限的时代，以宽泛的行为作为受案范围的判断标准尚不会产生任何明显的影响。但是，当权利保护进入"无漏洞权利救济"的时代，用以描述特定行政活动的行政行为就再也无力承担这一功能，这是行政行为概念在行政诉讼法上功能式微的主要原因。

德国之所以没有选择通过扩大行政行为的范围来解决这一冲突，主要原因有三个方面：一是有主观公权利这一概念专门解决这一问题，没有必要舍近求远去扩大行政行为的范围来满足"无漏洞权利救济"的需要；二是行政行为这一概念

---

[49]　NJW 1970, 1989.

[50]　Dr. 7/910 S. 57.

[51]　Kopp/Schenke, Verwaltungsgerichtsordnung Kommentar, Verlag C.H.Beck, 15.Auflage, 2007, Anh § 42, Rn.1.

本来的功能就是用来描述特定的行政活动类型，如果对这一概念作宽泛的界定，反而会导致其原有功能的衰竭甚至丧失；三是行政行为还承担着确定诉讼类型的功能，如果予以扩大，还会导致行政诉讼类型之间的界限模糊不清。

笔者认为，我国行政诉讼在扩大受案范围时，同样需要考虑切入点的选择问题。目前的选择路径是通过扩大行政行为的范围来实现权利救济范围的扩大，但是也需要注意解决这一过程可能带来的行政行为对行政活动定型化、行政诉讼类型化所承担的区分功能衰竭甚至丧失的问题。如果不能很好地解决这一问题，那么可能就需要考虑加强对"合法权益"等概念的研究，弥补我国行政法体系中权利概念的薄弱之处，通过建构我国行政法上的权利体系来适应"无漏洞权利救济"的需要。

论澳门行政执法的程序性裁量统制

黄　硕

在中国内地行政执法体制改革过程中，裁量基准制度在一些省市推行已有数年。如何规范裁量权行使，始终是行政法学界和实务界重点关注的问题。从比较行政法研究的视角来看，澳门的法律制度受葡萄牙行政法学理论影响甚久，对裁量权的规制是其行政法制度的重要内容。其中，作为事前规制的机制，澳门是通过建立完善的行政程序来实现对执法裁量权的规制的。澳门的程序性裁量统制制度，对中国内地完善行政执法体制的改革乃至将来可能制定以程序法为主的行政法法典，具有借鉴、补充的意义。

为此，本文通过研究澳门特别行政区的行政程序立法及法院在行政诉讼司法裁判书中对相关法律规范的解释，阐释和分析澳门法律对行政执法活动作出程序性裁量统制的理论基础和主要制度。

一、澳门行政法背后的裁量统制理论

关于澳门行政法的裁量和裁量统制的研究，目前主要的研究成果聚焦于澳门司法对行政机关裁量权的审查问题上。例如，澳门当地的学者概括说，澳门法院对裁量权的监察，原则上限于对其合法性的审查，法院不能单纯仅就行政决定的适当性作出裁判；不过，澳门终审法院也确立了对裁量权的行使进行司法审查的"适度性原则"标准，这一标准依据主观权力行使偏差、客观权力的行使明显或不可容忍地侵犯行政合理性规范、明显的事实错误等具体标准。[1]

既然澳门行政法学中关于立法对行政裁量的统制，以及在行政自我规制意义上的裁量统制等问题的理论渊源并不深厚，那么，笔者尝试从对澳门法制影响最深的葡萄牙行政法学中寻找相关的理论基础。[2]

---

[1] 蒋朝阳：《澳门基本法与澳门特别行政区法治研究》，社会科学文献出版社 2016 年版，第 289—290 页。

[2] 笔者搜索和查阅澳门终审法院涉及行政机关行使裁量权的行政诉讼裁判书 80 多份，发现在澳门的司法实践中，终审法院法官经常在裁判书中直接引用法学家的理论辅助说理，并像学术论文一样采用严格的引用标注。而在笔者所阅览的这 80 多份裁判书中，澳门法官所引用的法学理论绝大多数是来自葡萄牙法学家的，此外少数是来自中国内地法学家，如肖蔚云教授、王振民教授等，而引用澳门当地学者的理论属极其个别的情形。由此表明，以葡萄牙法学理论解释澳门特别行政区行政法，在当地具有实践基础。

（一）裁量与裁量统制

在葡萄牙行政法学中，所谓裁量，有人译作"自由裁量"（actos discricionários），是指"法律授予行政机关的，在多个可能行为之中，由行政机关在最适合于实现被授予之规范保护的公共利益的行为中进行选择之自由"[3]。"自由裁量权"是对应于"受限制权力"的概念[4]，行政机关的裁量行为则是跟其"限定性活动"相对应的行为方式，后者相当于羁束性行为。

在论述（自由）裁量的法律性质时，葡萄牙法学家们与其说自由，不如说更强调法律对裁量自由的限制。苏乐治教授在批判行政机关存在"原始自由""绝对自由"领域的基础上，提出"自由裁量不表示对内容作一个完全选择，但只限于针对法律所容许之目的。我们有一个'自由裁量之限制'——其限制为只到法律容许之选择自由之幅度"[5]。科雷亚教授认为，"无任何权力是任由自由裁量"，自由裁量是行政机关行为权力中的一个部分，只有法律授予方存在。[6]

对裁量的限制，或称裁量统制，其理论基础是法治国原理，即行政机关从属于法律，且其行为应当受到法官的审查。[7] 对裁量的限制可分为内部限制和外部限制。内部限制是指这样一些限制因素，它们限制行政机关在多种可能的行为中只能选择其中一种或几种，并在即使明示法律禁止的前提下其他某些可能的行为在具体情况下不再能选择。内部限制具体表现为两方面——权力行为不得偏离立法目的；遵守平等原则。外部限制则由权限、关于行为之前提及内容的规范、关于手续及形式之规范等因素组成。[8]

（二）立法目的对裁量的统制

在大陆法的理论中，关于统制裁量的方式，已发展出多种多样的途径。例如，日本行政法学家南博方教授认为："只有通过行政自己的手来谋求裁量统制（例如，行政信息的公开、裁量基准的公布、听证的实施、处分理由的开示等行政程序的公正化、透明化，行政型 ADR 的整备充实等），才能够充分发挥由法院进行

[3] ［葡］若泽·曼努埃尔·里贝罗·塞尔武罗·科雷亚：《行政法原理》，冯文庄译，法律出版社 2017 年版，第 91 页。

[4] Marcello Caetano, Manual de Direito Administrativo, Coimbra: Livraria Almedina, Tomo I, 10ed., 1980, p.214.

［葡］马塞洛·卡塔诺：《行政管理手册》（第一卷），科英布拉：阿尔梅迪纳书局 1980 年第十版，第 214 页，转引自澳门特别行政区终审法院第 9/2000 号案裁判书。

[5] ［葡］苏乐治：《行政法》，冯文庄译，法律出版社 2014 年版，第 201 页。

[6] ［葡］若泽·曼努埃尔·里贝罗·塞尔武罗·科雷亚：《行政法原理》，冯文庄译，法律出版社 2017 年版，第 91—92 页。

[7] ［葡］苏乐治：《行政法》，冯文庄译，法律出版社 2014 年版，第 211 页。

[8] ［葡］若泽·曼努埃尔·里贝罗·塞尔武罗·科雷亚：《行政法原理》，冯文庄译，法律出版社 2017 年版，第 97—98 页。

的裁量统制的实效性。"[9] 像中国内地各省正推行的裁量基准和执法案例指导制度改革，就是裁量统制的重要手段。

在统制裁量的几种因素中，从笔者目前阅读的葡萄牙行政法论著来看，葡萄牙法学家们尤其强调"目的"对裁量的统制。立法者在法律中所确定之目的，背后代表的是一种具体的公共利益。法律赋予行政机关一种权力，并规定运用这种权力的目的，实际上是指出立法者欲谋求的利益。因此，行使权力的行为服从于法定目的，目的决定行政行为的意义并构成行政行为的有效要件。目的是裁量的必然羁束因素。具体而言，所谓裁量，就是立法者已经规定了目的，而行政机关在处理目的和方法的关系上，负有找寻实现目的（利益）之方法的义务并可以在多种方法中作出选择。如果行政机关行使裁量权与立法者授予该权力之目的不符，造成"目的"这一行政行为有效性要件缺失的，就构成"权力偏差"的行政行为瑕疵。例如，行政机关毫无原因不遵守行政惯例的，其裁量内容可能是为了满足与法定目的不相符之其他目的，于是构成不当裁量，从而具有违法性瑕疵。审查行政行为是否存在权力偏差，是监督行政行为合法性的一个方法。[10]

由于立法目的通常具有抽象性，且鉴于实践中在大多数情况下极难查明行政机关作出行为时所追求的目标，因此立法者应当设立一种规制机制，要求行政机关将作出行为的决定性原因载于行为本身的理由说明中，又或者可以从之前的行政程序中发现。[11] 从而，在对行使裁量权进行合法性监督时，说明（正当）理由是对这种监督必不可少的也是首要的途径。因为说明（正当）理由是指有一个公共利益存在，要求以某一行为加以满足。若行政行为有一个裁量内容，正当理由之指明有助于决定行政机关所采取之立场的基础，亦容许审定所作之选择的正确性。[12] 除说明理由这一规制方式外，葡萄牙学者还提出，为了证明行政行为的实际目的，"法院可以考虑对行为的综合审查、行为的依据、案件中行为之前和之后的种种因素、对下级下达的指示、对上诉所作的答复，以及整个案件显示出的

---

[9] ［日］南博方：《行政法》，杨建顺译，商务印书馆 2020 年版，第 49—50 页。

[10] ［葡］苏乐治：《行政法》，冯文庄译，法律出版社 2014 年版，第 134、147、148、234 页；［葡］若泽·曼努埃尔·里贝罗·塞尔武罗·科雷亚：《行政法原理》，冯文庄译，法律出版社 2017 年版，第 245、246、249 页。

[11] Marcello Caetano, Manual de Direito Administrativo, Coimbra: Livraria Almedina, Tomo I, 10ed., 1980, pp.508-509.

［葡］马塞洛·卡塔诺：《行政管理手册》（第一卷），科英布拉：阿尔梅迪纳书局 1980 年第十版，第 508—509 页，转引自澳门特别行政区终审法院第 19/2014 号案裁判书。

[12] ［葡］苏乐治：《行政法》，冯文庄译，法律出版社 2014 年版，第 135—136 页；［葡］若泽·曼努埃尔·里贝罗·塞尔武罗·科雷亚：《行政法原理》，冯文庄译，法律出版社 2017 年版，第 217 页。

事实方面的情节"[13]。而在澳门司法实践中，终审法院肯定了"证明存在权力偏差的瑕疵可以使用法律所允许的所有证据方法，而并不仅限于被上诉行为理由说明的内容"[14]。

（三）葡萄牙行政法具有"程序性裁量统制"色彩

由于说明理由在性质上是一种行政程序，可以认为，关于立法目的对行政裁量的这样一种内部限制，通过说明理由等行政程序外化为程序法规范对行政裁量的外部限制。在行政诉讼的司法实践中，考察行政程序全过程中行政机关有无出现权力偏差的瑕疵这一方法，也是法官形成心证的重要依托。因此，通过完善行政程序立法，确保行政裁量有程序可遵循，是裁量统制的一种重要手段，在学理上可称为"程序性裁量统制论"或"裁量过程统制论"。[15] 从行政程序本身的价值来讲，行政程序尤其是正当程序，具有公正、民主、效率等价值，对裁量的统制就是从公正价值引申出来的作用。中国内地学者认为，行政程序的其中一个价值，是监督行政机关依法行使职权；行政程序可以对行政裁量权实施可行性的监控。[16] 而中国台湾地区有学者则提出，行政程序法的终局目标之一是保障人民权益，而人民权益包含了"无瑕疵裁量请求权"。[17] 这些观点，足以证明行政程序对于裁量统制的重要作用。

因此，在梳理葡萄牙学者及大陆法国家（地区）相关学者的学说后，笔者判断，葡萄牙行政法中的裁量统制理论，具有相当程度的"程序性裁量统制"色彩。葡萄牙的这种理论特色，也影响了澳门行政法对裁量权统制的立法。据学者考证，当年澳门《行政程序法典》即以葡萄牙《行政程序法典》为蓝本制定而成，保留了葡萄牙《行政程序法典》中的大部分规定。[18] 在 1999 年以后澳门特别行政区的行政法实际运作中，不可否认，适度原则及相应的实体法规范仍然是对裁量权进行统制的主要依据，也是行政诉讼中澳门终审法院援引的主要内容，这是澳门立法属于大陆法系这一性质所决定的；另外，笔者在此主张澳门行政法具有相当程度的"程序性裁量统制"特色，旨在论证行政程序法制度在规范行政裁量权当中逐渐发挥不可忽视的作用。

---

[13]　André Gonçalves Pereira, em O Direito, ano 105.°, p. 320.

　　［葡］安德烈·冈萨尔维斯·佩雷拉为司法裁判作的注释，载《法律年刊》第 105 期，第 320 页，转引自澳门特别行政区终审法院第 29/2003 号案裁判书。

[14]　澳门特别行政区终审法院第 19/2014 号案裁判书。

[15]　[日] 南博方：《行政法》，杨建顺译，商务印书馆 2020 年版，第 49 页；杨建顺主编：《行政法总论》，北京大学出版社 2016 年版，第 48 页。

[16]　姜明安主编：《行政法与行政诉讼法》，北京大学出版社、高等教育出版社 2015 年版，第 329—330 页。

[17]　李惠宗：《行政法要义》，元照出版有限公司 2013 年版，第 59 页。

[18]　朱林：《葡萄牙〈行政程序法典〉评介》，载《行政法学研究》1996 年第 3 期。

二、澳门对行政执法过程中行使裁量权的立法统制总体情况

在学理上，对裁量权的统制，可以分为立法统制、司法统制和行政自我规制三种。由于在类似澳门特别行政区等大陆法系的国家（或地区），司法在较大程度上是对立法的解释和适用，或许在此意义上，澳门终审法院的法官认为，裁量权的限制从限制来源标准来看，一般分为来自法律规定的法律限制和行政机关的自我限制。[19]

笔者检索澳门特别行政区的法例，未发现与裁量基准等相关的法律、行政法规、行政长官批示、行政法务司司长批示及其他相关的规范性文件。笔者以城市管理等部门行政法为切入点，在市政署等机构的主页亦未找到发布的规制执法裁量权的标准。另外，澳门终审法院在多份行政诉讼裁判书中阐明了法院对行政裁量权的司法审查权限的一贯见解是，"除明显错误、完全不合理或者一般来说明显违反行政工作必须遵守的基本法律原则的情况外，对于在自由决定空间范围内作出的行政行为的实质，法院原则上不得透过司法上诉程序进行审查"[20]，从而明确了司法审查以尊重行政裁量为原则、以审查明显违反基本法律原则的情况为例外。故而，从现有研究材料看，澳门对行政执法过程中行使裁量权的统制，主要是立法统制。这些与裁量权之立法统制相关的规定，可分为以下三类。

第一类，是通过体现适度原则（比例原则）的法规范，要求在行政执法过程中合理行使裁量权。"适度原则"是澳门《行政程序法典》第 5 条第 2 款规定的行政活动之一般原则，[21] 从条文的表述上看，该原则强调了目的之正当性和实现目的之手段的适度性，类似于德国比例原则中的"适当性原则"。在《行政程序法典》所规定的执行程序中，如第 138 条、第 144 条，同样体现了"适度原则"对裁量权的统制。[22] 除了作为一般原则外，"适度原则"在一些具体领域设定行政执法权的相关立法中亦有体现。以设定城市管理执法权的法律法

---

[19]　澳门特别行政区终审法院第 9/2000 号案裁判书。

[20]　澳门特别行政区终审法院第 14/2002 号案裁判书，此外终审法院在第 6/2000 号、第 34/2007 号、第 104/2014 号、第 112/2014 号、第 123/2014 号、第 69/2016 号、第 65/2018 号、第 59/2020 号、第 36/2021 号等案件的裁判书中多次重申这一见解。

[21]　澳门《行政程序法典》第 5 条第 2 款规定，"行政当局之决定与私人之权利或受法律保护之利益有冲突时，仅得在对所拟达致之目的属适当及适度下，损害该等权利或利益"。

[22]　关于执法的合法性，澳门《行政程序法典》第 138 条规定，"在执行行政行为时，应尽可能使用能确保完全实现行政行为之目的的，以及对私人之权利与利益造成较少损失之方法"。关于对相对人侵益较大的、要求其作出一定事实的执行，第 144 条规定，"仅在法律明文规定之情况下，且必须在尊重公民之基本权利及尊重个人下，方得直接强制义务人履行作出不可由他人代为作出之事实之作为义务"。

规为例，[23] 从这些规定可以概括出，澳门法律制度要求城市管理执法的机关在行使执法权时，应当考虑违法者的过错程度、违法行为的严重性、违法行为所造成的损害，以及违法者承担罚款的经济能力等因素后作出决定，方是符合适度原则的合理裁量。此外，鉴于行政执法机关实施的即时强制措施可能对行政相对人造成重大的且难以挽回的损失，澳门一些部门行政法的立法对决定实施这种强制措施的裁量权力有更严格的限制，规定了比《行政程序法典》适度原则的字面含义（主要是"适当性原则"）更为严格的要求，体现了"必要性原则"和"狭义比例原则"。[24] 事实上，经过澳门终审法院在行政诉讼裁判书中对适度原则所进行的扩张解释，指出适度原则可下分为三个小原则——适当原则、必要性原则、狭义的适度原则或衡平原则。[25] 澳门《行政程序法典》中的适度原则在统制行政裁量权的过程中所发挥的作用已跟德国的比例原则没有差异。正如葡萄牙学者 Vitalino Canas 所指出的，"只有在审查享有一定选择空间的嫌疑人的行为时，才可适用适度原则"[26]，适度原则在行政法中的一个重要功能正是限制裁量权使其得到合理运用。反之，澳门行政诉讼的裁判书一次次阐明，

---

[23]　例如，第 28/2004 号行政法规《公共地方总规章》第 48 条规定，"对严重违法行为及非常严重违法行为，除罚款外，尚可按违法者的过错程度同时科处以下附加处罚：……"；第 12/2013 号法律《城市规划法》第 44 条规定，"罚款金额尤其应按违法行为的严重程度以及所引致的损害、违法者的过错及其经济能力厘订"；第 8/2014 号法律《预防和控制环境噪音》第 12 条规定，"按违法行为及所造成的损害的严重性，以及违法者的过错程度及前科酌科罚款"；第 4/2016 号法律《动物保护法》第 30 条规定，"对上条第一款至第三款规定的违法行为，除科处该条规定的处罚外，尚可按行政违法行为的严重性及行为人的过错程度科处以下一项或多项附加处罚……"

[24]　例如，关于限制、禁止施工的"预防措施"制定条件，第 12/2013 号法律《城市规划法》规定，"仅在预见或恐防可能发生的变更对社会造成的损害大于采取预防措施所造成的损害，且在列明有关依据的情况下，方可在已决定编制、检讨或修改城市规划的地区制定预防措施，以避免因在该地区实际存在的状况被变更而可能妨碍有关城市规划的编制或修改"，"预防措施仅限于为达到目的所必需的举措，且该等举措应符合相关规划的目标"。上述规定体现了比例原则中的"狭义比例原则"，将利益平衡纳入裁量的考虑因素中。

又如，第 14/2018 号法律《治安警察局》第 9 条关于强制手段的规定："在任何情况下，警务人员须维护及尊重生命、身体完整性和人格尊严，且在行动中优先使用劝导的方式，并仅在绝对必要的情况下方使用强制手段"，"使用强制手段的合法情况尤指如下：（一）排除正在进行对法律所保护的利益的不法侵犯，不论属警务人员自身防卫或保护第三人；（二）消除对在执行职务时所遇的抵抗，且经使用所有为达致该目的的劝导方式无效"。这在一定程度上体现了比例原则中的"必要性原则"（最小侵害原则）。

[25]　澳门特别行政区终审法院第 9/2000 号案裁判书、第 26/2003 号案裁判书、第 83/2012 号案裁判书等。

[26]　Vitalino Canas, Princípio da Proporcionalidade, in Dicionário Jurídico da Administração Pública, Vol. VI, Lisboa, 1994, p. 616.

［葡］维塔利诺·卡纳斯：词条"适度原则"，见《公共行政法律词典》（第六卷），里斯本：1994 年，第 616 页，转引自澳门特别行政区终审法院第 26/2003 号案裁判书。

对于羁束性行政行为（在澳门称为限定性活动），由于作出决定的行政机关"没有自由决定的余地，行为只存在唯一可能的方向时，行为的内容受限"[27]，因此，在限定性活动中，不存在对适度原则的违反，也不存在对其他诸如善意原则、公正无私原则、平等原则的违反。[28]

第二类，是通过规定平等原则、公正无私原则、善意原则等，要求行政执法机关在行使裁量权时一视同仁、同案同判。平等原则规定于澳门《行政程序法典》第 5 条第 1 款，[29]该原则源于《澳门基本法》而具有准宪法的位阶，不允许没有任何合理理由而给予不同的待遇。[30]《行政程序法典》第 7 条还规定了行政活动"公正原则及无私原则"，即公共行政当局从事活动时，应以公正及无私的方式，对待所有与其产生关系者。从上述两项原则，笔者认为，可以推导出执法裁量的"同案同判"。与适度原则的功能相似的是，澳门终审法院历来的见解认为，只有在行使裁量权的过程中，平等原则、公正无私原则才具有约束行政行为的意义；在行使受限制权力的过程中，并不存在违反平等原则、公正无私原则。[31]其理论基础是，在行政法的意义上（当然，主张法律本身违反宪法或《基本法》平等原则而要求司法审查除外），"没有一项对不法性的平等权利"，"行政当局的一项非法行为并不赋予个人将来在相同情况下要求作出内容相同的行为的权利"[32]。由此突出了平等原则等在限制裁量权方面的意义。作为平等原则在行政活动中的具体落实，《行政程序法典》第 122 条规定，与裁判已确定之案件相抵触之行为，尤属无效之行政行为。

第三类，是通过规定正当程序从而规范行政执法机关裁量过程的法规范。在澳门，这类法规范不仅系统地规定于《行政程序法典》中，而且在诸如城市管理

---

[27] Viriato Lima e Álvaro Dantas, Código de Processo Administrativo Contencioso Anotado, Macau: Centro de Formação Jurídica e Judiciária, 2015, p.310.

　　［葡］维拉托·利马、阿尔瓦罗·丹塔斯：《〈行政诉讼法〉注释》，澳门：法律及司法培训中心2015 年版，第 310 页，转引自澳门特别行政区终审法院第 15/2020 号案裁判书。

[28] 澳门特别行政区终审法院第 62/2017 号案裁判书，此外终审法院在第 9/2000 号、第 38/2017号、第 7/2018 号、第 88/2018 号、第 90/2018 号、第 28/2020 号、第 182/2020 号等案件的裁判书中多次重申这一见解。

[29] 澳门《行政程序法典》第 5 条规定，"与私人产生关系时，公共行政当局应遵循平等原则，不得因被管理者之血统、性别、种族、语言、原居地、宗教、政治信仰、意识形态信仰、教育、经济状况或社会地位，而使之享有特权、受惠、受损害，或剥夺其任何权利或免除其任何义务"。

[30] 澳门特别行政区终审法院第 5/2010 号案裁判书、第 9/2012 号案裁判书。

[31] 澳门特别行政区终审法院第 7/2007 号案裁判书、第 45/2015 号案裁判书。

[32] Jorge Miranda e Rui Medeiros, Constituição Portuguesa Anotada, Coimbra: Coimbra Editora, Tomo I, 2005, p. 127.

　　［葡］若尔赫·米兰达、鲁伊·梅代罗斯：《葡萄牙宪法注释》（第一卷），科英布拉：科英布拉出版社 2005 年版，第 127 页，转引自澳门特别行政区终审法院第 7/2007 号案裁判书。

等多个部门行政法的各单行立法中亦有规定。行政程序，是指"为形成与表示公共行政当局意思，或为执行该意思而进行之一连串有序之行为及手续"[33]。葡萄牙的行政法学理论将手续区分为根本性手续和非根本性手续，两者区分的标准是在该手续不当履行或遗漏作出时是否影响到与手续相关的行政行为的有效性，即为使行政行为有效则必须遵守的那些相关手续是根本性手续，不当履行或遗漏根本性手续会导致行为无效；反之，无此效力的手续是非根本性手续。[34]原则上，规定于法律中的手续都是根本性手续，不过，有葡萄牙学者指出，有两类手续即使规定于法律中，按其性质也属于非根本性手续："a）那些虽被遗漏或是不规则地作出，但其所准备的事实已经发生又或旨在透过其所达到的特定目标业已实现的手续；b）那些规定于法律中的旨在确保部门内部的良好运转的纯官僚化手续。"[35]上述理论获得澳门终审法院裁判书的确认。基于此，具有裁量统制意义的行政程序，应当是根本性手续。

　　对于澳门上述三类与裁量权之立法统制相关的法规范，本文重点讨论程序性规范在澳门行政执法过程中对裁量权统制的原理、机制和作用。这类程序性规范，根据澳门《行政程序法典》及按照行政程序的类型，下文第三至第五部分将分三类展开论述。

三、执法机关说明理由的义务与裁量统制

（一）说明理由的三重制度意义

　　正如本文第一部分所述，在葡萄牙行政法理论中，通过说明理由的程序阐明行政行为的目的，防止执法机关行使裁量权的权力偏差，是裁量统制的重要手段。

　　从澳门《行政程序法典》的规定来看，笔者认为，执法机关说明理由的义务，至少可以从法典中的两项一般原则当中推导出来：一是合法性原则（第3条），该原则要求行政机关行使权力的活动，应符合将该等权力赋予该机关所拟达致之目的，从而彰显了执法权之授权目的对执法活动的限制，说明理由则是行政机关表明和解释其行为目的之重要手段。二是善意原则（第8条），该原则要求行政机关依善意规则行事及建立关系时，"应考虑在具体情况下需重视之法律基本

---

[33]　澳门特别行政区《行政程序法典》第1条。

[34]　Freitas do Amaral, Curso de Direito Administrativo, Coimbra: Livraria Almedina, Vol. I, 2ed., 2011, p.385.

　　［葡］弗雷塔斯·多·阿马拉尔：《行政法课程》（第一卷），科英布拉：阿尔梅迪纳书局2011年第二版，第385页，转引自澳门特别行政区终审法院第48/2012号案裁判书。

[35]　Marcello Caetano, Manual de Direito Administrativo, Coimbra: Livraria Almedina, Tomo I, 10ed., 1980, pp.471—472.

　　［葡］马塞洛·卡塔诺：《行政管理手册》（第一卷），科英布拉：阿尔梅迪纳书局1980年第十版，第471—472页，转引自澳门特别行政区终审法院第48/2012号案裁判书。

价值，尤应考虑：a）有关活动使相对人产生之信赖；b）已实行之活动所拟达致之目的"。这也在目的、动机上要求执法机关行使裁量权时须善意、正当、合理，要考虑已经形成的行政惯例对行政相对人产生之信赖，因此，当行政行为的作出有悖于行政惯例时，行政机关必须说明理由，表明本次行政行为所考虑的个案情况存在哪些合理性。

澳门行政法的实践表明，执法机关说明理由制度的首要意义，是作用于行政机关自身的裁量统制功能。"说明理由系指显然能为行政决定、证明性阐述或判断提供依据的论述。"[36] 具体而言，这是要求行政机关在作出决定时必须说明理由，而且原则上这种说明理由是公开的，那么就促使行政机关在作出决定前应当深思熟虑、客观公正，才可在说明理由过程中自圆其说，减少作出决定者恣意武断的因素。

相应地，法律要求执法机关的理由说明送达行政相对人，对于相对人而言，说明理由具有的意义是保障相对人权利并赋予相对人监督执法机关依法行政的信息途径。说明理由要求执法机关以明示的方式向相对人指出这一影响后者权利的行政决定的事实根据和法律依据。实践中，这样的说明理由通常可以让相对人了解行政决定的法律依据、对事实状况的认定、对法律规定含义的解释、对相关利益的考虑以及最后的法律定性等信息。[37] 掌握这些信息，相对人在不服行政决定时才可有针对性地提出抗辩、投诉，因此说明理由制度构成相对人权利救济的一个媒介因素。正是在此意义上，欠缺理由说明可能威胁到相对人有效寻求其权利的救济，当相对人要求执法机关说明理由时，执法机关须履行这种义务，否则这种欠缺说明本身就具有违法性（除非法律规定免于说明理由）。在此意义上，澳门终审法院在一个判决中指出，"如果某项决定欠缺一个恰当、清楚及充分的理由说明就将导致其无法被理解，那么，所确立的'正当法律程序原则'就没有任何意义了，《行政诉讼法典》第2条所规定的'有效司法保护原则'也将失去意义"[38]。这一论述是很恰当的。

除上述两方面的意义外，澳门行政法实践中已在探寻说明理由制度的多功能性，尤其是相对于行政诉讼两造之外的对一般公众的意义。澳门终审法院在具体案件的判决中援引葡萄牙行政法学者的理论指出，说明理由得以使一般公众也了解行政决定的含义，有利于扩大行政公开性，尤其是在信息公开和行政参与的意义上以及行政机关与整个社会群体的关系等方面，以此使私人相信行政机关所作

---

[36]　Vieira de Andrade，O Dever da Fundamentação Expressa de Actos Administrativos，Coimbra：Livraria Almedina，1991，pp. 228-232.

[葡] 比埃拉·德·安德拉德：《以明确方式对行政行为作出说明理由的义务》，科英布拉：阿尔梅迪纳书局1991年版，第228—232页，转引自澳门特别行政区终审法院第14/2002号案裁判书。

[37]　澳门特别行政区终审法院第14/2002号案裁判书。

[38]　澳门特别行政区终审法院第168/2020号案裁判书。

出的决定的正确性，并在行政当局与公众之间营造出和睦和信任的气氛。[39]

（二）澳门行政程序法中说明理由的要件：明确、清楚、足够

根据澳门《行政程序法典》第113条、第114条的规定，执法机关承担说明理由义务有三种情况：应利害关系人申请，被要求说明理由；法律特别要求说明理由之行政行为；《行政程序法典》第114条要求行政行为须说明理由的6种情形，如有别于行政惯例（惯常采取之做法）的做法等。[40]此外，在某些执法领域，如城市管理执法中，可能会遇到突发情况，需要采取临时措施，另外，临时措施的紧急性和强烈性，亦容易导致行政相对人维权空间的压缩，对相对人权利也有可能造成严重侵害。因此，《行政程序法典》第83条特别规定了这一情况下要求说明理由，[41]乃是要求行政机关决定作出或废止临时措施时，必须目的正当、谨慎衡量。

1.“明确、清楚、足够”三要件的内涵

关于要求执法机关说明理由的制度如何在裁量权行使过程中发挥具体的统制作用，或者说这种统制作用的强度有多大，笔者认为，首先要看程序法中有无以及如何规定说明理由的要件，其次就是法律所规定的这些要件在行政活动中尤其是在个案中如何适用。在澳门的行政法实践中，法院借争讼个案对立法中这些说明理由要件的解释和适用，对于强化对行政裁量权的统制功能，发挥了不可忽视的作用。《行政程序法典》第115条所规定的执法机关说明理由的要件，[42]澳门终审法院在前财政局局长刘玉叶因不服停职处分诉澳门特别行政区行政长官的第83/2012号案裁判书中曾概括为“一致、清楚及充分”，而在新近的某甲因不服废

---

[39]　Vieira de Andrade，O Dever da Fundamentação Expressa de Actos Administrativos，Coimbra：Livraria Almedina，1991，pp.228-232；David Duarte，Procedimentalização，Participação e Fundamentação：Para uma Concretização do Princípio da Imparcialidade Administrativa como Parâmetro Decisório，Coimbra：Livraria Almedina，1996，pp.237-241.

［葡］比埃拉·德·安德拉德：《以明确方式对行政行为作出说明理由的义务》，科英布拉：阿尔梅迪纳书局1991年版，第65—80页；［葡］大卫·杜阿尔特：《程序化、参与和说明理由：实现行政无私原则是作出决定的标准》，科英布拉：阿尔梅迪纳书局1996年版，第237—241页，转引自澳门特别行政区终审法院第14/2002号案裁判书。

[40]　根据《行政程序法典》第114条规定，这6种情形是：a）以任何方式全部或部分否认、消灭、限制或损害权利或受法律保护之利益，又或课予或加重义务、负担或处罚之行政行为；b）就声明异议或上诉作出全部或部分决定之行政行为；c）作出与利害关系人所提出之要求或反对全部或部分相反之决定之行政行为；d）作出与意见书、报告或官方建议之内容全部或部分相反之决定之行政行为；e）在解决类似情况时，或在解释或适用相同之原则或法律规定时，以有别于惯常采取之做法，作出全部或部分决定之行政行为；f）将先前之行政行为全部或部分废止、变更或中止之行政行为。

[41]　根据《行政程序法典》第83条规定，“……命令采取或更改任何临时措施之决定，应说明理由，并定出该措施之有效期间”。“废止临时措施，亦应说明理由”。

[42]　根据《行政程序法典》第115条规定，“说明理由应透过扼要阐述有关决定之事实依据及法律依据，以明示方式作出……”；“采纳含糊、矛盾或不充分之依据，而未能具体解释作出该行为之理由，等同于无说明理由”。

止聘用 13 名外地雇员许可的决定诉经济财政司司长的第 168/2020 号案裁判书中进一步概括为"明确、清楚、足够"。按照终审法院法官的见解，"明确"是指明示，单纯以暗示的方式所作的理由说明是不能被接受的；"清楚"是指能够被人理解、前后一致、有逻辑且有条理；"足够"是指充分、完整。[43]

"明确、清楚、足够"的三要件中说明理由"清楚"、"足够"（充分）的要件是否在具体个案中得到满足，是行政诉讼中经常发生的争议。澳门终审法院确立了"行政行为的理由说明应能让一个普通行为相对人还原相关行为作出者的认知和评价过程"[44] 这样一个标准，在此标准中法院尤其强调，理由说明不能仅是行政机关自身清楚认知，而是要让案外的普通公众也能清楚认知行政行为背后所依据的事实理据；并且，终审法院通过在一个个特定案件的审查和说理当中来具体阐释应如何适用法律规定的"清楚""足够"要件。

例如，关于"公共安全"或"公共秩序"的具体理由，在甲、乙、丙诉治安警察局局长的第 2/2011 号案、某甲诉治安警察局局长的第 44/2013 号案等关于不服行政机关不许集会决定的诉讼案件裁判书中，澳门终审法院一再重申，治安警察局局长根据第 2/93/M 号法律第 8 条的规定对集会或示威设置限制或禁止进行相关活动属于他的自由裁量权，但是必须要适当说明所基于的公共安全或公共秩序方面的理由；法院进而认为，不能仅限于空泛地引用"公共安全"或"公共秩序"的表述，而应当具体指明能够揭示公共秩序将会受到拟进行的集会示威影响的事实。

又如，关于"澳门特别行政区的需要"的具体理由，在某甲因不服不批准其以投资为依据的临时居留许可申请的决定诉行政长官的第 45/2016 号案裁判书中，终审法院认为，行政机关在作出决定时仅提及"利害关系人的投资数额和种类"以及"澳门特别行政区的需要"作为理据，没有解释或具体说明是哪些在吸引投资方面澳门的现实需要，也没有说明是因为哪些理由使得上诉人（行政相对人）在餐饮领域的投资不符合澳门特别行政区的需要，那么，应该认为对该行为的理由说明不充分。[45]

---

[43] 澳门特别行政区终审法院第 168/2020 号案裁判书。

[44] 澳门特别行政区终审法院第 42/2017 号案裁判书。

[45] 同理，在另一个不服不批准临时居留许可申请的决定的案件第 42/2017 号案中，行政机关提出不批准的理由是出于相对人所具备的学历和专业经验并不是特别有利于澳门特别行政区的这一考虑，但终审法院认为，行政机关并没有说明为什么相对人这一学历及其经验并不是特别有利于澳门特别行政区，在听证里面对相对人试图显示及说明他应被认为特别有利于澳门特别行政区的陈述辩解，行政机关也没有作出具体解释和评价，因此这一理由说明不充分。

相反，在某甲因不服不批准其以投资为依据提出的居留许可申请的决定诉行政长官的第 56/2017 号案中，终审法院认为，被上诉行为十分清楚地指出，它不认为取得一间粤菜餐厅的一份额股份（而不是投资新开一间餐厅）对于澳门经济而言是重大的，况且在就业方面澳门特别行政区并没有什么特别问题，这是众所周知且显而易见的事实。因此，该行政行为不存在理由说明不充分的瑕疵。

再如，关于某些具体事项的描述，在前述第 168/2020 号案中，行政行为的理由说明使用了模棱两可的词语"将其员工的资料转移"，但没有具体指明是哪些资料，没有说明这些员工"是否为本地居民"，而且完全遗漏了法律理由陈述，根本没有提到是哪个（哪些）条文具体规范了涉案的情况，因此该行政行为因理由说明的瑕疵而被撤销。

这些从个案中抽取出来的一般经验，为执法机关规范作出理由说明进而规范行使裁量权提供了更为精细严密的要求和准则。

2. 三要件以外的消极要件

除了"明确、清楚、足够"三要件的提出和阐释外，《行政程序法典》中规定了不构成理由说明瑕疵的消极要件——这可以视为裁量统制的缓和，也通过法律适用过程中的解释而呈现出更清晰的含义。在澳门的法律实践中，常见于争讼的这种消极要件有两个：其一，在先前的意见书等说明理由的，视为已说明理由。这是根据《行政程序法典》第 115 条第 1 款后半部分的规定，"说明理由亦得仅透过表示赞成先前所作之意见书、报告或建议之依据而作出，在此情况下，该意见书、报告或建议成为有关行为之组成部分"。这一排除理由说明瑕疵的要件在澳门行政诉讼中多次被终审法院阐释，典型的案件如在某甲因不服拒绝投资居留的居留许可续期的决定诉经济财政司司长的第 13/2011 号案中，由于已证明被告行政机关是根据澳门贸易投资促进局投资居留暨法律处的意见书作出被诉行政行为的，又证明相对人事后已知悉该意见书的内容，因此终审法院认为"虽然形式上并非完美，但有关行为具理由说明"。又如，在澳门冷冻食品有限公司不服清空土地命令诉运输工务司司长的第 35/2018 号案中，运输工务司司长批示仅为"同意"二字，终审法院认定这两个字实际上将先前一份建议书上所阐述的理据采纳为其本身的理由说明，使得该建议书成为相关行为的组成部分，因此理由说明合法。其二，"扼要阐述"并不与充分说明理由的"足够"要件相冲突。《行政程序法典》第 115 条第 1 款前半部分规定了"说明理由应透过扼要阐述有关决定之事实依据及法律依据"。对此，澳门终审法院认为，"即使行政行为的理由说明并不丰富，但如仍能让所针对的人了解其请求不获批准的原因，那么该行为不存有欠缺理由说明或理由说明不足的瑕疵"[46]；进而解释"扼要阐述"时认为，"立法者并未要求行政机关极其详尽及事无巨细地解释其作出决定的理由"，那么，"行政机关仅需'扼要阐述'有关决定的事实依据及法律依据便已足够"。[47]

3. 排除适用惯例时所要求的理由说明：良好行政或情势变迁

如前述，由平等原则、公正无私原则、善意原则等引申出来的行政行为遵循

---

[46]　澳门特别行政区终审法院第 22/2017 号案裁判书。

[47]　澳门特别行政区终审法院第 3/2021 号案裁判书。

先例原则，即"同案同判"，构成对执法机关行使裁量权的一项限制。执法机关"在对所有相同个案的处理上，应使用根本上相同的准则，如没有任何实质上的理据而改变准则，则该改变违反平等原则"[48]。由此，对裁量权的这一限制可以外化为行政程序的说明理由义务，也就是说，执法机关在执法过程中作出决定，原则上应适用行政惯例（惯常做法），如排除适用惯例而作出行政行为，应当说明理由。《行政程序法典》第114条规定必须说明理由的6种情形，包括上述这种情况，构成立法上程序性规范对裁量权的统制。

对于在排除适用惯例的情况下所要求的理由说明，其应予说明的内容，《行政程序法典》并无详细规定。而澳门终审法院在澳门监狱退休副警长某甲因不服不批准其使用及携带自卫武器之请求的决定诉保安司司长的第40/2007号案裁判书中，直接引用葡萄牙学者的观点[49]，通过司法裁判明确了排除适用先例时，应提出公共利益的理由，尤其是基于良好行政或情势变迁的理由，并应提出解释不适用先例原则的事实和法律的理据。

（三）欠缺理由说明之瑕疵及其法律后果

当执法机关被法律赋予说明理由的义务时，这一程序构成澳门行政法上的"根本性手续"。相应地，根据澳门《行政诉讼法典》第21条规定，权力偏差，出现形式上之瑕疵——欠缺理由说明或等同情况，都构成对行政行为提起司法上诉之依据。因此，在实质上违背行政行为的公益目的者，以及形式上没有说明理由者，或说明理由不满足法定要件者（等同于无说明理由），都构成法院宣布行政行为违法并予以撤销的理由。澳门终审法院确认了说明理由程序所具有的"形式上的独立意义"，在第14/2002号案裁判书中指出，即使行政行为没有实质瑕疵，或者说不论有无实质瑕疵，无说明理由都会导致该等行为被撤销。

从澳门的行政诉讼实践来看，未说明理由或因说明理由不充分而被认定为等

---

[48] J. J. Gomes Canotilho e Vital Moreira, Constituição da República Portuguesa Anotada, Coimbra: Coimbra Editora, Tomo I, 4ed., 2007, p.345.

[葡] J.J.戈梅斯·卡诺蒂略·维塔尔·莫雷拉：《葡萄牙共和国宪法注释》（第一卷），科英布拉：科英布拉出版社2007年第四版，第345页，转引自澳门特别行政区终审法院第40/2007号案裁判书。

[49] 葡萄牙学者保罗·奥特罗认为，在特定情况下行政机关并非永远受某一特定先例所限制："(ⅰ)只要今天的公共利益对行政当局采取一个与以往在相似或相同的个案中所作出的不同的行为提供合理解释，那么基于良好行政或情势变迁的理由，应认为所作出的不同对待是合法的，此时，行政当局可以不遵从先例；(ⅱ)在此一假设中，要求履行特定的提出理据的义务，法律对想不遵从先例的决定者给予约束：对这一不同于通常所遵循的行政做法提出合理理由的义务，否则有关之决定属于非法。"[葡]保罗·奥特罗：《合法性与公共行政：行政受法律羁束的意义》，科英布拉：阿尔梅迪纳书局2003年版，第787—788页，转引自澳门特别行政区终审法院第40/2007号案裁判书。

Paulo Otero, Legalidade e Administração Pública: o sentido da vinculação administrativa à juridicidade, Coimbra: Livraria Almedina, 2003, pp.787-788.

同于无说明理由这种瑕疵，是一种严重的不可治愈的瑕疵。澳门终审法院在裁判书中的见解表明，这一瑕疵，既不能由被告行政机关在诉讼程序中通过答辩、陈述过程的说明理由予以补正；其中对于行政机关行使裁量权时存在说明法律依据方面的瑕疵的，也不能由法院通过援引被告行政机关并未援引的法律依据来"替代"被告进行辩解从而补正理由说明的瑕疵。[50]

四、行政相对人信息公开的请求权与裁量统制

澳门《行政程序法典》不仅明确行政机关具有信息公开的义务，而且规定行政相对人对信息公开具有请求权。这在澳门称为"资讯权"。

根据《行政程序法典》的规定，请求公开的信息有以下三种：（1）与相对人有利害关系的信息。私人有权在提出要求后获行政当局提供与其有直接利害关系之程序进行情况之信息，并有权获知对该等程序作出之确定性决定；须提供之信息之内容，包括指出卷宗所在之部门、已作出之行为与措施、须由利害关系人补正之缺陷、已作之决定及要求提供之其他数据。（2）卷宗。卷宗未附有保密文件，又或未附有涉及商业秘密、工业秘密或与文学、艺术或科学产权有关之秘密之文件时，利害关系人有权查阅之。（3）行政档案及记录。《行政程序法典》规定了"开放行政原则"，私人有权查阅行政档案及记录，而不论是否正在进行任何与其直接有关之程序。查阅行政档案及记录，一般系透过发出证明，或发出组成该等档案及记录之数据经认证之影印本而为之；法律容许或有权限之机关许可时，亦可直接查阅存盘文件或存入记录之文件。上述三种信息，《行政程序法典》规定，行政机关要在收到行政相对人申请后 10 日内作出答复。[51]

卷宗、档案、记录等涉及行政决策的信息向公众公开，对于裁量统制的意义是，作出一个行政决定所需要考虑的背景、相关因素、证据等公之于众，从而令决定者在裁量过程中必须考虑合理因素、充分调查取证，不得恣意妄为，三思而行方可对公众有所交代。

澳门《行政程序法典》赋予行政相对人的资讯权是一种有救济途径保障的主观公权利，与之对应的是行政机关提供咨询的义务。在澳门的行政诉讼类型

---

[50]　澳门特别行政区终审法院第 14/2002 号案裁判书："对审查是否履行了说明理由的法定要求而言，行政当局在司法上诉里的答辩或陈述中做出的说明理由无意义。""在绝对未指出法律依据的情况下，不得在以后的司法监督中透过法院的法律定性填补这一漏洞、确认或宣告作出的决定中存在行政当局没有提出甚至没有考虑过的说明理由的法定前提条件，否则就违反了行政机关对初始确定和决定行政行为的保留权力。"以及，澳门特别行政区终审法院第 168/2020 号案裁判书："在针对一项通过行使自由裁量权所作的行政决定提起的司法上诉中，法院不得援引被上诉实体并未援引的法律依据——仿佛'替代'了该实体——对所作的决定进行辩解。"这里的前提是这是一项行使裁量权的行为，法院不能代替行政机关裁量。

[51]　《行政程序法典》第 63 条、第 64 条、第 67 条。当然，信息公开请求权和隐私权保护会存在张力，有的信息依法不能公开。

中，有专门的"提供资讯、查阅卷宗或发出证明之诉"。正如澳门终审法院在第28/2021 号案裁判书中所转引和重申的中级法院的观点，这一诉讼类型是立法者赋予私人保障其资讯权不受行政机关非法侵犯的司法救济手段，旨在"防止行政当局以或有的消极或拖延态度去限制、拖延或阻碍私人取得其有权查阅的资讯，以便私人能够切实、有效、及时地行使其资讯权"，在行政机关消极不作为时由法院强制其履行提供咨询的义务。

五、利害关系人参与制度与裁量统制

（一）利害关系人参与的制度意义

正如葡萄牙行政法学者的主张，当私人作为行政相对人以及行政活动的利害关系人时，法治国家当中的立法必须赋予私人参与行政过程的主体地位，这体现了民主和人权的价值："未被形式化的行政程序意味着行政相对人可能会被当作'物'来对待，其在程序中的角色可能沦为一个单纯的证据方法或是证据材料，被动地交由行政当局作调查。因此，在法治国家价值观的框架之下将行政程序形式化的根本意义在于，承认私人作为一个拥有着不可侵犯的尊严的人而非一个被动的物体而存在。这种价值观念在程序中的体现便是私人作为行政程序主体的地位得到承认。"[52]

在现代行政法当中，行政活动中利害关系人的参与，不仅具有民主的意义，而且具有行政机关与当事人共同合作致力于发掘事实真相的意义。例如，听证权作为落实利害关系人参与的一项重要权利，葡萄牙行政法学者对听证权的意义阐释说，它"以达成共识、令决定更贴近事实以及提高决定的认受度为其宗旨。因此，它是在现代公共行政寻求对话、共识以及实现实质正义的趋势下所产生的一个手续"[53]。利害关系人的陈述、申辩，实际上是一个跟行政机关信息交换的过程。通

---

[52]　Pedro Machete, A Audiência dos Interessados no Procedimento Administrativo, Lisboa: Universidade Católica Editora, 2ed., 1996, p.88.

　　［葡］佩德罗·马切特：《对行政程序利害关系人的听证》，里斯本：天主教大学出版社1996年第二版，第88页。其中，佩德罗·马切特所说的"行政程序形式化"，是指"强制行政当局在针对某一事实情况作出最后决定之前，履行某些特定的行为及手续"，也就是说，形式化的行政程序具有统制裁量的功能，"形式化就等于限制了行政当局以个案的方式开展行政程序的可能"。同上书，第84页。以上关于佩德罗·马切特原书的内容，转引自澳门特别行政区终审法院第28/2013 号案裁判书。

[53]　António Francisco de Sousa, A Participação dos Interessados no Procedimento Administrativo, em Estudos em Homenagem ao Professor Doutor Ribeiro de Faria, Coimbra: Coimbra Editora, 2003, p.105.

　　［葡］安东尼奥·弗朗西斯科·德·索萨：《利害关系人对行政程序的参与》，载《致敬里贝罗·法利亚教授的论文集》，科英布拉：科英布拉出版社2003年版，第105页，转引自澳门特别行政区终审法院第48/2012 号案裁判书。

　　此外，当事人参与原则具有行政机关与当事人合作的意义，还可参见吴庚：《行政法之理论与实用》，中国人民大学出版社2005年版，第359页。可见这一意义在大陆法国家（地区）获得行政法学者们较广泛的认同。

过利害关系人在陈述、申辩中提供或反馈的信息，行政机关在裁量决定时可以考虑更全面的因素，从而能够为行政机关正确合理地行使裁量权提供事实基础。此外，如果当面听取行政相对人的陈述、申辩，或许能促进行政机关与当事人双方的理解，有助于行政机关了解相对人的主观态度和动机等，使裁量决定更加合理。

澳门《行政程序法典》把"参与原则"作为规制行政活动的一般原则（第10条）[54]，并且明确规定行政相对人具有程序参与权，强调涉及公共卫生、住屋、教育、文化财产、环境、地区整治以及生活质素等方面的行政活动中尤其要保障相对人的参与权益。[55]澳门终审法院在裁判行政诉讼的过程中进一步阐释了第10条"参与原则"的意义，这一原则引申出来的利害关系人陈述意见的程序，终审法院认为是为了弥补可能存在的行政机关"预见性不足"的情况，从而更好地保障有权作出决定之人"对情况的了解"；而同样是这一原则引申出来的辩护程序，要求行政机关有义务避免作出"出其不意的决定"，应当依法给予私人公平地"参与其决定的权利"。[56]

利害关系人参与，是一个过程。这个过程首先源于当事人的知情权和行政机关的告知（通知）义务，其次是当事人在获得信息的基础上进行陈述意见、辩护（申辩）等。鉴于此，笔者将澳门关于利害关系人参与的法律制度分为两类进行阐释：告知（通知）；听证（陈述、辩护）。

（二）行政过程中的告知（通知）具有裁量统制的作用

有必要区分行政程序不同阶段中的告知（通知），以分析其是否具有裁量统制的作用。从澳门的法律实践来看，[57]行政程序中的告知，或说"通知"，笔者将其归类为两种类型：一是在行政行为过程中应当作出的告知（通知），行政机关在执法过程中若具有履行这类通知义务的瑕疵，则可能影响行政行为的效力，即行政行为可能因形式上的瑕疵而被撤销；二是在行政行为作出决定后应当作出的告知（通知），行政机关若具有履行这后一类通知义务的瑕疵，则行政行为的效力不受该瑕疵通知影响，仅以该瑕疵通知为由主张撤销该行政行为的诉求不会获

---

[54]　根据《行政程序法典》第10条规定，"公共行政当局之机关，在形成与私人及以维护其利益为宗旨之团体有关之决定时，应确保私人及该等团体之参与，尤应透过本法典所规定之有关听证确保之"。

[55]　根据《行政程序法典》第54条规定，"所有私人均有权亲身参与行政程序，或在行政程序中由包括律师或法律代办在内之人代理或辅助"。以及第55条规定，"权利或受法律保护之利益被行政活动侵害之人，以及以维护该等利益为宗旨之团体，均具有开展及参与行政程序之正当性"。"为保护大众利益，下列之人亦具有开展及参与行政程序之正当性：a）在诸如公共卫生、住屋、教育、文化财产、环境、地区整治以及生活质素等基本利益方面因行政活动而受到或预计将受到严重损害之公民；b）所居住区域内之某些属公产之财产受行政当局活动影响之居民。"

[56]　澳门特别行政区终审法院第20/2021号案裁判书。

[57]　澳门特别行政区终审法院第25/2012号案裁判书。

得法院的支持，后一类瑕疵通知只影响行政诉讼的起诉期间计算。

在此分类的基础上，可以认为，《行政程序法典》在行政程序的一般原则中规定了"告知利害关系人"（第58条），其内容为"行政当局主动开展程序时，如在该程序中将作出之行为可能损害某人之权利或受法律保护之利益，且实时可从姓名上认别出该人，则须将该程序之开展告知该人"，"在告知时应指出命令开展程序之实体、程序之开始日期、进行程序之部门及程序之标的"。第58条的告知，以及在一些单行法中例如第12/2013号法律《城市规划法》第49条和第8/2014号法律《预防和控制环境噪音》第19条的"控诉通知"、第4/2016号法律《动物保护法》第35条的"实况笔录"或"控诉书"，属于上述第一类——行政行为过程中的手续，它通常构成启动后续的陈述意见、辩护等听证程序的必经阶段。告知的结果是利害关系人获得信息后，针对拟作出的行政行为内容采取对应举措，从而参与到行政过程中尤其是行政决定最终作出前的调查阶段，一定程度上影响行政决定的最后作出。因此，行政行为过程中作出的告知（通知），具有裁量统制的作用，除例外情形[58]外，原则上具有根本性手续的意义。

而相比之下，《行政程序法典》第68条至第72条所规定的"通知"[59]，基本上属于上述第二类——行政行为作出决定后的手续[60]。这类通知主要关乎利害关系人事后的权利救济，是保障利害关系人获得司法救济的信息途径，但笔者认为，其并不直接具有事中的裁量统制作用。

（三）听证（陈述、辩护）程序：含义、地位、原则与例外

1. 听证在澳门行政法中的含义

从比较行政法的角度来看，"听证"制度的含义在我国澳门特别行政区立法与我国内地立法中有所区别。在我国内地行政法中，听证是指一项特别程序，如在行政处罚中，听证是这样一个程序：行政机关在法律规定的特定情形下拟作出较重的行政处罚决定前，依当事人的申请，通过专人主持、原则上公开进行、双

[58] 比如说，《行政程序法典》第58条规定的例外情形是："如法律免除上款规定之告知，或该告知可能损害有关事宜依法具有之机密性或秘密性，又或有关程序系为适时采取措施而进行，而该告知可能妨碍适时采取该等措施者，则无须作出该告知。"

[59] 《行政程序法典》第68条至第72条所规定的"通知"，其内容为，对侵益性行政行为等情形，行政机关有义务通知利害关系人，通知内容包括"行政行为之全文；行政程序之认别资料，包括作出该行为人者及作出行为之日期；有权限审查对该行为提出之申诉之机关，以及提出申诉之期间；指出可否对该行为提起司法上诉"。

[60] 当然，关于第72条通知的方式有直接通知、公函电报电话通知、公示通知等，应理解为也可适用于行政行为过程中告知的情形。此外，第5/2011号法律《预防及控制吸烟制度》第29条、第12/2013号法律《城市规划法》第50条、第8/2014号法律《预防和控制环境噪音》第21条、第4/2016号法律《动物保护法》第37条等，立法者似乎不吝笔墨地以专门的条文详细规定通知的程序与通知的方式。

方辩论和质证等程序后形成听证笔录，并依据听证笔录作出最终决定。[61] 行政处罚普通程序不必经过听证。中国内地的听证制度设计跟日本等国的情况相类似。[62] 而在我国澳门特别行政区，根据《行政程序法典》第 93 条至第 98 条所专门规定的听证程序，听证是指除法定例外情形外，[63] 调查完结后，利害关系人有权于最终决定作出前在程序中陈述意见。听证形式包括书面方式或口头方式。在一些专门立法中，如第 28/2004 号行政法规《公共地方总规章》第 52 条和第 53 条规定的通知与听证、答辩程序，亦是类似《行政程序法典》，听证程序的重点是行政相对人获知拟被处罚的内容并作出陈述和辩护，未像我国内地行政法中的听证制度强调包含辩论质证环节。因此，澳门行政法中的"听证"，应当理解为一项以陈述和辩护为主要内容的、原则上适用于所有涉及不利于利害关系人权益的行政决定作出前的一项普通程序。

2. 听证程序原则上构成根本性手续

第 52/99/M 号法令《行政上之违法行为之一般制度及程序》第 11 条规定，"确保违法者有被听取陈述及辩护之权利，否则处罚决定无效"。足见听证（陈述、辩护）程序的法律地位是影响执法行为是否合法的根本性手续。在葡萄牙的法学理论中，科雷亚教授主张听证权是一项具有防御权性质的、具有宪法位阶的基本权利，欠缺听证总是会导致所作的行政行为因侵犯一项基本权利的根本内容而无效；[64] 后当选葡萄牙总统的德索萨等人则主张"当对利害关系人的听证具强制性或未被具体免除时，它构成一项根本性的手续，若欠缺则导致形式瑕疵和包含最终决定的行政行为非有效"。[65] 上述两种观点尤其是后者，都被澳门终审法院援引并适用于行政诉讼裁判中，从而进一步确认了听证程序原则上具有根本性手续的地位。

3. 听证的权利保障原则与有限例外情形

"事先听证肯定是行政法律关系中最起码的程序性内容。正是由于这个原因，

---

[61] 《行政处罚法》第 63 条至第 65 条。

[62] ［日］南博方：《行政法》，杨建顺译，商务印书馆 2020 年版，第 104—106 页。

[63] 《行政程序法典》规定的这种例外情形主要有两类。第 96 条不进行听证的情形：a）须紧急作出决定；b）有理由预料听证可能影响决定之执行或效用；c）因待听证之利害关系人人数过多，以致不适宜进行听证。第 97 条免予听证的情形：a）利害关系人就对决定属重要之问题及就所提出之证据，已在程序中表明意见；b）根据在程序中获得之数据，将作出对利害关系人有利之决定。

[64] Sérvulo Correia, O Direito à Informação e os Direitos de Participação dos Particulares, Escritos de Direito Público, Vol. I, Direito Administrativo（1）, pp. 439–440.

［葡］若泽·曼努埃尔·里贝罗·塞尔武罗·科雷亚：《资讯权与个人参与权》，载《公法著作》（第一册）"行政法（1）"，第 439—440 页，转引自澳门特别行政区终审法院第 20/2021 号案裁判书。

[65] Marcelo Rebelo de Sousa e André Salgado de Matos, Direito Administrativo Geral–Actividade administrativa, Lisboa, Tomo Ⅲ, 2007, p.130.

［葡］马塞洛·雷贝洛·德·索萨、安德烈·萨尔加多·德·马托斯：《行政法总论——行政活动》（第三册），里斯本：2007 年版，第 130 页，转引自澳门特别行政区终审法院第 20/2021 号案裁判书。

行政当局可以出于强烈的公共利益方面的考虑免除听证的情况，以及在特别程序中它的存在被降至最低的情况应该是屈指可数的。"[66] 澳门《行政程序法典》的立法受葡萄牙行政法学影响，在其第 96 条、第 97 条对不进行听证的 3 种情形、免除听证的 2 种情形作出不含兜底条款的穷尽列举，表明立法者对待不予听证的例外情况持十分谨慎的态度，严格控制行政机关在执法过程中尤其是涉及运用裁量权时规避听证程序。听证程序被澳门《行政程序法典》确立为一般规定，对此在行政实践中执法机关和主张听证权的行政相对人会面临如何处理原则与例外的问题，即法定的例外条款如何在具体情形中适用，什么情形下可不予听证，什么情形下不应适用例外条款而仍须听证等。澳门终审法院通过多个行政诉讼判决，阐释了关于听证程序的法律规范的含义，由此细化了听证程序对统制裁量权的规则。

澳门终审法院确认了"当所涉及的权限属于自由裁量权时，是绝不能免除听证的"，可以说是首要的规则。对此，澳门终审法院立足于参与原则，认为当涉及行使自由裁量权的情形时，除非属于《行政程序法典》第 96 条、第 97 条的例外情形，否则对利害关系人的听证是一项根本性手续，"因为有不止一种解决具体问题的可能方案，因此，应当给予利害关系人就行政当局所拟采取的解决方案的优劣或合法性提出质疑以及尝试对决定的内容及方向施加影响的机会"[67]。

此外，通过澳门终审法院裁判的具体个案，可以提炼出以下保障利害关系人听证权的规则：第一，在对公共行政工作人员作出纪律处分的程序中，当出现对事实的法律定性变更或科处比原来拟定的处分更重的处分时，应类推适用《刑事诉讼法典》第 339 条第 1 款的规定，行政机关应将有关变更告知相对人，并必须遵守辩论原则，确保相对人有必要的时间准备辩护；[68] 第二，在对公共行政工作

---

[66] Luís Cabral de Moncada, A Relação Jurídica Administrativa, Para um Novo Paradigma de Compreensão da Actividade, da Organização e do Contencioso Administrativos, Coimbra: Coimbra Editora, 2009, pp.226–227.

［葡］路易斯·卡布拉尔·德·蒙卡达：《行政法律关系：通向认知行政活动、行政组织和行政诉讼的新范式》，科英布拉：科英布拉出版社 2009 年版，第 226—227 页，转引自澳门特别行政区终审法院第 48/2012 号案裁判书。

[67] 澳门特别行政区终审法院第 28/2013 号案裁判书。

[68] 澳门特别行政区终审法院第 8/2001 号案裁判书、第 77/2019 号案裁判书。该规则先在某甲因不服纪律处分诉诉保安政务司的第 8/2001 号案裁判书中确认，而在冯某某因不服撤职处分诉行政长官的第 77/2019 号案裁判书中进一步重申并有更充分的阐释。在这两份裁判书中，澳门终审法院的观点可概括为，当变更可适用的处分导致更高的处罚时，或者变更虽然导致相等或更低的处罚但变更了法律定性（这意味着相对人要改变辩护策略，针对原来法定性的某种辩护策略将失效），此时行政机关应当预先通知相对人以便其能够就新处分的适用发表意见。否则，将导致相对人最终被科处一项其意想不到、更没有机会辩驳的处分，这一相关通知的欠缺，因无法听取相对人的声明，产生的法律效果是不可补正的无效。

人员作出纪律处分的程序中，处分行为如果考虑控诉书中未载有一并对判决起重要作用的事实，或者处分行为对控诉书中未载之新事实归罪新的违法行为，上述两种情况应当给予被处分的相对人对这些新事实或违法行为提出辩护的可能，否则，该纪律程序无效且不可补正；[69]第三，禁止进入澳门的决定依然是一项服从于《行政程序法典》规定的一般规定（包括实行对利害关系人之听证规定）的某行政程序的行政行为，是否属于法定的须紧急作出决定而不予听证的情形，应该根据具体情况从整体上评估紧迫性和听证对相关决定之执行或效用的影响，从而查明进行听证的可能性，对具备听证可能性的相对人应该积极采取措施以听取其陈述；[70]第四，在作出临时居留许可续期的审批程序中，行政机关已事先告知相对人不履行相关义务则可能取消许可的通知行为，不能代替行政机关在行使是否批准许可的裁量权限过程中应当进行听证的程序。[71]

同样地，对于可以不进行或免除听证的例外条款的适用问题，澳门终审法院在行政诉讼实践中确立的一个最重要的规则是，当行政机关没有裁量余地、面临的是行使"被限定的权力"的情形时，"只要法院透过事后判断能够得出行政当局所作的决定是在具体情况下唯一可能的决定的结论，那么规定于《行政程序法典》第93条第1款的对利害关系人的听证便降格为行政程序中的非根本性手续"[72]。无裁量则不必然听证，这一规则从反面印证了听证程序的一个重要作用即

---

[69]　澳门特别行政区终审法院第52/2006号案裁判书，某甲博士因不服吊销其私人公证员执照的处分诉行政法务司司长。

[70]　澳门特别行政区终审法院第13/2003号案裁判书，某甲因不服禁止其入境澳门的决定诉保安司司长。澳门终审法院认为，如果相对人已经在澳门且没有其他妨碍情况，应该积极采取措施以听取其陈述；即使相对人在澳门以外地区，行政机关具备与其联系的手段的，也仍应当在程序中听取其陈述意见。而在本案中，由于既没有从已经查明的事实，也没有从行政程序所载有的资料证明被告行政机关是否查清了存在听证的权利，更未能证明行政机关为允许相对人履行该权利而采取相关措施，因此，作出禁止入境澳门的这一行政行为，缺少了作出该行为的行政程序中的实质性手续，因出现形式上的瑕疵而被撤销。

[71]　前述的澳门特别行政区终审法院第28/2013号案裁判书，本案是甲、乙、丙、丁因不服驳回他们在澳门临时居留许可的续期申请诉经济财政司司长。澳门终审法院认为，在本案中，行政机关在通知相对人其居留许可获得批准时，已经提醒过后者如不履行告知其在澳门工作的变更情况的义务将可能会导致的法律后果，但这一通知行为不构成在是否批准续期申请时对相对人不进行听证的正当理由。法院认为：第一，相对人即使不履行告知其在澳门工作的变更情况的义务，但如果不履行这一告知义务有合理理由的，根据法律规定，主管行政机关不能取消其居留许可，对利害关系人的听证正是其提出和证明其是否有合理理由的适当时刻；第二，法律赋予了主管行政机关裁量权，即使相对人不履行这一告知义务，行政机关同样可以裁量决定不取消该居留许可，那么对利害关系人的听证也是他们尝试说服主管行政机关裁量后不取消其临时居留许可的指定时间。因此，行政行为遗漏了本不应该遗漏的听证程序而被撤销。

[72]　澳门特别行政区终审法院第13/2019号案裁判书。这一规则为澳门终审法院多次重申和一直坚持，还可参见终审法院第91/2018号案、第16/2020号案、第54/2020号案、第124/2020号案、第20/2021号案等案件的裁判书。

规范和限制裁量权使用。另外，澳门终审法院在相关案件的说理中阐明，驱逐非法移民属于《行政程序法典》第 96 条 a）项"须紧急作出决定"而可以不进行听证的情形，[73]受到不利决定的相对人在先前的纪律程序中已陈述意见（且没有新的事实）[74]或已参加了预先听证手续的[75]也不必再次听取其陈述意见，这些都属于听证程序适用的例外。而关于执行行为，在基础行政行为作出决定前已经进行了听证的情况下，那么在事后的执行行为过程中不必再次进行调查，也不必重复对利害关系人进行听证，[76]这也是听证程序适用的例外。

六、余论

（一）裁量过程统制与行政程序法的法典化

近五年来，中国内地行政法理论界和实务界热烈探讨中国行政法法典化的问题。[77]对学者们提出的未来行政法法典编纂的各种模式和思路，有学者将其区分为完全法典化进路与程序主义进路两大类。[78]从域外行政法法典化的经验、我国近三十多年来已积累的立法资源、体制改革的发展阶段等多方面因素考虑，坚持一种"限缩法典说"的思路，[79]更具体而言，选择程序主义进路，制定以程序法为主并兼容相关实体法的《行政程序法》或《行政基本法》，在我国现阶段更具有可行性。[80]那么，在思考如何构建我国内地行政程序法的法典化的具体模式时，从比较行政法的视角看，澳门的《行政程序法典》和据此采取的程序性裁量统制机制，至少为中国内地体制改革下一步的方案提供了一种参考的

---

[73] 澳门特别行政区终审法院第 39/2004 号案裁判书，某甲因驱逐非法移民出澳门的决定诉保安司司长。

[74] 澳门特别行政区终审法院第 22/2006 号案裁判书，某甲因不服吊销其私人公证员执照之处罚诉行政法务司司长。

[75] 澳门特别行政区终审法院第 48/2010 号案裁判书，某甲、乙、丙因不服居留许可失效宣告诉保安司司长。这种情形应当理解为属于《行政程序法典》第 97 条 a）项"利害关系人……已在程序中表明意见"而免除听证的情形。

[76] 澳门特别行政区终审法院第 35/2018 号案裁判书，澳门冷冻食品有限公司因不服清空土地的命令诉运输工务司司长；以及第 89/2018 号案裁判书，创基纸品厂有限公司因不服清空土地的命令诉运输工务司司长。

[77] 关于中国行政法法典化的设想，可追溯至 1986 年全国人大法律委员会顾问陶希晋老先生提出要研究起草一部行政法总则。而近年对这一问题重新掀起的热烈讨论，始于 2017 年 12 月应松年教授在"行政法总则与行政法法典化"学术研讨会上提出"制定行政法总则的时机已经成熟"，"在行政法总则的指引下进一步制定行政法的分则，最终形成一部体系完整的行政法法典"。章志远：《中国特色行政法法典化的模式选择》，载《法学》2018 年第 9 期；应松年：《关于行政法总则的期望与构想》，载《行政法学研究》2021 年第 1 期。

[78] 王万华：《我国行政法法典编纂的程序主义进路选择》，载《中国法学》2021 年第 4 期。

[79] 杨建顺：《行政法典化的容许性——基于行政法学体系的视角》，载《当代法学》2022 年第 3 期。

[80] 叶必丰：《行政法的体系化："行政程序法"》，载《东方法学》2021 年第 6 期。

可能。

"行政法的精髓在于裁量。"[81] 裁量是行政执法中最具有活性的内容，亦是容易存在权力滥用的空间。裁量统制机制的设置必然是设计行政程序法典所不能回避的一个问题。澳门行政法关于裁量统制的理论基础，具有相当程度的"程序性裁量统制"色彩；澳门对行政执法过程中行使裁量权的统制，主要是立法统制，其中存在较多通过规定正当程序从而规范行政执法机关裁量过程的法规范，而这些法规范的含义又在行政诉讼的大量个案中获得澳门终审法院的反复解释而逐渐形成其适用规则。例如，执法机关说明理由、行政相对人请求信息公开、利害关系人参与。我国内地各省市在按照中央政策继续推行和完善执法裁量权基准制度的同时，应当注意多种统制机制相结合，逐步实现裁量过程统制与裁量标准细化并重，并在条件成熟时把这一制度建设的实践经验纳入将来可能制定的行政程序法典中。

（二）澳门有待落实"监督上诉"机制

不过，在澳门《行政程序法典》所构建的具有行政监督意义的机制链条中，尚存在不完整的环节，主要表现在"监督上诉"机制尚未真正建立起来。

澳门《行政程序法典》的调整范围，不仅包括学理上事中监督意义上的行政程序，而且包括事后的行政救济，尤其是诉愿制度。根据澳门《行政程序法典》第 145 条的规定，私人不服行政行为并要求废止或变更该行政行为的，有权向作出行为者提出声明异议；或有权提出诉愿，受理诉愿的主体是作出行为者之上级，或作出行为者所属之合议机关，又或授权者或转授权者。

一般情形下，对行政执法行为，行政相对人若要提起诉愿，诉愿的受理主体是作出行为者的上级；但在特别情形中，如在市政管理执法方面，对市政署的执法行为不服，而市政署作为具有行政自治权的公务法人是不存在上级机关的，因此这种情形下不可对市政署提起诉愿。[82] 根据澳门《行政程序法典》第 164 条的规定，这种情形下可能获得行政救济的途径，只能提起"监督上诉"——"监督上诉之标的为受监督或监管之公法人所作之行政行为"。"仅在法律明文规定之情况下，方可提起监督上诉。"作为针对自治法人的一种监督途径，监督上诉的权限受到诸多限制，包括受行政监督之机关所作之行政行为，仅在法律明文容许之

---

[81] 这一论断是由日本"二战"后著名的行政法学家田中二郎先生所提出的。杨建顺：《行政规制与权利保障》，中国人民大学出版社 2008 年版，第 504 页。

[82] 在澳门现行的市政管理执法体制中，执行市政管理执法职责的机构是具有行政与财政自治权的公务法人——市政署，在组织法关系上，澳门特别行政区政府及行政长官与市政署的关系不是上下级的直接领导关系，而是监督关系。黄硕：《澳门市政管理执法体制的变迁与现状》，载《"一国两制"研究》2020 年第 3 期。

情况下，监督机关方得废止之[83]；仅在法律赋予有代替权之监督权力时，且在该权力范围内，方得变更或代替被上诉所针对之行为[84]。因此，《行政程序法典》将监督上诉称为"不真正诉愿"[85]。由于监督上诉的提起及该监督权的行使以法律存在明文规定为必要条件，而笔者检索"澳门法例资料查询系统"并未发现关于市政管理执法领域可以进行监督上诉的明文规定。由此判断，对市政署执法行为的"监督上诉"，是目前尚未建立、仅存有理论上或然性的监督和救济途径。澳门下一步如果需要修改完善《行政程序法典》及其配套机制，需要落实对市政署等具有行政自治权的公务法人执法行为的"监督上诉"机制。

---

[83] 《行政程序法典》第 131 条。

[84] 《行政程序法典》第 164 条。

[85] "一机关对属同一法人之另一机关行使监管权，而两者并无行政等级关系时，向行使监管权之机关所提起之诉愿，视为不真正诉愿。"见《行政程序法典》第 163 条。

美国联邦铁路安全法的变迁

栾志红

从 1830 年到 1920 年将近一个世纪的时间里，美国的铁路建设突飞猛进，铁路主宰了美国的交通，改变了人们的生活。[1] 与铁路的兴盛相伴而生的是大量铁路安全事故的发生。据统计，从 1882 年到 1912 年，铁路工作事故导致的死亡人数占人为原因造成死亡总人数的 48%，仅次于战争。"对于当时的人们来说，死在铁轨上是常事。"[2] 随着铁路事故的增加，公众要求采取措施提高铁路工作和旅行安全性的呼声渐起。从早期的铁路事故普通法到近代单行联邦铁路安全法律，再到现代综合性联邦铁路安全法律，美国铁路安全法律制度逐步完善。本文介绍了这一变迁的发展过程，尤其对单行联邦铁路安全法律、《联邦铁路安全法》的内容进行了梳理和分析，以期对中国铁路安全法治建设有所启迪。

一、早期的铁路事故普通法

在美国，最早对铁路安全进行规制的是州法律。1835 年，为应对 1834 年的一次平交道口事故，马萨诸塞州制定了第一部州铁路安全法律。该法要求铁路承运人在平交道口作出标记，火车司机必须在平交道口响铃作为警告。1846 年，该法增加了建造、维护围栏、报告所有致命事故的内容。随后，新罕布什尔州于 1844 年依法成立了铁路委员会、纽约州 1850 年的法律要求设置围栏、[3] 爱荷华州 1886 年通过立法，要求全州所有列车使用自动车钩和空气制动器。[4]

州法律虽然起到了保障铁路安全的作用，但它们也显露出不足。提高安全性最直接的方法是采用可以降低事故危险的机械设备，但这些设备价格昂贵，铁路承运人的经济利益与铁路工人和旅客的生命权等公共利益之间产生了冲突，州法律无法对公共利益进行充分保护。[5] 此外，州法律往往基于不同的地方需求和遵循不同的

---

[1]　付美榕：《美国铁路业的兴衰及其影响因素》，载《美国研究》2018 年第 1 期。

[2]　Mark Aldrich, Death Rode the Rails: American Railroad Accidents and Safety, 1828–1965, The Johns Hopkins University Press, 2009, p.3.

[3]　Mark Aldrich, Death Rode the Rails: American Railroad Accidents and Safety, 1828–1965, The Johns Hopkins University Press, 2009, p.23.

[4]　John F. Stove, American Railroads, The University of Chicago Press, 1997, p.142.

[5]　Isaiah Leo Sharfman, Interstate Commerce Commission: A Study in Administrative Law and Procedure, The Commonwealth fund, 1931, p.245.

技术指导而制定，缺乏统一性。由于州内和州际贸易中通常使用相同的运输工具，这些相互矛盾的要求不仅会在经济上造成沉重负担，而且会增加安全运行的困难。

因此，在早期，比前述州法律更起作用的是后来发展起来的普通法上的事故责任制度。铁路事故普通法是早期公共承运人责任规则的延伸。铁路事故普通法的一般原则可以归结为两点：一是铁路公司对因疏忽造成的伤害负责；二是当受伤者有共同过失时，或者当工人自愿承担风险时，铁路公司不承担责任。根据法院的解释，这些规定要求铁路承运人对几乎所有因火车事故造成的旅客伤亡承担严格责任。

但人们渐渐发现，普通法对铁路安全的保障也是有限的。首先，对受害人来说，案件审理时间过长，赔偿久久不能到位。在 1870 年的一起案件中，一个 10 岁的女孩因火车事故而导致双腿截肢。法院最终判给她 7500 美元（相当于她 16 年的收入），但这个过程经历了 4 次审判、7 次上诉和 17 年的时间。而在州法院被起诉的铁路公司还可能因管辖权问题将审判移至遥远的联邦法院，从而给原告增加额外的负担。[6] 其次，对铁路承运人来说，严格责任标准和铁路安全事故的频发使得他们的赔偿费用日益高昂，负担沉重。例如，1853 年纽约和纽黑文铁路公司赔偿了诺沃克桥灾难中 46 名受害者 252000 美元，相当于每人 5478 美元，而当时一名普通劳动者的年收入大概是 324 美元，白领工人的年收入也不过 585 美元。即使是轻微的列车事故也会造成惊人的损失。在一起铁路事故中，受害人臀部和脊柱受到撞击，陪审团判给其 9045 美元，相当于普通劳工者 29 年、白领工人 19 年的收入。[7] 最后，普通法主要解决的是旅客和铁路公司之间的赔偿责任纠纷，而铁路员工很少得到赔偿。这种状况与当时铁路事故主要表现为铁路员工伤亡的现实极不相符。正是在这样的背景下，国会开始关注铁路安全。

二、近代单行联邦铁路安全法律

（一）立法概况

自 19 世纪末到 20 世纪初，国会通过了一系列单行联邦铁路安全法律，保障铁路安全。这些法律主要有：《安全设备法》（Safety Appliance Act，1893）、《服务时间法》（Hours of Service Act，1907）、《烟灰缸法案》（Ash Pan Act，1908）、《爆炸物运输》（Transportation of Explosives，1908）、《爆炸物和其他危险品运输》（Transportation of Explosives and Other Hazardous Materials，1909）、《事故报告法》（the Accident Reports Act，1910）、《机车检查法》（Locomotive Inspection Act，1911）、《信号检查法》（Signal Inspection Act，1920）、《运输法》（Transportation Act，1920），等等。

---

[6]　Mark Aldrich，Death Rode the Rails：American Railroad Accidents and Safety，1828-1965，The Johns Hopkins University Press，2009，p.24.

[7]　Mark Aldrich，Death Rode the Rails：American Railroad Accidents and Safety，1828-1965，The Johns Hopkins University Press，2009，p.25.

1920 年到 1968 年，随着铁路产业的衰落，国会立法也停止了脚步。其间，国会未制定新的法律，而只是对前述部分法律进行了修改。例如，1937 年对《信号检查法》进行了大幅度修改，扩大了州际贸易委员会在该法所涵盖的系统和设备上的权力。《安全设备法》1958 年修正案采用了美国铁路协会有关检查、维护和测试动力制动器的规则，等等。

（二）主要特点

美国近代单行联邦铁路安全法律的主要特点大致可以概括为以下三点。

1. 联邦铁路安全事务由州际贸易委员会负责

州际贸易委员会是根据 1887 年的《州际贸易法》设立的对铁路产业进行经济规制的机构。前述单行铁路安全法律均授权州际贸易委员会管理铁路安全事务。法院也认为，联邦对铁路安全的规制是基于宪法中的州际贸易条款[8]。在早期的一起案件中，法院清楚地表达了这一观点。当时，无论是安全设备的使用，还是铁路工人的服务时间，都被认为是铁路公司私人管理的事务，这种私人管理权是一项宪法自由。《安全设备法》涉及侵犯私人管理的宪法自由。在 Adair v. United States 案中，法院解释了之前一起案件[9]的判决，指出，国会对安全设备的直接规制以及州际贸易委员会对安全设备的规制是联邦有效行使州际贸易权力；为铁路工人和旅客提供的保护"是为了维护这种商业利益"，由于"在力图达到的目的与为达到该目的而提供的手段之间存在实质联系"，所以这些法律属于宪法授权的范围。[10] 法院的这一观点为随后的近代安全措施立法奠定了基本的法律基础。

2. 规制对象限于设备、服务时间、事故报告等个别铁路安全领域

例如，1893 年通过的《安全设备法》是第一部联邦铁路安全法律，也是首部对工作场所安全设施进行规定的联邦法律。[11]1907 年通过的《服务时间法》通过限制员工工作时间来避免或减少因劳累等人为失误而造成的人员伤亡。1910 年通过的《事故报告法》规定了有关铁路事故信息的收集和对铁路事故进行调查的要求和方法。1911 年通过的《机车检查法》，也就是之前的《锅炉检查法》（the Boiler Inspection Act），实质上是联邦权力在安全设备领域的具体延伸，其目的是迫使承运人为机车配备安全的锅炉，并确保对其进行维护。1920 年通过的《运输法》授权州际贸易委员会对列车控制设备作出规定，委员会有权指示铁路公司安装列车自动停车或列车控制设施或其他安全设施。可以看出，这些规定也是为

[8]　关于州际贸易条款，见美国联邦宪法第 1 条第 8 款第 3 项。

[9]　Johnson v. Southern Pacific Co.，196 U.S. I（1904）.

[10]　Adair v. United States，208 U.S. z61，177（1908）.

[11]　刘恺：《美国〈职业安全卫生法〉立法简史——兼论对我国职业安全卫生立法的启示》，载《华中师范大学学报（人文社会科学版）》2011 年第 1 期。

解决铁路事故中的人为因素而设计的。

3. 规制手段主要是传统命令—控制模式

近代单行联邦铁路安全法律主要采用传统命令—控制模式，即法律先规定禁止性措施，然后规定对于违反禁止性规定的行为予以处罚。因此，在这一阶段，调查、检查、要求铁路公司提交报告和记录保存（record keeping）等旨在查明违法行为的规制方法获得了广泛应用。

"调查是行政机关取得信息的手段"，是其执行职务必须具有的权力。[12] 例如，1910 年的《事故报告法》授予州际贸易委员会铁路事故调查权，这是该法最重要的贡献。

"检查是行政机关通过直接观察取得信息的方法，是一种广泛应用的行政技术。"[13] 在铁路领域，所谓检查，是指对机车、信号、轨道、车辆等进行个别的定期检查。它包括联邦政府的检查、州的检查和铁路企业的自行检查。联邦政府的检查始于 1911 年的《机车检查法》，该法建立了一套完善的检查体系，包括由总统任命一名首席检查员和两名助理检查员、将美国划分为五十个锅炉检查区、规定执行检查工作程序等，最终责任主要由州际贸易委员会承担。委员会任命地区检查员。这些检查员的主要职责：一是确保承运人按照行政规章或规定进行检查以及所发现的缺陷得到修复；二是视情况对设备进行个人检查。[14] 后来，《安全设备法》《服务时间法》《爆炸物和其他危险品运输法》等其他法律也增加或者规定了这项内容。

关于报告和记录保存，早在 19 世纪末期，根据《州际贸易法》第 20 条的授权，州际贸易委员会有权要求承运人对其问题作出具体答复，为承运人规定了年度报告形式，包括事故报告。《安全设备法》1901 年修正案是第一部专门处理铁路事故报告的法律，[15] 它规定承运人必须每月向州际贸易委员会提交事故报告，包括发生碰撞、脱轨以及旅客和铁路员工的伤亡情况、事故的性质、成因以及与之有关的情况。[16]1910 年的《事故报告法》对上述两部法律中的有关内容进行了整合、完善，一直沿用至今。

从制裁措施来看，这些单行联邦铁路安全法律规定了行政罚款、刑事处罚和

---

[12]　王名扬：《美国行政法》，中国法制出版社 2005 年版，第 323 页。

[13]　王名扬：《美国行政法》，中国法制出版社 2005 年版，第 330 页。

[14]　Isaiah Leo Sharfman, Interstate Commerce Commission: A Study in Administrative Law and Procedure, The Commonwealth fund, 1931, pp.271–272.

[15]　Isaiah Leo Sharfman, Interstate Commerce Commission: A Study in Administrative Law and Procedure, The Commonwealth fund, 1931, p.266.

[16]　Isaiah Leo Sharfman, Interstate Commerce Commission: A Study in Administrative Law and Procedure, The Commonwealth fund, 1931, pp.257–258.

禁令救济三种方式。刑罚主要见于危险品运输领域，其他领域使用较少。主要原因是，铁路安全犯罪行为大多不严重，很难让司法部和法院给予重视。另外，刑罚本身证据要求严格。[17] 禁令救济虽然历史悠久，但因为它必须通过完整的司法程序才能成为强制性的要求，且最终结果由法院来决定，所以行政机关也较少使用它。因此，实务中行政罚款是应用最广泛的类型。

三、现代综合性联邦铁路安全法律

20 世纪 60 年代，发达国家的铁路产业在经历了后工业化时代的飞速发展和完善工业化时代的逐渐衰落两个阶段之后，迎来了"一个新的全盛时期"。日本、法国、德国等发达国家开始修建高速铁路，开创了铁路的第二个大时代。美国此时虽然仍存在拆除铁路、铁路总里程减少的现象，但是，铁路线路的利用率和货物的周转量却增加了，因此此时拆除铁路的背景迥异于 20 世纪四五十年代铁路因技术停滞而处于衰落时期，拆除铁路已经不再是"夕阳产业"的征兆，而成为铁路复兴的转折点。[18]

随着铁路的复兴，新的铁路安全风险开始出现。从 1961 年到 1968 年，美国铁路事故的数量从 4149 起增加到 8028 起，几乎增加一倍。一个参议院委员会在对铁路事故进行审查后得出结论，95% 的事故是由当时法律未涵盖的铁路缺陷等因素造成的。[19] 例如，近代单行联邦铁路安全法律主要是防止设备缺陷或员工不安全的操作，但现代铁路安全问题包含了大量平交道口伤亡和危险品运输风险。美国铁路主要从事货运，铁路货物运输安全一直是铁路安全的重要组成部分。[20]20 世纪 60 年代，随着铁路开始发展重载运输，铁路危险品运输量出现了巨大增长，危险品的种类也从早期的武器和其他产品发展为包括氯气、原油等有毒物品、化工产品、酸类等多个类型，灾难性事故发生的风险显著增加。

为了纠正近代单行联邦铁路安全法律在应对新的铁路安全风险方面的不足，1970 年，国会通过了《联邦铁路安全法》（Federal Railroad Safety Act），这部法律后来经过多次修改，成为目前美国最重要的联邦铁路安全法律之一。

（一）1970 年《联邦铁路安全法》

《联邦铁路安全法》是一部综合性法律，它包括公共安全和员工安全两个方面，而近代单行联邦铁路安全法律主要是解决员工安全问题。此外，该法还涵盖了私人铁路、工业铁路、快速运输系统和通勤铁路，而在 1970 年之前，这些不涉及州际贸易的铁路系统不受联邦政府管辖。总体而言，1970 年法律提供了一

---

[17]　Congress of the United States, Office of Technology assessment, An Evaluation of Railroad Safety, Washington D.C, 1978, pp.94–95.

[18]　黄乃勇：《世界铁路正进入新的兴盛时期》，载《中国铁路》1990 年第 2 期。

[19]　Legislative History of the Rail Safety and Service Improvement Act of 1982, Chapter I, p.1.

[20]　[美] F.J. 斯蒂芬森：《美国的交通运输》，刘秉镰译，人民交通出版社 1991 年版，第 158 页。

个全新的铁路安全规制体系，其主要内容可以概括为：

1. 授予运输部长广泛的行政权，解决铁路安全所有问题。早在 1966 年，国会就颁布了《运输部法》，将联邦政府中的交通运输业务统一归为联邦运输部管辖，其中的铁路安全事务主要由隶属于运输部的联邦铁路管理局负责。《联邦铁路安全法》的目的是 "促进铁路运营所有领域的安全，减少与铁路有关的事故，减少人员伤亡和财产损失，减少涉及与危险品承运人有关的事故所造成的财产损失"[21]。为了达到这一目的，该法赋予运输部长为铁路安全所有领域制定规则（rules）、规章（regulations）、命令（orders）和标准（standards）以及进行必要的研究、开发、测试、评估和培训的权力。[22]

2. 高度重视国家安全标准的统一。国会要求，在切实可行的范围内，铁路安全法律、规则、标准等应在联邦范围内统一。只有在尚未颁布联邦规则的领域，州才可以继续对铁路安全事项进行规制，或者在符合一定条件的情形下，州才可以采用或者继续实施联邦未作规定或者比联邦更加严格的州法律、规则等。[23]

3. 允许州参与执行联邦标准。为了加强联邦检查力量，该法允许各州依法开展调查和监察活动，但需要得到运输部长的监督和认证。[24]

4. 有效的制裁措施，包括处理紧急情况的权力。该法授权运输部长发布命令，要求铁路公司消除导致死亡或伤害等紧急情况的不安全的条件或做法。此类紧急命令不受一般规则制定条款必须在发布前举行听证会的约束。[25]

（二）1970 年《联邦铁路安全法》的修改

1970 年《联邦铁路安全法》于 1974 年、1976 年、1978 年、1980 年、1982 年、1988 年、1992 年、2008 年进行了多次修改。一个总的发展趋势是，规制范围越来越宽，规制力度不断加强，规制手段渐趋多元。从司法实践来看，该法面临的主要法律挑战是联邦优先占领原则与州侵权法之间的冲突问题。

1. 规制范围的扩大

例如，1970 年《联邦铁路安全法》规定，联邦铁路管理局的执法权仅针对铁路公司的违法行为，不包括个人。1988 年《铁路安全改进法》（Rail Safety Improvement Act of 1988）增加了个人作为规制对象，即故意违反联邦安全法律、

---

[21]　Public Law No. 91-458, § 101, 84 Stat. 971（1970）.

[22]　Public Law No. 91-458, § 202, 84 Stat. 971（1970）.

[23]　这些条件包括：不会给州际贸易造成不合理负担、不违反联邦要求、对于消除或减少当地安全隐患是必要的。栾志红：《铁路安全的行政法规制：经验与借鉴》，载《北京交通大学学报（社会科学版）》2021 年第 1 期。

[24]　Public Law No. 91-458, § 206, 84 Stat. 972-974（1970）.

[25]　Public Law No. 91-458, § 203, 84 Stat. 972, 972（1970）.

规则的个人可以被处以行政罚款。[26] 这里的个人包括铁路公司的员工和根据《服务时间法》提供服务的人员或者在铁路上履行其他安全敏感职能的人员。[27] 从规制范围来看，机车驾驶人员的执照或认证、铁路行业的酒精和毒品等问题逐渐被纳入联邦铁路安全法律规制体系。

2. 规制力度的加强

行政罚款的变化是一个典型例子。1970 年《联邦铁路安全法》规定，对违反运输部"规则、规章、命令或标准"的行为处以不低于 250 美元但不超过 2500 美元的行政罚款。[28] 在接下来的几十年里，该罚款限额不断调整。例如，1988 年，加利福尼亚州查茨沃斯发生货运和通勤列车相撞事故，导致 25 人死亡、102 人受伤，作为对该事件的反应，1988 年《铁路安全改进法》将罚款上限提高到 10000 美元。[29] 2008 年《铁路安全改进法》则将罚款的下限和上限分别提高到 500 美元和 25000 美元。[30] 具体情况如表 1 所示。

表 1　美国《联邦铁路安全法》1970—2016 年铁路安全行政罚款上下限调整情况

年代	罚款下限（美元）	罚款上限（美元）	加重处罚①上限（美元）
1970	250	2500	
1988②	250	10000	20000
1992③	500	10000	20000
2008④	500	25000	100000
2012⑤	650	25000	105000
2016⑥	839	27455	109819

注：① 49 U.S.C.A. § 21301.

② Rail Safety Improvement Act of 1988，Public Law 100-342，102 Stat. 624（June 22，1988）.

③ Rail Safety Enforcement and Review Act of 1992，Public Law 102-365，106 Stat. 972（Sept. 3，1992），Sec. 4（a）.

④ Rail Safety Improvement Act of 2008，Public Law 110-432，122 Stat. 4848，（Oct. 16，2008），Sec. 302.

⑤ Federal Register/Vol. 77，No. 79，April 24，2012/Rules and Regulations，p.24415.

⑥ Federal Register/Vol. 81，No. 127，July 1，2016/Rules and Regulations，p.43105.

---

[26]　Legislative History of the Rail Safety Improvement Act of 1988：P.L. 100-342：102 Stat. 624：June 22，1988，pp.7-8.

[27]　Legislative History of the Rail Safety Improvement Act of 1988：P.L. 100-342：102 Stat. 624：June 22，1988，p.8.

[28]　Public. Law. No. 91-458，§ 209，84 Stat. 975（1970）.

[29]　Pubic. Law. No. 100-342，§ 3（a）(2），102 Stat. 624，624（1988）.

[30]　Rail Safety Improvement Act of 2008，Public Law 110-432，122 Stat. 4848，（Oct. 16，2008），Sec. 302.

规制力度的加强还表现在其他方面。比如，1980 年《联邦铁路安全授权法》增加了运用刑罚来制裁故意违反报告和记录保存义务的违法行为的内容。对于违反法律规定未提交事故和事件报告的铁路承运人，处以不超过 2500 美元的罚金。违法行为持续的，每天计为一次单独的违法行为。[31] 再如，为了进一步减少与疲劳相关的事故和伤亡，2008 年修正案将列车员工和信号员 24 小时内所需的休息时间从原来的 8 小时增加到 10 小时，并规定列车员工值勤时间的月度上限为 276 小时，其中包括结束执勤到等待运输到最终放行地点的过渡时间。

3. 规制手段的多元化

《联邦铁路安全法》颁布实施后，一方面，传统规制手段得到了强化；另一方面，那些注重公众参与、激励企业自觉守法的新型规制手段也在铁路安全领域发展起来。例如，国会授权联邦铁路管理局可以在罚款幅度范围内就具体罚款金额和违法者达成和解。从实践来看，大多数铁路安全行政罚款案件通过和解协议结案[32]。《安全设备法》《机车检查法》《事故报告法》《信号检查法》也作了类似规定。另外，为了防止行政机关滥用这项行政裁量权，法律还规定了最低罚款金额的要求以及行政机关在决定和解金额时应考虑的因素，包括违法的性质、情形、范围和严重程度；关于违法者的罪责程度、违法历史记录、支付能力以及任何影响其继续谋生的能力；司法要求的其他事项。[33]

4. 联邦优先占领原则与州侵权法的冲突问题

《联邦铁路安全法》颁布实施后，其面临的主要法律挑战是联邦优先占领原则与州侵权法之间的冲突问题。如前所述，《联邦铁路安全法》高度重视国家安全标准的统一，规定铁路安全行政立法应在联邦范围内统一，在有联邦法的地区，该联邦法会取代州法，包括州的普通法。联邦法对州法的这种优先权，被称为联邦优先占领原则，它提高了铁路安全性，但在实践中也造成了一些铁路事故的受害者得不到救济的问题。[34]

在 CSX Transp., Inc. v. Easterwood 案 [35] 和 Norfolk Southern Railway Co. v. Shanklin 案 [36] 中，尽管铁路公司没有违反联邦铁路安全行政规则，但死者（在铁

[31]　49 U.S.C.A. § 21311（b）.

[32]　联邦铁路管理局 2018 年执行报告：Fiscal Year 2018 Enforcement Report, APPENDIX A "Railroad Safety Civil Penalty Cases Closed during Fiscal Year 2018", p.2.

[33]　49 U.S.C.A. § 21301 § 21301. Chapter 201 general violations, Effective: October 16, 2008.

[34]　Mastro, Frank J. Preemption is Not Dead: The Continued Vitality of Preemption under the Federal Railroad Safety Act following the 2007 Amendment to 49 U.S.C. Sec.20106. Transportation Law Journal, vol. 37, No. 1, 2010, pp. 1–26.

[35]　CSX Transp., Inc. v. Easterwood, 507 U.S. 658（1993）.

[36]　Norfolk Southern Railway Co. V. Shanklin, 529 U.S. 344（2000）.

路平交道口与火车相撞）的亲属认为，铁路公司在火车速度、维护平交道口的警示装置等方面存在过失，根据州法，应承担侵权责任。但联邦最高法院认为，《联邦铁路安全法》优先于州法，死者的亲属因此未能得到救济。在 Lundeen v. Canadian Pac. Ry. Co. 案 [37] 和 Mehl v. Canadian Pac. Ry. Ltd. 案 [38] 中，州法院也得出了同样的结论。

法院的上述裁决遭到了学界和实务界的强烈批评。[39] 例如，在 Shanklin 案中，金斯伯格大法官和史蒂文斯大法官指出，联邦最高法院的裁决结果违背了常识和合理的政策。它使铁路公司获得了双重好处：不仅不必支付由联邦政府出资修建平交道口的费用，还因此免于承担侵权责任。

作为对以上案件和批评的回应，国会于 2007 年修改了《联邦铁路安全法》的联邦优先占领条款，澄清了优先占领的含义，并阐明了其例外情形，即当铁路公司违反了联邦规则或命令创设的联邦谨慎标准，或违反了联邦规则或命令要求铁路公司制定的计划、规则或标准时，则受害方可以提起诉讼，联邦优先占领原则不再适用。[40]

（三）其他联邦法律中涉及铁路安全的内容

除了《联邦铁路安全法》以外，其他联邦法律中也有涉及铁路安全的内容，其中最重要的是 1970 年《危险品运输法》（Hazardous Material Transportation Act），和 2015 年《修正美国地面运输法》（Fixing America's Surface Transportation Act）。

《危险品运输法》扩大了联邦法律在危险品运输领域的适用范围，不仅涵盖危险品的托运人和承运人，还包括运输此类物质的集装箱和包装的制造商。[41]《修正美国地面运输法》涵盖了铁路、公路、机动车辆安全、公共交通、汽车承运人安全、危险品安全，并首次将城际客运铁路项目纳入全面的多式联运地面运输授权法律中。[42] 该法的主要内容涉及客运铁路安全规定和能源产品的安全运输等。例如，它要求所有客运铁路安装向内摄像头，旨在更好地监控列车工作人员，协助事故调查；要求安装向外摄像头，旨在更好地监控路况；要求新油罐车配备"绝缘毯"；拨款帮助通勤铁路实施积极列车控制（Positive Train Control）；要求 I 级铁路公司生成准确、实时的电子列车编组信息（如列车上危险品的位置），铁路公司必须向事故现场的急救人员提供这些信息，并将一些易燃液体的运输信息提

---

[37]　Lundeen v. Canadian Pac. Ry. Co., 342 F. Supp. 2d 826, 827（D. Minn. 2004）.

[38]　Mehl v. Canadian Pac. Ry. Ltd., 417 F. Supp. 2d 1104, 1106（D.N.D. 2006）.

[39]　John Woodson Rogers. Federal Pre-Emption of State Railroad Tort Law: The Misuse of the Federal Railroad Safety Act to Insulate Railroads from Liability, 58 Missouri Law Review, p.359（1993）.

[40]　49 U.S.C. § 20106.

[41]　49 U.S. C.CHAPTER 51.

[42]　美国联邦铁路管理局网站，https://railroads.dot.gov/legislation/fast—act/fast—act。

供给州应急委员会。[43]

四、结语

经过几十年的发展，美国铁路安全状况获得了明显改善。2018 年统计数据显示，自 2009 年以来，火车事故发生率下降了 10%、设备事故发生率下降了 11%、铁路事故发生率下降了 26%、脱轨率下降了 9%、员工受伤率下降了 16%、危险品事故发生率下降了 48%（2008—2017 年）、平交道口碰撞率下降了 37%（2000—2018 年）。[44] 铁路工作成为美国最安全的行业之一：铁路行业员工受伤率低于其他大多数主要行业，包括卡车运输、航空公司、农业、矿业、制造业和建筑业，甚至低于食品店。[45]

美国铁路安全状况的改善固然与许多因素有关，如经济领域放松规制、私人增加了在铁路维护方面的投资、铁路安全技术的发展、铁路安全教育在全国的普及等，但联邦铁路安全法律制度的建立和发展不能不说是重要方面。

总结美国联邦铁路安全法的变迁，我们可以清楚地看到，铁路安全从附属于经济利益到发展为拥有独立的法律价值的过程。所谓安全，通俗地讲，是指"没有危险、风险或伤害"。但在包括铁路运输在内的生产领域，安全具有相对性。"安全是指在生产过程中，能将人或物的损失控制在可接受水平的状态。换言之，安全意味着人或物遭受损失的可能性是可以接受的，若这种可能性超过了可接受的水平，为不安全。"[46] 何谓社会可以接受的安全水平？在铁路事业发展的不同阶段，含义不同。19 世纪末 20 世纪初的美国，铁路主导了交通，在以铁路产业发展为中心的思维方式下，铁路安全规制的目的是促进贸易发展，从而制定了解决因机械设备故障或者人为失误而引发铁路安全事故问题的个别的铁路安全法律。20 世纪 60 年代，随着铁路事业的复兴和发展，面对铁路技术的复杂性和铁路风险的不确定性，人们发现，仅有那些旨在促进商业发展的个别零散的联邦铁路安全法律不能达到防止铁路安全事故的目的。铁路安全应是政府以及铁路企业从事与铁路运输相关活动时必须考虑的因素，政府必须做到有计划地研究铁路安全风险发生的可能性，预防铁路风险的发生。铁路安全规制从防止和治理个别铁路安全问题的消极行政，发展到把铁路安全保障作为目标并为实现这一目标采取积极内容的全面性铁路行政。

我国政府向来重视铁路安全，安全被视为铁路的生命线。从立法来看，我们

---

[43]　美国联邦运输部网站，https://www.transportation.gov/fastact。

[44]　美国铁路协会的网站，Association of American Railroad，https://www.aar.org/issue/freight—rail—safety—record/。

[45]　美国铁路协会的网站，Association of American Railroad，https://www.aar.org/wp—content/uploads/2018/09/AAR—Safety—Record—Issue.pdf。

[46]　顾正洪主编：《交通运输安全》，东南大学出版社 2016 年版，第 10 页。

已经构建起了由《铁路法》《安全生产法》《治安管理处罚法》《铁路安全管理条例》《铁路交通事故应急救援和调查处理条例》等法律法规组成，涵盖公共安全、铁路生产安全、财产安全等的国家铁路安全法律体系的框架。它有效地维护了铁路安全行政秩序，保障了公民生命财产合法权益。不过，随着中国铁路事业的迅猛发展，尤其是高速铁路建设、运输、设备生产与使用活动的活跃与繁荣，现有的铁路安全立法也面临着一些问题，如法律位阶较低、内容较为分散、机构间职权交叉重叠等。如何在法律层面对铁路安全进行全面性考虑，形成包括事先的铁路风险研究和发展计划、具体的铁路安全规制目标设定及规制手段选择、事后的法律救济的完整的铁路安全法律体系应是未来的努力目标。在这方面，美国的经验和教训可以给我们带来一些启示。

日本民宿的法律规制模式及对我国的启示

田　林

日本民宿行业经历了长期处于法律灰色地带的发展，终于走向近年的合法化，如今无论是乡村多见的和式温泉民宿，还是东京、大阪等都市中心的洋式民宿，以其暖心周到的个性化服务、浓厚的日式生活氛围吸引着国内外旅客，成为日本旅游业的一张靓丽名片。探讨日本民宿的法律规制模式，对于我国当前方兴未艾的民宿行业具有非常重要的借鉴意义。

一、日本民宿合法化的背景

日本民宿行业诞生时期较早，但真正兴起和大发展是在 20 世纪 60 年代，经济高速发展带动了大众休闲旅游业，使得民宿一度发展鼎盛。很多人可能想象不到，作为经济发展的附属产品自然而然诞生和发展的民宿，在日本其实长期处于法律的灰色地带，面临着合法化的巨大难题。这是因为，日本法制传统悠久，各行各业很早就已形成固定的监管模式，民宿所在的旅馆业早在 1948 年就制定了《旅馆业法》。依据该法规定，无论是以酒店、旅馆还是以"下宿"（当时规定是一周以上的短租）形式从事旅馆业，都要符合规定标准并取得都道府县知事许可，而在很长一段历史时期内以住宅性质的房屋申请从事旅馆业，原则上难以获得许可。在日本早就筑成的《旅馆业法》《消防法》《建筑基准法》等繁密的法律规制体系下，日本民宿行业发展可以说是举步维艰，但在正式获得法律承认之前还是经历了很长一段时期的繁荣发展，主要得益于四个因素：（1）单独依靠传统的酒店、旅馆已经无法满足大众休闲旅游需要，民宿行业的出现及时填补了市场空白；（2）民宿行业提供了多样化、个性化的服务，并以高质量的服务赢得游客口碑，为政府的宽松监管争取到空间；（3）法不责众，非法民宿占绝大多数的情况下，政府也意识到存在即合理，采取默认、宽容的态度；（4）依据当时的《旅馆业法》，打击取缔非法民宿所处的罚款金额较低[1]、行政制裁手段有限。

在 2017 年前后，日本通过制定新法、修订旧法的立法组合拳，迈出了民宿

---

[1]　无许可经营旅馆业，依法要受到 3 个月以下有期徒刑或 3 万日元以下罚金的刑事处罚。2017 年 12 月《旅馆业法》修订后，对于无许可经营旅馆业的罚金上限由 3 万日元提高到 100 万日元。

行业合法化的关键一步，这主要得益于制定和推动"观光立国"的国策。日本于2006年12月制定了《观光立国推进基本法》（2007年1月施行），2007年6月内阁会议通过了《观光立国推进基本计划》，2008年10月设置了观光厅，2009年7月开始给中国发放观光旅游个人签证。2014年6月，日本还制定了争取访日外国游客2020年达到2000万人的目标。2016年3月30日，日本制定了《支撑未来日本的观光远景》，提出由于采取了战略性的放松签证等措施，安倍内阁三年期间取得了访日外国游客翻番的成绩，2015年访日外国游客已达到1974万人，于是提出新的目标，要在2020年争取访日外国游客达到4000万人。在外国游客大量入境的背景下，日本旅馆业根本无力承载，客房严重不足，日本政府亟须通过民宿来缓解住宿压力。因此在《支撑未来日本的观光远景》中也提出，要对长达60多年的陈旧规制进行根本性改革，建立健全民宿制度规则，发展重视经济效率和生产力的观光产业，提高国际竞争力。

民宿行业合法化的另外一个背景就是政府一直在推动规制缓和。早在小泉内阁时期，日本政府就开始实行大规模的构造改革和规制缓和政策。安倍晋三当选为日本新一届内阁总理以后，作为重要的施政方略，先后提出实行"积极的金融政策""灵活的财政运营"，以及"经济发展战略"。其中，作为经济发展战略的重要一环，安倍晋三于2013年年初提出"国家战略特区"的构想，要构建可与伦敦、纽约等匹敌的有利于商业发展、能够集中全世界的技术、人才和资金的国际化大都市。经过一系列立法作业，2013年12月7日通过了《国家战略特别区域法》。依据该法规定，在东京都大田区、大阪府大阪市等经确定的国家战略特别区域，可以不适用《旅馆业法》《建筑基准法》等的规制措施，这就是"特区民宿"的由来。此外，还有更早就实施的"农家民宿"，基于2005年6月修订的《农山渔村滞在型余暇活动的基础整备促进相关法》（以下简称《农山渔村余暇法》），对"农家民宿"实行相比于《旅馆业法》规制更加缓和的优惠政策。这些特定条件、特定区域的规制缓和改革，也为全国范围内的民宿合法化营造了环境、创造了条件。

二、现行法制环境下日本民宿的规制模式

在研究日本民宿相关法律时，很容易就会被《住宅宿泊事业法》（又称"Airbnb法案"）吸引，该法案确实为民宿合法化作出了独特贡献，创设了不需要取得旅馆业许可的民宿，但需要注意，这并不是实践中民宿合法化的唯一路径。日本在2017年制定《住宅宿泊事业法》的同时，同年还修订了《旅馆业法》，放松了对"简易宿所"等的规制，两部法律于2018年6月15日同步施行。同时兼顾其他法律法规，在日本现行法制环境下，其实存在四种民宿合法化的路径或者说模式，可以方便民宿业者根据自身情况选择。

（一）依据《住宅宿泊事业法》进行备案或登记的新型民宿

《住宅宿泊事业法》第2条对"住宅""住宅宿泊事业"等进行了明确定义。住宅是指含有国土交通省令、厚生劳动省令规定的厨房、浴室、厕所、洗脸池以及其他基本生活必备设施的房屋等（将没有厨房或洗脸池的办公室、仓库等排除在外）。住宅宿泊事业（除法律名称外，以下将"住宅宿泊"简称为"民宿"）是指《旅馆业法》规定的营业者以外的人收取住宿费、以住宅经营宿泊事业，但经营宿泊天数依据国土交通省令、厚生劳动省令规定，一年不得超过180天。就这样，通过定义明确了《住宅宿泊事业法》与《旅馆业法》泾渭分明的调整范围。立法的基本逻辑就是，依据《住宅宿泊事业法》经营民宿不需要取得《旅馆业法》规定的许可，但因为房屋性质毕竟是"住宅"，因而对经营民宿的天数作出限制。

依据《住宅宿泊事业法》经营民宿，主要需要履行下列法定义务：

1. 备案。向都道府县知事或者设置保健所的市的市长等备案后即可经营民宿事业。民宿事业者（房东）应当在进行备案时向都道府县知事提交记载了每个将要经营民宿的住宅的商号、所在地等规定事项的备案文书。（第3条）

2. 事业者具备资格。被处以禁锢以上刑罚或者依据本法及《旅馆业法》被处以罚金，执行终结之日起算未满三年的人等，不得经营民宿事业。（第4条）

3. 卫生确保。民宿事业者对于备案住宅，为确保住宿者卫生，应当按照厚生劳动省令的规定，采取根据各个客房面积限制住宿人数、定期清扫等必要措施。（第5条）

4. 安全确保。民宿事业者对于备案住宅，为在火灾及其他灾害发生时确保住宿者安全，应当按照国土交通省令的规定，采取设置紧急照明器具、标示避难路径等必要措施。（第6条）

5. 舒适性及便利性确保。民宿事业者对于住宿的外国旅客，应当按照国土交通省令的规定，用外语提供备案住宅的设备使用方法说明、外出交通工具信息等，为确保外国观光旅客的舒适性及便利性采取必要措施。（第7条）

6. 设置住宿者登记名册。民宿事业者应当按照国土交通省令、厚生劳动省令的规定，在备案住宅等规定场所设置住宿者登记名册，记载住宿者的姓名、住所、职业等规定事项，并在都道府县知事有要求时提交。（第8条）

7. 防止扰民等必要事项的说明。民宿事业者应当按照国土交通省令、厚生劳动省令的规定，向住宿者说明为防止噪声、防止对备案住宅周边地区的生活环境造成不良影响等应当注意的事项。对于住宿者是外国观光旅客的，必须用外语进行相关说明。（第9条）

8. 投诉应对。民宿事业者应当对备案住宅周边地区住民的投诉或询问，进行适当和迅速的应对。（第10条）

9. 必要情形下管理业务的委托。民宿事业者分为房主在家型与不在家型两种形态。如果房主不与租客同住，或者由于备案住宅的居室较多，民宿事业者自身可能难以恰当实施民宿管理业务的，应当按照国土交通省令、厚生劳动省令的规定，委托给一个民宿管理业者。（第 11 条）

10. 标识。民宿事业者应当按照国土交通省令、厚生劳动省令规定的样式，在公众容易看见的地方，为每个备案住宅作出标识。（第 13 条）

11. 定期报告。民宿事业者应当按照国土交通省令、厚生劳动省令的规定，将备案住宅宿泊天数（租期）等事项定期向都道府县知事报告。（第 14 条）

12. 登记。从事民宿管理业务，应当经过国土交通大臣登记；经营民宿中介业务，应当经过观光厅长官登记（第 22 条、第 46 条）。取得登记也要满足特定的资格要件、承担法定义务（如民宿中介业者应当从消费者交易安全的角度对交易条件进行说明，在官网上明确表明所提供物件是民宿，向卫生、警察、税务等行政当局提供信息等），爱彼迎等民宿中介业者借此规定取得合法法律地位。

尽管要履行上述法定义务并不困难，但是有两条限制为爱彼迎等扩大新型民宿的商业化运作制造了巨大困难：一是法律总体定位民宿时的"一年内租期不得超过 180 天"的限制（立法过程中有争议，有的主张参照外国立法例，如英国 90 天，荷兰阿姆斯特丹 60 天，限制在 60 天内，日本最终立法选择还算是相对比较温和的）；二是授权地方可以通过地方性法规，在防止起因于民宿事业的噪声、生活环境恶化的必要合理限度内，对民宿事业的经营区域、实施期间予以限制（第 18 条）。因此，要实现全年无休的民宿商业化运作，还需要另辟蹊径。

（二）依据《旅馆业法》取得"简易宿所"等的旅馆业许可

制定《住宅宿泊事业法》，给予民宿明确的法律地位的同时，日本政府也开始强调要打击和取缔非法民宿。以前非法民宿大量存在的根源在于依据《旅馆业法》取得许可的审批要件过于严格。因此，日本在制定《住宅宿泊事业法》的同时，也开始重新审视和缓和对旅馆业的行政规制，大幅度放宽对酒店、旅馆、简易宿所等的许可要件。

一是对酒店、旅馆的规制缓和。将以前的酒店营业、旅馆营业统一称为"酒店旅馆营业"，废止了原来"酒店 10 室、旅馆 5 室"的最低客室数量的要求，废止了原来"西式客房必须有西式床具"等对西式客房构造设备的要求，废止了"酒店营业设施应当设置暖气"的要求，放松对客房最低使用面积的要求，放松了对厕所的设置标准要求，还规定在满足一定要件的情况下（紧急情况下职员可以十分钟内赶到现场、通过设置摄像机对住宿者进行本人确认和出入情况确认、能够适当交付钥匙）可以不设置门前收费所、前台等。

二是对简易宿所的规制缓和。修订后的《旅馆业法》在 2017 年 12 月公布，在 2018 年 6 月 15 日开始施行，与此相配合，《旅馆业法施行令》《旅馆业卫生等管理要领》也相应进行修订。但实际上早在此次《旅馆业法》修订之前，《旅馆业法施行令》在 2016 年 4 月的一次修订，就放松了对简易宿所使用面积的规制。修订前对简易宿所使用面积的要求是 33 平方米以上，修订后明确简易宿所使用面积在"住宿人数不足十人时，用 3.3 平方米乘以住宿人数所得的面积"以上的，视为符合要求。根据《旅馆业法施行令》第 1 条第 2 款的规定，简易宿所营业的构造设施标准为：（1）客房使用面积为 33 平方米（住宿人数不足十人时，用 3.3 平方米乘以住宿人数所得的面积）以上；（2）有分层床时，上下层高 1 米以上；（3）有适当的换气、采光、照明、防湿和排水设备；（4）除了临近公众浴场等认为不会对洗浴造成不便的情况外，有能够满足住宿者需要的适当规模的洗浴设施；（5）有能够满足住宿者需要的适当规模的洗脸设施；（6）有适当数量的厕所；（7）符合其他都道府县条例规定的构造设施标准。

经过修订《旅馆业法》及相关法令，仅有单独一室的宿泊设施营业也是可能的。以前酒店、旅馆的许可门槛很高，小规模宿泊设施基本上只能申请简易宿所许可，但此次修订后，即使小规模宿泊设施也可以考虑申请许可为酒店、旅馆或简易宿所。而且，伴随着《建筑基准法》的修订，既存的住宅变更用途为小规模宿泊设施，也变得更加容易。同时，依据《住宅宿泊事业法》的规定，无法获得旅馆业许可的住宅，作为次佳选择可以备案作为新型民宿投入运营。现实中，通常是因为用途地域上的限制无法获得旅馆业许可，或者为了满足建筑、消防要求取得许可需要巨大花费的情况下，才选择依据《住宅宿泊事业法》登记为民宿。

（三）依据《国家战略特别区域法》经营"特区民宿"

依据《国家战略特别区域法》的规定，在划定的国家战略特区内可以大幅度放松原来的规制。限于在国家战略特区内接受了内阁总理大臣或都道府县知事对"国家战略特区外国人滞在设施经营事业"的认定，可以不适用《旅馆业法》的限制性规定。也就意味着被指定为国家战略特区的自治体可以自行制定条例，为"特区民宿"松绑。截至 2017 年 9 月，可以经营"特区民宿"的国家战略特区，仅仅是在东京都大田区、大阪府、大阪府大阪市、福冈县北九州市、新潟县新潟市、千叶县千叶市。

接受"特区民宿"认定的要件，主要包括：（1）宿泊设施所在地是在国家战略特区内；（2）宿泊设施的住宿期间在自治体规定的 2 晚 3 天到 9 晚 10 天范围内（此为 2016 年 10 月 31 日国家战略特区法施行令及施行规则修订规制缓和后的结果，原来要求最少住宿 6 晚 7 天）；（3）一间客房的使用面积在 25 平方米以上（经自治体判断有可能变更）；（4）提供设施使用方法相关的外语说明、紧急状况下的外语信息，以及其他需为外国旅客提供的服务；（5）设置住宿者名册；（6）对设施周边住民的投诉及咨询能够进行适当而且快速的应对。

与依据《旅馆业法》取得简易宿所许可相比，特区民宿的认定程序和花费成本更少，但是如果取得简易宿所许可，可以接受停留 1 晚 2 天的旅客，而特区民宿接受的旅客最少得停留 2 晚 3 天,意味着特区民宿难以应对公务出差等短期住宿需求。与依据《住宅宿泊事业法》进行民宿备案相比,特区民宿的优势是全年没有营业天数限制,可以确保收益,而普通民宿的优势在于运营区域不必限定在国家战略特区内,民宿备案程序也更为简易。

(四)依据《农山渔村余暇法》经营"农家民宿"

《农山渔村余暇法》第 2 条第 5 款规定了"农林渔业体验民宿业"的定义,通称为"农家民宿"。在规制缓和的大背景下,日本在 2003 年 4 月开始实施的"农家民宿",成为日本合法民宿的元祖,享受着比《旅馆业法》规定的"简易宿所"更为优惠的政策。例如,(1)《建筑基准法》上的规制缓和。将住宅的一部分用于农林渔业体验民宿业,在客房使用面积不满 33 平方米但可以直接进入室外不存在避难障碍的,不属于《建筑基准法》上规定的"旅馆",不要求主隔断墙是准耐火构造等。(2)《消防法》上的规制缓和。农家民宿的居室面积不满 50 平方米,而且未超过住宅全体的 1/2 的情况下,属于《消防法》上的"一般住宅",不属于"旅馆"不发生设置主要的消防设备的义务。即使是在农家民宿的居室面积超过 50 平方米,或者超过住宅全体的 1/2 的,作为"旅馆"原则上有必要在符合《消防法》基准的情况下,满足一定条件的农家民宿经消防长官的判断,可以不设置"指引灯""指引标识""通报消防机关的火灾报警设备"等。(3)《道路运送法》的适用例外。依据《道路运送法》第 78 条的规定,家用汽车原则上不得用于有偿运输,除灾难等紧急情况外,应当经过国土交通大臣的许可或注册才允许例外。而作为宿泊服务的一环,农家民宿运营者使用家用车迎送顾客原则上作为许可制的例外,并不视为违反《道路运送法》等。

可能也正因为农家民宿比简易宿所享受着如此多的政策优惠,在 2017 年修订《旅馆业法》时大幅度降低了"简易宿所"的许可门槛。需要注意的是,农家民宿的优惠政策待遇在 2016 年 3 月底前只有"农林渔业者"才能享受。但从 2016 年 4 月 1 日起,农家民宿的实施主体要件也进一步缓和,除"农林渔业者"之外的个人(仅限于个人)也可以经营农家民宿。在 2017 年制定《住宅宿泊事业法》后,要经营农家民宿实际上面临两种选择,既可以继续以缓和的规制要件从保健所取得旅馆业许可,可以全年营业,又可以到观光厅作为普通民宿备案,但全年营业不得超过 180 天。

此外还有两种合法的民宿形式,一种称为"活动民宿",是指以 2015 年 6 月 30 日的内阁会议决定《规制改革实施计划》为依据,每年仅限 1 回(一般 2 日至 3 日),在举办重大活动时,因为预见到住宿设施不足,应举办活动的自治体的号召将自家住宅提供出来供旅客住宿。对此,厚生劳动省的基本考虑是,尽管收取住宿费,但因不具有"反复继续性",并不属于《旅馆业法》规范的旅馆"业",可以不用取得旅馆业许可。另一种称为"无偿民宿",因为不具有有偿性(不收取住宿费，但可收取饮食成本费用），也不需要取得旅馆业许可。这两种民宿形式的商业属性较为淡薄，整体数量也很少，基本未纳入法律规制调整的范围。

综上，可以图表形式将法律规制下的四种民宿合法化路径或模式的要点表示出来。（见表1）

表1 四种民宿合法化路径或模式的要点

类别	农家民宿	特区民宿	简易宿所	新型民宿
起始时间	2003.4	2016.1	1948/2016	2018.6
旅馆业法	简化适用；也可除外	除外	适用	除外
租期限制	无	每人次3~10天	无	年内不超过180天
实施主体	农林渔业者及其他个人	不限	不限	不限
实施地域	乡村地域	有条例的数个国家战略特区	不限	不限
审批性质及难度	许可备案较容易	认可较为困难	许可最困难	备案最容易
依据法令	《农山渔村余暇法》	《国家战略特别区域法》	《旅馆业法》	《住宅宿泊事业法》

三、当前我国城市民宿行业的法律规制困境

反观自身，我国在《旅游法》第46条规定的指引下，省、自治区、直辖市纷纷制定城镇和乡村居民利用自有住宅或者其他条件依法从事旅游经营的管理办法，实际上也走出了一条国家原则上承认民宿、地方先行探索民宿管理办法的合法化路径。在有上位法的原则性支持和授权地方立法的背景下，民宿行业合法化相比于网约车行业合法化，将会顺利很多。但是，国家立法层面和我国学界对于民宿没有形成统一的定义，包括各省（自治区、直辖市）在内的地方立法对于民宿使用了不同的名称和定义，如"民宿""网约房""短租房"，但总体都是指"将居民住宅提供给他人住宿的短期房屋租赁"。从地方立法实务来看，使用不同名称背后反映出各地对于民宿的法律性质的认识和界定是有分歧的。用于民宿的自由住宅法律性质上是否界定为"经营场所"，又直接关联到是否适用《民法典》第279条的规定，需要经"有利害关系的业主一致同意"的问题。近些年来，一些地方开始要求经营民宿需要取得同栋楼其他业主的同意等，成为城市民宿的"卡脖子"条款，成为民宿行业合法化的重大障碍。

从地方立法例来看，很多地方的旅游条例将民宿的法律性质定位为"经营场所"。例如，《北京市旅游条例》所称"民宿"，是指城乡居民利用自己拥有所有权或者使用权的住宅，结合本地人文环境、自然景观、生态资源以及生产、生活

方式，为旅游者提供住宿服务的经营场所。《珠海经济特区旅游条例》所称"民宿"，是指经营者利用自己拥有所有权或使用权的住宅或者其他民用建筑开办的，为旅游者提供体验当地自然景观、特色文化与生产生活方式的小型住宿设施。同时，很多地方的租赁管理办法又将民宿的法律性质视为"租赁房屋"。例如，《河北省租赁房屋治安管理条例》所称的"租赁房屋"，是指出租用作居住或者兼用作居住的房屋，包括商品住宅、集体土地上的房屋、单位用于居住的房屋、有人居住的商业用房等。也就是说，民宿、短租房等将商品住宅短期出租给旅游者住宿，又不属于旅馆业客房的情况下可以视为"租赁房屋"。此外，《河北省租赁房屋治安管理条例》又使用了"网约房"的概念，明确通常意义上称为民宿的"网约房"平台公司和租赁房屋所有人、入住人应当按照相关规定做好信息登记报送工作。

一环扣一环，法律性质和定位不同，直接导致适用不同的法律规制框架。如果民宿或短租房是"经营场所"，理所当然需要办理工商登记，取得营业执照，往往要作为旅馆取得特种行业许可证，此外还要遵守消防、税务等各个相关部门的要求。而且，依据《民法典》第279条关于"经营性用房"的规定，如果将民宿定义为"经营场所"，原则上业主就不得将住宅改变为民宿，如有改变应当经有利害关系的业主同意。但是如果将民宿或短租房定义为"租赁房屋"，住宅用作民宿原则上可以解释为不属于"将住宅改变为经营性用房"，也就不需要经有利害关系的业主同意，同时也就不需要进行工商登记、取得营业执照，办理特种行业许可证等。

在立法者看来，关键问题在于民宿的法律性质其实存在两种可能，既有可能是"经营场所"，又有可能是"租赁房屋"，同时也反映出民宿监管的两种可能路径，将民宿或短租房作为"经营场所"可以参照旅馆、酒店管理，作为"租赁房屋"可以参照长租房管理，都是有道理的。但正因为国家层面的态度不明确，出现了各地做法不统一，缺乏统一的认定和监管标准，实际大幅增加了企业的合规成本和经营预期的不稳定性，可能一纸通知就会给行业造成颠覆性影响，非常不利于民宿行业的长期健康发展。例如，按照2020年12月北京市住建委等四部门发布的《关于规范管理短租住房的通知》的要求，"首都功能核心区内禁止经营短租住房"；在其他区域经营短租住房的，应当"符合本小区管理规约。无管理规约的应当取得业主委员会、物业管理委员会书面同意或取得本栋楼内其他业主的书面同意"，造成北京城区大量民宿下线。在疫情和政策预期的双重影响下，曾经在日本成功推动了《住宅宿泊事业法》的爱彼迎宣布退出中国大陆市场。

四、日本模式对我国民宿立法的启示

民宿满足了新兴消费人群对文化元素、乡土风情和个性私密等的特定需求，是酒旅住宿的重要细分市场。2021年民宿收入占全国住宿业客房收入的比重约为 5.9%，行业总规模超过 200 亿元。除直接经济产值外，民宿也串联起周边餐饮、景区、民俗体验、体育休闲等多元消费，并在促进乡村振兴、解决劳动力就业和盘活闲置房屋、增加居民财产性收入等方面发挥了重要作用，是拉动城乡居民服务消费和增加财政性收入的重要抓手。但近些年来，随着我国民宿行业体量越来越大，也开始引起越来越多的关注和越来越严的监管，国家法律制度的总体设计仍然缺位，而某些地方的政策趋势已经显现出监管"踩刹车"、民宿行业"硬着陆"的风险。民宿的合法化问题一旦解决不好，行业内哀鸿遍野的程度可能比疫情的影响更加惨烈。而民宿行业既然存在，自然有其合理性，如促进和服务旅游经济，满足人民群众多元化的住宿需求等。从日本经验来看，民宿行业的合法化是早晚的事情，这里所说的合法化困境实际上是如何做好制度的顶层设计，兼顾既有的法律体系为民宿行业合法化找到出路，这非常考验立法的智慧和监管的本领。日本现行法制环境下分层次的民宿合法化模式，可以为当前我国正在探索的民宿监管立法提供如下启示。

第一，民宿的品质和种类差别很大，应当允许民宿的法律性质多元化，不宜进行"一刀切"的立法简单化处理。大智慧的立法应当为新业态寻找出路充当"指明灯"，而不应任由法制僵化成为经济发展的"绊脚石"。例如，民宿的性质不应当在法律上强硬定性为"经营场所"，将不能取得营业执照的一律视为非法民宿予以取缔；而是应当承认和允许民宿的种类和品质差别，为民宿提供多种可供选择的合法化方案。日本就是这种思路，在现行法制框架下提供了农家民宿、特区民宿、简易宿所、新型民宿等多种合法化路径，取得旅馆业许可或认证的农家民宿、特区民宿、简易宿所，法律上可以定性为"经营场所"，新型民宿在法律上仍然定性为"住宅"，法律性质不必强求统一、搞"一刀切"。

第二，成功的民宿合法化应当是统筹规划、综合施策，关上一扇门的同时打开一扇窗，才能促进和维护行业的整体健康发展。例如，2018 年 6 月 15 日《住宅宿泊事业法》施行的前夕，6 月 1 日，观光厅发布通知说，中介网站登载违法民宿的视为中介网站的违法行为。通知发出后，日本最大的民宿经营者爱彼迎，一口气将网站登载的民宿削除（下架）80%，从 6.2 万件剧减到 1.38 万件。到 2019 年年中，爱彼迎在日本的房源已恢复至大约 5 万个，另有约 2.3 万家酒店和传统客栈房源，整体房源数量已基本恢复至《住宅宿泊事业法》刚出台时的水平。试想，日本如果是单独制定《住宅宿泊事业法》，没有同时修订《旅馆业法》降低旅馆业规制门槛，那么大量民宿仍然无法取得旅馆业许可，但却面临着年营业不得超过 180 天的严格限制，民宿行业只会遭受灭顶之灾，怎么可能恢复如此之速。

第三，民宿的治安、环保等是作为住宅或旅馆等的普遍要求和具体问题，不应成为合法化过程中的障碍。日本《住宅宿泊事业法》实际上是从多个方面加强对新型民宿的管理：一是作出标识、接受外界监督；二是对民宿经营者提出对住宿者防止扰民等必要事项的说明义务、对周边住民投诉的积极应对义务；三是明确在必要情形下应当委托专业的民宿管理者。但总体都是科学合理有逻辑的，日本并未作出经营民宿或将房屋出租需要取得相邻权人一致同意等限制业主所有权的规定。行业诞生和发展之初可能都会经历这样一个不断调适的过程，相信民宿治安和扰民的具体问题都可以随着市场进一步规范和成熟而逐渐得到解决。

第三章

行政组织法研究

论党内法规体系的四个逻辑

张 禹

2021 年 7 月 1 日，习近平总书记在庆祝中国共产党成立 100 周年大会上宣布，我们党已经"形成比较完善的党内法规体系"。[1] 这是党的建设史特别是党内法规制度建设史上一个重要里程碑，是党的百年奋斗重大成就的制度缩影。深刻认识其由来、内涵和意义，需要准确把握它的政治逻辑、历史逻辑、理论逻辑、实践逻辑。

一、政治逻辑

党内法规姓党，因党而生、因党而立、因党而兴，是党管党治党、执政治国的重要依据。党内法规具有强烈政治属性，这是其首要特征，从根本上说是由中国共产党作为马克思主义政党的本质属性决定的。[2] 因此，对形成比较完善的党内法规体系，首先必须从政治上看。

（一）这是坚持党的性质宗旨的重要保证

中国共产党是中国工人阶级的先锋队，同时是中国人民和中华民族的先锋队，党的宗旨是全心全意为人民服务，这是党的先进性和纯洁性之所在，也是党区别于其他一切政党的本质所在。党内法规对党的工作和活动以及党员行为进行规范，其目的就在于始终坚持党的性质宗旨，保证党不变质、不变色、不变味。在这一维度上，单一的党内法规的作用即使再大，也是有限的。鉴于党内法规调整事项的广泛性，只有形成覆盖党的领导和党的建设各方面的比较完善的党内法规体系，将所有的党的工作和活动以及党员行为一体纳入制度化轨道并给予有效规制，才能在最大范围内、以最大限度为坚持党的性质宗旨提供制度保障。

（二）这是保证党的团结统一的内在要求

保证党的团结统一是党的生命，也是中国共产党成为百年大党并创造世纪伟业的关键所在。要保证党的团结统一，需要加强党的政治建设，需要强化思想教育，需要严明党的纪律，从根本上还是要靠党内法规。截至 2022 年年底，我们党拥有 9800 多万名党员、500 多万个基层党组织，是世界上最大的执政党，党

---

[1] 《在庆祝中国共产党成立 100 周年大会上的讲话》，载《人民日报》2021 年 7 月 2 日，第 2 版。

[2] 宋功德、张文显主编：《党内法规学》，高等教育出版社 2020 年版，第 24—25 页。

内法规制定主体包括党的中央组织、中央纪委以及党中央工作机关和省区市党委，党内法规的制定修订贯穿党的百年发展历程，在这种情况下，如果党内法规之间各行其是，就不仅无法形成合力，而且有可能造成党内秩序的混乱。形成比较完善的党内法规体系，意味着党内法规体系内部做到了协调统一，这有利于推动全党在党内法规一体约束下实现最大限度的团结统一，始终保持统一的思想、坚定的意志、协调的行动、强大的战斗力。

（三）这是党在各方面更加成熟的重要标志

中国共产党是百年大党，是成熟的马克思主义政党。党的成熟，不仅表现在理想信念坚定、指导思想科学、组织体系严密、作风建设严实、纪律规矩严明，还表现在法规制度完善。而且，制度的成熟更具有说服力，因为只有在思想、理论、组织、作风、纪律等方面成熟的基础上，才能有作为集成定型的制度的成熟，制度的成熟是其他各方面成熟的结晶和升华。1992 年，邓小平在南方谈话中指出，"恐怕再有三十年的时间，我们才会在各方面形成一整套更加成熟、更加定型的制度"[3]。党的十九届四中全会提出，到我们党成立一百年时，在各方面制度更加成熟更加定型上取得明显成效。形成比较完善的党内法规体系，就是制度更加成熟更加定型取得明显成效的重要体现，同时标志着我们党在各个方面都更加成熟。

（四）这是中国特色社会主义制度自信的重要体现

中国特色社会主义制度是党和人民在长期实践探索中形成的科学制度体系，具有强大生命力和巨大优越性。中国共产党的领导，是中国特色社会主义最本质的特征，是中国特色社会主义制度的最大优势。党的领导制度是我国的根本领导制度，在国家制度体系中居于统领地位，其内容包括建立不忘初心、牢记使命制度，维护党中央权威和集中统一领导制度，党的全面领导制度，为人民执政、靠人民执政制度，提高党的执政能力和领导水平制度，全面从严治党制度等，这些制度主要通过党内法规来体现。因此，党内法规是中国特色社会主义制度的鲜明特色，是展示中国特色社会主义制度最大优势的重要载体。坚持依规治党、形成比较完善的党内法规体系，是党的领导更加制度化规范化程序化的重要体现，是"中国之治"的一个独特治理密码，是呈现中国特色社会主义制度优势的一张金色名片，有利于充分彰显并进一步巩固中国特色社会主义制度自信。

（五）这是政党治理特别是马克思主义执政党建设的重要经验

我们党形成了一个比较完善的党内法规体系，这在世界上是独一无二的，是政党治理的一大创举，彰显了中国共产党作为世界上最大政党所具有的大党的气派、大党的智慧、大党的治理之道，也为世界政党治理贡献了中国智慧和中国方

---

[3]《邓小平文选》（第三卷），人民出版社 1993 年版，第 372 页。

案。同时，形成比较完善的党内法规体系，是我们党作为长期执政的马克思主义政党在实践中积累形成的重要经验，揭示了马克思主义政党自身建设和长期执政的内在规律。一方面，纪律严明是马克思主义政党与生俱来的要求，是全党团结统一、行动一致的重要保证，这就决定了依规治党理应成为马克思主义政党管党治党的基本方式。另一方面，伴随着执政目标、执政条件和执政环境的变化，依法执政逐步成为我们党执政的基本方式。依法执政，既要求党依据宪法法律治国理政，也要求党依据党内法规管党治党。要坚持依法执政，增强依法执政本领，需要形成党内法规体系。

（六）这表明了以习近平同志为核心的党中央依规治党的坚强决心

党的十八大以来，以习近平同志为核心的党中央在坚持和加强党的全面领导，坚持党要管党、全面从严治党的伟大实践中，创造性地提出"依规治党"。党的十九大将"依规治党"写入党章，以党的根本大法的形式将依规治党确立为从严管党治党的基本方式。《中共中央关于党的百年奋斗重大成就和历史经验的决议》将"党坚持依规治党，严格遵守党章，形成比较完善的党内法规体系，严格制度执行，党的建设科学化、制度化、规范化水平明显提高"作为中国特色社会主义新时代党和国家事业在全面从严治党上取得的重大成就之一。可以说，依规治党是党的十八大以来管党治党的一个突出特点。形成比较完善的党内法规体系，既是依规治党为解决"有规可依"问题在制度层面确立的基本目标，也是依规治党理论和实践快速发展的结果，也为在实现第二个百年奋斗目标新征程上推动依规治党向纵深发展奠定了坚实基础，彰显了以习近平同志为核心的党中央坚定不移推进依规治党的决心，进一步增强了全党深入推进依规治党的信心。

二、历史逻辑

形成比较完善的党内法规体系，是党内法规制度建设取得的一项历史性成就。这一制度建设重大成果来之不易，是我们党100多年来持续推进建章立制特别是党的十八大以来全面深化党的建设制度改革的结果。因此，对形成比较完善的党内法规体系，必须坚持历史思维，准确把握其由来。

（一）比较完善党内法规体系的形成是一个长期的过程

自中国共产党诞生，党的一大通过中国共产党第一个纲领，党内法规制度建设就正式起步了。从这个意义上说，党的百年发展史也是党内法规体系的建设史。从新民主主义革命时期的奠定初创，到社会主义革命和建设时期的曲折发展，再到改革开放和社会主义现代化建设新时期的恢复前进，直至中国特色社会主义新时代的全面加强，党内法规体系建设从无到有、从少到多，由点到面、由面到体，走过了一段极不平常的历程。形成比较完善的党内法规体系，是这一历程取得的最重要的成果。这表明，比较完善的党内法规体系虽然形成于中国特色社会主义新时代、建党100周年时，但却建立在之前长期的党内法规制度建设实践基础之上。没有新民主主义革命时期、社会主义革命和建设时期、改革开放和社会主义现代化建设新时期坚持不懈的制度探索和积累，比较完善的党内法规体系就不可能顺利形成。

（二）新时代党内法规制度建设在体系形成中发挥了关键作用

比较完善党内法规体系的形成，不是一个匀速推进的过程，而是呈现明显的加速态势。在新民主主义革命时期、社会主义革命和建设时期，为适应赢得革命战争和巩固新生政权的需要，党内法规体系建设更多的以自发形式在探索中前进。改革开放后，党内法规制度建设进入平稳健康的发展阶段，为适应管党治党和执政治国的需要，党内法规体系建设的目标得以明确提出，并以自觉的形式加快推进。特别是党的十八大以来，以习近平同志为核心的党中央将党内法规制度建设放在事关党长期执政和国家长治久安的战略位置，以前所未有的力度推进党内法规制定工作，党内法规体系建设取得重大进展和显著成绩。自党的十八大至2021年7月1日，党中央制定修订实践亟须、务实管用的党内法规147部，占现行有效中央党内法规70%。[4] 可以说，比较完善的党内法规体系主要是在党的十八大之后形成的，新时代党内法规制度建设的快速发展是这一体系在建党100周年时如期形成的决定性因素。

（三）以习近平同志为核心的党中央一系列重大决策部署为体系形成提供了根本保障

在建党100周年时形成比较完善的党内法规体系，是以习近平同志为核心的党中央作出的一项战略性决策。为实现这一目标，党中央作出一系列重大部署，扎实推进党内法规体系建设。例如，坚持和加强党中央对党内法规制度建设的集中统一领导，健全中央党内法规审议程序，建立中央书记处听取年度党内法规工作情况报告制度，确保党内法规制度建设上下贯通、一体推进；印发《中共中央关于加强党内法规制度建设的意见》，确定党内法规体系的基本框架，为党内法规体系建设提供了行动纲领；制定出台两个中央党内法规制定工作五年规划，加强体系建设的顶层设计，增强党内法规制定工作的系统性前瞻性；修订出台《中国共产党党内法规制定条例》，提高党内法规制定工作的科学化规范化水平；加快党内法规制定步伐，统筹推进各位阶各类型各领域党内法规制定工作；注重发挥备案审查和清理在推动体系形成中的重要作用，保证党内法规体系协调统一。这些举措强化了党中央对党内法规体系建设的领导，体现了全方位、立体式推进党内法规体系建设的进路，明确了党内法规体系建设的任务书、时间表、路线图，增强了党内法规体系建设的系统性、集约性、精准性，为如期形成比较完善的党

---

[4]《中国共产党党内法规体系（二○二一年七月）》，载中国机构编制网，http://www.scopsr.gov.cn/xwzx/gdxw/202112/t20211221_383385.html，最后访问时间：2023年12月1日。

内法规体系提供了根本的政治保证。

（四）党内法规体系的完善永远在路上

党内法规体系是一个开放的、动态发展的体系，需要根据党的建设和党的事业发展的需要，不断地与时俱进、开拓创新。从这个意义上说，党内法规体系建设只有进行时，没有完成时。形成比较完善的党内法规体系，并非党内法规体系建设的终点，而是党内法规体系建设的一个里程碑，是党内法规体系建设新的起点。历史地看，党内法规体系建设是一项长期任务，需要向着完善的目标不断迈进。现实地看，目前形成的是比较完善的党内法规体系，仍然存在一些短板弱项。例如，有的板块相对比较薄弱、存在制度漏洞，有的方面制度供给对制度需求回应不够，有的领域制度比较零散、集成性不够，配套制度重复率较高、创新性不够，有的制度可操作性不强、活力不够等。可以预见，未来党内法规体系建设的任务依然很重。要克服自满情绪和懈怠心理，适应更高标准、更严要求，推动党内法规体系建设高质量发展，努力形成完善的党内法规体系并继续丰富和发展。

（五）要总结运用好党内法规体系建设的历史经验

党内法规体系建设不断探索实践，虽经历不少挫折，但最终取得历史性成就，在这一过程中，逐渐形成了关于党内法规体系建设目标定位、功能作用、宗旨原则、路径方法等的规律性认识，积累了重要经验。这就是，必须紧紧围绕贯彻党的指导思想不断完善党内法规体系，紧紧围绕坚持党的全面领导不断完善党内法规体系，紧紧围绕保持党同人民群众血肉联系不断完善党内法规体系，紧紧围绕全面从严治党向纵深发展不断完善党内法规体系，紧紧围绕服务党和国家工作大局不断完善党内法规体系，紧紧围绕坚持和完善中国特色社会主义制度、推进国家治理体系和治理能力现代化不断完善党内法规体系，紧紧围绕推进中国特色社会主义法治建设不断完善党内法规体系。这些经验经过了长期实践检验，弥足珍贵，需要我们在继续完善党内法规体系的进程中，长期坚持并不断发展。

三、理论逻辑

形成比较完善的党内法规体系，并非党内法规项目的简单相加和累积，而是一个以理论为支撑的系统构建的过程。基于这些共同的理论基础，各领域各方面党内法规之间产生了有机联系，构成了逻辑严密、层次分明、内在统一的整体。因此，对比较完善的党内法规体系，必须透过现象看本质，准确把握党内法规体系建设的原理。

（一）习近平新时代中国特色社会主义思想为体系形成提供了科学指导

习近平新时代中国特色社会主义思想是党和国家必须长期坚持的指导思想，是指引新时代党和国家事业发展的强大思想武器和科学行动指南。党内法规体系建设的一项重要原则就是，坚持以习近平新时代中国特色社会主义思想为指导，将其要求转化为制度规定、确立为制度遵循，以党内法规的形式保障党和国家各项工作始终在这一思想指引下沿着正确政治方向前进。从这个意义上说，党内法规体系本身就是习近平新时代中国特色社会主义思想的制度呈现和制度载体。同时，习近平总书记就依规治党作出一系列重要论述，对完善和执行党章、全方位扎紧制度笼子、提高党内法规制定质量、党规同国法衔接协调等提出明确要求。这些重要论述深刻回答了党内法规体系建设的一系列重大理论和实践问题，深化了我们对形成比较完善党内法规体系重要性和紧迫性的认识，指明了党内法规体系建设的任务和路径，为党内法规体系建设注入了强大动力、提供了根本遵循，是形成比较完善党内法规体系的重要理论指导。

（二）党内法规体系是国家治理体系的重要组成部分

党内法规体系是我国国家治理体系的特色所在，也是理解我国国家治理体系独特优势的关键。国家治理体系是在党领导下管理国家的制度体系，包括经济、政治、文化、社会、生态文明和党的建设等各领域体制机制、法律法规安排。以制度的性质为区分，国家治理体系中最重要且规范性最强的两大构成，就是中国特色社会主义法律体系和党内法规体系。前者主要调整国家、社会层面的关系，后者主要调整党内关系、党和国家的关系。二者相辅相成，缺一不可。同时，基于党的意志、人民意志和国家意志内在的统一性，这两个体系在本质上是统一的。据此，党的十八届四中全会提出，依法执政既要求党依据宪法法律治国理政，也要求党依据党内法规管党治党。2011 年宣告形成了中国特色社会主义法律体系，2021 年宣告形成了比较完善的党内法规体系，这都是我们党领导推进国家治理体系和治理能力现代化的重要标志性成果。形成比较完善的党内法规体系，实现了与中国特色社会主义法律体系的协同发展，使我国国家治理体系结构更加均衡、内容更加完备、功能更加强大、优势更加突出，有助于更好地形成国家治理合力。当然，关于这两个体系，要保证党内法规与国家法律既相互区分又衔接协调，努力形成党内法规和国家法律相辅相成、相互促进、相互保障的格局。

（三）党内法规体系以"1＋4"为基本框架

党内法规体系的构成，是党内法规体系建设的核心问题，需要考虑党内法规的效力位阶、调整对象、相互关系等诸多因素。比较完善党内法规体系的构成，可以概括为"1＋4"。"1"是指党章，它对党的性质和宗旨、党的指导思想和奋斗目标、党的领导、党的自身建设以及党的组织结构、党的组织职权职责、党员义务权利、党的纪律和纪检机关等作出根本规定。"4"是指按照"规范主体、规范行为、规范监督"相统筹相协调原则形成的四大制度板块。其中，党的组织法规侧重于从"主体"上规范党的组织的产生和职权职责问题，党的领导法规侧重于规范和加强党对党外实施的领导"行为"，党的自身建设法规侧重于规范党在党内实施的自身建设"行为"，党的监督保障法规侧重于从"监督保障"上规范党内监督、问责、组织处理、党纪处分、奖励表彰、党员权利保障、党的机关运行保障等活动。[5]这一构成，具有以下特点：一是突显党章统帅地位。党章是中国共产党的总章程总规矩，在整个党内法规体系中居于统帅地位。将党章置于四大板块之上，有利于彰显党章作为党的根本大法的崇高地位，推动党章贯彻落实。二是体现主体、行为、监督"三位一体"。将党内法规体系划分为党的组织法规、党的领导法规、党的自身建设法规、党的监督保障法规四个平行板块，构成了主体、行为、监督"三位一体"的完整闭合系统，反映了制度建设的一般规律。三是契合"大党建"格局。将党的自身建设法规和党的领导法规各自单独成块，体现了"大党建"的理念，有利于统筹推进新时代党的建设新的伟大工程和中国特色社会主义伟大事业。总的来看，这个体系的构成，符合党的工作和党的事业的实际，兼顾了外在与内在，注重了制度结构的均衡，体现了周延性与开放性相统一、现实性与前瞻性相统一，是非常科学的。

（四）党内法规体系内部具有严格的效力等级

根据《中国共产党党内法规制定条例》，有权制定党内法规的主体包括党的中央组织，中央纪律检查委员会以及党中央工作机关，省、自治区、直辖市党委，只有 50 个左右。之所以将党内法规制定主体作这样严格的限定，主要是因为中国共产党是一个统一的组织体系，党内法规是党的制度中的高级形态，如果授予制定权过于广泛，有可能损害党的团结统一，而将其限定在较少数量、较高层级的特定范围，则有利于维护党内法规的严肃性权威性，维护党中央的权威和集中统一领导。上述主体制定的党内法规分别称作中央党内法规、部委党内法规、地方党内法规。中央党内法规对全党重大事项、党中央集中统一领导事项等作出规定，发挥着创设制度、定明方向的重要作用；部委党内法规的作用主要是贯彻执行中央党内法规或者履行中央党内法规赋予部委的职责，是加强和规范党的各方面工作的重要遵循；地方党内法规的作用主要是贯彻执行中央党内法规或者履行领导本地区经济社会发展和负责本地区党的建设的职责，是加强和规范党的各地方工作的重要遵循。鉴于党内法规制定主体在党的组织体系中居于不同的地位，拥有不同的制定权限，因此所制定的党内法规也具有不同的效力。中央党内法规效力高于部委和地方党内法规，部委党内法规效力高于地方党内法规。在中央党内法规中，党章效力最高。这一效力位阶，确立了党内法规体系内部在纵向上的等级规则，表明我们党是一个严密有序的组织体系，有利于从制度上保证下级服从上级、全党服从中央。

四、实践逻辑

比较完善的党内法规体系，是一个具体的制度规范体系，不是一个抽象的理

---

[5] 宋功德：《党规之治——党内法规一般原理》，法律出版社 2021 年版，第 108 页。

论体系。它来源于实践，作用于实践，在实践中经受检验，在实践中创新发展。评价党内法规体系是否完善，一个重要指标就是看其是否能够做到运行有效，能否适应实践需要、推动实践发展。因此，对形成比较完善的党内法规体系，必须立足实践、着眼实践，准确把握其实践依据和实践价值。

（一）形成党内法规体系是党内法规制度建设的必由之路

从制度建设自身的演进来看，当制度建设发展到一定程度，通常都会走上体系化的道路，构建并形成制度体系，这是制度建设的一条客观规律。以法制建设为例。改革开放以来，伴随着依法治国方略的提出，社会主义法制建设步伐明显加快，2011 年中国特色社会主义法律体系宣告形成。党内法规制度建设，属于制度建设的范畴，也要遵循制度建设的一般规律，形成党内法规体系是其发展的必然。完善的党内法规体系，通常具有以下特征：一是健全完备，党内法规涵盖党的领导和党的建设各个方面，制度供给满足制度需求；二是各安其位，上位党内法规和下位党内法规层次分明，基础主干党内法规和配套党内法规主从有别，不同领域不同类型党内法规分工明确；三是系统集成，所有党内法规内在高度统一，有共同的思想指引和理论指导，有相同的任务目标和价值取向，相互之间分工合理、协调一致、衔接紧密，能够形成有机整体和制度合力；四是内容科学，党内法规充分体现党的建设规律和制度建设规律，符合党的工作和党的事业发展实际，针对性、可操作性强，能够立得住、行得通、管得了。这些重要特征决定了，构建党内法规体系能够有效解决党内法规制度建设实践中存在的各种突出问题，促进党内法规制度建设长远健康发展。这是党中央提出形成比较完善的党内法规体系在制度层面的主要原因。

（二）比较完善的党内法规体系具有鲜明的实践特色

坚持立足于实践、服务于实践，是党内法规体系建设的一条重要原则。无论是制定什么党内法规，还是如何制定党内法规，都始终从党的事业所处的历史方位和发展阶段出发，紧扣党的领导和党的建设的现实需要，以务实管用为标准，不搞形式主义、反对烦琐哲学。特别是党的十八大以来，以习近平同志为核心的党中央在部署推进党内法规体系建设时，反复强调要坚持问题导向，坚持标本兼治，坚持实事求是，有什么漏洞堵什么漏洞，有什么问题解决什么问题，聚焦实践中的薄弱环节，着力围绕理论、思想、制度构建体系，围绕权力、责任、担当设计制度，确保建立的各项制度行之有效、行之久远。例如，着眼维护党中央权威和集中统一领导，党中央制定关于新形势下党内政治生活的若干准则、中央政治局加强和维护党中央集中统一领导的若干规定、中央委员会工作条例、地方党委工作条例、党的工作机关条例、党组工作条例以及机关、农村、普通高等学校、国有企业基层党组织工作条例、组织工作条例等，不断健全维护党的集中统一的组织制度，推动全党增强"四个意识"、坚定"四个自信"、做到"两个维护"。

例如，为了解决一个时期以来实践中存在的落实党的领导弱化、虚化、淡化、边缘化问题，旗帜鲜明坚持和加强党的全面领导，党中央将健全党的领导法规作为党内法规体系建设的重点之一，制定党中央领导经济工作规定、农村工作条例、统一战线工作条例、政法工作条例、机构编制工作条例、宣传工作条例、党领导国家安全工作条例等，进一步强化党发挥总揽全局、协调各方领导核心作用的制度保障。例如，着眼加强党的自我革命，永葆党的先进性和纯洁性，把党建设得更加坚强有力，党中央在党的作风建设方面制定八项规定及其实施细则、党政机关厉行节约反对浪费条例等，在党内监督和惩戒方面制定修订了党内监督条例、巡视工作条例、党纪处分条例、问责条例、组织处理规定等，推动正风肃纪反腐取得重大进展和显著成效，推动全面从严治党不断向纵深发展。

（三）形成比较完善的党内法规体系为党和国家事业发展提供了有力制度保障

党内法规作为我们党管党治党、执政治国的重要形式，体现党的统一意志，为党的领导和党的建设活动开展提供基本遵循。党的十九届三中全会提出："我们党要更好领导人民进行伟大斗争、建设伟大工程、推进伟大事业、实现伟大梦想，必须加快推进国家治理体系和治理能力现代化，努力形成更加成熟、更加定型的中国特色社会主义制度。这是摆在我们党面前的一项重大任务。"形成比较完善的党内法规体系，就是为统揽"四个伟大"确立重要制度支撑，它标志着我们党管党治党、执政治国全面实现了有规可依、有章可循，党的领导和党的建设活动全面纳入规范化、制度化、程序化轨道。回首过去，这一体系的形成是党的十八大以来党和国家事业取得历史性成就、发生历史性变革的制度保证。立足当下，这一体系的形成为党统筹推进"五位一体"总体布局、协调推进"四个全面"战略布局奠定了坚实制度基础。放眼未来，这一体系的形成为党以史为鉴、开创未来，团结带领人民全面建设社会主义现代化国家、实现中华民族伟大复兴的中国梦提供了坚强制度保障。可以说，党和国家事业发展到哪里，党内法规制度就会跟进到哪里，党内法规体系的引领、规范、保障作用就会覆盖到哪里。

党内法规体系是一个有机整体，政治逻辑、历史逻辑、理论逻辑、实践逻辑虽视角不同，但其内在是统一的。全面准确把握这些逻辑，将进一步深化我们对形成比较完善党内法规体系的认识，并推动下一步对党内法规体系的继续完善取得更为丰硕的成果。

监察建议的法解释学展开

——概念构成、适用范围与法律效果 [1]

张 滨

一、问题的提出

随着监察体制改革的全面推进和《监察法》的正式施行，以监督、调查、处置为核心的监察权已展开其丰富的实践运行、发挥其重要的反腐败功能。监察建议作为处置职责的重要组成部分，相较于监督与调查职责而言属于后端处理环节，在《监察法》上具有两方面关键意义：一方面，监察建议是监察权指向范围由个人延伸到单位的唯一例外。《监察法》将监察对象界定为行使公权力的公职人员（个人），改变了《行政监察法》既涵盖行政机关（单位）又包括行政机关人员及相关人员（个人）的监察对象二元模式，原则上将单位排除在监察监督的范围之外。而《监察法》规定可以"向监察对象所在单位提出监察建议"，又为监察机关对单位进行"纠偏"留存了空间，在一定程度上将单位纳入了监察权的覆盖范围之内。另一方面，监察建议是连接个案查处与领域治理、治标与治本的重要渠道。正因为《监察法》上的监察对象被限定为个人，监督、调查、处置所产生的直接影响也往往局限于个人，无法直接针对个案所在领域存在的普遍性问题、制度性漏洞产生具有法律效力的作用。而监察建议的意义正是促使监察权的运行由个人转向单位、由个案转向整体，推动在"不敢腐"的惩戒震慑的基础上实现"不能腐"的制度约束。因而实务界普遍认为，监察建议的理想效果是"发出一份建议，解决一批问题，完善一批制度"[2]。

值得注意的是，尽管学界已就《监察法》的制定与适用展开了较多研究，但对于监察建议的研究仍显不足。梳理文献可以发现，现有的监察法学专著与教材对此讨论较为简单 [3]，相关论文也数量较少。其中，秦前红、石泽华系统讨论了

---

[1] 本文首发于《北京行政学院学报》2021年第4期，有所改动。

[2] 杨文佳：《纪检监察建议书："小切口"写好"大文章"》，载中央纪委国家监委网站，http://www.ccdi.gov.cn/yaowen/201901/t20190128_187856.html，最后访问时间：2023年9月28日。

[3] 如马怀德主编：《中华人民共和国监察法理解与适用》，中国法制出版社2018年版，第176页；江国华：《中国监察法学》，中国政法大学出版社2018年版，第27页。

监察建议的法律概念、逻辑起点、功能与类型、程序与机制，极具启发意义；[4] 张云霄在对全国五个县监察建议适用情况调研分析后，建议明确监察建议的基本内涵、主要内容和适用程序；[5] 谭家超立足于对湖北 4 个县级监察机关的调研，指出了监察建议的制度供给不足、分析了应予完善的制度路径。[6] 整体来看，现有文献虽对监察建议的主要制度做了开创性研究，但在一些关键问题上还未有较为明确、具有说服力的学理共识，有些观点甚至可能与实证法规范的规范目的存在一定偏离。例如，对于监察建议的界定与类型这一基础性问题，已有见解并不统一且各有不足。究竟采用问责型、问题型的两分法[7]，还是采用督促型、纠错型、整改型的三分法[8]，抑或采用其他理解？值得展开接续性探讨。

一般认为，法解释学的关键在于强调权威的法律规范，以及学理上的通说或主流观点，规范与通说一并构成了法解释学的核心内容。[9] 由此反观，目前关于监察建议的法解释学工作尚处在基础整理阶段。本文试图从实证法上涉及监察建议的规范入手，分析与提炼监察建议的概念构成，梳理并廓清监察建议的适用范围，探讨并明晰监察建议的法律效果。

二、监察建议的概念构成：结构与要素

在法解释学的视野中，涵摄作为法律适用的关键环节与法律概念存在密切关系，"法律适用的争议焦点往往表现为概念内涵和外延的争议"[10]。因此，对法律概念的讨论构成了对监察建议制度研究的起点与关键。由于监察建议是《监察法》所明确规定的实证法概念，并非纯粹由学理讨论所产生的纯学术概念，因而对其的界定与理解应紧扣《监察法》展开。从《监察法》的条文来看，并未对监察建议的概念作出直接界定，而是通过第 11 条、第 13 条、第 45 条第 1 款第 5 项、第 62 条对其适用条件、当为模式与法律效果进行了规定，换言之，对适用监察建议的法律规范作出了描述。因此，对监察建议概念的把握可以从《监察法》相关条款切入，从法律条文中整合出法律规范，再透过规范目的与规范结构之间的密切关系，提炼出监察建议概念的具体构成。

就《监察法》相关规范来看，第 11 条第 3 项概括规定了监察委员会的处置

---

[4] 秦前红、石泽华：《基于监察机关法定职权的监察建议：功能、定位及其法治化》，载《行政法学研究》2019 年第 2 期。

[5] 张云霄：《监察法实施中的若干问题与完善建议》，载《法学杂志》2020 年第 1 期。

[6] 谭家超：《〈监察法〉实施过程中监察建议的制度建构》，载《法学》2019 年第 7 期。

[7] 谭家超：《〈监察法〉实施过程中监察建议的制度建构》，载《法学》2019 年第 7 期。

[8] 秦前红、石泽华：《基于监察机关法定职权的监察建议：功能、定位及其法治化》，载《行政法学研究》2019 年第 2 期。

[9] 许德风：《法教义学的应用》，载《中外法学》2013 年第 5 期。

[10] 舒国滢、王夏昊、雷磊：《法学方法论》，中国政法大学出版社 2018 年版，第 57 页。

职责，其最后一句明确可"向监察对象所在单位提出监察建议"；第 13 条规定了除监察委员会外的其他监察建议制发主体，即派驻或者派出的监察机构、监察专员根据授权也可提出监察建议；第 45 条第 1 款第 5 项明确了监察建议的适用情形，即"监察机关根据监督、调查结果"，"对监察对象所在单位廉政建设和履行职责存在的问题等提出监察建议"；第 62 条又对无正当理由拒不采纳监察建议的法律责任进行了规定。这四个条文结合起来，共同构成了描述监察建议适用的完整法律规范。从此法律规范入手，可以初步归纳出监察建议的概念，即监察建议是监察机关根据监察、调查结果，依法对监察对象所在单位廉政建设和履行职责存在的问题等提出的建议。有学者认为，监察建议的概念应突出三重性质，即基于监察机关法定职权、能够直接产生"法律效果"、属于"建议性"的处置措施。[11] 笔者认为，监察建议这一规范性概念可从四个要素加以理解。

（一）建议对象要素："对事监察"抑或"对单位监察"

监察建议的被建议者应是监察对象所在单位，而不包括个人。[12] 前已述及，这在一定程度上将监察权的覆盖范围从个人延展到了单位，属于监察权运行的例外性规定。有研究认为，与监督、调查等"对人监察"不同，监察建议职权属于监察权中的"对事监察"。[13] 关于"对人监督权"与"对事监督权"的区分，曾是监察体制改革中学界讨论的话题之一，[14] 笔者认为，"对人"与"对事"的区分虽较为简单直观，但在划分标准上并非逻辑清晰严密。究其实质而言，监察权无论是针对个人还是针对单位，其所直接指向的内容均为事，我们需要对事进行分析而查找其中引起法律责任的行为（作为或不作为），再确定相关行为的归属者为个人还是单位。换言之，事或行为只是分析的起点，而法律责任或效果的最终承担者必然是法律上的主体，从《监察法》来看，即为监察对象（个人）或监察对象所在单位。因此，监察建议虽然与一般的"对人监察"不同，但不宜称之为"对事监察"，而是属于"对单位监察"。

（二）发动前置要素：须附随对监察对象的监督、调查而发动

虽然监察建议制度的存在可使监察权的行使范围延伸至单位，但依照体系解

---

[11]　秦前红、石泽华：《基于监察机关法定职权的监察建议：功能、定位及其法治化》，载《行政法学研究》2019 年第 2 期。

[12]　也有观点认为，监察建议的制发对象也包括个人，即"监察建议是……向相关单位和人员就其职责范围内的事项提出的具有一定法律效力的建议"，这种观点与《监察法》第 11 条、第 45 条第 1 款第 5 项的规定并不一致。参见中共中央纪律检查委员会法规室、中华人民共和国国家监察委员会法规室编写：《〈中华人民共和国监察法〉释义》，中国方正出版社 2018 年版，第 207 页；马怀德：《监察法学》，人民出版社 2019 年版，第 185 页。

[13]　谭宗超：《〈监察法〉实施过程中监察建议的制度建构》，载《法学》2019 年第 7 期。

[14]　魏昌东：《国家监察委员会改革方案之辨正——属性、职能与职责定位》，载《法学》2017 年第 3 期。

释，监察对象仍然严格限制于行使公权力的个人，单位不能成为监察对象，《监察法》第 1 条"为了深化国家监察体制改革，加强对所有行使公权力的公职人员的监督……制定本法"即表明了这一点。因此，《监察法》第 45 条第 1 款第 5 项规定监察建议须"根据监督、调查结果"，这里所指的监督、调查应是指针对监察对象个人的监督、调查，而非指向单位的监督、调查，但在对监察对象的监督、调查中，若发现其所在单位牵连而出的相关问题，则可能触发监察建议程序。由此可见，监察建议在启动上必然是附随性的，这一要件无疑对监察建议的发动设置了较大限制。从反对解释来看，若无针对个人的监督、调查结果，则不能直接提出监察建议，亦不得以"提出监察建议"为由径自对监察对象所在单位进行监督、调查，否则《监察法》对关于监察对象仅限于个人的基本定位和制度设计在实践中将名存实亡。

（三）行权主体要素：监察委员会与其派生部分的不同权限

监察委员会拥有完整的监察权限，自然有权提出监察建议。与此不同，派驻、派出机构及监察专员作为监察委员会的"派生部分"，其监察权限须由派驻、派出它的监察委员会授权确定。按照《监察法》第 13 条规定，"派驻或者派出的监察机构、监察专员根据授权，按照管理权限依法对公职人员进行监督，提出监察建议，依法对公职人员进行调查、处置"。

值得注意的是，第 13 条将"提出监察建议"置于"依法对公职人员进行监督"之后、"依法对公职人员进行调查、处置"之前，在解释上会存在一种疑问：这是否意味着派驻、派出机构及监察专员只能根据监督结果提出监察建议，而不能就调查结果提出监察建议？对此若持肯定观点，则第 13 条构成了对第 45 条第 1 款第 5 项"监察机关根据监督、调查结果……提出监察建议"的实质性限制。

实务上权威观点似乎偏向于这种理解，其将第 13 条分两段进行解释：一是根据授权进行监督，提出监察建议；二是根据授权依法进行调查、处置。[15] 笔者认为这种理解有可商榷之处，主要原因有二：一方面，之所以将"提出监察建议"置于"依法对公职人员进行监督"与"依法对公职人员进行调查、处置"之间，重要原因在于前后两句中的"公职人员"范围并不相同：监督对象涵盖驻在单位的所有公职人员，而调查、处置对象"不包括派驻或者派出它的监察委员会直接负责调查、处置的公职人员"[16]。设置这种差别的依据在于干部管理权限。例如，驻中央党和国家机关纪检监察组的监督对象覆盖了驻在单位的所有公职人员，但调查、处置对象却不包括驻在单位的中管干部，因为中管干部的调查、处置权限在国家监委。另一方面，调查中所能采用的监察权限远大于监督，其所能查清事实、查找问题

---

[15] 中共中央纪律检查委员会法规室、中华人民共和国国家监察委员会法规室编写：《〈中华人民共和国监察法〉释义》，中国方正出版社 2018 年版，第 100—101 页。

[16] 中共中央纪律检查委员会法规室、中华人民共和国国家监察委员会法规室编写：《〈中华人民共和国监察法〉释义》，中国方正出版社 2018 年版，第 101 页。

的深度和广度一般均应强于监督，因此若从效果的角度来看，基于调查结果提出的监察建议往往更具有针对性与可行性。故而笔者认为，考虑到监察建议的制度目的，应保留派驻、派出机构及监察专员根据调查结果提出监察建议的权限。

因此笔者主张，在解释上，第13条中"提出监察建议"所处位置的功能在于隔断前后两句以避免两处"公职人员"范围的混淆，而非排除派驻或者派出的监察机构、监察专员根据调查结果提出监察建议的权限。应当对"提出监察建议"与前后两句分作三段解释：按照管理权限依法对公职人员进行监督；依法提出监察建议；按照管理权限依法对公职人员进行调查、处置。若此，则可避免将监察建议仅作为基于监督结果的处置方式。

（四）指向内容要素："廉政建设和履行职责存在的问题等"的区分解释

建议指向的内容是监察建议制度的核心，也是学界与实务界理解最为纷杂不一之处。在此需对相关概念逐层予以检视。

第一，所谓"存在的问题"，应是指监察对象所在单位在廉政建设和履行职责时存在的问题，而非其在廉政建设和履行职责中涉及的问题。易言之，该问题应当是建议对象自身存在的问题，如该单位某项制度存在的廉政风险，而非需要建议对象处理的其他主体存在的问题，如应由该单位依法予以行政处罚的行政违法问题。如此理解应为显见，但学界与实务界对此仍有较多不同观点，笔者将在下文监察建议的适用范围部分予以详细讨论。

第二，对于"廉政建设和履行职责"如何解释值得深入探讨。就词义看，"廉政建设"内涵较为明确。在纪检监察的话语脉络中，廉政即廉洁政治。廉政建设是促进监察对象廉洁从政的相关制度机制建设。与此不同，"履行职责"一词的含义极为宽泛，应结合规范目的予以明确与限缩。首先，监察建议作为"对人监察"的延伸，应当紧扣公权力运行展开。因此，"履行职责"应是监察对象所在单位行使公权力的职责，而不包括所在单位的其他职责，如当监察对象是党的某工作部门的公务员时，该单位纯粹党务工作履职情况就不属于监察建议所指的"履行职责"。此为第一次语义限缩。其次，即使是与公权力相关的职责在履行中存在的问题，也并非都可就此提出监察建议，必须考虑到不同国家权力的分立与功能。尽管对于监察权的性质还存在不同看法[17]，但监察权在运行中确实不同于立

---

[17]　有观点认为，国家监察机关既不能归属行政，也不能归属立法和司法，而是独立于立法权、行政权、司法权的第四种权力——监察权。参见吴建雄：《论国家监察体制改革的价值基础与制度构建》，载《中共中央党校学报》2017年第2期。但这种监察权是种什么性质的权力？有学者认为属于"混合性权力"，"既包括了代表制民主下的代表责任（传统的议会监督权），又掌握了一定的行政调查处置权，甚至包括了一定的司法性权力"。参见秦前红：《国家监察体制改革宪法设计中的若干问题思考》，载《探索》2017年第6期。也有学者认为，监察权是一种"复合性权力"而非"混合性权力"。监察权并非原权力的一种简单合并，而是对原权力的质的改造。参见徐汉明：《国家监察权的属性探究》，载《法学评论》2018年第1期。

法权、行政权、司法权，其具有一定的独立性，若以监察建议形式对其他国家权力机关的履职情况施以监督，很可能触碰甚至超越现行宪法秩序下的权力划分边界。例如，监察机关由同级人大产生，对同级人大及其常委会负责，并受它监督。[18]权力机关与监察机关之间是监督与被监督的关系。对同级人大及其常委会履行职责中存在的问题，不宜赋予提出监察建议之权限。此为第二次语义限缩。但这种限缩的界限应停留于何处？颇难回答，下文将结合监察建议的具体适用情形加以探讨。合而言之，这里的"廉政建设"与"履行职责"虽以"和"并列连接，但两者在解释强度上应当加以区分，对于前者应做平义解释，而对后者须做限缩解释。

第三，对于"廉政建设和履行职责存在的问题"之后的"等"字宜由有权机关作出明确解释。国家机构职权的兜底条款是法教义学解释的重点之一，往往"极具技术难度和理论魅力"[19]。从语词用法来看，此处"等"字之前并无并列性列举，难以认定为表示煞尾的"等内等"用法，更接近于含义未尽的"等外等"，由此应属于兜底性规定。但由于对"廉政建设和履行职责存在的问题"的理解本身尚存在较大的模糊空间，对此处的兜底性规定不宜由法律执行者自行解释，而应当由立法机关作出明确解释。

上述内容是监察建议概念构成的核心要素。之所以不将"能够（直接）产生法律效果"作为监察建议概念的要素之一，是因为"特定法律概念是引发特定法律后果的前提，而不是相反"[20]。换言之，"能够产生法律后果"是对符合法律概念构成事实的法律评价，而非法律概念构成的要素之一。如将其纳入法律概念构造，则可能导致法律概念与法律规范的混淆与同一。

三、监察建议的适用范围：类型与标准

如果说概念构成是一个法律概念的意义或内涵，那么适用范围指向这一概念的所指或外延。基于对监察建议概念构成的提炼与理解，我们可以对其适用范围加以确定。目前学界和实务界对于监察建议适用范围的认识并不统一。从实证法规范来看，涉及监察建议的法律法规不仅有《监察法》，还包括《公职人员政务处分法》，后者取代了中央纪委国家监委制定的《公职人员政务处分暂行规定》，对《监察法》上的政务处分制度作出了专门性、具体化规定。梳理《监察法》《公职人员政务处分法》可发现，其中直接提及"监察建议"的共有 6 处[21]，另有涉

---

[18]《宪法》第 3 条、第 126 条，《监察法》第 8 条、第 9 条。

[19] 张翔：《中国国家机构教义学的展开》，载《中国法律评论》2018 年第 1 期。

[20] 舒国滢、王夏昊、雷磊：《法学方法论》，中国政法大学出版社 2018 年版，第 78 页。

[21] 分别为《监察法》第 11 条、第 13 条、第 45 条第 1 款第 5 项、第 62 条，《公职人员政务处分法》第 3 条、第 61 条。

及"建议"的共 7 处 [22]。上述规范中的"建议"哪些可归入监察建议？学界的见解并不一致。另外，实务上权威观点在释义中提出了监察建议的六种类型，对其亦有探讨研析之必要。下面对这些规范与观点分层、逐一加以检讨。

（一）履职衔接建议的剔除：工作建议、内部建议的梳理筛检

首先，可以对《监察法》中明显不属于监察建议的"建议"予以排除。《监察法》第 31 条、第 32 条分别规定了涉嫌职务犯罪的被调查人、职务违法犯罪的涉案人员在满足某些条件时，监察机关可以在移送人民检察院时提出对此从宽处罚的建议。从监察建议的接受对象要素来看，此处接受建议的人民检察院并非涉案监察对象所在单位，而是与监察机关共同履行反腐败职责的工作机关；从监察建议的指向内容要素来看，建议的内容并非人民检察院"廉政建设和履行职责存在的问题"，而是对人民检察院履职中需要了解掌握情况的说明与建议。显然，这些建议属于监察机关与检察机关履职衔接中的工作建议，不属于监察建议。

其次，《监察法》第 38 条规定了监察机关的核查组在初步核实工作结束后，应当撰写初核报告并提出处理建议，这属于监察机关内部分工配合中的工作流程，并非监察机关对外提出的建议，显然更不符合监察建议的概念构成。

（二）学理主要类型的甄别："问责建议""处理建议""纠正建议""处分纠错建议"的性质廓清

已有研究认为，"问责建议尽管未冠以'监察建议'之名，但是从主体、对象、性质、效力和后果上看，纳入监察建议是合理的" [23]；《监察法》上的监察建议分为问责型监察建议和问题型监察建议两种" [24]。换言之，应将"问责建议"归入监察建议的范围。与此类似，还有研究认为，针对个人的"处理建议""纠正建议""处分纠错建议"等也属于监察建议范畴。[25] 但仔细对照监察建议的概念构成，上述观点有辨正与廓清之必要。

第一，问责建议不宜归入监察建议。主要理由有三：其一，问责建议源于《监察法》第 45 条第 1 款第 3 项的规定，该条之规范目的在于集中列明 5 种处置方式 [26]，其中第 1 款第 3 项规定了问责（包括问责决定与问责建议），第 5 项规定了

---

[22] 分别为《监察法》第 31 条、第 32 条、第 38 条、第 45 条第 1 款第 3 项，《公职人员政务处分法》第 23 条第 1 款、第 23 条第 2 款、第 25 条。

[23] 秦前红、石泽华：《基于监察机关法定职权的监察建议：功能、定位及法治化》，载《行政法学研究》2019 年第 2 期。

[24] 谭家超：《〈监察法〉实施过程中监察建议的制度建构》，载《法学》2019 年第 7 期。

[25] 伊士国、尚海龙等：《国家监察体制改革研究》，知识产权出版社 2020 年版，第 204 页。

[26] 第 45 条第 1 款分别规定了五种处置方式：第 1 项规定了监督执纪"四种形态"的第一种形态，第 2 项规定了政务处分，第 3 项规定了问责，第 4 项规定了移送起诉，第 5 项规定了监察建议。

监察建议。从条文设计来看，该条在语词文义与文段逻辑上都将问责建议区别于监察建议之外。其二，按照实务上权威观点，问责建议与问责决定均属于《监察法》第 62 条所规定的处理决定[27]，而处理决定与监察建议的法律效力并不相同。对于处理决定，收到的单位应当直接执行，无须就处理决定的内容再进行裁量判断；对于监察建议，收到的单位对建议内容应予以充分考量，若有正当理由的可不予采纳。[28] 其三，最重要的理由在于，问责建议所指向的内容与监察建议应当指向的内容并不一致。前已述及，监察建议应当指向建议对象自身"廉政建设和履行职责存在的问题"，而非需要建议对象处理的其他主体存在的问题。按照《监察法》第 45 条第 1 款第 3 项规定，问责建议是针对不履行或者不正确履行职责负有责任的领导人员，向有权作出问责决定的机关提出的建议。此时，监察机关并不考量被建议单位是否存在自身履职中的问题，而仅仅是考虑到相关领导人员应当被问责而又不属于监察机关的管理权限。因而，问责建议与监察建议的概念构成显然不符。

第二，"处理建议"也不宜归入监察建议。《公职人员政务处分暂行规定》第 9 条第 2 款规定："对前款人员，监察机关可以依法向有关机关、单位提出下列监察建议：（一）取消当选资格或者担任相应职务资格；（二）调离岗位、降职、免职、罢免。"该条明确此建议为"监察建议"。有研究进而指出，此建议属于监察建议中的"内部惩戒建议"。[29] 值得注意的是，此处所言前款人员可分为四类，即基层群众性自治组织、国有企业等单位中从事管理的人员、未列入国家机关人员编制的受国家机关依法委托管理公共事务的组织中从事公务的人员、其他依法履行公职的人员，分别对应于《监察法》第 15 条对监察对象界定中的第 5 项、第 3 项、第 2 项、第 6 项。但在《公职人员政务处分法》出台后，对前述规范进行了较大更改。按《公职人员政务处分法》第 23 条规定，《监察法》第 15 条第 6 项、第 2 项、第 3 项涉及的监察对象存在违法行为的，可以向其所在单位提出处理建议。而对于《监察法》第 15 条第 5 项规定的基层群众性自治组织中从事管理的人员，未再规定处理建议，这或许是考虑到基层群众自治组织要保持自治属性，因而监察机关不宜直接对其提出撤换、罢免相关人员的建议。

这里需要讨论的是，从《公职人员政务处分暂行规定》到《公职人员政务处分法》，对处理建议不再明确为"监察建议"而是径称"建议"，这种变化究竟属

---

[27]　中共中央纪律检查委员会法规室、中华人民共和国国家监察委员会法规室编写：《〈中华人民共和国监察法〉释义》，中国方正出版社 2018 年版，第 267—268 页。

[28]　当然，将问责建议归入"处理决定"并进而认为问责建议具有直接执行力的这种观点是否合理，存在一定的讨论空间。

[29]　秦前红、石泽华：《基于监察机关法定职权的监察建议：功能、定位及法治化》，载《行政法学研究》2019 年第 2 期。

于实质性的属性变更，还是仅仅为语词上的无意省略？笔者更倾向于前一种理解。从处理建议指向的内容实质来看，并非针对被建议单位自身履职中存在的问题，而是单纯针对监察对象应被处理的事项。换言之，处理建议并非针对被建议单位之错而要求"纠错"，而是建议其履行特定职权，以惩戒监察对象之错。因此，处理建议并不符合监察建议的概念与定位。由此观之，《公职人员政务处分暂行规定》虽晚于《监察法》而出，但其第9条第2款的规定却与《监察法》关于监察建议的界定相悖；《公职人员政务处分法》就此在文字上改"监察建议"为"建议"，并非避免行文重复，实为属性判定上的正本清源，是对《公职人员政务处分暂行规定》相关误用的纠偏与校正。

第三，"纠正建议"同样不属于监察建议。《公职人员政务处分法》第25条第2款规定："公职人员因违法行为获得的职务、职级、衔级、级别、岗位和职员等级、职称、待遇、资格、学历、学位、荣誉、奖励等其他利益，监察机关应当建议有关机关、单位、组织按规定予以纠正。"一方面，纠正建议不同于处理建议，处理建议具有惩戒性，而纠正建议具有恢复性，旨在去除公职人员因违法而获得的不法利益，使之"恢复原状"。[30] 另一方面，纠正建议并非针对被建议单位之错而要求"纠正"，要求"纠正"的是公职人员之违法获利，故亦不属于监察建议。

第四，"处分纠错建议"属于监察建议。此为《公职人员政务处分法》之新增规定，其第3条第3款规定："监察机关发现公职人员任免机关、单位应当给予处分而未给予，或者给予的处分违法、不当的，应当及时提出监察建议。"被建议单位应处分而未处分或处分违法、不当的，显然属于履行职责中存在问题，监察机关对此作出监察建议，符合《监察法》关于监察建议的界定。

对比上述"处分纠错建议"与"问责建议""处理建议""纠正建议"可以发现，前者之所以属于监察建议，是因为其指向的事项中存在"双重错误"，即一方面公职人员存在应当被问责、处理、纠正的错误情形；另一方面相关单位在针对公职人员错误而开展的履职中又存在错误，监察建议直接指向的正是后一种错误。前述"问责建议""处理建议""纠正建议"仅针对第一种错误而作出，故而不符合监察建议的构成要件。

还需要指出的是，虽然上述"问责建议""处理建议""纠正建议"不属于监察建议，但这并不意味着在问责、处理、纠正等问题上监察建议无适用之可能。倘若在这些事项上存在着"双重错误"，监察机关仍然可作出监察建议。例如，

---

[30]　在公法原理上，惩戒与纠正对于相对人而言虽都属于不利益，但之间仍然存在区别。这一点也为立法机关所认同，如《全国人民代表大会常务委员会法制工作委员会关于公司法第一百九十八条"撤销公司登记"法律性质问题的答复意见》中指出："撤销被许可人以欺骗等不正当手段取得的行政许可，是对违法行为的纠正，不属于行政处罚。"

在立法论上可以设想，若将来出台关于公职人员政务问责的法律法规，可规定涉及问责的监察建议，即"监察机关发现公职人员任免机关、单位应当给予问责而未给予，或者给予的问责违法、不当的，应当及时提出监察建议"。

（三）实务权威观点的辨析：实务释义六种类型的规范内涵与性质归属

以上讨论了实证法上涉及监察建议类型的相关规范和学说上的相关主张。此外，实务上权威观点对监察建议的范围也列出了六种类型，分别为：类型一，"需要完善廉政制度的"；类型二，"依照有关法律、法规的规定，应当给予处罚的"；类型三，"拒不执行法律、法规或者违反法律、法规，应当予以纠正的"；类型四，"有关单位作出的决定、命令、指示违反法律、法规或者国家政策，应当予以纠正或者撤销的"；类型五，"给国家利益、集体利益和公民合法权益造成损害，需要采取补救措施的"；类型六，"录用、任免、奖惩决定明显不适当，应当予以纠正的"。[31] 一些学理研究也直接援引这一观点。[32] 前溯其源可以发现，这六种类型均来自原行政监察建议的相关规定。《行政监察法》第 23 条规定了行政监察建议的七种类型，或许是考虑到其中问责建议已在《监察法》第 45 条第 1 款第 3 项中另有规定，实务上权威观点将其剔除，对其他六种作个别文字调整后引为对监察建议适用情形的界定。那么，这些情形是否均符合监察建议的概念内涵？以下逐一加以检视。

关于类型一，这种类型对应"廉政建设和履行职责存在的问题等"中的前半段，显然符合监察建议的概念与定位，在此不赘。

关于类型二，这里提及"处罚"一词，颇显突兀。追溯《行政监察法》相关规定，是指行政监察机关在检查、调查中发现被监察部门和人员违反了公安、工商、税务等方面法律法规的，有权建议公安、工商、税务、海关等机关给予被监察部门和人员行政处罚。[33] 能否将这种类型引入监察建议？笔者认为这里有两个障碍难以跨越：其一，行政监察属于行政系统的内部监察，故行政监察机关可以向公安等其他行政机关提出对相对人行政处罚的建议。与此不同，改革后的监察是独立于行政系统的外部监督，从权力分工的角度讲，监察机关应将发现的相关问题移送行政机关处理，而不宜直接作出给予行政处罚的建议，否则有干预行政权之嫌。其二，退一步讲，假如监察机关可以提出给予处罚的建议，在这种情形下，也并非被建议单位自身在履职中存在问题，而是行政相对人存在问题需要行政机关予以处罚。因此，即使承认监察机关有此建议权，这种建议亦不符合监察

[31] 中共中央纪律检查委员会法规室、中华人民共和国国家监察委员会法规室编写：《〈中华人民共和国监察法〉释义》，中国方正出版社 2018 年版，第 208 页。

[32] 如谭宗泽、张震、褚宸舸主编：《监察法学》，高等教育出版社 2020 年版，第 198 页。

[33] 监察部法规司编著：《〈中华人民共和国行政监察法〉释义》，中国方正出版社 2010 年版，第 115 页。

建议的概念要求。

关于类型三至类型六，这四种类型应对应于"廉政建设和履行职责存在的问题等"中的后半段。前已论及，对"履行职责存在的问题"应当作限缩解释，如同级人大及其常委会在制定地方性法规中违反法律、法规或国家政策的，或在执法检查中给公民权益造成损害的，监察机关不宜作出监察建议，对此应无疑问。

但除此之外，对其他监察对象所在单位"履行职责存在的问题"，监察机关是否都有权提出监察建议呢？笔者认为，应当结合监察机关的职责定位加以区分。一方面，在与监察机关职责密切相关、监察机关具有专业优势的领域，监察机关可对相关单位履职存在问题提出监察建议。例如，根据《公职人员政务处分法》第3条第3款的规定，公职人员任免单位给予的处分违法、不当的，监察机关应当及时提出监察建议。实务上权威观点中提到的"录用、任免、奖惩决定明显不适当"的类型，也大致指向了这种情形。另一方面，在监察机关不具有专业优势的其他领域，监察机关对"履行职责存在的问题"的认定应当采取审慎态度，宜限定于仅对"违法"甚至"明显违法"提出监察建议。主要原因在于，在权力分工原则下监察机关应当恪守权力边界，尊重其他公权力机关的专业判断。应当看到的是，原有的行政监察建议适用范围更为广阔、监察深度更为深入。这是因为行政监察是行政系统的内部监督，且行政监察对象既包括人员更包括行政机关，故在监察广度上可直接针对行政机关的各项履职行为进行监察，在监察深度上不仅涵盖了履职行为的合法性，而且可深入履职行为的合理性与效能性，即所谓的"效能监察"[34]。而在国家监察体制改革后，一方面监察机关从行政系统独立出来，独立于其他的公权力机关；另一方面监督对象限缩到仅包括行使公权力的个人，公权力机关原则上不在监察权的覆盖范围之内。因而，监察建议的适用范围应当随着这些变化而收窄，换言之，"监察机关不干涉监察对象所在单位的日常工作，监察建议一般不涉及监察对象所在单位主责主业的正当运转"[35]。因此，笔者主张在监察机关不具有专业优势的其他领域，提出监察建议的标准应限定于监察对象所在单位在履职中的明显违法。相应地，对实务上权威观点指出的上述情形也应当作限缩解释。

由上可知，对《监察法》第45条第1款第5项"廉政建设和履行职责存在的问题等"应当作区分解释。对于在廉政建设中存在问题的，监察机关均可以提

---

[34]　效能监察是原行政监察的重要内容，针对行政效能方面存在的问题，可以提出行政监察建议。《行政监察法》第1条规定："为了加强监察工作，保证政令畅通，维护行政纪律，促进廉政建设，改善行政管理，提高行政效能，根据宪法，制定本法。"第23条规定："监察机关根据检查、调查结果，遇有下列情形之一的，可以提出监察建议：……（七）需要完善廉政、勤政制度的……"

[35]　《〈中华人民共和国监察法〉案例解读》编写组编写：《〈中华人民共和国监察法〉案例解读》，中国方正出版社2018年版，第401页。

出监察建议。对于履行职责存在问题的，如属于问责、处分等监察机关具有专业优势的领域，可提出监察建议；如属于不具有专业优势的领域，仅当履职存在问题属于明显违法时，监察机关方可提出监察建议。另外，"问责建议""处理建议""纠正建议""处分纠错建议"不符合监察建议的概念构成，应当从监察建议类型中予以排除。

四、监察建议的法律效果：程序与效力

从监察建议的法律效果看，其能对建议对象产生法律上的拘束力。监察建议具有"一定的法律效力"[36]，这种效力虽然体现为"直接产生'法律效果'"[37]，但并非直接对公法上的法律关系产生变动，而是要求被建议对象对建议内容加以慎重考量，并基于此作出行为。《监察法》第 62 条规定："有关单位拒不执行监察机关作出的处理决定，或者无正当理由拒不采纳监察建议的，由其主管部门、上级机关责令改正，对单位给予通报批评；对负有责任的领导人员和直接责任人员依法给予处理。"这对监察建议的效力作出了明确，可以从以下三个方面加以分析。

第一，第 62 条对监察处理决定和监察建议做了区分，规定"无正当理由拒不采纳监察建议"时承担相应的法律后果。处理决定和监察建议是对处置方式的重要分类，但两者之和并不等于处置方式的全集。按照实务上权威观点，"监察机关作出的处理决定一般是指监察机关依据本法第 45 条规定，根据监督、调查结果向职务违法的监察对象作出警告、记过、记大过、降级、撤职、开除等政务处分决定；对不履行或者不正确履行职责负有责任的领导人员，按照管理权限对其直接作出问责决定，或者向有权作出问责决定的机关提出问责建议"[38]。因此，处理决定大致对应于《监察法》第 45 条第 1 款第 2 项、第 3 项，监察建议则对应于第 45 条第 1 款第 5 项。第 62 条未涉及第 45 条第 1 款第 1 项（轻微职务违法的适用监督执纪"第一种形态"）、第 4 项（涉嫌职务犯罪的移送检察机关）规定的处置方式，据笔者推测，应当是由于这两种处置方式一般不存在另外的执行问题，而处理决定、监察建议则需要相关其他单位的执行才能完整实现其效力，故而第 62 条规定了不执行处理决定、监察建议的法律责任。与处理决定不同，监察建议并不具有直接的执行力，而是为被建议对象留存了一定的裁量判断空间，即当被建议单位在有正当理由时可不采纳监察建议。因此，处理决定相对更"硬"而监察建议具有一定"弹性"。

[36] 中共中央纪律检查委员会法规室、中华人民共和国国家监察委员会法规室编写：《〈中华人民共和国监察法〉释义》，中国方正出版社 2018 年版，第 207 页。

[37] 秦前红、石泽华：《基于监察机关法定职权的监察建议：功能、定位及法治化》，载《行政法学研究》2019 年第 2 期。

[38] 中共中央纪律检查委员会法规室、中华人民共和国国家监察委员会法规室编写：《〈中华人民共和国监察法〉释义》，中国方正出版社 2018 年版，第 267 页。

也有研究认为，监察建议是"具有法律效力和强制执行力的处置措施，其性质已经从'软权力'发展为'硬权力'……不同于以往的行政监察建议，是中国特色监察体制改革的重大创新"[39]。其实，《监察法》对监察建议效力的设计在很大程度上沿用了行政监察建议的有关规定，第 62 条的规定即参考了《行政监察法》第 45 条的相关表述。除此之外，《行政监察法》对行政监察建议效力的规定与保障较《监察法》更为翔实，如其第 37 条规定，有关单位和人员应当自收到监察决定或者行政监察建议之日起 30 日内将执行情况通报监察机关，而《监察法》对此未作规定。

第二，第 62 条虽然规定了"无正当理由拒不采纳监察建议"的法律后果，但并未明确被建议对象提出异议的方式与正当理由的认定程序。尽管并无相关规范，但从保障监察建议制度实效性的角度来看，显然不宜认为被建议对象可自行认定是否存在正当理由，并由此单方面决定是否采纳监察建议。因此，无正当理由拒不采纳监察建议应承担法律责任的规定则可能名存实亡。对此，实务上权威观点认为，被建议对象若对监察建议有异议，应当"按照法定程序向监察机关提出异议"[40]。但令人遗憾的是，《监察法》却未提及此"法定程序"。对此，可以从两个方面寻求制度参考：一是《监察法》第 49 条关于对处理决定不服的复审、复核制度；二是《行政监察法》第 43 条关于行政监察建议异议的处理制度。上述两种制度均规定了两级异议制，即自收到处理决定 / 行政监察建议之日起 1 个月 /30 日 [41] 内，可向作出处理决定 / 行政监察建议的原监察机关提出复审 / 异议，对原监察机关的回复仍有异议的，可以向其上级监察机关申请复核 / 裁决。在《监察法》对监察建议制度中提出异议的"法定程序"缺乏实证法支撑，而这一程序又必不可少的情况下，上述制度可资参照借鉴。但需要指出的是，如在合理期限内已提出异议的，被建议单位在异议处理期内自不必按照监察建议内容进行整改，这与《监察法》第 49 条中复审、复核不影响处理决定执行的规定有所不同。

第三，第 62 条关于被建议对象"无正当理由拒不采纳监察建议"法律责任的具体规定有模糊之处，需要进一步明确。按照第 62 条的规定，无正当理由拒不采纳监察建议的，"由其主管部门、上级机关责令改正，对单位给予通报批评；对负有责任的领导人员和直接责任人员依法给予处理"。这里设置了两种责任方式：一是对于被建议单位，由于监察权原则上限于指向个人，故而规定由被建议单位主管部门、上级机关而非监察机关对其给予通报批评。二是对负有责任的领

---

[39] 钱小平、陈波：《监察建议从"软权力"到"硬权力"的嬗变》，载《中国纪检监察》2019年第 21 期。

[40] 中共中央纪律检查委员会法规室、中华人民共和国国家监察委员会法规室编写：《〈中华人民共和国监察法〉释义》，中国方正出版社 2018 年版，第 268 页。

[41] 《监察法》第 49 条规定为一个月，《行政监察法》第 43 条规定为 30 日。

导人员和直接责任人员，规定"依法给予处理"。需要讨论的是，"依法给予处理"的主语不详，因此谁有权作出处理还需要在解释中予以明确。笔者认为，"依法给予处理"的主体并非被建议单位的主管部门、上级机关，而是监察机关，理由有三：首先从文句来看，第 62 条在"对单位给予通报批评"与"对负有责任的……依法给予处理"之间使用了分号间隔，而分号之前的主语为"其主管部门、上级机关"。若"依法给予处理"的主语也为被建议单位的主管部门、上级机关，则在该处使用逗号更为顺畅。其次从职权来看，被建议单位负有责任的领导人员和直接责任人员是监察对象的，当然属于监察机关的管辖范围之内，监察机关对其有权予以处理。最后从实务上权威观点来看，此处"依法给予处理"的处理内容，是指监察机关可以对直接责任人员给予党纪政务处分，对负有责任的领导人员进行问责。[42] 由此而言，将"依法给予处理"的主体确定为监察机关应属合理。

总之，监察建议不同于监察处理决定而具有一定的"弹性"，但这种"弹性"并不意味着其仅仅是一种"软权力"或没有法律上的拘束力，而是赋予了被建议单位一定的裁量空间与异议权。当然，正当理由的认定必须遵循一定的程序，可借鉴对监察处理决定不服的复审、复核制度和行政监察建议异议制度，对监察建议的异议程序进行规范。对于无正当理由而不采纳监察建议的，监察机关可以对负有责任的领导人员和直接责任人员给予处理，以保障监察建议执行的严肃性。

五、结语

十九届中央纪委四次全会提出，要"用好纪检监察建议有力武器，以纪法刚性约束推动问题一项一项整改到位"。监察建议承担着监察权在个案查处的基础上推动实现治理领域的重要使命，是沟通连接"不敢腐"与"不能腐"的重要渠道。而从法解释学的角度对监察建议的概念构成、适用范围、法律效果进行规范与学说的整理，是在实践中正确适用监察建议的必要前提。

法律概念是法律规范的基础，对概念的讨论也构成了对制度研究的起点。监察建议的概念构成包含四个要素：在建议对象上，监察建议指向监察对象所在单位而非个人，其性质是"对单位监察"而非"对事监察"。在行使主体上，拥有完整监察权限的监察委员会有权提出监察建议，经过授权的派驻、派出机构及监察专员也可提出监察建议。在职权发动上，监察建议需依据对监察对象个人的监督、调查结果提出，因而具有明显的"依附性"，监察机关不得以"提出监察建议"为由径自对监察对象所在单位进行监督、调查。在指向内容上，监察建议指向被建议单位"廉政建设和履行职责存在的问题"。首先，所谓"存在的问题"是指被建议对象自身存在的问题，而非需要被建议对象处理的其他主体存在的问题。

---

[42] 中共中央纪律检查委员会法规室、中华人民共和国国家监察委员会法规室编写：《〈中华人民共和国监察法〉案例解读》，中国方正出版社 2018 年版，第 524—525 页。

其次，虽以"和"字相连，但对于"廉政建设"应做平义解释，而对"履行职责"应做目的性限缩解释。

概念构成与适用范围是内涵与外延的关系。确定了监察建议的概念构成之后，可据此对学界和实务界主张的各种"监察建议类型"进行辨析与甄别，以准确划定其适用范围。学界和实务界主张的"问责建议""处理建议""纠正建议"均指向公职人员存在的错误，而非被建议单位履职中的错误，故不符合监察建议的构成要件，应当予以排除。"处分纠错建议"指向的事项中存在"双重错误"，属于监察建议范畴。对"履行职责存在的问题"应区分是否属于监察机关专业领域而做不同标准理解：属于监察机关专业领域的事项，可以提出监察建议；不属于专业领域的事项，仅当履职存在问题属于明显违法时，监察机关可以提出监察建议。

法律效果对符合法律概念构成事实的法律评价。监察建议的法律效力并非直接对公法上的法律关系产生变动，而是对被建议对象产生拘束力，被建议对象需对监察建议的内容加以慎重的考量和判断。应当完善异议提出程序与正当理由认定程序，既督促被建议单位认真审慎考虑监察建议内容，又防止因监察建议内容不合理而导致被建议单位"改正为误"或"一错再错"。在实证法缺乏对上述机制的规定下，可借鉴原有的行政监察建议异议制度和《监察法》中对监察处理决定不服的复审、复核制度，对监察建议的异议程序进行规范，增强其可操作性。对于无正当理由而不采纳监察建议的，监察机关可对负有责任的领导人员和直接责任人员给予处理。

另外，从历史沿革来看，监察建议脱胎于原行政监察中的行政监察建议，其一方面沿袭了行政监察建议制度的一些内容与程序；另一方面又在制度目的与构成要件上与行政监察建议有着实质性区别。在对监察建议的法律规范和学说观点的整理过程中，可以对监察建议与行政监察建议之间的异同进行比较辨析，这无疑有助于对监察建议制度的深入理解与准确把握。

论国有财产的行政征用

莫勋哲

一、问题的提出

2020 年 2 月新冠疫情发生后，各地依据《突发事件应对法》《传染病防治法》等法律行使应急征用权，以加强物资储备和疫情防控。围绕国有财产的征用产生了两种截然不同的观点：其一，湖北省疫情防控指挥部会议决定"征用"酒店、招待所、闲置厂房等作为隔离场所时，车浩教授从私人财产权保护的角度呼吁"在同样能满足防控疫情需求的前提下，应当优先征用国有资产"[1]，主张将"党校宿舍、国家机关、国有企事业单位的培训中心或招待所"等国有财产作为优先征用的对象。王锴教授认为相比于商业建筑，优先征用前述国有财产更符合基本权利限制的"本质内涵不受侵犯原则和比例原则"[2]。其二，大理市征用其他地市所采购的过境防疫物资时，主流观点认为行政征用"处理的是国家和公民的关系，因此……政府机构的财产不属于征收征用的对象"[3]，征用对象只能限于非国有财产。

前述分歧引发了如下疑问：其一，国有财产能否作为征用的对象？如果立法中将国有财产纳入征用范围，是否构成违宪？其二，若国有财产不能作为征用对象，又该如何评价高等院校、党校宿舍等国有财产被用作隔离场所的行为？其三，如果国有财产可以被征用，那么其合法要件和争议解决机制与私有财产征用有何不同？第一个问题将在下文进行详细讨论，对于第二个问题，尽管有学者以权力对象是国有财产还是非国有财产为标准，否定国有财产征用的合宪性并对"征用"和"调用"进行了区分，[4]然而法律、法规中的"调用"概念并不统一，或等同于征用，或与征用相对应，有时则是作为征用的上位概念，宽泛地指称对国有财产

[1] 车浩：《三问疫情隔离：场所？对象？方式？》，载中国法学网，http://iolaw.cssn.cn/fxyjdt/202002/t20200205_5085193.shtml，最后访问时间：2023 年 10 月 9 日。

[2] 郑智、李微：《疫情防控下，哪些场所会被行政征用》，载《检察日报》2020 年 2 月 11 日，第 3 版。

[3] 刘连泰：《疫情防治中的征用问题——以甲市征用乙地口罩案为例》，载《中国社会科学报》2020 年 2 月 19 日，第 3 版。

[4] 王磊：《法律中征用条款的合宪性分析——从疫情防控对国有财产的征用切入》，载《财经法学》2020 年第 3 期。

和非国有财产的"调配使用",[5] 概念使用相当混乱。如果承认国有财产可以作为征用对象,首先需要廓清问题讨论的边界:一方面,国有财产内部构成较为复杂,应当从类型化的角度限缩"国有财产"征用争议的范围;另一方面,可以根据疫情防控中国有财产"征用"的具体实践,初步分析该"征用"行为的本质属性,以便于后文的讨论。

（一）国有财产的类型化与征用可能性

围绕国有财产征用的合宪性,刘连泰教授认为"国家出资企业的资产尽管最终归国家所有,但国家出资设立企业后,就形成了与国有财产分离的'企业财产'"[6],而蒋红珍教授同样主张"国有资产监督管理委员会履行出资人职责的国有资产,一旦进入市场领域,就应当承担一定程度上遵循市场规则的法律义务"[7],由此可以看出,国有财产依据市场经济的参与程度,在法律地位上具有类型分化的特点,笼统地根据财产是国有还是非国有来判断征用的容许性,会忽视国有财产的内部差异。具体而言,国有财产依据是否以投资营利为目的可以划分为经营性国有财产和非经营性国有财产,前者又称为国家私产或财政财产,是指"国家作为出资者在企业中依法拥有的资本和收益,以营利为目的,依法经营和使用"[8],而后者又称为国家公产或行政财产,属于"为公众使用和公共利益而存在的财产",不以营利为直接目的。

我国《民法典》第 206 条第 3 款规定:"国家实行社会主义市场经济,保障一切市场主体的平等法律地位和发展权利",当国家以出资人的身份、通过国有企业参与到市场经济中时,其财产（经营性国有财产）相对于私有财产并不享有特殊的法律地位。如果法律将经营性国有财产排除在征收、征用的范围之外,这种特殊的豁免权客观上也会违反对私有财产的平等保护原则。虽然《企业国有资产监督管理暂行条例》第 9 条规定国家在"发生战争、严重自然灾害或者其他重大、紧急情况时"可以依法统一调用、处置企业国有资产,但是同样有学者认为"市场经济体制下投入国企中的国家财产即成为企业从事经营活动参与民事流转

---

[5] 《药品管理法》曾在第 43 条第 2 款规定"国内发生重大灾情、疫情及其他突发事件时,国务院规定的部门可以紧急调用企业药品"（2019 年修法时"企业"二字被删去）,这里的"调用"是以企业药品为权力对象,实际相当于"征用";《传染病防治法》第 45 条第 1 款规定"……县级以上地方人民政府有权在本行政区域内紧急调集人员或者调用储备物资,临时征用房屋、交通工具以及相关设施、设备",这里的"调用"与"征用"相对应;《防洪法》第 45 条规定,紧急防汛期,防汛指挥机构调用权的客体包括"物资、设备、交通运输工具和人力",这里的"调用"是宽泛意义上的"调配使用",并不区分权力对象是国有财产还是非国有财产。

[6] 刘连泰:《疫情防控中征用对征收规范的借鉴——以甲市征用乙市口罩事件为例》,载《财经法学》2020 年第 3 期。

[7] 蒋红珍:《疫情防控中的征用补偿:适用范围的思考》,载《财经法学》2020 年第 3 期。

[8] 金凤:《国有财产法律体系研究》,贵州人民出版社 2009 年版,第 70 页。

的基础，国家不能依据其所有权直接处分该财产，此为法人财产权之核心内容"[9]，同时由于法律规范中的"调用"缺乏与"征用"相配套的补偿条款，否认其为征用反而会使经营性国有财产的"特别牺牲"得不到应有补偿。因此，无论是从经营性国有财产、私有财产平等保护的角度考虑，还是从损失补偿的角度考虑，都应当承认经营性国有财产与私有财产同样可以纳入征用范围内。此外，考虑到法律规范和行政实践中引起争议的，主要是政府机构的财产能否被征用的问题，因此在承认经营性国有财产可以纳入征用范围的基础上，后文将"国有财产"征用的讨论限缩为"非经营性国有财产"（国家公产或行政财产）的征用问题。

（二）国有财产征用的行为属性

《戒严法》《国家情报法》等法律明确规定可以征用国家机关的场所、设备等财产，云南省大理市在疫情防控中"征用"其他地市所采购的过境医疗物资，都被王磊教授视为对"征用"和"调用"的混淆。无论是"征用"还是"调用"，作为法律规范中的概念"体现的是人对于复杂的外部现实的抽象与归纳"[10]，其功能不仅仅在于对行政活动进行描述，更重要的是借助于概念对外部现实的区分，将不同类型的权力行为纳入相应的法律评价机制中。例如，政府部门将民营酒店的客房用作疫情隔离场所的行为如果被界定为征用，就需要从公共利益要件、法律要件和补偿要件对该行为的合法性、必要性进行审查。将政府采购的医疗物资、国家机关的场所和设备等国有财产用于应急管理活动，在法律效果上和私有财产征用是相同的，都是为了公共利益需要而对某项财产施加了一定的公共负担。有所区别的是，如果该项财产属于私有财产，就属于私人意思自治下的权利客体，对其施加征用的公共负担体现的是法律对私有财产意思自治的限制，而该项财产属于国有财产时，施加的公共负担构成对该项财产原有公共用途的限制，因而本质上属于国有财产公共目的之变更，对国有财产行政征用的讨论不能脱离这一行为本质。

二、国有财产征用的容许性

我国《宪法》第 5 条第 3 款规定："一切法律、行政法规和地方性法规都不得同宪法相抵触"，这一规定被认为包含了两层含义：其一，从宪法作为最高法的地位考虑，法律不能与宪法抵触；其二，由于宪法所调整的社会关系和法律不同，不可能涵盖社会生活的方方面面，因此"法律可以没有宪法文本上的依据，只要与宪法不抵触，不为宪法禁止即可"[11]，亦即普通法律与宪法之间遵循的是

---

[9]　张建文：《试论国家统一调用处置权》，载《中国酿造》2008 年第 10 期。

[10]　赵宏：《行政法学的主观法体系》，中国法制出版社 2021 年版，第 21 页。

[11]　秦小建：《"依据"与"不抵触"之辨分——宪法与法律关系表述的文本解释视角》，载《财经政法资讯》2011 年第 1 期。

"不抵触"原则。通常而言，行政征用被视为因公共利益需要对私有财产作出的限制，而将国有财产纳入征用范围之内就不得不考虑其合宪性。

（一）国有财产征用的合宪性争议

我国 1982 年《宪法》涉及征用的条文为第 10 条第 3 款，即"国家为了公共利益的需要，可以依照法律规定对土地实行征用"，2004 年《宪法》修改时"为了理顺市场经济条件下因征收、征用而发生的不同财产关系"[12]，第 10 条后半段被调整为"可以依照法律规定对土地实行征收或者征用并给予补偿"，同时在第 13 条后增加了第 3 款规定："国家为了公共利益的需要，可以依照法律规定对公民的私有财产实行征收或者征用并给予补偿。"随后，《土地管理法》等法律法规也进行了相应的调整，征收被界定为对财产"所有权的改变"，而征用则属于对财产"使用权的改变"，是否改变所有权成为区分征收、征用的标准。据此，行政征用被界定为"行政主体根据法律规定，出于公共利益的需要，强制性地使用相对人的财产并给予补偿的行政行为"[13]。围绕立法将国有财产纳入征用范围的合宪性，学界主要有如下观点。

1."征用"国有财产违宪说

这一观点立足于《宪法》第 10 条第 3 款、第 13 条第 3 款的文本表述，主张国家可以依照法律规定征用的对象为"土地"和"公民的私有财产"，同时由于《土地管理法》确立了国有土地的划拨和有偿出让制度，因此征用的对象只能限于"集体所有的土地"和"公民的私有财产"（亦即非国有财产）。例如，王磊教授主张"征用已经成为具有特定宪法含义的法律用语，它主要调整国家与个人、公共利益与私有财产之间的关系"[14]，因此被征用财产的性质具有严格的限定性，只能是非国有财产。通过梳理相关法律，王磊教授发现有 10 部法律未区分所征用的财产属于国有还是非国有属性，有 7 部法律将个人财产与其他财产并列作为征用对象（其他财产包含了非国有财产），这些法律中的征用条款存在将国有财产纳入征用范围的可能，因与《宪法》第 10 条、第 13 条相抵触而构成违宪。

2."征用"国有财产合宪说

持此种观点的学者认为《宪法》文本"没有明确确立国有资产不得设置征用的禁止性规定"[15]，《宪法》第 13 条第 3 款规定国家因公共利益需要可以依照

[12] 王兆国：《关于〈中华人民共和国宪法修正案（草案）〉的说明》，载《中国人大》2004 年第 6 期。

[13] 胡建淼：《行政法学》，法律出版社 2015 年版，第 404 页。

[14] 王磊：《法律中征用条款的合宪性分析——从疫情防控对国有财产的征用切入》，载《财经法学》2020 年第 3 期。

[15] 蒋红珍：《疫情防控中的征用补偿：适用范围的思考》，载《财经法学》2020 年第 3 期。

法律规定征用"公民的私有财产"，是为了"强调对公民的权利保障，而不能据此推导出国家机关之间不存在征用关系"[16]。虽然《宪法》第 10 条、第 13 条仅明确了"土地"和"公民的私有财产"可以征用，但依照规范目的解释，《宪法》第 13 条第 3 款是为了严格设定国家权力征收、征用私有财产的条件，具体包括"公共利益需要"的目的要件、以"法律"为依据的形式要件和应当给予补偿的补偿要件。《宪法》文本中的"可以"代表的是在符合公共利益要件、法律依据和补偿要件的情况下，《宪法》授予了立法机关对土地和私有财产进行征收、征用的立法权，不能仅依据该条款的用语就将征用财产的性质限定于私有财产。换言之，与其说《宪法》第 10 条和第 13 条将征用的对象限定为非国有财产，倒不如说这些条款并未涉及国有财产可否征用的问题，在立法技术上只是一种开放式的列举而非限定性的排除。因此，即便《突发事件应对法》《戒严法》等法律将国家机关的财产纳入征用范围之内，也并不抵触《宪法》第 10 条、第 13 条之规定。

3. 小结

综上，违宪说从文义解释的角度认为《宪法》第 10 条、第 13 条限定了征用财产的范围，仅仅授予立法机关制定法律征用非国有财产的权力，如果将国有财产列入征用范围或是不区分征用财产的所有权归属，就会与《宪法》第 10 条、第 13 条相抵触。合宪说认为仅仅根据《宪法》第 10 条、第 13 条的文义解释无法得出禁止立法征用国有财产的结论，从目的解释的角度考虑，《宪法》第 13 条仅是基于公民财产权保障而对私有财产立法权的条件限制，征用国有财产的法律并不构成对《宪法》第 10 条、第 13 条的抵触。立法机关能否将国有财产纳入征用范围涉及宪法和法律之间的权力分配，在文义解释和目的解释仍无法解决相关争议时，就需要从体系解释的角度，在《宪法》规范中进一步探寻国有财产征用的立法边界。

（二）国有财产"征用"与宪法保留

前文违宪说认为《宪法》第 10 条、第 13 条限定了国家可征用财产的范围，同时主张《立法法》第 8 条将"非国有财产的征收、征用"列为法律保留事项"精准地把握了宪法规范的内涵"，[17] 其中隐含的逻辑是前述《宪法》条文直接排除了普通法律征用国有财产的可能，换言之，征用财产的范围是专属于宪法调整的事项，普通法律不得将其扩张至国有财产，《戒严法》《国家情报法》等法律自然也违背了《宪法》第 10 条、第 13 条对立法机关的授权。由此引出的问题是：国有

---

[16]　张亮：《应急征用权限及其运行的法律控制》，载《政治与法律》2020 年第 11 期。

[17]　王磊：《法律中征用条款的合宪性分析——从疫情防控对国有财产的征用切入》，载《财经法学》2020 年第 3 期。

财产征用权的设定是否属于"宪法保留"的事项？

1. 宪法保留理论的具体内涵

"宪法保留"理论的产生与"法律保留"原则是密不可分的，产生于 19 世纪的法律保留原则"其初衷是行政机关对个人自由和财产的干预，必须得到人民代表机关以法律形式的赞同"[18]，其"体制上的关键前提条件，则在于权力分立制度下，来自行政权之法规（法规命令）的法律从属性之确立，以及法律概念的形式化"[19]。换句话说，法律保留原则是以人民代表机关相对于行政机关的强民主正当性为基础，要求行政活动的开展应当以法律为根据，从属于立法者在法律中所表达的意志。在法治国的背景下，"无法律即无行政"所代表的法律保留原则，具有规范立法与行政之间权限分配秩序的功能，对基本权利的限制须以国会制定的法律为根据。而在社会法治国的时代，劳动权、受教育权等社会权的实现都依赖于国家的积极给付和立法者的作为，"法律保留之立法目的不再主要是限制基本权利，而是形成基本权利"[20]。正如王贵松教授所言，"传统的法律保留要解决的问题是什么样的事项需要保留给法律，而新的法律保留进一步要解决的是保留给什么样的法律"[21]，为了避免"只要基于法律，对自由权利的限制和侵害就成为可能"[22]的现象，国家权力限制公民的基本权利不仅要以国会制定的法律为形式要件，在法律的内容上也应当合乎宪法的要求。

在法律保留原则的历史演进过程中，逐渐由立法权对行政权的"范围和事项保留"衍生出宪法对立法权的"方式保留"，强调立法权的行使要符合宪法所设定的条件，例如立法授权明确性等。"宪法保留"就是在法律保留的基础上，进一步认为"当宪法对于某些事项，加以明文规定，则人民与国家机关，皆须受宪法明文规定的直接限制，立法者也因此丧失法律的形成空间"[23]，"宪法保留旨在强调有些事项只能由宪法专属调整，法律及其他位阶的规范性文件以及行政权、司法权等国家权力均不得在无宪法授权的前提下进行干预"[24]。因而相比于法律保留原则，调整宪法保留内事项的权力仅属于宪法，普通法律在没有宪法授权的情形下进行干涉即直接构成违宪。

---

[18] 吴万得：《论德国法律保留原则的要义》，载《政法论坛》2000 年第 4 期。

[19] 蔡宗珍：《法律保留思想及其发展的制度关联要素探微》，载《台大法学论丛》2010 年第 9 期。

[20] 秦前红、叶海波：《论立法在人权保障中的地位——基于"法律保留"的视角》，载《法学评论》2002 年第 2 期。

[21] 王贵松：《行政活动法律保留的结构变迁》，载《中国法学》2021 年第 1 期。

[22] ［日］芦部信喜：《宪法》，高桥和之补订，林来梵等译，清华大学出版社 2018 年版，第 16 页。

[23] 许育典：《宪法》，元照出版有限公司 2011 年版，第 150 页。

[24] 张峰振：《论宪法保留》，载《政法论坛》2018 年第 4 期。

2. 国有财产征用是否属于宪法保留事项

按照宪法保留理论的观点，"国家的政权体制或者人民的某些基本自由权利"[25] 构成了"各国宪法都予以规定的事项……彰显了宪法之成为宪法的根本原因"[26]。作为基本权利事前保障的重要环节，宪法保留的事项既包括生命权、拒绝人体试验的权利、新闻出版自由等基本权利[27]，同时也包括服务于基本权利保障的国家权力结构的内容，如国家监察机关的设立、人民检察院的职权事项等都属于宪法保留的事项，在宪法未作出修改前不得以法律对这些事项进行调整，否则就可能因超出宪法授权而存在违宪的可能。征用国家机关、事业组织的房屋、场所和设施等国有财产，本质上是以国有财产的使用权为对象的用途变更，因此需要考虑国有财产的使用方式是否属于宪法保留的事项。

国有财产的管理和使用与国家的经济制度密不可分，对于经济制度在宪法中的地位，既有观点认为宪法的主要作用是建立一个国家的架构，明确各国家机构之间的关系以及保障公民的基本权利，经济制度并非要件之一。[28] 也有观点认为我国宪法上的经济制度"在总体上构成社会主义这一国家根本制度的重要基础……又通过其特定条款以及条款之间的结合，贯彻马克思主义基本原理和中国特色社会主义理论，体现着社会主义性质"[29]。从比较宪法的角度来看，由于认为资本主义经济制度和生产工具、生产资料私有制使经济上处于弱势地位的公民难以真正实现其权利和自由，社会主义国家宪法尤其强调经济制度对于基本权利的保障功能[30]，因此我国《宪法》中的财产权也是置于"总纲"而不是"基本权利"章节中，"生产资料所有制、财产权、分配制度共同构成了一个逻辑上自足的整体，在规定经济制度的社会主义国家宪法中必然是一起出现的"[31]。然而从具体内容来看，生产资料所有制对于经济制度、国家性质具有决定性意义，因而我国《宪法》公共财产条款的重心也置于财产归属关系（包括国家所有、集体所有和个人所有）而非利用关系，[32] 客观上也造成《宪法》文本中国有财产所有权行使规则的不足，难以解决国有财产的流失与浪费等问题。具体而言，除了《宪法》第 9 条、

[25] 沈寿文：《宪法保留：对基本自由权利限制的限制原则》，载《北方法学》2010 年第 3 期。

[26] 许育典：《宪法》，元照出版有限公司 2011 年版，第 150 页。

[27] 蒋清华：《基本权利宪法保留的规范与价值》，载《政治与法律》2011 年第 3 期。

[28] 林峰：《对二十一世纪中国宪法学研究内容的两点看法》，载《法学家》2000 年第 3 期。

[29] 李响：《我国宪法经济制度规定的重新审视》，载《法学家》2016 年第 2 期。

[30] ［苏］列文：《苏联国家法概论》，杨旭译，人民出版社 1954 年版，第 160—161 页。

[31] 王锴：《中国宪法中财产权的理论基础》，载《当代法学》2005 年第 1 期。

[32] 在私法物权领域，随着用益物权和担保物权的兴起，所有权在物权制度中的中心地位也逐渐衰落，现代财产权制度呈现出重视物的利用而非归属的趋势。在公物法领域同样如此，公物管理权从传统的"公所有权说""私所有权说"的争论逐渐转向"概括性管理权"等观点，公物不以归属为核心，无论是公有财产还是私有财产，只要由行政主体提供、服务于公共目的即可构成公物。

第 10 条规定了自然资源的合理利用义务和土地征用的限制条件之外,《宪法》文本有关公共财产利用和保护的条款主要表现为第 53 条、第 12 条和第 14 条,具体可分述为:(1)第 53 条指向的是公民"爱护"公共财产的基本义务;(2)第 12 条的"公共财产"包括全民所有制财产和集体所有制财产,即国有财产和集体财产的总和,该条规定了公共财产的"神圣不可侵犯"原则,即"禁止任何组织或者个人用任何手段侵占或者破坏国家的和集体的财产",这里的"任何组织"既包括企业等私经济组织,也包括各级人民代表大会及其常委会、国务院和地方各级人民政府、各级司法机关等国家机关,"任何手段"自然也包括"制定法律"的手段;(3)第 14 条规定"国家厉行节约,反对浪费",同样是对公共财产立法的限制。

综上,我国《宪法》针对国有财产征用立法权的约束是"不可侵犯""禁止侵占或破坏""厉行节约,反对浪费"。"侵犯""侵占或破坏""厉行节约,反对浪费"本身属于高度抽象的不确定性法律概念,更接近于为立法决定国有财产的利用方式提供价值指引而非直接限制,更难以将其作为宪法保留的事项来限制立法权。

3."征用"是否构成对国有财产的"侵犯""侵占或破坏"

如前所述,《宪法》第 12 条、第 14 条并不构成对国有财产利用方式的宪法保留,而是对立法裁量的价值指引,随之而来的问题即以立法的方式决定国有财产的征用是否构成对公共财产的"侵犯""侵占或破坏"?

1982 年《宪法》之所以规定"公共财产神圣不可侵犯",原因在于社会主义公共财产"是人民政权赖以存在和不断巩固发展的物质基础,是实现社会主义现代化的物质前提,更是提高人民物质文化生活的物质源泉和实现公民各项权利和自由的物质保障"[33],人民政权的稳固、社会主义现代化和公民基本权利的实现、人民生活水平提升等国家目标,即为社会主义公共财产"公共性"之所在。为此,国家应当"运用国家政权力量保障各种公共财产,特别是土地、林木、水源及其他自然资源的合理利用"[34]。立法机关一方面通过制定《土地管理法》《水法》《矿产资源法》《行政许可法》等法律设定公共财产的管理秩序;另一方面借助《刑法》打击非法占有公共财产的犯罪(如抢劫、盗窃、贪污公共财产等行为)、故意毁坏公共财产的犯罪(如故意损毁文物、破坏交通设施、破坏公用电信设施等行为)。"征用"是否属于对国有财产的"侵占"或"破坏"可以从《宪法》文本的体系考察和征用行为的本质两个角度加以探讨。

---

[33]　吴家麟主编:《宪法学》,群众出版社 1992 年版,第 181 页。

[34]　王德祥、徐炳:《〈中华人民共和国宪法〉注释》,群众出版社 1984 年版,第 40 页。

首先，我国《宪法》第 12 条规定"禁止任何组织或者个人用任何手段侵占或者破坏国家的和集体的财产"，而根据《宪法》第 10 条的规定，国家可以依照法律规定对土地进行征收或征用，由于国有土地主要采用的是划拨和出让的方式，这里的"土地"只能是指集体所有的土地。既然立法机关可以制定法律对"集体所有的土地"实施征用，可见征用行为本身并不构成对公共财产的"侵犯""侵占或破坏"，并不违反《宪法》第 12 条的规定。同为公共财产的"集体所有的财产"可以由法律决定征用，那么将《突发事件应对法》《戒严法》等法律对国有财产的征用视为"侵犯""侵占或破坏"，逻辑并不统一。

其次，从征用行为的本质来看，无论被征用的财产性质属于国有财产还是非国有财产，征用都是基于公共利益需要，通过强制手段将某项财产用于公共目的。私有财产被征用期间，私人将无法依照意思自治的原则自由使用该财产。如果对国有财产进行征用，也会变更该财产的原有用途，转而服务于新的公共利益，本质上属于国有财产公共用途的调整。例如，《山东省养老服务条例》第 17 条规定"闲置办公用房、学校"在符合一定条件的情况下可以改造为养老服务设施，这种对国有财产公共用途的调整显然不能界定为对国有财产的"侵犯或破坏"。在疫情防控中也是如此，无论被征用的隔离场所属于私有的宾馆还是机关招待所，二者的法律效果是相同的，实质上都是将该项财产的原有用途暂时性地转换为特定的、更为紧急的公共用途。

因此，《宪法》第 10 条、第 13 条可以视为对立法机关征用财产范围的开放式列举，而不是作为一种禁止性条款将国有财产的征用排除在外，《戒严法》《国家情报法》等法律允许对国有财产进行征用也并未违反《宪法》第 13 条之规定，不能直接视为对国有财产的"侵犯""侵占或破坏"而作违宪处理，国有财产"征用"在宪法上具有其容许性。

三、国有财产行政征用的合法要件

《宪法》第 13 条第 3 款从私有财产保护的角度为行政征用设定了公共利益的目的要件、"依照法律规定"的依据要件和同时给予补偿的要件，即只有出于公共利益需要，以法律规定为依据并给予补偿的条件下才能对公民之私有财产行使征收、征用的权力。国有财产征用与私有财产征用在法律效果上虽具有相似性，但是由于国有财产（尤其是非经营性国有财产）负担着为社会提供公共服务和保障公务有效运行等公共目的，对其进行征用涉及公共利益的比较衡量和取舍，因此需要在遵守"不得侵犯、侵占或破坏""厉行节约，反对浪费"的《宪法》约束下，参照有关私有财产征用的法律、法规为其设定合法要件。

（一）国有财产征用的目的要件——公共利益之间的比较衡量

征收、征用制度的产生与所有权的社会化密不可分，所有权社会化观念认为

"所有权基于人性虽宜由个人拥有，但却系为增进人类之共同需要与幸福而存在，其行使必须与国家社会之公共利益相一致"[35]，故而"国家于必要时得依法征收或征用个人所有的财产"[36]。"公共利益"为国家施加于私人财产权上的法定义务提供了正当性，[37] 同时这种公共利益与私人权益之间的冲突也需要通过征收、征用的法定条件予以调整和规范。"较之于公民的私有财产，社会主义公共财产应当更多发挥实现公共利益和履行社会义务的作用"[38]，然而在征用对象为国有财产的情形中，"与公共利益形成利益衡量对应关系的依然是公共利益"[39]，这种情形下又该如何设定征用国有财产的目的要件？

从域外考察来看，美国行政法中的"首要公共使用理论"（the paramount public use doctrine）认为，如果一个公共机构想要征用另一个公共机构所拥有的财产，两者对争议财产的公共使用主张就构成了竞争性的使用（competing uses），在法规没有作出明确规定的情况下，法院将对征用者所主张的征用目的和被征用者对该项公共财产的在先使用（prior public use）[40] 进行权衡，如果该项公共财产被征用后能够比在先使用更好地服务于公共利益，或者征用所获得的利益大大超过对原有公共使用的损害，征用此项公共财产就具有"合理必要性"（reasonable necessity）。[41] 不过印第安纳州最高法院认为"确定不同公共用途的相对价值和重要性、某一用途是否抵触或损害其他用途纯属立法事务，是一项应在立法机关而不是法庭内确定的政策"[42]，因此对公共机构的财产进行征用不仅要求更为重大、迫切的公共利益需要，还应当在法律条文中明示或必然隐含了征用公共财产的权力。[43] 我国台湾地区"土地法"第 220 条同样认为正在为交通、水利、公共卫生、教育等公用事业服务的土地，"非因举办较为重大事业无可避免者，不得征收之。但征收只为现供使用土地之小部分，不妨碍现有事业之继续进行者，不在此限"，换言之，虽然涉及不同公共利益之间的冲突，但承担公共任务的国有财产"并非

---

[35] 谢在全:《民法物权论》（上册），中国政法大学出版社 2011 年版，第 105 页。

[36] 余能斌、范中超:《所有权社会化的考察与反思》，载《法学》2001 年第 1 期。

[37] 章剑生:《现代行政法基本理论》（第二卷）（上卷），法律出版社 2013 年版，第 415 页。

[38] 陈征:《征收补偿制度与财产权社会义务调和制度》，载《浙江社会科学》2019 年第 11 期。

[39] 蒋红珍:《疫情防控中的征用补偿：适用范围的思考》，载《财经法学》2020 年第 3 期。

[40] Norman E. Matteoni, The California Roadway—A More Necessary Public Use, 20 Hastings L. J. 551（1969），pp.553–554.

[41] Joris Naiman, Judicial Balancing of Uses for Public Property：The Paramount Public Use Doctrine，17 B. C. ENVTL. AFF. L. REV. 893（1990），pp.913–914.

[42] Cemetery Co. v. Warren School，236 Ind. 171，187，139 N.E.2d 538，545（1957）.

[43] Joris Naiman, Judicial Balancing of Uses for Public Property：The Paramount Public Use Doctrine，17 B. C. ENVTL. AFF. L. REV. 893（1990），pp.913–914.

本质不得征收，毋宁是权衡轻重之故"[44]，重要的是立法机关如何将此种公共利益之间的冲突限定于合理范围之内并在法律中予以表达。

对于国有财产，虽然在理论上承认"苟有较重大之公共目的，依适当之方法而征收之，以供新之公之目的之用"的合理性[45]，但某项国有财产被赋予一定的公共用途之后，原则上就应当维持该项公共使用的稳定性，通过征用来改变该项财产的公共用途只能是例外情形，同时何谓"较重大之公共目的"也需要由立法预先予以明确。目前我国涉及国有财产征用的法律、法规主要分为两类：一类是明确将国有财产列为征用对象的，如《戒严法》《国家情报法》《反间谍法》等；另一类是未区分征用财产的归属关系，征用对象既包括私有财产，也可能涵盖国有财产，如《突发事件应对法》《传染病防治法》《国防交通条例》《地质灾害防治条例》等。前一类情形关系到"戒严任务""情报工作紧急任务需要""反间谍工作需要"等国家安全的公共利益，在立法中是相对明确的；而后一类情形中虽然暗含了国有财产征用的可能性，但在目的要件上却相对模糊。不区分征用对象的立法模式虽然给国有财产的征用预留了空间，但是模糊了国有财产征用的"公共利益"要求，最终将给征用国有财产的合法性带来挑战。因此，如果要在抢险救灾、疫情防控等应急管理事务中建立国有财产征用制度，就必须承认该项公共利益相较于国有财产所代表的"在先公共利益"而言，是一种更为重大而紧迫的公共利益，在立法中对其具体情形予以明确和充分的说明。

（二）国有财产征用的依据要件

我国《宪法》第10条、第13条规定国家征收、征用土地和公民的私有财产应当"依照法律规定"，结合《立法法》第8条来理解，这里的"法律"应当限于全国人大及其常委会颁布的规范性文件，[46]这是从私有财产保护的角度所设定的法律保留，旨在通过法律规范层级的限制而为私有财产征用设定严格的依据要件。对于国有财产征用而言，张亮教授认为"我国现行法上对国有财产的征用和补偿并无法律保留的限制，只需通过法律之外的其他规范予以明确即可"[47]，如《太原市应对突发事件应急征用物资、场所办法》第26条专门规定在应急征用物资、场所的补偿方面，"对行政机关原则上不予补偿，但如有损失，影响正常工作的，财政部门应当予以优先配置"，就是以地方政府规章作为国有财产征用的合法依据。通常而言，法律保留的核心理念在于基本权利之保障，基本权利"不

---

[44] 陈新民：《行政法总论》，学林出版社2015年版，第179—180页。

[45] 钟赓言：《钟赓言行政法讲义》，法律出版社2015年版，第61页。

[46] 章剑生：《现代行政法基本理论》（第二版）（上卷），法律出版社2013年版，第418页。

[47] 张亮：《应急征用权限及其运行的法律控制》，载《政治与法律》2020年第11期。

仅左右着法律保留的范围，也是法律保留的根本目的"[48]，而国有财产的管理直接指向的对象是土地、文物、公共设施等物或财产，与公民之基本权利缺乏直接、具体的关联，似乎不必对其规范依据做太多要求，但仍应考虑如下两个问题。

首先，行政主体对包含国有财产在内的公共财产的支配权源于法律的授权，其"不仅是一种行政权力，也同时是一种行政职责"[49]，法律对行政主体公共财产管理权的分配构成了一种客观的法律秩序，如果要对此作出变更也应当遵循一定的立法秩序。换言之，行政主体并不是依据意思自治原则自由地对公共财产进行设置、管理和废止的，即便存在行政裁量的余地，也"不同于民事法律行为之自我决定形式……裁量并非自由，而是仍然多方受限于法律之界限"。例如，在云南省大理市征用其他地市采购的过境防疫物资时，赵鹏教授就依据《传染病防治法》第 45 条之规定指出"跨行政区域物资的征用属于国务院的权力"，这就说明涉及行政主体公共财产支配权的调整，并不是法律之外的其他规范均可随意设定国有财产的征用权。

其次，尽管国有财产管理活动通常指向的是特定财产，而不是具体的公民，但仍然可能直接或间接地影响到公民的基本权利。国有财产之中除了国家对企业出资形成的经营性国有财产，以及作为公务运行保障的行政公物之外，还包括由公路、铁路、公共图书馆和体育场等设施所组成的公共用物，公民对此类公共用物的利用权益也被视为一种发展中的基本权利。[50]例如，在疫情防控中，部分高等院校的学生宿舍被征用为疫情隔离场所，其私人财物和个人隐私受到损害的新闻也屡屡见诸报端。[51]类似情形中被征用的对象虽然归属于国家所有，但其使用权益却由公众所共享，因而国有财产的征用也会与公民的权益产生关联，就不能将国有财产征用完全视为行政内部、与基本权利无关的事项。

因此，仅仅用较低层级的法规范作为国有财产征用的正当依据，不仅会影响行政主体对公共财产支配秩序的稳定性，也可能间接影响到公众对国有财产的合法使用权益，进而构成对国有财产公共性的"侵犯或破坏"，将国有财产征用的授权保留于法律、法规更为稳妥。

[48] 周佑勇、伍劲松：《论行政法上之法律保留原则》，载《中南大学学报（社会科学版）》2004年第 6 期。

[49] 余睿：《行政法视野下的公共财产支配权效力探究》，载《江汉论坛》2015 年第 9 期。

[50] 例如，肖泽晟教授认为政府对公物的管理关系到基本权利的保障水平，如果将公路等基础设施大量私有化就会与公民的基本权利产生冲突，肖泽晟：《论公物在中国人权保障中的作用》，载《南京大学学报（哲学·人文科学·社会科学版）》2003 年第 3 期；肖泽晟：《公物法研究》，法律出版社 2009 年版，第 178 页。学者张杰认为公共用物的利用权属于一种涵盖环境权、生存权和发展权的复合型人权，张杰：《公共用公物权研究》，武汉大学 2011 年博士学位论文。

[51] 熊志：《强征学生宿舍做隔离点，防疫不能乱来》，载光明网，https://m.gmw.cn/baijia/2022—02/17/35525630.html，最后访问时间：2023 年 10 月 9 日。

（三）国有财产征用的补偿要件

征收、征用的授权规定和补偿规定之间的"唇齿关系"要求立法者在设定征收、征用时需履行"衡量义务"（衡量补偿是否公平，国家财力是否堪负得起），意即私有财产征收、征用的补偿作为一种财政负担，能够迫使立法者基于理性衡量征收、征用的必要性。从国有财产的效用最大化考虑，私有财产征用的补偿也内含着充分发挥国有财产之公共性、避免过度限制和剥夺私有财产权的意旨。我国《宪法》第 10 条和《民法典》第 117 条、第 245 条均规定了征收、征用不动产或动产时应当给予补偿的义务，而依照《戒严法》《反间谍法》等法律的规定，征用国家机关的场所、设施、工具等国有财产"造成损失的，应当补偿"，王磊教授认为此种情形属于"调用"且"没有补偿的法定义务"[52]，那么在承认国有财产征用合法性的前提下，是否有必要设定补偿条款？

在法国行政法学理论中，"公产所有权统一理论"认为行政主体的财产可以划分为提供于公众使用或公务使用的公产和供财政收入等目的的私产，其中全部公产的所有权是统一的，即只有国家是公产的所有者，为公产设定不同公共使命的权力则是由不同行政主体行使的，在这种情形下国家为了公共利益，基于其统一的所有权自然可以改变其他行政主体所设定的公共使用目的。[53] 与此类似，前文主张国有财产征用不需要补偿的理由同样在于国有财产的所有权主体是国家，改变其目的或用途自然也像是民事主体对其财产"左手换右手"一样。然而国有财产的公共目的是由法律所设定的，如果在被征用后得不到有效补充，也会妨碍国有财产原有公共功能的发挥。《太原市应对突发事件应急征用物资、场所办法》第 26 条第 2 款规定："对行政机关原则上不予补偿，但如有损失，影响正常工作的，财政部门应当予以优先配置"，后半段就体现出国有财产征用的补偿不在于经济价值的填补，而在于财产公共性的恢复与维持。因此，国有财产在征用后应当及时归还，因征用造成国有财产损耗的应当由财政部门及时予以补充配置。

（四）国有财产征用与私有财产征用之关系

正是由于国有财产作为发展和建设社会主义、保障公民基本权利的物质基础，相较于私有财产负有更多的公共义务，所以车浩教授才会主张"征用是基于公共利益而征用，利益损害的权衡对象，可先从公共财产开始……穷尽国有资源的情况下，可以征用个人财产"[54]，这也说明有必要澄清国有财产征用与私有财产征用之间的关系。

[52] 王磊：《法律中征用条款的合宪性分析——从疫情防控对国有财产的征用切入》，载《财经法学》2020 年第 3 期。

[53] 王名扬：《法国行政法》，北京大学出版社 2016 年版，第 251—252 页。

[54] 车浩：《三问疫情隔离：场所？对象？方式？》，载中国法学网，http://iolaw.cssn.cn/fxyjdt/202002/t20200205_5085193.shtml，最后访问时间：2023 年 10 月 9 日。

　　首先，在对国有财产负担的公共利益不产生重大损害的情形下，将其纳入征用范围并优先征用，符合公共财产效用最大化的原则。陈征教授认为，"较之于公民的私有财产，社会主义公共财产应当更多发挥实现公共利益和履行社会义务的作用"[55]，作为公共财产组成部分的国有财产自然也负有此种公共义务。《宪法》第 14 条 "国家厉行节约，反对浪费" 之规定可以视为对国有财产管理、利用的约束，行政法上的效能原则也要求 "行政机关针对特定事项的手段应当是实现效益最大化的"[56]，因而国有财产作为实现社会利益和公共任务的物质手段，也存在充分发挥财产效用、实现公共利益最大化的目的要求。具体而言，承担公共义务的国有财产的配置与使用不仅要在行政成本与效益之间进行比较衡量，也应在 "公共目的性与最大效用性之间进行合理的协调"[57]，在对国有财产负担的公共利益不产生重大损害的情况下，将其投入抗震救灾、疫情防控、国家安全等较为紧急的公共任务中临时使用，也是在利益衡量的基础上实现国有财产节约与高效利用的体现。

　　其次，在对国有财产负担的公共利益不造成严重损害的情况下，允许甚至优先征用国有财产也是行政法上比例原则的应有之义。正如刘连泰教授所言，"法律对公民私有财产权的保护是一般情形，征收和征用是例外情形，国家机关行使征收征用权应符合比例原则，还应在一般意义上符合成本收益分析"[58]，比例原则中的必要性原则要求 "在所有相同有效实现目标的手段中必须选取最温和、对权利损害最小的手段"[59]，在征用国有财产同样能够实现公共利益的情形下，征用国有财产还是私有财产就构成了两种竞争性的手段。事实上，当征收征用的决策者与财政负担者相分离、国有财产使用的成本效益分析尚未进入司法审查视野中时，比例原则、征收征用的补偿条款往往也无法形成对征收征用权的约束。一方面国有财产闲置或利用率低，难以充分发挥其应有的公共性；另一方面却过度强调私有财产的社会义务，罔顾征收、征用的必要性而将补偿制度蜕化为单纯的强制购买。

　　因此，在符合前述目的要件、依据要件、补偿要件的基础上，将国有财产（包括经营性国有财产和非经营性国有财产）纳入征用范围，也是公共财产效用最大化和比例原则的要求。

---

　　[55]　陈征：《征收补偿制度与财产权社会义务调和制度》，载《浙江社会科学》2019 年第 11 期。

　　[56]　沈岿：《论行政法上的效能原则》，载《清华法学》2019 年第 4 期。

　　[57]　王贵松：《论公物的公共目的性》，载杨建顺主编：《比较行政法——给付行政的法原理及实证性研究》，中国人民大学出版社 2008 年版，第 209 页。

　　[58]　刘连泰：《疫情防控中征用对征收规范的借鉴——以甲市征用乙市口罩事件为例》，载《财经法学》2020 年第 3 期。

　　[59]　蒋红珍：《比例原则适用的范式转型》，载《中国社会科学》2021 年第 4 期。

四、国有财产征用的争议解决

对私有财产的征用而言，如果公民、法人或其他组织"对征收、征用决定及其补偿决定不服的"，可以依照《行政复议法》第 11 条、《行政诉讼法》第 12 条的规定申请行政复议或者提起行政诉讼，复议机关和法院将对征用行为进行审查处理，为公民的财产权利提供救济的途径。然而发生在不同行政主体之间、围绕公共利益的比较衡量而展开的国有财产征用，无法依照《行政复议法》《行政诉讼法》的前述规定解决相关争议。现实中，云南省大理市征用其他地市采购的过境防疫物资后，物资被征用的部门提出的异议也未得到回应，而是经舆论发酵后由云南省应对疫情工作领导小组指挥部予以纠正，在与重庆市相关部门沟通后退还了被征用的物资，同时给了相关责任人党纪政务处分，也可以看出目前国有财产的征用缺乏法治化的争议解决路径。《戒严法》《国家情报法》《突发事件应对法》等法律或明确规定政府机关的财产可以征用，或未区分征用对象的所有权归属，这就导致一方面国有财产存在被征用的可能；另一方面却又缺乏明确的争议解决机制，必然会影响到国有财产征用权力运作的规范化和公共利益的有效维护。

之所以将国有财产纳入征用范围，是因为该项征用所追求的公共利益相对于国有财产原本承担的公共利益更为紧迫、重大，在不对原有的公共目的造成严重损害的前提下可以发挥国有财产的效用性和公共性。因此从本质上而言，国有财产征用的难点在于公共利益的阐释和比较衡量，反映到国有财产争议解决的问题上就是：谁有权界定并且比较衡量相冲突的公共利益？美国法院虽然在"首要公共使用理论"的实践中扮演了公共利益判断和权衡主体的角色，通过对抗性的诉讼过程来发现、确认争辩双方所主张的事实和诉求，同时考虑可能的替代方案，平衡各方对特定公共财产的不同使用需求。然而正如印第安纳州最高法院所担心的："确定不同公共用途的相对价值和重要性、某一用途是否抵触或损害其他用途纯属立法事务，是一项应在立法机关而不是法庭内确定的政策"[60]，充分显现出以征用的方式变更公共财产用途所面临的矛盾冲突。国有财产征用的背后是不同公共利益的衡量和取舍，相关争议的解决也必然要考虑到特定国家和地区立法、行政、司法之间的国家权力配置关系，因此国有财产争议解决路径的完善应当考虑如下两个方面。

首先，立法机关应当明确限定允许国有财产征用的具体情形，减少因国有财产征用造成公共利益冲突的空间。虽然"绝对限制对国有财产的征用，既不现实，亦无必要……有必要保留特殊情形下征用国有财产的制度空间"[61]，但"特殊情

---

[60] Cemetery Co. v. Warren School, 236 Ind. 171, 187, 139 N.E.2d 538, 545（1957）.

[61] 张亮：《应急征用权限及其运行的法律控制》，载《政治与法律》2020 年第 11 期。

形"的范围仍应有所限定。《戒严法》第17条、《国家情报法》第17条、《反间谍法》第11条、《人民警察法》第13条将征用机关或事业组织财产的情形限定为"戒严任务的需要""紧急任务需要""反间谍工作需要""侦查犯罪的需要"等情形，但未区分征用财产所有权归属的《突发事件应对法》《传染病防治法》等法律只是暗含着征用国有财产的可能，使得自然灾害、事故灾难、公共卫生等事件中的国有财产征用缺乏足够明确的法律支撑，因而容易产生争议。

其次，国有财产征用发生在行政主体之间，其纠纷是围绕特定财产公共用途变更的必要性和妥当性而展开的，属于行政内部有关国有财产的公共性的认识分歧，这种发生在不同行政主体之间的争议尚无法纳入行政复议和行政诉讼的受案范围之中。现行法律规范中明确承认国有财产征用的情形主要限定在戒严、反间谍和犯罪侦查等涉及国家、社会安全利益等存在政治考量的场合，而抗震救灾、疫情防控等应急管理过程中征用国有财产也具有临时性和紧急性，由法院对这些国有财产征用活动进行事后审查的实际意义也较为有限。因此，从行政主体的专业性、效率性和政策判断等优势考虑，可以在行政主体内部建立相应的争议解决机制，如产生争议时由争议机关共同的上级行政机关对国有财产征用的合目的性、必要性进行裁决等。

综合而言，私有财产征用需要在平衡个人利益和公共利益的基础上考虑权利救济问题，而国有财产征用的是在平衡不同公共利益的基础上实现效用最大化。行政主体对争议的公共财产享有的是作为其履职保障的、法律赋予的使用权，该项财产被违法征用时影响的是公共服务的有效供给和公务活动的稳定性。从我国现行法规范来看，国有财产征用的规定集中在国家安全、犯罪侦查、应急管理等领域，也更适宜设立行政内部的纠纷解决机制来应对国有财产征用的相关争议。

五、结语

我国《宪法》第10条第3款、第13条第3款规定国家因公共利益需要并给予补偿的前提下，可以依照法律征收或征用"土地"和"公民的私有财产"，这是在私有财产社会化背景下对公共利益和私人利益作出的平衡。地方政府在疫情防控过程中征用其他地市国有财产所引起的争议，一方面说明国有财产征用的合宪性和理论基础仍有待澄清；另一方面也暴露出我国国有财产使用规则的缺失，导致其征用的合法性也缺乏明确的标准。《宪法》第12条、第14条为公共财产的使用所设定的边界是"不可侵犯""禁止……侵占或者破坏""厉行节约，反对浪费"，属于较为抽象的概括限制，并未排除依照法律规定征用国有财产的可能。虽然《戒严法》《国家情报法》《人民警察法》等法律已经明确将国家机关的场所、设备等国有财产纳入征用范围，而《突发事件应对法》《传染病防治法》等法律并未区分被征用财产是国有还是非国有，暗含了征用国有财产的可能，但这些法律并不构成违宪。国有财产相较于私有财产负有更为特殊的公共义务，其效用最大化的考虑也允许国有财产根据不同公共利益需要调整相应的用途，而戒严、疫情防控等紧急状态下如果将财产的私有作为投入公共使用的前提条件，客观上也会迟滞应急管理的效率，因此国有财产征用具有其理论依据和现实基础。在缺乏统一的国有财产"调用"制度的情况下，通过目的要件、依据要件和补偿要件的约束和建立行政内部的争议解决程序，有助于促进国有财产公共性和最大效用性的有效协调。

容错政策执行研究：影响因素及理论分析模型

——基于对基层管理者的案例研究与问卷调查

张艳丽　周　润

一、问题的提出

当前我国进入改革攻坚期和深水区，习近平总书记关于建设中国特色社会主义事业、满足人民群众日益增长的美好生活需求、提升人民群众获得感等一系列伟大设想的实现，都需要基层管理者积极作为，敢于担当。但作为政策传导的末端和政策的具体实施者，基层管理者每天都面临着来自社会和上级部门的各种压力和挑战。基层管理工作出错的概率加大，因而被问责的情况有所增加，在一定程度上束缚了管理者干事创业的积极性与主动性，甚至导致了怠政。不为的反面是敢为、善为，但"领头羊"会不会变成"替罪羊"？这是不少基层干部的顾虑。[1]为防止这种现象的发生，就需要创新公共政策工具，为那些在工作中开拓创新的基层管理者解除后顾之忧，提供制度保障。

2016年，习近平总书记提出了"三个区分开来"的重要要求，指出要宽容干部在工作中特别是改革创新中的失误错误。时任国务院总理李克强同志作政府工作报告时说："健全激励机制和容错纠错机制，给改革创新者撑腰鼓劲，让广大干部愿干事、敢干事、能干成事。"在顶层推动下，容错政策经过了将近三年的实践。有研究显示，容错政策对基层管理者具有一定的激励和保障作用，但基层管理者普遍存在的政策知晓度低、申请容错数量少、容错率低等问题尚未得到有效解决。在过程论视角下，政策效果的显现需要经过"制定""执行""评估"多个环节，容错政策效果的显现应当是政策制定、政策执行、政策评估综合作用的结果。而当前关于容错政策的研究还仅仅限于政策价值讨论、少量的文本分析和政策制度建构，忽略了对政策执行的动态过程和实际效果的评价与反思。有必要通过深入研究政策执行效果和影响因素，以推动政策改进。

基层管理者在容错政策目标群体中具有代表性和典型性，他们处于政策传导的末端，也是管理行为的直接实施者。基层管理者对于政策执行效果的直观感受和反馈能够直接反映容错政策执行效果。因此，本文以基层管理者为调研对象，运用案例分析和问卷调查方法，探索容错政策获取、申请、实施的动态过程及实

---

[1]　何鼎鼎：《容错让担当者敢作为》，载《人民日报》2017年8月4日，第1版。

际执行效果，分析政策执行影响因素，提出理论分析模型。在研究过程中重点探讨如下问题：基层管理主体容错政策的获取途径及影响因素；基层管理者在政策申请过程中面临的实际困难及影响因素；容错政策执行的实际效果及影响因素；构建基于目标群体导向的容错政策执行影响因素分析框架。

二、文献基础与分析框架

（一）容错政策作用机制

基层管理者工作的主动性容易受到复杂政策环境的影响，绩效考核和问责的压力会抑制他们的工作动力，容错政策能够起到缓释压力，激励其敢作敢为，化解改革风险，保持政府创新能力的作用。现阶段，容错政策能够在鼓励基层管理者积极作为中发挥重要作用：首先，基层管理者可以根据容错政策规定，提出容错需求；其次，有权进行容错的主体在复杂的政策环境中可以进行综合利益衡量；最后，容错决定向申请人公开，并予以反馈，为基层管理者敢作敢为创设条件。（见图1）

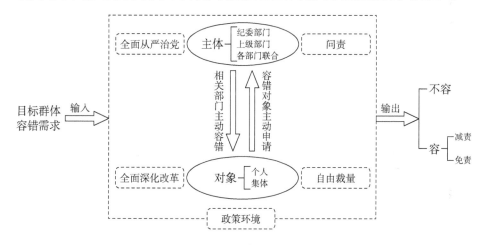

图1　容错政策传导示意

现有研究主要集中于容错政策建设必要性、意义和机制构建方面。探讨在全面深化改革、全面从严治党情境下容错政策的必要性和意义，激励基层管理者敢于担当，建立有利于营造担当作为风气的容错机制。[2] 这些学者对构建容错机制各要素、配套制度及其法制化做了阐释，以探寻容错政策体系和研究框架，而对于容错政策实施基本情况和效果的实证研究几乎没有。

---

[2]　薛瑞汉：《建立健全干部改革创新工作中的容错纠错机制》，载《中州学刊》2017年第2期；陈鹏：《落实领导干部容错免责应处理好几个关系》，载《理论探索》2017年第5期；张忠军：《让担当者敢于担当的制度思考》，载《理论视野》2017年第11期；万庄：《关于完善干部激励约束和容错纠错机制的几点探讨》，载《中国行政管理》2018年第10期。

（二）政策执行影响因素

政策执行是政策实施的具体过程，使政策作用于目标群体从而实现目标。[3] 政策执行是政策绩效实际的贡献程度，是对政策行动和还未实现的政策价值和机会综合衡量的过程。[4] 政策执行以行政机关为主，立法机关、司法机关、社会组织、媒体等多元主体也参与其中。政策执行的因素涉及多个方面，国内外学者对政策执行影响因素的理论探讨侧重点不一，前者多是从规范性的角度概括，后者是从模型建构角度进行分析。而无论是国内学者从政策执行的具体要素、[5] 政策执行偏差的实证分析入手概括影响因素 [6]，还是国外学者史密斯提出的"政策质量、执行机构、目标群体、环境因素"四因素论 [7]、爱德华模型阐述的"执行者的沟通、执行者偏好、执行资源、组织结构"四因素论 [8]，都清楚地表明，虽然政策本身的质量、政策执行主体的方式、技巧、能力等直接影响政策执行效果，但目标群体主体性的确立和实现对政策执行效果的影响不容小觑，目标群体本身的组织或制度化程度、接受领导的情形、积累的政策经验、所处文化氛围、社会经济与政策环境的不同，都会影响政策执行。

（三）容错政策执行：分析框架

作为公共政策的一部分，容错政策研究需要借助公共政策理论成果。公共政策分析理论视角多元，从目标群体角度，最直观的是政策执行过程论这一理论分析框架，即遵循政策获取（目标群体对政策的了解和获取）、政策申请（目标群体提出容错申请的动力和实际效果）和政策实施（容错政策作用于目标群体，实现政策预期价值）的全过程进行分析，具体涉及对"通过案例观察到的容错政策执行结果"和"通过问卷挖掘的容错政策影响因素"进行考察，以及通过与"预期的政策结果"比较而构建的问题，即容错政策的实际获取度，容错政策申请途径、申请意愿和申请效果，容错政策实施效果等。容错政策实施过程，应该是基于目标群体的需求，提供制度供给，因此我们尝试构建目标群体导向的容错政策执行分析框架：政策获取——政策申请——政策实施。（见图2）以期从目标群体的视角探寻容错政策执行中的影响因素及其作用机制，推动政策改善。

---

[3] ［美］安德森：《公共政策制定》，谢明等译，中国人民大学出版社 2009 年版，第 231 页。

[4] ［美］邓恩：《公共政策分析导论》，谢明、伏燕、朱雪宁译，中国人民大学出版社 2011 年版，第 4 页。

[5] 郑栋：《信任对地方政府公务员推动公众参与意愿的影响》，载《青海社会科学》2018 年第 5 期。

[6] 陈丽君、傅衍：《人才政策执行偏差现象及成因研究——以 C 地区产业集聚区创业创新政策执行为例》，载《中国行政管理》2017 年第 12 期。

[7] T.B.Smith，The Policy Implementation Process.Policy Sciences，1973，4（2）：pp.203-205.

[8] Edwardsgc，Implementing public policy.Washington D C：Congressional Quarterly Press，1980.

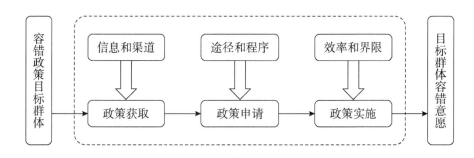

图2　基于目标群体导向的容错政策执行分析框架

三、基于案例监测的政策执行结果观察

案例分析方法能够深度透射政策执行实践问题，帮助我们观察容错政策运行的现实状况，便于我们分析政策执行及实际影响因素。

（一）案例选取

自容错政策颁布实施以来，各地陆续有关于容错案例的报道，但整体数量不多，加之案例信息公开程度有限，无法穷尽所有案例样本及相关信息，在案例的数量和分布上难以做到周延。不过这并不影响我们基于案例样本，对比分析容错政策执行效果及现实影响因素。我们选取了公开报道的30个典型案例，这30个案例发生时间集中于2016—2020年，地区集中于华东地区和西南地区。通过关键要素分析法，我们抽象出30个案例在容错主体、容错对象、容错类型、容错过程等方面的共性做法。（见表1）

表1　基于关键要素分析的容错政策执行现状

对比指标（要件类型）	主要区别（部门主体）		发生地区（地级市）
容错主体	纪委部门		毕节市、郴州市、铜陵市等24个地区
	上级部门		余杭区、宁晋县等5个地区
	多部门		济南市
容错对象	个人	村干部	泰兴市、金堂县、长武县
		上级部门	安康市、毕节市、宁波市等15个地区
		多部门联合	汝城县、武穴市等9个地区
	集体	包括行政机关、事业单位和国有企业	宁晋县、淮安市、长武县3个地区

续表

对比指标 （要件类型）	主要区别（部门主体）		发生地区（地级市）
容错类型	为公为民，未谋取私利		淮安市、泰兴市等15个地区
	基于客观原因导致，且能够主动纠正		文山市、徐州市等7个地区
	大胆创新，先行先试		郴州市、宁晋县2个地区
	未违法违规		成都市、上饶市等5个地区
	工作偏差，知错能改主动挽回影响		长武县亭口镇
容错过程	个人主动申请容错	组织问责，个人申请	毕节市、郴州市、德宏州3个地区
		司法机关问责，个人申请	金湖县
	相关部门依职权主动容错	问责之前，调查容错	象山县、济南市、旌阳区、宁波市、宁晋县、泰兴市、铜陵市、吴忠市、武穴市、徐州市等21个地区
		信访举报，调查容错	绍兴市、淮安市、金堂县、余杭区、玉溪市5个地区

（二）容错政策执行现状

在政策获取环节，从案例反映出的事实是目标群体并未充分获取有效政策信息。案例显示，目标群体所在地虽然颁布了容错文件，但其对容错政策却并不了解，要么担心被问责，在别人的提醒下才"四处打听"，要么是被相关部门免责之后，感到"惊讶不已"，也有茫然不知"听天由命"的情况。显然，目标群体政策获取途径阻塞，政策传导不到位。政策过程是一个包括政治、心理和文化等因素的复杂政治过程，它是由一系列活动遵循时间顺序排列而成的系统，政策信息的传递是系统各要素互相交换能量的途径。目标群体政策获取不畅，导致信息无法在容错政策系统间自由流动，政策系统各要素之间无法有效互动。（见表2）

表2 政策获取阶段典型证据援引

基层公职人员反应	地区	典型证据援引
是问责，还是免责	宁波市象山县	"还不赶紧私底下去打听打听！"同事劝他，史某心里并没有底。两天后，他终于接到纪委的来电："根据容错免责机制，这次没有问责你，放心吧！"

续表

基层公职人员反应	地区	典型证据援引
对罗某免予处分，令在场的党员们惊讶不已	贵州省毕节市	"改变罗某党内警告处分，免予党纪处分。"
陈某内心一直忐忑	浙江省绍兴市	在与村集体签订承包协议后很长一段时间，陈某内心一直忐忑。但2015年6月由绍兴市委市政府出台的《关于建立健全党员干部容错免责机制的实施办法（试行）》，又给他一些期待。

在政策申请环节，从案例反映出的事实是，容错程序的启动主要包括目标群体申请容错和相关部门主动容错两种。其中，目标群体申请容错占容错案例总数的30%以上。例如，毕节市一位公职人员因履行主体责任不力受到党内警告处分，在他补救自己的失误后，主动向县委容错免责审核组提交容错申请书。相关部门主动容错占容错案例总数的60%左右，如宁波市象山县纪委了解到，该县某公职人员虽然在"三拆一改"中排名靠后，但是因为受客观因素的影响，所以县纪委主动容错。这一点与上文目标群体政策获取不利有直接关系。多数目标群体在被容错之前都没有明确获知政策内容，致使容错机制基本是容错主体依职权启动的，而非目标群体依申请启动的。依职权启动方式取决于容错主体对目标群体管理行为的合法性和正当性的主动关注和判断，在一定程度上弱化或者架空了目标群体的救济请求权，与容错政策的精神并不完全一致。

在政策实施环节，容错情形的清晰与否直接关系到容错政策的实施效果。从案例反映出的事实是，容错情形的界定是比较模糊和抽象的，如"在推动重大项目和重点工作中，因大胆履职、大力推进出现一定失误或引发矛盾的""无心""为公"等，这在为容错主体留下广泛裁量空间的同时，也弱化了容错机制作为权利救济手段的客观属性。从所容之错的类型可以发现，目前各地基本严格遵循容错政策顶层设计初衷，集中于以下五个方面：第一，"为公为民，未谋取私利"之错可容。在案例样本中，这类错误是占比较高的一类。这类错误的特点是主观上为公为民，虽然存在执法行为不规范、执法程序不规范、违反某些规章制度等情况，但由于没有为自己或者单位谋取利益的主观故意，结果也没有酿成大错，故可以被容错。第二，"基于客观原因导致，且能够主动纠正"之错可容。这种错误强调目标群体本身并无犯错故意，是基于不可预见的客观原因导致错误发生，且目标群体有主动纠正错误的主观意图。第三，"大胆创新，先行先试"之错可容。这类错误是在改革过程中，法律和政策的滞后性与行政管理的超前性之间存在矛盾，目标群体突破现有法律规定积极作为时所犯之错。这类错误貌似具有形式上的"违法性"，却能够被"依法行政"原则所包容。第四，"未违法违规"之错可容。这类错误是当事人并没有犯错，被人举报或者存在一定的误会，由相关部门查明证明当事人没有违法违纪，不予问责。第五，"工作偏差，知错能改主动挽回影响"之错可容。这类错误的特点是所产生的影响不大，未造成大的损失，当事人能够意识到自己的错误，并且及时采取措施弥补。上述五类错误都存在巨大的解释空间，虽然具有高度概括性，但对于容错主体理论素养要求很高，容错主体必须能够根据法律原则和政策精神准确判断目标群体所犯之错的类型和性质，从而作出是否容错的决定。如果容错主体担心判断不准或误读容错情形，就可能基于困难主动规避，致使目标群体权利保障的愿望落空，容错政策陷入曲高和寡的境况。这一担心从案例样本中"容错制度"的非常态化、容错结果的非确定性，以及所容之"错"的基层化、具体化趋势中已有体现。非常态化和非确定性是与目标群体的其他权利保障机制对比而言的，如根据相关法律的规定，公务员可以通过申诉、控告等制度保障自身合法权利。上述权利保障机制都有完善的制度安排和明确的预期，便于目标群体提出救济请求和行使救济权利，但容错制度尚未如此。在基层的日常工作中，容错情况比较少，公职人员在犯了错之后，面临问责的可能性更大。且容错多数相关部门依职权容错，他们对容错的评估与认定具有较多的主动权，导致"容错"存在不确定性。从案例中可以发现，容错一般发生在县以及县以下部门，所容的也都是日常工作中的事务性错误。

综上案例分析可见，容错政策在具体执行过程中存在以下问题。首先，政策获取效果不理想，相当一部分目标群体没有获知有效政策信息。其次，政策启动方式单一，近60%以上的容错是依职权启动，只有不到40%是依申请启动，即容错主体主动容错的占比较高，目标群体申请容错的数量少。最后，政策预期与政策执行效果之间存在较大落差，地方政府容错尚未成为常态，容错主体对所容之"错"的理解尚停留在表层，政策预期效果难以发挥。究竟哪些因素影响了容错政策的执行效果？我们希望从目标群体的真实感受中挖掘政策执行的各种影响因素。

四、基于问卷调查的政策执行影响因素分析

目标群体是政策的直接受体，目标群体的直观感受在一定程度上最能反映出政策执行效果和影响因素。我们运用问卷调查方法，通过调查基层管理者这一目标群体，挖掘容错政策执行影响因素。为了保证问卷的代表性，我们回避了政治经济最发达地区和最不发达地区，选取了政治经济发展相对平稳的中部地区和东部地区。我们选取了中部地区一个直辖市（T市）和东部地区一个发达省份（S省），其中S省选取了经济发展相对平稳的两个市（R市和J市）。本次问卷涉及的调查对象主要是基层管理者，因为在调查摸底中，调查对象多认为科级以下的管理者更需要被容错。本次调查对象包括行政机关（占比63.84%）、事业单位（占比26.84%）和国有企业（占比6.78%）中的一般干部（占比78.81%）、科级或初级职称干部（占比19.49%），极少数处级或中级职称以上领导干部（占比1.69%）；

工作领域分布于综合管理类（占比 53.95%）、行政执法类（20.34%）和专业技术类（19.21%）等；工作年龄涵盖多个年龄段，15 年以上（占比 8.47%），10—15 年（占比 7.06%），5—10 年（占比 41.53%），5 年以下（占比 42.94%）。本次调查发放问卷 600 份，收回 366 份，其中有效问卷 354 份，有效回收率 59%。问卷真实地反映了容错政策的实践效果，为分析容错政策实际执行效果奠定了基础。

（一）政策获取环节的影响因素分析

案例分析的结果已经说明，基层管理者及时、有效获取容错政策信息，是其科学理性判断自身行为及其后果，并考量是否启动容错申请的前提。调查问卷结果显示，基层管理者政策获取效果的影响因素主要有以下两个方面。

1. 基层管理者政策获取的需求强度

政策获取需求是政策目标群体行动力的直接影响因素。计划行为理论认为，人的意愿是决定行为的最为直接的变量。[9] 实证研究表明，行为意愿是思想倾向、动机的积累和强化过程，意愿越强，行动的可能性越大。[10] 因此从理论上来说，政策获取需求越强烈，目标群体的行动力就越大。在工作环境基本一致的情况下，基层管理者大都存在对自己工作职责判断不准的情况和量化考核压力，他们对于容错政策的获取需求表现出一致性。54.52% 的调查对象表示对自己工作"了解但不完全了解"，其他人则是"不了解"或者"完全了解"。在基层管理中，虽然许多部门都实施了权力清单制度，但是随着全面深化改革的推进，新状况、新问题还是层出不穷，也存在许多无法判断工作是否合法合规的情形。18.36% 的调查对象表示，在工作中"经常有无法判断是否合法合规的情形"，59.89% 的调查对象表示在工作中"偶尔有无法判断是否合法合规的情形"，只有 21.75% 的调查对象表示在工作中"没有无法判断是否完全合法合规的情形"。

不仅存在对自己工作职责判断不准的情形，而且将近 2/3 的调查对象表示单位"有考核压力"，并且考核是绩效评估和问责的重要依据。只有一小部分调查对象表示"考核压力比较小"。绝大部分调查对象表示，工作压力大，更担心被问责，不敢独自处理事情。一位在税务部门工作的受访者幽默地表示，"工作中畏手畏脚，精神压力大，总怕一字之差出现错误，怕到不了中年就要谢顶了"。因此在被问到"您认为基层管理者是否需要容错机制"时，91.81% 的人都认为"基层管理者需要容错机制"。（见图 3）

---

[9]　Ajzen I, The Theory of Planned Behavior.Organizational Behavior and Human Decision Processes, 50（2），179–211（1991）.

[10]　万亚胜、程久苗、吴九兴等：《基于计划行为理论的农户宅基地退出意愿与退出行为差异研究》，载《资源科学》2017 年第 7 期。

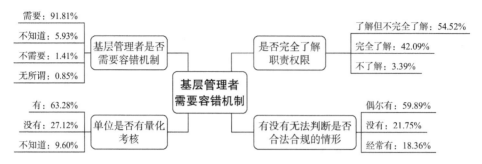

图 3　基层管理者需要容错机制

2. 基层管理部门的角色意识

获取途径的便捷和有效，直接影响目标群体获取政策的意愿和实效。问卷调查结果显示，43.22% 的调查对象通过"电视、报纸和手机等媒介"获知容错政策，28.25% 的调查对象通过"单位文件、培训形式"获知该政策内容，6.50% 的人通过"与朋友同事交谈"获知，22.03% 的调查对象是通过"其他途径"获知。可见媒介、朋友或其他途径占比高达 71.75%，是目标群体获取该政策的主要途径，而基层管理部门却没有成为目标群体政策获取的首要途径。这在一定程度上反映出基层管理部门对容错政策重视程度不够，在解读政策、宣传政策、落实政策等方面不到位。具体而言，在制度建设层面，只有 12.71% 调查对象表示自己所在单位"有容错相关规章制度"，50.28% 的调查对象表示所在单位"没有容错相关规章制度"，37.01% 的调查对象表示"不知道"所在单位是否有容错相关规章制度。

关于容错政策的实际获取效果，50.56% 的调查对象表示"仅是听说过国家的容错政策"，26.27% 的调查对象表示"不了解国家有容错政策"，只有 23.16% 的调查对象表示"了解国家有容错政策"。而 60.17% 的调查对象"不清楚"所在地区是否有容错政策，32.77% 的调查对象表示"了解一点"所在地区的容错政策，"清楚"所在地区容错政策的调查对象只有 7.06%。由此可见，基层目标群体政策获取效果并不理想。（见图 4）

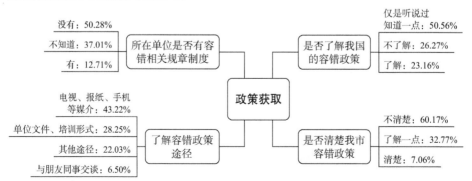

图 4　政策获取途径和政策获取效果

（二）政策申请环节影响因素分析

政策申请是政策实施过程真正的起点。目标群体是否提出政策申请，常常受到申请主体自身的理性程度限制，另外，申请程序的可及性以及申请风险的可预期性也是重要影响因素。

1. 政策申请主体的理性程度

理性的行为主体会系统地加工、整理、分析收集到的政策信息，综合判断是否实施某种行为。基层管理者工作难度大。在调查过程中，56.23% 的调查对象表示"需要很努力才能勉强完成考核任务"，10.19% 的调查对象表示存在"完不成考核任务"的情况。而完不成考核任务的因素主要有不可控因素（占比48.30%）、工作量大（占比28.30%）、任务分配不均（占比19.25%）、工作能力问题（占比4.15%）。一旦完不成考核任务，有 25.28% 的调查对象表示会被"依法依规问责"，50.94% 的调查对象表示可能"被问责、被要求解释原因或者不予追究"。而 57.06% 的调查对象反映身边有同事因工作原因被投诉，而一旦遭到投诉，57.03% 的被投诉者会被问责，38.78% 的被投诉者不一定会被问责。

可见，无论是在完不成绩效考核任务的原因方面，还是在完不成绩效考核任务的处理结果方面，"不确定因素"的占比都非常高。而在受到投诉时，基层管理者被问责的可能性较大。基层管理者提出容错申请的价值判断成为必须考虑的因素。但是针对第一种情况，由于问责的不确定因素太多，需要基层管理者充分具有并能够运用知识理性工具进行判断，为申请决策提供依据。针对第二种情况，申请者可能会基于自身违规操作的事实而作出不申请容错的决定。

2. 申请程序的可及性

只有设立规范的制度和完备的操作程序，保证申请程序的可及性，才能确保容错制度效能顺利实现。在问卷调查中发现，相较于容错制度，基层管理部门更重视问责制度的建设。在被问到"对问责有异议，是否有明确申诉渠道和程序"时，有近半数的调查对象表示所在单位"有申诉渠道"。52.34% 的调查对象表示，如果对单位的问责有异议，有申诉渠道；23.83% 的调查对象表示单位没有申诉渠道；23.83% 的调查对象表示不清楚。在受理程序方面，45.70% 的调查对象表示所在单位有明确的接受申诉和受理的程序；30.86% 的调查对象表示所在单位没有受理程序；23.44% 的调查对象表示不清楚，我们注意到数据中"没有申诉渠道"和"不清楚"的比例之和，基本大于或者等于"有申诉渠道"。而在被问到"所在单位是否有明确的容错制度"时，只有 12.71% 的调查对象明确提到所在单位"建立了容错制度"。在这 12.71% 的调查对象中，有 73.33% 的调查对象所在单位有容错申请途径，占受访者人数的 9.32%。从实际效果来看，容错制度似乎被问责制度所吸收，即目标群体可以在被问责的同时，借助问责申诉渠道，一并提出容错申请，但与专门的"容错申请"相比，容错申请降格为附带性申请，如果没有相关部门的"问责"即不存在提出"容错"申请的可能性，无形中弱化了容错制度本身的价值，降低了容错制度预期的执行效果。

（三）政策实施环节的影响因素分析

政策落实是衡量一项政策执行效果的关键，同时反映了一项政策是否真正"着陆"。从问卷调查结果来看，容错情形的清晰度和目标群体管理职责的明晰化是重要影响因素。

1. 容错情形的清晰度

政策的清晰度是政策有效执行的重要前提条件之一。[11]容错情形作为政策规范的一种，其清晰程度影响着容错政策的执行效果。美国学者霍尔珀林分析政策执行失败的三个影响因素之一就是政策本身的原则性和笼统性，致使政策执行人员不能精确领会政策制定者或者上级管理部门的意愿。[12]容错政策的核心是确立容错的事项范围和具体情形，发挥政策的教化作用，给政策执行者以合理预期。在调查问卷中，关于"根据您的工作经验，您认为当前容错政策建设最紧迫的任务是什么"一问的回答，调查对象的排序为细化容错情形＞加快制度建设＞加大宣传力度＞加强理论研究。（见图5）

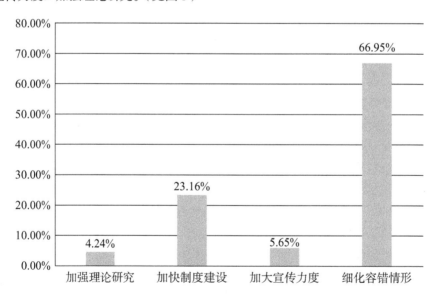

图5　容错政策建设最紧迫的任务

66.95%的调查对象认为当前容错政策建设最紧迫的任务是"具体和细化

[11]　丁煌：《政策制定的科学性与政策执行的有效性》，载《南京社会科学》2022年第1期。

[12]　M.N.Halperin. Implementing Presidential Foreign Policy Decision: Limitaions and Resistance, in J.E.Anderson（ed.），Cases in Public Policy-making，N.Y.: Praeger Publishers，1976，pp.212-222.

容错情形"，这一答案也与我们掌握的资料和访谈结果相吻合。作为一名公共管理者，他们需要对自己的管理行为及其后果有准确的预期。但管理实践的超前性，往往迫使管理者突破现有法律和政策文本积极作为。从乐观的方面说，管理者需要具有开拓创新精神；从不利的方面说，则是管理者需要冒着巨大风险去行为。当前，政策文本中的容错情形过于宏观，缺少配套的裁量基准，在实践中难以操作，形成巨大的裁量空间。并且由于在"裁量空间"中的合理的自主灵活性行动与机会主义行动之间的边界难以界定，免责与脱责之间的空间比较广阔，我国地方官员及其所代表的地方政府很容易滑向机会主义行动。[13] 明确容错情形，有利于消除管理者后顾之忧，激发他们积极作为的热情。

2. 目标群体管理职责的明晰化

虽然 52.26% 的调查对象认为容错制度对激励广大干部积极作为有"一定"的推动作用，31.07% 的调查对象认为有"较大"的推动作用，但这完全是基于常识性判断。因为其中 80.79% 的调查对象表明，自己在工作中会由于"担心被问责和投诉"不敢作为。85.88% 的调查对象表示在工作中遇到无法把握行为界限时会"请示上级部门"，只有 2.82% 的调查对象表示"自己判断，敢于作为"。这种自相矛盾的事实关系，表明管理职责的明晰化和具体化是确定管理者行为界限的重要手段，更是容错政策真正付诸实施的保障。自权力清单制度实施以来，虽然在一定程度上能起到明晰和细化管理职能的作用，但是效果有限。由于地方政府行政工作具有广泛性和复杂性的特点，法律法规等规范性文件很难将其职责全部涵盖在内。管理职能仍然存在模糊空间，需要容错政策来为敢想敢干的基层管理者保驾护航。

五、研究结论与启示

本文在公共政策分析框架下，对容错政策执行的影响因素进行了实证研究。我们通过对典型案例进行观察和分析，并对 T 市和 S 省进行问卷调查，提出了影响政策获取、政策申请及政策实施的关键因素。研究发现：（1）问卷显示基层管理主体容错政策获取需求具有一致性，但却与其政策知晓度低的事实之间存在矛盾；（2）基层管理主体容错政策获取需求的紧迫性也与基层管理主体政策获取主动性之间存在矛盾；（3）在获取政策信息后，政策申请主体的理性程度和申请程序的可及性影响政策申请；（4）在政策实施环节，容错情形的清晰度和目标群体管理职责的明晰化影响着政策实施。基于对上述问题的思考，我们尝试构建基于目标群体导向的容错政策执行影响因素分析模型。（见图 6）

从目标群体的视角出发，通过案例分析和问卷调查，我们重点分析了容错

[13]　梅立润：《全面深化改革情境的"容错机制"》，载《重庆社会科学》2016 年第 6 期。

政策执行的动态过程及其影响因素，构建了基于目标群体导向的容错政策执行影响因素模型，完善了容错政策相关理论研究。研究结论有助于管理部门了解目标群体的政策需求和影响政策执行的各种因素，以便于进一步完善容错政策执行机制。

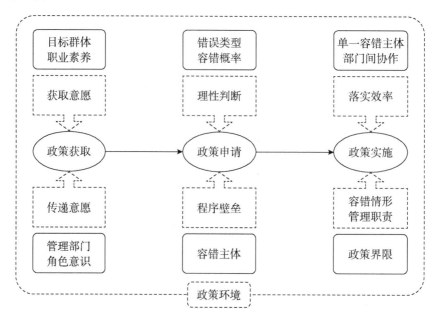

图6　基于目标群体导向的容错政策执行影响因素分析模型

　　容错政策是一个由政策制定者、多元管理部门、目标群体等多方主体构成的复杂系统，目前的研究主要是基于政策制定者导向或管理部门导向的，是着眼于基础理论研究和制度构建的讨论，忽视了基层管理者作为政策目标群体本身的能动性，他们的参与程度和途径对政策执行的影响。研究结果显示，目标群体受到获取意愿和途径、理性程度等主客观因素影响，政策参与主动性不强，难以和其他主体形成有效互动，是阻碍政策效果实现的重要原因。因此，我们需要构建相关机制，保证政策实施效果：（1）构建政策传导机制保证信息传递效率。结合基层管理者自身的实际特点，构建各级管理主体与社会媒介相结合，纵横交错的传导机制。一方面，我们发挥传统媒体和新媒体等社会媒介作用，宣传政策基本精神和合理内核，实现横向传导，扩大政策范围，保证政策传导的广度；另一方面，我们确立各级管理主体作为政策宣讲、解读、培训的主体角色，借助行政系统的层级管理体制，实现上传下达的政策传导效果，保证政策传导的深度。（2）构建政策引导机制降低目标群体政策申请难度。目标群体难以准确判断可容之"错"的内涵和类型，是阻碍他们提出容错申请的重要因素。我们需要建立有效的政策引导机制，清除申请程序壁垒、降低申请难度。（3）构建多部门联动机制提升政策实施效果。容错决定的作出，往往需要综合考虑多种因素，涉及多部门联动。容错情形和目标群体管理职责的模糊化也向容错主体提出了严峻挑战。我们需要建立多部门联动机制，发挥各部门职责优势，健全裁量基准、申诉机制，为科学容错、合法容错、合理容错提供充分保障。

行政评价研究

栾平平

行政评价制度，也称政府绩效评估制度，是建立责任政府、服务政府、高效政府与透明政府必须关注的重要问题，近年来已有不少地方政府对这一问题展开了各种形式的探索。[1] 行政评价制度是行政过程中的重要制度，贯穿整个行政过程，是行政自我规制的重要组成部分。[2] 行政评价在现代行政管理过程中发挥着极其重要的作用，行政评价的资料和结论可以为行政机关作出相应的行政决定提供科学的参照标准和判断依据。

一、行政评价概述

（一）行政评价的概念和分类

"行政评价是指根据一定的基准、指标，由行政评价机构（行政部门、行政部门和民众、民众等）对行政政策、措施、事务事业的妥当性、实现程度及其成果等进行分析、判定的活动。"[3] 行政评价大致可分为业绩测评和计划评价两种类型，本文指的是前一种类型，我国一般称为政府绩效评估。行政评价是行政系统内部自发组织实施的对整个行政活动的主动评价，是行政活动的重要组成部分，主要理由包括：[4] 一是行政评价的设立和实施主体是行政机关自身，而不是行政外部主体。二是行政评价是行政主体为了改善自身服务质量、提高工作效率、及时纠正违法和不当行政行为、鼓励正确的行政行为、维护公共利益和相对人权益，从而达到实现行政自我规制和提升行政能力的目的而主动实施的，并不是因外部控权主体的要求而被动实行。三是行政评价是行政机关对自身行政权约束的行为，公务员要想取得好的评价成绩，必须控制行政权的行使，为社会和相对人提供更优质的服务。

根据不同的标准，行政评价可进行不同的分类：（1）根据行政评价在行政过

---

[1] 马怀德主编：《政府绩效评估指标体系研究报告》，中国政法大学出版社 2010 年版，第 1—4 页。

[2] 崔卓兰、杜一平：《行政评价法律制度体系标准的具体构架》，载《社会科学辑刊》2011 年第 4 期；崔卓兰、杜一平：《行政自我评价法律制度探究》，载《行政法学研究》2011 年第 4 期；崔卓兰、杜一平：《行政评价制度与法律激励功能》，载《北方法学》2012 年第 1 期。

[3] 杨建顺：《论行政评价与参与型行政》，载《北方法学》2007 年第 1 期。

[4] 刘福元：《行政自制——探索政府自我控制的理论与实践》，吉林大学 2010 年博士学位论文。

程中所处的不同阶段，可分为事前评价、事中评价和事后评价。事前评价，指在行政行为或者行政决策等作出前进行的评价，主要适用于对国家、社会和公众有重大影响的事项，如大型水利设施建设、城市车辆限号等，对此类事项进行事前评价，是为了增强行政决策的科学性和可行性，避免和减少决策失误。事中评价，指在行政行为或行政决策等执行过程中所进行的评价。事后评价，指在行政行为或者行政决策等完成后进行的评价。（2）根据评价主体与评价对象之间的关系进行划分，可分为内部评价和外部评价。内部评价，是指行政机关内部主体对行政行为或者决策行为进行的评价，具体又可分为四类。[5] 外部评价，是指行政机关之外的组织、人员等对行政机关行使行政权所进行的评价，评价主体主要包括独立于行政机关的专门评价机构、社会团体和公众等。（3）根据评价的内容，可分为需求评价、过程评价和结果评价。需求评价，指对现有政策措施服务于社会情况所展开的评价；过程评价，主要指根据计划所推行的政策落实进度所展开的评价；效果评价，指对政策或者行政决策执行所产生的效果的评价。[6]

（二）行政评价的基本原则

行政评价的基本原则，是行政评价过程中必须坚持的原则，对于保证评价结果的客观公正起着非常重要的作用。（1）全面性和客观性。全面性，指在行政评价的过程中，在设计行政评价指标时，要综合反映经济社会发展的全面性、整体性与协调性，要兼顾所有的评价因素，尽量保证评价行为的公平性和真实性。客观性，指行政评价的指标设定一要立足于政府工作实际，与当地实际条件和民众需求相适应；二要实事求是、按客观规律办事，各部门应根据管理职能和管辖范围分别制定具体标准。[7]（2）科学原则。行政评价指标设计科学可行是评价结果科学公正的重要保证，科学的行政评价应当是能够体现和反映经济调节、市场监管、社会管理和公共服务等内容，而不是仅侧重于某一项或某几项指标，像许多地方实行的"一票否决制"（主要包括计划生育、安全生产、信访等）就有失科学性。[8]根据评价对象的特点，采取适当的评价方法，防止评价过程中流于形式、突击运动等现象。（3）公开原则。这是行政法规得以成功推行的基本保障，也是行政评价所遵守的唯一尺度。行政评价的实施是在行政机制内部完成，可是它依然要坚持公开透明原则，将行政评价向社会公开，置于公众监督之下，使公众及时了解

---

[5] 包括上级对下级的评价、下级对上级的评价、同级行政主体相互之间的评价以及行政主体的自我评价四类。杜一平：《行政评价法律制度研究》，吉林大学 2012 年博士学位论文。

[6] 周实：《行政评价法制度研究》，东北大学出版社 2008 年版，第 90—91 页。

[7] 马怀德主编：《政府绩效评估指标体系研究报告》，中国政法大学出版社 2010 年版，第 9—10 页。

[8] 马怀德主编：《政府绩效评估指标体系研究报告》，中国政法大学出版社 2010 年版，第 10—11 页。

行政评价的运行及结果，以便群众对政府工作实施监管，提升群众对政府机关的忠诚度，强化政府的工作效果。（4）公正原则。主要指在开展行政评价过程中要参照规范化的评价依据，确保评价行为的公开和公平，在梳理评价资料的时候要确保资料的真实性，按照严格的评价准则来归纳整理。另外，在评价的方式和评价标准的确定上，应当尽量与被评价对象相适应，具有科学性和可操作性，且要尽量避免主观性条件对被评价对象产生不利的影响，保证评价结果的公正性和真实性。此外，要制定规范合理的评价准则，强化评价效果。在选取评价方法时，要采取定性和定量有机结合的方法，广泛听取各机构对评价主体的意见和真实反应，利用多样化的评价方法，全方位、多角度地展开评价。在评价过程中，还要结合实际情况制定多样性的评价策略，保证评价结果的公平性和合理性，实效性和科学性。

（三）行政评价的作用

行政评价是法治政府建设的内在要求，行政过程的重要组成部分，通过对整个行政过程中行政立法、行政决策和行政执行等每个阶段的行政评价，对政府的行政活动起到检验、监督、激励等功能，对加强行政自我规制具有不可替代的作用，有利于提升政府行政管理和公共服务的能力。

其一，检验功能。行政评价，是检验行政行为或行政决策是否达到预期目标、在多大程度上达到预期目标的重要手段。行政行为或者行政决策的经济性、效率性、效益性和公众满意度等，只有通过行政评价设定科学合理的评价标准，才能得到检验。事前评价和事中评价，将发现的问题及时反馈给有关部门，使政府及时采取措施进行调整，以便更好地实现预期目标。行政评价，可以发现政府行政过程中的缺点与不足、偏差与错误，有助于政府及时采取措施进行调整，避免错误的扩大，并在以后的工作中引以为戒。行政评价对政府和公务员具有监督和制约作用，能够监督公权力的正确行使，激励行政人员严格履行职责，提高工作效率，提供更优质的服务。

其二，激励功能。激励功能，是指行政评价能够激励行政主体减少违法和不当行政行为，规范行政权的行使，提高执法水平和质量。行政评价，通过设定评价标准和内容，向行政主体反馈评价结果，并对行政主体和相关人员进行奖励和惩罚，有利于发挥公务员的主动性和自律性，促使其认真履行职责，提高工作效率和质量，以求获得良好的评价结果。好的评价结果会激发公务员的工作积极性，严格依法行使权力，提供优质服务；而差的评价结果，会促使公务员正视缺点与不足，在日后的工作中避免类似问题的发生，对公务员有鞭策作用。行政执行力是公务员工作状况的重要表现，行政评价通过对行政执行力的评价，将公务员的工作状况与其个人奖惩相挂钩，形成对公务员的有效激励。

其三，监督功能。对政府和公务员工作绩效的行政评价，关系到政府与公务员的奖惩，从而达到监督公权力正确行使的目的。行政评价有助于强化政府与公务员的公共责任，增强公共服务意识，提高公共服务质量；行政评价的过程是发现问题、解决问题的过程，有助于改进政府工作作风，提高管理水平。[9] 正面性的评价有助于提升政府工作人员对本职工作的忠诚度和责任感，强化工作效果，为社会和公众提供更加优质的服务。负面性的评价有助于政府机关查漏补缺，意识到工作中的不足，并及时制定科学的调整措施，使行政权沿着正确的轨道运行。

二、美国和日本的行政评价制度

自 20 世纪 70 年代以来，随着新公共管理运动的兴起，为了解决财政赤字和公众信任问题，英美等国实施了以政府绩效评估为突破口的政府再造运动，并迅速发展到英国、澳大利亚、日本、韩国等国，"评估国"逐步取代"行政国"。[10] 其中，美国政府的绩效评价和日本的行政评价比较有特色，值得我们学习和借鉴。

（一）美国的行政评价制度

美国在世界上最早开始对政府绩效管理进行探索，1906 年成立了纽约市政研究院，在纽约市教育和警察等部门首先开始了政府绩效评价的实践。[11]1993 年颁布了政府绩效管理的基本法律——《政府绩效与结果法案》（The Government Performance and Results Act，GPRA），对政府绩效管理的目的、内容和实施进程等作了全面的规定，是世界范围内第一部比较全面的对行政评价进行规定的法律。[12] 根据该法，各政府机构在编制预算、提出支出要求的同时，必须制定出一套绩效指标以能够综合反映部门业绩和方便考评。同年，成立了专门负责监督和实施该法案的国家绩效评价委员会。改革取得了巨大的成效，结束了政府长达近40 年的预算赤字历史。此外，还通过了一系列与绩效评估相关的法律，如《首席财务法官案》《政府绩效与结果法案》，州政府也颁布了相关的法律。美国行政评价的方法主要有："3E"评价法、标杆管理法、平衡计分卡法等。"3E"评价法是指用经济性（Economy）、效率性（Efficiency）和效果性（Effectiveness）三个指标来对政府工作进行评估。

（二）美国行政评价的特点

美国行政评价坚持顾客本位和评价法制化，注重评价主体的多元化和结果导向的项目评价。首先，为改变公众对政府的信任危机，20 世纪 60 年代初，美国建立起以顾客为本位的社会机制。[13] 将群众看成政府机关的顾客，注重顾客对政

---

[9] 张强：《美国联邦政府绩效评估研究》，人民出版社 2009 年版，第 8 页。

[10] 张强：《美国联邦政府绩效评估研究》，人民出版社 2009 年版，第 8 页。

[11] 张强：《美国联邦政府绩效评估研究》，人民出版社 2009 年版，第 1 页。

[12] 林鸿潮：《美国〈政府绩效与结果法〉述评》，载《行政法学研究》2005 年第 2 期。

[13] 强调顾客本位的理念，注重顾客的态度、期望和满意度，并用无缝隙的政府来再造官僚机构，为顾客提供个性化的选择和多样性的参与。周实、刘宁：《行政评价法制度初探》，载《行政法学研究》2006 年第 1 期。

府提供服务的感受，将顾客的意见作为政府工作的参考标准，为顾客提供多样化的选择，保持同顾客的密切联系。1993 年通过了《设立顾客服务标准》，1994 年国家绩效评估委员会出版了《顾客至上：为美国人民服务的标准》，美国从克林顿时期开始，一直坚持顾客本位的理念，认为良好的政府绩效评估应该能够回答三个问题："做到了什么？做的时候效率如何？居民得到了什么益处？"[14] 行政评价行为中的群众参与度、对社会调查的重视程度、独立的行政评价机制等，都体现了顾客本位原则。其次，美国建立了比较完备的行政评价法律制度，有行政评价的基本法律《政府绩效与结果法案》，以及一系列和绩效评价相关联的法律法规，如《首席财务法官案》《联邦采购简化法案》《联邦财政管理改进法案》等，联邦和地方机构的行政评价均是严格参照法律制度来推进的，这能有效避免行政评价的失真性。政府机关创建的评价机制相对科学规范，常用的有效率指标体系和结果指标体系，并在实践中对一些指标进行不断修正与补充。再次，美国在坚持政府内部评价的同时，对于来自外部民间机构的评价也比较重视。例如，成立了坎贝尔研究所，对政府的财政管理、人事管理、信息管理等方面进行绩效评估，并对外公布分类和名次，受到政府和社会的广泛关注。[15] 此外，还有其他民间机构也在绩效评估方面发挥着重要作用。公众、社会团体和学术组织也积极参与到行政评价中。最后，美国政府绩效评价重视投入与产出的比率，更重视政府财政支出的结果。20 世纪 70 年代到 80 年代末，行政评价的价值观念发生了明显的改变，由单一性向综合性转型，更注重评价效益，也更注重评价结果。[16]20 世纪 90 年代颁布的《政府绩效与结果法案》要求联邦各部门推行结果导向的管理变革，联邦政府从过去关注投入、过程和产出转向强调管理以结果为导向。因此，从本质上看，美国的行政评价是政府工作人员要对评价结果负责，而并非仅关注评价过程。[17]

（三）美国行政评价的指标体系

美国联邦各部门的职能和任务不同，故不可能存在统一的行政评价指标体系，常用的指标体系可分为效率指标体系和结果指标体系。（1）效率指标体系：[18]该体系是以政府提供公共产品或服务的效率为中心的评估体系，主要是从成本—收益的角度评估经济意义上的政府投入 / 产出关系。[19] 效率指标体系主要包括以

---

[14]　Department of Management Budget, Fairfax County, Virginia, the USA. Fairfax County Measures Up: A manual for Performance Measurement, Eight Edition, 2004.

[15]　范柏乃：《政府绩效评估理论与实务》，人民出版社 2005 年版，第 84—85 页。

[16]　杜一平：《行政评价法律制度研究》，吉林大学 2012 年博士学位论文。

[17]　转引自周实：《行政评价法制度研究》，东北大学出版社 2008 年版，第 32 页。

[18]　张强：《美国联邦政府绩效评估研究》，人民出版社 2009 年版，第 95—97 页。

[19]　张强：《美国联邦政府绩效评估研究》，人民出版社 2009 年版，第 55 页。

下几种指标，即投入、产出、投入 / 产出以及生产力指标等。投入，又称成本，是指政府为了实现行政目标所耗费的人力、物力和时间等资源，通常情况下可以换算成单位货币价值来计算。产出，是指能够用数量形式表示的政府所提供的公共产品或服务。投入 / 产出是用来说明政府提供某种公共产品或服务的效率。生产力是产出与投入之比，说明的是一单位的投入所能提供的服务的数量。效率指标体系是行政系统内部的绩效评估，其主要目的是加强对行政系统内部的管理控制和监督。（2）结果指标体系：这种管理体系兴起于 20 世纪 90 年代，国会颁布了《政府绩效与结果法案》等一系列法案，以法律形式要求联邦各部制定战略规划、年度绩效计划和绩效报告。[20] 该指标体系主要有效果、质量以及顾客满意度指标等。效果指标是指衡量政府行政活动达到预期目的或目标的情况。质量指标是测量政府提供的公共产品或服务的指标，主要包括服务水平、态度、公平性、准确性和回应性。顾客满意度指标是指公众对公共产品或服务的满意程度。结果管理根据政府或其部门的使命和职能制定战略规划，授予各部门更大的管理权限和灵活性，同时要求政府对结果负责。[21]

美国的行政评价经过一个世纪的发展，已经形成了一套完整的制度体系和方法，在基本理论、制度建设、评估指标体系设计等方面都取得了很大成就，在提高政府服务质量和效率、节约开支、增强公众对政府的信心方面也卓有成效。当然，行政评价制度在与现有权力体系的协调运作、行政评价与部门使命和战略目标有机结合、评价指标设计的科学性等方面还有待进一步改进。

（四）日本的行政评价制度

日本政府的行政评价制度是以一系列法律法规为基础的，伴随着行政改革的进行，最初从地方开始的。20 世纪 90 年代，地方自治体掀起行政评价的热潮。1995 年，三重县开始实行"事务事业评价体制"，对事务事业目的通过评价调查书进行评价，自治体纷纷效仿展开行政评价。[22] 静冈县和北海道分别实行行政评价机制，其他的地方自治体也开始实行行政评价。日本自治体大多以行政内部的自我评价为中心，为了作出更为客观的评价，自治体引入了外部评价，外部评价主要有委员会、市民满足度调查两种模式。[23] 1997 年，桥本龙太郎在日本推行再评价机制，提出与公共政务相关的六省厅机构对国家的政务工作展开再次评

　　[20]　U.S.Government Accountability Office（1997）: Managing for Resuits—The Statutory Framework for Improving Federal Management and Effectiveness. 转引自张强：《美国联邦政府绩效评估研究》，人民出版社 2009 年版，第 72 页。

　　[21]　张强：《美国联邦政府绩效评估研究》，人民出版社 2009 年版，第 76—78 页。

　　[22]　杨建顺：《行政评价与参与型行政》，载《北方法学》2007 年第 1 期。

　　[23]　杨建顺：《行政评价与参与型行政》，载《北方法学》2007 年第 1 期。

价。[24]1999 年，日本创建了专门的评价机构，即行政评价局，针对国家内阁和政府机构推行的社会政策展开评价。[25]2001 年，日本颁布了《行政评价法》[26]，对行政评价的具体实施作出了明确的规定，为国家推行行政评价制度提供了基本的法律依据。日本的行政评价是由独立的评价机构实施的，该评价机构是由政府部门成立的，在中央政府负责行政评价的是总务省行政评价局，其评价对象不仅包括每一个内阁办公室，还包括政府各部门，主要是对这些机构和部门的法律政策进行评价，如必要性、公平性、效率以及效果等。行政评价局要根据评价情况制定评价报告并提交给相关部门负责人员，并向社会公开评价报告，所提建议的内容也要公开。行政评价局有一套分布于全国的垂直管理的分支机构，保证日本政府绩效评估相关政策的贯彻执行。[27]

　　总务省行政评价局实行的行政评价主要分成三种，即部门间的评价、部门间的再评价以及担保性评价。三种评价的具体含义和适用条件是：[28]跨部门的行政评价，是指分别实行管理但适用同类政策的两个以上行政机关，或者是适用同类政策的区域属于两个以上的行政机关共同管辖，总务省行政评价局认为有必要评价时，本着统一性和综合性的原则进行评价。关于再评价的理解是这样的，即总务省行政评价局在对行政机关自己作出的评价结果进行分析以后，认为对行政机关重新评价有必要时，再次进行评价。担保性评价适用的条件，是指行政机关不知是否应当为应对社会经济的发展而实施某些政策，这种情况下向总务省行政评价局提出评价要求，评价局认为有必要实施该政策，就会与行政机关共同实施评价，且对政策实施担保性评价。

　　为了在政府中顺利推进行政评价，总务省行政评价局提出针对不同的评价对象需制订不同的评价计划，计划的有效期是三年，评价计划主要有以下这几方面内容，即评价方针、计划的有效期、评价对象的确定等。此外，总务省行政评价局作为中央政府的评价机构，还具有调查权和建议权等权限，对其他评价机构的评价行为实施监管。总务大臣在行使权限时，有权要求评价部门领导对自身的工作行为予以解释，并对行政部门的工作进度和工作实情展开调研，如有必要，还

---

[24]　汪全胜：《日本的立法后评估制度及其对中国的启示》，载《中州学刊》2009 年第 5 期。

[25]　汪全胜：《日本的立法后评估制度及其对中国的启示》，载《中州学刊》2009 年第 5 期。

[26]　该法的全称是《关于行政机关实施行政评价的法律》，其根本宗旨是：树立公民导向的服务理念，实现以民为本的高效优质行政；以法律形式规范政府行为，提高政策的可操作性和实效性；注重行政评价结果，向结果导向的行政模式转变。杜一平：《行政评价法律制度研究——日本的实践与中国的经验借鉴》，载《中国公共管理论丛》2013 年第 1 辑。

[27]　袁娟：《日本政府绩效评估模式研究》，知识产权出版社 2010 年版，第 28 页。

[28]　杜一平：《行政评价法律制度研究——日本的实践与中国的经验借鉴》，载《中国公共管理论丛》2013 年第 1 辑。

可以督促行政部门制定可行性整改策略，对自身的评价行为实施改进，而且要定期将评价结果公之于众，保证评价结果的公正性和透明性，总务大臣在提出整改意见时，有权督促相关部门制定改进措施，并对其实施监督。在日本，行政评价部门无权对评价部门实施处分或者惩罚，更不享有行政强制权限。

日本行政评价中的评估指标设计重视成果指标，使用真实数据形成指标体系，根据政策、措施和事业三个不同层级的评价对象，采用不同的指标设计方案。对政策的评价，一般采用目标达成方式进行评价，运用定性的描述或评语方式；对措施的评价，主要采用效果指标来进行，指标的设计外部要素性较强，需要进行标杆管理式指标设计；对事业的评价，通常将具体事业进行分解，对更细化的事务或项目进行评价，指标的设定往往具有很强的内部管理要素。[29]

三、我国行政评价制度的建构

行政评价作为一项科学的行政管理手段和方法技术，其建构是我国依法行政和法治政府建设的重要内容，通过对行政机关的职权行使和行政效果等的评价，能够督促行政机关依法行使职权、提高行政效率、预防和减少权力腐败。

（一）我国行政评价的现状及存在问题

1.我国行政评价的现状

我国行政评价起步较晚，是改革开放以后在学习借鉴外国经验的基础上产生和发展起来的，目前还不够完善。2004年，《全面推进依法行政实施纲要》提出要积极探索行政执法绩效评估和奖惩办法。2005年3月，政府工作报告明确提出要创建科学的绩效评价机制，对我国行政评价工作的开展有着重要的指引作用。2008年，《国务院工作规则》明确提出要推行行政问责制度和绩效管理制度。2010年，中央纪委监察部绩效管理监察室组建。2011年3月，国务院批准建立了由监察部、中央组织部、中央编办等机构组成的政府绩效监管工作部际联席会议制，这一制度有效推动了我国政府绩效管理工作的开展。自2011年6月起，北京、吉林等省市及国家发改委、财政部等部委开展政府绩效管理试点工作。2012年，党的十八大再次提出要推进政府绩效管理。目前，政府绩效管理工作已开始向全国推行。

2.我国行政评价存在的问题

行政评价在我国建立的时间不长，各级政府和政府部门对行政评价采取了一系列的尝试。目前，我国行政评价存在的问题主要有：[30]（1）缺乏相应的理论指导和制度支持。目前，我国行政评价的理论准备不足，实践中各自为政，没有统一的行政评价体系，从整体上看，行政评价处于较低水平，科学化、制度化和规

[29] 袁娟：《日本政府绩效评估模式研究》，知识产权出版社2010年版，第175页。
[30] 郑代良：《中国的现状、前景与路径选择》，载《怀化学院学报（自然科学）》2006年第11期。

范化远远不够。（2）评价主体比较单一。主要是以官方评价为主，采取行政内部评价的方式，且侧重于上级机关对下级机关的评价和监督，公众参与不足，很少有专门的行政评价机构或独立的第三方机构。（3）评价指标体系的片面化。行政评价指标体系不科学，过于重视经济指标，对地方政府的行政评价以 GDP 论英雄，导致地方片面追求经济增长速度，盲目投资大搞建设，而忽视公众的实际需求，忽视环境因素和可持续发展。（4）评价行为的被动性和过程的封闭性。行政评价缺乏长效机制，往往是在某一问题引起公众的强烈关注时，才启动行政评价，致使行政机关处于被动局面。行政评价往往不向社会公开，公众很难了解和参与。

（二）我国行政评价内容的建构

目前，我国不少地方政府已经开始推行行政评价，只是参与评价的程度和内容有所差异。一般来说，行政评价的指标设计大都与政府的使命相适应，主要是以经济发展、公共服务、社会管理、改善民生和环境保护等作为评价内容，其中经济发展是地方政府行政评价的核心指标。但笔者认为，以行政权的划分对行政评价内容进行分析，更有利于实现对行政过程的全面监督。

1. 行政立法评价

行政立法评价，是指法定评估（价）主体对行政立法的影响所作出的评价，包括已经产生或者即将产生的实际的或潜在的影响，从而为决策者对行政立法的制定、修改、废止或维持提供参考依据。[31] 行政立法评价的主体是依法享有行政立法评价权的主体，包括中央和地方各级行政机关以及法律、法规、规章授权享有行政规范性文件制定权的组织，以及受这些机构委托进行行政评价的高等院校、科研机构、社会组织和专门机构。评价的对象是行政法规、规章和行政规范性文件。行政立法评价主要是对行政立法的合法性、合理性、可操作性、实效性以及执法成本、社会效益等进行评价，然后再将这些标准细分为更具体的若干标准，采取适当的评价方法进行分析评价。

2. 行政决策评价

行政决策是否科学、是否合理，与政府工作质量的高低密切相关。科学的决策能够提高行政效率，准确预测决策实施过程中的问题与风险，以便及时制订可行性方案，从而确保行政管理行为的实效性；如果所推行的决策建议缺乏科学性，行政监管的实效性就会大大削弱。行政决策评价是对行政决策进行监督的重要手段，为了克服行政权的恣意滥用，避免不公正行为的发生，必须对行政决策进行监督和约束。行政决策评价，按照预先设定的标准和程序，采取适当的评价方法，对行政决策的合法性进行判断，同时对行政决策是否具有合理性和可操作性进行判断。行政评价主要通过对行政决策的效果展开分析和研究，提供评价中有益的

---

[31]　郑宁：《行政立法评估制度研究》，中国政法大学出版社 2013 年版，第 40 页。

信息资料，为后期决策的实施提供可行性参考，为决策方案的适时调整、修改或终止提供支持与依据。[32]

3. 行政执行评价

行政执行力是行政机关及其工作人员执行法律、政策和命令、完成工作任务、达到目标的能力。行政执行在法治建设中发挥着极其重要的作用，制定再好的法律和政策、再科学的决策，如果离开了执行也是空中楼阁。行政执行评价主要应当对行政行为的合法性、公正性、行政程序的正当性、行政效率和行政效果等进行评价，通过评价对行政机关执行法律、法规和命令等的能力进行检验，同时将发现的问题反馈给相关部门，以便相关部门对法律规范和行政决策适时作出调整，如修改或完善相关法律规范、制定或调整行政裁量基准、制定部门办事流程，等等。通过评价，发现行政机关在机构设置和职能分配上是否科学合理，行政机关在执行中还有哪些方面需要提高，行政机关及其工作人员是否有能力承担更多的职能、完成更多的工作任务，以便行政机关根据评估报告和实地调研对部门设置和职能划分作出相应调整，提高行政效率。

四、我国行政评价制度的完善

（一）行政评价应当注意的三个问题

1. 内部评价与外部评价有机结合

行政评价制度建设要重视内部评价和外部评价的结合，使二者形成一个有机整体。内部评价的主体是行政机关，美、日等国都非常重视内部评价。我国的行政内部评价中占主导地位的是上级行政机关对下级行政机关的评价。

内部评价由于是在行政系统内部进行，评价主体比较了解政府行政活动的总体情况，容易掌握政府评价的重点和难点，设计的评价指标更符合实际，获取有关行政行为的第一手资料也比较便捷，评价的结果能够及时反馈给评价对象，促使行政机关及时纠正违法和不当行为，尽可能地在法定权限范围内依据法定程序行使权力，即实现行政主体的自我控制。但内部评价也存在缺点，容易出现主观性偏差，评价主体与评价对象均属于同一"体制内"，由于评价结果常常会影响到评价对象的声誉或利益，不好的评价结果很有可能影响到评价主体与评价对象之间的"和谐"，因此，评价主体常常会顾及人情，作出的评价结果往往难以保证客观公正。

为了使行政评价更具客观性和信赖性，加强公众对行政的监督，引入外部评价非常必要，使内部评价与外部评价互相配合、相互补充，实现评价主体的多元化。外部评价主体包括公民、专家、民间团体和独立的专门机构等。（1）公民。公民一方面是公共产品或公共服务的享有（受）者；另一方面又是政府的纳税人，

---

[32] 刘莘主编：《法治政府与行政决策、行政立法》，北京大学出版社 2006 年版，第 98 页。

对政府行为最有发言权。公民参与到行政评价过程中，将公民的满意度作为行政评价的标准之一，是行政民主的要求，通过公民对行政的反馈，有利于政府提高服务水平与质量。（2）专家。行政评价往往对技术水平和专业素养要求很高，普通公民很难胜任，而专家可以凭借自己的专业知识和技能对收集的资料进行整理与分析，提供咨询和意见。（3）民间团体。以研究为目的的民间团体在行政评价时，能够保持客观，不受来自行政内部因素的影响和干涉，但是在评价材料的取得上经常存在困难。（4）独立的专门机构。为了增强评价的客观性和专业性，行政机关常常委托专门机构进行行政评价。这种评价机构由于身份独立、立场中立，且评价人员专业能力强、经验丰富，故作出的评价比较客观准确。外部评价由于有公众的参与，体现了评价的民主性和公正性，使评价结果更具有客观性，也更容易被公众接受。[33]

评价主体的多元化，不仅要重视内部评价，还要充分发挥外部评价的作用，将行政主体内部评价与外部评价相结合，才能敦促行政机关依法行政，努力完成既定行政目标。

2. 事前评价、事中评价和事后评价相结合

一直以来，我国行政评价偏重于对行政行为结果的事后评价，而忽视事前评价和事中评价。不可否认，事后评价比事前评价和事中评价更具有全面性，但是事后评价也具有滞后性、不可逆转性，不仅有违行政追求的效率精神，而且无法根据行政过程中的突发、特殊情况及时对行政活动作出调整。只有坚持事前评价、事中评价和事后评价相结合，才能实时对行政过程进行监督和制约，根据行政运行的实际情况，及时对行政决策进行调整，确保行政运行的正确性。事前评价，特别是对于重大行政决策尤为重要，通过事前评价，对行政决策的可行性、风险性等进行科学分析和预测，能够起到防患于未然的作用，大大降低决策的风险性。行政过程中，经常会遇到意外或突发情况，事中评价作为阶段性的评价，能够及时将发现的问题反馈给相关部门，以便根据变化的客观情况适时对既定的方案作出相应的调整，从而降低出错概率，保证决策的正常运行。只有坚持事前评价、事中评价和事后评价相结合，建立完整的行政评价的动态机制，才能建立起对行政权有效监督的网络，达到行政评价的最终目的。[34]

3. 行政评价与行政责任追究相结合

行政评价发现违法或不当行政行为，不仅要行政机关及时纠正，促使行政主体依法行政，更要根据评价结果对相关主体或人员的违法行为追究行政责任，以便对行政机关及公务员实行有效的监督和控制。如果行政评价只是公布评价结

---

[33] 杨建顺：《行政评价与参与型行政》，载《北方法学》2007年第1期。

[34] 周实：《行政评价法制度研究》，东北大学出版社2008年版，第112页。

果，对于评价结果差或有违法行为的被评价者不追究法律责任，则行政评价将形
同虚设。[35] 如果评价结果不良，是由于被评价者的能力不足，导致工作失误或拖
延，则对被评价者可以根据《公务员法》的有关规定进行处理。如果由于被评价
者的故意或严重过失而造成严重失误，致使行政目的无法达到或造成严重损失，
则需根据相关法律，追究其行政甚至刑事责任。行政评价与行政责任追究结合，
才能更有效地发挥行政评价的实际作用，使政府不致变成"脱缰的野马"，而是
一个负责任、有担当的政府。

（二）行政评价方法的完善

行政评价方法运用是否得当，关系到行政评价的准确性、有效性，故行政评
价过程中要注意充分发挥每种评价方法的优势，综合运用各种评价方法，以期作
出的评价报告书客观、真实，具有指导意义。在重视定性评价法、定量评价法和
成本—收益分析法的同时，尝试引入标杆管理法和平衡计分卡法，充分发挥各种
方法在行政评价中的作用，增强评价的客观性和可操作性，对政府在经济调节、
市场监管、社会管理和公共服务方面的职能进行科学有效评价。

1. 定量评价方法与定性评价方法

（1）定量评价方法

定量评价是一种理性评价，综合运用运筹学、系统分析、数学、统计学以及
概率学等方法，对收集到的各种信息和资料进行计算或度量，通过客观的数据得
出评价结论，该方法主要包括实验方法、准实验方法、折扣、成本效益分析等。[36]
定量评价的最大特征就是用数字来描述并进行评价，如接待信访的数量、交通罚
款的金额等。定量评价方法，通过明确的数字方式进行评价，避免了评价过程中
的主观倾向，评价结果容易受到认可，而且定量评价便于进行横向、纵向的比较
分析，从整体上把握行政运行情况。

为了保证定量评价的客观性，要注意收集信息的准确性和完整性，不能与事
实有太大的出入，且要注意信息的完整性，量大面广，同时评价使用的方法要得
当，这样得出的评价结果才能比较客观。在实际的行政评价活动中，政府在不同
的评价阶段往往都突出定量考评，考核内容数值化、考核标准量化、考评结果量
化、考评奖惩量化，通过定量评价，给评价主体和评价对象一个明确的数字显示，
根据数量值分辨高低优劣，达到评价目的。[37]

（2）定性评价方法

定性评价方法是一种"非数量分析法"，评价主体对评价对象的评价采用确

[35] 徐璐:《我国行政评价法探析》，山东大学 2008 年硕士学位论文。

[36] 徐家良:《政府评价论》，中国社会科学出版社 2006 年版，第 160 页。

[37] 徐家良:《政府评价论》，中国社会科学出版社 2006 年版，第 161—163 页。

定其属性的方法进行，评价对象的平时表现或文献资料等是进行评价的主要依据，评价结论不是用数据形式表现，而是一种有价值倾向性的结论。这种评价主要是借助专家的力量来进行，专家的知识、经验和判断是评审和表决的重要依据。这种评价注重对评价对象的观察、分析、归纳，定性评价则注重对评价对象展开性质探究，从而认清事务本质，归纳出事物本质性规律。[38] 定性评价能够对无法通过客观量化指标评价的行政活动进行评价，可以弥补定量评价的不足。在行政评价活动中，有些是可以用数量进行衡量的，如出勤天数、完成工作任务等，但有些很难用量化指标进行衡量，如果工作态度、创新情况、团结协作等，这类评价主要靠评价主体自己的价值判断来形成，这就需要用定性评价方法。定性评价是根据各种因素内在特性来得出基本判断的一种方法，如市民对某城市安全程度的感觉、对政府满意程度的判断等。定性评价往往通过专家论证会、民主评议、小组讨论等方式来实现。

定性评价与定量评价各有优劣，有的评价适合用定量评价方法，有的适合用定性评价方法，有的需要定性与定量相结合的方法。应根据不同的评价对象和评价目标来制定科学的评价途径。

2. 平衡计分卡法

平衡计分卡法是由美国哈佛商学院罗伯特·S.卡普兰和复兴全球总裁大卫·P.诺顿于 1992 年首先提出来的。[39] 这种方法从财务、顾客、内部流程、创新与学习四个方面入手，为每一方面制定科学的评价标准，且针对每一方面的不同特点设定相应的评价指标，并赋予适当的权重，创建出一个科学完善的绩效考评机制。[40] 最初应用于商业领域，后被广泛应用于政府行政评价中，强调在行政管理中公平与效率的均衡、各个相关主体利益的参与、政府使命与短期目标的结合，以及政府治理流程的改善。[41] 美国的北卡罗来纳州夏洛特市在 1995 年就开始使用这一评价方法，用其对政府的战略规划和绩效评价进行分析，确定了市政府的战略目标后，将其落实在财务、客户、内部流程和创新与学习成长等方面，并制定战略平衡计分卡，市政府根据战略图设计出政府的平衡计分卡，将四个层

---

[38]　具体地说，就是运用归纳和演绎、分析与综合以及抽象与概括等方法，对获得的各种材料进行思维加工，从而达到认识事务本质，揭示内在规律的目的。胡峻：《行政规范性文件绩效评估研究》，中国政法大学出版社 2013 年版，第 56 页。

[39]　Kaplan R.S, Norton D.P., The Balanced scorecard—measures that drive performance［J］. Harvard Business Review, 1992（1）: 71–79. Kaplan R.S, Norton D.P., Putting the Balanced scorecard to Work. Harvard Business Review, 1993（5）: 134–147.

[40]　［美］德鲁克等：《公司绩效测评》，李焰、江娅译，中国人民大学出版社 1999 年版，第 137 页。

[41]　周实：《行政评价法制度研究》，东北大学出版社 2014 年版，第 39 页。

面的战略目标细化为 21 个目标。[42] 平衡计分卡的核心是将公共部门的基本职责、价值体系以及发展前景结合为一个整体展开考评，旨在将管理工作的成效落到实处，把总体性的战略目标细分成小目标，共同实现战略计划。[43] 平衡计分卡在我国的公共行政中应用比例还比较低，将其引入行政评价中具有重要的意义。能够保证长期目标与短期目标的平衡，将战略目标设定成三个不同层次——短期目标、中期目标和长期目标，确保每个层次的目标都能够得到执行，提高评价的实效性。运用平衡计分卡可以构建科学合理的评价指标体系，促进行政机关改进工作方式，提高工作效率，强化政府职能效应，有利于推进政府深化改革，提高政府行政评价的专业化和规范化水平。

3. 标杆管理法

标杆管理于 20 世纪 70 年代末兴起，其最早是在私营部门中应用，取得成功后，美国的公共部门将其引入公共管理领域以提高政府部门的绩效水平，并取得较好的成效。[44] 后来，其在日本和西欧国家政府管理改革中得到普遍推广和应用，成为政府绩效改革的有利推动器。20 世纪 80 年代，美国俄勒冈州政府创建了俄勒冈进步委员会，其主要任务就是负责推动这项评价方法。该机构的主要观点为，标杆管理是将一个部门或者一座城市的优惠政策发挥至最佳等级。[45] 将行政评价分为经济、教育、公共安全、社会发展等一级指标，然后将每一个一级指标再细划分为更具体的二级指标，通过这些指标对政府行为进行引导，使政府机关能各司其职，认真履行自己的义务，并承担相应的责任。该方法有助于强化政府工作实效，推动政府工作的有序发展。标杆管理主要指利用行政机关互相竞争来促进其改进工作方法，从实践层面来看，就是鼓励行政主体主动改进工作方式，提高工作质量的过程。通过这一途径，行政机关能主动意识到自身的缺陷，及时采取整改措施改善服务质量，提高工作成效。这一方法还能督促行政主体主动进行管理创新，不断超越自我，提高工作人员的业务素养，提升行政系统的管理水平。需要注意的是，标杆值不是固定不变的，这有助于处于末尾的行政主体创新进取，积极探索新的标杆来提高行政管理水平。

4. 成本—收益分析法

成本—收益分析法又称投入产出法，指将一定时期内政府为社会提供管理与

[42] ［美］保罗·R.尼文：《政府及非营利组织平衡计分卡》，胡玉明等译，中国财政经济出版社 2004 年版，第 252 页。

[43] 彭向刚、齐越：《平衡计分卡与公共服务型政府的战略管理》，载《中山大学学报》2006 年第 1 期。

[44] 杜一平：《行政评价法律制度研究》，吉林大学 2012 年博士学位论文。

[45] ［美］基利等：《公共部门标杆管理：突破政府绩效的瓶颈》，张定准译，中国人民大学出版社 2002 年版，第 35—36 页。

服务投入的总成本与产生的总收益进行对比分析的一种方法，其中投入包括人力、财力和物力等，产出是指政府活动所产生的所有输出和提供的服务。[46] 美国非常重视成本收益，对政府管制的评价依赖于规制的收益能否正当化规制的成本。[47] 行政机关作出行政行为，应该及时对信息资源进行整理、分析和筛选，计算出实施行政行为的成本，如工商部门对销售假货的进行行政处罚，要对销售假货行为进行调查核实、取证，对假货进行鉴定，这些都要花费人力、物力和财力等，且这些成本是由工商部门承担的。对于行政行为实施后产生的收益，相对来说是比较难以衡量的，且由于行政行为的复杂性，更加剧了衡量的难度。学者王俊豪提出，行政行为的收益是这样计算的，即以公众或行政相对人因行政行为的作出而减少支出的数量和行政主体因效率提高而增加收益的数量二者之和进行衡量。[48] 应当说，这一方法有一定道理，但毕竟过于简单，不具有普适性。对有些可以用具体数值进行量化的事项则较为适用，如增加绿化投入后人均绿地面积增加，加强"三废"排放管理与处罚后"三废"减少等。

（三）推进行政评价制度的设计 [49]

美国、日本等国行政评价富有成效的一个重要原因就是有成熟的行政评价立法作保障。美国的《政府绩效与结果法案》为联邦政府绩效评估的系统推进和成功实施打下了坚实基础。此外，国会还通过一系列的配套法案推动政府绩效评估。日本于2001年通过的《关于政策评价的标准指针》《政策评价基本方针》《政策评价法》等法律法规，确立了日本政策评价的权威性和规范性，且日本的地方自治体也大都从法律上对行政评价进行了规范。[50]

1. 加快行政评价立法建设

我国行政评价起步晚，目前政府虽然认识到其重要性，但因缺少相关立法，各级政府展开的行政评价，在评价内容、标准等方面不统一，评价指标设计不科学，行政评价结果与行政责任追究脱节，导致行政评价经常处于被动地位。考虑到我国行政评价时间短、经验不足的现实情况，现在由全国人大进行行政评价立法的条件还不具备，可以先由国务院以条例或暂行条例的形式制定行政法规对行政评价进行规制，对行政评价的目的、原则、对象、方法、程序等作出规定，待

---

[46]　倪星：《地方政府绩效评估指标的设计与筛选》，载《武汉大学学报（哲学社会科学版）》2007年第2期。

[47]　Case Sunstein, The Cost—benefit State: the Future of Regulatory Protection, American Bar Association, May 25, 2002.

[48]　王俊豪：《政府管制经济学导论——基本理论及其在政府管制实践中的应用》，商务印书馆2001年版，第24—27页。

[49]　张强：《美国联邦政府绩效评估研究》，人民出版社2009年版，第173—187页。

[50]　周实：《行政评价法制度研究》，东北大学出版社2008年版，第46页。

时机和条件成熟后，再由全国人大进行立法。

2. 推进行政评价配套制度改革

从美国绩效评估的经验来看，除专门的绩效评估法案外，还推行了其他配套法律制度，因此，我国行政评价制度的顺利推行，也应当从中央层面加速推进配套制度的改革。改革预算制度，预算分配与政府及其部门的实际绩效水平适应；推进绩效管理，建立绩效导向的控制制度，执行性的行政权下放，增强下级的管理权限和灵活性，同时加强下级的责任管理，不仅要对上级负责，还要对公众和公共产品或服务负责；改革人事制度，在公务员工资调整、考核和晋升中加强绩效考核所占的比重，通过提高公务员的个人绩效促进政府绩效的进步。加强行政评价民主化，促进评价主体多元化，重视评价过程和结果的民主监督，充分发挥公众和专家在行政评价中的作用，提高评价过程和结果的透明度。

3. 推进行政评价指标体系科学化

根据行政机关的层级设置，建立层级式行政评价体系，推进政府系统内部的比较评价，按照公安、工商、卫生等不同系统推行比较评价，根据行业和部门的性质和特点制定相对统一的评价标准和指标体系。设计科学的评价指标体系，指标设计是否科学直接关系到评价结果的真实性、有效性和可使用性，与政府的责任监督、行政管理和决策等密切相关。科学的指标体系设计应当坚持全面性原则、客观性原则、定量与定性分析相结合的原则、突出重点和分类指导原则，评价指标主要应当包括经济发展状况指标、社会发展状况指标、可持续发展指标、行政发展指标等。

第四章

行政作用法研究

论行刑衔接中行政违法行为检察监督的建构

刘 艺

"行刑衔接"是行政执法与刑事司法相衔接的简称。2001 年国务院在部署开展整顿和规范社会主义市场经济秩序专项行动时，要求"健全市场法律法规，严格执法"，提出"加强行政执法与刑事执法的衔接，建立信息共享、沟通便捷、防范有力、查处及时的打击经济犯罪的协作机制，对破坏市场经济秩序构成犯罪行为的，及时移送司法机关处理"。[1] 自此开启了我国行刑衔接机制的建设工作。学界一开始认为行刑衔接主要为实践问题，但经过二十多年的理论探索与反思，学界对我国行刑衔接的实体和程序衔接问题仍然争论不休。甚至有学者指出应该尽量减少"行刑衔接"。[2]2021 年 6 月，中共中央印发了《关于加强新时代检察机关法律监督工作的意见》，这一意见对加强新时代检察机关法律监督工作提出了总体要求和具体意见。在"全面提升法律监督质量和效果，维护司法公正"的具体意见中提出"健全行政执法和刑事司法衔接机制"的明确要求。2021 年 9 月 6 日，最高人民检察院印发《关于推进行政执法与刑事司法衔接工作的规定》（以下简称《行刑衔接工作的规定》），目标就是进一步健全现有行刑衔接机制，规范监督方式，加大刑事手段介入力度，着力解决实践中存在的"以罚代刑""不刑不罚"等不良现象。推动制度优化的司法改革的确可以为行刑衔接的研究指明方向，但是，将行刑衔接与行政违法行为检察监督结合在一起的研究却从未出现在正式文件或者研究成果中。本文将系统梳理行政违法行为检察监督制度来源、行刑衔接与行政违法行为检察监督改革结合的政策由来和制度空间，全面阐释在行刑衔接机制中建构行政违法行为检察监督的科学性和可行性。

一、我国行政违法行为检察监督制度的由来

（一）行政违法行为检察监督机制的三个制度来源

行政违法行为检察监督机制有三个制度来源。

---

[1] 《国务院关于整顿和规范市场经济秩序的决定》（国发〔2001〕11 号）于 2001 年 4 月 27 日发布。

[2] 张红：《让行政的归行政，司法的归司法——行政处罚与刑罚处罚的立法衔接》，载《华东政法大学学报》2020 年第 4 期。

1. 检察机关的"一般监督"属性

该项属性在我国 1954 年《宪法》第 81 条第 1 款和 1954 年《人民检察院组织法》第 3 条、第 4 条第 1 款中都有明确规定。所谓"一般监督""主要用于从法律上来保证国家政权的统一和完整,保证国家法律统一地正确地实施"的职责。[3]1954 年第二届全国检察工作会议决议就提出"应逐步建立一般监督制度"。[4]1954 年《人民日报》介绍的一般监督典型案例就是行政违法行为检察监督案件。案件情况是"河南省人民政府商业厅印发的购布证,违反了前中央人民政府政务院关于棉布计划收购和计划供应中布票使用期限的规定,郑州市检察机关报请省检察机关向商业厅提出抗议,商业厅随即登报声明纠正,挽回了由于违法措施所造成的不良影响和损失"。[5]但是部分全国人大代表表示,这项工作并没有引起检察机关足够的注意,直到 1956 年也没有普遍展开,也未曾在全国检察系统内全面建立起来。[6]1956 年,彭真同志提出"一般监督,检察院是做不了的,就是在党内,真正有这样的水平,能够搞一般监督的人也不多"。[7]在 1957 年反右运动中,检察机关内部率先对"一般监督"职权进行了批判。[8]张鼎丞检察长在 1957 年全国检察长会议上指出,"一般监督工作是否应作为检察机关的经常任务、是否应普遍地开展(却)成了长期争论不休的主要问题"。但他指出在正确理解和贯彻一般监督工作问题上,已经达成三点共识:第一,《宪法》和《人民检察院组织法》规定一般监督职权是必要的,这项职权是用于对付那些违反宪法、法律,破坏国家统一的一个专政的武器。第二,一般监督不是检察机关的日常工作。某些一般性的违法行为,主要应当采取教育改正的办法处理,而不应当动辄使用法律加以惩办。第三,只有依靠党的领导和支持,检察机关才能行使一般监督的职权。[9]1958 年第四次全国检察工作会议明确指出"关于一般监督问题,中央已经明确指示,保持武器,备而待用"。[10]1979 年实施的《人民检察院组织

---

[3] 《张鼎丞检察长在全国省、市、自治区检察长会议上的报告 [1957 年 12 月 9 日(节录)]》,转引自闵钐、薛伟宏编著:《共和国检察历史片断》,中国检察出版社 2009 年版,第 144 页。

[4] 《第二届全国检察工作会议决议 规定了今后检察工作的方针任务》,载《人民日报》1954 年 5 月 21 日,第 1 版。

[5] 新华社:《各地人民检察机关进行检察工作典型试验》,载《人民日报》1954 年 11 月 27 日,第 3 版。

[6] 《在第一届全国人民代表大会第三次会议上的发言希望早日制定刑法民法——黄绍竑代表的发言》,载《人民日报》1956 年 6 月 30 日,第 3 版。

[7] 《彭真传》编写组编:《彭真年谱》(第 3 卷),中央文献出版社 2012 年版,第 116 页。

[8] 王桂五:《驳刘惠之的"最高监督论"》,载《人民日报》1958 年 1 月 7 日,第 7 版。

[9] 《张鼎丞检察长在全国省、市、自治区检察长会议上的报告 [1957 年 12 月 9 日(节录)]》,转引自闵钐、薛伟宏编著:《共和国检察历史片断》,中国检察出版社 2009 年版,第 146 页。

[10] 《张鼎丞检察长关于第四次全国检察工作会议的总结 [1958 年 8 月 16 日(节录)]》,转引自闵钐、薛伟宏:《共和国检察历史片断》,中国检察出版社 2009 年版,第 160 页。

法》将检察院职权限缩在刑事领域，完全摒弃了"一般监督"职权。[11]学界常常将一般监督视为行政违法行为检察监督的制度来源，主要是因为十八届四中全会之后，检察机关起草的行政违法行为检察监督草案中指出主要的判断标准是一般监督的监督对象和监督手段。当然，一般监督的范围大于行政违法行为检察监督，它监督所有主体严格执行法律、法令、决议、政策的情形，而行政违法行为检察监督的对象是行政机关或者法律法规规章授权的组织，且不包括这些主体执行政策的情形。

2. 源自普通刑事检察职能中延伸出来的社会综合治理职责

自 20 世纪 80 年代起，检察机关就把普通刑事案件中发现的问题，特别是涉及有关单位堵塞漏洞、健全规章制度内容框定为检察机关的综合治理职能。[12]而在职务犯罪预防工作中，检察机关明确提出"要结合办案，帮助发案单位总结经验教训，堵漏建制，改善管理，加强防范，特别是要采取措施推动在执法部门和直接掌握人、财、物的岗位，建立有效的预防贪污贿赂等犯罪的约束机制"等要求。[13]职务犯罪中发现的问题，多涉及公职人员廉洁以及行政管理制度存在漏洞等，建议相关单位纠正则与行政违法行为检察监督范围和方式存在一定程度的重合。2000 年最高人民检察院在第九届全国人民代表大会第三次会议所作的工作报告中指出，从来源上预防职务犯罪已经初步形成了一套比较有效的做法。此后每年的工作报告都会提到职务犯罪预防和社会综合治理中的具体做法和创新举措。[14]比如，开展个案预防、行业预防、专项预防等。[15]之后又提出多发行业系统预防、重大工程专项预防，以及检察机关同一些行政执法部门开展联合预防等做法[16]。或者在金融证券、国有企业、海关、建筑、医药等八个行业和领域开展系统预防；在交通、能源、水利等重大建设工程中开展专项预防，以减少职务犯

---

[11] 《彭真传》编写组编:《彭真年谱》(第 3 卷)，中央文献出版社 2012 年版，第 116 页。

[12] 1988 年最高人民检察院工作报告。

[13] 1992 年最高人民检察院发布的《关于加强贪污贿赂犯罪预防工作的通知》。

[14] 最高人民检察院编:《最高人民检察院工作报告汇编（1979—2018）》，中国检察出版社 2018 年版，第 254、259—260、269—270、292—293、303—304、315、329、355、375、387、401 页。

[15] 韩杼滨:《最高人民检察院工作报告——2000 年 3 月 10 日在第九届全国人民代表大会第三次会议上》，载最高人民检察院编:《最高人民检察院工作报告汇编（1979—2018）》，中国检察出版社 2018 年版，第 215 页。

[16] 韩杼滨:《最高人民检察院工作报告——2001 年 3 月 10 日在第九届全国人民代表大会第四次会议上》，载最高人民检察院编:《最高人民检察院工作报告汇编（1979—2018）》，中国检察出版社 2018 年版，第 231 页。

罪和建设资金流失。[17]

3. 源自检察机关的诉讼监督职能

自 20 世纪 90 年代始，检察机关在履行民事诉讼监督、行政诉讼监督职能时，若发现制度隐患和有关国家机关工作人员、企业事业单位工作人员严重违反职责的线索时，就可以进行行政违法行为监督。2001 年河南省人民代表大会常务委员会通过的《关于进一步加强检察机关法律监督的决定》中提出"把诉讼法律监督与查办司法人员、行政执法人员贪赃枉法、徇私舞弊以及不依法移交刑事案件等犯罪案件结合起来"[18]。检察系统内部习惯将这块业务称为（行政）执法检察监督。在 2008 年至 2011 年，全国检察机关开展的行政执法检察监督涵盖环境污染、国有资产、土地资源管理、食品药品监管、工商登记、工程建设、征地拆迁、房屋登记、安全生产、非法行医、税收管理、卫生管理、户外广告、治安管理、出入境管理、物业管理、工商管理、综合执法、交通管理、档案管理、收费管理、教育管理和路政管理等问题多发、易发的国计民生领域。

综上，检察机关对行政违法行为进行监督的工作已经开展了很长一段时间。从机制内容来看，违法行为的案件线索来源多元，检察监督部门众多，监督方式以柔性为主且并不具有法律强制力。其中监督对象中行政机关或者法律法规规章授权组织的占比较高，行政执法监督的功能具有一定显示度，因此与行政违法行为检察监督的内容有了一定程度的重合。

（二）新时代行政违法行为检察监督机制的由来

十八届四中全会决议中提出的行政违法行为检察监督制度，是进入新时代面临新问题时提出的本土化解决方案。新时代的行政违法行为检察监督并不完全等同于一般监督或者行政执法检察监督。习近平总书记在《关于〈中共中央关于全面推进依法治国若干重大问题的决定〉的说明》中提出，"检察机关对行政违法行为的监督，主要是依法查办行政机关工作人员涉嫌贪污贿赂、渎职侵权等职务犯罪案件，范围相对比较窄。而实际情况是，行政违法行为构成刑事犯罪的毕竟是少数，更多的是乱作为、不作为。如果对这类违法行为置之不理、任其发展，一方面不可能根本扭转一些地方和部门的行政乱象，另一方面可能使一些苗头性问题演变为刑事犯罪"[19]。该论断首先指出我国作为类罪概念的职务犯罪惩罚和预

---

[17]　韩杼滨：《最高人民检察院工作报告——2002 年 3 月 11 日在第九届全国人民代表大会第五次会议上》，载最高人民检察院编：《最高人民检察院工作报告汇编（1979—2018）》，中国检察出版社 2018 年版，第 241—242 页。

[18]　2001 年《人民检察院民事行政抗诉案件办案规则》（2013 年已失效）的第 48 条。

[19]　习近平：《关于〈中共中央关于全面推进依法治国若干重大问题的决定〉的说明》，载中国人大网，http://www.npc.gov.cn/zgrdw/npc/zt/qt/sbjszqh/2014-10/29/content_1883447.htm，最后访问时间：2023 年 10 月 9 日。

防的范围较窄，不符合现实的需要；[20]其次，明确指出在我国行刑一体化制裁体系中，检察机关既可以追究刑事责任，也可以监督行政违法行为；再次，明确指明行政违法行为检察监督手段是及时对行政机关提出建议并督促其纠正，以防演变为刑事犯罪；最后，监督的重点是行政的乱作为、不作为。[21]2014年年底，作为十八届四中全会提出的行政检察三项司法改革任务之一的行政违法检察监督司法改革任务正式启动。这项任务由中央政法委明确交由最高人民检察院牵头，全国人大内司委、全国人大常委会法工委、国务院法制办共同参与。当时的改革日程表计划于2015年制定试点意见，2016年开展试点，2017年总结试点经验，建立健全制度，推动相关法律修改。但因与国家监察体制改革有重合的地方，有关部门叫停了该项改革。[22]

然而，2021年中共中央印发的《关于加强新时代检察机关法律监督工作的意见》（以下简称中央28号文）中重提了"在履行法律监督职责中发现行政机关违法行使职权或者不行使职权的，可以依照法律规定制发检察建议等督促其纠正"的行政违法行为检察监督任务。在2021年至2022年，最高人民检察院推动北京、辽宁、吉林等14个省级检察院陆续出台了开展行政违法行为检察监督工作的实施意见、工作指导、工作办法等。这一阶段的行政违法行为检察监督改革探索不仅包括让检察机关对行政诉讼和行政非诉执行中发现的行政违法行为进行监督，还包括对强制隔离戒毒中发现的行政违法行为进行监督，以及对"四大检察"中发现的行政违法行为进行监督。[23]有文件还明确列举"检察机关在参与社会治理中，通过参加专项治理活动、参与多元矛盾纠纷化解机制发现的；检察机关在与行政机关建立和运用信息共享、案件移送等机制中发现的；国家机关、社会团体和人大代表、政协委员等转交的；新闻媒体、社会舆论等反映的"线索。[24]部分省份还规定在民生民利重点领域，如征地拆迁、劳动保障、治安管理、市场

[20] 学界对于职务犯罪概念的范围也有不同的认识。参见高铭暄、陈璐：《当代我国职务犯罪的惩治与预防》，载《法学杂志》2011年第2期。

[21] 《中共中央关于全面推进依法治国若干重大问题的决定》，2014年10月23日中国共产党第十八届中央委员会第四次全体会议通过。

[22] 马怀德主编：《行政法前沿问题研究》，中国政法大学出版社2018年版，第376页。

[23] 《北京市人民检察院关于探索开展行政违法行为检察监督的工作方案》（2021年通过）、《西藏自治区人民检察院关于开展行政违法行为检察监督的意见（试行）》（2021年11月18日通过）、《新疆维吾尔自治区人民检察院行政违法行为法律监督工作指引（试行）》（2022年4月20日通过）、《浙江省检察机关行政违法行为法律监督工作指引》（2021年9月18日发布）。

[24] 《湖北省检察机关开展行政违法行为监督工作的意见》（2021年8月17日发布）、《湖南省检察机关行政检察部门办理行政违法行为监督案件工作指引》（湘检七部〔2021〕16号）。

监管、就业就学、产权登记等重点领域[25]，或者食品药品、公共卫生、自然资源、生态环境、安全生产、城市管理、交通运输、金融服务、教育培训、社会救济、个人信息保护等关系群众切身利益领域[26]；或者与营商环境密切相关的市场监管、税收管理、市场准入、经营许可、安全生产监管等领域[27]开展行政违法行为监督工作。可见，这个阶段行政违法行为检察监督改革探索延续了三个制度来源，只不过用一个统一称谓整合了来自三个制度来源的所有对行政违法行为的监督内容。值得注意的是，大部分文件没有将行刑衔接领域作为行政违法行为检察监督的重点或者唯一的办案领域。单独列出在行刑衔接中对行政违法行为进行监督的只有辽宁和云南。[28]

综上，检察机关在中央28号文下发之后开展的行政违法行为检察监督有泛化的趋势，将行政违法行为检察监督又拉回到20世纪50年代一般监督概念上。需要指出的是，检察机关对不同渠道中发现的行政违法行为检察监督线索，都有政策或者司法解释的依据。只是相关规范过于分散、规范层次低下，不具有普遍的法律约束力。而且从不同检察业务领域中发现的违法线索并非都是行政违法行为线索，无论是将同一制度原来发现的所有线索统合到一起，还是削足适履只找出其中的行政违法行为线索，都很难与原来的制度协调，或者整合成一项内部协调的新的监督工作。毕竟进入新时代，"四大检察""十大检察业务"相较于之前的检察学已发生很大改变。可见，自2014年以来，行政违法行为检察监督的定位问题一直困扰着检察机关。

二、我国行刑二元执法体制的演进历程和衔接中存在的独特问题

（一）我国"行刑分立"的历史演进

我国在"清末新政"时就直接效仿日本，间接效仿法国、德国，选取了"行刑分异"但一体化的执法体制。[29]行刑一体化的特征表现是将犯罪进行重罪、轻罪与违警罪的区分，却又存在联系。比如，法国1810年刑法典第4篇就规定了违警罪。因为违警与犯罪只有程度上的不同，并没有性质上的差别，因此"违警

---

[25] 《吉林省人民检察院行政违法行为监督工作指导意见》（2021年10月9日省检察院党组第28次会议讨论通过）、《甘肃省人民检察院关于开展行政违法行为检察监督工作的实施意见》。

[26] 《上海市检察机关关于探索开展行政违法行为检察监督工作的工作方案》《重庆市人民检察院检察六部关于印发〈行政违法行为检察监督工作办法（试行）〉的通知》《安徽省检察机关办理行政违法行为监督案件工作指南》。

[27] 《安徽省检察机关办理行政违法行为监督案件工作指南》。

[28] 《辽宁省检察机关关于开展行政违法行为监督的实施意见（试行）》（2022年5月27日辽宁省人民检察院党组2022年第16次会议通过）、《云南省检察机关开展行政违法行为监督工作指引（试行）》。

[29] ［德］李斯特：《德国刑法教科书》（修订译本），徐久生译，法律出版社2006年版，第61页。

及其处罚"放在刑法典中。[30] 日本旧刑法也是如此。[31] 学者们批评这种同质说的立法体例容易导致司法权践踏行政权。因为违警行为属于行政官厅的事务，而不是司法事务，把本属于行政事务的内容规定于刑法典中，或许将致使行政权残缺不全。尽管一些国家的刑法典在规定违警罪时，都把关于违警章程的制定权赋予行政官吏，但事实上司法官常置行政官吏所制定的章程于不顾，而仅重视适用刑法，行政官吏对此却毫无办法。[32] 但德国采用了违警与犯罪全异说，德意志各邦国先后制定单行的违警律以践行这种全异说。[33] 日本新刑法也采纳这种观点。深度参与清末新政改革的日本专家冈田朝太郎因此提出"（违警律）与刑律无关，违警虽然称为罪，但与刑法之所谓罪不同。违警罪为违反行政规则，其处分拘留罚金谓之行政罚则非刑律也。故违警罪不定在刑法中，于刑法之外另成一部分"[34]。清政府分别于 1908 年和 1911 年先后颁布的《大清违警律》《大清新刑律》就是按行为性质进行区分，分而立之。有分别就有衔接，自然就会出现"人之脑筋，因同性质而求其类，则记忆甚易，异性质之事项，扯杂汇附，则记忆甚难"的现象。因此，区分违警律和刑律，在法律适用时无法做到"每遇一犯，通览罚则全部"[35]。随着清政府的消亡，"两律"均走向了消亡。随后的北洋政府、国民政府却照搬了一体化的执法体系。[36] 虽然有违警与犯罪全异说，但国民政府时期还是注意到了《刑法》《违警罚法》的衔接问题，通常在制定或者修改《刑法》时都会同步启动《违警罚法》的修订工作，以化解两法适用时的冲突。[37]

1957 年我国出台的《治安管理处罚条例》堪称小刑法。68 种具体违法行为全部适用拘留且在实践中将拘留作为处罚的首选。[38] 这与德国以及我国台湾地区

---

[30] 1810 年《法国刑法典》第 1 条明确将罪分为违警罪、轻罪与重罪。其规定："法律以警察刑处罚之犯罪，为违警罪。法律以矫正刑处罚之犯罪，为轻罪。法律以剥夺生命、身体、自由或身份能力之刑处罚之犯罪，为重罪"。并专设第 4 编规定"违警及其处罚"。参见［德］卡尔·路得维格·冯·巴尔：《大陆刑法史——从古罗马到十九世纪》，周振杰译，法律出版社 2016 年版，第 237 页。

[31] ［日］野村稔：《刑法总论》，全理其、何力译，法律出版社 2000 年版，第 20—21 页。

[32] 汤化龙：《大清违警律释义》，秀光社 1908 年印刷，第 10—13 页。转引自李秀清：《〈大清违警律〉移植外国法评析》，载《犯罪研究》2002 年第 3 期。

[33] 李秀清：《〈大清违警律〉移植外国法评析》，载《犯罪研究》2002 年第 3 期。

[34] 熊元翰编：《刑法总论》，安徽法学社 1911 年版，第 118—120 页。

[35] ［日］牧野英一：《日本刑法通义》，陈承泽译，中国政法大学出版社 2002 年版，第 6 页。

[36] 北洋政府于 1915 年公布《违警律》，总则 1 章，分则 8 章，共 53 条；首次不以"违警"为"罪"称，明确犯罪行为和违警行为性质的不同。参见李春华：《我国治安管理制度的建立与发展》，载《福建公安高等专科学校学报》2006 年第 1 期。

[37] 比如，1928 年国民政府颁布《刑法》，同年同步修订《违警罚法》；1935 年《中华民国刑法》修改公布之后，《违警罚法》的修改于 1936 年春启动。后因抗日战争爆发延后至 1943 年 9 月公布修订版。之后于 1946 年 6 月 19 日和 1947 年 7 月 16 日两次修正属于词句的增改修订。

[38] 刘轶：《论我国治安管理处罚法律规制的变迁趋势》，载《科技资讯》2015 年第 29 期。

警察对违反社会秩序行为的处罚权极其有限，检察院、法院介入较多形成鲜明对比。[39] 而《刑法（草案）》几经讨论与审议，终因各种原因未能出台。直到 1980年 1 月 1 日《刑法》才正式实施。但我国"行刑一体化"框架还是被沿袭下来，行刑之间自然就存在衔接问题。比如，1957 年《治安管理处罚条例》第 2 条第 1款规定"扰乱公共秩序、妨害公共安全、侵犯公民人身权利、损害公私财产，情节轻微，尚不够刑事处分是违反治安管理行为"。1979 年《刑法》第 32 条规定："对于犯罪情节轻微不需要判处刑罚的，可以免予刑事处分，但可以根据案件的不同情况，予以训诫或者责令具结悔过、赔礼道歉、赔偿损失，或者由主管部门予以行政处分。"1996 年《行政处罚法》颁布之后，1997 年《刑法》修订时将该规定改为"由主管部门予以行政处罚或者行政处分"。这就是行政执法与刑事司法衔接模式（以下简称"两法衔接"）的最初形态。

（二）我国行刑衔接与日本、德国行政刑法的差异

1. 日本与我国的差异

在日本，受战后美国法治理念的影响，设置了难以计数的行政刑法，却直接用刑罚来确保行政义务的履行 [40]，实则将违警罚的执行交由法院。所以，学界称日本行政刑法属于"刑罚的依存体制"[41]。日本行政刑法有两种执行方式：第一种是直接适用，特指直接用刑罚来确保由法律法规规定的一般性义务，也叫直罚型行政刑法；第二种指在行为人的行为违反法律规定的义务时，行政机关首先作出行政行为，在行为人违反行政行为时，再对其进行制裁，又被称为命令前置型行政刑法。因此，日本的行政刑法并不存在有案不移的问题，反而存在移送之后不起诉的问题。日本的行政刑法存在的主要问题是适用上过于谨慎，反而导致违法行为被放任不管。绝大部分违法行为被受理都作不起诉处理，行政刑法的实施效果显然不佳。有日本学者统计过，仅仅 10 部法律的违法案件受理数就占到了行政刑法总数的九成，而其他领域中的违反行政义务的行为很难进入刑事程序。针对行政刑法不起诉的情况，立法者在增强刑罚严厉性的同时，还规定轻微犯罪的出罪机制，希望通过相对简便的程序迅速处理轻微的违法行为，以减轻司法负担。[42] 针对日本行政刑法的问题，学者佐伯仁志在《制裁论》中讨论的重点问题

---

[39]　夏菲：《新中国治安学发展之回顾与展望——兼纪念 79 刑法颁布四十周年》，载《犯罪研究》2009 年第 6 期。

[40]　王明喆：《日本行政刑法的扩张、失灵及调整——兼论对我国行政刑法扩大化的反思》，载《日本法研究》2020 年，总期第 6 卷。

[41]　阿部泰隆『行政法解釈学Ⅰ』（有斐閣，2008 年）603 頁。

[42]　王明喆：《日本行政刑法的扩张、失灵及调整——兼论对我国行政刑法扩大化的反思》，载《日本法研究》2020 年，总期第 6 卷。

之一就是在行政刑罚基础上再进行行政罚的双重制裁是否符合宪法的规定。[43] 可见，日本行政刑法中行政执法与刑事司法的衔接问题，与我国差异巨大。

我国行政刑法理论体系并未完全建立起来。无论是讨论对刑法的附属性还是独立成体系等相关问题，都不能解决我国行刑衔接的核心问题。但是，我国在行政执法与刑法的衔接中也存在与日本行政刑法相同的两种执行形式。比如，我国《刑法》第180条3款规定"内幕信息、知情人员的范围，依照法律、行政法规的规定确定"，属于直罚型行政刑法；《刑法》第286条之一规定，"网络服务提供者不履行法律、行政法规规定的信息网络安全管理义务"，先要经监管部门责令采取改正措施，只有拒不改正才处以刑罚，属于前置型行政刑法。我国的行政刑法不像日本是"刑法的附属"，反而是"行政法的附属"。我国行政刑法存在另类的"行刑衔接"问题。学者们抱怨刑事司法部门在办理这类案件时对行政监管部门过度依赖，将行政认定、鉴定等作为定罪的关键证据。学界对办理行政犯时未能遵循排除合理怀疑的证据标准颇有微词。近年来，刑事司法机关逐渐增强了认定行政犯的独立性，并不完全由行政机关代劳。但从客观上讲，行政违法性的规范要素不仅要受法律的评价，还要受经验法则和社会的评价要素影响[44]。刑事检察部门并非行政监管专家，完全不尊重行政监管的常识和惯例，也不符合分工原则。现行的解决办法是遵循刑事证明规则来证明行政认定、鉴定作为证据的"三性"。但是，学界仍然认为行政机关在作出认定、鉴定或者类推时，自由裁量权太大。针对以上问题，可从行刑衔接中的行政违法行为检察监督机制入手寻找解决方案。借助检察一体化，推动刑事检察部门与行政检察部门在办理案件之后合作，对行政犯进行类案研究，填补行政刑法的空白条款，规范行政证据的证明标准，压缩行政认定的裁量空间，全面提升我国行政刑法适用的公正性和客观性。

2. 德国与我国的差异

从德国的历史看，行政刑法是违警罚法的变身。德国区分自然犯与法定犯[45]的目的是将违警罪排除于刑法之外。[46]1975年德国将原刑法分则中第29

---

[43] ［日］佐伯仁志：《制裁论》，丁胜明译，北京大学出版社2018年版，第18页。

[44] 陈兴良：《法定犯的性质和界定》，载《中外法学》2020年第6期。

[45] 刑法学者对法定犯和行政犯的界定并不统一。有学者认为行政犯的范围大于法定犯的范围。有学者认为法定犯是刑法学者惯用术语，而行政犯是行政法学者惯用术语。参见郭晶：《刑事领域中法定犯问题研究》，黑龙江人民出版社2009年版，第16—20页；也有学者认为两者是等同的概念。张明楷：《行政刑法辨析》，载《中国社会科学》1995年第3期；参见陈兴良主编：《经济刑法学总论》，中国社会科学出版社1990年版，第14页。

[46] 胡业勋、郑浩文：《自然犯与法定犯的区别：法定犯的超常性》，载《刑事司法杂志》2013年第12期。

章的违警罪删除，将较常见的违警行为并入《违反秩序法》；部分有必要升格为犯罪的违警行为仍保留在旧规定中。德国于1952年出台的《违反秩序法》就是为了限制刑事犯罪的数量，以便刑法只适用于那些真正必要的案件。因为行政不法行为的犯罪强度和危险程度低于刑事犯罪，所以将两者之间可以量化的方式加以区分。理论上，行政刑法和刑事制裁不能同时实施。当违法行为既可作为违反行政监管的犯罪也可作为刑事犯罪被起诉时，或者当对某项犯罪的监管制裁和刑事制裁程序同时启动时，通常刑法具有优先权。如果行政刑法的罚款决定已经具有法律效力，或者法院已经对该违反监管的行为作出最终裁决，则同一违法行为不能再作为刑事犯罪进行起诉。这两项职权都由检察官办公室承担。检察官办公室有权决定是否追究这两项责任，因为检察官充分了解违法的情况，可以决定是起诉还是不起诉，或者提起哪种监管制裁。[47] 因而，德国的行政刑法不会存在行刑衔接问题。而且，对预防危险的行政制裁并不妨碍有关机关对同一行为实施（行政）刑法制裁，反之亦然。这是因为行政机关无权干涉检察官依据法律决定何种违法行为应该接受行政刑法或者犯罪制裁。[48]

综上，日、德两国通过将行政刑法交由法院或由检察机关一并处理两类行为，降低了行刑之间衔接的难度。而我国的情况则不同。

三、构建行刑衔接中行政违法行为检察监督的理据

（一）传统行刑衔接机制的局限性

首先，用历史的眼光回溯，我国行政违法行为检察监督也曾聚焦于行刑衔接环节。《行政执法机关移送涉嫌犯罪案件的规定》[49]、《公安机关受理行政执法机关移送涉嫌犯罪案件规定》[50]、《公安机关办理刑事案件程序规定》[51]、《行刑衔接工作的规定》[52] 等行政法规、司法解释、部门规章，都规定了检察机关对行政机关有案不移的监督义务。但是，具体的监督职责都由刑事检察部门承担，重点监督行政执法机关"有案不移""以罚代刑"的问题。而对"有案不移""以罚代刑"的监督，就是对行政违法行为进行的检察监督。但是，刑事检察部门对行政违法行为的监督重点并非帮助行政机关改进工作，而是维护法律的权威

---

[47]　B.F. Keulen, H.E. Bröring, A.A. van Dijk, A. Postma & M.E. Buwalda, De punitieve handhaving van de Omgevingswet, Zutphen: Uitgeverij Paris 2015, p. 167.

[48]　D. Klesczewski, Ordnungswidrigkeitenrecht, München: Verlag Franz Vahlen 2016, p. 228.

[49]　该国务院令于2020年修改。参见国务院令第730号，2020年8月7日发布。但第14条的内容并未修改。

[50]　《公安机关受理行政执法机关移送涉嫌犯罪案件规定》（2016年6月16日生效）第10条。

[51]　《公安机关办理刑事案件程序规定》，2012年12月13日发布，2020年7月20日修改。

[52]　2021年10月11日生效。

和统一；对于那些应该适用刑罚的而只适用了行政处罚的案件，督促行政机关交由刑事司法部门处理。2021 年 9 月最高人民检察院公布的《行刑衔接工作的规定》第 3 条仍然将行刑衔接的监督工作交由捕诉部门负责。当然，2021 年修订的《行政处罚法》已经将行刑衔接的监督重点从单向移送转向双方移送层面。《行刑衔接工作的规定》指出若"发现存在需要完善工作机制等问题，可以征求被建议单位的意见，依法提出检察建议"的工作也是由捕诉部门或者检察机关内部的研究部门（如研究室）负责。[53] 这样的规定，进一步表明检察机关对于行刑衔接中如何发挥监督功能的认知仍然停留在 2001 年国务院规定出台时的认知层次。反观我国现行的行刑衔接机制，从诞生之初就具有先天的局限性。因为是由行政机关（国务院）而非刑事司法部门推动，只要求将涉及破坏社会主义市场经济秩序、妨害社会管理秩序等构成犯罪的违法行为依法向公安机关移送。因此，我国现行"两法衔接"机制只解决破坏社会主义市场经济秩序罪（第 140 条至第 231 条）、妨害社会管理秩序罪（第 277 条至第 367 条）、侵犯知识产权罪（第 217 条）等行政刑法中涉及的移送问题。[54] 但是，除了《刑法》第三章和第六章外，《刑法》第一章、第二章、第四章、第七章也涉及行刑衔接的问题。当出现这些章节中所涉罪名的行刑衔接时，现行行刑衔接机制无法涵摄，自然无法实现行刑之间移送，更遑论对行刑衔接进行监督。

其次，从行刑衔接平台的信息化移送程序的局限性来看。各省建设的"两法衔接平台"的时间节点都早于《行政处罚法》（2021 年修订）。2021 年《行政处罚法》确立了违法行为构成犯罪的，优先向刑事移送的原则。而现行行刑衔接平台只要求行政机关上传已经作出的行政处罚案件的核心数据，包括案件所涉领域、违法行为表现、法律依据、处罚内容等。平台移送案件的类型只包括行政机关已经走完行政程序的行政处罚案件，无法处理行刑之间需要同步采取措施的行政案件，也无法实现刑事在先、行政处罚在后案件的逆向回移问题。因为行政执法平台与"行刑衔接"平台并没有实现信息共享和互通，所以，当检察机关自己建设"行刑衔接"平台时，对于"不起诉""需要行政处罚"的案件也无法通过平台直接推送到行政执法平台中。部分平台关于"行刑"逆向流动的数据流程根本没有正常运行。（见图 1）

---

[53] 《最高人民检察院关于推进行政执法与刑事司法衔接工作的规定》第 14 条。

[54] 赵秉志、郑延谱：《中国行政刑法的立法缺憾与改进》，载《河北法学》2006 年第 8 期。

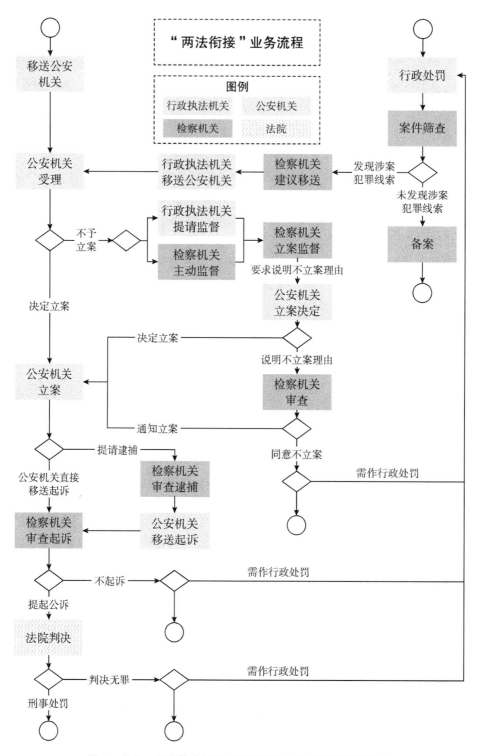

图1　湖北、重庆等省级检察机关建立的行刑衔接监督平台

（二）建构行刑衔接中行政违法行为检察监督的制度空间

新时代的行政违法行为检察监督制度并非一般监督机制，而是放在行刑一体化执法体系中去考量的新机制。正如上文所剖析，当检察机关的反职务犯罪刑事职责覆盖面较窄、威慑力不够，无法发挥一般预防作用时，行政乱作为、不作为最后就会演变为刑事犯罪，成为制度之困。行政违法行为检察监督需要嵌入行刑一体化执法结构中才有预防性的意义。进入新时代，中国共产党将反腐倡廉提到了一个前所未有的高度。自 2012 年以来，各级纪委、监察部门查处了许多系统性、群体性、持续性的大面积塌方式腐败。我国对于职务犯罪不实施双罚制，即只追究犯罪嫌疑人，不会对被告人所在的机构进行制裁。加上《刑法》对个人职务犯罪惩罚力度明显弱于"八大"严重犯罪。若只进行事后的查处与打击，根本无法杜绝腐败的再次出现，必须深究行政管理制度存在的深层次问题，预防犯罪行为再次发生。在反贪职能还没有转隶之前，检察机关有专门预防职务犯罪部门向相关机关、单位制发检察建议，督促其填补制度漏洞、完善制度规范。但随着反贪职能转隶，检察机关从职务犯罪追诉角度延伸出来的预防犯罪和综合治理职能有所弱化。而镶嵌到行刑一体化执法体系中的行政违法行为检察监督，不仅可以填补行刑衔接之间的缝隙，也可以在一定程度上发挥预防犯罪的功能。

根据 2019 年《人民检察院检察建议工作规定》第 24 条规定，原承办检察官还可以采用询问、走访、不定期会商、召开联席会议等方式积极督促和支持配合被建议单位落实检察建议。第 25 条还规定：被建议单位在规定期限内经督促无正当理由不予整改或者整改不到位的，经法定程序，可以通报被建议单位的上级机关、行政主管部门或者行业自律组织等，必要时可以报告同级党委、人大，通报同级政府、纪检监察机关；符合提起公益诉讼条件的，还可以依法提起公益诉讼。这样的规定并不表明行政违法行为检察监督制发的检察建议并非针对所有对象开展的检察监督。检察机关的检察建议分为"五大类"，特别是社会治理类检察建议发挥着综合社会治理的功能。[55] 而这段规定同时也揭示了行政违法行为检察监督可以包括行政公益诉讼诉前程序，并与提起行政公益诉讼有衔接的关系。2015 年 7 月 1 日，《全国人民代表大会常务委员会关于授权最高人民检察院在部分地区开展公益诉讼试点工作的决定》就明确指出检察机关提起（行政）公益诉讼发挥着"促进依法行政、严格执法，维护宪法法律权威，维护社会公平正义"的功能。只是在法律规范层面，公益诉讼检察部门的行动范围囿于受案范围和起诉条件而被限缩了。而行政公益诉讼的诉前程序

[55] 刘艺：《社会治理类检察建议的社会治理类检察建议的特征分析与体系完善》，载《中国法律评论》2021 年第 5 期。

兼具督促履职的功效已是共识。[56] 综上，十八届四中全会决议要求建立行政违法行为检察监督制度，并非要求检察机关对所有国务院各部门、地方各级国家机关、国家机关工作人员和公民是否遵守法律进行监督，而是针对行刑衔接中发现的、可能演化为刑事犯罪问题的行政违法行为开展有针对性的预防性监督。

（三）我国行刑衔接的独特问题与监督的适契性

因为篇幅的原因，本文不赘述我国行刑二元且一体化制裁体系的形成与发展历程。但经综合分析可见，我国行政执法与刑事司法存在规范分立、机构全异、程序无法对应的衔接难题。

1. 行刑衔接规范不明确的监督难题

以《治安管理处罚法》与《刑法》之间的衔接为例。"两法"的条文表述基本相同的条款有 5 处。例如，《刑法》第 245 条第 1 款、第 321 条、第 353 条、第 359 第 1 款、第 364 条与《治安管理处罚法》第 40 条第 3 项、第 61 条、第 73 条、第 67 条、第 69 条第 1 款。两法分立时，条文表述基本相同并无大碍，但从行刑一体化的角度看，则可能出现适用法律不一致、破坏统一法秩序问题。因为执法机关不同，且没有统一的监督部门，所以这两个部门分别执行表述相同的条文也会存在差异性。从维护法治统一的角度出发，对于条文表述基本相同条款的法律适用情形，仍要加强监督才能防止行政执法部门和刑事司法部门各自为政。根据实践情况，可分为三种监督情形。

第一，条文表述基本相同，仍然分别适用时，则无须移送，也不需要监督。《治安管理处罚法》第 61 条和《刑法》第 321 条都规定了"运送他人偷越国（边）境"的情形，但公安部《关于妨害国（边）境管理犯罪案件立案标准及有关问题的通知》规定这种情形应当立案侦查。因此《治安管理处罚法》第 61 条实则只能对"协助组织他人偷越国（边）境"进行处罚，而第 61 条其他规范内容不能再适用。但从规范角度而言，建议修改《治安管理处罚法》删除该表述。

第二，条文表述基本相同，但"两法"移送标准已明确规定的。比如，《治安管理处罚法》第 67 条与《刑法》第 359 条在违法和犯罪事实方面的表述完全相同，但构成要件由司法解释进行行为次数、具体违法情节、社会影响的区分。根据《关于办理组织、强迫、引诱、容留、介绍卖淫刑事案件适用法律若干问题的解释》的规定："引诱他人卖淫"适用《刑法》第 359 条，而容留介绍 2 人以上卖淫、一年内两次被发现并已被行政处罚过一次的；非法获利人民币 1 万元以上的；以及容留、介绍未成年人、孕妇、智障人员、患有严重性病的卖淫的都需

---

[56] 刘艺：《构建行政公益诉讼的客观诉讼机制》，载《法学研究》2018 年第 2 期。

要移送刑事司法部门。这样的情形可以比较清晰地对移送职责进行监督。但检察机关没有专门的行政执法监督部门。《治安管理处罚法》第 114 条规定:"公安机关及其人民警察办理治安案件,应当自觉接受社会和公民的监督。公安机关及其人民警察办理治安案件,不严格执法或者有违法违纪行为的,任何单位和个人都有权向公安机关或者人民检察院、行政监察机关检举、控告;收到检举、控告的机关,应当依据职责及时处理。"据此,检察机关对治安案件的监督是通过单位和个人的检举、控告来启动的,并非检察机关日常工作任务。当公安机关对其中违法行为尚未构成犯罪进行行政处罚之后,刑事司法部门并不一定会进一步对组织、强迫、引诱、容留、介绍卖淫的犯罪嫌疑人予以处理。因为这两类行为具有关联性,并非单纯重罚吸收轻罚的移送关系。

第三,条文表述基本相同,但移送标准十分模糊。《治安管理处罚法》第 40 条第 3 项与《刑法》第 245 条之间的移送标准是"严重妨碍他人隐私、居住安全和生活安宁",但无专门司法解释列举具体的情形。实践中执法人员会从侵入的情形和手段,侵入者与被侵入者的关系、侵入者主观心理因素,是否对住宅成员实施殴打、侮辱行为以及是否造成严重后果等方面进行综合考虑。以上这些标准很难量化,也很难建立明确的监督标准。比如,"两法"对"组织播放淫秽音像制品"的条文表述相同,可根据最高人民检察院、公安部《关于公安机关管辖的刑事案件立案追诉标准的规定》第 85 条规定"造成恶劣社会影响的应予立案追诉"予以区分。但何为"造成恶劣社会影响",理论上并未穷尽所有列举事项,实践中的个案列举存在不确定性。无论是从理论层面还是从实践层面都很难进行规范意义上的归纳与总结。

第四,"两法"移送标准存在规范与实践的不统一,存在移送堵点。《最高人民法院、最高人民检察院关于办理寻衅滋事刑事案件适用法律若干问题的解释》[57]《最高人民法院、最高人民检察院关于办理利用信息网络实施诽谤等刑事案件适用法律若干问题的解释》[58] 对"寻衅滋事行为"的移送标准进行了列举,但是并未穷尽;部分司法实践也不能从司法解释的文义中推导出实践所适用的情形。[59]

---

[57]　法释〔2013〕18 号（2013 年 7 月 22 日生效）。

[58]　法释〔2013〕21 号（2013 年 9 月 10 日生效）。该司法解释对寻衅滋事作了两类扩大解释:侮辱诽谤他人,要求达到影响公共秩序的程度;在信息网络上编造、散布虚假信息,起哄闹事,造成公共秩序严重混乱的。实践中将侮辱的对象是英雄烈士、共和国勋章获得者纳入适用范围。

[59]　黄某辱骂英雄烈士寻衅滋事案,（2019）京 0101 刑初 543 号;黄某奕寻衅滋事案,（2019）闽 0721 刑初 127 号;姜某生寻衅滋事二审刑事判决书,（2019）赣 11 刑终 380 号。相关案例还有:在彭某寻衅滋事案中,彭某编造、散布的虚假信息,关系到国家金融机构管理、国有资产管理、公职人员生活作风等事项,在网络上大量传播,严重影响了社会秩序,造成恶劣的社会影响。

　　单从《治安管理处罚法》和《刑法》5条表述基本相同的条款来看，我国"行刑衔接"的情形犹如莫比乌斯环般复杂多样，很难毕其功于一役。授权刑事检察部门负责"两法衔接"的监督工作只是权宜之计，很难建构起全面的、多维度的监督视角。综合《治安管理处罚法》与《刑法》的5条衔接规范可知：当出现第一种情形时，"两法"条文虽然表述基本相同，但经司法解释予以区分，可分别适用之；即便发生行刑衔接，但不存在监督难题。当然，为了避免执法机关错误适用法律，建议立法机关及时修订像《治安管理处罚法》第61条"运送他人偷越国（边）境"这样引发行政违法责任与刑事责任竞合的表述，明确行政违法责任与刑事责任的适用标准。第二种情形移送标准清晰，易于监督，但让刑事检察部门行使监督权，反而没监督动力，若让行政检察部门监督行政执法及移送问题，方能建构全方位的监督。第三种情形中"行刑衔接"的违法和犯罪的构成要件严重欠缺或者是空白，给实践留下大量的裁量空间，需要加强类案监督。第四种情形则因实践不断突破，现行的犯罪构成要件已无法涵盖实践的做法，需要尽快解决名实相符的问题，同时也需要有针对性的监督避免实务部门任意违反罪刑法定原则。

　　在"行刑分立"模式下，两法的发展不同步，还存在诸多嫌隙。即便依据法律规范，也很难实现监督效果。在出现没有明确的移送标准情况下，又是两个机关分别对两种性质行为进行法律适用，则需要用全局视野看待是否移送案件以及是否已终结等问题。正如牧野英一所言，区别违警与犯罪"非根于学理适于实际也"。行刑衔接的情况是既有行政领域的违法也有刑事领域的违法，既需要关注双向移送，也需要重视同步执法统一适用法律问题。因此，双向监督、多维监督是推动行刑执法一体化、规范化的有力手段。

　　2. 行刑衔接机制不完善的监督空间

　　首先，逆向移送的监督力度不够。2021年修订的《行政处罚法》正式在法律层面确立了行刑双向移送机制，但传统行刑衔接机制只关注单向移送。无论是从行政转向刑事，还是从刑事转向行政，都属于单向移送。我国现行行刑衔接的单向正向衔接态势明显强于单向逆向衔接的态势。实践中，刑事检察部门重点会监督行政机关不移送行政违法案件，以及行政机关不移送是否存在利用职务之便贪污贿赂、滥用职权、玩忽职守的情形。2018年《刑事诉讼法》修订增加第177条第3款第2句[60]，《人民检察院刑事诉讼规则》第248条、第375条

---

[60] 《刑事诉讼法》第177条第3款规定："对被不起诉人需要给予行政处罚、处分或者需要没收其违法所得的，人民检察院应当提出检察意见，移送有关主管机关处理。有关主管机关应当将处理结果及时通知人民检察院。"

等规定了检察机关不起诉案件的回移机制[61]。《人民检察院刑事诉讼规则》《行刑衔接工作的规定》规定的逆向回流案件，因规范依据效力较低，规范空白较多，执法效果并不佳。其次，关于行刑之间的移送、回流和后续对行政机关履职的监督标准，还需要刑事检察部门、行政检察部门和行政机关之间达成共识并摸索确立。逆向回移不仅要制发检察建议，也会跟踪落实；若无法落实，再衔接公益诉讼部门评估是否需要提起公益诉讼。刑事检察部门的业务排名与办案绩效并未将检察建议制发与跟踪落实纳入考评，承办检察官并不会积极履行前段的行政执法向刑事司法移送的监督职责，更不会花更多精力去办理逆向回移不起诉案件。虽然公益诉讼检察部门一直在从行刑衔接平台中寻找公益诉讼案件的线索，一定程度上也发挥了对行政违法行为的监督作用，但是公益检察部门的法定职权范围远远小于行政执法检察监督范围，而且监督的重点完全不同。实践中，公益诉讼部门超出受案范围，办理大量行政违法行为检察监督案件。但从概念内涵来看，行政违法行为检察监督的范围比公益诉讼诉前程序的范围更广。公益诉讼部门"李代桃僵"，反而容易因小失大。而行政检察部门可以将行政违法行为当成案件来办理。最后，新《行政处罚法》规定的"刑事优先的移送原则"必然会出现移送到刑事司法环节的行政违法行为可能会面临出罪或者补罚的情形。实践中每年有大量公安立案的刑事案件没有最终走完刑事司法程序。据统计，每年刑事立案的案件只有十分之一左右（见表1第5栏）达到刑事案件的立案标准进入下一步司法程序，而大量不构罪而未进入下一步司法程序的案件则应该移送回行政机关。公安机关将大量不构罪的案件予以销案，案件所涉行政违法行为不被处罚，出罪的空间极其广阔。为了防止在刑事优先移送的原则之下，公安机关销案、挂案等情况出现，必须加强对公安机关移送案件的办理情况之监督。而且部分案件从公安机关或者检察机关逆向移送回行政监管部门进行补罚时，行政违法行为的证据再难收集。加强对回移之后行政机关办案的监督属于检察部门履职的重要内容。因此，只有建构起行政检察部门的双向监督才可以对行刑衔接形成监督的闭环。

---

[61] 《人民检察院刑事诉讼规则》第248条规定，"人民检察院撤销案件时，对犯罪嫌疑人的违法所得及其他涉案财产应当区分不同情形，作出相应处理：……（二）因其他原因撤销案件，对于查封、扣押、冻结的犯罪嫌疑人违法所得及其他涉案财产需要没收的，应当提出检察意见，移送有关主管机关处理；……"；第375条规定，"人民检察院决定不起诉的案件，需要没收违法所得的，经检察长批准，应当提出检察意见，移送有关主管机关处理，并要求有关主管机关及时通报处理情况。具体程序可以参照本规则第二百四十八条的规定办理"。高检发释字〔2019〕4号（2019年12月30日生效）。

表1　2015—2020年公安机关、检察院、法院办理刑事案件数量情况[62]

（单位：件）

年度	公安机关刑事案件立案数1	人民检察院审查批准、决定逮捕数2	检察院自侦案件结案数3	人民检察院审查批准、决定逮捕数-检察院自侦案件结案数）/公安机关刑事案件立案数	人民法院审理刑事一审案件数4	人民法院审理刑事一审案件数/公安机关刑事案件立案数
2020	4780624	524855	40254	10%	1107610	23%
2019	4862443	750262	32574	14%	1293911	26.6%
2018	5069242	714896	36949	13%	1203055	23.7%
2017	5482570	764878	37844	13%	1294377	23.6%
2016	6427533	631211	35903	9%	1101191	17.1%
2015	7174037	665305	34922	8%	1126748	15.7%

其次，现行行刑衔接机制覆盖面较窄，无法将所有的行刑衔接情形囊括在内。除了不起诉案件之外，需要进行逆向移送的案件范围更广泛。除了行刑之间正向移送和逆向移送之外，我国行刑衔接的形态还有很多。比如，双罚[63]、关联罚[64]。而"行刑"逆向回移的范围在理论上并不确定，无法保证逆向移送的渠道畅通、机制协调和理论统一。具体涉及哪些罪名需要逆向回移，并没有统一的规范。经初步统计，《刑法》共有40多个条文涉及行刑双罚问题。[65]又如，在涉众型犯罪中，当首要分子、积极参加者被追究刑事责任时，其他参加者通常需要追究行政责任，也需要行刑衔接。《刑法》第242条聚众阻碍解救被收买的妇女、儿童罪，第268条聚众哄抢罪也可能与《治安管理处罚法》第50条、第49条一起对众多参与者进行分别制裁。还有就是既要追究刑事犯罪中行为人的刑事责任，也要追究其他行政违法人员的行政责任。在适用《刑法》第284条、第353条、第354条、第358条、第359条、第361条、第365条规定时，也需要适用《高等教育自学考试暂行条例》第37—39条以及《治安管理处罚法》第66条、第69条、第72

---

[62]　国家统计局网站，http://www.stats.gov.cn/，最后访问时间：2022年3月22日。

[63]　当追究了《刑法》第133条交通肇事罪之后，需要并处吊销执照、资格证书等行政处罚的情形。

[64]　刘艺：《社会治理类检察建议的特征分析与体系完善》，载《中国法律评论》2021年第5期。

[65]　《刑法》第133条、第134条、第141条、第142条、第143条、第144条、第146条、第148条、第158条、第159条、第161条、第162条、第169条、第174条、第179条、第180条、第181条、第182条、第186条、第201条、第202条、第203条、第204条、第216条、第217条、第222条、第223条、第228条、第229条、第306条、第330条、第335条、第338条、第341条、第343条、第344条、第345条、第348条、第351条、第360条、第364条。

条、第73条等规定。但行刑之间的关联罚有可能是刑事处罚在前、行政处罚在后，也可能是反过来，或者同步进行。当出现双罚或者关联罚时，就与现行行刑衔接的运行逻辑不相契合，也不会借助行刑衔接平台进行案件移送，监督自然也没有依凭和抓手。

最后，部分罪名的"行刑衔接"工作机制很难建构起来。基于"大行政、小刑法"的格局，在涉及行刑一体化处理时，行政机关对案件性质的认定和前期调查工作决定了案件走向。有学者指出在废除劳动教养制度之前，"只有小范围的犯罪在我国进入司法程序调整，大量的轻微犯罪和公共安全违规行为由行政机关进行处罚，司法延伸领域很小，与大行政权形成鲜明对比"[66]。但追究了刑事责任之后的确还有大量行为需进行行政处罚，而这样的逆向移送并不符合现行行刑衔接平台的运行逻辑。而且随着"放管服"改革的深化，大量行政管理职权移交给社会组织行使。社会组织在承担认证等准行政权时，频繁出现违法违规出租出借资质、认定或者评价机构造假的问题。以安全评价检测检验机构为例，出现以上的情况，表面的原因是《安全评价检测检验机构管理办法》第29条第1项规定的行政处罚的力度最高只有3万元，根本谈不上坚决严厉打击。而《刑法》第229条提供虚假证明文件罪和非国家机关工作人员受贿罪一起进行量刑，情节特别严重情形，将处五年以上十年以下有期徒刑并处罚金。因此，出现这类违法行为应优先向刑事司法部门移送。但是，深层原因是该类违法行为多由提供资产评估、验资、验证、会计、审计、法律服务、保荐等中介组织作出。这些组织具有独立性，行政机关对其监管较弱。基于"放管服"改革的需要，我国已经建立了双层规制结构，即从以往只由行政机关对市场主体进行的单层规制，转向了行政机关对认证机构授权，然后由认证机构与市场主体之间形成的二层规制结构。事实上，行政机关对这些认证机构授权之后缺乏日常性的监管，而是由这些认证机构自己对自己的社会信誉负责。于是，除非行政机关启动专项调查，否则很难发现认证机构的违法行为，实践中的确鲜见行政执法机关向刑事司法部门移送这类案件。反而是这些违法行为构成严重犯罪后，才被刑事司法机关一并发现。但刑事司法机关即便发现也无法借助"行刑衔接"工作机制向行政监管部门移送这类案件。因为涉案的认证机构并非行政机关。对认证机构进行授权的部门，通常是立法机关，或者行业协会，以及金融、税务、司法等行业主管部门。这些部门要么不是行政机关，或者授权行业进行自我规制，再或者就是管理体制多属中央垂直管理和省级以下垂直管理，较难与属地管辖的公安、检察院建立同一层级一一对应的移送机制。实践中，犯罪嫌疑人为了规避行政监管的地域性，会跨区域聘请认证机构，以逃避属地的行政监管。比如，上海的拟上市公司聘请安徽注册会

---

[66]　陈兴良：《犯罪范围的合理定义》，载《法学研究》2008年第3期。

计师，通常的考虑之一就是为了规避属地注册会计师协会对会计师事务所和注册会计师的监管。以上这些不符合现行行刑衔接机制运行逻辑的现象，揭示出当级别不对应、管辖不一致时，行刑衔接机制更像是一个摆设，无法真正地发挥监督作用。

四、嵌入行刑衔接中的行政违法行为检察的监督重点

近年来，我国"两法衔接"检察监督工作已经得到了一定的发展，但未能实现刑事检察与行政检察监督并重的格局，监督的效果并不理想。亟须在实践中不断归纳行刑衔接类型并归纳出检察监督的要点，以行政违法行为检察监督作为切入点，推动各方对"行刑衔接"的各种情形达成共识，为进一步的立法完善做好实践和理论的储备。根据实践经验分析总结，可将我国的行刑衔接分成四种模式[67]。基于模式的差异性，每一种模式的监督要点也有所不同。

（一）行政处罚与刑事处罚"二选一"的监督重点

"二选一"的"行刑"制裁类型是指刑罚与行政处罚只能"二选一"。《行政处罚法》第8条第2款规定，违法行为构成犯罪，应当依法追究刑事责任的，不得以行政处罚代替刑事处罚。"二选一"制裁类型主要是监督已经构成刑事处罚的标准，行政机关应依据《行政处罚法》刑事优先原则尽快移送给刑事司法部门。正如上文所论及的，仅从规范层面看，实现移送并不容易。特别是当违法行为与犯罪行为之间既有因果关系也可能有一定关联关系时，则既需要处理"二选一"问题又需要处理"关联罚"问题。比如，某市消防救援总队发现某机电公司在不具备从业条件的情况下为某酒店提供消防技术服务。经调查确认了某机电公司没有为某酒店提供技术服务，也未制作维保记录，反而是某酒店法定代表人段某为两家酒店私刻机电公司印章、伪造消防设施维保记录。针对段某伪造印章的行为，应该移送给刑事司法机关。经调查段某自认伪造了两枚印章。伪造印章罪是行为犯，行为人只要实施了刑法所规定的抽象危险行为，即构成刑事犯罪，而不需要司法人员考虑法益侵害的结果。将抽象危险犯只规定"行为"而不限定"结果"的立法模式，减少了"行刑衔接"的难度。[68] 本案根据《治安管理处罚法》第52条的规定只对段某处以5日行政拘留，而若直接移送刑事司法部门则应适用《刑法》第280条规定"处三年以下有期徒刑、拘役、管制或者剥夺政治权利，并处罚金"。行政机关并未向刑事司法部门移送案件，而是自行对段某进行处罚，并

---

[67]　刘艺：《社会治理类检察建议的特征分析与体系完善》，载《中国法律评论》2021年第5期。

[68]　学者们批评这样的设置客观上造成入罪标准过于宽泛，大量行为实际上未造成严重后果，而依照刑法则已经构成犯罪，有泛罪化的趋势。有学者指出，近代刑法所确立并为现代刑法所继承的法益侵害说认为，犯罪的本质是侵害法益。如果没有造成法益侵害结果，那么任何行为就不能构成犯罪。许多学者对抽象危险犯仍持怀疑甚至否定态度，认为其与刑法的法益侵害原则存在不协调。

在处罚之后说服段某向刑事司法部门自首。[69] 行政机关不移送的结果是"两法"的制裁力度差异巨大，即便对段某作出行政处罚后再让其向公安机关自首，因"一事不再罚"原则已无法再予以处罚。可见，当"两法"存在规范竞合问题时，行政执法部门对抽象危险犯不移送也并不会被发现。本案的不移送与刑法关于抽象危险犯的态度有关。抽象危险犯是指立法者拟定了行为的"实质危险"，比较《治安管理处罚法》与《刑法》中涉及抽象危险犯的相关条文，规定了"法益侵害程度"的法条有 33 处；《治安管理处罚法》存在 21 处对应《刑法》条文中未规定"法益侵害程度"的抽象危险犯，其中有 10 处表述基本相同，11 处存在行为构成要件上的差异。因为理论分歧与规范的模糊，更需要具有专业能力的检察机关加强对抽象危险犯不移送情形的监督。本案中如果消防部门直接移送刑事司法部门，则消防部门依据《北京市消防安全责任监督管理办法》第 18 条的规定对涉案两家酒店"未制定并落实消防安全管理措施和消防安全操作规程"的违法行为作出罚款人民币 2 万—3 万元的行政处罚决定，属于关联罚。这类关联罚可以先作出再移送，也可以移送之后再作出。实践中既可能出现不移送的情形，也可能出现"一移了事"不再作出关联罚的情形。无论是哪一种情形，都需要加强监督，维护法制的统一适用。

（二）"吸收罚"（"重罚吸收轻罚"）的监督重点

部分行政处罚与刑事处罚的目的和宗旨相同，"行刑"之间才可能结合情节、违法性质和社会影响等要素而考虑适用时"择一而从"。当然，也可能在移送之后，再处理重罚应吸纳轻罚的折抵问题或者在移送前先撤销行政处罚的问题。《行政处罚法》的"一事不再罚"对此情形有规定，但并不全面。比如，若刑罚处以自由刑与罚金，而行政处罚同步处以资格罚；或者刑罚不处罚金，行政处罚作出没收、罚款等金钱罚，是否违反"一事不再罚"原则呢？2010 年《中国行政审判指导案例》（第 1 卷）第 14 号案例"枣庄永帮橡胶有限公司诉山东省枣庄市国家税务局税务行政处罚案"的"裁判要旨"指出，"税务机关在发现涉嫌犯罪并移送公安机关进行刑事侦查后，不再针对同一违法行为作出行为罚和申诫罚以外的行政处罚"。可见，税法领域遵循的是严格的刑罚与行政处罚"二选一"的模式。但 2022 年最高人民法院公布的第 211 号指导性案例"铜仁市万山区人民检察院诉铜仁市万山区林业局不履行林业行政管理职责行政公益诉讼案"则有不同的主张。该案要旨之一是"对刑事判决未涉及的行政处罚事项，行政机关在刑事判决生效后作出行政处罚决定的，人民法院应予支持"。本案所指未涉及的行政处罚手段是指罚款和责令限期恢复原状。人民法院在环境领域采取了与税收领域

---

[69] 2021 年第二批安全生产优秀执法案例中"北京市消防救援总队对某酒店行政处罚案"，载应急管理部网站，http://pufa.aqsc.cn/content/202206/08/c157237.html，最后访问时间：2022 年 6 月 8 日。

完全不同的吸收罚主张。人民法院的理据是"行政机关在将案件移送公安机关时不应因案件移送而撤销已经作出的行政处罚"。从监管角度看，环境领域与税收领域并无本质不同，两种"吸收罚"主张虽都由最高人民法院指导性案例确立，但规范内容却截然不同。从理论上讲，"责令限期恢复原状"不属于《行政处罚法》规定的行政处罚种类。《行政处罚法》的"一事不再罚"原则并未禁止行政机关主动撤销行为。在本案中，行政机关据此主动撤销包含罚款和恢复原状内容的行政处罚行为并无不当。但本案被撤销的行政处罚所涉的罚款金额巨大，无法被罚金吸纳。林业部门主动撤销已作的行政处罚，的确存在不再继续履行追缴罚款义务和恢复原状职责的嫌疑。但是"一事不再罚"原则的确没有规定当刑事罚金无法吸收行政罚款时，该如何处理？经检索，发现学术界从未讨论过这个问题；经统计，刑事司法部门从未碰到过这种问题。初步可以推断，实践中行政机关遇到行政罚款数额高于刑事罚金时，撤销行政处罚是必然的选择。而最高人民法院第211号指导性案例指出，行政机关在移送刑事司法部门之前主动撤销行政处罚案件存在瑕疵，不应因案件移送而撤销已经作出的行政处罚。相当于对"一事不再罚"原则增加了规范内容。那么，当再次出现行政罚款数额高于刑事罚金时，检察机关不仅要监督行政机关是否移送，还要监督行政机关是否完全收缴了罚款。

《行政处罚法》确立的行刑衔接中的刑事优先原则存在诸多例外情形。比如，当出现紧急情况时，行政机关必须率先处置，移送刑事司法部门无法满足紧急处置的需要。当出现这种情况时，对同一违法行为进行处罚时，对行政机关已作出资格罚，刑法中的从业禁止就不再适用；先作出罚款，后在自由刑与罚金合并执行时，罚款可折抵罚金；但行政罚款数额高于刑事罚金时，仍然需要折抵之后，再向行政机关缴纳剩余的罚款；先作出行政拘留时，拘役和有期徒刑对行政拘留予以吸收。以上这些"吸收罚"的情况，需要检察机关从行政执法角度进行监督。

（三）"补罚"的检察监督重点

补罚的情况通常限定在检察机关作出不批准逮捕决定或者公安机关最终作出撤案处理的环节。当检察机关作出不批准逮捕决定公安机关最终作撤案处理或者检察机关作出不起诉决定[70]后、法院判决无罪或免予刑事处罚，仍需给予行政处罚的，检察机关应当提出检察意见，移送有关主管机关处理。有关主管机关应当将处理结果及时通知人民检察院。《刑事诉讼法》第177条第3款和《人民检察院刑事诉讼规则》第375条都规定，人民检察院决定不起诉的案件，需要没收违法所得的，经检察长批准，应当提出检察意见，移送有关主管机关处理，并要求有关主管机关及时通报处理情况。《人民检察院刑事诉讼规则》第182条第2款规定，人民检察院因其他原因撤销案件，对于查封、扣押、冻结的犯罪嫌疑人违

---

[70]　既包括法定不起诉，也包括相对不起诉和存疑不起诉。

法所得及其他涉案财产需要没收的，应当提出检察意见，移送有关主管机关处理。"补罚"情形属于从刑事司法部门回流的案件，需要行政机关继续履行职责的情形。这些案件的回流期限并不明确。[71] 目前只有《珠海经济特区行政执法与刑事司法衔接工作条例》[72]对案件回移时效作出了相应的规定，并未在全国推广。实践中"补罚"的情形并不理想。有学者指出，在刑法分则第三章破坏社会主义市场经济秩序罪和第五章侵犯财产罪的具体司法适用过程中，案件不起诉的比例很高，但是经过对某地市的实证排查发现，刑事检察部门提出相关行政处罚或涉行政处罚检察意见的仅28件，提出数与案件审结数之比约为1:227，与不起诉案件数之比也仅约为1:17，因此，实践中刑事检察部门并没有将大量不起诉案移送回行政监管部门，也没有对可能涉及违法又未能按照法律规定及时作出行政处罚的案件制发检察建议。[73] 行政机关对逆向移回的案件的处理并非短时间可以完成。刑事检察部门并无太多人力持续跟进监督。而行政检察部门（包括公益诉讼检察部门）却可以依据《人民检察院检察建议工作规定》第11条第5项的规定[74]，借助行政违法行为检察监督跟进监督。

（四）"双罚"的检察监督重点

"双罚"是指因同一违法行为既须追究刑事责任，又须给予行政处罚的情形。鉴于"行刑"分别制定的历史，我国基本认同两种制裁手段同时作出并不一定违反"一事不再罚"原则。早在1993年，最高人民法院《关于人民法院应否受理当事人不服治安管理处罚而提起的刑事自诉问题的批复》（1993年，已失效）指出："……治安管理处罚决定生效后，当事人在法定期间内未就治安管理处罚决定提起行政诉讼，而就同一事实向人民法院提起刑事自诉的，只要符合刑事诉讼法的有关规定，并且被告人的行为是在追诉时效期限内的，人民法院均应受理……"按照该批复，行政处罚已经生效，当事人（不一定是行政相对人，也可能是行政第三人，如受害人等）仍然可以提起刑事自诉。刑事自诉与公诉保护的法益有所不同，犯罪的构成也不同。比如，诽谤案的自诉转公诉时需要解决侵权行为是否构成《刑法》第246条第2款规定的"严重危害社会秩序和国家利益"这一公诉标准和判断规则。[75] 所以，刑事公诉与行政制裁是否只需要在金钱罚和

---

[71] 《人民检察院刑事诉讼规则》对立案监督有期限规定，但未见案件回移监督的时效规定。

[72] 《珠海经济特区行政执法与刑事司法衔接工作条例》第9条、第10条。

[73] 吴世东、姚舟、林中强：《关于刑事检察与行政检察职能交叉情形的处理》，载《人民检察》2020年第20期。

[74] 第11条 人民检察院在办理案件中发现社会治理工作存在下列情形之一的，可以向有关单位和部门提出改进工作、完善治理的检察建议：……（五）需要给予有关涉案人员、责任人员或者组织行政处罚、政务处分、行业惩戒，或者需要追究有关责任人员的司法责任的。

[75] 车浩：《杭州诽谤案为何能转为公诉》，载《检察日报》2020年12月30日，第3版。

自由刑两项罚则上进行吸纳还需立法予以明确。比如，在安全生产领域，经常会出现一方面刑事司法部门起诉企业涉嫌危险作业；另一方面行政机关又依据《安全生产法》相关条款的规定对涉案企业进行行政处罚。实践部门认为因危险作业罪没有规定罚金，行政处罚科以罚款或者没收违法所得并不违反"一事不再罚"原则。又如，《食品安全法》第124条也涉及行政处罚与刑事制裁的"双罚"。"双罚"还包括采取刑事手段之外，行政监管部门采取除行政处罚外其他行政监管手段，如行政强制、行政检查等。我国刑事制裁的报应与矫正目的和行政处罚惩罚与教育的目标有一定冲突。有些情形下需要行政监管与刑事制裁分别发挥不同的作用，需同时采取方能制止违法行为的侵害。比如，检察机关起诉污染环境案时，发现公安机关对犯罪嫌疑人采取了刑事手段之后，县级人民政府或者环保局也需同时对危废物品进行紧急处置，以免危废物品继续对环境造成污染，并对犯罪嫌疑人征收代履行的费用。[76]从行刑衔接的视角看，"双罚"通常限定在特定罪名中。实践中何时产生"双罚"，时机无法统一。有些是行政执法与刑事司法需要同步进行；有些是刑事在先，行政在后；有些则是行政在先，刑事在后。监督时需要针对采取行政处罚与刑罚的时机，来确定监督的重点。

（五）"关联罚"的检察监管理据

"关联罚"的监督重心在于是否存在多个关联的违法行为。比如，聚众淫乱活动通常既有组织者也有参与者；既有卖淫、嫖娼人员也有组织卖淫嫖娼、协助组织、强迫他人卖淫的人员。"关联罚"监督的重点在于执法机关对违法行为的调查是否充分、全面。实践中的情况常常是，刑事司法部门只查犯罪行为，而治安警察只查违反《治安管理处罚法》的行为。两个部门之间的信息互通和协同办案还需进一步强化。一旦涉及"关联罚"，无论是刑事在先行政在后的"关联罚"还是行政在先刑事在后或者行政与刑事同步执法的情况，都需要监督者用全局的视角进行全程跟踪监督。行政检察部门应当摸清这类案件的办案规律，统一协调两个部门的办案程序和时限，借助监督手段填补关联罚的规范空白、提升行刑协同执法的规范化水平。

五、结语

在行刑一体化结构中，无论是过度依赖行政执法体系还是刑事司法体系都不符合一体化制度需求。正如梅特兰所言，"所有的历史，不过是一张无缝的网"[77]。历史、现实、未来是相通的。我国行刑一体化的执法体制自清末就确立下来。新

---

[76]　江苏省睢宁县人民检察院督促处置危险废物行政公益诉讼案（检例第112号）；福建省清流县人民检察院诉清流县环保局行政公益诉讼案（检例第31号）。

[77]　A. Esmein, A History of Continental Criminal Procedure with Special Reference to France, translated by John Simpson Boston, Little, Brown, and Co.1913, p.11.

中国成立之后行政处罚法（包括治安管理处罚法）和刑法分别发展。虽然行刑的关联性在一定时间内比较松散，但随着社会主义市场经济制度的发展，行刑衔接结构日渐织密，统一"行刑"的法律适用需求日益增强。梳理行政违法行为检察监督制度史中的发端与缘由，自然就能寻找出新时代行政违法行为检察监督的生发机理。但历史的惯性并不一定符合新时代的需要。习近平总书记指出，"法官、检察官要有审案判案的权力，也要加强对他们的监督制约，把对司法权的法律监督、社会监督、舆论监督等落实到位，保证法官、检察官做到'以至公无私之心，行正大光明之事'，把司法权关进制度的笼子"[78]。在加强对执法权的监督方面，强调加大对执法不作为、乱作为、选择性执法、逐利执法等有关责任人的追责力度，落实行政执法责任制和责任追究制度。[79]在完善"行刑衔接"一体化机制时，不仅需要行政执法和刑事司法部门的配合，也需要刑事检察部门与行政检察部门配合，才不至于因行刑衔接的形态复杂、规范不清、理论不明而陷入程序空转。在建构行刑衔接中的行政违法行为检察监督时，既要突破"行刑二元观"的传统误区，也要努力实现对刑事犯罪的系统性预防。需要指出的是，行政检察部门不能直接针对个案行使刑事检察职责，而应在自身职责范围内建构对刑事类案的分析研判加监督的工作机制。借助对刑事类案的研究发现普遍性、规律性的行政违法行为，既增强对行刑衔接各个环节堵点、难点的监督，也监督行刑衔接中的多维度多时空的移送关系。借助这项行政检察职能，检察机关可以推动行刑统一适用的新格局，开创行政违法行为检察监督的新局面。

---

[78] 习近平：《论坚持全国依法治国》，中央文献出版社 2020 年版，第 147—148 页。

[79] 《习近平法治思想概论》编写组：《习近平法治思想概论》，高等教育出版社 2021 年版，第 166 页。

论地方性法规的行政处罚设定权

王丹红

　　法的制裁性所带来的震慑效果是地方实现治理、建立良性行政管理秩序的重要手段。为此，许多地方在制定地方性法规时都非常关注自己享有多大的行政处罚设定权。这个问题在 2021 年修订的《行政处罚法》第 12 条得到了正面的回应。但对于该条的理解却又纷争不断。本文欲在地方治理的整体框架之下，结合法律规范的结构与法的功能，在各位同仁的研究成果基础上，对该问题作进一步探究。[1]

一、问题的由来

（一）新旧法的规定

　　为提高法的实现水平，地方政府往往寄希望于通过制裁加大违法成本，引导或迫使法的调整对象遵守法规预设的行为模式。在行政管理领域，最重要和最常用的制裁手段就是行政处罚。为此，1996 年的《行政处罚法》规定：

　　第十一条　地方性法规可以设定除限制人身自由、吊销企业营业执照以外的行政处罚。

　　法律、行政法规对违法行为已经作出行政处罚规定，地方性法规需要作出具体规定的，必须在法律、行政法规规定的给予行政处罚的行为、种类和幅度的范围内规定。

　　而随着我国中央和地方关系的不断调整，国家开始越来越注重提高地方治理的主动性，要求"有立法权的地方应当紧密结合本地发展需要和实际，突出地方特色和针对性、实效性，创造性做好地方立法工作"[2]。在这种治理需要和强化地方立法权的背景之下，2021 年修订的《行政处罚法》对地方性法规的处罚设定权规定如下：

　　第十二条　地方性法规可以设定除限制人身自由、吊销营业执照以外的行政处罚。

---

　　[1] 已有的研究成果，程庆栋：《地方补充性立法与行政处罚设定权的配置》，载《政治与法律》2021 年第 5 期；杨登峰：《新行政处罚法对补充性立法的创设及其实施》，载《法治现代化研究》2021 年第 1 期。

　　[2]《法治中国建设规划（2020—2025 年）》。

法律、行政法规对违法行为已经作出行政处罚规定，地方性法规需要作出具体规定的，必须在法律、行政法规规定的给予行政处罚的行为、种类和幅度的范围内规定。

法律、行政法规对违法行为未作出行政处罚规定，地方性法规为实施法律、行政法规，可以补充设定行政处罚。拟补充设定行政处罚的，应当通过听证会、论证会等形式广泛听取意见，并向制定机关作出书面说明。地方性法规报送备案时，应当说明补充设定行政处罚的情况。

简单地从语义出发，1996年《行政处罚法》第11条的规定可解构如下：

一方面，第1款规定的是地方性法规的行政处罚设定权，并对地方可设定的处罚种类作出了限定；另一方面，第2款规定的是地方性法规的行政处罚规定权，是"在法律、行政法规规定的给予行政处罚的行为、种类和幅度的范围内规定"。

这两款的核心用语完全不同，一个是"设定"，另一个是"规定"。设定权具有从无到有的"创制"特性，权限大于规定权。那么，第2款是否会导致第1款的设定权落空？对此可以作两种解释。第一种解释是，第1款规定的是地方性法规可以设定的处罚种类，第2款是关于地方如何执行上位法的具体规定，是基于将上位法已经作出的行政处罚规定具体化的目的，地方才可以自行规定行政处罚，且受到上位法规定的严格限制。这种解释基本否定了地方自行设定行政处罚的空间，让第1款规定落于空处。第二种解释是，虽然肯定第2款规定的是地方的执行性立法权，但并不排除在此之外仍存在地方创设立法的空间，否则第1款规定就毫无意义。这种解释有它的合理之处，不过即便肯定地方性法规的行政处罚创设权，但创设的条件有无限制并不清楚，容易被认定为于法无据、越权立法。

2021年修法可以说正是对1996年立法的完善，第12条的规范内容包括三层，第1层和第2层延续了旧法的内容，但增加了第3款内容，该内容包括如下四层含义：（1）地方性法规享有补充性设定权；（2）该补充设定的目的是实施上位法；（3）其补充针对的是上位法所缺少的关于行政处罚的规定部分；（4）对于所欲制裁的违法行为的构成，上位法已作规定。

从这四部分内容看，修法对地方性法规的处罚权还是持执行性立场，即地方的处罚设定权是通过补充上位法的处罚设定权，来完善、执行上位法。这个规定部分解决了地方处罚设定权问题，但却难以回答另一个问题，那就是如果中央立法没有规定违法行为，地方性法规能否自行确定何为违法行为并设定处罚呢？要回答这一问题，可以尝试从《行政处罚法》的修订过程中探究一二。

（二）立法过程分析

对于为何要修改地方性法规的处罚设（规）定条款，全国人大常委会法制工作委员会副主任许安标在《关于〈中华人民共和国行政处罚法（修订草案）〉的说明》中指出：

现行《行政处罚法》第十一条规定："地方性法规可以设定除限制人身自由、吊销企业营业执照以外的行政处罚。""法律、行政法规对违法行为已经作出行政处罚规定，地方性法规需要作出具体规定的，必须在法律、行政法规规定的给予行政处罚的行为、种类和幅度的范围内规定。"多年来，一些地方人大同志反映，现行行政处罚法中有关地方性法规设定行政处罚的规定限制过严，地方保障法律法规实施的手段受限，建议扩大地方性法规的行政处罚设定权限。为充分发挥地方性法规在地方治理中的作用，增加规定：地方性法规为实施法律、行政法规，对法律、行政法规未规定的违法行为可以补充设定行政处罚。地方性法规拟补充设定行政处罚的，应当通过听证会、论证会等形式听取意见，并向制定机关作出说明。

可以看出最初的修订意见是赋予地方性法规完整的行政处罚设定权，包括对在先的违法行为的认定、对在后的制裁性处罚的设定两部分，这意味着地方性法规可以自行确定什么构成违法行为，并进而设定处罚。

对于这一修改，全国人大宪法和法律委员会副主任委员胡可明在《全国人民代表大会宪法和法律委员会关于〈中华人民共和国行政处罚法（修订草案）〉修改情况的汇报》中提出：

二、修订草案第十二条第三款对地方性法规补充设定行政处罚作了规定。有些常委委员、地方和社会公众提出，适当扩大地方性法规设定行政处罚的权限是必要的，建议进一步明确范围、完善程序，增加约束性要求。

该意见肯定了扩权的必要性，提出了明确范围、增加约束性要求的提议。在这种情况下，2020年《行政处罚法》（修订草案二次审议稿）保留了"修订草案"第12条第1款、第2款的规定，将第3款修改为：

法律、行政法规对违法行为未作出行政处罚规定，地方性法规为实施法律、行政法规，可以补充设定行政处罚。拟补充设定行政处罚的，应当通过听证会、论证会等形式广泛听取意见，并向制定机关作出书面说明。地方性法规报送备案时，应当说明补充设定行政处罚的情况。

这一规定的妥当性在之后的审议中再未被提及，并最终为立法所确定。

从上述修法过程看，在修法之初，对地方性法规的处罚设定权的授权针对的是上位法未规定的违法行为，地方性法规的立法权包括设定违法行为及其行政法律责任在内的整套权限，尺度是比较大的。而从审议的最终结果看，这一方案最终未获得决策者的认可。具体原因虽然无法从公开材料中获知，但可以看出立法决策层面明确肯定的是地方对作为法律责任的设定权，对于能否设定"违法行为＋行政法律责任"，许多学者持否定态度。那么，《行政处罚法》的这一规定到底应如何解释？地方性法规的处罚设定空间到底有多大？这还需要回溯探究有关地方治理权与立法权的体系性授权规范。

二、地方治理权与地方立法权的体系性解释

（一）宪法下的地方人大治理权与立法权

国家机关实施治理的手段各不相同，根据宪法的规定，人大的治理是一种间接治理，主要体现对重大事项的决定权、对行为规则的设定权（基于主题，这里不涉及人事任命权，而着重于对地方事务的管理权）。根据《宪法》第99条、第100条的规定，地方各级人民代表大会的职权有三项，一是"保证宪法、法律、行政法规的遵守和执行"；二是决定地方重大事项，如"通过和发布决议，审查和决定地方的经济建设、文化建设和公共事业建设的计划""审查和批准本行政区域内的国民经济和社会发展计划、预算以及它们的执行情况的报告"等；三是制定地方性法规。这三项职权中，第一项体现了中央与地方的关系，明确了地方执行和落实中央决策的法定职责。第二项肯定了地方对本行政区域内地方事务的管理权，是地方治理机关存在的意义。第三项是对地方具体治理手段的规定，授权地方人大及其常委会设定本行政区域内普遍的行为模式，体现了通过立法规范、统一社会主体行为模式的授权宗旨。这三项职权从一般到具体依次递进，地方立法权作为第三项权力，具有明显的工具性特征，是实现前两项职权任务的重要手段之一。从三项职权的递进关系上看，只要是实现上位法和地方治理所需要的，且"不同宪法、法律、行政法规相抵触"，都可以通过立法的方式推行。而立法的具体事项范围，则要根据《宪法》第99条规定的"依照法律规定的权限"确定，这里的法律主要是指《地方各级人民代表大会和地方各级人民政府组织法》（以下简称《地方组织法》）。

（二）《地方组织法》下的地方具体治理权限与立法权

关于地方人大及其常委会的权限，《地方组织法》第5条作了原则性规定：

第五条　地方各级人民代表大会、县级以上的地方各级人民代表大会常务委员会和地方各级人民政府遵循在中央的统一领导下、充分发挥地方的主动性积极性的原则，保证宪法、法律和行政法规在本行政区域的实施。

该条重申了宪法所明确的中央与地方的关系，赋予了地方主动积极管理地方事务的职权职责，规定了地方一切工作皆是为了保障上位法在地方的实施。根据这一总则要求，《地方组织法》在第二章第二节专节规定了地方人大的职权范围。其中与本文密切相关的是第10条、第11条的规定。其中，第10条规定了地方人大履行职责的重要手段——立法，并根据第5条的规定，确定了地方行使立法权的两个要求，一是地方"需要"，二是与上位法"不抵触"。第11条采取列举的方式，规定了地方人大职权的事项范围，如保证国家计划、国家预算的执行权，讨论、决定本行政区域内的政治、经济、教育、科学、文化、卫生、生态环境保护、自然资源、城乡建设、民政、社会保障、民族等工作的重大事项和项目，保护社会主义的全民所有的财产和劳动群众集体所有的财产，保护公民私人所有的

合法财产，维护社会秩序，保障公民的人身权利、民主权利和其他权利，保护各种经济组织的合法权益等。履行这些事务管理权的最重要手段就是第 10 条规定的立法权，这也是设立立法机关的最主要目的，立法机关正是通过设定各个社会领域中不同行为主体的基本行为模式，树立共同的价值导向，建构基本的社会生活生产秩序。例如，通过制定《江苏省特种行业治安管理条例》促进特种行业的健康发展，维护社会治安秩序；通过制定《福建省流动人口治安管理条例》加强流动人口治安管理，保障流动人口的合法权益；通过制定《河南省人民代表大会常务委员会立法咨询专家工作规定》推动科学立法、民主立法；通过制定《内蒙古自治区各级人民代表大会选举实施细则》规范地方选举程序等。而对于地方立法的时机以及与上位法的关系，《地方组织法》的规定是基于事实上的需求、与法律上的不抵触两项原则。对于如何理解地方需要，特别是"不抵触"原则，需要结合《立法法》具体解读。

（三）《立法法》下的地方立法权

1. 法律保留与地方立法范围

关于全国人大与地方人大可得规范的事项界分，是由《立法法》第 11 条确定的法律保留原则划定的（第 12 条虽然是关于绝对保留事项的，但和本文所要讨论的地方立法权无关）。第 11 条规定有 11 类事项只能制定法律，这 11 类事项的共同特点在于兼具基本性和重大性，如税收制度中的基本制度（如税种、税率的设置）关涉国库稳定与公民、企业的财产权保障（事涉生产创新的积极性），必须建立全国统一的标准。地方可以在基本制度的基础上制定具体执行规范，如《山东省税收保障条例》《浙江省人民代表大会常务委员会关于契税具体适用税率等事项的决定》等。

这 11 类保留事项的分类标准其实并不统一，有的是事项性或领域性的，如关于国家主权、各级国家机关的产生、组织和职权，税收基本制度等，对于这些事项，地方人大不享有立法权指的是地方人大不具有设定行为规范的权力，因此，也自然不具有设定制裁性的行政处罚规范的权力。地方治理过程中涉及这些领域时，不论是违法行为的认定还是行政处罚方式的设定，都属于法律保留的范围，地方只享有根据上位法制定执行性立法的职权。这 11 类事项中的另一类是关于特定行为的规范设定权，如第 5 项规定的限制人身自由的强制措施和处罚，它并不针对管理事项，而是限制地方为达到立法目的可以采取的保障手段，是将对个人最严厉的限制人身自由的制裁手段排除于地方立法权限之外。对第 8 条做上述分类有助于我们更好地划定法律保留所针对的对象，不妄作扩大解释。

2. 不抵触原则与地方立法范围

《立法法》第 11 条的法律保留原则设计的是法律与地方立法的关系，第 80

条则是关于地方立法的一项专门规定，即"不抵触"原则。这里仅以省级人大立法权为例予以分析。第 80 条规定，省级人大及其常委会根据地方需求，"在不同宪法、法律、行政法规相抵触的前提下，可以制定地方性法规"。不抵触意味着一定有一个不得抵触的对象。对于这一对象的范围有两种解释，第一种是狭义解释，即地方性法规不能与上位法的明确规定相抵触，地方应当根据上位法的明确规定立法；如果没有上位法的直接规定，则地方不得立法。第二种是广义解释，认为在没有明确的上位法时，地方立法不能抵触的对象就转为相关上位法的立法原则和立法目的，只要不违背法的基本原则和立法目的，就不违反"不抵触"原则。实务中许多地方持后一种观点。例如，《深圳市人民代表大会常务委员会立法技术规范》第 28 条规定：

第二十八条 立法依据包括法律依据和事实依据。

法律依据主要指制定法规所依据的上位法，其表述方式如下：

（一）有直接上位法的，特区法规表述为"……，根据《中华人民共和国 × × 法》的基本原则，……，制定本条例（或者规定、规则、实施办法，以下举例时为表述方便统称条例）；较大市法规应当直接列明，表述为"……，根据《中华人民共和国 × × 法》，……，制定本条例"；

（二）有直接上位法，同时涉及间接上位法或者有几个直接上位法的，直接上位法按照位阶从高到低排列，一般不超过两部。特区法规可以表述为"根据《中华人民共和国 × × 法》以及有关法律、行政法规的基本原则，……，制定本条例"；较大市法规可以在直接上位法名称后加"等法律、行政法规"或者"等法律、法规"的表述；

（三）没有直接上位法的，特区法规可以表述为"根据有关法律、行政法规的基本原则，……，制定本条例"；较大市法规表述为"根据有关法律、法规，……，制定本条例"。

上述三项规定表明深圳在制定特区法规或者较大市法规时，既可以存在直接的上位法为前提，也可以在没有直接上位法时立法。有直接的上位法时，不得抵触的是该上位法的规定；无直接上位法时，则需根据法律、法规的一般原则、精神、宗旨，不得与之相抵触。《汕头市立法技术规范（试行）》（2021 年）、《临沂市人民代表大会常务委员会立法技术规范》（2018 年）、《云南省人民代表大会常务委员会立法技术规范》（2014 年）、《重庆市地方立法技术规范》（2012 年）等地方立法以及《广东省人民代表大会常务委员会立法技术与工作程序规范（试行）》（2007 年）等地方规范性文件都作出了同样规定，说明这是这些地方立法层面的一致认同。

本文赞同第二种解释方法，原因是这是结合《立法法》第 82 条后能得出的更为合理的解释。

3. 法律保留、"不抵触"原则和第 82 条规定下的整体解释

《立法法》第 82 条规定了两类三项地方立法权，一是"为执行法律、行政法规的规定，需要根据本行政区域的实际情况作具体规定的事项"立法，这种立法可称为执行性立法；二是针对"属于地方性事务需要制定地方性法规的事项"立法，即地方性事务立法；三是在法律保留事项之外，"其他事项国家尚未制定法律或者行政法规的，省、自治区、直辖市和设区的市、自治州根据本地方的具体情况和实际需要，可以先制定地方性法规。在国家制定的法律或者行政法规生效后，地方性法规同法律或者行政法规相抵触的规定无效，制定机关应当及时予以修改或者废止"。对于两类三项地方立法权之间的关系，地方实务中长期存在争议。[3] 争议的实质是地方是否享有不以上位法为前提的自行立法权。

首先，对于第 1 款所规定的两项立法权的关系，本文认为既然法律将其设定为一款中的两项，说明这两项立法权是并列存在的两种不同的立法权。由于立法权是地方实现治理的手段之一，结合前述分析过的宪法和《地方组织法》所规定的地方治理权限范围，地方在行使落实中央立法与政策、决定地方治理中的重大事项时，在法的层面，有上位法直接规定的，则采用第 1 项规定的执行性立法方式。如果上位法没有直接规定，只要属于宪法、《地方组织法》和本款所规定的地方性事务，且不属于《立法法》预设的法律保留的范围，则地方人大及其常委会有权就该地方性事务自行制定普遍性的行为规范。例如，各地制定的《上海市城市管理综合行政执法条例》《长沙市城市管理条例》等城市管理综合行政执法类立法，就不存在上位法依据，各地是根据中央政策要求、地方治理需要，在经验积累充分到适于立法的情况下，制定的地方事务性立法。《立法法》将这两类立法权并列规定，就是承认了地方在执行性立法之外存在独立的立法权限。

其次，对于第 2 款的规定，通常被称为地方的先行立法权。乍一看好像这一规定否定了第 1 款所规定的第二类地方事务性立法权，但是通读本款规定就会发现，它针对的是需要在全国普遍规定的事项，因此应由法律或行政法规首先设定全国统一标准的立法事项，所以才有"在国家制定的法律或者行政法规生效后，地方性法规同法律或者行政法规相抵触的规定无效，制定机关应当及时予以修改或者废止"的规定。因此，第 73 条第 1 款第 2 项授予的是针对地方性事务的普遍性地方立法权，第 2 款授予的是针对全国普遍性事务的、例外的先行立法权（所以以地方具有先行立法需要为前提），这两类事项虽然在实践中可能存在一定的

---

[3] 关于这三项立法权之间的关系，王太高：《论地方性法规行政处罚设定权的构造及适用》，载《江海学刊》2020 年第 2 期。

交叉，但与立法时要考虑的要素还是有很大差别的。[4]

4. 上述法律与《行政处罚法》的关系

国家机关权力法定，一切权力均需源于法律授权。宪法和《地方组织法》设定了地方人大的各项管理权限，其中包括通过立法的方式执行中央政策法规、管理地方性事务的具体权力。至于这一立法权如何行使，转由《立法法》设定。根据《立法法》，除第 11 条所规定的法律保留事项外，地方人大对于其管理范围内的事项，均享有立法权。而《行政处罚法》是关于行政机关如何针对违法行为行使行政处罚权的专门立法。依据权力法定原则，行政机关即使享有对相关事务的管理权，但能否采取行政处罚的执法方式，需要特别立法予以行为方式上的授权。这种事务管理权和行为行使权还是要严格区分的。地方人大可得授权的处罚类型规定于《行政处罚法》第 12 条。因此，这三类立法层层递进，总体构成了对地方人大事务管理权限、立法权限、行政处罚方式设定权限的规范。而关于处罚方式的设定，由于处罚是以违法行为认定为前提的，由此又引发了本文开头所说的对地方是否享有违法行为设定权的争议。

三、《行政处罚法》第 12 条的三层结构

（一）第 12 条第 1 款下的完整规则设定权

对于第 12 条，学者的讨论往往集中在第 2 款，但如果不从整体上对这三款规定进行统一解释，则难以体察立法的逻辑层次性与整体性下的各款功能设定。

第 12 条第 1 款规定，"地方性法规可以设定除限制人身自由、吊销营业执照以外的行政处罚"。对于这一款，有的学者认为这是对处罚种类的设定权，[5] 有的学者是结合第 2 款与《行政处罚法》草案的数次变动，得出地方性法规不得设定违法行为的结论。[6] 有的学者认为这一款规定的是先行性立法范围下的规范创设权。[7] 其争议点既包括该项立法的类型，也包括该项立法的范围。本文认为，结合《地方组织法》《立法法》的规定，第 1 款应当是关于地方性法规对行政处罚设定权的一般性规定，是在肯定地方性法规享有完整规则设定权的基础上，对其在法律责任部分可得设定的处罚种类的限定，这一规定适用于地方性法规两类三项所有立法形态，即不论是执行性立法、地方事务性立法还是先行性立法，都适用这一规定。得出这一结论的理由如下。

首先，该款所涉及的第一个争议是法律规范（广义，包括地方立法规范）在结构和内容上的完整性问题。从逻辑结构看，法律规范由适用条件、行为模式和法

---

[4] 这一点在地方规章立法中也经常存在，如各地在先行制定行政程序立法时，考虑更多的都是行政程序规范所应具备的一般性特点，而较少考虑本地特别需要。

[5] 王太高：《论地方性法规行政处罚设定权的构造及适用》，载《江海学刊》2020 年第 2 期。

[6] 杨登峰：《新行政处罚法对补充性立法的创设及其实施》，载《法治现代化研究》2022 年第 1 期。

[7] 程庆栋：《地方补充性立法与行政处罚设定权的配置》，载《政治与法律》2021 年第 1 期。

律后果三部分组成。[8] 例如，在行政法律法规中，立法一般先规定当事人的行为义务，然后在法律责任部分规定没有履行该义务将承担何种行政法上的不利后果和制裁，如受到何种行政处罚，从而形成：行为模式——违法行为——行政处罚的完整规范结构。这种结构是所有法律规范的一般结构，《立法法》第82条所规定的地方性法规包括执行性立法、地方事务性立法、先行性立法三种类型，是根据立法权在中央和地方的分配、根据法的位阶高低所进行的立法权限的分配，这种立法权限包括立法所能调整的事项范围、立法所能规定的行为种类，但没有一项规定是针对法律规则结构本身的。因为法律规则的结构完整、要件完整是法律规则的基本要求，是法律规则产生实效的基本条件。不论是地方事务性立法还是先行性立法，都应具有规则设定上的完整性，体现为所制定的规则在结构上均应包括适用条件、行为模式、法律后果三部分。只要地方立法具有事项设定权，就具有针对这类事项创设适用条件、行为模式和法律后果的权力。因此，讨论《行政处罚法》下的地方性法规能否自行设定行为规范、确定何种行为为违法行为，是没有意义的，因为它否定了法律规则的构成要件上的基本性要求。之所以有这一争议是因为《行政处罚法》本身属于责任法或者制裁法，属于三层结构中法律责任部分的专门立法。对该立法的执行往往体现于地方立法的"法律责任"部分，适用条件与行为模式则表现为地方立法中的总则、权限划分、行为规范等立法主体部分。

其次，第12条第1款是基于中央立法和地方立法的关系以及《立法法》第11条的规定，对处罚种类设定权在中央和地方人大之间的分配。为了防止处罚权的滥用，更好地保障公民权益，《行政处罚法》将对公民影响最大的限制人身自由、吊销营业执照保留为中央立法权限，将其余的处罚种类设定权授予地方行使。

因此，本文认为，第12条第1款是关于地方性法规处罚设定种类的原则性规定，确立了地方人大对"限制人身自由、吊销营业执照以外"的处罚种类均可设定的一般规则。因此，该规则同样适用于第2款和第3款关于地方事务性立法和先行性立法。如果不承认这一点，就极大地否定了地方性法规在地方事务性立法和先行性立法在行政管理领域中的作用空间。

（二）执行性立法规定的辐射范围

第12条第2款原则上不涉及创设权，因此争论较少，学者基本都认同该款针对的是地方性法规中的执行性立法的情形。由于执行性立法是对上位法规定在本地执行过程中的细化规定，要根据本地细化的需要，决定细化上位法规则的哪一部分。地方性法规可以根据治理需要和立法时机是否成熟，选择对上位法规则的适用条件、行为规范或者法律后果的任何一部分单独或者全部予以细化。因此，

---

[8]　关于法律规范的构成要素，张文显主编：《法理学》，高等教育出版社、北京大学出版社2011年版，第69—70页；雷磊：《法律规制的逻辑结构》，载《法学研究》2013年第1期。

从规则的完整性上看，执行性地方性法规有时候从形式上看是不完整的，执法时需要将细化的地方立法和未被细化的上位法相结合予以适用。有的地方立法则直接通过准用条款解决这一问题。例如，《陕西省实施〈中华人民共和国防洪法〉办法》第 48 条规定"违反本办法规定的行为，法律、法规有处罚规定的，从其规定"就采用了这一立法技术。

也有些学者对于"具体规定"的上限有不同认识。[9] 本文认为，所谓"具体"规定，本身就含有创设的意义在其中，这是法律概念的抽象性所带来的必然后果，也是地方立法借此扩大立法权限的常用手段。例如，对《立法法》第 81 条关于"可以对城乡建设与管理、生态文明建设、历史文化保护、基层治理等方面的事项制定地方性法规"和《行政诉讼法》第 25 条第 4 款中"人民检察院在履行职责中发现生态环境和资源保护、食品药品安全、国有财产保护、国有土地使用权出让等领域负有监督管理职责的行政机关违法行使职权或者不作为……"等规定，在学界和实务界经常引发的关于"等"是"等内等"还是"等外等"的争议，都属于典型事例。本文认为，只要在上位法语义的辐射范围内且符合立法目的，地方性法规都可以根据地方治理需要，作出具体而有所区别的规定。

（三）行为模式的多样性与补充性处罚设定权

在第 1 款、第 2 款之后，该如何理解第 3 款的规定呢？在此需要围绕"对违法行为未作出行政处罚规定"的"法律、行政法规"的行为模式结构进行具体分析。

1. 授权性规定与法律后果

法律规则的三要素中，核心部分是行为模式。行为模式是立法者要求调整对象遵循的普遍的社会行为方式，正常的社会关系和社会发展秩序依此建立。通过整理分析地方立法对行为模式的规范方式，可以根据内容将其划分为授权性模式、义务性模式、权义复合性模式三种类型。授权性行为模式是指某一资格的赋予，指向被调整对象本人，所授予的资格是被调整主体从事某种社会生产生活所需要的条件，这种条件的赋予表明地方对这类行为的支持。因此，虽然地方立法中对于授权性行为模式往往不设置法律后果，但这种立法授权本身就明确了国家对这类行为的肯定和支持态度，成为暗含鼓励效果的、导向性的法律后果。例如，《农村土地承包法》第 41 条规定："土地经营权流转期限为五年以上的，当事人可以向登记机构申请土地经营权登记。未经登记，不得对抗善意第三人。"其暗含的意思是虽然是否登记属于土地流转者的权利，但国家鼓励和支持长期流转情况下进行登记，这样在后期发生纠纷时，能更好地确定当事人之间的权利义务关系，从而有利于保障流转关系的稳定性，维护双方当事人的合法权益。

---

[9]　程庆栋：《地方补充性立法与行政处罚设定权的配置》，载《政治与法律》2021 年第 5 期；杨登峰：《新行政处罚法对补充性立法的创设及其实施》，载《法治现代化研究》2022 年第 1 期。

2. 义务性规定与法律后果

义务性行为模式要复杂很多，它天然指向的是他人利益或者社会公益，属于秩序要求下的关系性法律规则，是在利己性权利规则基础上所形成的秩序建构规范，它的设定直接满足的不是义务主体，而是他人或者公共利益。义务主体是通过他人利益的实现和公共秩序的建立而间接获利。由于履行义务的负担性和获利的间接性，一旦义务主体认为间接获得的利益小于履行义务的成本，就有可能选择不履行。这时为保障法的实效性就需要强制性的法律责任予以保障。由此，针对义务性规范需要设定两种法律后果。一是义务人依法履行义务的，要设定肯定性法律后果，以提高其获益度，降低履行义务的成本，常见的包括法律上的认可、表彰、评优、发放奖金等。例如，《道路交通安全法》第 24 条第 2 款规定，"对遵守道路交通安全法律、法规，在一年内无累积记分的机动车驾驶人，可以延长机动车驾驶证的审验期。具体办法由国务院公安部门规定"。遵守交规是机动车驾驶人应履行的义务，本款通过"延长机动车驾驶证的审验期"的方式提高其守法获益度，鼓励驾驶人自觉履行义务。二是义务主体未履行法定义务的，将设定不利的法律后果，如否定行为效力、承担侵权责任、受到行政处罚或者刑事制裁等。行政处罚就属于不履行行政法上的义务时依法要承担的法律责任之一。

那么，在实定法上，是否只要不履行行政法上的义务都将受到行政处罚呢？以《环境保护法》第三章"保护和改善环境"、第四章"防治污染和其他公害"为例，其中行为规范与责任规范（不含内部制裁）条款的对比情况见表 1。

表 1　《环境保护法》第三章、第四章行为规范与法律责任对比分析

行为规范	行政法律责任
第 30 条　开发利用自然资源，应当合理开发，保护生物多样性，保障生态安全，依法制定有关生态保护和恢复治理方案并予以实施。 外来引进物种以及研究、开发和利用生物技术，应当采取措施，防止对生物多样性的破坏。	
第 38 条　公民应当遵守环境保护法律法规，配合实施环境保护措施，按照规定对生活废弃物进行分类放置，减少日常生活对环境造成的损害。	
第 40 条第 3 款　企业应当优先使用清洁能源，采用资源利用率高、污染物排放量少的工艺、设备以及废弃物综合利用技术和污染物无害化处理技术，减少污染物的产生。	

行为规范	行政法律责任
第41条　建设项目中防治污染的设施，应当与主体工程同时设计、同时施工、同时投产使用。防治污染的设施应当符合经批准的环境影响评价文件的要求，不得擅自拆除或者闲置。	第61条　建设单位未依法提交建设项目环境影响评价文件或者环境影响评价文件未经批准，擅自开工建设的，由负有环境保护监督管理职责的部门责令停止建设，处以罚款，并可以责令恢复原状。
第42条　排放污染物的企业事业单位和其他生产经营者，应当采取措施，防治在生产建设或者其他活动中产生的废气、废水、废渣、医疗废物、粉尘、恶臭气体、放射性物质以及噪声、振动、光辐射、电磁辐射等对环境的污染和危害。 排放污染物的企业事业单位，应当建立环境保护责任制度，明确单位负责人和相关人员的责任。 重点排污单位应当按照国家有关规定和监测规范安装使用监测设备，保证监测设备正常运行，保存原始监测记录。 严禁通过暗管、渗井、渗坑、灌注或者篡改、伪造监测数据，或者不正常运行防治污染设施等逃避监管的方式违法排放污染物。	第63条　企业事业单位和其他生产经营者有下列行为之一，尚不构成犯罪的，除依照有关法律法规规定予以处罚外，由县级以上人民政府环境保护主管部门或者其他有关部门将案件移送公安机关，对其直接负责的主管人员和其他直接责任人员，处十日以上十五日以下拘留；情节较轻的，处五日以上十日以下拘留： ………… （三）通过暗管、渗井、渗坑、灌注或者篡改、伪造监测数据，或者不正常运行防治污染设施等逃避监管的方式违法排放污染物的； ……………
第43条第1款　排放污染物的企业事业单位和其他生产经营者，应当按照国家有关规定缴纳排污费。排污费应当全部专项用于环境污染防治，任何单位和个人不得截留、挤占或者挪作他用。	
第44条第1款　国家实行重点污染物排放总量控制制度。重点污染物排放总量控制指标由国务院下达，省、自治区、直辖市人民政府分解落实。企业事业单位在执行国家和地方污染物排放标准的同时，应当遵守分解落实到本单位的重点污染物排放总量控制指标。	第60条　企业事业单位和其他生产经营者超过污染物排放标准或者超过重点污染物排放总量控制指标排放污染物的，县级以上人民政府环境保护主管部门可以责令其采取限制生产、停产整治等措施；情节严重的，报经有批准权的人民政府批准，责令停业、关闭。
第45条　国家依照法律规定实行排污许可管理制度。 实行排污许可管理的企业事业单位和其他生产经营者应当按照排污许可证的要求排放污染物；未取得排污许可证的，不得排放污染物。	第63条　企业事业单位和其他生产经营者有下列行为之一，尚不构成犯罪的，除依照有关法律法规规定予以处罚外，由县级以上人民政府环境保护主管部门或者其他有关部门将案件移送公安机关，对其直接负责的主管人员和其他直接责任人员，处十日以上十五日以下拘留；情节较轻的，处五日以上十日以下拘留：

续表

行为规范	行政法律责任
	············· （二）违反法律规定，未取得排污许可证排放污染物，被责令停止排污，拒不执行的； ·············
第46条　国家对严重污染环境的工艺、设备和产品实行淘汰制度。任何单位和个人不得生产、销售或者转移、使用严重污染环境的工艺、设备和产品。 禁止引进不符合我国环境保护规定的技术、设备、材料和产品。	
第47条第3款　企业事业单位应当按照国家有关规定制定突发环境事件应急预案，报环境保护主管部门和有关部门备案。在发生或者可能发生突发环境事件时，企业事业单位应当立即采取措施处理，及时通报可能受到危害的单位和居民，并向环境保护主管部门和有关部门报告。	
第48条　生产、储存、运输、销售、使用、处置化学物品和含有放射性物质的物品，应当遵守国家有关规定，防止污染环境。	
第49条第1—3款　各级人民政府及其农业等有关部门和机构应当指导农业生产经营者科学种植和养殖，科学合理施用农药、化肥等农业投入品，科学处置农用薄膜、农作物秸秆等农业废弃物，防止农业面源污染。 禁止将不符合农用标准和环境保护标准的固体废物、废水施入农田。施用农药、化肥等农业投入品及进行灌溉，应当采取措施，防止重金属和其他有毒有害物质污染环境。 畜禽养殖场、养殖小区、定点屠宰企业等的选址、建设和管理应当符合有关法律法规规定。从事畜禽养殖和屠宰的单位和个人应当采取措施，对畜禽粪便、尸体和污水等废弃物进行科学处置，防止污染环境。	第63条　企业事业单位和其他生产经营者有下列行为之一，尚不构成犯罪的，除依照有关法律法规规定予以处罚外，由县级以上人民政府环境保护主管部门或者其他有关部门将案件移送公安机关，对其直接负责的主管人员和其他直接责任人员，处十日以上十五日以下拘留；情节较轻的，处五日以上十日以下拘留： ············ （四）生产、使用国家明令禁止生产、使用的农药，被责令改正，拒不改正的。

　　从上表可以看出，《环境保护法》针对其所设定的义务性规则，有的对于不履行义务的情形设置了法律责任，如超过污染物排放标准或者超过重点污染物排放总量控制指标排放污染物，未依法提交建设项目环境影响评价文件或者环境影响评价文件未经批准而擅自开工建设的，未取得排污许可证排放污染物而生产、

使用国家明令禁止生产、使用的农药；有的则没有设置，如公民没有配合实施环境保护措施、按照规定对生活废弃物进行分类放置的，引进不符合我国环境保护规定的技术、设备、材料和产品的，未按照国家有关规定缴纳排污费的，未优先使用清洁能源，采用资源利用率高、污染物排放量少的工艺、设备以及废弃物综合利用技术和污染物无害化处理技术的。

本文认为，之所以在一部法规中出现这样参差不齐的规定，存在以下三个方面的原因。

一是和义务规则本身的多层次性有关。虽然同为义务规则，但其对当事人的约束力却有强弱之分。其中，约束力最强的是禁止性义务规定，它规定的是当事人的不作为义务，是社会秩序与安全要求下的行为底线，当事人一旦越线即构成违法。因此，对禁止性规定应当设立法律责任，否则该规定就失去了其作为规范需求最强的禁止性规则的意义。约束力较强的是应为性义务规定，一般表述为"应当""不得"，其中既有作为义务，也有不作为义务。对于是否履行应为性义务，当事人没有选择权，必须按照法律规定（不）行为。不遵守这类义务规则的，应根据其是否造成社会危害确定是否应承担相应的法律责任。效力最弱的是倡导性义务规范，它既包括对良好道德、健康生活等行为的倡导，如《嘉峪关市制止餐饮浪费行为条例》《贵州省文明行为促进条例》《石家庄市全民健身条例》《广东省全民阅读促进条例》等对厉行节约、文明生活、阅读的倡导；也有对新兴产业、新的经济发展模式的推动倡导，如《广州市数字经济促进条例》《浙江省高新技术促进条例》等。由于这类义务性规则具有较强的道德性或者超前性特征，因此，行为主体（包括政府）对于是否遵守有一定的选择权（如对政府仅构成努力义务），法律一般不设置明确的罚则，而是通过立法营造一种社会氛围和导向，形成一种权威性舆论评价，鼓励或者否定当事人的行为选择。

因此，是否需要设定罚则首先要看义务规范的类型。虽然有的人会认为既然没有强制性，就没有必要在法律上规定倡导性的义务规范。但是，这类规范和前述的部分权利性规范一样，具有导向性，表明了国家对这类行为的明确态度，对于引导当事人建立国家所欲求的行为模式具有一定的意义。

二是能否设定罚则也和执法条件有关。例如，对于前述《环境保护法》第38条所规定的对生活废弃物进行分类放置的义务要求，国家制定了相当多的配套措施，如生活垃圾集中转运设施的完善、垃圾处理场所的污染物排放监测、分类垃圾桶的配置、大量的宣传宣讲等，已为公民履行义务提供了便利条件。从公共卫生保障、传染病防治和资源循环利用的公共利益角度以及我国公民文明程度看，该义务理应成为应为义务而非倡导性义务，对于行为主体不履行该义务的，应设定相应的罚则。但《环境保护法》却并未设立。这一方面和该法已多年未修订有关；另一方面可能是执法的可行性问题，目前各地多数城管执法部门根本没有足够的人力和物力投放到对全域生活垃圾分类投放的执法检查中去，一些地方虽然制定了相关法规，如《海口市生活垃圾分类管理办法》，但从各地实践情况看，这类罚则更多的还是针对单位，对个人处罚的比例很低。

三是立法技术问题。这主要是立法技术不规范所造成的。例如，下表所示的《老年人权益保障法》中的部分条款。（见表2）

表2 《老年人权益保障法》中的法律责任条款

总则条款	法律责任条款	准用《治安管理处罚法》的条款
第3条第3款　禁止歧视、侮辱、虐待或者遗弃老年人。	第76条　干涉老年人婚姻自由，对老年人负有赡养义务、扶养义务而拒绝赡养、扶养，虐待老年人或者对老年人实施家庭暴力的，由有关单位给予批评教育；构成违反治安管理行为的，依法给予治安管理处罚；构成犯罪的，依法追究刑事责任。 第78条　侮辱、诽谤老年人，构成违反治安管理行为的，依法给予治安管理处罚；构成犯罪的，依法追究刑事责任。	第43条　殴打他人的，或者故意伤害他人身体的，处五日以上十日以下拘留，并处二百元以上五百元以下罚款；情节较轻的，处五日以下拘留或者五百元以下罚款。 有下列情形之一的，处十日以上十五日以下拘留，并处五百元以上一千元以下罚款： （一）结伙殴打、伤害他人的； （二）殴打、伤害残疾人、孕妇、不满十四周岁的人或者六十周岁以上的人的； （三）多次殴打、伤害他人或者一次殴打、伤害多人的。 第45条　有下列行为之一的，处五日以下拘留或者警告： （一）虐待家庭成员，被虐待人要求处理的； （二）遗弃没有独立生活能力的被扶养人的。
第14条第1款　赡养人应当履行对老年人经济上供养、生活上照料和精神上慰藉的义务，照顾老年人的特殊需要。		
第18条　家庭成员应当关心老年人的精神需求，不得忽视、冷落老年人。 与老年人分开居住的家庭成员，应当经常看望或者问候老年人。 ……………		

从法条规定看，上述三条分别对应的是"禁止歧视、侮辱、虐待或者遗弃老年人""应当履行对老年人经济上供养、生活上照料和精神上慰藉的义务，照顾老年人的特殊需要""不得忽视、冷落老年人……应当经常看望或者问候老年人"三项义务。这三项义务中，第 18 条的规定属于倡导性义务，因为在老龄化社会已经到来、空巢老人大量存在的情况下，很难量化和确定"经常看望"的法定标准。第 14 条属于应为义务，但"照顾"的标准同样存在难以确定的问题，对于不履行这一义务的，老人可以考虑通过民事诉讼的方式主张权利。第 3 条的规定属于禁止性义务，对于违反禁止性义务的，应当承担相应的法律后果。但该法只通过准用条款，设定了对侮辱、虐待或者遗弃老年人三种违法行为的行政处罚，对于"歧视"则没有设定罚则。如果立法者认为"歧视"的主观要件和客观行为难以认定，那么，就不应将它与其他三类行为并列规定在禁止性义务中，这就属于立法技术上的失误。

由此可见，法律规则的多样性导致具体立法中的规则条款不一定全部具有条件、行为模式和法律后果三要素，缺乏某一要素的法律规则通常被称为不完全规则。[10] 而导致不完全规则的原因，既有倡导性义务行为模式不需要行政处罚这种严厉的制裁性法律后果，也有执法力量不足、执法规则积累不足或者立法技术造成的要素缺失。从中央立法和地方立法的关系而言，如果法律或者行政法规本身认为不需要设定罚则的，基于"不抵触"原则，地方立法也不宜增设罚则。如果属于法律或者行政法规的立法条件不成熟或者立法技术不完备造成的要素缺失，地方立法在条件成熟的情况下创设罚则，属于对缺失要素的补充，不构成对上位法立法宗旨和立法目的的抵触，而属于对上位法的执行和实现。

也正是由于这一复杂情况的存在，《行政处罚法》第 12 条第 3 款规定："法律、行政法规对违法行为未作出行政处罚规定，地方性法规为实施法律、行政法规，可以补充设定行政处罚。拟补充设定行政处罚的，应当通过听证会、论证会等形式广泛听取意见，并向制定机关作出书面说明。地方性法规报送备案时，应当说明补充设定行政处罚的情况。""可以"的授权规定赋予了地方立法选择权，要求地方对上位法未制定罚则的原因进行深入分析、实地调研和权衡判断，既不能因为上位法没有规定而径行认定自己无权立法，也不能在上位法已经确定不需要设定罚则的情况下盲目处罚。在判断可得制定罚则的情况下，也要进一步考虑自行制定罚则的成熟度，包括执法经验积累的成熟度、社会需求的紧迫度和自行立法的能力，这也是第 3 款专门规定听证和说明程序的原因所在。

正是基于这一认识，本文认为《行政处罚法》第 12 条第 3 款针对的是上位法中的不完全规范。由于它是以存在上位法的行为模式规范为前提，因此不属于

---

[10] ［德］卡尔·拉伦茨：《法学方法论》，陈爱娥译，商务印书馆 2003 年版，第 249—253 页。

先行性立法（因为它是针对事务的先行性立法，而非针对罚则的先行性立法）和地方事务性立法，而属于执行性立法的范畴，属于特殊的补充设定型执行立法，是为了执行上位法的行为义务规范，而对该规范中缺失的法律后果作出的补充性创设规定。

四、结语

根据上述分析，地方性法规的行政处罚设定权可行使于三种情形：一是针对本辖区内的地方性事务，作为治理手段之一，可以在设定行为模式的基础上选择设立行政处罚；二是就全国性事务先行立法时，同样可以设定包括行政处罚在内的完整的行为规范；三是执行上位法时，对于上位法只设定行为模式未作出处罚规定的，根据上位法宗旨、本地的需求和立法条件，可以选择能否、是否补充设定行政处罚。不论是在上述哪一种情形下，地方性立法可得设定的处罚种类，都仅限于"除限制人身自由、吊销营业执照以外的行政处罚"。

实际上，《行政处罚法》第12条之争看似围绕处罚权的设定而起，其实质却在于对法律规范的构成要素与表现方式本身存在错误认识，对立法的事务规范权限与行为模式设定权限间的上下层关系缺乏明确认识。体系化下的法规解读视角才是解决这一争议的关键所在。

行政协议中行政主体资格的审查

——以房屋征收补偿协议为例 [1]

陈 洁

一、问题的提出

行政主体资格，在我国的立法上被作为决定行政行为效力状态的重要因素 [2]，在学理上则是与行政职权相勾连而加以塑造 [3]。在司法审查中，没有法律、法规、规章授权的内设机构以自己的名义独立对外作出行政行为，通常会被认为是欠缺行政主体资格，依据《行政诉讼法》第 75 条的规定，应当作出确认无效的判决。[4] 而在行政协议中，行政一方作为协议主体之一，其主体资格与协议效力状态的紧密关联，被行政法律规范和民事法律规范双重确认。

考察我国实践，行政协议中行政主体资格存疑的情形不在少数，并在争讼率最高的房屋征收补偿协议 [5]（以下简称征补协议）中得到集中呈现。市、县级政府或其确定的房屋征收部门，是《国有土地上房屋征收与补偿条例》（以下简称《征补条例》）第 25 条所确定的征补协议行政一方。但是，实践却打破了这种立法设定，没有法律、法规、规章授权的内设机构或者受委托的组织，以自己的名义订立协议的现象大量存在。被设立或者被委托的组织是否具有行政主体资格，在司法实务中认定不一，甚至最高人民法院的裁判也不能明晰说理。在认定被设立或被委托的组织不具有行政主体资格的案件中，又试图通过《最高人民法院关于适用〈中华人民共和国行政诉讼法〉的解释》第 20 条的规定 [6] 来转换行政诉讼被告，从而避开协议

---

[1] 本文首次刊发于《公法研究》（第 21 卷，2022 年），文章有所改动。

[2] 《行政诉讼法》第 75 条规定："行政行为有实施主体不具有行政主体资格或者没有依据等重大且明显违法情形，原告申请确认行政行为无效的，人民法院判决确认无效。"

[3] 何海波：《行政诉讼法》，法律出版社 2016 年版，第 261—262 页。

[4] 浙江省新昌县人民法院（2018）浙 0624 行初 114 号行政判决书；浙江省绍兴市中级人民法院（2019）浙 06 行终 14 号行政判决书。

[5] 在"无讼案例"数据库中，以"行政协议"为关键词进行案例的图表分析检索，发现行政协议的相关争议案件数量，自其进入行政诉讼受案范围以来逐年上升；截至目前，直接以"征收""土地""拆迁""补偿""拆迁安置""拆迁补偿"等为关键词的案件数量占 95% 以上。最后访问时间：2019 年 10 月 5 日。

[6] 该条第 3 款规定："没有法律、法规或者规章规定，行政机关授权其内设机构、派出机构或者其他组织行使行政职权的，属于行政诉讼法第二十六条规定的委托。当事人不服提起诉讼的，应当以该行政机关为被告。"

无效的后果，然而该思路在既有的行政法理和合同法理上都无法得到合理的解释。

诸多矛盾指向了一个原初性的问题——行政行为的法律规则在行政协议中可否直接适用？具体而言，行政法中的行政行为实施主体须具有行政主体资格的规则，可否直接适用于征补协议？若不能直接适用，该作出怎样的调适？这些问题尚无明确的规范指引，却又是审判实践的迫切追问。行政协议理论的细化研究，是其在实践中得到有效适用的前提。[7] 对这些细化问题的研究，不仅会为审判实务提供更加清晰的思路，也将增益于学理体系的建构及最终完善。

二、行政主体资格瑕疵的案型及裁判

注意到各地区的行政与司法实践的分歧集中呈现在最高人民法院的裁判中，即使是同一案型，最高人民法院内部在裁判思路及结论上都存在差异，因而颇有研究的趣味和意义，故在选取行政一方主体瑕疵的案件时将审理法院的层级固定在最高人民法院。于是，在"北大法宝"数据库中，筛选出 10 份 [8] 裁判文书。并按照订约主体进行类型化，得出两类订约主体：被设立的组织（以下简称被设组织）、受委托的组织（以下简称受托组织）。（见表1）

表1　房地产征收补偿行政裁判的整理

案例编号	行政组织间关系	法院认定摘要	对应案号
I—Y：1	区政府设立征收办	根据《国有土地上房屋征收与补偿条例》第4条第2款及第25条的规定，本案永city区征收办作为法定授权的组织，具有行政主体资格。	最高人民法院行政裁定书（2016）最高法行申463号
I—Y：2	县政府设立征补办	房屋征收部门虽然是由"市、县级人民政府确定"，但其职责和市、县级人民政府一样，都是在该条例的授权之下以自己的名义履行职责。此外，金寨县征补办也有能力履行协议所约定的给付义务。	最高人民法院行政裁定书（2016）最高法行申2719号

[7] ［德］哈特穆特·毛雷尔：《行政法学总论》，高家伟译，法律出版社2000年版，第361页。

[8] 以"案例标题：行政协议；法院级别：最高人民法院"进行高级检索，得到54个结果，逐一阅读筛选，得到与本文研究问题相关的8个结果。为尽量穷尽检索，又以"案例标题：征收补偿协议；全文：主体；法院级别：最高人民法院"进行高级检索，得到28个结果，同样逐一阅读之后，筛选出3个结果。最后检索时间：2019年6月4日。有三点需要说明：（1）由于最高人民法院的案件总体数量不多，考虑到主体瑕疵问题在国有土地上房屋的征补协议与集体土地及其附着物的征补协议上并无二致，所以所选案例包含了这两种情形；但是，由于国有土地上房屋征收与补偿的法律法规相对完善，所以，文章论证时以国有土地上房屋征收与补偿为背景。（2）在2011年《国有土地上房屋征收与补偿条例》取代《城市房屋拆迁管理条例》之前，该种协议被称为拆迁补偿安置协议，现在也少有继续沿用此称法的情况。但是为与《行政诉讼法》修改内容相对应，名称及检索用词均使用"征收补偿协议"。名称的改变，并不影响核心问题的讨论。（3）为避免行文冗繁，正文援引相关判决时仅显示编号，对应的案号见文末附表。

案例编号	行政组织间关系	法院认定摘要	对应案号
I—N：1	县级政府设立旧城办	瑞安市政府作为县级人民政府，依法具有市政建设和旧城改造的法定职权，亦有权委托其他部门或者组织签署涉案协议，而相关法律后果由瑞安市政府承担。瑞安市旧城办受市政府委托负责市区旧城建设、旧村改造和文化名城保护的工作，与被征地村委会签订土地征收协议。	最高人民法院行政裁定书（2017）最高法行申6280号
I—N：2	国土局设立征拆中心	中共郴州市委机构编制委员会郴编（2009）9号关于设立郴州市征拆中心的批复文件规定，郴州市征拆中心为归口市国土局管理的副处级事业单位，其主要职责是受郴州市国土局委托，负责办理郴州市城市规划区内各项目建设的征地拆迁事务。据此可知，郴州市征拆中心是受郴州市国土局的委托才从事的相关征地拆迁事务。	最高人民法院行政裁定书（2017）最高法行申4129号
I—N：3	管委会设立征地服务中心	征地服务中心受重庆高新区管委会领导，代表重庆高新区管委会承担征地工作的事业单位，本身不具备行政主体资格。	最高人民法院行政裁定书（2017）最高法行再49号
I—N：4	房产管理局设立征收办	根据《国有土地上房屋征收与补偿条例》第4条、第5条、第25条的相关规定，湘潭市政府有权确定房屋征收部门组织实施其行政区域的房屋征收与补偿工作，其确定的房屋征收部门亦可委托房屋征收实施单位，承担房屋征收与补偿的具体工作。湘潭市房产管理局是湘潭市政府确定的房屋征收部门，而昭山征收办又系该局授权委托承担房屋征收与补偿具体工作的实施单位，故湘潭市房产管理局依法具有房屋征收与补偿的主体资格和法定职权，昭山征收办作为受委托单位也有权实施房屋征收与补偿具体工作。	最高人民法院行政裁定书（2017）最高法行申6350号
I—N：5	管委会设立征地所	昭山示范区管委会只是派出机构，不具有独立的行政主体资格，不能以自己的名义对外行使行政权。作为昭山示范区管委会下属的示范区征地所，更不具备独立的行政主体资格。	最高人民法院行政裁定书（2017）最高法行申5396号
E—Y：1	区政府委托乡政府	地窝堡乡政府受新市区政府的委托，有权具体实施涉案土地的收回及补偿事宜，故本案不存在行政行为的实施主体不具有行政主体资格的问题。	最高人民法院行政裁定书（2017）最高法行申6395号

案例编号	行政组织间关系	法院认定摘要	对应案号
E—Y: 2	县政府委托镇政府	根据《土地管理法》第46条第1款以及《土地管理法实施条例》第25条的规定，乡镇一级政府也确实不是国家征收土地以及进行征地补偿、安置的实施主体，但是，行政权力可以委托。本院注意到，城关镇政府是以自己的名义，而非委托主体太和县政府的名义签订协议。虽然一般认为，受托主体接受委托后仍应以委托主体的名义实施行为，但只要委托主体不是转嫁责任，对委托予以认可，并能承担法律责任，人民法院就可以认定委托关系成立。	最高人民法院行政裁定书（2017）最高法行申2289号
E—N: 1	国土局委托城建公司	市、县人民政府土地行政主管部门是集体土地征收补偿具体实施主体，依法具有订立征收补偿安置协议法定职责。本案安吉县灵芝路南侧区块旧城改造项目系集体土地征收，依法应当由安吉县国土资源局组织实施相关具体补偿安置工作。安吉城建公司受安吉县国土资源局之委托，与孙金水订立补偿安置协议。	最高人民法院行政裁定书（2017）最高法行申5861号

（一）案型Ⅰ：被设组织以自己名义进行签约

市县级政府、房屋征收部门甚至开发区管理委员会[9]设立隶属于自身的行政组织，由其具体负责某一区域内的征收与补偿工作，这些被设组织在各地叫法多样，常为冠以征收、征补、征拆、旧城改造等之名的办公室、中心、所等。在征补协议订立时，它们常常以自己的名义订约。案例Ⅰ—Y：1—2、Ⅰ—N：1—5[10]均

---

[9]　开发区管理委员会目前在组织法上的地位模糊，学理上认为是本级政府的派出机构。章剑生：《现代行政法总论》，法律出版社2019年版，第113页。司法实务中也有赞同该学理观点的判决，如案例Ⅰ—N：5。也有判决将其作为行政机关，如案例Ⅰ—N：3；还有的判决则避开不谈，如案例Ⅰ—N：4。根据《最高人民法院关于适用〈中华人民共和国行政诉讼法〉的解释》第21条的规定，只有国务院、省级人民政府批准设立的开发区管理机构才具有行政主体资格。鉴于管委会设立的行政组织才是本文的研究对象，故不在文中对此进行讨论。

[10]　在编号上，因被设组织往往隶属有法定订约权机关的内部（Internal），故用"Ⅰ"代表；相对而言，受托组织与有法定订约权机关则是外部关系（External），故用"E"代表。"Y"表示被法院认定为具有行政主体资格，"N"则表示不具有。例如，"Ⅰ—Y"即为被设组织以自己名义进行签约时被法院认为具有行政主体资格的案例，其后数字表明该种情形之下的所有案例编号。后文不再赘注。

属于此种案型，关于被设组织是否具有行政主体资格的问题，存在两种审判态度，说理过程也有较大差异。

1. 被设组织不具有行政主体资格的裁判思路

在案例 I—N：1 中，县政府设立办公室，在案例 I—N：2、4 中，当地的房屋征收部门设立隶属于自身的行政组织，案例 I—N：3、5 都是管委会下设某一行政组织的情形。

首先，关于协议的签订主体，案例 I—N：1—5 均明确认为系被设组织与被征收人。其次，关于协议的责任主体，又都认为并非实际订约的主体，而是设立该组织的主体，二者是委托关系。但是，关于委托关系的认定，各个案件的依据不一。从裁判文书的文本来看，案例 I—N：2 依据的是当地机构编制委员会的文件规定；案例 I—N：3、5 依据的是《最高人民法院关于执行〈中华人民共和国行政诉讼法〉若干问题的解释》第 21 条的拟制性规定；案例 I—N：4 则依据《征补条例》第 4 条、第 5 条的规定，将被设组织定性为受房屋征收部门委托的"房屋征收实施单位"；案例 I—N：1 在文本中并未明确，表现出一种直接认定的态度。最后，在被设组织是否具有行政主体资格问题的认定上，案例 I—N：3、5 明确指出被设组织不具有行政主体资格。案例 I—N：1、2、4 虽未明确，但鉴于其认为设立该组织的行政机关才是具有相关职权的行政主体，亦可推断出其否定被设组织的行政主体资格的态度。

2. 被设组织具有行政主体资格的裁判思路

案例 I—Y：1—2 都属于县级政府设立办公室的情形，判决都明确认为被设组织具有行政主体资格，而且审理思路也相似，即都是将该办公室定性为"房屋征收部门"。

案例 I—Y：2 有更加详细的说理，其认为《征补条例》第 4 条第 2 款中的房屋征收部门虽然是由"市、县级人民政府确定"，但其职责并非由市、县级人民政府授权，也非由市、县级人民政府委托，其和市、县级人民政府一样，都是在该条例的授权之下以自己的名义履行职责。此外，案例 I—Y：2 还指出，依照《征补条例》第 12 条第 2 款的规定，在县政府因涉案建设项目而作出房屋征收决定前，征收补偿费用应当足额到位、专户存储、专款专用，因此征补办有能力履行协议所约定的给付义务，具有承担法律责任的能力。

（二）案型Ⅱ：受托组织以自己名义进行签约

除了设立行政组织之外，还存在委托其他组织具体实施征收补偿工作的情况。从目前的样本来看，委托的对象主要有专门公司和下级政府。当委托对象是公司时，会否定其行政主体资格；当委托对象是下级政府时，则倾向于肯定其行政主体资格。同样是委托关系，似乎隐含着依据受托主体的身份来决定其是否具有行政主体资格的观念。

1.受托组织不具有行政主体资格的裁判思路

在案例E—N：1中，县国土资源局委托城建公司，由其负责被征收区域内的补偿安置工作。最高人民法院依据《土地管理法实施条例》第25条第3款、《征用土地公告办法》第11条和第12条第1款的规定，认为"市、县人民政府土地行政主管部门是集体土地征收补偿具体实施主体，依法具有订立征收补偿安置协议法定职责"。"本案系集体土地征收，依法应当由县国土资源局组织实施相关具体补偿安置工作"，亦即否定被委托组织的行政主体资格。在城建公司与国土资源局的关系上，认为城建公司是受县国土资源局之委托，与被征收人订立补偿安置协议。

2.受托组织具有行政主体资格的裁判思路

案例E—Y：1—2都属于上级政府委托下级政府具体负责征收补偿工作的情形。在案例E—Y：1中，最高人民法院认为，依据《征补条例》第4条第1款的规定，"市、县级人民政府负责本行政区域的房屋征收与补偿工作，本案中，乡政府受区政府的委托，有权具体实施涉案土地的收回及补偿事宜，故本案不存在行政行为的实施主体不具有行政主体资格的问题"。亦言之，肯定了乡政府因为县级政府的委托而具有了行政主体资格。

案例E—Y：2是县政府委托镇政府订约的案件，最高人民法院论证"镇政府具有签订补偿安置协议的行政主体资格"时，采取了一种层层"让步"的说理。首先，根据《土地管理法》第46条第1款以及《土地管理法实施条例》第25条的规定，认为"乡镇一级政府也确实不是国家征收土地以及进行征地补偿、安置的实施主体"。其次，退一步提出"但是，行政权力可以委托"，本案中，县政府依法属于征收土地方案的组织实施部门、补偿安置方案的批准部门，其通过制定《太和县城市规划区内集体土地征收房屋拆迁补偿安置暂行办法（修订）》，委托被征收土地范围内的镇政府具体签订补偿安置协议，更有利于相关工作的开展。最后，为了解释受托组织以自己名义签约的现象，又退一步提出"虽然一般认为，受托主体接受委托后仍应以委托主体的名义实施行为，但只要委托主体不是转嫁责任，对委托予以认可，并能承担法律责任，人民法院就可以认定委托关系成立。"

三、裁判思路在释义学框架内的检视

进一步整理前述判决，可以发现，就被设组织的法律地位而言，存在"行政法规的授权"与"受有法定订约权机关的委托"两种类型，"授权说"肯定被设组织的行政主体资格，而"委托说"则持否定态度；就受托组织的法律地位而言，虽然都采"委托说"，但是对既有法理出现诸多突破。

（一）"授权说"：限于被设组织确实是房屋征收部门

《征补条例》第25条第1款明确规定："房屋征收部门与被征收人……订立补偿协议。"依据本法第4条第2款的规定，"房屋征收部门"是由市、县级人民政府确定的、负责组织实施其行政区域内房屋征收与补偿工作的行政组织。依据体系之内的文义解释，房屋征收部门在签订征收补偿协议的事项上，能以自己的名义对外行使签订协议的行政权，并能独立地承担因此而发生的法律责任。房屋征收部门属于行政机关，在征补协议签订事项上构成适格的行政主体。

案例I—Y：1—2中的征收办与征补办都是隶属于当地县级政府的行政组织。从最高人民法院在两份裁判文书中的审判思路来看，存在将征收办与征补办定性为"房屋征收部门"这一隐含前提，然后再说明"房屋征收部门的职权来源和市、县级人民政府一样，都是在《征补条例》的授权之下以自己的名义履行职责"。就此前提而言，名为"某某办"的组织，看似更像行政机关临时组建的内设机构或派出机构，而非独立的行政主体。那么，最高人民法院的这一定性是否有误呢？

考察实践中的"房屋征收部门"，在各地区并无一个统一的组织名称，表现形式多种多样，如房产管理局、建设局、城乡规划局、房产与土地管理局、国土资源与城乡建设局等，名称也确实有局、委、办等不同称谓。[11]最高人民法院的实务专家曾提出，依据统一归口原则和避免职责重复交叉原则，来确定具体的组织实施主体和责任主体的思路。[12]根据《征补条例》的文义，"房屋征收部门"应当统一归口市级或县级政府管理。根据精简高效的行政组织原则，各部门之间不应有职权的重叠，但是，职权是否重叠是行政组织设置是否合理或合法的问题，并不影响其属于何种行政组织的事实定性问题。此外，更为重要的是，还应当根据当地的"三定方案"（地方政府机构设置、职能和编制的规定），确认其是否有独立的编制。

经过政务服务咨询与政府信息公开申请发现，案例I—Y：1与案例I—Y：2发生地的房屋征收部门，确实称为某某"中心"与"办"，统一归口县级政府管理并有独立编制。[13]而最高人民法院在论证说理中并未提及独立编制问题，取而

---

[11] 江必新主编：《〈国有土地上房屋征收与补偿条例〉理解与适用》，中国法制出版社2012年版，第46页。该书还提及"政府明确授权的专门机构和组织"也属于房屋征收部门的一种，笔者认为，该种授权须有法律法规或者规章的依据；否则，应依据司法解释视为委托。这也是本文着重讨论的问题之一。

[12] 江必新主编：《〈国有土地上房屋征收与补偿条例〉理解与适用》，中国法制出版社2012年版，第46页。

[13] 笔者在安徽政务服务网（https://www.ahzwfw.gov.cn/）上，就案例I—Y：2中的金寨县房屋征收部门的具体所指进行咨询，得到金寨县委编制管理办公室的答复如下："我县负责房屋征收补偿的部门为金寨县安居服务中心（原金寨县安居工作办公室），为县政府直属正科级公益一类事业单位，编制15名，具有独立法人地位。"（答复收悉日期：2019年6月28日）对于案例I—Y：1中的房屋征收部门，笔者在永定区人民政府网（http://www.zjjyd.gov.cn/）上，就同样问题申请政府信息公开，得到永定区政府房屋征收与补偿事务中心的答复如下："本单位是负责全区国有土地上房屋征收与补偿工作的正科级事业单位，具有独立编制……负责拟订并与被征收人签订房屋征收补偿协议……"（答复收悉日期：2019年9月17日）需要说明的是，虽然这两地的部门名称现在已经与案发时不尽一致，但至少表明"办"或"中心"为"房屋征收部门"的一种可能。

代之的是，征补办"因有充分的资金准备而具有承担法律责任的能力"。是否有承担法律责任的财产能力，是解决民事责任承担问题的思路，它并不等同于行政组织法上的职权问题。以此理由来作为肯定行政主体资格的论据，有待商榷。如果依据归口与编制，可以认定名为"办"或"中心"的组织确实是"房屋征收部门"，那么，它自然是由《征补条例》授权，可以自己的名义对外签订征补协议，这是立法上的安排。

问题在于，非归口于市、县级政府管理又无独立编制的，或者虽归口市、县级政府管理但无独立编制的行政组织，该如何定性？实践中更多的是，房屋征收部门或者管委会设立行政组织的情形，或者虽由市、县级政府设立但无独立编制的情形，表现为内设机构或者派出机构。"授权说"虽然可以绕过多样的行政组织名称，但是，因其内含着某一组织确实是房屋征收部门的前提条件，所以，在其他情形中的解释力是极为有限的。如若将该种解释路径扩展到所有的名为"某某办"的行政组织，不仅会让司法审判背离监督行政机关依法行政的职责，还会让司法审判沦为一种能够为行政组织机构滥设、职权交叉作出合法化解释的注脚，因而必须明确其适用前提。

（二）"委托说"：各步思路都与既有法理不能相容

有法定订约权的机关（以下简称有权机关）可以实际委托专门公司或者下级行政机关，司法解释又将设立内设机构、派出机构等内部行政组织的行为拟制为委托。据此，签订征补协议事项中的委托关系在法律上即有两类，一类是实际的委托关系，另一类则是拟制的委托关系（后文所称受托组织，如无特别说明均包含此两类）。在所有认定为委托关系的案件中，有的否定受托组织的行政主体资格，有的肯定受托组织的行政主体资格。无论是认可委托关系，还是对行政主体资格的确认与否，都与既有法理存在重重抵牾。

1. 认可以受托组织名义行为的行政委托：突破行政委托的显名原则

我国学界认为的行政委托，通常是指"行政机关作为委托方将其部分执法权限交予特定组织或个人，受托方以委托方的名义行使委托事项的法律机制"[14]。尽管在委托主体、受托主体、委托事项等要素上还有所争议，但是，在行政委托中，须以委托方的名义作出行为并由委托方承担责任，已成为学界主流观点的共识，[15]

[14]　黄娟：《行政委托制度研究》，北京大学出版社 2017 年版，第 2 页。

[15]　应松年、薛刚凌：《行政组织法研究》，法律出版社 2002 年版，第 101 页；姜明安主编：《行政法与行政诉讼法》，北京大学出版社、高等教育出版社 2011 年版，第 121 页；胡建淼：《行政法学》，法律出版社 2015 年版，第 553 页；章剑生：《现代行政法总论》，法律出版社 2019 年版，第 115 页。有学者在研究行政协议中的受托主体以自己名义订约的现象时，提出肯定委托关系的观点，在与主流观点相悖的情况下，并未加以论证，此处保留疑惑；该观点参见王敬波：《司法认定无效行政协议的标准》，载《中国法学》2019 年第 3 期。

而且也已在立法中予以明确。[16] 行为须显示特定主体的名义，在学理上被称为"显名原则"[17]。

就征补协议的文本来说，受托组织若以自己的名义签订征补协议，则突破了行政委托的法理所要求的显名原则。在检索所得的认定为委托关系的案例中，绝大多数均未注意到这一点，仅有案例 E—Y：2 注意到该问题，并有所阐释。该案为了解决名义问题与行政委托法理之间的矛盾，试图针对委托主体提出三项认可委托关系的并列标准：（1）非为转嫁责任；（2）认可委托关系；（3）承担法律责任。该观点的提出，表明最高人民法院对行政委托中显名原则随行政实务发展而出现突破的肯定态度。至于为何能够允许这种突破的发生，则缺乏进一步的说明。

2. 否定受托组织的行政主体资格：在合同的相对性原则上存疑

依循行政委托的法理，在受托范围内，受托人所为行为的法律责任，应由委托人来承担。直接认定委托主体才是具备资格的行政主体的裁判思路，意在让具备行政主体资格的委托主体来承担受托组织所为行为的责任。但是，这种直接将非协议文本中的当事人的所谓委托主体拉入协议关系，并承担协议当事人的责任的做法，值得进一步思考。

合同的相对性原则，被认为是合同法的基本原则，在合同法领域具有统摄地位。它的基本含义是：非合同当事人不得请求合同权利，也不必承担合同义务。[18] 最高人民法院也有裁判主张行政协议应坚持合同相对性原则。[19] 从征补协议文本以及签约当时的交涉情况看，行政组织内部的委托关系对于协议相对的私主体一方来说，有时并不是显现的，受托组织以自己名义独立为意思表示甚至最终履行合同，外界有理由相信受托组织就是协议的另一方主体。而认定为委托关系的案例中，多数均认为征补协议之外的委托主体才是协议的当事人，这在形式上岂不违背了合同的相对性吗？

3. 肯定受托组织的行政主体资格：违背行政职权法定原则

以谁的名义作出行为，在行政法上，更意味着谁拥有该项法定职权。依法行政原理蕴含着行政职权法定原则，即任何行政职权的来源与作用都必须有明确的法定依据，否则越权无效。[20] 行政职权应当来源于正式立法，这是职权法定原则

---

[16] 《行政许可法》第 24 条；《行政处罚法》第 18 条。

[17] 此处"显名原则"的概念来源于民法上的代理理论，虽未见我国行政法学理对该概念的直接引用，但是学界关于行政委托的名义问题，在内涵上的表述与显名原则一致，故而在此借鉴该概念。

[18] 李永军：《合同法》，法律出版社 2010 年版，第 386、408 页。

[19] "在行政协议诉讼中可以适用不违反行政法和行政诉讼法强制性规定的民事法律规范。在民事合同法律规范中，合同相对性原则具有基础性地位。"最高人民法院（2016）最高法行申 2719 号。

[20] 周佑勇：《行政法基本原则研究》，武汉大学出版社 2005 年版，第 167—169 页。

的基本理念之一。[21] 我国《立法法》所承认和规范的正式立法主要是法律、法规和规章，"三定方案"在不违反上位法的前提下也可以作为确定行政机关管辖权划分的依据。[22]

在行政协议订约主体的问题上，实务界与理论界都有观点认为，根据职权法定和越权无效的原则，如果行政一方从根本上就没有订立相应行政协议的权力，则该协议就丧失了合法性基础，法院可以径行确认该协议无效。[23] 前已述及，在检索到的以委托关系定性案例中，当委托的对象是下级政府时，最高人民法院倾向于承认下级政府在订约事项上的行政主体资格，此种现象不可不查。

在没有法律、法规、规章甚至"三定方案"依据的情况下，仅仅因上级政府的委托，使原本没有征补协议订约权的下级政府具有了该项行政职权，没有该项职权的下级政府也因上级政府偶然的一次委托行为而获得行政主体资格，能够以自己的名义独立对外订约并承担法律责任，这存在违背职权法定这一行政法基本原则之嫌。

四、房屋征收补偿协议中行政主体资格的审查

行政协议中行政一方主体瑕疵的问题，在我国目前实践中尤为常见 [24]，并在房屋征收补偿协议中集中展现。而现有的司法裁判及说理，对这一问题的处理存在诸多不妥之处。这亟须我们在学理上对其加以研究，并在法释义学框架内提出一套明确的审查方案。在进行理论研究时，精确研究对象的理论定位，将有助于为其找准合适的分析框架，从而得出稳妥的研究结论。因此，在提出解决方案之前，需要对征补协议本身加以思考。

（一）征收补偿协议的本质：意定的法定之债

征收补偿的制度史，在人类文明进程中，可以上溯至古罗马时代。[25] 现代法治理念更是要求，有征收必有补偿。补偿，作为被征收人得以请求征收人为一定给付的债的关系而存在。这种债之关系，与民法理论上的契约之债（或合同之债）显有不同。

---

[21] 沈岿：《行政行为实施主体不明情形下的行政诉讼适格被告——评"程宝田诉历城区人民法院行政强制案再审裁定"》，载《交大法学》2019 年第 3 期。

[22] 何海波：《行政诉讼法》，法律出版社 2016 年版，第 263、264 页。

[23] 程琥：《审理行政协议案件若干疑难问题研究》，载《法律适用》2016 年第 12 期；沈福俊：《司法解释中行政协议定义论析——以改造"法定职权范围内"的表述为中心》，载《法学》2017 年第 10 期。

[24] 行政协议的行政主体瑕疵问题，不仅存在于房屋征收补偿协议中。在立法更为缺漏的特许经营协议中，问题也十分突出。陈无风：《司法审查图景中行政协议主体的适格》，载《中国法学》2018 年第 2 期。

[25] Dukeminier & Krier, Property（2002），1102. 转引自刘向民：《中美征收制度重要问题之比较》，载《中国法学》2007 年第 6 期。

根据我国《宪法》第 13 条的规定，国家为了公共利益的需要对公民的私有财产实行征收时应当给予补偿，现由《征补条例》予以专门规定。这说明，即使没有契约，征收人也有给予补偿的法定义务，被征收人也有要求补偿的法定请求权。换言之，征收补偿之债的来源具有法定性，不以当事人的意思表示为必要。因而，征收补偿是一种由征收行为引发的法定之债，而非基于契约（征补协议）发生的意定之债。[26] 日本学者美浓部达吉也早有先见地提出，如征收补偿请求权等公法上的债权通常以法律规定为根据，而私法上的债权通常以契约为基础。[27]

征收补偿之债作为法定之债，在是否成立债之关系、债之关系的相对人、债之关系的内容等方面，均由立法在不同程度上给予预先安排，而无须当事人为意思表示再行设定。只要法定的事实即征收行为一经发生，在征收人与被征收人之间自动成立征收补偿之债。

然而，"法定之债"之"法定"具有多义性，契约请求权与法定请求权的二分法也不是绝对的。[28] 就征收补偿请求权而言，虽然该权利的发生不是基于征收人与被征收人的双方合意，但是法律仍要求当事人为相应的契约行为，即订立补偿协议。"契约制度乃在肯定个人自主及自由选择的权利"[29]，法律为征收补偿设置协议制度，一方面是考虑到协议的合作性因素所带来的行政经济意义[30]；另一方面也表明被征收人的意思自主及自由选择的权利得到重视。协议制度的引入，为原本单纯的法定之债增加了意定空间与合意成分。也有学者提出，意定之债在此发挥着一种让已经产生的法定之债发生变更的"媒介作用"。[31]

征收补偿请求权的发生是法定的，请求权的内容含有意定成分。所以，在此意义上，征收补偿请求权的本质或可诠释为"意定的法定请求权"，征收补偿协议则是一种"意定的法定之债"。

征收补偿是基于公平负担的理念，而依法对被征收人给予的损失补偿。[32] 这种基于公平的考量，由立法所预先设定的债之关系（包括公法上的），也被我国民法学界注意到，并将之命名为"法定补偿义务"。学者发现，法定补偿义务与

---

[26] 债的发生原因，王泽鉴：《债法原理》，北京大学出版社 2013 年版，第 57、58 页。

[27] ［日］美浓部达吉：《公法与私法》，黄冯明译，周旋校，中国政法大学出版社 2003 年版，第 86、87 页。

[28] 有关契约请求权与法定请求权的二分法的相对性，苏永钦：《私法自治中的国家强制》，中国法制出版社 2005 年版，第 23、24 页。

[29] 王泽鉴：《债法原理》，北京大学出版社 2013 年版，第 108 页。

[30] ［德］汉斯·J.沃尔夫、奥托·巴霍夫、罗尔夫·施托贝尔：《行政法》（第二卷），高家伟译，商务印书馆 2014 年版，第 148、149 页。

[31] 王利明：《债法总则研究》，中国人民大学出版社 2018 年版，第 232 页。

[32] ［日］盐野宏：《行政法 Ⅱ［第四版］行政救济法》，杨建顺译，北京大学出版社 2008 年版，第 243 页。

侵权损害赔偿之债之间存在一定的相似性，二者都是由于致损行为而发生，同时二者都是法律直接规定的财产给付关系。[33] 但是其在发生领域、补偿范围等方面都具有特殊性，无法被其他债的关系所涵盖。学者又进一步主张，应当将法定补偿义务作为独立的债的发生原因，与合同之债、侵权之债、不当得利之债、无因管理之债等并立。[34]

民法学界的这种讨论，给了我们一个深刻的启发：征收补偿之债借助协议的外形达成，需考虑合同法理；但是对征收补偿之债包括征收补偿协议的理解，还应该置于整个债法的层面上，而非仅限于合同法的层面。

（二）合同相对性原则的放弃：协议主体应遵循法定

由前文可知，征补协议行政一方存在"被设组织以自己名义进行签约"和"受托组织以自己名义进行签约"的主体瑕疵情形。司法裁判目前所采用的"授权说"与"委托说"，都不能圆满地解决问题。那么，是否还有其他的解释方案呢？这就需要对协议所涉各方的法律关系进行再度厘清。

行政协议作为公法与私法的混合产物，对其进行法学上的研究，既要参酌行政行为理论，又要借鉴民事合同理论，已成学界共识。然而，对私法理论的借鉴，不能仅仅限于合同法，因为合同本质上是契约之债，它仅代表了债的一种类型。按照债的发生原因，除契约之债外还有各种多样的法定之债。行政协议关系本质上是债之关系，但行政协议既非单纯的契约之债，又非单纯的法定之债，而是二者的融合；同时，其内含的行政性因素又使之与行政行为形成对照，并因行政性因素的影响，而使其异于私法中的债之关系。因而，跳脱出合同法的局限，放眼于整个债法领域，并在行政行为的对比参照之下对行政协议加以定位，[35] 或许为一种更为妥当的思考模式与研究思路。

在征补协议问题上，补偿义务因征收行为引发，征收补偿之债是一种法定补偿义务，本质上是意定的法定之债。按照债的相对性原则或更精确而言的法定补偿义务的相对性原则，补偿义务人理应是征收行为作出的主体，即作出征收决定的市、县级政府。考虑到行政工作的实际，《征补条例》第25条又特别规定由市、

---

[33]　法定补偿义务与侵权损害赔偿之债的异同点，王利明：《债法总则研究》，中国人民大学出版社2018年版，第511—513页。需注意的是，作者认为二者都是基于"侵权行为"而发生的，但是侵权行为的概念本身蕴含着"不法"之意，且作者在此也明确将法定补偿义务与侵权损害赔偿之债区分开来，所以笔者引用时改为较为中性的"致损行为"，这样的修改也符合引文原意。

[34]　王轶：《作为债之独立类型的法定补偿义务》，载《法学研究》2014年第2期；王利明：《债法总则研究》，中国人民大学出版社2018年版，第508—517页。是否应该将法定补偿义务作为一种独立的债的发生原因，目前在民法学界还未达成共识，但这种将特殊的法定之债与其他债的类型区别开来的观点，对我们思考法定性很强的行政协议颇有启发意义。

[35]　在"行政协议"被写入《行政诉讼法》之后，我国通说认为，行政协议从属于行政行为。该观点的梳理及对其的批判，刘飞：《行政协议诉讼的制度建构》，载《法学研究》2019年第3期。

县级政府确定的房屋征收部门具体负责协议的订立与履行，房屋征收部门在征补协议签订事项上，获得了行政法规授权的行政主体资格。这里可以理解为，债的相对性原则在行政法规范中受到了职权法定原则的调整。

反观受托组织以自己名义参与缔结的征补协议，如果仅考虑合同之债的关系，极易出现对合同主体的"认知错觉"。首先，在缔约磋商的过程中，受托组织以自己名义参与协商，并独立作出意思表示；其次，在协议文本上，受托组织也是以自己名义签署；最后，在协议履行时，很可能还是由受托组织提出补偿给付。从表示意思来看，即使对于一个理性第三人而言，也完全有理由相信，受托组织就是协议的相对方；甚至受托组织内心的效果意思，也是将协议法律关系归属于自己。但是，如果只流于合同的形式外观并坚持合同的相对性原则，可能会导致所得结论违背债法上的法定补偿义务的相对性原则。

此外，固守合同形式上的相对性原则，还会导致对行政法上的职权法定原则的违背。典型表现如案例I—Y：2，该案甚至以合同的相对性原则，来作为协议文本上的订约主体是行政诉讼被告的论据。[36] 在行政诉讼被告等同于行政主体的现行行政诉讼背景中，[37] 这种思路亦等同于以合同相对性原则来论证协议文本上的订约主体具有行政主体资格。如此认定，引发的直接后果是，使得法定的行政主体可以借由设立机构或者委托其他组织的方式逃脱担当被告的责任。而且在行政组织上，肯定这种逃脱法律规制的行政机构设置与职权设定，也容易引发部门争权、行政专断和权力滥用等现象。[38] 这也违背了依法组织原则，这一行政组织法形成和发展的核心。[39] 最高人民法院在另一案中所主张的，行政主体资格层面上的职权法定原则不宜突破的观点，[40] 更宜采纳。

在行政协议中，协议文本所呈现的合同的相对性原则，不仅在债法理论上不能周延地解释征收补偿之债，而且在实际运用中还易产生误导甚至恶果，实有放弃的必要。取而代之，应该倡导的是内容更广的债的相对性原则，在征补协议中，主要借助的是其中的法定补偿义务的相对性原则。还应当注意的是，行政法上可能会基于行政实际的考虑作出特别的安排，如行政职权可能会出现一些调整，此时对债的相对性原则也要作相应的变通理解。

---

[36] 尽管该案中名为征补办的行政组织确实是当地的"房屋征收部门"，依法具有行政主体资格，但论证思路实不足取。

[37] 虽然学理上对此已批判较多，但也有学者指出，行政诉讼的被告选择还是权责分配问题，目前的行政诉讼制度大体符合现阶段的国家治理方式。（何海波：《行政诉讼法》，法律出版社2016年版，第205页。）且现在依然是司法审判的普遍做法，可参见最高人民法院（2017）最高法行再49号。

[38] 沈岿：《公法变迁与合法性》，法律出版社2010年版，第33—35页。

[39] 应松年、薛刚凌：《行政组织法基本原则之探讨》，载《行政法学研究》2001年第2期。

[40] 最高人民法院（2017）最高法行申1337号。

（三）"受托组织"以自己名义签约：代理显名原则的例外

上段分析其实也意在勾勒一种应然层面的模式，即根据债的相对性原则和行政职权法定原则，征补协议的行政主体一方应该是市、县级政府或房屋征收部门。在实践中，由有订约权的行政机关设立内设机构、派出机构，再由被设机构实施签约的现象普遍存在，甚至还存在委托下级政府实施签约的现象，这些实然现象中的法律关系到底该怎样梳理？实然现象与应然模式是否具有某种关联呢？以下为探讨。

对于设立机构的情形，司法解释将其拟制为委托关系，但是"拟制"也暗含着其在事实上并非"委托"的意思。委托本属于私法领域的概念，指委托人因信任受托人，委以事务，托其处理的行为，在委托人与受托人之间形成合同关系。[41]我们很难想象，行政机关因工作之需设立机构，使之代为从事某种行政行为，其间还存在被设机构的意思表示自由，更何谈构成合同关系。其实，在民事代理理论上，早有对这种不必经代理人承诺即可成立的单方行为的观察，谓之"代理权之授予行为"。[42]"委托"下级政府的情形，也是基于这种行政内部组织关系，而非因双方之间达成的合意，所以称为上级政府授予下级政府代理权更为妥当。唯有委托专门公司时，存在一定的意思自主，但是该公司对外行为时依然构成委托代理关系。

代理理论的引入，有助于描述权力变动的真实样态。德国与日本即采用"权限代理"的概念，[43]我国行政法学界虽然未采代理的概念，但学理上也承认"行政委托与民事代理存在内涵上的一致性"[44]。此外，代理理论还有助于对多主体参与的法律关系进行更准确的分析。

代理表明了至少包含三方当事人：被代理人、代理人以及第三人。被代理人与代理人之间是内部关系，代理人与第三人之间是外部关系，代理人对外与第三人做成法律行为时，被代理人与第三人是该法律行为的双方当事人。[45]这种立体的观察视角，使多方参与主体都能被关注得到，在行政法上则表现为，对"行政组织内部决定做成之机制以及组织内部程序之法律本质的探讨"[46]。近年来，在行

---

[41]　崔建远：《合同法学》，法律出版社 2015 年版，第 485、486 页

[42]　梁慧星：《民法总论》，法律出版社 2017 年版，第 238 页。

[43]　詹镇荣：《行政法总论之变迁与续造》，元照出版有限公司 2016 年版，第 129 页；[日]盐野宏：《行政法Ⅲ[第三版]行政组织法》，杨建顺译，北京大学出版社 2008 年版，第 23、24 页。

[44]　黄娟：《行政委托制度研究》，北京大学出版社 2017 年版，第 45 页。此话需要在受托组织对外行为，产生外部关系时加以理解。

[45]　朱庆育：《民法总论》，北京大学出版社 2016 年版，第 330 页。

[46]　德国学者施密特·阿斯曼指出：现代行政组织法"不仅须探讨组织法律形式的外部特征，同时亦须探讨组织内部决定作成之机制以及组织内部程序之法律本质"（[德]施密特·阿斯曼：《秩序理念下的行政法体系建构》，林明锵等译，北京大学出版社 2012 年版，第 239 页）。

政法学理上兴起的法律关系理论，也主张将行政内部关系纳入考察范围，与特定法律事实相关的所有法主体的权利义务关系的状态成为主要的考察对象，行政机关的内部组织甚至人员都可能成为被考察的法主体。[47]将代理理论引入行政委托法理之中，有其必要。

被代理人代理权授予方式，在民法上有三种：（1）向代理人为意思表示；（2）向交易第三人为意思表示；（3）向代理人为意思表示后，将这一事实公之于外。[48]在行政法上，第三种方式似乎显得更为重要，因为"职权的分配是行政内部法律关系的规范基础，却不具有形成外部法律关系之权限的性格"[49]，所以就理论而言，行政机关须公开授予代理权的相关事实，如《行政许可法》第24条[50]的规定。但是，订立补偿协议中的代理事项十分特殊，它既不像行政许可那样须私主体主动申请，又不像高权行政那般给相对人带来严重的权利减损或者义务课予。征补协议签订后，私主体负担的仅是依约搬迁的义务，这一义务的可变利益也仅可能在期限上，更何况与有权主体亲自签订时的结果差别可能性极小。因此，在特殊的征补协议订立事项上，无须要求代理事项必须公开，而要求代理组织在行为当时表明身份即可。

至于表明何种身份，是有权签约的行政组织身份还是其作为代理人的身份，则关系到代理理论上的显名原则。公法上的代理显名原则，是对民事代理理论的借鉴。[51]民法理论上认为，代理人为被代理人实施法律行为时，为保护交易第三人的利益，原则上须显示被代理人的名义。但是，显名原则旨在保护第三人，当本人名义是否显示对于第三人的利益状况不构成影响时，也允许显名原则的例外。[52]在行政法律关系中，行政行为实施主体须显名意在保护行政相对人及利益相关人自不待言，在征补协议中，如若显名不影响私主体的利益时，不妨允许类推适用例外规则。

---

[47] 张琨盛：《行政法学另一种典范之期待：法律关系理论》，载《月旦法学》2005年第6期。

[48] ［德］迪特尔·梅迪库斯：《德国民法总论》，邵建东译，法律出版社2000年版，第707、708页。该书同时也说明，第三种方式严格来说仍然属于第一种方式，因为事实公开并不构成意思表示。

[49] 张琨盛：《行政法学另一种典范之期待：法律关系理论》，载《月旦法学》2005年第6期。

[50] 《行政许可法》第24条规定："……委托机关应当将受委托行政机关和受委托实施行政许可的内容予以公告……"

[51] ［日］盐野宏：《行政法Ⅲ［第三版］行政组织法》，杨建顺译，北京大学出版社2008年版，第25页。

[52] 关于显名原则及其例外，朱庆育：《民法总论》，北京大学出版社2016年版，第335、336页。另需说明的是，以自己名义为他人利益的行为在民法理论上还有"间接代理"（隐名代理）与之对应，但是间接代理并非纯正的代理，与代理的法律结构相去甚远，委托人与第三人之间不存在直接的法律关系。这点难以解释此处的代理情形，因而不再考虑类推适用。

首先，征收补偿协议的目的在于补偿被征收人因房屋征收带来的财产损失和生活不便，被征收人以按约定期限搬迁从而移转房屋占有作为对待给付义务，受托组织未表明代理身份并不影响协议的订立与履行。其次，补偿内容具有法定性，也是被征收人利益的核心构成，而它并不受是否显名的影响。最后，如若后续引发协议之诉，按照《行政诉讼法》第26条和《最高人民法院关于适用〈中华人民共和国行政诉讼法〉的解释》第20条的规定，代理组织虽然以自己名义订约，但依然由被代理的行政机关作被告，因而是否显名也不会影响协议相对人的审级利益。因此，代理组织实施签约时，是否显名不影响被征收人的利益状况。在构成显名原则的例外情形下，代理关系的成立亦不受影响。

借助代理理论及其显名原则的例外进行分析[53]，可以得出，有权机关委托或者设立的组织以自己名义订立的征补协议，此时行政一方的真正主体还是法定的有权主体。

（四）审查思路的建构：一个公私法相融贯的方案

将征补协议在债法体系内加以定位，在本质上厘清其与民事合同的区别及联系，实为必要。对于行政一方，根据债的相对性原则及行政职权法定原则，市、县级政府或房屋征收部门是法定的补偿义务主体和订约主体。但是，若由这两种主体之外的其他组织以自己名义实施签约，也并不必然表明行政协议主体就"不具有行政主体资格"，此时应该考虑是否存在代理关系。然则，在司法审判中，经过何种审查可以认定行政协议主体具有行政主体资格呢？以下试图在法释义学框架内建构一套审查思路。

就行政系统内的授权代理是否需要法律根据的问题，比较法上采否定的观点，因为被代理组织仍对代理行为承担责任，并有指挥监督权，与组织规范的宗旨并不相悖。[54]我国学界在行政委托的概念下讨论这一问题时，也有观点认为对

---

[53]　针对本文所研究的协议行政一方的情形，也有学者注意到司法实践中直接运用"视为委托"的司法解释转换被告的处理方式不妥，提出类推民事合同中法定代理人追认行为能力不足的人所订合同，或者被代理人追认无权代理人订立合同，由有权机关追认来决定合同效力状态的解释路径。（陈无风：《司法审查图景中行政协议主体的适格》，载《中国法学》2018年第2期。）该解释路径不无多处疏漏：首先，这两种借以类推的情形有本质区别，前者追认补足的是行为能力，补足之后合同主体就是原本行为能力不足的人；后者追认补足的是代理权，补足之后合同主体是被代理人，该学者并未指明到底类推何者。从其在合同主体系有权机关的观点上，似乎可以推知此处类推的是无权代理的追认。其次，该文表明追认可在事后亦可在事前，若是事前追认即是代理权之授予，则并非无权代理的情形了。最后，代理行为以代理人名义，这一处在解释出发点上的问题，却在根本上被忽视了。

[54]　［日］盐野宏：《行政法Ⅲ［第三版］行政组织法》，杨建顺译，北京大学出版社2008年版，第24页。按该书的概念体系，此处"授权代理"应即与法定代理相对的"意定代理"。

此无须法律的明确规定。[55] 但我国立法上对此却不甚宽容，行政处罚与行政许可的委托，均须有法律、法规、规章的依据。[56] 对于处罚与许可之外的其他行政事项，虽未予立法限制，但也还有论证之需。

现代行政法理论在观察行政任务移转至行政外部组织执行时，认为"何种情形需有法律之基础，应视所移转任务之种类以及整体行政组织结构受侵袭之强度与范围而定"，与秩序行政权的移转须有"法律上之基础"不同，给付任务则比较自由，尤其是执行性质的任务，行政得自行决定。[57] 对于行政任务在行政系统内部移转执行的现象，亦可以采此标准加以考察。

由协议的内容分析可知，代理组织在征补协议的签订过程中，行使的主要是补偿给付期限和搬迁期限的协商权，这一权利行使的效果与有权机关亲自行使并无多大区别。除了该协商权之外，代理组织承担的是依据法律和有权组织的安排履行补偿给付的义务，倾向于执行性质的任务。代理组织在法律上的地位，仅仅是代有权机关作出意思表示及相应行为，与《征补条例》第5条规定的"委托房屋征收实施单位"[58] 具有同样的法律效果，代理组织行为的法律后果依然由有权机关来承担，从而对整个行政组织的结构并无多大冲击。此时，在没有法律依据的情况下，亦可允许代理权的授予。

民法理论上认为，代理行为的生效要件包括一般法律行为的生效要件和代理行为的特别生效要件。在一般生效要件中，值得注意的是两项：被代理人须有相应的权利能力和代理人须有相应的行为能力。在特别生效要件中，要求代理人须有代理权，而在意定代理中，被代理人有授予代理权的行为才使得代理权成就。[59] 是故，经过代理权可授予性的检讨之后，代理行为是否生效，可归结为三项要件：（1）被代理人须有相应的权利能力；（2）代理人须有相应的行为能力；（3）授予代理权的行为。这三项要件亦可类推适用于公法上的代理行为，但在适用的具体内容要求上，与民事主体的权利能力与行为能力的来源有所区别的是，行政组织的权利能力与行为能力完全系于法定，诉之于并受制于行政法上的组织规范、根

[55] 黄娟：《我国行政委托规范体系之重塑》，载《法商研究》2017年第5期。

[56] 《行政处罚法》第18条、《行政许可法》第24条。

[57] ［德］施密特·阿斯曼：《秩序理念下的行政法体系建构》，林明锵等译，北京大学出版社2012年版，第240页。

[58] 《征补条例》所主张的"房屋征收实施单位"，应是指具有独立法人地位及相应专门资质的单位，可以是企事业单位、其他组织，但是内设机构、派出机构不宜称为"单位"。（江必新主编：《〈国有土地上房屋征收与补偿条例〉理解与适用》，中国法制出版社2012年版，第58、59页。）所以，当委托专门公司时，符合该条的本旨，故而未在文中进行讨论。

[59] 梁慧星：《民法总论》，法律出版社2017年版，第231—232、235—236页。

据规范与规制规范。[60]

在征补协议中，市、县级政府或其确定的房屋征收部门在协议订立事项上具有行政主体资格，依法具备订约的权利能力[61]，所以也仅有它们才能作为被代理人。在代理人的行为能力上，因被设机构或下级政府在法律地位上与《征补条例》第5条中的"房屋征收实施单位"具有等同性，所以，《征补条例》对"房屋征收实施单位"的要求——"不得以营利为目的"，同样应适用于它们。随着征收补偿相关立法的完善，后续若对房屋征收实施单位资质等相关问题有统一规范，[62]这些规范要求也应一并适用于被设机构或下级政府。至于代理权授予行为，在行政实践中有丰富的形式，有的是通过规范性文件的发布，[63]有的是行政系统内部的批文。[64]如前所述，因订立征补协议事项本身的特殊性，授权行为是否对外公布并不重要。但是，鉴于行政活动的审慎性要求，授予代理权的行为必须通过书面或其他正式的方式。

总结而言，审查行政一方借由代理所签订的行政协议的行政主体资格时，须逐一检视四项内容：代理权的可授予性、被代理组织的权利能力、代理组织的行为能力、是否存在正式的代理权授予行为。另外，在裁判中还需论证，代理组织未显名对协议私主体的利益状况不构成影响，以解释对代理组织以自己名义行为最终认可的理由。

而遗憾的是，目前的行政审判实践，对行政协议中行政主体资格的审查存在偏狭，主要表现在对行政内部关系的深层观察的缺失。例如，在本文检索到的10则行政主体瑕疵的案例中，没有一则对订约权行使时行政内部主体及其关系有系统的审视。一个欠缺深层观察的更直接表现是，仅依据协议文本上的主体来划分协议的性质，不考察协议文本上的主体与行政机关的内部关系，甚至不顾协

---

[60]　[日]盐野宏：《行政法 I [第四版]行政法总论》，杨建顺译，北京大学出版社2008年版，第46—47页。

[61]　一般认为，行政主体的权利能力指独立行使行政权的资格。余凌云：《行政主体理论之变革》，载《法学杂志》2010年第8期。

[62]　实务界已有观点呼吁对此进一步立法，江必新主编：《〈国有土地上房屋征收与补偿条例〉理解与适用》，中国法制出版社2012年版，第58、59页。在《行政处罚法》中，对受托组织已经有了相对完善的条件限制，该法第19条。

[63]　例如，案例E—Y：2中，即有太和县政府制定并公布的《太和县城市规划区内集体土地征收房屋拆迁补偿安置暂行办法（修订）》，其中第2条规定："被征收项目所在的乡镇政府、经济开发区管委会为拆迁补偿安置实施主体，按照属地管理原则，负责做好……协议签订等工作。"（载太和县人民政府网，http://www.taihe.gov.cn/openness/detail/5620ad837f8b9a4a74cf26e8.html，最后访问时间：2019年9月14日。）

[64]　例如，案例I—N：2中，是中共郴州市委机构编制委员会郴编（2009）9号关于设立郴州市征拆中心的批复文件中的规定。

议内容的公法属性。[65] 此时，一个较为妥恰的审查方案，是司法实践的迫切之需。

五、"实施主体不具有行政主体资格"的再解释

以上对行政协议种类之一的房屋征收补偿协议进行了微观考察，并对其中行政主体瑕疵的司法案例展开了聚焦式的分析。案例分析不仅可以达到实际适用法律的效果，同时也是发现实定法中的问题并进行研究的过程，是释义学得到运用、检验和发展的过程。[66] 通过本文研究发现，行政协议的法律适用问题十分特殊，单纯的公法规范并不能够完全适用。相应地，既有的公法规范运用于行政协议时，也需要新的释义学方案。

在行政行为的合法性审查中，主体资格是审查的核心要素之一。"实施主体不具有行政主体资格"，是《行政诉讼法》第 75 条明文列举的行政行为无效的情形。但其具体所指，该法并未明确。最高人民法院有实务观点认为，"这里的'不具有行政主体资格'指的是完全不具有行政主体资格的情形，区别于有行政主体资格但无相应职权的情形（应以'超越职权'而作出撤销判决）"[67]，这种解读符合将行政行为无效与一般违法界分开来的立法目的[68]。

在司法实务中，没有法律、法规、规章授权的内设机构以自己名义独立对外作出行政行为，通常会被认为是欠缺主体资格。在《行政诉讼法》规定确认无效判决之前，实践中会通过撤销判决来使行为不生效力。比如，中国行政审判案例第 21 号"陈某杰诉浙江省教育考试院教育行政处理案"中，针对考试机构的内设机构对相对人作出的确认考试成绩无效的行为，最高人民法院认为，法律、法规、规章并未授权该内设机构可以自己的名义独立作出涉及公民、法人或者其他组织权利义务的具体行政行为，"行政内设机构以自己名义对外执法，主体资格欠缺"。[69] 又如，在中国行政审判案例第 150 号"彭某诉新疆维吾尔自治区哈密市国土资源监察大队土地行政处罚案"中，最高人民法院在裁判要旨中直接指出：

---

[65] 最高人民法院曾在裁判中认为："合同签订主体均不是行政机关，故该合同显然不属于行政协议，因此亦不属于行政诉讼受案范围。"最高人民法院（2017）最高法行申 502 号行政裁定书。该案协议双方主体是某村委会与某公司，而协议所涉内容是征用土地。该案判决的合理性颇有疑处：且不说以协议主体作为行政协议定性标准并不妥当（余凌云：《行政协议的判断标准》，载《比较法研究》2019 年第 3 期），即使在主体资格审查时，也因欠缺法律关系的深入分析，而未考查到村委会与行政机关是否具有委托代理关系，使本具有公法属性的土地征用事项直接被排除在行政救济之外。

[66] ［德］Detlef Leenen：《请求权结构与制定法：案例分析法与制定法的互动》，贺栩栩译，载《法律方法》（第 19 卷），山东人民出版社 2016 年版，第 69 页。

[67] 江必新、邵长茂：《新〈行政诉讼法〉修改条文理解与适用》，中国法制出版社 2015 年版，第 280 页。

[68] 信春鹰主编：《中华人民共和国行政诉讼法释义》，法律出版社 2014 年版，第 199 页。

[69] 中华人民共和国最高人民法院行政审判庭编：《中国行政审判指导案例》（第 1 卷），中国法制出版社 2010 年版，第 105—107 页。

"行政机关内设机构在没有法律、法规授权的情况下，以自己的名义对外实施行政处罚，属超越职权，依法应予撤销。"[70] 而在确认无效判决被立法规定之后，实践中对此则出现确认无效判决。[71] 学理上，对此也予以肯定。[72]

可以明显看出的是，这两案都属于侵益行政的领域。侵益行政，对私主体而言具有严重的权利减损或义务课予性质，须由正式立法授权的行政机关或者基于正式立法而委托的其他组织作出[73]，方具备民主正当性。而行政协议却更多的是双方基于协议而互负对待给付义务，甚至是使私主体纯获法律上利益（如给付行政领域），在此意义上，可能要求不同于侵益行政的处理规则。[74] 更何况，在一些能够运用代理显名原则的例外进行解释的情形中，协议法律关系的主体依然是授予代理权的行政主体；此时的名义主体与侵益行政时的名义主体，虽然本身都不具备行政主体资格，但行为的法律效果却大相径庭。

所以，将行政行为无效的规则直接适用于行政协议，不甚妥当。学界有观点主张，行政契约中的行政主体应从宽解释，接受委托代理行使行政权的组织或法人也可以包括在内。[75] 但是这种解释方案，既没有厘清代理行为的法律关系，又难以通过行政职权法定原则的检验。

回归《行政诉讼法》第 75 条，着眼于该条的"实施主体"，发现它其实并不是一个明确的法律概念。

最高人民法院的实务观点曾特别提醒："实施主体"是指"作出主体"，并举例将行政内部行为和事实行为的实施主体排除在外。[76] 照此理解，"行政行为实施主体"文义上亦即，作出具体行政行为（区别于内部行为与事实行为）的主体。

---

[70]　中华人民共和国最高人民法院行政审判庭编：《中国行政审判指导案例》（第 4 卷），中国法制出版社 2012 年版，第 155—158 页。

[71]　浙江省新昌县人民法院（2018）浙 0624 行初 114 号行政判决书；浙江省绍兴市中级人民法院（2019）浙 06 行终 14 号行政判决书。

[72]　王贵松：《行政行为无效的认定》，载《法学研究》2018 年第 6 期；梁君瑜：《论行政诉讼中的确认无效判决》，载《清华法学》2016 年第 4 期。在 2014 年修改《行政诉讼法》之前，有学者关注到这种实践情形，并建议日后修法时将"不具有行政主体资格"作为一个独立的审查根据。何海波：《行政诉讼法》，法律出版社 2011 年版，第 250、251 页。

[73]　例如，《行政处罚法》第 15—19 条中的一系列限制性规定。

[74]　在最高人民法院的裁判中，有行政职权要求上区别对待的观点："损益性行政行为'法无明文授权'即属'超越职权'，授益性行政行为不能一概适用这一标准。"最高人民法院〔2016〕最高法行申 3007 号行政裁定书。至于在主体资格层面，是否也存在这样的区别对待问题以及如何区别对待，都还有待进一步的思考与研究。

[75]　施建辉：《行政契约缔结论》，法律出版社 2011 年版，第 76 页。

[76]　梁凤云编：《新〈行政诉讼法〉逐条注释》，中国法制出版社 2017 年版，第 606 页。该书提到，"实施主体"与"作出主体"在一些特定情形下会不一致，举例《城乡规划法》第 68 条中，县级以上人民政府、有关部门分别是"责成"与"查封、强制拆除等措施"的实施主体，但作出责令停止建设或限期拆除决定的"城乡规划主管部门"才是行政行为的作出主体。

将行政内部行为与事实行为排除在外，有其道理：行政内部行为通常不属于行政诉讼受案范围；[77]事实行为因欠缺旨在发生某种法律效果的意思表示，而无法进行效力判断，所以，仅适用确认违法判决而非无效判决。[78]可见，从"实施主体"到"作出主体"的限缩，实际上是基于行政诉讼受案范围和判决方式的固有思考，并不能用于解决多重法律关系时主体之间的复杂问题。

学界则从法规范的分析入手，研究得出："'实施'是一个应用极其广泛的法律概念。在法律上被要求负责'实施'的主体，有可能是应当为'实施'的后果独立承担法律责任的，也有可能是不能以自己名义'实施'特定行为，也不能以自己名义独立为'实施'后果承担法律责任的。"[79]所以，事实上的行为主体与法律上的责任主体都可能被视为"实施主体"。这一研究结论，也使得多重法律关系下的多个主体都可以被观察到。

在融入私法因素的行政协议场合，民事主体为扩张私法自治[80]而发展的代理制度常常被运用，行政一方寻找代理人与私主体订立协议的现象大量存在，行政行为须行政机关"亲力亲为"的传统模式不复存在。此时，事实上的行为主体与法律上的责任主体是相分离的，"实施主体"所为行为的效力该怎样认定呢？

如本文所研究，因代理（行政委托）关系的介入，使得事实上的行为主体与法律上的责任主体相分离，此时对借由代理所实施的行政活动进行效力判断，应该借鉴民法经验，将代理结构展开，对代理组织与被代理组织的主体资格都要有所审视。在主体资格层面，代理组织的行为能力与被代理组织的权利能力是影响代理行为效力最为关键的因素。

所以，面对这种行政协议中经常出现的代理情形，该条未区分事实上的行为主体与法律上的责任主体，而笼统要求具备"行政主体资格"的规定，是不能够适应的。学界建议将"行政主体资格"解释为"主体资格"的观点[81]，可资采纳。

---

[77] 《最高人民法院关于适用〈中华人民共和国行政诉讼法〉的解释》第1条规定，"下列行为不属于人民法院行政诉讼的受案范围：……（五）行政机关作出的不产生外部法律效力的行为"。

[78] 江必新：《行政行为效力判断之基准与规则》，载《法学研究》2009年第5期。依该文观点，行政事实行为并无创设行政法律关系的意图，不发生行政法上的效果，因此不能进行效力判断，属于"不具有可撤销内容的行政行为"，依法只能判决确认违法。

[79] 沈岿：《行政行为实施主体不明情形下的行政诉讼适格被告——评"程宝田诉历城区人民法院行政强制案再审裁定"》，载《交大法学》2019年第3期。

[80] 在民事代理中，代理制度还有一作用：在本人行为能力不足时，借助代理补足私法自治。（梁慧星：《民法总论》，法律出版社2011年版，第216、217页。）在行政活动中，几乎不存在一个行政主体本身不具有行为能力的情形，所以行政主体借助代理制度，更多的是为了扩张行为能力。

[81] 杨建顺：《"行政主体资格"有待正确解释》，载《检察日报》2015年4月8日，第7版。该文举例认为：在行政委托时，实施主体可能并不具有行政主体资格，一概被认定为"重大且明显的违法"而判决无效，实不合理。

还应当更进一步,对于不同的"实施主体"的主体资格区别对待:事实上的行为主体,要求具备相应的行为能力,即实施相应行为所需的资质和条件;法律上的责任主体,要求具备相应的权利能力,即行政主体资格及行政职权。

在事实上的行为主体与法律上的责任主体相分离的情形下,导致行为无效的"实施主体不具有主体资格"应指两种情形:事实上的行为主体不具有相应的资质和条件,或者法律上的责任主体不具备行政主体资格。反之,当事实上的行为主体以自己名义实施特定的行为时,如果其具有相应的行为能力,法律上的责任主体也具备相应的权利能力,而且名义瑕疵问题能够运用代理显名原则的例外进行解释,那么,该行为并不具备因这种名义瑕疵而置于无效之地的必要性。

六、结语

随着行政任务执行方式的转变,行政行为的实施主体会趋于多样化。面对一些不再由具有行政主体资格的行政机关或者法律、法规、规章授权的组织直接参与的行政活动,在行为的性质及效力认定问题上,如果固守传统的行政法原理,可能难以满足行政实践的需求。此时,借鉴以法律关系分析见长的民法理论,显得十分必要。通过法律关系的精细分析,有助于明确行为责任的归属主体,从而对行为的性质进行准确把握,使民事的归民事、行政的归行政;同时,通过法律上的责任主体的确定,又会有助于诉讼案件获得应有的救济。

行政协议,因其内含着协议(合同)的固有程序,使得我们对其进行研究应该采取动态的视角、过程的思维,以及多方考察的理念。将目光积聚于行政一方的传统观察视角及由此衍生的传统行政程序理论,可能都已经不再适应于行政协议。而对行政一方行为的观察,仅采用"瞬间捕捉"发生外部关系的那一个点[82]的方式也显得捉襟见肘。将行政内部与外部严格划分,忽视行政决定作出时行政内部法律关系对外部行为的影响,则"无法关照到现代行政的动态性和程序性"。[83]在方法论层面上,现代行政法学理上兴起的法律关系理论,或许可为我们研究行政协议提供更为有益的启发。

---

[82]　H.Bauer, Verwaltungsrechtslehre im Umbruch? Die Verwaltung 25(1992), S.301(312). 转引自张琨盛:《行政法学另一种典范之期待:法律关系理论》,载《月旦法学》2005年第6期。

[83]　赵宏:《法律关系取代行政行为的可能与困局》,载《法学家》2015年第3期。

论行政机关在公共场所
利用"电子监控技术"对公民权利的影响

——兼论新修《行政处罚法》第 41 条规定的"法律、行政法规保留"

魏新科

一、问题的提出

2021 年 1 月 22 日，十三届全国人大常委会第二十五次会议通过了新修订的《行政处罚法》(以下简称新修《行政处罚法》)，该法第 41 条第 1 款规定：行政机关依照法律、行政法规规定利用电子技术监控设备收集、固定违法事实的，应当经过法制和技术审核，确保电子技术监控设备符合标准、设置合理、标志明显，设置地点应当向社会公布。2021 年 11 月 1 日起施行的《个人信息保护法》第 34 条规定：国家机关为履行法定职责处理个人信息，应当依照法律、行政法规规定的权限、程序进行，不得超出履行法定职责所必需的范围和限度。

根据新修《行政处罚法》第 41 条规定的利用电子监控设备收集和固定违法事实应属于《个人信息保护法》第 34 条中"处理个人信息"的内容。将这两款法律条文结合起来分析，可以认为《行政处罚法》第 41 条"法律、行政法规"规定的应该是行政机关的权限和程序等，也可以将其理解为法律和行政法规是授权行政机关利用电子监控设备收集、固定违法事实证据的授权规范。这样的制度设计所体现的是法律保留原则中的"法律、行政法规保留"模式。该授权规则对于解决长期以来存在的"电子警察"执法依据不明确、不统一，行政机关在设置电子监控设备中存在一定的诸如"以罚款为目的"等行政恣意问题，能够起到一定积极作用。但笔者认为将行政机关利用电子监控设备的授权依据限定于"法律和行政法规"的规定，尽管在观念、形式上符合依法行政和建设法治政府的要求，但是从行政法理上来看，将保留事项集中于作为中央立法的法律和行政法规，并不完全符合法律保留理论的内在逻辑。并且这样的规定不利于国务院部门和地方立法机关在行政执法领域中，发挥主动性和积极性探索运用各种科学技术手段以辅助执法，提升执法效能，更好地保护公共利益。

二、法律保留理论的核心要素以及公共场所"利用电子技术监控"的非实力使用性和公开性

（一）"侵益性"前提的存在仍然是法律保留理论的核心

从德国行政法发展出来的法律保留理论，大致经历了"侵权保留理论"、"全

部保留理论"和"重要事项保留理论"（本质保留理论）。[1]"重要事项保留理论"在德国司法实务界和理论界得到普遍接受，该理论的核心观点是重要事项应当由立法机关决定，至于何为"重要事项"，联邦宪法法院的判断标准是"对社会共同生活产生深远影响"。[2]德特贝克（S.Detterbeck）将判断"本质性"的标准拓展至"对国家和公民关系具有重大意义"。[3]鲍尔（H.Bauer）将该标准着眼于"社会基础生活的秩序"（Ordnung grundlegender Lebensbereich）。[4]虽然"重要事项保留理论"将法律保留的内涵从权利侵犯的窠臼中解放出来，但其不是对"侵权保留"的放弃。在德国法院的判决中，判断一项事务，尤其是公权力的行为是否属于法律保留的范畴，首先要判断其是否对公民宪法上的基本权利造成侵害。德国《基本法》在第1章的诸多条款中明确规定，基本权利只有通过法律可以限制。[5]"重要事项保留理论"本质上是对"侵权保留理论"的继承和发展。因此判断行政机关利用电子监控措施收集证据等行为是否适用法律保留以及适用何种层级的保留，须判断该行为是否对公民权利造成不利影响以及不利影响的程度。

（二）公共场所"利用电子技术监控措施"的非实力使用性和公开性

新修《行政处罚法》第41条第1款规定的"利用电子技术监控设备收集、固定违法事实"属于行政调查行为。根据我国法规范的规定，"电子监控措施"可以分为具有强制力的监控措施和不具有强制力的监控措施。具有强制力的监控措施主要是针对具体的违法嫌疑人采取的电子监控措施，其往往在行政调查程序启动之后。如《反恐怖主义法》第53条规定：公安机关调查恐怖活动嫌疑，经县级以上公安机关负责人批准，可以根据其危险程度，责令恐怖活动嫌疑人员遵守下列一项或者多项约束措施：……公安机关可以采取电子监控、不定期检查等方式对其遵守约束措施的情况进行监督。对于这种监控措施，有学者认为由于其具有强制属性，因此应当有法律和法规的授权。[6]不具有强制力的监控主要是指"为了督促相对人履行法定义务、确保正常的行政管理秩序，并不必然以作出行政决定为目的"[7]的利用电子监控设备的行为。这种情况下，违法的事实在行政机关启动调查程序之前已经以电子数据的形式被电子设备记录并储存在存储设备中。行政机关发现公民、法人或者其他组织存在依法应当给予行政处罚的情形并

[1]　在文献中人们还经常使用，议会保留、基本权利保留、机构保留等。Sebastian Kluckert, Zuwendung und Gesetz, Mohr Siebeck, 2018, S.124.

[2]　BVerfGE 49, 89（127）.

[3]　S. Detterbeck, Vorrang und Vorbehalt des Gesetzes, Jura 2002, S.239.

[4]　Harmut. Bauer/ Rudolf. Mögele: Wirtschaftshilfen an die Stahlindustrie, in: RIW 1984, S.703.

[5]　Grundgesetz, §2—19.

[6]　杨建顺：《行政法总论》，北京大学出版社2016年版，第210页。

[7]　黄贤学：《行政调查及其程序原则》，载《政治与法律》2015年第6期。

需要收集证据时，可以直接在数据库中调取。这种单纯从已经存储的信息中调取特定违法事实的行为不具备实际力量的使用，[8] 也很难构成新修《行政处罚法》第54条第1款需要"法律、法规"授权的行政检查。根据第41条第1款的规定，虽然不排除行政机关可以从私人电子监控设备中调取作为证据的电子信息，但综合分析"设定地点应当向社会公布"等规定，笔者认为该规范主要针对的是行政机关依据自身权限，出于特定行政目的而设立电子监控设备并收集和利用相关的公民信息的行为。并且由于其设置地点需要向社会公开——虽然不排除行政机关将公开设立的电子监控设备用于对私人领域的监视等，由于其具有明显的侵益性，而没有在此讨论的必要 [9]——在多数情形下，可以推定这种监控措施主要用于公共场所并且行政机关利用电子监控设备处理个人信息的重点在于电子设备的设置和信息的收集、存储等 [10]，而后续为了收集违法证据而进行的对数据的调用，仅作为前述程序环节的延续。

综上所述，笔者把研究的焦点集中在法律保留原则与行政机关在公开场所公开的、不具有强制力的利用电子技术监控措施之间的关系。如本文前一部分所述，法律保留应用的前提是公民的权利受到不利影响。[11] 那么政府机关在公共场所设立并利用电子监控设备这种从外观上看明显不具备实力使用的行为会对公民的何种权利造成侵害？"他山之石，可以攻玉。"在德国法上，对该问题的讨论主要是从公民"信息自决权"的角度。而在美国法上，则主要是从公民隐私权的角度来分析该问题。

三、德国法上公民"信息自决权"与行政机关的公共监视

（一）电子监控对公民信息自我决定权的侵犯

在德国，法院判断政府在公共场所利用电子监控措施是否需要适用法律保留的基点是公民的信息自主权（Informationsselbstbestimmung）。公民的信息自主权来自对德国《基本法》第1条"人的尊严"条款和第2条"人格权"条款解释。德国联邦宪法法院在1983年针对《人口普查法》（Volkszählungsgesetz）的宪法诉愿中将个人信息纳入《基本法》人格权的范畴。宪法法院认为，鉴于现代信息处理技术的发展，保护个人信息免于无限制的提取、存储、使用以及传播属于一

[8] 日本行政法巨擘盐野宏先生将是否具备"实际力量的使用"作为判断行政调查是否需要法律授权依据。[日]盐野宏：《行政法Ⅰ[第四版]行政法总论》，杨建顺译，北京大学出版社2008年版，第117页。

[9] 如果用于专门对私人场所的监视，则其权利侵害性毋庸置疑，也就不存在讨论的必要。

[10] 《个人信息保护法》第4条第2款规定：个人信息的处理包括个人信息的收集、存储、使用、加工、传输、提供、公开、删除等。

[11] 笔者认为，利用电子监控措施的有关事项对于社会共同生活明显不具备重大的意义，因此可以排除"重要事项保留理论"的应用，而直接去探究该事项是否对公民权利造成不利影响。

般人格权的范畴，该项基本权利保证公民原则上可以凭自己的意志使用或者让他人使用自己的个人信息。[12] 由于现代信息处理技术，可以通过收集各种信息并利用信息合成技术获得个人的完整人格或者创造出新的人格，所以作为该权利客体的信息没有公法领域的信息和私法领域的信息之分，在这种角度上可以说不存在没有意义的个人信息。[13] 德国《联邦数据保护法》（BDSG）第 3 条第 1 款将个人信息定义为对特定的自然人的人身和事实关系的具体描述（Einzelangebe）。这些信息包括个人在公共场所的行为，即个人在特定的时间、特定的公共地点逗留或者作出某种行为。[14] 通过该决定，德国宪法法院扬弃了以同心圆结构为特征的领域理论（Sphaerentheorie）。[15] 因此公民出现在公共场所本身就是一种个人信息，而无论其是以何种方式出现（包括乘坐或者驾驶机动车等交通工具等），对此信息公民享有自主权。根据信息自主权理论，公民除了有权决定是否公开，以何种方式公开自己的信息外，更重要的是公民有权知道，谁（公权力机关）在什么时间、什么地点、以什么方式获得自己的信息。因此在公共场所设置电子监控设备本身就有对该基本权利产生侵犯之虞。

（二）在公共场所设置监控设备对基本权利侵害的判断

进一步判断公民信息自主权是否受到侵害的关键，是看通过监控方式得到的信息是否能够关联到个人。因此是否所有的监控措施都构成侵权、什么样的电子监控措施会构成侵权，需要做进一步细化的分析。

1. 不构成权利侵害的情形。从电子监控发生作用的程序看，分为"观察——拍照、录制——比对数据库"，对于单纯的电子监控来说，即在"摄像—显示"模式下，由于该模式只涉及对公共场所的监视和观察，因此有观点认为这种情况不构成对权利的侵犯，因为该模式就如同警察机关通过望远镜观察一样。24 小时不间断的监控与在街边长期派驻一名警察巡视并无二致，[16] 警察机关可以根据监控来调整警力的调度。[17] 并且德国有学者认为，公共场所的一般性监控措施针

---

[12] BVerfGE 65, 1（42ff.）, NJW 1984, 419.

[13] Di Fabio, in: Maunz/Dürig, Grundgesetz—Kommentar, Werkstand: 92. EL August 2020, Rn, 175.

[14] Marianne Gras: Kriminalprävention durch Videoüberwachung, NOMOS, 2003, S.235.

[15] 该理论认为，认为个人的人格开展于不同的领域，人一方面系为个体，而为一个私人，另一方面亦属所谓的社会动物，具有团体的本质，而为社会人。私人领域者，指为使个人的人格得自由及自我负责发展，必须保留给每一个人有一个内部空间，个人在此内部空间中，得以保有自我，得自公开隐退，不让外围环境进入，享有安宁及寂静。BverfGE, 27, 1. 转引自王泽鉴:《人格权的具体化及其保护范围·隐私权篇（上）》，载《比较法研究》2008 年第 6 期，第 16 页。

[16] Schmitt Glaeser, BayVBI 2002, 584（585）.

[17] Christoph Keller, Basislehrbuch Kriminalistik, Verlag Deutsche Polizeiliteratur GMBH, 2000, S.188.

对的是所监视区域整体情况，只要警察等行政机关不再对进入监控画面的人群进行具体的身份识别（Identifizierung），监控可能造成的影响就不直接具体到某个公民，所以并不满足侵犯信息自主权的条件[18]。

2. 构成侵权的情形。当警察机关对监控设备的使用突破上述的观察模式，在其基础上对特定的个人或群体进行拍照、录像等行为，那么将会对宪法所保护的公民信息自主权造成侵害。因此德国大多数州的法律只对通过电子技术监控获取具体公民信息的情形作出了相关规定。但是巴登 – 符腾堡州的立法者否定了将监控过程分割来看的观点，其认为所谓单纯的监视只是电子监控过程的一环，[19] 由于现代的监控设备普遍装备了焦距调节甚至自动进行身份识别的功能，所以事实上将两个过程分开存在极大的困难。与之相似，拜仁州高等行政法院也认为，即使监控的画面没有被存储或者进行后续的处理，也会对公民的意志自由和行动自由造成影响。[20] 联邦宪法法院在 2019 年的关于"自动识别机动车标识管控"的宪法诉愿的决定中认为，对车辆标识自动识别的监控本身就构成对公民信息自主权的侵犯。即使经过识别没有发现被拍摄的车辆存在违法或犯罪现象，并对拍摄到的照片、影像等信息进行了即刻的删除，也不能否认设立自动识别监控设施本身就侵犯了《基本法》保护的基本权利。[21] 因此，通常情形下，德国警察机关只要在公共场所设立电子监控设备就会被认为侵犯公民的基本权利，因而必须通过民主的立法才能为这种侵权行为提供正当依据。

（三）禁止笼统授权

法律保留的主要目的是保障公民不受行政的恣意侵害，但在某种程度上可以说该制度是为侵犯公民权利的行为提供合法性证成（Rechtsfertigung），即只有法律或者经过民主立法程序制定的规范可以对公民的基本权利进行限制，但是这种对权利的限制本身也需要受到一定的限制（Schranken-Schranke）。除了在内容上限制基本权利的法规范不能对基本权利的核心内容（Kernbereich）作出限制和架空之外，[22] 限制权利的规范还必须具有确定性（Bestimmtheit）和明晰性（Klarheit）。根据联邦宪法法院的解释，确定性是指行政机关的行为能够起到引导作用，即行政机关能据此知晓自己的行为方向、行为界限，并将之作为行为

[18] Christoph Schnabel, Polizeiliche Videoüberwachung Öffentlicher Räume nach § 8 III HbgPolDVG am Beispiel der Reeperbahn—Entscheidug des OVG Hamburg, NVwZ 2010, 1457.

[19] Mark A, Zöller, Möglichkeiten und Grenzen polizeilicher Videoüberwachung, NVwZ 2005, 1235.

[20] OVG Münster, Beschluss vom 13.03.2020, BeckRS, 2020, 8365.

[21] BVerfG, 18.12.2018 – 1 BvR 142/15, NJW 2019, 827.

[22] Veith Mehde, in: Maunz/Dürig, Grundgesetz—Kommentar, Art.28, Aufl.20, C.H.BECK, EL 08 2020, Rn.112.

准据；明晰性则应能够引导行政相对人预见自己的行为自由将受到何种限制以及限制的程度为何。[23] 因此德国联邦宪法法院在 2007 年的一份判决中认定，仅仅依据拜仁州《数据保护法》第 16 条第 1 款的规定不能满足确定性的要求，因为该条款仅授权行政机关可以为了实现国家赋予的任务在自己的权限范围内采取合适的手段以获取公民的信息。[24]

从德国的立法实践来看，能够为通过电子监控措施限制公民信息自由的公权力行为提供合法性依据的法规范需要明确规定实施该措施的目的、前提条件、范围以及自我约束等规定，并且在规则中体现比例原则。以立法目的为例，各州的立法主要着眼于对犯罪行为或严重违法行为的预防。例如，北茵州《警察法》第 15a 条规定为了预防犯罪以及较严重违法行为的发生，警察机关可以通过图像传输设施对公共道路和场所进行监视，传输并记录图像。同时该法对该手段的适用范围也作出了规定，即不是所有的公共场所都可以安装该类设施，只有在经常发生严重违法行为的地方，或者某地点的特征有利于犯罪分子实施犯罪，或者有事实证据表明将要发生犯罪行为等。并且该监控措施即使没有明确的公开，也应当以适当的方式能够使路过该场所的人知晓。[25] 巴登－符腾堡州《警察法》第 44 条还规定了在集会或重大活动中为了防范恐怖袭击或者其他危险也可以安装监控设施。[26] 笼统性授权的禁止以及根据比例原则将立法目的限制为预防犯罪行为的发生，[27] 在联邦和州之间引起了关于立法权限的争议。

（四）联邦立法权限和州立法权限的争议

在德国，联邦和各州政府都享有立法权。联邦议会和州议会制定的法规范都可成为法律（Gesetz）。因此无论是"法律保留"（Gesetzesvorbehalt）还是"法律的保留"（Vorbehalt des Gesetzes）中的"法律"既可以是联邦的法律又可以是州法律。但《基本法》第 74 条关于刑事程序的规定属于《刑事诉讼法》（SPO）专属事项。根据前文对各州警察法的阐述，在公共场所设立监控设备的目的主要是防止犯罪危险的发生，但是在大多数情况下，犯罪行为没有被警察机关制止于犯罪形成阶段，因此监控设备绝大多数情况下被用来追踪犯罪嫌疑人。而有关犯罪追踪（Verfolgung）的措施属于刑事诉讼法的范畴，因而州法律无权制定相关规则。还有观点认为如果预防性的目的是通过刑事制裁的威慑（Prävention durch

---

[23]　BVerfGE 110, 33（52ff.）, NJW 2004, 2213.

[24]　BayDSG, §16 I, BverfG, 1 BvR 2368/06, NVwZ 2007, 688.

[25]　NRWPolG, §15a.

[26]　BWPolG, §44.

[27]　德国《警察法》和《道路交通条例》也就在国边境和公共交通道路上安装摄像装置作了规定，但这些规定的目的针对的普通违法，并没有引起宪法争议。

Repression）才能实现，那么州法律也无权制定相关规则。[28]针对此争议，联邦宪法法院最终认为，对预防危险发生的事项在州议会的立法权限之内，关于刑事诉讼事项的立法权限属于联邦议会，二者之间的界限取决于从客观的视角来判断相关规则的立法目的为何。当州法律规定的预防危险的措施在实施中可能产生刑事诉讼性质的作用时，也不能因此否定州立法机关对该事项的立法权限。[29]

四、美国法上的公民隐私权和公共监控

在美国法上，主要从两个方面来判断政府在公共场所安装电子监控设备的行为是否合法。一是从《美国宪法》第14条修正案"正当程序"条款中推导出的"信息隐私"（informational privacy）；二是从第4条修正案"禁止非法搜查、扣押"条款中推导出的"合理的隐私期待"（reasonable expectation of privacy）。

（一）信息隐私权

《美国宪法》第14条修正案第1款规定："不经正当法律程序，不得剥夺任何人的生命、自由或财产。"美国最高法院在"罗伊诉韦德"案（Roe v. Wade）中通过对该条文的解释从中推导出公民的实质自由权（materiel freedom），个人的隐私属于该自由权的范畴。在1977年"惠伦诉罗伊"案（Whalen v. Roe）中，美国最高法院认为：公民的隐私范围不仅限于阻止国家亲自的干涉，也包括阻止国家违背公民意愿公开公民个人信息的行为。[30]并且国家也有责任采取措施制止在没有权限的情况下对公民个人信息的散播。[31]后来有学者在其文章中依据该判决发展出了"信息隐私权"（right to informational privacy）。[32]然而在司法实践中，尤其是最高法院在后续的判决中对此并没有过多的重视。并且有的法院认为即使存在信息隐私权，也不能据此得出应当对国家在公共场所设置和利用电子监控措施的行为施加限制的结论。如美国第一巡回法院在"维加—罗德里格斯诉波多黎各电话公司"案（Vega-Rodriguez v. Puerto Rico Telephone Company）中认为，信息隐私权涉及的是与个人具有密切关系的信息，如果监控措施仅针对公共场所，那么在这种情况下不适用信息隐私权。[33]

---

[28]　Fridrik, Roggan, Die Videoüberwachung von öffentlichen Plätzen, Oder: Immer mehr gefährliche Orte für Freiheitsrechte, NVwZ, 2001, 139.

[29]　BVerfG, 18.12.2018 – 1 BvR 142/15, NJW 2019, 827.

[30]　US Supreme Court, Whalen v. Roe（1977）, 429 U.S. 589.

[31]　US Supreme Court, Whalen v. Roe（1977）, 429 U.S. 605.

[32]　R. Turkington, Legacy of the Warren and Brandeis Article: The Emerging Unencumbered Constitutional Right to Informational Privacy, N. Ill. U.L. Rev. 10（1990）, p.479.

[33]　United States Court of Appeals（First Circuit）, Vega—Rodriguez v. Puerto Rico Telephone Company（1997）, 110 F.3d, 174, 182.

（二）合理的隐私期待

除了从信息隐私权的角度，美国的实务界和理论界在判断政府设置电子监控措施是否侵犯隐私权时，更多的是从电子监控措施是否触及公民"合理的隐私期待"的角度出发。《美国宪法》第 4 条修正案规定：人民享有的人身、住宅、文件和财产不受无理搜查和扣押的权利，不得受到侵犯。虽然宪法文本没有明示，但是最高法院在判决中认定，第 4 条修正案所保护的核心法益是公民的隐私。[34]在"卡茨诉美国"案（Katz v. United States）[35]中，最高法院法官将保护的范围扩大到"隐私的权利"（right to privacy）之外，创立了"合理的隐私期待"原则，在该案中，哈伦（John. M. Harlan）大法官认为，宪法第 4 条修正案在任何时候都保护公民对自己隐私的期待，这种期待无论在主观上还是在客观上以社会总体的视角来看应当是合理的。[36]如果运用"合理的隐私期待"来判断政府在公共场所安装电子监控设备是否违宪，应当从主观和客观两个方面来分析。

1. "主观上的隐私期待"（subjective expectation of privacy）

主观期待成立的前提是，在特定的环境下，相对人可以预料到自己不会被第三人（私人或政府机关）监视。[37]如果对此作严格的解释，那么只有对公民的秘密监视措施才超出"主观期待"的范围。在"卡茨诉美国"案中，法院认为个人主动将自己置于公共场所本身就意味着其主观上放弃了"隐私期待"。[38]因此有学者表示，该标准在判断电子监控问题方面没有太大的意义，[39]判断电子监控合宪性与否的主要依据是"客观合理性"标准。

2. "客观合理性"标准（objective reasonable）

客观合理性标准又可以细分为以下标准。

（1）"开放场域"。根据该标准，评价国家的搜查和监控措施是否违宪的核心要件是国家的行为是否对公民的住所和与住所直接相连的附近区域造成侵入（trespass）。在 1984 年的"奥利弗诉美国"案（Oliver v. United States）中，最高法院认为，国家机关在私人土地界线之内，但不与居住空间直接相连的区域上对公民实施的身体检查不构成对土地所有权人隐私的侵犯。法院还认为在公共道路或者其他类似的开放区域，除了拘捕和对动产（车辆、包裹等）的搜查之外，公

---

[34]　US Supreme Court，Warden v. Hayden（1967），387 U.S. 294，304.

[35]　该案中，原告 Katz 在公共电话亭的通话被 FBI 通过设置监听装置监听，原告认为政府没有搜查令因而侵犯了其隐私，该诉讼一直进行到最高法院。

[36]　US Supreme Court，Katz v. United States（1967），389 U.S.374.

[37]　US Supreme Court，California v. Greenwood（1988），486 U.S. 35，40.

[38]　Katz v. United States（1967）.

[39]　M. Cloud，Rube Goldberg Meets the Constitution：The Supreme Court，Technology and the Fourth Amendment，Miss. L. J，Vol. 72，2002，p. 28.

民不得主张进一步的隐私保护。[40]

（2）"一般手段"标准。这种观点将监控手段分为普通的监控手段和特殊的监控手段。二者的区别在于监控手段是否能够直接观察到公民住宅等内部的核心隐私空间，如通过热成像等监控技术。这种情况下该监控就构成了"搜查"（search），因此构成对宪法保护的隐私的侵害。[41] 如果监控设施监控的是不具有隐私特征的公共范围，那么无论该设备如何先进，也不适用宪法第 4 条修正案。[42]

（3）"镶嵌理论"（mosaic theory）。1983 年最高法院在"美国诉科诺次"案（United States v. Knotts）中明确表示，通过安装隐藏的 GPS 信标发射机用于秘密地监测在公共道路上行驶车辆的行为不具隐私权上的重要性，因为在公共道路上的个人或者驾驶员会随时处于第三人注视之下。警察通过光学等设备对其监控与这种"注视"并无二致，因此被监控的人不享有"合理的隐私期待"。[43] 该判决的内容遭到了部分地方法院的批判，如哥伦比亚特区上诉巡回法院（D.C.circuit）认为虽然在公共道路上对公民短时间的监控可以被认为不构成对隐私权的侵犯，但如果长期对特定公民的行动进行监控，那么信息的积累可能会勾勒出关于特定公民个人信息的画像。这就是"镶嵌理论"，该理论将长时间收集的、经过汇总处理的信息比作一幅拼图，而短时间的监控就像拼图中的马赛克，不能展现个人的信息。但因此即使在公共道路上，长期的对特定公民的监控也会引发"隐私的合理期待"问题。[44]

通过上述阐述，可以看出在美国司法界尤其是在最高法院层面，对待该问题普遍持保守态度。除此之外，在美国实定法上也没有对设置电子监控措施作过多的限制。《联邦隐私法案》（Federal Privacy Act）对于国家收集个人信息的行为并没有直接规定界限。虽然该法案禁止国家任意收集与公民受宪法第 1 条修正案（言论、信仰、集会和结社自由）所保护的行为自由相关的信息，但是这种禁止存在例外情形，即行政机关收集和记录公民这些行为是出于执法目的的需要，并且这种例外情形不以已经启动的调查等行政程序为前提。[45]《外国情报监视法》（Foreign Intelligence Surveillance Act）虽然规定了在有法律授权的情况下，出于情报工作的需要，可以采取秘密的电子监控措施。[46] 但是该法没有涉及在公共场

---

[40] US Supreme Court，Oliver v. United States（1986），466 U.S.170，178.

[41] US Supreme Court，Kyllo v. United States（2001），533 U.S. 27，34.

[42] US Supreme Court，Dow Chemical Co. v. United States（1986），476 U.S. 227，234.

[43] US Supreme Court，United States v Knotts（1983），460 U.S.276，281.

[44] Orrin Kerr，The Mosaic Theory of the Fourth Amendment，Mich. L. Rev，Vol. 111（2012），p.311.

[45] United States Court of Appeals（D.C.Circuit），United States v. Maydak（2004），363 F.3d 512，517.

[46] U.S.C. § 1812.

所安装电子监控措施的问题，也不能由此推断在公共场所安装电子监控设备需要法律的授权。

（三）对司法实践和立法现状的反对声音

尽管在最高法院判例和实定法层面，公共场所的监控措施普遍得到许可，但在学界乃至法院内部仍存在批判声音。从对界定"社会认可的隐私期待"的不同尝试中，许多学者都认为，不能将隐私权的范围局限在围绕住宅及其相关设施的空间范围。[47] 伦奎斯特（William H.Rehnquist）大法官也在文章中声称，虽然警察机关在公共道路上通过电子监控手段对普通公民的日常行为进行监视并不会对严格意义上的隐私范围造成侵犯，但其一定会遭到大多数美国人的反对和拒绝。[48] 夏威夷州巡回法院在一份被撤销的决定中指出，尽管公共场所的监控设施不能从宪法层面予以指责，但通过该途径获得的证据必须要予以限制。

联邦宪法法院也承认，把对公民隐私的保护限制在诸如"具备私密性"等传统隐私权的范畴，既不符合历史上对该定义的理解，也与现代理念相悖，并且只要是对公民、住宅、个人物品和书信的监视或者信息收集的国家行为，都应当依宪法第4条修正案进行评价。[49] 但是在行政机关呼吁的"对毒品宣战""对犯罪宣战"以及"对恐怖主义宣战"行动不断高涨的态势下，法院对公民隐私的保护范围依旧选择采取保守的解释。正如道格拉斯、戈登伯格等法官所言，如果依宪法确立的合法性原则来衡量电子监控措施，那么这些措施将得不到准许，然而最高法院并不想否定这些对犯罪调查等机关不可或缺的措施。[50] 基于类似的理由，立法机关对待该问题也秉持谦抑的立场，除了立法机关内部的政治争斗的原因外，主要还是在面对普遍的犯罪和恐怖主义的威胁时，多数人不认为应当强化与行政机关对立的私人领域。行政机关在公共场所设立电子监控等措施只要不抵触宪法最低限度的要求即可。[51]

五、我国的行政机关在公共场域利用电子监控设施对公民权利的侵益性判断

（一）德国和美国经验的共性

通过前面论述，可以看出基于"个人信息自主权"的独立性，德国对于在公

---

[47]　Christopher Slobogin / Joseph E. Schumacher, Reasonable Expectations of Privacy and Autonomy in Fourth Amendment Cases: An Empirical Look at Understandings Recognized and Permitted by Society, Duke L. J. Vol. 42（1993）, p.727.

[48]　William H. Rehnquist, Is An Expanded Right of Privacy Consistent with Fair and Effective Law Enforcement? Or: Privacy, You've Come a Long Way, Baby, U. Kansas. L. Rev. Vol.23（1974）, p.9.

[49]　Philipp Wittmann, Nobody Watches the Watchmen—Rechtliche Rahmenbedingungen und zunehmende Ausweitung der Öffentlichen Videoüberwachung in den USA, ZaöRV, 2013, 421.

[50]　US Supreme Court, Kyllo v. United States（2001）, 533 U.S. 27, 34.

[51]　Peter Swire, Katz is Dead. Long live Katz, Mich. L. Rev, Vol. 102, 2004, p.915.

共场所利用电子监控措施的行为采取相对严格的限制，而美国从"隐私权"角度出发，对该问题则采取了宽松的限制。虽然两国法律对待该问题的理论出发点不同，但是从对该问题认识的发展过程来看，两国的司法实践都展现出了在理论和现实之间寻求平衡的理念。更为重要的是在两国的法律实践中，都体现了立法和司法机关对行政机关进行公共利益判断的尊重。在德国有部分州将决定设立监控设备的权限归于行政机关首长负责，如不来梅州《警察法》第 29 条第 3 款就规定，只有警察执法部门（Polizeivollzugsdienst）的负责人才有权决定设置监控设施并且有权作出该法第 30 条规定的有关调取个人信息的决定。在这种情况下，作出决定的程序和形式依《行政程序法》有关事实行为的规定。[52] 而在美国，虽然法院和学者认识到仅靠"隐私权"并不能令民众满意，但是出于对行政机关采取的打击犯罪和维护社会治安行动的尊重，并没有在判决中作出突破。

（二）我国的"个人信息权"相较于德美两国的特点

与德国从"一般人格权"中引申出"信息自主权"相类似，我国《宪法》虽然没有规定个人的信息权利，但《宪法》第 38 条规定：中华人民共和国公民的人格尊严不受侵犯。有学者认为，在信息化社会中，隐私权是公民享有人格尊严的重要内容，其中宪法保护的隐私权包括自我信息的自律管理权。[53] 与德国法上的"信息自主权"不同的是，德国的"信息自主权"直接来自一般人格权，而我国宪法层面的个人的信息权利则是"人格尊严—隐私权—个人信息权"模式，带有明显的隐私权属性。与美国法上将个人信息完全纳入隐私权范畴不同，《民法典》将个人信息权与隐私权并列规定在"人格权编"的第六章中，《民法典》第 1034 条第 1 款明确规定：自然人的个人信息受法律保护。第 2 款规定：个人信息的外延包括自然人的行踪信息等内容。该条第 3 款规定：个人信息中的私密信息，适用有关隐私权的规定；没有规定的，适用有关个人信息保护的规定。这就明确了个人信息权利还包括不具隐私属性的部分。

德国法上的"信息自主权"的重要内容之一就是不为人知的权利（Recht auf Nichtwissen），即使某自然人出现在公共场合，政府也不得通过摄像、拍照等设备记录该人的行踪等信息，因此国家很容易对该权利造成侵犯。而美国的模式则正好相反，"隐私期待可能性"标准使得通常情况下，国家的监控活动不会被视为对公民权利的侵犯。我国的对公民信息权的保护模式介于德国模式和美国模式之间，个人信息权受保护的强度也根据信息私密的程度而出现不同。因此已经被德国最高法院抛弃的"领域理论"对于分析我国的个人信息权仍然具有一定的参考意义。我国台湾地区学者范姜真媺在对"领域理论"变通理解的基础上，将个

---

[52] BremPolG, § 29.

[53] 韩大元:《宪法学基本理论》，中国政法大学出版社 2008 年版，第 294 页。

人活动由内及外分为三个领域。即应隔绝外界干涉保持绝对平静自由之个人精神活动领域；个人依自己意思决定人际关系，塑造自己形象或社会评价之私生活领域；个人于社会中工作，行使权利或履行对所属群体义务之公共生活领域。[54] 其中在公共生活领域，个人信息属于被预定公开者，因其私密性低、有用性高，若无合理理由认定其被收集、处理或利用将使个人合法权益受损害时，事先无须经当事人同意。[55] 我国《民法典》第 1036 条第 2 项规定的"合理处理该自然人自行公开的或者其他已经合法公开的信息"以及第 3 项规定的"为维护公共利益或者该自然人合法权益，合理实施的其他行为"不构成侵权。根据"领域理论"和我国《民法典》的规定，当某自然人出现在公共场所，如步行在广场或者驾车行驶在公共道路上，在这种情况下，作为个人信息的"行踪信息"以及公民在公共场所的行为对于该自然人而言不再具有重要利益，行政机关对该信息的收集处理不应视为对个人信息构成侵犯。[56]

（三）我国行政机关利用电子监控设备对公民权利仍然会造成侵害的风险

通过以上分析，笔者认为行政机关利用电子技术监控设备（尤其是在公共场域）收集、固定违法事实证据的行为不会对公民隐私权和个人信息权造成不利影响或者影响甚微。但是从过程论的视角来看，该类措施的使用同后续行政处罚程序相结合仍然会有对公民权利产生侵害的风险。因此不应认为该措施不会对公民的权利造成实质性损害从而不需要任何的法律规制。

1. 技术风险。行政机关利用电子监控设备收集——无论是否在公共场所——公民的"行踪信息"环节与后续的数据分析、确认结果并据此作出行政决定等环节密不可分，在这一过程中最重要的是以算法为基础的数据分析。智能化时代带来的"算法黑箱"[57]、"算法歧视"、"算法失误"会对公民的知情权、平等权、人身财产权等造成损害。虽然这种风险只有伴随着行政机关采取实际的行动，作出具体的行政决定才有可能发生，但笔者认为，此类风险随着信息技术、智能化技术在行政执法领域中得到越发普及的应用以及执法人员不可避免地对其产生依赖，即使没有对相对人的权利产生实际的不利影响，其存在本身也需要法规范的介入以期尽可能地予以规避。

2. 程序性风险。新修《行政处罚法》第 41 条第 3 款规定：行政机关应当及

---

[54] 范姜真媺：《个人资料自主权之保护与个人资料之合理利用》，载《法学丛刊》2012 年第 1 期。

[55] 翟相娟：《个人信息保护立法中"同意规则"之检视》，载《科技与法律》2019 年第 3 期。

[56] 杨立新：《〈中华人民共和国民法典〉条文要义》，中国法制出版社 2020 年版，第 733 页。

[57] "算法黑箱"，也称算法不透明。"算法黑箱"的原因是多重的：国家秘密、商业秘密、个人隐私导致的算法不透明；对象不同、对人工智能技术理解不同导致的算法不透明；算法本身的复杂性导致的不透明。陈姿含：《人工智能算法中的法律主体性危机》，载《法律科学（西北政法大学学报）》2019 年第 4 期。

时告知当事人违法事实,并采取信息化手段或者其他措施,为当事人查询、陈述和申辩提供便利。不得限制或者变相限制当事人享有的陈述权、申辩权。该规定表明,采用电子技术监控措施本身就可能会对相对人的程序权利产生阻碍。这主要体现在相对人陈述、申辩的权利受到压缩,证据认定流于形式和行政机关说明理由制度产生变动三个方面。[58] 虽然通过强化将听取意见作为非现场执法的必经程序,降低人工审核证据的技术依赖,拓展说明理由的范围[59]可以减轻相对人在程序上的不利;但是该风险内生于电子技术、智能技术在执法领域的广泛应用,诸如"算法黑箱"以及"透明悖论"[60]等弊端造成的包括行政处罚在内的行政执法领域中公民程序权利的减损很难通过制度设计来完全避免。

上述的技术风险和程序风险在现实中确实造成了大量损害当事人实体权利的情形,因此对于电子技术监控设备的应用权限不能完全由行政机关掌握而须设立一定的立法保留,以法规范的方式明确行政机关的权限以及利用目的、利用范围和方式等。但是笔者认为新修《行政处罚法》第41条规定和《个人信息保护法(草案)》第34条的"法律、行政法规"保留制度明显过于严格,应当将保留层级适当地下放。

六、"法律、行政法规"保留应当至少扩展到"法律、法规、部门规章保留"

(一)"法律、行政法规"保留存在的问题

从法律的宗旨或者立法目的上看,对行政进行"束缚"往往只是其中的一部分内容,或者说只是其中某些条款所表现的一部分,而将诸多条款综合起来,法律的精神更多地体现为对行政的"有效统制",换言之,如果将行政理解为行使国民所赋予的权限的活动,那么,法律就不应仅是束缚行政的手段或者工具,而且应当是对行政进行授权和统制的手段。[61]正如前文所论证的,行政机关在公共场所利用电子监控设备对公民的权益不会造成实质性损害,仅仅是增加了风险,因此在该问题上的立法宗旨不应当仅出于控权的目的,而应更多地着眼于规范和引导行政机关积极、合法、合理地利用各类先进技术来维护公共利益。

从我国《立法法》对法律和行政法规事项的规定来看,法律和行政法规着眼

---

[58] 谢明睿、余凌云:《技术赋能交警非现场执法对行政程序的挑战及完善》,载《法学杂志》2021年第3期。

[59] 谢明睿、余凌云:《技术赋能交警非现场执法对行政程序的挑战及完善》,载《法学杂志》2021年第3期。

[60] "透明悖论"指的是大数据承诺利用这些数据让世界变得更透明,但它的收集是无形的,它的工具和技术是不透明的,通过设计,它们被物理、法律和技术层面的隐私所掩盖。Neil M. Richards, Jonathan H. King, Three Paradoxes of Big Data, Standford Law Review, Vol. 66, Online 41, 2013, pp.42-43.

[61] 杨建顺:《行政规制与权力保障》,中国人民大学出版社2007年版,第109页。

于全国性的重要事项，若将所有可能对公民权利产生影响的事项都交由法律和行政法规来规定，那么不仅将极大地增加法律和行政法规制定机关的立法负担，还易造成立法空白。从目前立法现状来看，法律或者行政法规对"行政机关利用电子技术监控"事项的立法空白问题体现在，针对相关事项地方性法规已经作出了规定，而法律和行政法规层面却没有。比如，《广东省大气污染防治条例》第41条第2款规定：在不影响正常通行的情况下，县级以上人民政府生态环境主管部门及其环境执法机构会同公安机关交通管理部门可以采取现场检查监测、电子监控、摄像拍照、自动监测、遥感监测、远红外摄像等方式，对在道路上行驶的机动车大气污染物排放状况进行监督检查。但《大气污染防治法》中并没有执法部门可以利用电子、摄像拍照等监控措施收集、固定违法事实的相关规定。

除了立法空白，"法律、行政法规"保留还存在笼统授权问题。其体现在我国以法律形式对该事项的规定过于简单，如《道路交通安全法》第114条规定，公安机关交通管理部门根据交通技术监控记录资料，可以对违法的机动车所有人或者管理人依法予以处罚。该条文并没有规定交管部门利用技术监控的前提条件、使用程序和使用限制等。诸如此类的立法表述很难构成"法律保留"意义上的授权基础。其实笼统授权问题本身就存在悖论，根据法律保留理论，对行政机关的侵益性行为的授权必须要明确权力行使的目的、范围、前提和限制等，但如果不存在侵权或者对权利的减损性微乎其微，那么就无须法律授权或者不需要通过高层级的法规范授权抑或通过行政内部的自我规制就可以达到约束和规范行政机关的目的。通过前文关于公共场所设立电子监控措施对公民权利影响的论述，笔者认为通过法律和行政法规层面的笼统授权并没有太大的实际意义。因此笔者更倾向于将行政机关利用电子技术监控手段的法依据拓展至行政规章和地方性法规。

（二）部门规章和地方性法规满足合法行政的要求

从部门规章层面看，《立法法》第91条第2款的规定不构成阻碍条件，该条款规定：没有法律或者国务院的行政法规、决定、命令的依据，部门规章不得设定减损公民、法人和其他组织权利或者增加其义务的规范。笔者在前文已经分析，行政机关在公用场域利用电子技术监控手段收集、固定违法事实的行为本身并不会对公民权益造成侵害，因此通过部门规章就该事项进行规制不违反上位法的禁止性规定。并且，如何利用各种最先进的科技手段来保障行政机关更有效率地在特定领域发挥其职能，完成行政任务，实现公共利益，需要专业的考量。国务院下属各部门对其各自领域的事项最有发言权。通过合法程序制定的部门规章对相关事项进行规制，可以满足民主性要求，更能够满足依法行政对行政机关的合法性、科学性和效率性要求。

从地方性法规层面看，由地方人民代表大会及常委会制定的地方性法规属于

"民主立法"。"法律保留"原则的核心要求是，对权利的侵犯需要民主性的合法证成。因此"议会保留"也是法律保留原则的重要内容。从德国法上来看，地方各州议会的立法只要不涉及联邦议会专属的立法事项，就可以作为侵犯基本权利的行政权力的授权规范。与"议会保留"相对应，在我国某种程度上可以用"人大保留"来满足"法律保留"的核心要求，因此地方人民代表大会制定的地方性法规完全符合立法的"民主性"要求。除此之外，地方性法规重点规范地方事务符合《立法法》第 82 条的要求。第 82 条将立法上的地方事权称为"地方性事务"，因此在立法事权上，地方事权与地方性事务可以在同一意义上混用。[62] 在实践中，许多地方人大在上位法缺位时，根据地方实际情况先行制定了相关规范。比如，行政法规层面的《河道采砂管理条例》尚在起草过程中，《湖南省河道采砂管理条例》就先行规定了行政机关可以采取电子监控措施。该条例第 26 条第 2 款规定：县级人民政府应当明确河道采砂现场管理机构，建立河道采砂电子监控系统，对河道采砂现场进行监控管理。最后，在新修《行政处罚法》中授权地方性法规可以创设一定的行政处罚措施。作为明显侵益性的行政处罚措施尚可以由地方性法规创设，那么对不具有明显侵益性的利用电子技术监控措施的权限就更应当授权给地方性法规来作出符合本地实际的，更加具体详细的规定。

---

[62] 余凌云:《论道路交通安全法上的地方事权》，载《行政法学研究》2019 年第 2 期。

第五章

行政救济法研究

论行政复议法律责任制度的
功能失范及其立法改善

史全增

引 言

进入 21 世纪以来，我国法治政府建设取得了巨大进步，但实务中依然存在违法行政现象。[1] 被视为监督行政和化解行政争议"主渠道"的行政复议制度，在法治政府建设中居于重要而独特的地位。然而，一段时期以来，行政复议的纠错率低，公正性遭到质疑。因此，如何切实提高行政复议的实效性，充分发挥其功能，是行政复议体制机制改革所要解决的重要问题。近年来，学界研究在行政复议是否应当与如何"司法化"上着墨甚多，并特别关注行政复议委员会、相对集中行政复议权（行政复议局）、繁简分流、管辖、听证、调解（和解）等方面的制度改革。笔者也认同这些研究取向对行政复议体制机制改革具有重要的理论指导意义。但是，基于我国行政诉讼实务中同样存在的公正性质疑，组织、程序等层面的改革无法毕其功于一役，且作为一种视角的补足，也需要从行政复议法律责任的角度探讨持续推进行政复议体制机制改革的新进路。

法律责任，是"基于对法律文本准则行为的违反，而要承担的制裁规范效果"，[2] 可以将之理解为应然意义上对事实层面的违法行为进行制裁的规范效果。行政复议法律责任作为行政法律责任的一种，主要是指行政复议机关及其行政复议人员因违反行政复议法所设定的法律义务时，所应当承担的不利的规范效果。[3] 我国行政复议法在行政复议法律责任制度上存在过于原则、规制事项缺失等问题，导致行政复议机关缺乏足够的"秉公裁断"压力与动力，而相关制度设定又会促使行政复议机关积极维护原行政行为。但是，在行政复议体制机制改革的推进过程中，学界对行政复议法律责任制度的相关研究极其匮乏，如曾有人对行政复议法中的法律责任机制展开过探讨，认为这是监督行政复议活动的重要路径，

---

[1] 宋洋、朱道林等：《中国土地行政复议案件时空格局演变及宏观驱动机制》，载《地理科学》2019 年第 11 期。

[2] 李亮：《法律责任条款规范化设置研究》，中国社会科学出版社 2016 年版，第 28 页。

[3] 罗利丹：《公务员责任体系：上级命令执行的制度风险》，社会科学文献出版社 2014 年版，第 76 页。

并指出了行政复议法在复议程序要求与复议责任设定存在的脱节、责任的内部化与责任追究主体不明确等现象，但在论述上稍显粗疏。[4] 也有学者认识到责任追究问题在行政复议法修改中的重要地位，并指出，"行政复议法律责任分配和追究机制远不完善、不合理、不严密"，但并未对之展开论述。[5] 当下，《行政复议法》已由十四届全国人大常委会第五次会议于 2023 年 9 月 1 日修订通过，并自 2024 年 1 月 1 日起施行。但是，2023 年修订的《行政复议法》在行政复议法律责任制度方面基本保持 2017 年《行政复议法》的规定模式，而并未对之进行大的变革，且对复议不法行为的设定更为原则。因此，通过对行政复议法律责任制度的规范依据演进、功能失范的表现、原因及其立法改善的探讨，可以为我国行政复议体制机制改革更好地提供一种理论助力。

一、行政复议法律责任制度的规范依据演进

对一项制度演进史的梳理，有助于更好地总结其发展规律。[6] 而对行政复议法律责任制度的规范依据演进的梳理，应当在视野较为广阔的制度环境下进行，以更好地感受时代脉搏，并更为精准地确定问题所在。

（一）行政复议法律责任制度的行政初步建立

新中国成立之初，我国即存在"复核""复议""申诉"等制度，它们虽然表述不同，但在本质上都具备了"行政复议"的基本特征。[7] 由于我国的行政复议制度早于行政诉讼制度，其时的复议决定即为终局性决定。[8] 这一阶段并未建立专门的行政复议法律责任制度，且基于特殊的时代背景，行政复议机关及其行政复议人员一般不会因为行政复议中的违法或不当行为而承担法律责任。

1989 年《行政诉讼法》设定了经行政复议案件的被告制度，[9] 并对其后的行政复议活动产生了极大影响，也迫切需要建立与该法配套的行政复议法。1990 年国务院公布了《行政复议条例》，该条例专条设定了行政复议人员的责任承担

---

[4]　杨宇、曾昕：《我国行政复议法中法律责任机制的缺失与完善》，载《理论观察》2005 年第 4 期。

[5]　莫于川：《行政复议机制和方法创新路径分析——从修法提升行政复议规范性、效率性和公正性的视角》，载《行政法学研究》2019 年第 6 期。

[6]　包涵：《"病""犯"之争：强制隔离戒毒制度的错置与纠偏》，载《公安学研究》2020 年第 3 期。

[7]　1950 年 12 月，财政部公布的《财政部设置财政检查机构办法》第 6 条即规定有"复核"制度，同期政务院公布了《税务复议委员会组织通则》等，设定了"复议"制度；1957 年 10 月，全国人大常委会颁行的《治安管理处罚条例》第 18 条设定了"申诉"制度。1958 年，全国人大常委会公布的《农业税条例》规定了"复议"制度，对之后法律术语的统一起到了重要作用。

[8]　苏健：《及时制定和颁布〈行政复议条例〉》，载《法学》1990 年第 8 期。

[9]　1989 年《行政诉讼法》第 25 条第 2 款规定："经复议的案件，复议机关决定维持原具体行政行为的，作出原具体行政行为的行政机关是被告；复议机关改变原具体行政行为的，复议机关是被告。"

机制，[10] 国务院法制局也于次年 1 月 3 日发通知要求复议机关"不能因怕当被告而见错不纠"。[11] 但是，基于当时行政法的"管理论"色彩，该条例更为侧重于对行政机关依法行使职权的维护和监督，而将对违法或不当行政行为的防范和纠正，以及权利救济作为次位功能。[12] 且该条例在法条设定和工作重心上，也更为侧重于对行政复议机构和复议规则的建设、行政复议人员的配备和培训等方面。《行政复议条例》对行政复议法律责任的设定，具有如下突出特点：（1）仅规定了行政复议人员的复议不法情形，而缺失了对行政复议机关的复议不法情形的设定，导致行政复议机关及其主管人员不用承担法律责任；（2）设定的复议不法情形较少，仅有"失职、徇私舞弊"两种类型，导致实务中对复议不法情形的认定缺乏明确的标准；（3）在惩戒形式方面，设定了批评教育、行政处分和刑罚三种形式，为惩戒机关提供了较为多样的责任追究手段。

这一阶段，行政立法为追究行政复议法律责任提供了法规范依据，有助于行政复议功能的发挥。但鉴于《行政复议条例》中存在的诸多问题，难以适应规范行政复议活动的需要。虽然 1993 年颁行的《国家公务员暂行条例》设定了行政处分的形式，并对以后的公务员立法产生了深远影响；且该暂行条例第 31 条专条设定了公务员的违纪情形，但在表述上依然十分笼统，对复议不法情形并不具有特别的针对性。1994 年《行政复议条例》修正时，也未涉及行政复议法律责任的内容。1997 年公布的《行政监察法》不仅未对国家行政机关及其工作人员等的"违法失职行为"作出明确规定，行政监察机关作为一个政府部门，其对复议违法的监督也存在"灯下黑"的质疑，无法实现有效的督促作用。

（二）行政复议法律责任制度的立法扩充完善

1999 年，全国人大常委会在总结《行政复议条例》实施经验的基础上，颁行了《行政复议法》。该法对行政复议法律责任进行了扩充完善，主要包括如下五个方面：（1）基于行政复议实践中的消极、不作为等问题，[13] 明确了行政复议机关的复议不法情形，包括不受理复议申请、不按规定转送复议申请、不在法定

---

[10] 1990 年《行政复议条例》第 53 条规定："复议人员失职、徇私舞弊的，复议机关或者有关部门应当批评教育或者给予行政处分，情节严重、构成犯罪的，依法追究其刑事责任。"

[11] 《国务院法制局关于贯彻实施〈行政复议条例〉的通知》（国法字〔1991〕1 号）。

[12] 1990 年《行政复议条例》第 1 条规定："为了维护和监督行政机关依法行使职权，防止和纠正违法或者不当的具体行政行为，保护公民、法人和其他组织的合法权益，根据宪法和有关法律，制定本条例。"

[13] 《国务院关于贯彻实施〈中华人民共和国行政复议法〉的通知》（国发〔1999〕10 号）规定："要把是否依法受理行政复议申请、是否按照规定转送行政复议申请以及是否依法审查并作出行政复议决定等情况作为重点进行检查，一旦发现对行政复议申请该受理的不受理、该作决定的不作决定以及'官官相护'或者严重不负责任等情况，必须严格依法查处，坚决予以纠正；该追究法律责任的，要依法追究法律责任，首先要追究负责人的法律责任。"

期限内作出复议决定等不作为情形。[14]（2）对行政复议机关的复议不法情形，明确了由直接负责的主管人员和其他直接责任人员承担责任，向行政复议机关的有关负责人员施加了压力。[15]（3）调整了行政复议人员的复议不法情形，从原来的"失职、徇私舞弊"调整为"徇私舞弊或者有其他渎职、失职行为"，[16] 以概括性条款的形式扩大了复议不法情形的涵盖范围。（4）删去了"批评教育"这一责任承担方式，规范了惩戒形式的设定，提高了规范的惩戒威慑力度。（5）设定了行政复议机关法制工作机构对行政复议活动的监督检查职责，[17] 特别是提出处理建议的职责。同期，国务院也专门发布通知，对县级以上政府法制工作机构的监督检查任务予以明确。[18]

总体上看，本阶段更为侧重行政复议不法情形的立法设定，而在责任追究的程序建构方面并无实质性进展。1999 年印发的《国务院关于全面推进依法行政的决定》要求，"在实践中不断完善行政复议制度，切实做到有错必纠"；2004 年国务院印发的《全面推进依法行政实施纲要》，提出了"完善行政复议责任追究制度"的要求；[19] 同期，省级地方政府层面也纷纷制定了相关制度。[20] 但基于法

---

[14]　1999 年《行政复议法》第 34 条规定："行政复议机关违反本法规定，无正当理由不予受理依法提出的行政复议申请或者不按照规定转送行政复议申请的，或者在法定期限内不作出行政复议决定的，对直接负责的主管人员和其他直接责任人员依法给予警告、记过、记大过的行政处分；经责令受理仍不受理或者不按照规定转送行政复议申请，造成严重后果的，依法给予降级、撤职、开除的行政处分。"

[15]　同期，《国务院关于贯彻实施〈中华人民共和国行政复议法〉的通知》（国发〔1999〕10 号）也强调，针对行政复议机关违法的情形，"首先要追究负责人的法律责任"。

[16]　1999 年《行政复议法》第 35 条规定："行政复议机关工作人员在行政复议活动中，徇私舞弊或者有其他渎职、失职行为的，依法给予警告、记过、记大过的行政处分；情节严重的，依法给予降级、撤职、开除的行政处分；构成犯罪的，依法追究刑事责任。"

[17]　1999 年《行政复议法》第 38 条规定："行政复议机关负责法制工作的机构发现有无正当理由不予受理行政复议申请、不按照规定期限作出行政复议决定、徇私舞弊、对申请人打击报复或者不履行行政复议决定等情形的，应当向有关行政机关提出建议，有关行政机关应当依照本法和有关法律、行政法规的规定作出处理。"

[18]　《国务院关于贯彻实施〈中华人民共和国行政复议法〉的通知》（国发〔1999〕10 号）规定："县级以上政府的法制工作机构要根据本级政府的统一部署，具体组织、承担对行政复议的监督检查工作。政府法制工作机构发现下级政府或者本级政府工作部门无正当理由不受理行政复议申请、在法定期限内不作出行政复议决定、不履行行政复议决定、对申请人打击报复或者有违反行政复议法的其他行为的，应当向本级政府或者同级行政监察部门提出处理建议。接受建议的行政机关要依照行政复议法和有关法律、行政法规的规定在 2 个月内作出处理。"

[19]　《全面推进依法行政实施纲要》强调，对"依法应当受理而不受理行政复议申请，应当撤销、变更或者确认具体行政行为违法而不撤销、变更或者确认具体行政行为违法，不在法定期限内作出行政复议决定以及违反行政复议法的其他规定的，应当依法追究其法律责任"。

[20]　如 2006 年湖北省政府印发了《湖北省人民政府关于加强行政复议和行政应诉工作的意见》（鄂政发〔2006〕38 号）。

制不完善的现实情境，本阶段更为侧重于"依法行政"的制度建设，而对行政复议机关及其行政复议人员的复议活动实质违法现象，并没有提出有针对性的治理方案。2007年国务院制定的《行政复议法实施条例》第64条，也仅是对直接负责的主管人员和其他直接责任人员的法律责任予以明确，[21]并没有实质性的突破。2008年，原国务院法制办推动了行政复议委员会试点改革，但在制度建构上并未充分关注到行政复议法律责任。

（三）行政复议法律责任制度的全面优化再造

随着我国依法治国改革进程的深化，在认识论上实现了从形式法治向实质法治的转换，为行政复议法律责任制度的完善提供了新的契机。2014年10月，党的十八届四中全会通过《中共中央关于全面推进依法治国若干重大问题的决定》，提出了"坚决惩处失职、渎职"的要求，并强调要"完善政府内部层级监督和专门监督""完善纠错问责机制"，从而对行政复议法律责任制度的优化再造起到了促进和倒逼作用。2015年12月，中共中央、国务院印发《法治政府建设实施纲要（2015—2020年）》，提出了完善行政复议制度的要求；[22]在地方层面，许多地方政府印发了涉及行政复议法律责任制度的规范性文件，[23]从而扩展了责任追究的规范视野。2019年，党的十九届四中全会决定关于"提高运用法治思维和法治方式""完善发现问题、纠正偏差、精准问责有效机制""完善权力配置和运行制约机制"等要求，为行政复议法律责任制度的完善指明了方向。2021年8月，中共中央、国务院印发《法治政府建设实施纲要（2021—2025年）》，提出了修改行政复议法的任务，并要求"发挥行政复议化解行政争议主渠道作用"。

2017年修正的《行政复议法》，对行政复议人员的职业素养提出了更高要求。[24]2018年3月，十三届全国人大一次会议审议通过《国务院机构改革方案》，确定了国务院法制办与司法部职能整合，重新组建司法部的机构改革，对行政复议法的完善也有深刻影响。加之2018年《公务员法》修订，以及《监察法》

---

[21]《行政复议法实施条例》第64条规定："行政复议机关或者行政复议机构不履行行政复议法和本条例规定的行政复议职责，经有权监督的行政机关督促仍不改正的，对直接负责的主管人员和其他直接责任人员依法给予警告、记过、记大过的处分；造成严重后果的，依法给予降级、撤职、开除的处分。"

[22]《法治政府建设实施纲要（2015—2020年）》要求，"提高行政复议办案质量，增强行政复议的专业性、透明度和公信力"。

[23] 例如，2016年湖北省政府办公厅印发的《湖北省人民政府办公厅关于进一步加强行政复议和行政应诉工作的意见》（鄂政办发〔2016〕68号），规定行政机关及其工作人员违反《行政复议法》《行政诉讼法》及相关规定的，按照《公务员法》《行政监察法》《湖北省行政问责办法》等依法追究相应责任。

[24] 2017年《行政复议法》第3条第2款规定："行政机关中初次从事行政复议的人员，应当通过国家统一法律职业资格考试取得法律职业资格。"

《公职人员政务处分法》先后颁行，都构成了行政复议法律责任制度的法规范调整契机。如根据 2018 年 3 月公布的《监察法》，监察机关作为独立的国家机关，有权对公职人员的依法履职、秉公用权等情况进行监督检查；对公职人员的"涉嫌贪污贿赂、滥用职权、玩忽职守、权力寻租、利益输送、徇私舞弊"等职务违法或职务犯罪进行调查；并明确了对违法的公职人员，履行职责不力、失职失责的领导人员等的处理方式。2020 年 6 月公布的《公职人员政务处分法》不仅对公职人员的"违法行为及其适用的政务处分"进行了专章规定，多方位涉及与补足了复议不法情形，乃至兜底规定了"影响公职人员形象"，损害国家和人民利益的"其他违法行为"；还设定了监察机关对公职人员任免机关、单位的处分不作为、违法或不当时的监察建议权，[25] 对行政复议法律责任制度的完善产生重要影响。

　　2023 年 9 月 1 日，十四届全国人大常委会第五次会议修订通过《行政复议法》，并于 2024 年 1 月 1 日起施行。2023 年《行政复议法》对行政复议法律责任的设定方面主要有如下特点：（1）以概括设定的方式扩大了对行政复议机关的问责范围，将"不履行本法规定的行政复议职责"设定为问责事项，从而将行政复议机关不依法履行行政复议职责的情形全面纳入追责范围，而非仅限于"违反本法规定，无正当理由不予受理依法提出的行政复议申请或者不按照规定转送行政复议申请的，或者在法定期限内不作出行政复议决定"；[26]（2）将督促程序设定为从重问责的前置条件之一，行政复议机关"经有权监督的行政机关督促仍不改正"与"造成严重后果"并列，凸显了内部监督的重要性；（3）对于行政复议机关工作人员的法律责任几乎没有作任何修改。[27] 由此，在行政复议体制机制改革的大背景下，应当以行政复议制度的实效性为指引，正视并系统审视现行行政复议法律责任制度中存在的问题以及原因，探寻未来法治化的立法改善路径。

二、行政复议法律责任制度的功能失范考察

　　行政复议法律责任制度具有独特的功能定位，但在行政复议实务中产生了明显的功能失范现象，值得予以检讨。

（一）行政复议法律责任制度的功能定位

　　"所有法律均以其有效性为目标"，[28] 立法所设定的任何法律制度都应当有并发挥其独特的功能，否则就成了一种宣示性的点缀。行政复议法对行政复议法律

---

[25]《公职人员政务处分法》第 3 条第 3 款。

[26] 2017 年《行政复议法》第 34 条。

[27] 2023 年《行政复议法》第 81 条。

[28]［德］施密特·阿斯曼：《秩序理念下的行政法体系建构》，林明锵等译，北京大学出版社 2012 年版，第 20 页。

责任制度的设定，既是立法体例上的必然要求，更是实现立法目的的必要保障。行政复议法为了实现立法目的，不仅需要设定行政复议的原则，也要对复议范围、参加主体、职责设定、复议程序和复议决定种类等作出详细规定，为各方主体参加行政复议活动设定一个有约束力的框架，特别是为行政复议机关及其行政复议人员设定法定义务。法规范的实效不同于法规范的应然意义上的约束力，是指"人们就像根据法律规范规定的应当那样行为而行为，规范实际上被适用和服从"。[29]但是，法规范虽具有约束力并应当得到服从与遵守，并不代表在实务中一定会产生实效。在行政复议活动中，居于主导地位的行政复议机关不履行其法定义务时，就会导致行政复议偏离乃至背离行政复议法的立法目的。为了防止出现这种情况，就需要行政复议法建立一种有助于立法目的实现的自我防卫装置，以确保行政复议的实效性。

"利益问题是影响规则实效最为关键也最为常见的要素。"[30]传统上一般将政府视为公共利益的捍卫者，而不具有自身利益。改革开放后，公共利益与具体利益出现分化，政府作为公共利益的代表被排除在具体利益的体系之外。但传统的政府利益中心的观念并没有随之消失，有些行政人员更是会把传统行政体系中的国家利益、公共利益偷换为地方利益、部门利益或个人利益。[31]对此，可以引入公共选择理论来解读。"公共选择理论是一种对政治的看法，它是在把经济学家的工具和方法扩大应用于集体的或非市场的决策的过程中产生的。"[32]根据该理论，"个人的行为天生地要使效用最大化，一直到受到他们所遇到的抑制为止"[33]。这种"经济人"假设，挑战了"政治人"理论中具有公益精神的个人追求公共利益最大化的假设，"个人无论是处于什么地位，其本性都是一样的，都以追求个人利益的最大化或极大化个人效用作为最基本的动机"[34]。在公共事务领域，无论是政府还是个人，凡是"经济人"做事都是需要衡量成本收益的，当成本明显大于收益时，"经济人"就会选择规避或放弃。公共选择理论关于"经济人"的假设虽不能适用于所有情况，但这是"公共选择模型为了提出一个其理论化的

[29]　[奥]凯尔森：《法与国家的一般理论》，沈宗灵译，商务印书馆2013年版，第78页。

[30]　刘福元：《公务员行为规范中的责任机制建构：迈向公务员行为的规则之治》，法律出版社2015年版，第134页。

[31]　张康之：《公共行政中的哲学与伦理》，中国人民大学出版社2004年版，第134—135页。

[32]　[美]詹姆斯·M.布坎南：《自由、市场与国家——80年代的政治经济学》，平新乔、莫扶民译，上海三联书店1989年版，第29页。

[33]　[美]詹姆斯·M.布坎南：《自由、市场与国家——80年代的政治经济学》，平新乔、莫扶民译，上海三联书店1989年版，第23页。

[34]　陈振明：《理解公共事务》，北京大学出版社2007年版，第225页。

剩余部分所依据的关键结构而必须牺牲行为的准确性"[35]，为我们更好地解释人类行为提供了有效帮助。作为"经济人"，行政复议机关及其行政复议人员既有缺陷也会犯错，在作出复议决定时也会考虑其自身利益。在没有法律责任设定的情况下，对于不予严格审查并依法作出复议决定的行政复议机关及其行政复议人员来说，这种行为模式是符合其利益的，因为其无须承担法律责任；而当其依法作出复议决定时，反而可能会承受来自更为有力主体的压力，并导致其利益受损。因此，行政机关及其工作人员具有"经济人"与公共服务提供者的双重角色，基于对公共选择理论的承认与利用，从效用最大化原则入手，可以增加自利行为的成本从而促使行政机关及其工作人员在理性衡量的基础上，主动放弃或弱化对自身利益的追求。[36] 为了避免出现偏离法律义务的情况，须为行为主体设定适宜的违反成本。而法律责任是与法律义务相关的概念，任何主体都应当为其行为负责，当其违反法律义务时，应当承担法律责任，[37] 以促进实现立法的目的。行政复议法通过规定复议不法行为，为判断行政复议行为是否违法提供一种评价标准，并为不同的复议违法行为设定适宜的惩罚成本作为制裁条件，就不失为一种有效的立法自我防卫装置。通过架构这种责任追究机制，使复议违法的风险大于可能获得的利益，以有助于实现行政复议法所表达的法律秩序和追求的公共利益。

功利主义者认为，"在这个现实世界，唯一可能将效用最大化的制度，应该是限制政府权力的规则功利主义模式"[38]。该表述虽然有些绝对，但也提出了以规则来限制政府权力的重要性。法并非一个规则，而是由具有不同功能的规则所联结起来的整体，并主要由具有强制性的规范来表达。"规范只能在属于一个规范体系、属于一个就其整体来说是有实效的秩序的条件下，才会被认为是有效力的"[39]，行政复议法律责任的设定，则为这种实效提供了一种保障。行政复议法律责任在表面上是一种因果报应，是对行政复议机关及行政复议人员的复议违法行为的惩罚，而从实质来看，则是一种具有未来面向的、以更好实现行政复议法的立法目的为导向的威慑机制，使行政复议机关及行政复议人员基于责任成本的认知，而积极履行行政复议法所设定的法定义务，以确保行政复议制度的实效性。

---

[35] ［美］珍妮特·V.登哈特、罗伯特·B.登哈特：《新公共服务：服务，而不是掌舵》，丁煌译，中国人民大学出版社 2010 年版，第 7 页。

[36] 刘福元：《公务员行为规范中的责任机制建构：迈向公务员行为的规则之治》，法律出版社 2015 年版，第 39 页。

[37] ［奥］凯尔森：《法与国家的一般理论》，沈宗灵译，商务印书馆 2013 年版，第 113 页。

[38] ［美］理查德·波斯纳：《法律的经济分析：第 7 版》，蒋兆康译，法律出版社 2012 年版，第 15 页。

[39] ［奥］凯尔森：《法与国家的一般理论》，沈宗灵译，商务印书馆 2013 年版，第 81 页。

（二）行政复议法律责任制度功能失范的表现

行政复议法律责任制度在运行中并未产生良好的实践效果，存在行政复议的纠错率不高、更为侧重于形式审查，以及为原行政行为做合法性背书等实践困境，从而背离了该制度的应有功能。

1.行政复议纠错率不高的实践结果

行政复议法律责任制度的设定，以实现行政的自我纠错与改善为导向。"尽管外在的制约操作起来比较方便，但只有与内在的制约结合起来，才能切实有效。"[40]然而，实践证明，行政复议的纠错率并不高。根据司法部公布的历年全国行政复议案件统计数据（见表1），2015年的行政复议维持率是54.59%（受2014年行政诉讼法修改的影响），比2014年降低了5.14%，之后历年都维持在50%左右，只有2022年是45.81%；撤销率虽在2015年（7.95%）和2016年（10.58%）都有接近3%的上升，但之后的数据基本维持在10%左右，且在2022年降至7.41%；同期的驳回率则也呈现出上升态势，特别是2022年升至14.24%；而变更率则在总体上持续降低，只有2022年出现了数值显著上升。[41]值得注意的是，2014年之后，每年的维持类与驳回类复议决定相加的数值[42]以及改变类复议决定相加的数值相较于2014年[43]虽呈现出一定程度的纠错率提升趋势（其中，2021年与2022年的数值明显低于2020年），但总体变化并不大，行政复议法律责任制度并未产生预期的行政复议实效性促进作用，行政复议的纠错率并不高，其公正性依然受到质疑。

表1　2014—2022年行政复议案件审结情况

（单位：%）

年度	维持	驳回	撤销	确认违法	责令履行	变更	终止		其他
							调解（和解）	其他	
2014	59.73	7.59	5.22	2.22	2.14	0.45	2.64	16.80	3.21
2015	54.59	9.11	7.95	2.35	2.69	0.33	2.07	18.79	2.12

---

[40] 张康之：《公共行政中的哲学与伦理》，中国人民大学出版社2004年版，第288页。

[41] 本表根据司法部行政复议应诉局的2014—2022年全国行政复议、行政应诉案件统计数据制作，http://www.moj.gov.cn/pub/sfbgw/jgsz/jgszjgtj/jgtjxzfyyysj/，最后访问时间：2023年10月11日。

[42] 维持类与驳回类复议决定相加的数值，2014年为67.32%，2015年为63.7%，2016年为60.34%，2017年为63.26%，2018年为62.86%，2019年为60.74%，2020年为60.57%，2021年为61.40%，2022年为60.05%，峰值差为7.27%。

[43] 改变类复议决定数值包括撤销、确认违法、责令履行和变更等四类数值相加。其中，2014年为10.03%，2015年为13.32%，2016年为16.75%，2017年为14.58%，2018年为15.11%，2019年为16.05%，2020年为14.61%，2021年为13.34%，2022年为13.87%，峰值差为6.72%。

续表

| 年度 | 维持 | 驳回 | 撤销 | 确认违法 | 责令履行 | 变更 | 终止 | | 其他 |
							调解（和解）	其他	
2016	48.48	11.86	10.58	3.29	2.58	0.30	3.84	17.99	1.08
2017	50.89	12.37	9.29	2.85	2.20	0.24	8.80	12.09	1.27
2018	50.80	12.06	9.91	3.03	1.96	0.21	10.05	10.65	1.33
2019	50.62	10.12	10.86	3.50	1.49	0.20	9.80	11.17	2.26
2020	49.99	10.58	10.00	3.08	1.27	0.26	11.25	10.97	2.61
2021	48.25	13.15	8.43	3.40	1.31	0.20	10.53	10.96	3.78
2022	45.81	14.24	7.41	4.34	1.60	0.52	14.27	10.62	1.19

2. 行政复议侧重于形式审查的实践进路

作为一种专业判断，行政复议机关应当根据其所拥有的独特专业素养，对原行政行为进行全面深入审查，并据此作出复议决定。而为了展示出这种专业优势，行政复议机关应当在行政复议决定中全面说明其对事实判断、法律适用和决定裁量的理由，以此说服复议申请人，并为司法审查或其他外部监督提供有效抓手。但为了避免责任追究，行政复议机关一般遵循对原行政行为进行形式审查的实践进路，从而导致行政复议程序空转。由此，有些行政复议决定不仅对事实部分的认定不作理由说明，在适用法律和决定裁量等方面也回避对理由的说明，而是仅对原行政行为的事实认定、法律适用和决定理由进行"复制粘贴"，在缺失充分论证乃至不展示论证的情况下，简单地以"本机关认为"一笔带过，并未遵循"合义务裁量"的基本要求。[44] 因为一旦采取实质性审查模式，充分的说理容易暴露原行政行为与行政复议决定中存在的问题，并成为被外界批判的靶子。从降低风险的策略上讲，行政复议机关采用形式审查模式对自身更为有利，从而导致行政复议偏离了行政复议法的立法目的。

[44] 如最高人民法院在"郴州饭垄堆矿业有限公司、中华人民共和国国土资源部资源行政管理：土地行政管理（土地）再审行政判决书"中，针对行政复议决定的说明理由义务指出，"在对案涉采矿权重叠问题有多种处理方式以及可能存在多种复议结论的情况下，国土资源部选择作出撤销决定，更应充分说明理由""被诉复议决定援引《行政复议法》第二十八条第一款第三项作为法律依据时，未明确具体适用该项五种违法情形的具体类型，更未阐明具体理由，给当事人依法维权和人民法院合法性审查造成障碍，构成适用法律不当"。参见最高人民法院行政判决书（2018）最高法行再 6 号，载裁判文书网，http://wenshu.court.gov.cn/website/wenshu/181107ANFZ0BXSK4/index.html?docId=b50ebdb2d20a4a17b35fa8b200bf4b81，最后访问时间：2020 年 8 月 3 日。

从行政诉讼的视角看,在弱司法强行政的背景下,[45] 虽然每年经复议案件被法院判决改变[46] 的比例并不高,但总量依然很大,表明行政复议并未通过实质性审查而达到有效化解行政争议的效果。如 2018 年全国经复议案件判决改变的数量为 6898 件,约占当年行政复议审结数的 3.5%、行政应诉案件的 3.3%;2019 年全国经复议案件判决改变的数量为 7104 件,约占当年行政复议审结数的 3.8%、行政应诉案件的 3.2%;2020 年全国经复议案件判决改变的数量为 8742 件,约占当年行政复议审结数的 4.8%、行政应诉案件的 4.1%;2021 年全国经复议案件判决改变的数量为 9559 件,约占当年行政复议审结数的 4.5%、行政应诉案件的 4.4%;2022 年全国经复议案件判决改变的数量为 8730 件,约占当年行政复议审结数的 4.1%、行政应诉案件的 3.6%。可见行政复议法律责任制度在改善复议行为上并未产生应有的效果,被改变的行政复议决定的绝对数值仍然很大,使行政复议形成更为侧重于形式审查的实践路径。(见表 2)

表 2　2018—2022 年行政复议、行政应诉案件及判决改变数量

(单位:件)

年度	行政复议案件受理数①	行政复议案件审结数	行政诉讼应诉案件数量	经复议案件一审判决改变数量	
				共同被告	复议机关单独被告
2018	209872	196716	211354	6898	
				5458	1440
2019	190391	184855	223682	7104	
				5410	1694
2020	182966	180796	215076	8742	
				4962	3780
2021	221672	214240	215076	9559	
				5490	4069
2022	221322	210455	245041	8730	
				4529	4201

注:本表中的行政复议案件受理数的计算方式为司法部公布的 2018—2022 年全国行政复议和行政应诉案件统计数据中所列的省区市和兵团行政复议案件受理数加国务院部门行政复议案件受理数。

---

[45] 2018 年全国各级行政机关办理行政应诉案件 23.5 万件,败诉率约 14.7%。参见《新闻办就 2018 年全国行政复议、行政应诉总体情况举行发布会》,载中国政府网,http://www.gov.cn/xinwen/2019-03/26/content_5376998.htm,最后访问时间:2020 年 7 月 22 日。

[46] 此处的判决改变包括撤销、变更、确认违法或无效、履行法定职责等情形。

3. 为原行政行为做合法性背书的实践倾向

长期以来，行政复议机关基于自身利益特别是风险规避的考量，存在着掩盖原行政行为中的问题，乃至为其做合法性背书的倾向。行政复议法对说明理由义务的设定缺失，为行政复议对原行政行为的合法性背书提供了客观基础。如《湖北省人民政府办公厅关于进一步加强行政复议和行政应诉工作的意见》规定，"行政复议机关和作出原行政行为的行政机关为共同被告的，行政复议机关对行政复议程序的合法性承担举证责任，作出原行政行为的行政机关对原行政行为的合法性承担举证责任"。2014 年修改的《行政诉讼法》为了打破"维持会"的僵局，对不服行政复议机关维持原行政行为的案件设定了共同被告制度；而对于复议决定改变原行政行为的，行政复议机关为单独被告，以倒逼行政复议机关更为严格地审查原行政行为。但是，共同被告制度将复议被申请人与行政复议机关更为紧密地捆绑起来，使它们一损俱损、一荣俱荣。因此，本来作为监督机关的行政复议机关不得不为原行政行为辩护，导致其更为偏离相对中立的裁判机构的地位。[47] 为了避免因败诉而产生的追责，行政复议机关更倾向于积极为原行政行为辩护，力求法院作出对原行政行为有利的判决，使本就处于弱势地位的原告（复议申请人），以一己之力对抗两个行政机关的合力。行政机关不仅在事实认定方面拥有强大的证据收集、固定与认定能力，在法律适用上也享有较大的裁量权，加之法律适用往往会存在规范竞争、法律漏洞等难题，很难得出绝对正确的结论。因此，行政复议机关可以将法规范的多元化、尊重行政裁量权等作为盾牌，否认法律适用中存在不合法、不合理的情形，从而实现为原行政行为做合法性背书，进而证成其行政复议活动合法的目的。

根据现行《行政诉讼法》的被告规则，复议机关作出"改变"类复议决定的，将会单独成为被告。为了避免因此而可能造成的败诉风险，复议机关更倾向于以"维持"类方式作出复议决定。[48] 如 2015 年后"变更"类复议决定有下降趋势，且历年变更类复议决定偏少（最高的 2022 年仅为 0.52%），显示出复议机关不愿意作为单独被告的意愿。"维持"类复议决定在 2015 年（54.59%）和 2016 年（48.48%）有明显下降趋势，之后数据趋于稳定但数值依然偏大（如最低的 2022 年为 45.81%），显示出复议双被告是复议机关的次优选择。"驳回"类复议决定自 2015 年（9.11%）、2016 年（11.86%）数据上升，之后趋于稳定，2022 年达

[47]　王青斌：《反思行政复议机关作为共同被告制度》，载《政治与法律》2019 年第 7 期。

[48]　例如，自然资源部 2019 年公布的《自然资源行政应诉规定》第 14 条第 1 款第 2 项规定，"被诉的行政行为经复议维持的，作出该行政行为的业务工作机构和法治工作机构为应诉承办机构。业务工作机构负责对原行政行为的合法性进行举证和答辩，法治工作机构负责对复议决定的合法性进行举证和答辩"，而该款第 3 项规定，"被诉的行政行为经复议改变的，办理行政复议事项的法治工作机构为应诉承办机构，业务工作机构协助办理"。

到 14.24%，显示出部分复议机关对复议申请人的救济意愿更为拒斥。"调解（和解）"类复议决定在 2016 年（3.84%）、2017 年（8.80%）显著提升，之后趋于稳定，2022 年高达 14.27%，显示出复议机关将行政争议以调解（和解）方式化解而避免再起争端及化解自身风险的努力。从另外一个视角看，2018 年发生的行政诉讼案件中，有 68.4% 的案件当事人没有选择先申请行政复议，而行政复议机关办结的行政复议案件中，有 34% 进入行政诉讼程序，[49] 显示出公众对行政复议较为普遍的不信任态度。因此，行政复议为原行政行为做合法性背书的总体趋势并没有明显改变。

（三）行政复议法律责任制度功能失范的危害

基于行政复议法律责任制度功能失范而产生的危害，可大致归结为如下两个方面：

其一，浪费了法治资源。行政复议是行政系统基于对良好行政的追求而进行的一种行政自我监督，若运行良好，其收益应当大于司法审查机制。行政复议机关之所以选择比司法更为强调"效率"的组织模式，是基于其行政属性，可以审查行政行为的合法性与合理性问题，为更好地化解行政争议提供了司法所缺乏的专业优势，进而可以达到自我改善的目的。然而，行政复议法律责任制度的失灵，使行政复议机关及其行政复议人员缺失责任追究的压力，在有上级不当过问或道德防线失守的情况下，其可以作出形式上合法的复议决定而无须担心承担任何成本，从而导致行政复议仅是一种程序空转，并不实质性解决行政争议。基于此判断，作出原行政行为的行政机关也缺乏足够的内部压力，从而为行政权力的滥用与恣意提供了"纵容"的土壤，偏离了行政复议法的立法目的。行政复议程序的运转耗费了大量的公共资源，如需要建立专门的行政复议与应诉机构、配备专门的行政复议与应诉人员、建构专门的行政复议与应诉规则，而这些都要有不菲的人、财、物投入。若行政复议程序的运转未达到其自我改善的目的，行政复议法律责任制度在此过程中也未起到应有的作用，会导致投入的这些法治资源白白浪费，甚至会破坏法治运行体系。如何实现以行政复议法律责任制度的改善而提升行政复议法治资源的利用效率，应当是当前持续推进行政复议体制机制改革所面临的重要问题之一。

其二，降低了权利救济的实效性。长期以来，行政复议与行政诉讼的案件数量基本持平，并未发挥其"化解行政争议的主渠道作用"。行政复议机关对复议被申请人的偏袒，实质上是基于对其自身或行政系统的利益考量，乃至在复议案件接手前已经有了先入为主的立场，但复议申请人的利益并未得到充分考量，由

---

[49] 《新闻办就 2018 年全国行政复议、行政应诉总体情况举行发布会》，载中国政府网，http://www.gov.cn/xinwen/2019-03/26/content_5376998.htm，最后访问时间：2020 年 7 月 22 日。

此导致行政复议的救济功能未能充分发挥。一方面，行政复议决定对原行政行为的"维持"，否定了申请人的权利救济诉求，并增加了其救济成本，[50] 可能使行政复议程序成为一种不符合立法目的的空转；另一方面，行政复议决定对原行政行为产生事实上的强化，导致复议申请人获得救济的机会更加渺茫。若当事人因不服行政复议决定而提起行政诉讼时，就会给复议被申请人和行政复议机关带来责任风险，他们在行政应诉时必然会结为利益同盟，其所能够动员的资源也是行政相对人所不可匹敌的。若当事人不申请行政复议而直接提起行政诉讼，则不会面临行政复议对原行政行为的强化，也不会与行政复议机关对抗，从博弈的角度看，当事人不经行政复议而直接提起行政诉讼是基于更有利于自己的利益衡量的，这与"发挥行政复议化解行政争议的主渠道作用"的立法宗旨不一致。因此，"若经过复议，可能会给权利救济带来更大阻碍"这一实践悖论，是改善行政复议法律责任制度时需要充分考虑的问题。

三、行政复议法律责任制度功能失范的原因透视

对行政复议法律责任制度功能失范原因的分析，不能仅停留在"缺乏法治思维"这一笼统的归结上，而应当更为深刻地挖掘行政复议制度设计及其运行中存在的本质问题。

（一）主动纠错与积极求胜的冲突

现行行政复议法建立了准司法式的运行模式，但行政复议机关及其行政复议人员无论是基于本职工作的有序开展抑或熟人效应，在事实上都难以成为中立的第三方。在现行行政复议法的架构下，行政复议机关与复议被申请人是上下级关系，具有密切的业务联系和人事交流；而原级复议的，作出原行政行为的人员与行政复议人员是同一个单位的同事，具有更为紧密的人际与时空联系，难以具有中立性。[51] 与之呈现出鲜明对比的是，复议申请人与行政复议人员一般为陌生人关系，难以在业务与人事上对后者形成制约，由此处于弱势地位。现有的复议回避制度也更多基于行政复议人员与复议申请人之间的关系，而并未考虑上下级行政机关之间天然存在的密切关系，[52] 且复议被申请人基于逃避考核和追责的压力，有极大的动力和能量去影响行政复议机关作出对自己有利的复议决定。"政府代

---

[50]　方世荣：《论复议机关做被告与做共同被告的不同价值功能》，载《中外法学》2019年第2期。

[51]　邓睿：《论我国行政复议制度的缺陷及其完善路径——以英国行政裁判所历史演变的考察为例》，载《陕西行政学院学报》2019年第3期。

[52]　例如，根据《葫芦岛市行政诉讼（行政复议）败诉案件责任追究办法》（已失效）第13条第1款的规定："行政败诉案件调查过程中，法制机构工作人员有下列情形之一的，应当回避：（一）系当事人或者当事人的近亲属；（二）与本人或者本人近亲属有利害关系；（三）与当事人有其他关系，可能影响公正监督的。"

表的态度一般都更倾向于捍卫被监督部门的利益，而不是捍卫严格意义上的公共利益"[53]，行政复议机关及其行政复议人员无论是基于自身利益、熟人效应，还是上下级关系，都天然倾向于作出对复议被申请人更为有利的决定。若行政复议机关积极纠错，就会导致复议被申请人及其有关人员被追究法律责任，从而破坏了相互关照、利益一体化的行政"亚文化"，且自身的收益并不大。[54]

近期的行政复议体制机制改革具有进一步向司法化靠拢的趋势，特别是由独立于政府部门的行政复议机构承担复议职责、充分利用行政复议委员会[55]的专业咨询功能等。这种促进"中立"的努力是值得肯定的，行政复议机关的组织模式会极大地影响复议决定的质量。然而，无论是组织模式如何向"司法"靠拢，都难以达到类似于法院的独立程度，且行政诉讼的现状也不容乐观。如2010年至2012年，北京法院行政案件受理率只有起诉率的三分之一左右，大量案件不能进入诉讼程序。在其他法治较为落后的地区，行政审判工作更是举步维艰，即使是进入诉讼程序，原告的败诉情况也极明显。[56]在2015年5月1日实行立案登记制之后，历年的经复议案件一审判决改变的也仅为4%左右。行政系统内部为了在行政诉讼中胜诉，会建立起严密的组织应对体系。[57]且这种组织应对体系越紧密，行政复议申请人（原告）越可能处于更为弱势的地位。即使在地方政府成立行政复议局的情况下，政府部门与行政复议局依然属于同一个系统，并有千丝万缕的利益往来，虽然可以在一定程度上缓解"维持会"的质疑及其实践，但本质上依然处于不中立的法律地位。行政系统对行政复议和行政应诉人员能力提升的努力，不仅在于追求实质性化解行政争议，更具有确保胜诉的取向。[58]基于利益共同体的关系及自身利益，行政复议机关在行政诉讼中也有动力为原行政行为辩护。在行政诉讼的公正性同样受到质疑的情况下，行政复议机关组织模式的变换只能是在一定意义上产生行政复议改善的效果。

---

[53]　[美]理查德·波斯纳：《法律的经济分析：第7版》，蒋兆康译，法律出版社2012年版，中文版第二版译者序言，第59页。

[54]　史全增：《论维护警察执法权威的部门规章完善》，载《中国人民公安大学学报（社会科学版）》2023年第1期。

[55]　2023年《行政复议法》第52条第1款规定："县级以上各级人民政府应当建立相关政府部门、专家、学者等参与的行政复议委员会，为办理行政复议案件提供咨询意见，并就行政复议工作中的重大事项和共性问题研究提出意见。行政复议委员会的组成和开展工作的具体办法，由国务院行政复议机构制定。"

[56]　江必新主编：《新行政诉讼法专题讲座》，中国法制出版社2015年版，第23—24页。

[57]　例如，《湖北省人民政府办公厅关于进一步加强行政复议和行政应诉工作的意见》规定，"政府法制机构在行政应诉工作中应当发挥组织、协调、指导作用"。

[58]　例如，《江西省人民政府办公厅关于进一步加强行政应诉和行政复议工作的意见》，从加强行政应诉复议能力建设、提高行政应诉复议人员的素质、保障行政应诉复议工作的必要条件、加强行政应诉复议工作的总结和研究等方面提出要求。这种求胜的努力，具有极强的责任风险化解动机。

为了避免被追究法律责任，作出原行政行为的行政机关与行政复议机关都具有极强的求胜欲，在行政救济程序中必然会组织动员各种资源与复议申请人（原告）对抗，且对其行政活动进行辩护也是法律所允许的。在应对司法监督时，行政复议机关拥有许多"不违法"的制度化影响渠道，如联席会议制度、日常工作联系制度等。[59] 这些联系制度不仅可以密切信息交流、研讨理论与实践问题等，也可以为行政机关影响行政诉讼实践提供有力的抓手。乃至有些行政机关利用行政管理权向法院施压，如一些地方政府对法院进行基础建设的申请不予审批或者威胁不予审批；一些行政机关的领导兼有党政领导干部身份，在具体案件中转换身份要求法院向其汇报工作等。[60] 根据公共选择的经济交换与政治交换理论，当"个人进入一种交换关系，在这种交换关系中，他通过提供某种直接有益于交易的另一方的产品或服务而促进自己的利益"。[61] "不论是在政治中还是在市场中，人们都是追求自我利益的，即使都出于自利的动机，他们也能通过集体决策来实现共同利益。"[62] 因此，其他公权力机关基于自身利益考量，可能会主动或被迫作出对行政复议机关有利的决定，以实现"互利共赢"，从而偏离了公共利益。

（二）问责过去与面向未来的两难

在没有强制和制裁的情况下，法律是难以完全运行的。[63] 为了确保行政复议的实效性，应当对存在复议违法情形的行政复议机关及其行政复议人员施加惩罚，也即行政复议法律责任制度首先是面向过去的。"如果所接受的法律对人不构成任何实质性的威胁，无论是否生效或实施不力，人们对违法行为后果的恐惧感都会消失，而那些法律的有效性也会随之丧失。"[64] 行政复议法律责任中的惩罚与《治安管理处罚法》中的"处罚"是不同的，后者作为一种确保治安管理实效性的手段，其面对的是"一般权力关系"意义上的行政相对人，由于个人法治素养等原因，可能会出现不懂法的现象，在教育手段与惩罚手段都可以实现立法目的的情况下，应当优先选择教育手段，[65] 因此，《治安管理处罚法》设定了"教育

---

[59]　如根据《湖北省人民政府关于加强行政复议和行政应诉工作的意见》的规定，要求"加强政府法制部门和人民法院的联系，建立起经常化、制度化的联系制度"。

[60]　江必新主编：《新行政诉讼法专题讲座》，中国法制出版社 2015 年版，第 29 页。

[61]　[美] 詹姆斯·M. 布坎南、戈登·塔洛克：《同意的计算——立宪民主的逻辑基础》，陈光金译，中国社会科学出版社 2000 年版，第 20 页。

[62]　[美] 托马斯·R. 戴伊：《理解公共政策》，谢明译，中国人民大学出版社 2011 年版，第 22 页。

[63]　[美] 杰克·奈特：《制度与社会冲突》，周伟林译，上海人民出版社 2009 年版，第 56 页。

[64]　[美] 肯尼思·F. 沃伦：《政治体制中的行政法》，王丛虎等译，中国人民大学出版社 2005 年版，第 223 页。

[65]　史全增、孙文夕：《论治安管理处罚法中的教育与处罚相结合原则》，载《中国人民公安大学学报（社会科学版）》2020 年第 6 期。

与处罚相结合"的原则。而行政复议法律责任中的惩罚面对的是"特别权力关系"意义上的特殊主体，行政复议人员作为法律职业人士，对相关立法要求及其责任设定的认知都是远高于普通人的，往往是明知故犯，其违法的主观恶性和对法治事业造成的损害较大，所以要设定更重的法律责任。近年来，对公职人员职务违法责任的追究始终是立法改革的重点内容，特别是 2020 年公布的《公职人员政务处分法》，设定了"惩戒与教育相结合"的原则，[66] 为复议法律责任的追究实现和模式改革提供了一种契机。

但是，在形式上看似颇具正当性的问责要求，在运行中却容易异化，有可能使行政机关丧失或削弱其面向未来的开创功能。首先，问责风险会导致作为监督主体的行政复议机关将这种压力转移至复议被申请人，且行政系统的内部压力手段更多，而作为被申请人的行政机关为了避免责任承担，很有可能会不再主动作为，从而削弱行政的创造力与进取心。且最大化控制取向之下容易导致过度问责，"这种体制里的行政官员将不得不在弥散着不信任的气氛下工作，这使得行政人员士气低落，而我们又不得不依靠这群人来完成公共项目"，[67] "对种种制约的担心超出对工作任务的担心，这意味着他们更在意过程而不是结果"。[68] 其次，问责风险在事实上使行政系统更为紧密地联合起来，有可能将本来违法的复议情形予以"合法化"阐释，以逃避责任风险的承担，并可能会形成一些不良的"行政复议惯例"，进而影响其后的行政复议活动，将以往不合法或不合理的行政行为模态固定下来，形成一种违反实质法治的实践路径，从而与行政复议的功能相抵牾。基于行政"亚文化"，行政复议机关往往被复议被申请人"道德绑架"，从而不得不为原行政行为的合法性与合理性做补强性背书，使得复议法律责任制度走向了反面，导致行政复议面向未来、改善行政和化解行政争议的功能削弱。最后，问责风险有可能阻碍行政复议自我评价的良好开展。为了更好地发挥行政复议的功能，行政系统普遍建立了面向未来的行政复议自我评价制度，而自我评价的良好开展，必然会涉及诸多不便于公开的内部信息。[69] 基于事实掌握情况、专业素养等因素，外部人是很难全面掌握被评价对象的，甚至是隔靴搔痒。这就需要行政人员的坦诚参与，以实现自我评价的审视和改善价值。但是，真诚的自我评价

---

[66] 《公职人员政务处分法》第 4 条。

[67] ［美］詹姆斯·W. 费斯勒、唐纳德·F. 凯特尔：《行政过程的政治——公共行政学新论》，陈振明、朱芳芳等译，中国人民大学出版社 2002 年版，第 433 页。

[68] ［美］詹姆斯·Q. 威尔逊：《官僚机构：政府机构的作为及其原因》，孙艳等译，生活·读书·新知三联书店 2006 年版，第 173 页。

[69] 例如，《江西省人民政府办公厅关于进一步加强行政应诉和行政复议工作的意见》，规定了"各级行政应诉复议机构要注重行政应诉复议工作总结和典型案例分析，加强相互间沟通和交流，努力提高本地、本部门行政应诉复议工作水平"，即会涉及诸多不便于公开的内部信息。

也会给参与者带来不可预知的风险，如若承认了程序违法、法律适用错误等，很有可能被追究法律责任，这些情况一旦被外界所获知，就会妨害参与人对信息的交流与提供。[70] 因此，应当从理论和实务上善待行政复议的自我评价，特别是对有理论争议、认识因素问题的剖析。而寒蝉效应的产生，严重阻碍了行政复议自我评价的法治促进效应。[71]

"惩罚是为了未来，惩罚至少有一种防止犯罪的功能……过去人们指望着惩罚及其展示（再加上由此产生的无节制）产生预防的效果，而现在预防则大有成为惩罚经济学的原则及惩罚的恰当比例的尺度之势。"[72] 因此，应当设计出使行政人员足够重视的强有力的惩戒手段，又不至于因为太重或实施中的偏差而干扰了行政机关的使命，以及导致其在事实上无法实施或无须要求符合证明的惩戒标准，[73] 并防止行政系统以自我规制为借口，而抵御外部的责任追究，乃至隐瞒或歪曲外部监督所必需的信息。

（三）职责要求与责任设定的错位

行政复议法律责任制度的建立，是以确保行政复议机关有效履行职责为导向的。这就要求行政复议机关积极纠正原行政行为中存在的违法或不当问题，并对行政复议机关的复议违法情形予以问责。从立法技术上讲，有职必有责，职责设定（法律义务）与责任设定应当是一一对应的，否则就会导致虽违法或不当行使职权而无须承担法律责任。现行行政复议法虽然为行政复议机关设定了诸多的职责，如遵循复议程序、对规范性文件进行审查、承担合理性审查义务等，却对不法行为及其法律责任的设定过于笼统或缺失，两者不能实现较好的照应。法条中的不法行为，是与法律责任相匹配的概念，是指"对能够引起制裁之规范效果的行为事实（违法行为）之规范表述"[74]。"在法律文本中，义务设定了应当、不得等行为准则，而对于这些行为准则的违反就构成了违法行为。"[75] 这里的违法行为上升到规范层面，即不法行为。

2017年《行政复议法》设定了一些复议不法情形，并匹配了对应的法律责任，

[70] 欧元军、何剑：《论公安案件法制审核制度的功能定位》，载《公安学研究》2019年第6期。

[71] 如针对行政复议典型案例制度，应当区分正面典型案例（指导案例）与负面典型案例两种类型。其中，正面典型案例主要侧重为行政复议提供指引，可以予以公开；而负面典型案例则是指出行政复议存在的问题，主要以不公开为主。参见史全增、解源源：《行政执法案例指导制度建构的理论反思与矫治——以公安行政执法为重点》，载《公安学研究》2020年第2期。

[72] ［法］米歇尔·福柯：《规训与惩罚》，刘北成、杨远婴译，生活·读书·新知三联书店2012年版，第103页。

[73] ［美］詹姆斯·W.费斯勒、唐纳德·F.凯特尔：《行政过程的政治——公共行政学新论》，陈振明、朱芳芳等译，中国人民大学出版社2002年版，第435页。

[74] 余军、朱新力：《法律责任概念的形式构造》，载《法学研究》2010年第4期。

[75] 李亮：《法律责任条款规范化设置研究》，中国社会科学出版社2016年版，第27页。

包括针对行政复议机关的无正当理由不受理复议申请、不按规定转送复议申请、不在法定期限内作出复议决定等复议不作为情形，以及行政复议人员的"徇私舞弊或者有其他渎职、失职行为"情形。虽然在形式上基本涵盖了不作为与作为两类情形，但由于文字表述上的过于笼统或设定偏差，导致事实上很难追究行政复议机关与行政复议人员的法律责任。例如，对行政复议机关的主管人员及其主要责任人仅设定了行政复议不作为的法律责任，而对其未尽实质性审查义务并未设定法律责任，只要是行政复议机关不存在前述不作为情形，无论复议决定本身是否合法合理，行政复议机关的主管人员及其直接责任人则无须承担法律责任，也即他们仅承担形式审查的监督责任。2023年《行政复议法》第80条直接取消了2017年《行政复议法》第34条的列举式规定，虽然在复议不法行为范围的设定上显著扩展，但由于其更为笼统，使得不履行行政复议职责的情形更难以把握。此外，为了防止行政应诉风险，行政复议机关有动力通过复议决定方式的选择策略来降低风险，如选取有利于降低自身风险的复议决定方式（如维持等），避免采用单独作为被告的"变更"等复议决定方式的作出。

行政复议法对行政复议人员设定的复议不法情形更是过于原则、抽象，导致对行政复议人员的法律责任设定及追究缺乏明确的依据，在实质上不具有良好的适用性，并成为行政复议空转的重要背景原因。其中，"徇私舞弊"型的渎职行为主要是针对行政复议人员与复议申请人有利益联系，从而作出偏向复议申请人的复议决定，危害公共利益。但行政复议决定的作出需要经过多重审批，特别是需要行政复议机关负责人的审查，"而理性的上级将尽量保持自身的权威性和合法性，避免被执行命令的公务员'拖下水'"[76]，行政复议人员在技术上很难作出明显偏向复议申请人的复议决定。作为兜底条款的"其他渎职、失职行为"虽然也可以解释为其他对原行政行为不予有效审查或其他程序违法的行为，但在符合行政复议机关利益的情况下，行政复议机关是没有动力主动追究行政复议人员的法律责任的，乃至这种"渎职、失职行为"有可能就是一种常见的操作策略或惯例。且对行政复议人员追究法律责任的启动主体一般是其所属的行政复议机关，除非行政复议人员明显偏向复议申请人的利益，为了维护自身利益，行政复议机关少有动力主动追究行政复议人员的法律责任。因此，现行行政复议法对复议不法情形设定的明确性不足，导致责任条款的设计过于原则而不具有现实的适用性，作为确保复议实效性的行政复议法律责任制度必然无法充分发挥其功能。

四、行政复议法律责任制度的立法改善路径

基于行政复议法律责任制度的确保复议实效性的功能取向，在持续推进行

[76] 罗利丹：《公务员责任体系：上级命令执行的制度风险》，社会科学文献出版社2014年版，第92页。

政复议体制机制改革的视角下，未来行政复议法的修改应当从如下四个方面予以完善。

（一）设定更为明确的复议不法情形

在行政自制系统中，标准的确定既向行政人员说明了行为是否合法，也为自制机构提供了关切的目标。[77] 行政复议法对复议不法情形的设定，则是对这种作为标准的法定事实要件的明确。现行行政复议法对复议不法情形过于原则、抽象的规定，使法律责任的追究难以实现。实务中更多发生的是因渎职、失职而不对原行政行为作实质性审查，或仅是一种合法性背书。2023 年《行政复议法》第80 条在形式上将所有"不依照本法规定履行行政复议职责"的情形都视为复议不法，虽有追求实质法治的强烈情怀，但这种更为原则的设定，能否化解现行立法的弊端依然存疑。且 2023 年《行政复议法》基于行政效率的考量，设定了较为广泛的行政复议前置事项，更需要确保其功能的有效实现。因此，未来立法中对复议不法情形的设定，应当综合行为的主体与行为的性质，在《行政复议法》或其实施条例中作出详尽明确的立法表述，从而为行政复议违法责任的判断提供科学的标准。

以行为性质为标准，复议不法情形可以分为形式违法和实质违法两类。其一，形式违法，是指行政复议机关及其行政复议人员违反法定程序的情形，既包括对复议申请不予理睬、无正当理由不予受理符合受理条件的复议申请、不按照规定转送复议申请、逾期作出复议决定、遗漏复议请求等不作为情形；[78] 也包括在复议活动中违反法定程序的作为情形，如不遵守复议的时限、回避等要求。这些不法情形较容易判断，在实务中也容易被问责，仅需扩大列举规定。其二，实质违法，是指行政复议机关及其行政复议人员在行政复议活动中，对原行政行为在事实认定、法律适用和决定理由上不进行实质性审查，或者在事实认定、法律适用和决定裁量上缺乏正当理由。相比形式违法，实质违法情形并不容易判断，主要包括：（1）不对原行政行为进行深入审查。行政复议活动是建立在对原行政行为进行审查的基础上，其审查内容包括事实认定、法律适用和决定理由三个方面，需要对这些内容进行深入审查，并说明审查过程及其结论，否则即实质不作为。（2）不说明复议决定的理由。复议决定在对原行政行为进行审查的基础上，需要详细说明行政复议机关所认定的事实，以及法律适用和决定裁量的理由，否则无法令人信服。（3）维持无效或明显违法的原行政行为。无效或明显违法的行政行为，在实务中是比较容易辨别的，也不会对行政复议人员提出过高的审查要求，

---

[77]　［美］詹姆斯·W. 费斯勒、唐纳德·F. 凯特尔：《行政过程的政治——公共行政学新论》，陈振明、朱芳芳等译，中国人民大学出版社 2002 年版，第 434 页。

[78]　王青斌：《行政复议不作为的法律治理》，载《现代法学》2020 年第 3 期。

应当作出撤销、确认违法或无效的复议决定，否则即偏离了设立复议制度的目的。

以行为主体为标准，复议不法情形可以分为组织不法和人员不法。其一，组织不法是指行政复议机关未依法履行复议职责。设定组织不法，是为了防止行政复议机关（或复议机构）的有关负责人通过向行政复议人员下达违法指令而不当影响行政复议活动；或未尽监督审查责任而使行政复议活动流于形式，导致产生明显违法情形；或以未直接办理行政复议而逃避其自身责任的承担。凯尔森认为，由某一组织成员所实施的违法行为，在某种条件下，应当将该组织视为违法行为人，并对其施加制裁。[79] 由此，组织违法的需要承担绝对责任，应当设定对行政复议机关（或复议机构）本身所应当承担的法律责任，如通报批评、责令改正等。在由政府统一行使本级行政复议职责的改革推进中，行政复议机构（司法行政部门或行政复议局）的实体化运行，使其具有主导行政复议活动的法定正当性，而行政复议机关则可能成为名义上的复议职责承担主体。因此，从权责统一的角度考量，应当为行政复议机构设定因具体承担办理行政复议职责而产生的法律责任，并为行政复议机关根据其参与阶段而设定因复议监督不力而产生的法律责任。由此，虽然一般情况下行政复议机关比行政复议机构的法律责任要轻，但基于其享有的对行政复议机构的组织权、指导权和监督权，以及对行政复议机构拟定的"审查意见"的审查和决定权，依然要为其设定针对复议不法行为的最终担保责任。其二，人员不法，主要包括行政复议人员不法和其他人员不法两种。其中，行政复议人员不法，是指行政复议人员因徇私舞弊、渎职、失职等而未依法履行复议职责，就此应当以其复议职责为依据，并借鉴《公职人员政务处分法》中公职人员"违法行为"的有关条款予以扩充完善；其他人员不法，是指对行政复议机关或行政复议人员有影响力的人员，通过不当施加影响而意图决定或改变行政复议结果的情形，如行政复议机关的非行政复议人员或其他党政机关的有关人员，通过向行政复议人员说情、施压、利诱或授意而促使其作出违法的复议决定，同样也可以借鉴《公职人员政务处分法》中公职人员"违法行为"的有关条款予以扩充完善。在一定意义上，法律责任与法律义务是有所区分的，并不仅针对违法行为人，而有可能涉及与违法行为人有法定关系的其他人。[80] 因此，虽然违法行为人要承担过错责任，但对行政复议负有监督责任的人来说，也应当承担绝对责任，并不能以其不知道、不清楚而免责。

（二）建立科学的复议免责机制

行政复议法律责任制度的设定并非以追究责任为目的，而是为了确保行政复议的实效性。"责任是任何治理过程的基础，治理过程的有效性取决于公职人员

---

[79] ［奥］凯尔森：《法与国家的一般理论》，沈宗灵译，商务印书馆2013年版，第103页。

[80] ［奥］凯尔森：《法与国家的一般理论》，沈宗灵译，商务印书馆2013年版，第118页。

如何对自己履行宪法职责与法律职责的方式负责。"[81] 在责任追究方面，一般以过错类型作为区分标准。如日本刑法上的"责任主义"，是指"对于行为人的行为，只有在以责任能力以及故意或过失为要件能够对行为人进行非难时才肯定该行为人之责任的原则"。[82] 在法国的行政救济实践中，对于"非个人的、具有一定普遍性的、表现为一个行政者或多或少容易冒犯的过错时是公务过错"，对此公务人员不承担法律责任；而对公务人员在执行职务时的打击报复或假公济私等故意行为，以及较严重的过失等，属于本人过错，应当依法追究法律责任。[83] 在我国，则结合了过错和结果的双重标准，如《湖北省人民政府关于加强行政复议和行政应诉工作的意见》规定，"对有故意或重大过失的直接责任人员"，应当追究相应的责任，且把行政行为"在行政复议和行政诉讼中被撤销、变更、确认违法和责令履行的数量，作为衡量执法水平的量化指标和公务员考核的重要依据"。

科学的行政复议免责机制，应当对并非行政复议人员主观过错的活动予以免责化处理，以此来充分发挥行政复议的面向未来、改善行政的功能。对于因故意或过失而造成的复议违法情形，应当追究法律责任；而对于非因过错造成的复议不作为或复议决定被撤销、变更或确认违法、无效的，不予以追究法律责任。如在事实认定方面，只要行政复议人员尽到了认真调查的义务，只是由于鉴定意见、复议申请人故意隐瞒真相等，导致行政复议人员无法对案件事实进行正确认知的，不予追究责任；在法律适用方面，由于法律本身存在漏洞、冲突、过于原则等问题，导致存在法律适用难题时，不予追究责任；在复议决定作出方面，由于行政复议人员采用了学界通说、行政惯例等，导致复议决定被撤销、变更的，不予追究责任。需要指出的是，行政复议免责机制的建构目的，同样是基于行政复议实效性的考量，既不能为依法履职者造成过大的风险，也不能成为行政复议人员逃避责任的借口。

因此，应当以行政复议人员的主观过错为标准，将复议违法行为的过错分为故意与过失两类，并根据过错程度与造成的后果来追究行政复议机关（机构）与有关人员的法律责任。其中，故意是行为人预料并意图达到其行为的结果，故意作为复议违法行为的一个因素，构成违法行为主体的心理学意义上的条件，应当承担过错责任；而过失是行为人已经造成一个所不曾意料的或意图达到的有害结果，过失并非违法行为的特定条件，其本身就构成了一种不作为的违法（法定义

[81] O. P. Dwivedi, Ethics and Values of Public Responsibility and Accountability, International Journal of Administrative Sciences, 1985, 51（1）: 61-66.

[82] ［日］甲斐克则:《责任原理与过失犯论》，谢佳君译，中国政法大学出版社 2016 年版，第 1 页。

[83] 王名扬:《法国行政法》，中国政法大学出版社 1988 年版，第 747 页。

务违反），应当承担绝对责任。[84]

（三）发展透明的复议公开制度

行政复议作为一种公共活动，为了保障当事人和公众的知情权、参与权与监督权，应当向社会公开。在是否公开的角力中，复议被申请人对于"改变"大类的案件的公开具有天然的抵触心理，并担心被追究法律责任，因此具有极大的动力去干涉案件的公开，且复议申请人对此一般不会再行提起行政诉讼，因此缺失了私人公开的促进动力，需要制度建构予以助推。若涉及徇私舞弊的复议案件，复议被申请人未必会有胆量去挑战行政复议机关的决定，而复议公开则提供了一种隐性的制约机制，使得这种不正当的考量不至于显著偏离法治轨道。"维持"大类的复议决定则表明复议被申请人获得行政复议机关的支持，从逻辑上不涉及其责任追究，应当向社会公开，以接受社会的监督。而其他复议申请人不服的复议案件，若其向法院提起行政诉讼，自然会通过司法途径予以公开。因此，需要从立法层面设定行政复议的公开机制，限制行政复议机关对复议公开的裁量权。

2023 年《行政复议法》第 79 条设定了复议决定书公开制度，[85] 但由于其表述的原则性，依然存在值得研讨的空间。目前，除法院系统的司法裁判文书公开制度和庭审直播公开制度外，在国家层面尚未建立统一的行政复议强制公开制度，行政复议机关对是否公开和如何公开具有不受限制的裁量权，[86] 从而导致行政复议案件缺乏外界的充分监督。作为一种正向的典型，自然资源部制定的《自然资源行政复议规定》第 31 条第 2 款规定："推行行政复议决定书网上公开，加强社会对行政复议决定履行情况的监督。"湖南省自然资源厅据此在其官网以"以案释法"的形式公开了该厅所作出的行政复议决定书，对于复议法治化的水平提高起到了较好的倒逼作用。[87] "阳光是最好的防腐剂"，信息的公开为相关参与人的各种活动提供了展示平台，并形成了一种巨大的压力，督促其在法律的边界之内舞蹈。通过复议案件的公开，也为社会与学界提供了观察行政复议活动的窗口，使复议过程、复议决定说理及其逻辑、依据都能够暴露在阳光之下，接受公众审视；更为重要的是，公开是一种压力传导机制，为处于弱势地位的复议申请人提供了外界的助力，会助推行政复议机关更为中立地审查原行政行为，作出更为公

---

[84]　［奥］凯尔森：《法与国家的一般理论》，沈宗灵译，商务印书馆 2013 年版，第 113—116 页。

[85]　《行政复议法》第 79 条第 1 款规定："行政复议机关根据被申请行政复议的行政行为的公开情况，按照国家有关规定将行政复议决定书向社会公开。"

[86]　史全增：《司法公开的裁量及其统制》，载《沈阳工业大学学报（社会科学版）》2016 年第 1 期。

[87]　湖南省自然资源厅官网"以案释法"模块，http://zrzyt.hunan.gov.cn/zrzyt/yiansf/list_zcdh_zcfg_st.html，最后访问时间：2020 年 7 月 27 日。

正的复议决定。[88]

复议活动的公开主要包括两个方面：一种是类似于庭审公开的复议过程公开，即将各方参与的复议活动特别是质证过程通过开放现场、网络直播等方式公开。如 2023 年《行政复议法》第 50 条第 1 款、第 2 款分别规定了"应当组织听证"和"可以组织听证"两类情形，这里的听证活动原则上应当公开。但是，鉴于行政复议一般实行书面审，听证活动的公开并不常见，在立法上应当持鼓励态度，以补足行政复议申请人的弱势地位，并提升行政复议机关的公正取向。另一种是行政复议决定的公开，行政复议机关应当将其所作出的行政复议决定书通过网络、公报等途径向社会公开。基于对公开裁量权的限制，应当建立行政复议决定书公开的强制性要求，在不涉及国家秘密、商业秘密和个人隐私的情况下，应当将全文向社会公开；在涉及国家秘密、商业秘密和个人隐私的情况下，对相关信息进行技术处理后，原则上向社会公开；对于"公开后可能危及国家安全、公共安全、经济安全、社会稳定的情形"应当严格予以认定，并在对相关危及安全或社会稳定的信息进行技术处理后，原则上向社会公开，以免对该免予公开条件的滥用；对申请人、被申请人申请不予公开的案件，经严格审查认为符合条件的，方可准予不公开，但应当在网上公开该复议决定书的文号。[89] 行政复议决定书的公开，使公众可以审视复议决定的事实认定、法律适用和决定理由是否合法合理，是否遵循复议惯例等，并可以对缺乏论证的复议决定从各种途径提出批评，乃至为上级行政机关、监察机关的介入提供抓手。

（四）合理设定外部专家的法律责任

在行政复议委员会的运行模式中，行政复议外聘专家、行政复议专家委员等外部专家一般通过参加咨询会议、提交咨询意见等形式参与行政复议活动，为具体行政复议案件提供咨询意见，并在事实上具有影响行政复议决定的效果。[90] 当行政复议机关遇到难题时，借助外脑可以显著提升复议决定的事实认定、法律适用和决定的质量；且外部专家具有更为超然的独立地位，与复议案件一般不具有利益关系，可以较为公正地提交参与意见或建议。外部专家的参与不仅是实现法治行政的重要辅助力量，也是公众参与的重要路径，值得充分予以肯定。然而，在外部专家相对超然地位的掩盖之下，难免会存在一些利益请托、专家意见过于

---

[88]　因此，复议机关不仅应当在事实上详细叙述其所查明的事实，在法律适用和复议决定作出方面也应当全面地说明理由，阐述其对案情相关的全部因素的综合衡量及取舍，而非轻率或者武断地作出决定。

[89]　为了使公开的效益更高，应当借鉴"中国裁判文书网"的页面设计，为公众查询提供更为友好便捷的路径。

[90]　兰天鸣：《长三角生态绿色一体化发展示范区行政复议委员会成立》，载中国政府网，https://www.gov.cn/xinwen/2020-07/30/content_5531268.htm，最后访问时间：2023 年 11 月 18 日。

随意或明显违法等现象，导致偏离利用外部专家的法治目的。"如果只想给予个人或团体以某种明确规定的职能，而不加抑制，那么，个人或团体就很可能取得非常不良的独立权力。"[91] "如果遵守制度不会给他们带来比不遵守的情况下更大利益的话，那么自利的行为人就不会遵守社会制度。"[92] 因此，需要在充分发挥外部专家的优势的前提下，合理设定与追究外部专家的法律责任，以促使其更为重视专家角色的公益地位。2023年《行政复议法》第52条虽然设定了外部专家对行政复议委员会的参与，但在"法律责任"章中并未明确设定外部专家的责任，需要予以调整。

对于外部专家责任的设定，应当主要从不法情形、惩戒形式和惩戒强度等维度予以架构。第一，在不法情形的设定方面，主要包括如下五个方面的情形：（1）基于外部专家应有的中立地位，明知其与所参与的复议案件具有利益联系，而不主动声明或提出回避的；（2）接受利益相关人的请托，提出违反法律规定、侵害公私利益的专家意见的；（3）不遵循行政复议的议事咨询程序，导致产生不良后果的；（4）不认真履行专家责任，提出明显违法或不当的咨询意见，导致行政复议决定产生重大违法或不当情形的；（5）接受行政复议机关有关工作人员的指示，提出明显违法、显失公正的咨询意见等情形。第二，在惩戒形式方面，应当根据其违法情形及其造成后果的严重程度，设定撤销专家聘书、通报批评、记入诚信记录、向其所在单位提出处分建议等。第三，在惩戒强度的导向方面，基于发挥外部专家的活力与优势的考量，对于认真履职且主观上无明显过错的专家委员，即使其咨询意见存在瑕疵或错误并导致复议决定被撤销或改变的，一般也不予追究法律责任。但是，对具有明显故意或重大过失，并造成或可能造成复议决定明显违法或不当的，应当根据其过错程度、造成的后果等予以追究法律责任，涉嫌犯罪的应当依法追究刑事责任等。基于外部专家的辅助地位，惩戒强度上不宜与行政复议人员等同。

五、结语

在行政复议体制改革的推进过程中，作为确保行政复议实效性的重要制度，行政复议法律责任制度需要认真对待。应当将视野适度扩大，在整体主义的视角下对其进行全面审视，找出真问题，提出具有针对性的对策建议。行政复议法律责任制度的建构，应当以行政复议法的立法目的为指引，充分发挥行政复议化解行政争议的独特功能优势，并将之作为改善行政复议运行的重要支点。但是，"一个规则之所以是一个法律规则并不是由于其实效由另一个规定制裁的规则所保

---

[91] ［英］伯特兰·罗素：《权力论》，吴友三译，商务印书馆2012年版，第229页。

[92] ［美］杰克·奈特：《制度与社会冲突》，周伟林译，上海人民出版社2009年版，第40页。

证"[93]，且"用痛苦来惩罚并诉诸畏惧和顺从的心理，无疑是通过我们较低的本性起作用的"[94]，这种促进模式也仅是针对当前行政复议实效性不彰而提出的短期猛药，从长远来说，在法治思维和法治方式成为行政习惯之后，行政复议法律责任就成为一种备而不常用的达摩克利斯之剑。此外，也应当注重法律责任与其他制度如奖励、义务等的衔接协调，并充分发挥外部统制机制的促进作用，让行政复议活动主动接受外部的审视与评价，并时刻进行调整，以更好地适应当代行政的需要。

---

[93]　［奥］凯尔森：《法与国家的一般理论》，沈宗灵译，商务印书馆 2013 年版，第 63 页。

[94]　［英］鲍桑葵：《关于国家的哲学理论》，汪淑钧译，商务印书馆 1995 年版，第 223 页。

健康权可诉性的可能性及其限度 [1]

邹艳晖

健康权不具有可诉性的传统理论观点已被摒弃，世界上越来越多的国家，视司法救济为保障公民健康权的重要屏障。无论是拉丁美洲的阿根廷、巴西，还是亚洲的印度和印尼，抑或美国、欧盟、加拿大等国家或地区，其司法机关均为公民的健康权提供了不同程度或不同形式的救济。[2] 需要说明的是，广义的健康权可诉性不仅包括司法途径，也包括准司法途径。狭义的健康权可诉性，仅指通过诉诸审判机关对健康权进行救济。[3] 下文的论述将围绕狭义的健康权可诉性展开。

一、健康权可诉性的障碍因素

健康权的可诉性长期以来备受争议，相对忽视其可诉性，并非偶然，而是客观存在的健康权可诉性的障碍因素带来的必然结果。审视并梳理这些障碍因素，是终结健康权可诉性争论的第一步。

（一）权利的不确定性和规范的模糊性因素

司法机关进行司法适用的基础，就是权利规范清晰。健康权的不确定性和规范的模糊性，是对健康权进行司法救济的障碍因素。不确定性是健康权稳定性的致命弱点，健康权的实现依然有赖于国家的条件和资源，并且主要有赖于国家的当权者。[4] 健康权作为一种典型的经济社会文化权利、一种积极的社会权，其高资源要求性和积极性都会影响人们对它作出清晰的规定。[5] 继而，健康权的不确定性和规定的模糊性，是不适合对健康权进行司法审查的基础。[6]

此外，健康权的概念和内容依旧存在争议。我国宪法中并没有明确规定健康

[1] 本文系国家社科基金后期资助项目《公民健康权的国家义务研究》的阶段性成果。

[2] 李广德：《健康权如何救济？——基于司法介入程度的制度类型化》，载《清华法学》2019年第3期。

[3] 袁立：《论社会权可诉性的几个基本理论问题》，载《宁夏大学学报（人文社会科学版）》2010年第6期。

[4] David P. Fidler, Geographical Morality Revisited, HARV.INT' LL.J, Vol. 42, 2001, pp.299, 348, 转引自林志强：《健康权研究》，中国法制出版社2010年版，第240页。

[5] 黄金荣：《司法保障人权的限度：经济和社会权利可诉性问题研究》，社会科学文献出版社2009年版，第338—339页。

[6] George P. Smith, Human Rights and Bioethics: Formulating a Universal Right to Health, HealthCare, or Health Protection, Vanderbilt Journal of Transnational Law, Vol.38, 2005, p. 1305.

权，甚至在部门法中，相当长的一段时间里，健康权并不是独立的权利，而是与生命权结合在一起，统称为"生命健康权"。不仅在原《民法通则》第98条中规定"公民享有生命健康权"，而且在《国家赔偿法》第34条中也采用"生命健康权"的提法，规定了侵犯生命健康权后赔偿金的具体计算方法。

（二）质疑经济、社会和文化权利的可诉性

国务院新闻办公室发布的《国家人权行动计划（2021—2025年）》将健康权划归为经济、社会和文化权利。质疑经济、社会和文化权利的可诉性，毋庸置疑，会成为影响健康权可诉性的障碍因素。《国际人权宪章》将基本权利划分为公民权利和政治权利、经济社会文化权利的标准之一就是救济方式不同，即经济社会文化权利是渐进实施的"纲领性权利"，不能通过司法途径予以救济，而公民权利和政治权利却可以直接适用，通过诉诸司法予以实施。[7]然而，这种观点值得商榷。

（三）法院不具备相应的制度能力和专业能力

法院介入当事人的健康保健需求时，可能会将稀缺的公共医疗资源转移到其他群体或者地区，这对整体的健康正义和健康公平可能会产生负面作用。[8]健康权涉及多项公共政策，这些政策均涉及很多专业知识的运用。随着行政管制范围的扩大以及管制事务的专业化和技术化，甚至部分立法的职能都转移到行政部门手中。[9]涉及健康权的公共政策的制定主要是行政机关的职能和立法机构的职能，法院主要是公共政策的适用者。[10]这些公共政策的制定涉及多方利益的衡量和资源分配的方法，法院不具备判断这一复杂、专业问题的制度能力和专业能力。

健康权的不确定性和健康权规范的模糊性，质疑经济、社会和文化权利可诉性的观点以及法院不具备相应的制度能力和专业能力等因素，都成为横亘于健康权寻求司法救济之路的障碍。

值得一提的是，对于可诉性的内涵仍存在纷争，有的学者认为"可诉性"并不能简单化为"可诉讼性"，除了司法途径以外，还包括诸如申诉、人权报告制度等准司法途径。原因不仅源于权威词典对"可诉性"的解释，还基于我国法学理论界对"可诉性"的理解。[11]笔者认同此观点，但本文主要探讨健康权的司法救济。

---

[7]　王惠玲：《成文宪法的比较研究：以107部宪法文本为研究对象》，对外经济贸易大学出版社2010年版，第86页。

[8]　李广德：《共济与请求：健康权的司法展开》，北京大学出版社2022年版，第67页。

[9]　王锡锌、章永乐：《专家、大众与知识的运用——行政规则制定过程的一个分析框架》，载《中国社会科学》2003年第3期。

[10]　林志强：《健康权研究》，中国法制出版社2010年版，第238—239页。

[11]　袁立：《传承与嬗变——社会权可诉性的多重面相》，载《中南民族大学学报（人文社会科学版）》2011年第2期。

二、健康权可诉的可能性

健康权作为"二战"后出现的"第二代人权",经历了从国际法向国内法转变的过程。健康权的内容日渐明晰,其不仅被多个国际条约列为基本人权,也被越来越多的国家写入宪法和法律中。

(一)健康权的内容明晰化

与生命权相较而言,健康权确实属于一种新兴权利,是"二战"后随着当代人权法的出台和发展才出现的法律概念。[12] 健康权出现于 20 世纪 40 年代中期,以《世界卫生组织宪章》的"序言"和《世界人权宣言》第 25 条为标志。[13]《世界人权宣言》第 25 条规定:"人人有权享受为维持他本人和家属的健康和福利所需的生活水准……"联合国经济、社会和文化权利委员会通过的第 14 号一般性意见中详细规定了健康权的内容、健康权的国家义务、实现健康权的核心义务、健康权的指标和基本要求、补救和问责等内容。[14] 健康权作为一项新兴的现代人权,又进一步实现了从国际法向国内法的转变。据调查,大约 67.5% 的国家在宪法中都规定了有关健康和健康保健的条款。[15] 早在 1919 年,德国《魏玛宪法》第 161 条就明确规定,为了保护健康应实行相应的保险制度。

《宪法》以及近几年出台的《基本医疗卫生与健康促进法》《民法典》,已经展现了健康权作为一项独立的法律权利,存在于我国的法律体系中。虽然我国现行宪法文本中没有明确规定"健康权",但是绝大多数学者赞同健康权是我国宪法的一项基本权利,原因之一在于我国宪法文本多个条款涉及健康权[16]。我国宪法文本中涉及健康权的具体条款及其对应的国家义务,此处不再赘述。

2010 年施行的《侵权责任法》就采用了"健康权"的提法,健康权独立出来,不再统称为"生命健康权"。在《民法典》人格权编中,不仅承认了健康权独立的人格权地位,还夯实了健康权的保护根基,并且拓宽了健康权的保

---

[12] Katharine G. Young, Julieta Lemaitre, The Comparative Fortunes of the Right to Health: Two Tales of Justiciability in Colombia and South Africa, Harvard human rights Journal, Vol.26, 2013, p.181; John Tobin, The Right to Health in International Law, Oxford University Press, 2011, p.22, 转引自王晨光:《健康法治的基石:健康权的源流、理论与制度》,北京大学出版社 2020 年版,第 2 页。

[13] 李广德:《共济与请求:健康权的司法展开》,北京大学出版社 2022 年版,第 11 页。

[14] 经济社会文化权利委员会通过的《第 14 号一般性意见:享有能达到的最高健康标准的权利(第十二条)》,载中国人权网,https://www.humanrights.cn/html/2014/1_1009/1878.html,最后访问时间:2023 年 10 月 9 日。

[15] Eleanor D. Kinney, Brian Alexander Clark, Provisions for Health and Health Care in the Constitutions of the Countries of the World, (2004) Cornell International Law Journal, p.291.

[16] 王晨光:《论以保障公民健康权为宗旨 打造医药卫生法治的坚实基础》,载《医学与法学》2016 年第 1 期。

护网。[17]

（二）经济、社会和文化权利具有可诉性

之所以认为经济、社会和文化权利具有可诉性，主要基于以下理由：首先，经济、社会和文化权利与公民权利和政治权利之间具有不可分割性。国家对经济、社会和文化权利承担的义务是多层次的，不仅负有逐步实现、渐进实施的给付义务，还要承担立即实现的尊重义务和保护义务。[18]其次，是否所有的经济、社会和文化权利都是"纲领性权利"，同样受到了质疑，典型的经济、社会和文化权利——健康权的内容逐渐明晰化。[19]最后，对于经济、社会和文化权利不能通过司法途径予以救济的观点，越来越多的学者提出反对意见，认为其可以通过司法途径获得救济。[20]正如经济、社会、文化委员会第十九届会议（1998 年）第 9 号一般性意见中所言："对经济、社会和文化权利加以严格的分类……将它们置于法院的管辖权限之外，这是武断的……这样做也会严重削弱法院保护社会中最脆弱、最贫困群体的权利的能力。"经济、社会和文化权利具有可诉性，被越来越多的学者认同。作为经济、社会和文化权利的健康权应当具有可诉性，也被许多学者认同。[21]此外，《关于实施〈经济、社会和文化权利国际公约〉的林堡原则》第 17 条规定，缔约各国须在国家层面利用包括司法措施在内的所有适当方式履行其在公约项下的义务。经济、社会和文化权利与公民权利和政治权利之间具有不可分割性；经济、社会和文化权利中的健康权的内容逐渐明晰化以及我国作为国际公约缔约国的现实，这些因素的叠加，使得经济、社会和文化权利具有可诉性成为不争的共识。

（三）法院有监督公共政策执行的能力

首先，法院执行公共政策的功能不应受到质疑。法院执行公共政策的功能只要是在目的范围之内，符合保护健康权这一司法价值追求，就不应受到职业能力范围的限制。而且，只要有健康权和福利政策的立法，就会涉及法院解释和实施健康权。法院的解释和实施能力，是由法院的功能所赋予的。[22]而且，

---

[17]　邹艳晖：《民法典为人民健康保驾护航》，载《民主与法制时报》2021 年 8 月 5 日，第 6 版。

[18]　孙萌：《经济、社会和文化权利的可诉性：标准与实践》，知识产权出版社 2011 年版，第 24—25 页。

[19]　林志强：《健康权研究》，中国法制出版社 2010 年版，第 245 页。

[20]　孙萌：《经济、社会和文化权利的可诉性：标准与实践》，知识产权出版社 2011 年版，第 29—33 页。黄金荣：《司法保障人权的限度：经济和社会权利可诉性问题研究》，社会科学文献出版社 2009 年版，第 345 页。

[21]　黄金荣：《司法保障人权的限度：经济和社会权利可诉性问题研究》，社会科学文献出版社 2009 年版，第 343—351 页。林志强：《健康权研究》，中国法制出版社 2010 年版，第 240—250 页。李广德：《共济与请求：健康权的司法展开》，北京大学出版社 2022 年版，第 119—130 页。

[22]　李广德：《共济与请求：健康权的司法展开》，北京大学出版社 2022 年版，第 72 页。

由于法官有适用和解释法律的经验，他们在公共政策领域的知识或专业有可能甚至超过立法或行政机关的人员。其次，即使法官的专业能力有提升的空间，也可以向专家寻求帮助。对于涉及健康权的福利政策、财政政策等专业事务领域，法院可以求助于专家，以提高社会权司法的能力。[23] 在印度，法院采用特别咨询委员会审查事实或者证据，[24] 借此破解对于司法能力的质疑。最后，法院在保障健康权方面具有优势。司法相对于立法与行政而言，法院不仅可以保护少数人的权利，还可以为政策制定者或者立法者提供参考依据，为"先国际后国内"的健康权的国内化提供标准。[25] 法院的解释和实施能力，进而演绎为法院有监督公共政策执行的能力；法院可以向专家寻求帮助以提升专业能力；法院在保障健康权方面具有优势，这些因素的叠加有助于回应对法院的制度能力和专业能力的质疑。

三、健康权可诉性的限度

健康权具有可诉性，但是为健康权提供司法救济的障碍因素也不容忽视。如果健康权可诉性完全不加限制，会从一个极端走向另一个极端，不仅会对国家财政造成巨大影响，也不利于实现卫生公平性，因此探究健康权可诉性的限度不仅十分必要，而且尤为重要。不同于健康权可诉性的范围，健康权的限度是指可诉的深度，即健康权可诉到什么程度。[26] 从健康权的最低核心理论和健康权可诉性的国家义务体系两个维度入手，有助于明确健康权可诉性的限度。

（一）确定健康权可诉性限度的必要性

1. 健康权诉讼对于国家财政影响巨大

需要说明的是，不加区分地确认健康权的可诉性，会带来一系列的问题。不加限制的健康权诉讼，对于国家财政影响巨大。健康权诉讼成本会侵占卫生支出，对少数人的大额支付会导致在公众服务上的项目经费减少。[27] 以巴西为例，巴西卫生部官方报告显示，2003 年到 2009 年一共有 5323 件关于健康权的诉讼案件，这些案件导致 8000 万美元的支出。[28]2009 年，哥伦比亚政府对健康权诉讼所支

---

[23] 林志强：《健康权研究》，中国法制出版社 2010 年版，第 244—245 页。

[24] Malcolm Langford (ed.), Social Rights Jurisprudence: Emerging Trends in International and Comparative Law, Cambridge University Press, 2008, p.36.

[25] 李广德：《共济与请求：健康权的司法展开》，北京大学出版社 2022 年版，第 81—84 页。

[26] 袁立：《论社会权可诉性的几个基本理论问题》，载《宁夏大学学报（人文社会科学版）》2010 年第 6 期。

[27] 王晨光：《时代发展、学科交叉和法学领域拓展——以卫生法学为例》，载《应用法学评论》2019 年第 1 辑。

[28] Alicia Yamin & Siri Gloppen (eds.), Litigating Health Rights: Can Courts Bring More Justice to Health? Havard University Press, 2011, p.103. 转引自李广德：《共济与请求：健康权的司法展开》，北京大学出版社 2022 年版，第 75 页。

出的费用多达 7.5 亿美元，占国家卫生财政预算的 5.4%。[29] 换句话说，不加限制的健康权诉讼成本会占用本已十分紧张的卫生支出。

2. 激增的健康权诉讼并未实现卫生公平性

对于激增的健康权诉讼，研究数据表明，诉讼并没有如预期的那样，推动健康服务的均等化和公平化，正相反，不加限制的健康权诉讼，会影响均等化和公平化的进程。健康权诉讼的实际效果并未实现世界卫生组织提出的初级卫生保健的核心——卫生公平性，从中受益的是富人而非穷人。法官关注的个案正义，可能取代了本应由立法机关和行政机关关注的群体正义。因此，我们应当避免健康权诉讼泛化，认识到健康权诉讼的局限性，逐步推进健康权的诉讼，并探究健康权诉讼的限度。

（二）"最低核心健康"相关理论

"最低核心健康"概念通常有两种含义：一是指公民的最低核心健康权；二是指政府对于公民健康权的最低核心义务。这是一个问题的两个方面，如果从操作性的角度出发，我们更加强调的是政府的最低核心义务，其是指政府对于公民的健康权所尽最基本的义务。[30] 健康权对应政府的最低核心义务，应当具有可诉性，此议题将在健康权可诉性的国家义务体系部分集中探讨。经济、社会和文化权利委员会第 3 号一般性意见指出，确保健康权的实现达到基本的水平，是国家作为缔约国应当承担的最低限度的核心义务。[31] 由此可见，确保健康权的实现达到基本水平，是衡量缔约国能够承担最低限度的核心义务的标准。

健康的最低核心标准，应当由谁来制定呢？首先，国际社会提出的健康标准，具有参考价值。而且，我国一旦加入国际组织或者成为国际公约的缔约国，就应当遵循国际社会提出的健康标准。例如，我国加入的世界卫生组织规定了健康的最低标准，即初级健康战略。世界卫生组织健康社会决定因素委员会提出了健康状况的评定标准，包括死亡率、幼儿发展、精神健康、发病率和伤残率、自我评定的生理和精神健康、原因特异性结果 [32]。健康社会决定因素委员会也提出国家健康公平性监测中的决定因素，如健康行为、物质和社会环境、卫生保健等（见图 1）。再如，我国已经批准的《经济、社会和文化权利国

---

[29]　Alicia Yamin & Siri Gloppen（eds.），Litigating Health Rights: Can Courts Bring More Justice to Health? Havard University Press，2011，p.103. 转引自李广德：《共济与请求：健康权的司法展开》，北京大学出版社 2022 年版，第 78 页。

[30]　龚向和等：《民生保障的国家义务研究》，东南大学出版社 2019 年版，第 274 页。

[31]　《第 3 号一般性意见：缔约国义务的性质（〈公约〉第二条第一款）》，载中国人权网，https://www.humanrights.cn/html/2014/1_1008/1865.html，最后访问时间：2023 年 10 月 9 日。

[32]　世界卫生组织：《用一代人时间弥合差距——针对健康问题社会决定因素委员会采取行动以实现卫生公平》，世界卫生组织 2009 年版，第 182 页。

际公约》提出了缔约各国为实现健康权应当采取的步骤，包括降低死胎率和婴儿死亡率、改善环境卫生和工业卫生、预防治理和控制疾病、创造医疗照顾的条件。[33]

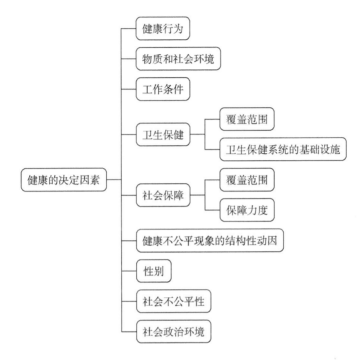

图 1　健康的决定因素 [34]

其次，国家机关有权确定健康的最低标准。当前，行政机关是确定我国公民健康最低标准的主体之一。截至目前，我国已经出台了四期国家人权行动计划，分别是《国家人权行动计划（2009—2010 年）》《国家人权行动计划（2012—2015 年）》《国家人权行动计划（2016—2020 年）》《国家人权行动计划（2021—2025 年）》。这四期人权行动计划提出的健康最低标准，已经融合借鉴了国际社会有关健康指标的有益经验。健康的最低标准包括死亡率、精神健康、发病率、预期寿命等。为维持健康的最低标准，应当从构建强大的公共卫生体系（四期人权行动计划均涉及）、完善医疗卫生服务体系（四期人权行动计划均涉及）、完善疾病防治体系（四期人权行动计划均涉及）、提高精神健康服务水平（三期人权行动计划均涉及）和确保食品药品安全（四期人权行动计划均涉及）等方面着手

---

[33] 《经济、社会和文化权利国际公约》第 12 条，载国务院新闻办公室网站，http://www.scio.gov.cn/ztk/xwfb/09/5/Document/655628/655628_1.htm，最后访问时间：2023 年 9 月 28 日。

[34] 世界卫生组织：《用一代人时间弥合差距——针对健康问题社会决定因素行动以实现卫生公平》。

（见图2）。此外，国家立法机关有权确定健康的最低标准，关于健康权的立法工作在有序推进，《宪法》《民法典》《基本医疗卫生和健康促进法》都为保护人民健康保驾护航，但目前立法机关并未确定健康的最低标准。鉴于健康权具有可诉性，司法机关也能成为确定健康最低标准的主体。因此，确定国家标准的主体，主要是国家机关，立法机关、行政机关和司法机关都是确定健康最低标准的主体，国际社会确定的标准为国家确定健康的最低标准提供重要的参考。

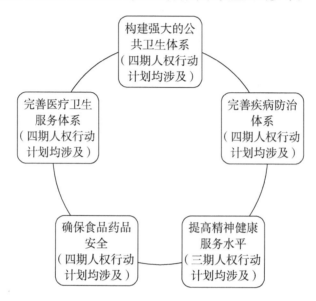

图2　我国《国家人权行动计划》（四期人权行动计划中健康权方面的内容）

值得一提的是，我国卫生健康委2019年制定的《卫生健康标准管理办法》，对于确定健康的最低标准也有指导意义。[35] 总体而言，健康的最低核心标准至少应当包括死亡率、精神健康、发病率、预期寿命，至少应当从公共卫生体系、医疗卫生服务体系、疾病防治体系、精神健康服务水平和食品药品安全这五个方面入手，确保实现最低标准的健康。

通过梳理四期国家人权行动计划、国务院印发的《"健康中国2030"规划纲要》和国际社会确定的健康的最低标准，不难发现，健康的最低标准并不是恒定不变的，在不同国家，在同一国家的不同时期，健康的最低标准都会发生变化。界定清楚健康的最低核心标准，有助于明确健康权的内容，也有益于为健康权的可诉性扫清障碍。

---

[35]　邹艳晖:《国家对公民健康权给付义务的标准》，载《兰州学刊》2015年第9期。

（三）健康权可诉性的国家义务体系

我们在探究公民健康权的可诉性时，不妨从国家三重义务的视角出发，区分不同的国家义务，而非"一刀切"，泛泛地分析健康权的可诉性。具体而言，根据健康权作为基本权利的不同权利功能和义务层次理论，国家对公民健康权的义务可分为尊重义务、保护义务和给付义务。[36] 健康权的国家三重义务分析法，有利于更好地理解健康权的可诉性，也有益于界定健康权可诉性的限度，即国家对公民健康权的哪些义务具有可诉性。

健康权作为基本权利，基本权利功能可分为防御权功能、程序权功能、保护义务功能、受益权功能和制度保障功能。宪法中虽然没有明示健康权的条款，但有很多条款涉及健康权的相关内容。（见表 1）《宪法》第 33 条和第 41 条分别体现了健康权的防御权功能和程序权功能，两种功能对应的是国家的尊重义务（防止国家侵害公民健康权的义务），国家的尊重义务具有可诉性，已基本达成共识。《宪法》第 33 条和第 36 条体现的是健康权的保护义务功能，对应的是国家的保护义务（国家采取保护措施避免第三人侵害公民健康权的义务），国家保护公民健康权的义务是否具有可诉性，争议较大，一般而言，国家保护义务只在某些情况下具有可诉性。《宪法》第 21 条、第 26 条、第 45 条和第 14 条分别体现了健康权的受益权功能、制度保障功能，对应的是国家的给付义务 [37]（国家提供便利和利益，帮助公民实现其健康权）。一般情况下，国家对公民健康权的给付义务不具有可诉性。

表 1　我国宪法中有关健康权的规范 [38]

国家义务类型	基本权利功能	宪法条款	主要内容
尊重义务	防御权功能	第 33 条第 3 款	国家尊重人权
	程序权功能	第 41 条第 3 款	国家机关及其工作人员侵犯健康权而受到损失，依法取得赔偿
保护义务	保护义务功能	第 33 条第 3 款	国家保障人权
		第 36 条第 3 款	任何人不得利用宗教损害公民的身体健康

---

[36]　邹艳晖：《论国家对公民健康权的义务》，载《行政与法》2015 年第 7 期。

[37]　法治斌、董保城：《宪法新论》，元照出版社有限公司 2007 年版，第 137—138 页。李广德：《共济与请求：健康权的司法展开》，北京大学出版社 2022 年版，第 125—126 页。B. 托比斯：《健康权》，载［挪］A. 艾德等编：《经济、社会和文化的权利》，黄列译，中国社会科学出版社 2003 年版，第 204—205 页。

[38]　李广德：《共济与请求：健康权的司法展开》，北京大学出版社 2022 年版，第 125—126 页。王晨光：《健康权理论与实践的拓展》，载《人权》2021 年第 4 期。

国家义务类型	基本权利功能	宪法条款	主要内容
给付义务	受益权功能	第 21 条	国家发展医疗卫生事业，保护人民的健康
		第 26 条第 1 款	国家保护和改善环境
		第 45 条第 1 款	国家应当为弱势群体提供物质帮助
	制度保障功能	第 45 条第 1 款	国家发展社会保险、社会救济和医疗卫生事业
		第 14 条第 4 款	国家建立健全社会保障制度

1. 尊重义务具有可诉性

尊重义务要求国家不得侵犯公民的健康权。南非的 ATC 案就是国家因违反尊重义务，成为被告的经典案例。南非的卫生部制定计划，只允许全国范围内的少数公共卫生诊所，给感染艾滋病的怀孕妇女使用药物"奈韦拉平"，这种药物可以有效降低通过母婴传播艾滋病的风险。最高法院和宪法法院都认为政府禁止试点外的公共卫生诊所使用"奈韦拉平"的行为，侵犯了一出生就从母亲身上传染艾滋病的婴儿的健康权。该案中政府没有切实履行对公民健康权的尊重义务。[39] 此外，我国的佘祥林案和法国污血案，都证明了国家尊重义务的可诉性。国家机关及其工作人员侵犯公民的健康权时，公民就可以向司法机关提起诉讼，来保护自身的健康权，司法救济可谓保护公民健康权的最后一道屏障。

2. 部分保护义务具有可诉性

国家保护义务是为了避免第三人侵害公民的健康权，国家应当采取一定的保护措施。保护义务在某些情况下，是可以裁判的。例如，某些机构未能履行适当职责，情况严重的，可以认为国家负有保护个人免遭这些机构侵害的可裁判的义务。荷兰国家监诉官在因被污染的血产品而感染艾滋病毒一事的判决中，就指出荷兰当局应当根据荷兰宪法规定的健康权进行干预，以便保护病人不受被污染血液的感染。[40] 在现代社会，随着第三方势力的日渐雄厚，其侵害公民健康权的事件会越来越多，人权委员会、公益诉讼和印度的社会行动诉讼都成为增强可诉性的有效措施。健康权的性质不仅是人权、民事权利，还是基本权利。传统的诉讼资格增加了社会弱势群体通过诉讼寻求法律救济的难度，只有与案件有直接利害

---

[39] Jeanne M. Woods, Justiciable Social Rights as a Critique of the Liberal paradigm,（2003）Texas International Law Journal38, pp.787-788.

[40] ［挪］A. 艾德等编：《经济、社会和文化权利教程》，黄列译，四川人民出版社 2004 年版，第 151 页。

关系的人才具有诉讼资格。然而，基本权利诉讼不同于私权诉讼，基本权利具有更加浓重的"公益色彩"。[41] 公益诉讼有益于加强权利主体的诉讼能力和法院的司法能力。社会行动诉讼不仅扩大了原告的主体资格，还扩大了保护的范围。[42] 笔者认为，目前在我国，公益诉讼是增强健康权可诉性的最佳方案。还有些学者提出，国家对公民健康权的保护义务的司法救济可以采用宪法委员会与普通法院相结合的复合模式，即宪法委员会涉及法律文件的抽象审查，普通法院涉及基本权利的具体审查。[43] 笔者认为，对我国而言，逐步扩大在普通法院涉及健康权的具体审查范围，在一定程度上能更好地满足保护健康权的意愿。诚然，健康权的具体救济模式仍有进一步商榷的空间，但是救济模式的不确定性，不应成为否定国家保护义务具有可诉性的理由，国家保护义务具有可诉性已经成为大势所趋。

3. 实现义务接受裁判的可能性最小

给付义务，最难确定，因此接受裁判的可能性最小。国家为帮助公民实现其健康权，履行给付义务，大多数情况下，需要投入大量资源，因此国家仅负有逐步实现的义务。但也不能一概而论，如免疫计划的建立和推广，比建立公正的司法制度需要更多的资源，其需要的成本，也不一定会高于一次民主选举所产生的费用。[44] 相比于对国家的尊重义务和保护义务，国家负有立即实现的义务，对公民健康权的给付义务，国家仅承担逐步实现的义务。

反对国家对于公民健康权的给付义务具有可诉性，原因主要有：

首先，国家对公民健康权的给付义务如何履行，主要由立法机关来决定。在我国主要是由经民主、合法程序产生的人大代表组成的全国人民代表大会作出决定。全国人民代表大会在充分考量国家掌握资源的实际情况以及各项事宜的轻重缓急的基础上，决定国家履行对公民健康权的给付义务的具体内容，包括立法机关何时立法、立法的层级和立法的限度，[45] 以及行政机关给付的种类、条件和范围等。因此，公民认为国家立法机关没有履行对公民健康权的给付义务，也不能向法院提起诉讼，要求法院审查立法机关的不作为，因为这将导致法院越权决定，

[41] 黄金荣：《司法保障人权的限度：经济和社会权利可诉性问题研究》，社会科学文献出版社2009年版，第329—331页。

[42] 郑贤君：《社会权利的司法救济》，载《法制与社会发展》2003年第2期。黄金荣：《司法保障人权的限度：经济和社会权利可诉性问题研究》，社会科学文献出版社2009年版，第323—336页。

[43] 龚向和等：《民生保障的国家义务研究》，东南大学出版社2019年版，第267—268页。

[44] 孙萌：《经济、社会和文化权利的可诉性：标准与实践》，知识产权出版社2011年版，第25页。

[45] 陈新民：《宪法基本权利之基本理论》（上），元照出版有限公司2002年版，第11页。

从而干涉立法者预算权的后果。在其他国家，法院如果审查立法机关是否履行给付义务，也涉及干涉立法机关的管辖范围。因此，在我国，不应由法院审查立法机关是否履行对于公民健康权的给付义务。

其次，国家对公民健康权的给付义务的具体情况会受制于国家的财政状况。国家履行给付义务的程度，涉及国家的财政预算和预算分配的优先顺序。因此，允许司法机关审查国家是否履行以及是否适当履行对于公民健康权的给付义务，会导致司法机关干扰行政机关的财政预算权的恶果。而且，在国家实际掌握的资源十分有限的情况下，即使司法机关要求国家行政机关履行给付义务，最终的判决也会因为财政上的匮乏而无法落实。

最后，国家对公民健康权的给付义务往往难以准确定位。健康权作为社会权，其构成要件并不十分明确，相应的国家对公民健康权的给付义务就更难以确定。因此，需要立法机关将其具体化和实际化之后，才能明确国家为保护公民健康权的给付义务的具体细节。因此，一般情况下，国家对公民健康权的给付义务并不具有可诉性。

然而，需要注意的是，在某些特殊的情况下，国家对于公民健康权的给付义务也具有可诉性。对于那些设立宪法法院或者普通法院具有违宪审查权的国家，当宪法明确委托立法机关通过立法行为保障公民的健康权，立法机关却不履行义务或者履行义务不适当时，法院可以反对此种情形。即便如此，法院在一般情况下，也只能指出立法机关失职，却不能代替立法机关制定法律或者法规。[46] 否则，法院就属越权行为。而且，当给付的义务是为了确保公民获得最低标准的健康，且内容十分明确时，法院也可能受理相关的案件。荷兰中央上诉法院曾经受理过一个关于国际劳工组织第 102 号公约中的两个具体条款的裁决。两个条款规定了在医院分娩的福利权。法院认为第 102 号公约的两个具体条款，规定提供有关健康的最低限度的服务，属于强制性的规定。因此，可以检验国家立法赋予的服务是否符合条约规定的最低标准。国际条约的条款赋予的与健康有关的便利的权利，被法院受理并作出了相应的审判。[47] 可见，在大多数情况下，国家对公民健康权的给付义务不具有可诉性，但是在某些特殊情况下，法院依旧可以受理并作出相应的判决。

一言以蔽之，健康权具有可诉性，不仅是我国作为缔约国履行国际公约义务的必然要求，也是实现作为公民基本权利的健康权的重要手段。从健康权最低核心理论和健康权可诉性的国家义务两个角度入手，有助于明确健康权可诉性的限

---

[46]　陈新民：《宪法基本权利之基本理论》（上），元照出版有限公司 2002 年版，第 11 页。

[47]　B. 托比斯：《健康权》，载［挪］A. 艾德等编：《经济、社会和文化的权利》，黄列译，中国社会科学出版社 2003 年版，第 205 页。

度。具体而言，最低核心的健康具有可诉性，国家对公民健康权的尊重义务和部分保护义务具有可诉性。明晰健康权可诉性的限度，有益于扫清健康权可诉性的障碍，避免激增的健康权诉讼带来的弊端，进一步畅通司法救济渠道，以期更全面地保障公民的健康权。

诉的利益：概念、起源、性质及功能

刘亚凡

一、诉的利益的概念

国家设置法院，建立诉讼制度，旨在凭借国家公权力的威信与力量，对纠纷作出法律判断，从而调整利害冲突，避免私力救济可能出现的弊害。人民有向法院提起诉讼并请求以判决解决纠纷的权利，这种诉讼制度的利用权，被视为人民对国家的一种公权利。不过，这并不意味着法院必须对任何人与任何案件都作出实体判断，它只对那些于判决有具体利益和必要的人与案件，才作出实质性的判断。[1] 面对一个起诉，法院需要考量若干因素和要件，以确保诉的合法性，这便是诉的利益问题的肇端。对行政诉讼中诉的利益概念的把握，可从以下三个方面入手：一是确认之诉的法定化与诉的利益概念的出现；二是诉权论与诉的利益理论体系的形成；三是行政诉讼中诉的利益概念的确立。

（一）确认之诉的法定化与诉的利益概念的出现

在大陆法系国家，以德国为例，给付之诉是最早出现的诉讼类型。自罗马法以来，给付之诉就被认可，这种诉讼类型占诉讼案件的绝大多数。随着司法权的扩大与强化，在德国普通法末期，确认之诉出现。1877 年德国民事诉讼法首先对此种诉讼类型作出明文规定。后来，随着民法学领域形成权理论的发展，形成之诉也为学说与判例认可。[2] 民事诉讼三大诉讼类型的发展，是以给付之诉——确认之诉——形成之诉的顺序历史地形成的。

诉的利益概念的出现，与确认之诉作为一般性诉讼类型被认可这一历史事实关系密切。原因在于，确认对象在形态上十分复杂，从理论上讲，任何问题都可能成为确认之诉的确认对象。这无疑成为对国家司法审判资源有限性的巨大挑战。因此，只有在确实有必要获得裁判上的确认，也即通过裁判能有效地使纷争得以解决的情况下，确认之诉作为一种国家制度才有实际的意义。[3]

---

[1] ［日］兼子一、竹下守夫：《民事诉讼法》，白绿铉译，法律出版社 1995 年版，第 2 页。

[2] ［日］中村英郎：《新民事诉讼法讲义》，陈刚、林剑锋、郭美松译，法律出版社 2001 年版，第 104—106 页。

[3] ［日］三月章：《日本民事诉讼法》，汪一凡译，五南图书出版公司 1997 年版，第 51—52 页；［日］中村英郎：《新民事诉讼法讲义》，陈刚、林剑锋、郭美松译，法律出版社 2001 年版，第 105 页；［日］高桥宏志：《民事诉讼法：制度与理论的深层分析》，林剑锋译，法律出版社 2003 年版，第 282 页。

相比之下，形成之诉的要件一般由实体法个别、具体地加以规定。这种法定化表明，法律已经明确肯定了国家利益以及法院值得采纳这种诉讼的基本精神。[4] 因此，原告提起诉讼只要符合这种个别的规定，就原则上承认具有诉的利益。在给付之诉中，现在给付之诉一般被认为当然地具有纠纷解决的必要性与实效性（诉的利益）。原因在于，给付之诉若以现时的给付请求权为基础，因其产生的争议，国家掌管的司法审判制度就当然地应予以受理，不必逐一考虑进行裁判有无诉的利益之问题。与此相反，将来给付之诉的提起则受到严格的限制，一般仅限于原告存在预先提出这种请求的必要，也即存在"将来给付之诉的利益"时，才允许提起。[5]

由此可见，第一，确认之诉成为法定诉讼类型之后，使得诉讼中国家的利益（法院不被滥用）与被告的利益（不为无必要的起诉疲于奔命）获得被深刻认识的契机，诉的利益问题随之浮现。第二，相比之下，诉的利益在确认之诉与将来给付之诉中，更有探讨的意义和价值。德国、奥地利、日本等大陆法系国家的民事诉讼法中明确规定确认之诉应具备"确认利益"、将来给付之诉应具备"预先提出给付请求的利益"的限制条件，便是明证。

（二）诉权论与诉的利益理论体系的形成

诉的利益的用语，是日本学者在继受德国诉权理论的过程中概括出来的。"诉权"一词来源于罗马法中的"Actio"的概念。"Actio"原指原告或者被告诉诸官厅的行为，后指诉诸官厅的权利或进行诉讼采用的程序。[6] 在罗马法中，"诉权"和"诉讼"基本上是同义的，均可指私人通过裁判要求获得自己应得之物的权利，只不过"诉权"更多地强调主观法的意义。[7] 在大陆法系国家中，对"诉权"这一概念的论争最早由德国学者 Savigny、Windschied 等倡导，该论争以 19 世纪上半叶德国私法学中的诉权观为起点，经历了从"私法诉权说"到"公法诉权说"的学说演变过程。[8]

[4] ［日］三月章：《日本民事诉讼法》，汪一凡译，五南图书出版公司 1997 年版，第 63 页。

[5] ［日］高桥宏志：《民事诉讼法：制度与理论的深层分析》，林剑锋译，法律出版社 2003 年版，第 286、292 页。

[6] ［古罗马］查士丁尼：《法学总论——法学阶梯》，张企泰译，商务印书馆 2017 年版，第 205 页。

[7] 江伟、邵明、陈刚：《民事诉权研究》，法律出版社 2002 年版，第 123 页。

[8] 有关诉权论的资料，主要有：［日］兼子一、竹下守夫：《民事诉讼法》，白绿铉译，法律出版社 1995 年版，第 3 页以下；［日］三月章：《日本民事诉讼法》，汪一凡译，五南图书出版公司 1997 年版，第 14 页以下；［日］新堂幸司：《新民事诉讼法》，林剑锋译，法律出版社 2008 年版，第 175 页以下；姚瑞光：《民事诉讼法论》，中国政法大学出版社 2011 年版，第 352 页以下；骆永家：《民事诉讼法 I》，三民书局 1999 年版，第 6 页以下；孙森炎：《论诉权学说及其实用》，载杨建华主编：《民事诉讼法论文选辑》（下），五南图书出版公司 1984 年版，第 495 页以下；陈荣宗、林庆苗：《民事诉讼法》（上），三民书局 2008 年版，第 78 页以下；江伟、邵明、陈刚：《民事诉权研究》，法律出版社 2002 年版，第 5 页以下；等等。

1. 私法诉权说

私法诉权说由德国普通法时代的 Savigny、Windschied 等学者倡导。该说认为，私法权利的存在与诉讼无关，当私权受到侵害时，对权利人予以救济是国家的任务，诉讼只是当事人在裁判上行使私权的过程和手段；相应地，诉权是私权尤其是请求权受到侵害时产生的变形或派生物，属于实体私权的一种属性。私法诉权说是以权利既存观念为基础的，在给付之诉是唯一的诉讼类型的法制背景之下，这种学说很容易被推导出来。不过，确认之诉的出现使得这种学说遭遇到难题，即在债务不存在的消极确认之诉中，并不存在作为诉权基础的实体私权，这显然无法适用私法诉权说加以说明。另外，对该学说的批判还在于，诉权应是针对法院而非针对被告的权利，而实体私权则主要是针对对方当事人的；该说仅着眼于原告与被告之间的法律关系，是不全面的。[9]

2. 公法诉权说

19 世纪下半叶，随着法治国思想和人民对国家的公权说的发展，德国学者将诉权与公权观念结合起来，并将诉权从私法权利中分离出来，形成一种独立的公法权利。公法诉权说着眼于诉讼上当事人和法院之间的法律关系，认为诉权是当事人对国家公法上的请求权。依诉权的内容即当事人得请求获得何种判决的不同，公法诉权说又可以分为如下四种学说。

一是抽象诉权说。该说认为，当事人只要获得与诉相对应的某种判决，即获得了诉权，也即诉权是当事人提起诉讼并请求法院作出任何判决的权利。根据这种学说，不论当事人获得何种判决，即便是驳回起诉的诉讼判决（程序判决），也视为当事人已经获得了诉权。对该说的批判在于，这种抽象的诉权其实与起诉的自由没有区别，因而无须将诉权作为特别的权利。

二是具体诉权说。19 世纪末，在对抽象诉权说进行反思和批判的基础上，德国学者 Laband、Wach 提出了"具体的诉权说"，也称"权利保护请求权说"。该理论为 Hellwig、Stein 等学者继续主张与发扬，一时成为德国诉权学说的主流派。[10] 权利保护请求权说认为，诉权是当事人请求胜诉判决以保护其私法权利的权利。该说与前述私法诉权说一脉相承，都以权利保护的诉讼目的论为基础。不过，权利保护请求权说通过构建"诉讼上的权利保护要件"，使私法诉权说在大量存在确认之诉的现代诉讼法体系中，获得了再生。[11] 德国的权利保护请求权理论，对日本的诉讼法理论影响很大。该理论经日本学者雉本朗造介绍到日本，迅

---

[9]　骆永家：《民事诉讼法Ⅰ》，三民书局 1999 年版，第 6 页。

[10]　孙森炎：《论诉权学说及其实用》，载杨建华主编：《民事诉讼法论文选辑》（下），五南图书出版公司 1984 年版，第 495—496 页；骆永家：《民事诉讼法Ⅰ》，三民书局 1999 年版，第 7 页。

[11]　[日] 兼子一、竹下守夫：《民事诉讼法》，白绿铉译，法律出版社 1995 年版，第 3 页；[日] 新堂幸司：《新民事诉讼法》，林剑锋译，法律出版社 2008 年版，第 176 页。

即成为通说。[12] 日本学者系统地建立民事诉讼法理论，就是从引进德国的权利保护请求权理论开始的。[13] 对该学说的批判在于：其一，当事人连自己的主张强加于对方当事人的权威也没有，却要求法院作出利己的胜诉判决，是过头的、偏颇的；[14] 其二，原告获得胜诉判决是需要一系列前提条件的，国家并不负有作出有利于原告的裁判的义务，而毋宁说，国家仅负有依法裁判的义务；其三，按照该说，原告若败诉，则其从一开始就是不具有诉权的，进而，原告起初何以有权起诉将无法说明。[15]

三是本案判决请求权说。该说最初由德国学者 Bley 在两次世界大战期间提倡，在德国几乎没有赞成者，但在日本经由学者兼子一提倡，受到很大程度的欢迎，并成为日本通说。[16] 该说是试图弥补抽象诉权说的空洞性和具体诉权说的偏颇性的"中间性学说"，认为诉权是当事人请求本案判决（实体判决）的权利，本案判决既包括承认请求的胜诉判决，也包括驳回请求的败诉判决。对该学说的批判在于：其一，该说无法在诉权与本案判决之间建立必然联系，即其无法说明何以诉权在本案判决时才有，而在其他判决（如诉讼判决）的情形则无；[17] 其二，诉权应带有主观性利益的要素，但该说将作为客观性制度目的的纷争解决作为诉权的基础和内容，相应地，即便当事人遭受驳回判决，也视为其已经获得了诉权，这不免存在与抽象诉权说一样的不合理性。[18] 鉴于此，日本学者兼子一对该学说加以改造，将其置于纠纷解决的诉讼目的论之下，认为纷争解决请求权才是诉权，进而将该说改称为"纷争解决请求权说"。

四是司法行为请求权说。该说由德国学者 Schwab、Jauernig 等学者提倡，是德国目前的通说。该说以法秩序维持的诉讼目的论为基础，认为诉权是当事人对应于诉讼的具体状况和阶段，请求法院作出所有法律上必要行为的权利。就判决而言，诉权表现为请求依法作出判决的权利，即便该判决是驳回起诉的判决，也是维持诉讼法秩序的判决，当事人亦获得了诉权。在这个意义上，司法行为请求权说被认为是抽象诉权说的复活，因而遭到了与抽象诉权说一样的批判。

基于对以上诉权论诸说的反思，有学者提出诉权否认说。日本学者三月章持

---

[12] 李木贵：《民事诉讼法》（上），元照出版有限公司 2007 年版，第 21 页。

[13] ［日］三月章：《日本民事诉讼法》，汪一凡译，五南图书出版公司 1997 年版，第 15 页。

[14] ［日］兼子一、竹下守夫：《民事诉讼法》，白绿铉译，法律出版社 1995 年版，第 3—4 页；［日］新堂幸司：《新民事诉讼法》，林剑锋译，法律出版社 2008 年版，第 176 页。

[15] ［日］三月章：《日本民事诉讼法》，汪一凡译，五南图书出版公司 1997 年版，第 16 页；姚瑞光：《民事诉讼法论》，中国政法大学出版社 2011 年版，第 353 页。

[16] ［日］三月章：《日本民事诉讼法》，汪一凡译，五南图书出版公司 1997 年版，第 15 页；陈荣宗、林庆苗：《民事诉讼法》（上），三民书局 2008 年版，第 81 页。

[17] 陈荣宗、林庆苗：《民事诉讼法》（上），三民书局 2008 年版，第 81 页。

[18] ［日］新堂幸司：《新民事诉讼法》，林剑锋译，法律出版社 2008 年版，第 177 页。

这种学说，主张对诉权观念予以否定。其根据大致包括以下三点：[19] 第一，诉权观念是 19 世纪权利意识过剩的产物，属于一种基于夸张的权利意识所产生的幻想；并且，这种幻想只盛行于 19 世纪至 20 世纪初的德国以及受其影响颇深的日本，美国、法国等并未见诉权论盛行的国家，这恐怕与某一时期德国学者特别擅于观念上的思辨有关。第二，人民与诉讼制度之间的关系，并非严格的权利义务关系，亦非恩惠关系，只不过是对"国家从其所关心的视角出发运营诉讼制度，而人民服从国家裁判权"这种事实的反映；进而，诉权只不过是诉讼制度目的的主观投影，不宜将其作为一种权利加以探讨。第三，固有的诉权论，无论从何种角度来看，在各种情况都会形成理论与常识间的冲突；用诉权来考察个人与国家设立的诉讼制度之间的关系，在理论上是站不住脚的。

日本学者在引进德国的权利保护请求权理论过程中，将前述"诉讼上的权利保护要件"提取出来，概括称为"诉的利益"。可以说，诉的利益这一概念，是从上述"权利保护请求权说"中分离出来的，权利保护请求权说是研究诉的利益的学理起点。

权利保护请求权说对当事人获得胜诉判决的要件作出了详细的分析，称这种胜诉要件为"权利保护要件"。这种权利保护要件大致包括实体上的权利保护要件和诉讼上的权利保护要件。实体上的权利保护要件是指原告所主张的私法上的权利或法律关系存在与否的要件。诉讼上的权利保护要件又可分为三个[20]：一是当事人具有诉讼实施权即当事人适格；二是诉讼标的适合于通过判决予以确定，又称"权利保护资格"；三是原告就该诉讼标的享有要求判决的具体法律利益，又称"权利保护必要"或"权利保护利益"。也有学者将"权利保护资格"与"权利保护必要"合称为"法律上正当利益"。[21] 诉讼上的权利保护要件被日本学者概括称为广义的"诉的利益"；与此相对，狭义的"诉的利益"则仅指"权利保护必要"或"权利保护利益"。这样，通过权利保护请求权建构的精致理论，广义的诉的利益的理论框架被确立起来。

权利保护请求权说中的权利保护要件贯彻实体法的立场，与一般的诉讼要件严格区分开来：原告之诉若不具备一般的诉讼要件，法院以程序判决裁定驳回；若不具备权利保护要件，则以实体判决驳回。相应地，在权利保护请求权说中，诉的利益成为权利保护要件的重要组成部分，具有特别的理论地位，而纯属一种权利保护请求权的要件。[22]

---

[19]　[日]三月章：《日本民事诉讼法》，汪一凡译，五南图书出版公司 1997 年版，第 16 页；[日]新堂幸司：《新民事诉讼法》，林剑锋译，法律出版社 2008 年版，第 177 页。

[20]　[日]新堂幸司：《新民事诉讼法》，林剑锋译，法律出版社 2008 年版，第 176 页。

[21]　王甲乙、杨建华、郑健才：《民事诉讼法新论》，三民书局 2004 年版，第 274—275 页。

[22]　[日]三月章：《日本民事诉讼法》，汪一凡译，五南图书出版公司 1997 年版，第 65 页。

权利保护请求权说的贡献是巨大的。该说通过抽象化出"诉讼上的权利保护要件",形成了诉的利益等概念,开创了诉讼法学领域独有的理论,建立了诉讼法和实体法相分离的学理基础,这是其不可磨灭的历史功绩。[23] 在德国,权利保护请求权说被抛弃之后,诉的利益(权利保护必要)并没有随之消解,而是脱离了权利保护请求权,融入诉讼要件体系之中,一直保留到现在,德国有学者视此为权利保护请求权说作出的贡献之一。[24]

基于以上讨论,我们似乎可以作一概括性的结论:诉权论消逝,诉的利益论长存。

（三）行政诉讼中诉的利益概念的确立

民事诉讼所积累的理论和制度体系成为其他诉讼部门的重要渊源与参照。行政诉讼在理念、概念与制度体系等方面均受到民事诉讼的影响,尽管其有自身的特殊性。日本行政法学者参照民事诉讼中诉的利益理论,并结合行政诉讼自身的特质,构建了行政诉讼中诉的利益论。行政诉讼中诉的利益,其内涵亦包括三个方面:[25] (1)请求的内容具有作为裁判对象的适当性,此即诉讼对象适格要件,此要件多被归纳为"行政处分性""公权力的行使"等问题;(2)根据客观情况,法院对于原告的请求,有给予裁判的具体实益,此即狭义诉的利益;(3)当事人对其请求有正当的利益,此即当事人适格要件,此要件多集中于"原告适格"的探讨。

基于两种诉讼制度的差异,诉的利益在行政诉讼中的探讨,表现出诸多不同的问题点。

第一,与民事诉讼中只存在一种国家权力(司法权)不同,行政诉讼中一般存在两种国家权力因素:司法权与行政权。[26] 司法权通过对行政权进行合法性统制保护私人的权益。基于法治主义原则,"二战"后日本行政诉讼以抗告诉讼,尤其是撤销诉讼为中心。在民事诉讼中占大多数的给付之诉,在行政诉讼中却找不到其对应的类型。一直到 2004 年该国修改《行政案件诉讼法》,确立科以义务

---

[23] [日]新堂幸司:《新民事诉讼法》,林剑锋译,法律出版社 2008 年版,第 178 页;陈荣宗、林庆苗:《民事诉讼法》(上),三民书局 2008 年版,第 80 页;江伟、邵明、陈刚:《民事诉权研究》,法律出版社 2002 年版,第 16、20 页。

[24] [德]汉斯·弗里德黑尔姆·高尔:《民事诉讼目的问题》,赵秀举译,载[德]米夏埃尔·施蒂尔纳主编:《德国民事诉讼法学文萃》,赵秀举译,中国政法大学出版社 2005 年版,第 31 页。

[25] 陈铭璿:《日本行政撤销诉讼原告适格之研究》,中兴大学法律学研究所 1992 年硕士学位论文。

[26] 例外的情况如:日本行政诉讼上形式性当事人诉讼中,诉讼两造在形式上都是私人,诉讼中只有司法权一种公权力;而在机关诉讼中,诉讼两造一般都在行政机关或者行政机关与议会之间,则可能存在三种公权力。不过,这些情况并非主流。总的来说,行政诉讼在当事人构造上,主要还是公民和行政机关的两方结构,进而,一般存在司法权和行政权两种公权力。

之诉与禁止诉讼（预防性不作为诉讼）之后，日本行政诉讼中才有了给付之诉的类型。两种诉讼在诉讼类型上的对应、差别关系，使得行政诉讼中诉的利益问题的探讨，别具一番风格。

第二，基于公法、私法二元划分理论的有用性，行政诉讼相对于民事诉讼的独立性，即"行政诉讼独立论"，得到一些日本学者的倡导。[27] 基于此种区分，行政诉讼在裁判对象上以"行政处分""公权力的行使""公法（行政法）上的法律关系"等为界限。相应地，对广义诉的利益中诉讼对象适格要件的考量，存在"行政处分性"即"行政机关的处分及其他公权力的行使"等基准。[28] 与行政诉讼相同，民事诉讼在诉讼对象上亦排除"非具体法律纷争""统治行为""自律行为"等。但二者在诉讼对象的这些交叉部分之外，基本上是互斥的，即行政诉讼对私法纠纷原则上不予受理，而民事诉讼对公法纠纷除法律有特别规定之外，也不予受理。

第三，如前所述，民事诉讼中诉的利益理论，与诉权学说关系密切。然而，这一点并没有反映到行政诉讼之中。德国行政诉讼法学并没有对诉权的各种学说展开热烈的讨论。行政诉讼法学并没有在"诉权本身是私法诉权抑或公法诉权"的问题上纠缠。究其原因，似乎有二：其一，民事诉讼法学所建构的诉权学说，呈现出不断崩溃与重构的现象，这使得诉权论成为诉讼法学中的"哥德巴赫猜想"，以至于日本出现了诉权否认说的主张。目前，诉权论在德国、日本已经不再像昔日一样被热烈地讨论。行政诉讼法学对诉权论的冷淡，也许与此有关。其二，德国《基本法》规定，人民对于公权力的侵害，有提起诉讼的权利（《基本法》第 19 条第 4 款）。基于此规定，人民在宪法上获得了提起行政诉讼的"抽象"诉权。宪法上的这种规定，也在一定程度上排除了对何为诉权进行抽象猜想以至使其成为玄妙学说的可能性。关于原告和法院裁判之间的关系，德国发展出诉讼权能（亦称诉权）理论，日本则发展出与德国诉讼权能论立场一致的"原告适格"理论。原则上，原告应主张自己的权利或者法律上的利益受到行政行为的侵害，方能获得诉权，成为适格的当事人。

二、诉的利益的性质

在诸多关于诉的利益性质的讨论中，有三种认识值得注意。第一，以诉的利益与诉讼各方利害地位之间的关系为视角，探讨诉的利益在本质上属于国家利益、当事人利益抑或国家、原告、被告三者共同的利益。第二，以利益论为视角，探讨诉的利益作为当事人的利益，其为满足诉权条件而应具有的性质。这种理论认为，诉的利益应当是一种法律上正当的利益、现实存在的利益、直接的个人利

---

[27] 江利红：《日本行政诉讼法》，知识产权出版社 2008 年版，第 112—113 页。

[28] ［日］盐野宏：《行政法》，杨建顺译，法律出版社 1999 年版，第 317 页。

益。第三，以诉的利益在诉讼法理论体系中的地位和功用为视角，将诉的利益视为实体裁判的前提条件之一，放在诉讼要件论中进行探讨。

（一）国家利益说、当事人利益说与综合说 [29]

第一，国家利益说。该说认为，民事诉讼是国家掌管的一种制度，其目的在于用国家公权对私人纠纷加以解决。但国家的审判资源是有限的，私人滥用法院审判资源的行为是不允许的。诉的利益正是基于国家的立场，选择真正需要法院裁判的私人纠纷加以解决。这种观点影响很大，是日本的通说。

第二，当事人利益说。有主张该说者认为，民事诉讼的目的在于权利保护。诉的利益制度在于避免当事人之恣意与权利滥用。因此，是否有权利保护的利益，应当从当事人的利益状态，通过诉讼法的客观价值加以确定。另有主张该说者认为，民事诉讼的目的在于保障当事人争讼程序的充分实施，是否存在诉的利益，应当以当事人有无争讼利益为核心加以确定。

第三，综合说。该说认为，民事诉讼是通过国家公权解决私人纠纷的制度，应当同时考虑国家的利益和当事人的利益，诉的利益的判断应当调和国家、原告、被告等的利益。

将诉的利益与国家利益、当事人利益联系起来进行考察的思路，无疑与诉讼目的论关系密切。其中，私法秩序维持说、纠纷解决说的诉讼目的论，似较能支持上述的国家利益说；权利保护说的诉讼目的论，似较能支持当事人利益说；而多元说的诉讼目的论，似较能支持综合说。毋庸置疑，诉的利益的判断必然是一个多方利益衡量的过程，因此，多元说的诉讼目的论及相应的国家利益、当事人利益综合说，由于其综合性与妥协性，似乎更具有吸引力。

笔者认为，对原告是否具有诉的利益的判断，尽管应当对国家、原告、被告等各方的利益都予以考量，但这并不妨碍其仍具有侧重性。现代国家宪法和诉讼法一般都规定了人民有进行诉讼、寻求权利保护的权利，[30]这成为当事人进行诉讼的法根据。不过，这并不能满足纠纷解决实效性的全部条件。诉的利益制度的设置，其初衷并非在于加强、促进原告进行诉讼的权利，而毋宁在于对原告的起诉进行筛选，对于没有裁判必要性的起诉不予实体裁判，以免浪费司法资源，拖累被告。因此，与其泛泛地说诉的利益之判断应兼顾国家、原告、被告等的利益，不如说其更侧重于国家利益与被告利益的考虑，这实在是妥当理解诉的利益概念的关键。

---

[29] 吕太郎：《民事诉讼之基本理论》，中国政法大学出版社 2003 年版，第 200—201 页；江伟、邵明、陈刚：《民事诉权研究》，法律出版社 2002 年版，第 222—224 页。

[30] 如德国《基本法》第 19 条第 4 项规定了人民的诉权；日本《宪法》第 32 条规定了人民有接受裁判的权利；我国《宪法》第 41 条规定了公民的监督权，其中包括公民的控告权（诉讼权）。

国家利益、当事人利益对于诉的利益来说，具有制度目的之意义。也即在诉的利益理论中，对国家利益、当事人利益的探讨，属于设置诉的利益制度"为了什么"的问题，而非诉的利益"是什么"的问题，应当在考察视角上区别功能论（目的论）与性质论（本体论）。再者，国家利益、当事人利益，其在内容上不但包括实体法上的利益（实体利益），也包括诉讼法上的利益（程序利益）；而诉的利益一般被认为是原告起诉获得实体裁判的前提条件之一，究竟其属于程序范畴还是实体范畴，学说上还有争论。因此，笔者认为，在"诉的利益之性质（本质）是什么"的论题中，用国家利益、当事人利益等概念来涵摄，是不妥当的。

（二）法律上正当的利益、现实存在的利益与直接的个人利益说

法国《民事诉讼法》第31条规定，诉权给予一切对诉讼请求成立与否有正当利益的人。我国有学者将该条规定的"正当利益"与日本法上的"诉的利益"对应起来，并从三个方面对该概念进行特征描述，试图说明诉的利益的性质问题。[31]

第一，诉的利益是一种法律上正当的利益。如果不是法律上的利益（如道德上的利益），以及不是正当的利益（如违法的利益），则不属于诉的利益。

第二，诉的利益是一种现实存在的利益。如果是假想的或者是将来的利益，则不属于诉的利益，仅在例外的情况下承认"预防性诉权"。

第三，诉的利益是直接的个人利益。如果只是他人的利益或者一般利益的反射利益，则不是诉的利益，仅在例外情况下承认非主观诉讼的民众诉讼。

应当承认，在对诉的利益概念的把握上，这种认识比前述"国家利益说、当事人利益说与综合说"向前迈进了一步。如前所述，在具体的诉权说（权利保护请求权说）之下，诉的利益属于"法律上正当的利益"的组成部分。原告起诉必须具有法律上的正当利益，否则不承认其具有诉的利益。这种"法律上正当的利益"，一般要求原告起诉应具有现实存在的利益，并且这种利益是个人的利益，以避免民众诉讼，保障纠纷解决的实效性。在这个意义上，此种观点对于正确认识诉的利益，无疑把握了妥当的视角。不过，这种观点仍存在缺陷。"法律上正当的利益""现实存在的利益""直接的个人利益"多属于实体利益的范畴，而如前所述，诉的利益是否为实体范畴，仍有争议。将诉的利益与三者等同，无疑在概念认识上犯了望文生义的错误。法谚云："无利益，无诉权。"[32] 具有起诉的利益，才有诉权，具备诉的利益。因此，应将"法律上正当的利益""现实存在的利益""直接的个人利益"视为原告具备诉的利益的前提条件，而非诉的利益本身。

---

[31]　张卫平、陈刚：《法国民事诉讼法导论》，中国政法大学出版社1997年版，第70—73页；张卫平：《法国民事诉讼中的诉权制度及其理论》，载《法学评论》1997年第4期。

[32]　郑玉波：《法谚》，法律出版社2007年版，第177—178页。

（三）诉讼要件说

"诉讼要件"的用语，是日本学者由德语"Prozessvoraussetzungen"翻译而来。该概念最初由德国学者 Bülow 于 1868 年提出，指成立诉讼法上关系的前提条件与裁判所必备的要件。[33]Bülow 提出的"诉讼要件"，包括诉讼成立要件与本案判决要件。后来，德国学说逐渐地一致认为，诉讼要件是诉讼合法（适法）的前提条件，而不是诉讼成立的要件。[34]

1. 德国、日本民事诉讼法学上的观察

在传统德国民事诉讼法理论上，"诉讼要件"与"诉讼障碍"二者构成诉讼（程序）合法性的前提条件，即"诉讼合法性的责问"。诉讼合法性的前提条件是指法院对原告之诉进行实体审理与判决（本案判决）的前提条件。其中，应当由法院依职权注意的要件，称为诉讼要件（诉讼前提条件）；而只依被告的抗辩法院才予以注意的要件，称为诉讼障碍。[35]可见，传统上诉讼要件被视为法院应当依职权进行调查的诉讼合法性要件。

目前，在德国、日本的诉讼法理论上，广义诉的利益一般被视为诉讼要件之一。从法定化的视角观察，在广义诉的利益的三个部分中，诉讼对象要件和当事人适格（原告适格）要件一般在诉讼法上有明文规定，而狭义诉的利益则一般作为不成文法而实在地拘束着法院的判断。

在德国民事诉讼法学上，诉讼要件分为三类，分别涉及法院、当事人和诉讼标的。[36]其中，涉及法院的诉讼要件包括：（1）普通法院的裁判权与国际管辖权；（2）（普通）诉讼途径合法；（3）法院的管辖权；等等。

涉及当事人的诉讼要件包括：（1）存在双方当事人；（2）当事人能力；（3）诉讼能力；（4）有效的法定代理；（5）诉讼实施权；等等。

涉及诉讼标的的诉讼要件包括：（1）诉讼标的没有其他相同目的的程序发生诉讼系属；（2）对该争议案件不存在已经发生实质既判力的裁判；（3）权利保护必要；等等。

广义诉的利益的三个部分，分别包含在涉及法院、当事人和诉讼标的的诉

---

[33] 陈荣宗、林庆苗：《民事诉讼法》（上），三民书局 2008 年版，第 315 页；刘初枝：《权利保护必要——诉讼法之一基本概念》，载《法学丛刊》第 125 期。

[34] 刘初枝：《权利保护必要——诉讼法之一基本概念》，载《法学丛刊》第 125 期。

[35] ［德］罗森贝克、施瓦布、戈特瓦尔德：《德国民事诉讼法》（下），李大雪译，中国法制出版社 2007 年版，第 676 页；［德］奥特马·尧厄尼希：《民事诉讼法》，周翠译，法律出版社 2003 年版，第 176 页。

[36] ［德］罗森贝克、施瓦布、戈特瓦尔德：《德国民事诉讼法》（下），李大雪译，中国法制出版社 2007 年版，第 676—678 页；［德］奥特马·尧厄尼希：《民事诉讼法》，周翠译，法律出版社 2003 年版，第 176—179 页。

讼要件之中。其中，（普通）诉讼途径合法，是指普通法院被授权处理系属案件并对之加以裁判，也即争议案件适合于由普通法院加以裁判，此要件大致上相当于诉讼对象适格要件。关于当事人要件的诉讼实施权，其是否可以归入当事人适格要件之中，则存在争议。诉讼实施权是指以自己的名义作为当事人，为自己的权利或者他人的权利而实施诉讼的权利。[37] 德国传统民事诉讼理论认为，应当严格区分当事人适格与诉讼实施权：当事人适格属于诉讼的正当性范畴，应根据实体法加以判断，原告或者被告具备实体资格，始为当事人适格；诉讼实施权则是诉讼合法性的前提条件，应根据诉讼法加以判断。进而，欠缺当事人适格，则诉在实体上无理由；欠缺诉讼实施权，则诉不合法。[38] 可见，传统上当事人适格并不被当然地视为诉讼要件，而是根据实体法进行判断，更接近于实体要件。随着当事人理论的发展，实质当事人概念逐渐被放弃。在一些案件如破产案件中，只有第三人（破产管理人）能够成功地起诉或者被诉，第三人以自己的名义作为当事人，对实质当事人（破产申请人）的权利义务进行诉讼。由此，德国诉讼法理论上以形式当事人概念代替了实质当事人概念，使得当事人概念与实体法完全没有了关系，仅仅依赖当事人的主张就可以确定当事人。[39] 诉讼实施权与形式当事人概念关系密切，在形式当事人理论之下，当事人适格与诉讼实施权有时候并不能严格地区分开来，二者可以在同一意义上使用。权利保护必要，相当于日本诉讼法上的狭义诉的利益，是关于诉讼标的即每个具体请求的内容的诉讼要件。

在日本民事诉讼法学上，诉讼要件一般包括：[40] 被告及案件服从本国裁判权、管辖权；构成诉讼系属的行为（如起诉及送达诉状）是有效的、当事人能力；诉讼费用的担保；合并之诉、诉讼中之诉需具备的条件；法院的审判权、诉的利益及当事人适格；等等。

与德国理论不同，日本理论将广义诉的利益的三个部分放在一起表述。并且，一般将当事人适格与狭义诉的利益单独列出，作为诉权的要件加以探讨。二者的关系在于，狭义诉的利益是有关请求内容自身作出本案判决的必要性与实效性的问题，当事人适格是对特定当事人作出本案判决的必要性与实效性的

---

[37]　[德] 罗森贝克、施瓦布、戈特瓦尔德：《德国民事诉讼法》（上），李大雪译，中国法制出版社 2007 年版，第 286 页。

[38]　[德] 罗森贝克、施瓦布、戈特瓦尔德：《德国民事诉讼法》（上），李大雪译，中国法制出版社 2007 年版，第 286—287 页；[德] 奥特马·尧厄尼希：《民事诉讼法》，周翠译，法律出版社 2003 年版，第 104—109 页。

[39]　[德] 奥特马·尧厄尼希：《民事诉讼法》，周翠译，法律出版社 2003 年版，第 81、105 页。

[40]　[日] 新堂幸司：《新民事诉讼法》，林剑锋译，法律出版社 2008 年版，第 171—172 页；[日] 高桥宏志：《重点讲义民事诉讼法》，张卫平、许可译，法律出版社 2007 年版，第 4—5 页。

问题。[41]

2. 德国、日本行政诉讼法学上的观察

在德国行政诉讼法学上，基于和诉讼类型的关系，诉讼要件（实体裁判要件）一般区分为一般实体裁判要件和特别实体裁判要件：前者是指一切向法院提起的诉讼，要获得实体裁判所必须具备的前提条件；后者是指在各种具体的诉讼类型中，要获得实体裁判所应另行具备的前提条件。德国行政诉讼上的一般实体裁判要件亦可区分为关于法院、当事人和诉讼标的的要件。一般实体裁判要件大致可以归纳为：[42]（1）德国法院具有审判权（国际管辖权）；（2）符合行政诉讼法律途径；（3）法院的管辖权；（4）当事人能力、诉讼能力及合法的代理；（5）诉的适当性，即诉讼类型选择的适当性；（6）诉权，即存在与诉讼标的相关的权利侵害的可能性；（7）诉的形式与内容合乎规定；（8）同一案件未系属于其他法院；（9）同一案件尚无已具既判力的裁判；（10）具备一般权利保护必要；等等。

其中，"符合行政诉讼法律途径"（规定于德国《行政法院法》第40条）的要件，指示了"非宪法性质的公法争议，都由行政法院管辖"，[43]属于广义诉的利益中的诉讼对象适格要件。"诉权"要件，即适格的原告必须是其权利、利益有受到侵害者，该要件相当于日本法上的原告适格要件。"一般权利保护必要"，是相对于"特别权利保护必要"而言的，二者的区分也是基于诉讼类型，特别权利保护必要是基于个别的诉讼类型，审查在具体的诉讼类型之中的权利保护必要。

日本一贯尊奉撤销诉讼中心主义，学说上主要围绕撤销诉讼这一类型探讨诉讼要件问题，其他诉讼类型则或多或少地准用之。关于撤销诉讼的诉讼要件，主要包括：[44]（1）处分性，即违法行政处分的存在；（2）原告适格，即原告必须与行政处分的撤销有法律上的利益；（3）被告适格；（4）起诉形式合法；（5）法院的管辖权；（6）与不服申诉的关系（前置与自由选择）；（7）具有诉的利益（狭义）；（8）符合起诉期间；等等。其中，处分性、原告适格和狭义诉的利益三者在学理上被归纳为广义诉的利益。

综上，广义诉的利益在性质上属于诉讼要件之一，这已成为德国、日本诉讼

---

[41] ［日］新堂幸司：《新民事诉讼法》，林剑锋译，法律出版社2008年版，第187页。

[42] ［德］弗里德赫尔穆·胡芬：《行政诉讼法》，莫光华译，法律出版社2003年版，第137页、第141页以下、第184页以下、第203页以下、第382页、第385—390页。

[43] ［德］弗里德赫尔穆·胡芬：《行政诉讼法》，莫光华译，法律出版社2003年，第142页。

[44] ［日］南博方：《日本行政法》，杨宗顺、周作彩译，中国人民大学出版社1988年版，第127—129页；［日］盐野宏：《行政法》，杨建顺译，法律出版社1999年版，第313页以下；杨建顺：《日本行政法通论》，中国法制出版社1998年版，第726页以下。

法学理论的通说。不过,从历史的视角观察,诉的利益并不是一开始就被视为诉讼要件的,其在性质上经历了一个从本案要件(权利保护要件)到诉讼要件的过程。

三、诉的利益的功能

如前所述,诉的利益概念有广义和狭义之分。广义诉的利益包括:权利保护资格即诉讼对象适格、当事人适格和权利保护必要;狭义诉的利益则仅指权利保护必要。其中,权利保护资格与权利保护必要二者主要是基于司法权的界限和司法权的正当利用等角度考虑的要件,较多地具有国家立场的意味,对追求主观权益保护的当事人来说,带有一定的客观性,因此二者多被合称为"客观诉的利益"。当事人适格则主要是基于当事人是否具有正当性的角度考虑的要件,带有较大的主观性,因而被称为"主观诉的利益"。

(一)客观诉的利益的功能

客观诉的利益,也即诉讼对象适格要件,是争议的案件是否适合由法院通过裁判来解决的问题,或者即使由法院作出裁判,应当对审判权的行使方法科以什么样的制约等问题,归结起来其实就是审判权的界限问题。[45]在我国行政诉讼法上,诉讼对象要件一般被作为"受案范围"问题加以探讨。该要件与主观诉的利益、狭义诉的利益关系密切,三者一起构成学说上探讨的广义诉的利益问题。三者相比,审判权的界限问题更靠前一些,因此,该要件往往先于主观诉的利益、狭义诉的利益二者被探讨。

在民事诉讼中,诉讼对象是否适格的判断,一般基准有:存在具体的争讼;请求内容属于能在法律上作出判断的事项;因尊重行政权、立法权的裁量权而产生的制约(如高度政治性的行为);因尊重其他机关、团体自律权而产生的制约;等等。[46]这些基准对于行政诉讼同样适用。在行政诉讼中,对诉讼对象适格的判断,其基准一般归纳为"公法上争议""行政处分性""公权力的行使""公法上的法律关系"等。

诉讼对象要件的功能主要在于,通过对该要件的判断,适合于由法院裁判的争议案件被受理,纳入诉讼程序,从而开启了法院对案件进行实体审理的第一道门。如果一个案件不适合于通过司法审判途径加以解决,则根本无须对当事人能力、诉讼能力、法院管辖权等诉讼要件进行审查,也不必审查原告是否适格、是否具有诉的利益(狭义)这两个要件。

(二)主观诉的利益的功能

在民事诉讼法上,主观诉的利益,也即当事人适格,是一种从与诉讼标的(具体的权利或法律关系)的关联之中加以考察的主体资格,也即对于诉讼标的,得

---

[45] [日]新堂幸司:《新民事诉讼法》,林剑锋译,法律出版社 2008 年版,第 180 页。

[46] [日]新堂幸司:《新民事诉讼法》,林剑锋译,法律出版社 2008 年版,第 180—185 页。

以当事人的名义参与诉讼并且请求通过裁判来解决的一种资格。[47] 主观诉的利益与狭义诉的利益关系密切，二者在权利保护请求权理论中，构成"诉讼上的权利保护要件"；在本案判决请求权理论中，构成"诉权的要件"。

当事人适格的判断，就原告与法院的关系方面，存在两种对立立场的矛盾碰撞：一种是以维护国家和社会整体秩序为基础的国家立场；另一种是寻求权利保护的当事人立场。两种立场分别代表了诉讼制度运营中的国家利益和私人利益。[48] 当事人适格的判断，必须对这两种利益进行合理的衡量。这种利益衡量一方面决定着诉讼主体资格范围的大小；另一方面决定着诉讼制度在社会中现实发挥作用的程度。

就原告与被告的关系而言，一旦原告没有适格，被告就可以拒绝原告对自己提出的要求，以免讼累。另外，当事人适格的判断，还涉及第三人利益保护的问题。当判决的效力在法律上或者事实上对未作为当事人的利害关系人产生影响时，为了保障纠纷解决的实效性，需要通过当事人适格的观念进行当事人的选择。[49] 可见，当事人适格的判断，综合了法院、原告、被告乃至第三人的利益考量，对其中错综复杂的各种利害对立关系进行了调整。

当事人适格在民事诉讼中的功能，在行政诉讼之中也是存在的。法院作为国家机关，为维持其自身正常的机能，真正以司法裁判解决纷争、保障权利，就应当将原告限于正当维护自己权益的人，其他不相干的人，不得提起诉讼，以防止滥诉，保护被告及其他利害关系人免于因滥诉而耗费人力物力的困扰，确保行政程序的顺畅运行。[50] 在德国、日本行政诉讼法上，原告适格问题是以诉讼权能理论为基础的。[51] 诉讼权能是针对原告的，其要求原告向法院寻求权利救济，必须以主张自身权益的损害为前提，主张他人权益或者公共利益的损害，将不被法院受理。诉权一方面要排除原告引据他人主观权利提起的诉讼；另一方面也要排除原告所主张的虽属于其本人但不得单独主张或者根本不能处分的权利。由此，诉权被认为主要在于防止向法院提起非基于主观权利损害的民众诉讼。[52]

另外，诉权的功能与"主观权利""法律上的利益"的解释关系密切，如果

---

[47] ［日］三月章：《日本民事诉讼法》，汪一凡译，五南图书出版公司 1997 年版，第 225 页。

[48] ［日］新堂幸司：《新民事诉讼法》，林剑锋译，法律出版社 2008 年版，第 205 页。

[49] ［日］新堂幸司：《新民事诉讼法》，林剑锋译，法律出版社 2008 年版，第 205—206 页。

[50] 陈清秀：《行政诉讼法》，翰芦图书出版有限公司 2002 年版，第 73 页。

[51] ［德］弗里德赫尔穆·胡芬：《行政诉讼法》，莫光华译，法律出版社 2003 年版，第 242 页以下；陈敏：《行政法总论》，新学林出版有限公司 2007 年版，第 1373 页；陈清秀：《行政诉讼法》，翰芦图书出版有限公司 2002 年版，第 76 页。

[52] ［德］弗里德赫尔穆·胡芬：《行政诉讼法》，莫光华译，法律出版社 2003 年版，第 242 页；陈清秀：《行政诉讼法》，翰芦图书出版有限公司 2002 年版，第 76 页；林明昕：《撤销诉愿及撤销诉讼之诉讼权能》，载《法学讲座》2022 年第 1 卷。

将主观权利、法律上的利益限定在"法定的""法律上保护的",则诉权规定将在"法律上的可能受害者"与"纯事实上的利害关系人和被干扰者"之间划清界限。进而,从专业角度看,它将权利侵害与可以容忍的干扰区分开来;从个人意义上看,则将权利具体受到影响的人与仅仅具有"一般利益"的人区分开来。[53] 反之,若对主观权利、法律上的利益作宽泛的权衡,则上述从专业角度和个人意义角度引出的两个界限将模糊、难以区分。进而,此种宽泛权衡将为诉的适法性审查增加许多负担,诉权规定本来的"为(行政)法院减少不当请求的负担"旨趣将无从彰显。这使得诉权成为行政诉讼中最棘手、学理上最复杂的问题之一,过分强调诉权的观点亦随之受到批判。[54]

（三）狭义诉的利益的功能

如前所述,狭义诉的利益(权利保护必要)最初并不是法明文规定的诉讼要件,而是作为不成文法发挥作用。若对诉的利益的功能进行概括,对其法理基础的探讨似乎不可避免。关于诉的利益之法理基础,学说上争议很大。有观点认为是诉讼目的或诉讼经济,但这种观点被认为很难合理化。有观点认为是诚信原则,也即诉的利益是民法上的诚信原则在诉讼法上的适用,旨在禁止原告对诉讼制度的滥用。该观点目前为德国的有力说和多数说。德国多数学者认为,诉的利益这一要件主要在于保护法院免于受到不必要和不正当的利用,维护法院的正常运作,让法院将有限的司法资源,用于必要的权利保护请求上。[55] 同时,诉的利益要件也保护诉讼的相对人(被告),使其免于应诉之烦。

因此,与当事人适格(原告适格)一样,关于狭义诉的利益的判断,亦存在着复杂的利害关系衡量。如何调整这些利害关系,就构成了判断诉的利益环节中的重要内容。具体而言,从原告的立场看,诉的利益是指法院对具体请求的内容作出本案判决的必要性与实效性。其中,"必要性"即有无必要通过本案判决来解决当事人之间的纠纷;"实效性"即通过本案判决能否使纠纷获得解决。二者归结起来,就是原告为了保障其主张的权利、利益,是否可以利用诉讼程序。从被告的立场看,其最重要的利益在于,尽早从无助于纠纷解决的无谓应诉的讼累中解放出来。最后,从法院的立场看,法院对于无助于纠纷解决的案件,不予以本案审理,则可以减轻自身的负担,提升解决纠纷的效率。[56]

可见,狭义诉的利益和原告适格,二者在功能上有很多一致之处,尤其在保护法院和被告方面。不过,由于法理基础的差异,二者在功能论上尚有诸多

[53] ［德］弗里德赫尔穆·胡芬:《行政诉讼法》,莫光华译,法律出版社 2003 年版,第 242—243 页。

[54] ［德］弗里德赫尔穆·胡芬:《行政诉讼法》,莫光华译,法律出版社 2003 年版,第 241 页。

[55] 吴庚:《行政争讼法论》,元照出版有限公司 2008 年版,第 140 页。

[56] ［日］新堂幸司:《新民事诉讼法》,林剑锋译,法律出版社 2008 年版,第 188 页。

不同的意义。德国学说认为，诉权与狭义诉的利益的区别是：其一，诉权要件主要在于表达行政诉讼制度的功能，在于主观权利的保护，而不是客观法秩序的维护，因此，如前所述，其要求原告主张自己的主观权利受到侵害；诉的利益则主要根据客观利益状况来判断司法裁判的必要性。其二，诉权的审查，并不考虑向法院请求权利保护与其他争议解决途径之间的关系，而诉的利益则正是用于判断并选择其中最有效的纠纷解决途径。其三，诉权要件的功能，主要在于限制起诉人的资格，以保护诉讼的相对人；诉的利益则主要在于保护法院审判资源不被滥用。

综上，关于广义诉的利益三个部分的功能及其关系，可以总结为：客观诉的利益的功能，主要在于确定案件是否适合以法院裁判的方式解决，换言之，也即确定案件是否属于行政诉讼受案范围，其属于审判权的界限问题。主观诉的利益的功能，主要在于要求原告主张自己权益的损害，以避免滥诉。如果原告不具有诉权，则法院对起诉不予实体审理而驳回，不必再审查起诉是否具备诉的利益。不过，不能因此认为诉权比狭义诉的利益更为前提。理由是，如果法院在判明原告是否具备诉权之前，已经发现案件有欠缺的狭义诉的利益的情形，则可以径行驳回起诉，不必审查诉权要件。最后，狭义诉的利益的功能，主要在于排除没有司法裁判必要性和实效性的原告之诉。原告之诉即便满足了诉讼对象适格要件和诉权要件，也有可能因欠缺狭义诉的利益而被驳回。在这个意义上，狭义诉的利益相对于其他两个要件，具有兜底和补充的意义。

四、诉的利益的课题展望

（一）诉讼类型论与诉的利益

诉讼类型是对诉讼方式、裁判形态的格式化，它一方面影响甚至决定着原告在诉讼中所能够主张救济的方法；另一方面也影响甚至决定着法院行使审判权的方法。在民事诉讼中，诉的利益一般存在两种问题：一是包括给付之诉、确认之诉、形成之诉等诉讼类型在内的诉的利益的一般性问题；二是给付之诉、确认之诉、形成之诉各个诉讼类型本身特有的诉的利益问题。[57] 可见，以诉讼类型论为载体，诉的利益的研究框架可以分为两个层次，即各种诉讼类型中共通的诉的利益问题和各个具体的诉讼类型中特别的诉的利益问题。

比如，日本学者对诉的利益的研究框架安排一般如下：[58] 诉的利益概说（定义、概念、本质等）；各种诉讼类型中共通的诉的利益；给付之诉的利益；确认之

---

[57] ［日］三月章：《日本民事诉讼法》，汪一凡译，五南图书出版公司 1997 年版，第 66 页。

[58] ［日］三月章：《日本民事诉讼法》，汪一凡译，五南图书出版公司 1997 年版，第 66 页以下；［日］新堂幸司：《新民事诉讼法》，林剑锋译，法律出版社 2008 年版，第 187 页以下；［日］高桥宏志：《民事诉讼法：制度与理论的深层分析》，林剑锋译，法律出版社 2003 年版，第 285 页以下。

诉的利益；形成之诉的利益。

与民事诉讼相同，行政诉讼中诉的利益的研究也基本遵循以上框架。以德国为例，德国行政诉讼法上将实体裁判要件区分为一般的实体裁判要件和特别的实体裁判要件。其中，一般的实体裁判要件是各种诉讼类型中共通的实体裁判要件，其中涉及诉的利益问题，即所谓"一般的权利保护必要"。特别的实体裁判要件是各具体的诉讼类型的实体裁判要件，也均涉及诉的利益问题，如诉权、特别的权利保护必要等。[59]

行政诉讼类型非常之多，以德国为例，学说上讨论的行政诉讼类型包括撤销诉讼、一般形成诉讼、课予义务诉讼、一般给付诉讼、预防性不作为诉讼、确认诉讼、继续确认诉讼等。[60]2014 年，我国新《行政诉讼法》和《最高人民法院关于适用〈中华人民共和国行政诉讼法〉若干问题的解释》（以下简称《若干解释》）颁布后，学者结合新《行政诉讼法》第 53 条、第 64 条、第 70—78 条等和《若干解释》第 2 条的规定，从诉讼请求和判决类型出发，提出了中国特色的行政诉讼类型制度[61]。（1）根据"请求判决撤销或变更行政行为"，导出"形成诉讼"，包括撤销诉讼和变更诉讼；（2）根据"请求判决行政机关履行法定职责或给付义务"，导出"课予义务诉讼"和"一般给付诉讼"；（3）根据"请求判决确认行政行为违法"和"请求判决确认行政行为无效"，导出"确认违法诉讼"（主要是"继续确认诉讼"）和"确认无效诉讼"；（4）根据"请求判决行政机关予以赔偿或补偿"，导出"行政赔偿诉讼"和"行政补偿诉讼"；（5）根据"请求解决行政协议争议"，导出"行政协议诉讼"；（6）根据"请求一并审查规章以下规范性文件"，导出类似德国法上"规范审查之诉"的类型；此外，还有根据"请求一并解决相关民事争议"及"其他诉讼请求"的类型等。对各个诉讼类型本身特有的诉的利益问题进行深入探讨，是无法回避的。

（二）客观诉讼中诉的利益

客观诉讼是相对于主观诉讼而言的。主观诉讼是指以保护当事人的个人权利利益为目的的诉讼，如日本法上的抗告诉讼和当事人诉讼。客观诉讼则是指以确保行政行为的合法性为目的、与当事人的个人权利利益无关的诉讼，如日本法上

---

[59]　［德］弗里德赫尔穆·胡芬：《行政诉讼法》，莫光华译，法律出版社 2003 年版，第 135 页以下、第 211 页以下、第 382 页以下；吴庚：《行政争讼法论》，元照出版有限公司 2008 年版，第 140 页以下、第 148 页以下；陈敏：《行政法总论》，新学林出版有限公司 2007 年版，第 1371 页以下、第 1376 页以下。

[60]　［德］弗里德赫尔穆·胡芬：《行政诉讼法》，莫光华译，法律出版社 2003 年版，第 295 页以下。

[61]　江必新、梁凤云：《最高人民法院新行政诉讼法司法解释理解与适用》，中国法制出版社 2015 年版，第 4 页、第 20 页以下。

的民众诉讼和机关诉讼。[62] 主观诉讼属于"法律上的争讼"，是常态的诉讼；客观诉讼则只有在实定法特别规定的情况下才能进行，属于特殊形态的诉讼。

客观诉讼一般是原告主张他人的权利利益或公共利益的诉讼。即便如此，也不能在客观诉讼和主观诉讼之间找到一条清晰的界限。比如，一般而言，原告主张公共利益受到侵害的诉讼，可以视为客观诉讼。但如果其自身也是受害者，也即其所主张的利益融合了公共利益和自身利益，则这种诉讼也有主观诉讼的意蕴。因此，真正意义上的客观诉讼，是指原告就无关自己权利利益的事项，而仅对行政行为的合法与否提起的诉讼。进而，诸如团体诉讼、纳税人诉讼、环境诉讼、选举诉讼等，不可一概地视其为客观诉讼。

承认客观诉讼的国家，如日本，在立法上对客观诉讼有着严格限制，即除非个别法律明文予以承认的，客观诉讼一般不被允许。因此，客观诉讼一般是法定化的，进而，客观诉讼的诉讼要件也是严格法定化的。如此，对于原告提起的客观诉讼，应基于法律明文规定判断其起诉是否合法。诉讼要件的法定化，会在一定程度上限缩对诉的利益进行探讨的实益性。又如，在美国，如前所述，尽管在立法上存在诸多承认客观诉讼的规定，但美国联邦最高法院的判例却认为，原告欲主张公共利益的侵害，其自身也必须是受害者，始能获得原告适格。

"公益诉讼"是近年来我国法学界热烈讨论的问题。不过，对于这种"公益诉讼"的性质、种类、要件，尤其是其诉的利益问题，学术上探讨得仍不够深入。诉的利益问题的研究，对于建立健全我国的"公益诉讼"，具有十分重要的作用和意义。

（三）上诉、再审之诉中诉的利益

诉的利益一般是针对第一审诉讼而言的，其属于对原告开启诉讼程序的容许性进行审查的诉讼要件。由于在第一审诉讼程序中，一般已经对原告是否具有诉的利益进行了一番审查，因此在第二审诉讼、再审之诉等程序中，一般极少存在对诉的利益进行审查的问题。不过，也存在这样的可能，即在第一审诉讼程序中，原告有无诉的利益的问题没有被法院发现，或者没有完全得到解决，而该遗留问题被带至上诉程序或再审程序中。因此，不能排除在上诉程序、再审程序中探讨诉的利益的可能性及其价值。

上诉程序是诉讼法上所预定的通常不服申请程序。上诉制度的目的包括：对当事人进行救济；纠正错误的裁判，统一法律解释和适用；等等。在什么限度内允许提起上诉，属于一个协调效率和公正及当事人利害对立关系的立法政策问

---

[62] 杨建顺：《日本行政法通论》，中国法制出版社 1998 年版，第 719 页以下；江利红：《日本行政诉讼法》，知识产权出版社 2008 年版，第 119 页以下。

题。即便是在允许上诉的范围内，也有必要防止其被当事人滥用。[63]

与第一审诉讼中诉的利益问题相类似，上诉的利益也可以大致地区分为客观诉的利益即审判权界限、主观诉的利益即上诉人适格以及狭义诉的利益即上诉权保护必要性的问题。其中，客观诉的利益要求，原裁判在性质上应属于可以提起上诉的裁判，上诉申请人所选择的上诉是与该裁判相符的不服申请方法。[64] 主观诉的利益要求，上诉人对原裁判具有不服的利益，也即上诉人因原裁判而遭受了不利益。[65] 因此，上诉人一般应是在原裁判中全部败诉或部分败诉的当事人，全部胜诉的当事人原则上不具有上诉的利益。狭义诉的利益则要求，当事人的上诉具有裁判的必要性和实效性。一般而言，当事人双方若有不上诉的合意，或者当事人已经明确放弃上诉权的，则丧失上诉的利益。

另外，对上诉的利益进行探讨，应当注意上诉自身的分类。比如，德国法和日本法上将上诉区分为第二审上诉（控诉审）、第三审上诉（上告审）和抗告等类别。[66] 不同上诉类型中诉的利益问题，存在差异，应作分别探讨。

再审程序是当事人以诉讼程序存在重大瑕疵，或作为原判决基础的资料存在重大缺陷为由，针对已经产生既判力的终局判决提起的不服申请程序。因此，再审利益的判断，须以当事人针对已经确定的终局判决提起不服申请为前提，这可以视为客观诉的利益的内容。就主观诉的利益而言，原告应是受确定判决效力拘束，且具有要求撤销该判决的利益（不服利益）的人。[67] 因此，具有不服利益的人，原则上是确定判决的当事人且为遭受全部败诉或部分败诉的人。至于再审之诉中狭义诉的利益，无论是其存在的可能性，还是其可能存在的范围及内容，都有探讨和争论的余地。

（四）诉的利益的裁判

诉的利益的裁判，是指法院对当事人是否具有诉的利益的判定。诉的利益的

---

[63] ［日］新堂幸司：《新民事诉讼法》，林剑锋译，法律出版社 2008 年版，第 615—616 页。

[64] ［德］罗森贝克、施瓦布、戈特瓦尔德：《德国民事诉讼法》（下），李大雪译，中国法制出版社 2007 年版，第 1025 页以下；［日］新堂幸司：《新民事诉讼法》，林剑锋译，法律出版社 2008 年版，第 618 页。

[65] ［德］罗森贝克、施瓦布、戈特瓦尔德：《德国民事诉讼法》（下），李大雪译，中国法制出版社 2007 年版，第 1026 页；［德］奥特马·尧厄尼希：《民事诉讼法》，周翠译，法律出版社 2003 年版，第 366 页；［日］三月章：《日本民事诉讼法》，汪一凡译，五南图书出版公司 1997 年版，第 523 页。

[66] ［德］罗森贝克、施瓦布、戈特瓦尔德：《德国民事诉讼法》（下），李大雪译，中国法制出版社 2007 年版，第 1017 页以下；［日］新堂幸司：《新民事诉讼法》，林剑锋译，法律出版社 2008 年版，第 616 页以下。

[67] ［德］罗森贝克、施瓦布、戈特瓦尔德：《德国民事诉讼法》（下），李大雪译，中国法制出版社 2007 年版，第 1221 页以下；［日］新堂幸司：《新民事诉讼法》，林剑锋译，法律出版社 2008 年版，第 669 页。

裁判包括如下两个问题：一是裁判的形式；二是裁判的顺序。

诉的利益的裁判形式，即对当事人是否具有诉的利益，法院究竟采取裁定的形式还是判决的形式予以回答的问题。如前所述，在"权利保护请求权说"之下，诉的利益属于"权利保护要件"的范畴，对其判断属于实体上的判断。相应地，法院对诉的利益的判定，应采取实体判决（本案判决）的形式。而在"权利保护请求权说"被否定之后，诉的利益则被视为诉讼要件之一，对其判断属于程序上合法与否的判断。相应地，法院对诉的利益的裁判，和其他诉讼要件一样，采取裁定的方式（诉讼判决）作出。

不过，诉的利益作为特殊的诉讼要件，其判断往往无法脱离实体法的立场，特别是主观诉的利益和狭义诉的利益两个要件。由于我国诉讼法学在诉的利益研究上的薄弱，对诉的利益的裁判问题，很少有学者问津。在实务上，我国法院一般在立案阶段对各诉讼要件进行严格审查，欠缺诉讼要件的，裁定不予受理；如果在实体审理阶段发现欠缺诉讼要件的，则裁定驳回起诉。因此，有关诉的利益的内容，要么被作为诉讼要件看待，对其判断采取裁定的形式；要么作为实体法内容，在终局判决中予以判定。这种情况暴露了我国诉讼法理论上和实务上对诉的利益及其裁判的问题意识欠缺。毋庸置疑，对诉的利益的裁判形式进行深入的比较研究，将有助于我国诉讼程序的合理化发展。

诉的利益的裁判顺序，包括三个问题：一是诉的利益的三部分内容，即客观诉的利益、主观诉的利益和狭义诉的利益，在裁判上的先后合理顺序问题；二是诉的利益和其他诉讼要件相比，在裁判上的先后合理顺序问题；三是诉的利益的裁判与案件的实体判决（本案判决）相比，二者的先后合理顺序问题。对这三个问题尤其是最后一个问题的研究，不但有利于使法院的审理程序走向合理化和效率化，还可以促使实体判决的作出更加理性化。

新《行政复议法》解读

——以权利救济为视角

赵银翠

我国行政复议制度起步较早，在新中国成立之后，财政、税收、海关、出入境、商标、专利等不同领域建立了行政复议制度。在《行政诉讼法》颁行之后，行政复议即以配合行政诉讼法为己任，迅速实现了统一立法，但行政复议制度实施的效果并不理想，一直为人诟病，学者们纷纷建言献策，以期日臻完善。2014年《行政诉讼法》修正之后，《行政复议法》的修订已经迫在眉睫，但时隔9年，直到2023年9月1日，第十四届全国人民代表大会常务委员会第五次会议才修订完成。修法的任务暂时告一段落，但关于行政复议的基本问题依然争论纷纷，未能达成共识，有必要从理论上对相关问题进行进一步研究，以准确理解行政复议制度。本文的基本思路为，以行政复议的功能定位和性质作为出发点，坚持体系化的思考方式，充分理解行政复议作为一项权利救济制度所体现出来的行政自我规制特点，并以此作为基础，进一步厘清行政复议与行政诉讼之间的关系。

一、行政复议的基本功能——权利救济

行政复议的功能定位是行政复议法律制度的核心。行政复议法的制度设计应以其功能定位为基本出发点，并确保其能够有效实现。行政复议的功能定位不同，其系属体系不同，完善路径亦不相同。例如，以行政监督作为首要功能，则应将行政复议作为行政监督体系的一环进行建构；以权利救济为核心，则应围绕如何有效实现权利救济对其加以审视，以实现各权利救济机制之间的有效衔接；以解决行政争议为目的，则需要从构建统一的行政争议解决机制为出发点对行政复议制度进行架构。

（一）行政复议功能的理论争议

行政复议法具有多项立法目的，兼具行政监督、权利救济、行政争议解决等多项制度功能。[1]但关于诸功能的优位顺序，却各有所执。多数学者认为，依据《行政复议法》的表述方式，再佐之以立法草案说明，可以表明立法者意在将行政自

---

[1] 应松年：《把行政复议制度建设成为我国解决行政争议的主渠道》，载《法学论坛》2011年第5期；湛中乐：《论我国〈行政复议法〉修改的若干问题》，载《行政法学研究》2013年第1期。

我监督视为行政复议的首要功能。[2] 有学者指出，既然行政复议因公民、法人或其他组织的诉求才能启动，那么行政复议首先应当是公民的权利救济机制。[3] 也有学者坚持认为行政复议法的制度功能应立足于实质性化解行政争议。[4] 但由于受制于权力分工、审查限度及行政复议审查自身的特性，行政复议在争议解决方面具有一定的局限性。[5]

（二）行政复议基本功能校准

上述关于行政复议法基本功能的不同观点，虽然各具合理性，但未能坚持制度体系在逻辑上的一致性，且彼此不能兼容，因而必须进行取舍，明确不同功能之间的优位顺序。笔者认为，对行政复议法功能定位的思考，应当回到行政复议法本身，从制度体系和具体的法规范入手来加以分析。根据新《行政复议法》第2条的规定，"公民、法人或者其他组织认为行政机关的行政行为侵犯其合法权益，向行政复议机关提出行政复议申请"，行政复议机关方能启动行政复议程序。"向行政复议机关提出行政复议申请"的权利从性质上来看，属于权利保护请求权，申请人只有在其合法权益受到侵犯的情况下才能行使该项权利。如果不存在合法权益受到侵犯的情况，即使行政行为违法或者不当，当事人也不具有复议请求权，行政复议程序则无法启动。由此可以看出，行政复议是为了保护当事人的合法权益而设计的制度，属于权利救济制度无疑。事实上，在日本也存在对《行政不服审查法》的二重目的——权利救济和行政自我统制——何者为重的不同观点。盐野宏认为，虽然在这个问题上存在立法者的裁量余地，但从《行政不服审查法》来看，其主要着眼点在于对当事人的权利救济，同时有助于实现行政的自我统制。这一功能定位决定了《行政不服审查法》的制度建构及修订是以权利救济为基础展开的。[6] 我国《行政复议法》的制度建构和修订亦是如此，以权利救

---

[2] 1998年，时任国务院法制办公室主任杨景宇在第九届全国人民代表大会常务委员会第五次会议上所作的《关于〈中华人民共和国行政复议法（草案）〉的说明》中明确指出："行政复议是行政机关内部自我纠正错误的一种监督制度。完善行政复议制度，充分发挥行政复议制度的作用，对于加强行政机关内部监督，促进行政机关合法、正确地行使职权，维护社会经济秩序，维护公民、法人和其他组织的合法权益，维护社会稳定，具有重要意义。"

[3] 王万华：《行政复议程序反司法化定位的思考及其制度重构》，载《法学论坛》2011年第4期。

[4] 王万华：《行政复议的修改与完善——以实质性解决行政争议为视角》，载《法学研究》2019年第5期；曹鎏：《将行政复议打造成为化解行政争议主渠道的必由之路》，载《中国司法》2019年第10期；章志远：《行政复议与行政诉讼衔接关系新论——基于解决行政争议视角的观察》，载《法律适用》2017年第23期。

[5] 章剑生：《行政诉讼"解决行政争议"的限定及其规则——基于〈行政诉讼法〉第1条展开的分析》，载《华东政法大学学报》2020年第4期。

[6] ［日］盐野宏：《行政法Ⅱ［第四版］行政救济法》，杨建顺译，北京大学出版社2008年版，第10页。

济为基础构建了独特的具有行政性的权利救济制度，并与司法性的行政诉讼法相互衔接，共同构成行政法上的权利救济制度。

二、行政复议的根本属性——行政性

行政复议的根本属性在于其行政性，正是基于这一属性，才使得行政复议成为不同于行政诉讼而又与之密切相关的一项权利救济制度，避免沦为行政诉讼的初审程序。

（一）行政复议性质的理论争议

在《行政复议法》立法之初，行政复议是作为"行政机关内部自我纠正错误的一种监督制度"而加以定性的，因而在具体的制度设计中，体现的是"行政复议作为行政机关内部监督的特点，不宜也不必搬用司法机关办案的程序，使行政复议'司法'化"[7]。但是，随着2007年《行政复议法实施条例》的颁行以及行政复议改革试点工作的推进，行政复议在机构设置及复议程序上，朝向准司法化发展。具体体现在以下三个方面：其一，在机构设置上，推进行政复议委员会与行政复议局及相关制度改革，强调复议机构的专业性与相对独立性。[8] 其二，在审查方式上，在《行政复议法》确立的以书面审查为主、以听取意见为辅的基础上，增加了复议机构实地调查取证的权力，增加了听证程序。[9] 这两项制度的推行，意味着行政复议机构在实现实体公正和程序公正方面获得了制度保障。其三，《行政复议法实施条例》创造性地规定了行政复议调解与行政复议和解制度，部分消解了《行政诉讼法》所规定的行政争议"不适用调解"的禁止性规定，[10] 为行政争议的实质性解决提供了制度依据。

与之相应，理论界亦形成对行政复议性质的三种不同观点，即行政性、司法性及准司法性。行政性侧重于认为行政复议是一项行政活动，服从于上下级之间层级制的组织结构；司法性强调行政复议是一种纠纷解决机制，而司法的本质就是解决纠纷；准司法性，亦可称之为行政司法性，则注意到了行政复议活动兼具

[7] 1998年10月27日，在第九届全国人民代表大会常务委员会第五次会议上，时任国务院法制办公室主任杨景宇作了《关于〈中华人民共和国行政复议法（草案）〉的说明》，载中国人大网，http://www.npc.gov.cn/wxzl/gongbao/2000-12/06/content_5007101.htm，最后访问时间：2020年11月19日。

[8] 2008年9月16日，原国务院法制办印发《国务院法制办公室关于在部分省、直辖市开展行政复议委员会试点工作的通知》（国法〔2008〕71号），推进相对集中行使行政复议审理权，力争整合行政复议资源，以求"有效、便捷、公正"解决行政争议。2015年之后，浙江逐渐推行行政复议局及相关制度的改革，是相对集中行政复议审理权的又一尝试。2020年2月5日，中央全面依法治国委员会第三次会议通过《行政复议体制改革方案》，开启了地方行政复议体制改革的试点工作。

[9] 《行政复议法实施条例》第33条规定："行政复议机构认为必要时，可以实地调查核实证据；对重大、复杂的案件，申请人提出要求或者行政复议机构认为必要时，可以采取听证的方式审理。"

[10] 《行政诉讼法》（1989年）第50条规定："人民法院审理行政案件，不适用调解。"

行政性与司法性的复杂性。[11]2014 年修正后的《行政诉讼法》改变了原有的行政复议与行政诉讼的关系，扩大了行政复议机构作为被告的适用情形，加强了对行政复议的司法审查，强化了行政复议的行政性，使得行政复议在迈向（准）司法化的路上戛然而止。这一转向再次引发人们对行政复议定性之争的关注。

（二）作为行政活动的行政复议

《行政复议法》现有的制度设计无疑体现了行政机关内部监督的特点，"体现了行政自我控制理论的生命力"，"是我国行政自我监督、自我纠错的制度化，是提升我国行政机关行政行为合法性、合理性、实效性的绝佳途径"。[12]在《行政复议法》修订的过程中，是应继续坚持其行政性的特点，还是对其进行司法化的改造，令其成为合法性审查的初审程序，学者们多有争议，但是，行政复议制度的构建与修订，应"立足于行政机关本身的职能和使命，注重充分突出并切实把握和体现行政复议自身的规律和特点，架构能够实现行政复议应有地位和作用的行政复议制度"[13]。

为此，应当从权利救济的视角来思考行政复议的定性问题。在以行政诉讼作为权利救济最终保障制度的前提下，行政复议的着力点在于充分发挥其自身的行政属性，为公民提供高效的权利救济之道，而非随着行政诉讼进行司法化的改造。当然，不容置疑的是，行政复议的行政性并不排斥在制度建构中引入辩论、听证等确保行政复议公正的具有司法性的程序制度，恰恰相反，正是因为行政对效率的追求，才需要导入辩论、听证等制度以求平衡效率与公平之间的关系。此次《行政复议法》的修订幅度虽然比较大，但并未改变原有的制度结构，原有制度中的行政性特征依然得以保留并在一定程度上得以强化，如规定了行政复议前置程序、明确了行政复议机关的调查取证权，扩大了变更决定适用范围等，均在一定程度上强化了行政复议的行政性。

行政复议作为行政性的权利救济制度，是由上级行政机关对下级行政机关所作的行政行为的合法性与适当性进行审查，纠正违法或者不当的行政行为，进而实现对公民的权利救济，同时实现了行政内部的自我规制。这一基于内部视角的自我规制，使得复议审查不同于司法审查。人民法院在司法审查过程中要恪守权力边界，只能审查行政行为的合法性而不能审查其合理性，法院在一般情况下也不能作出变更判决；而对于行政复议审查而言，由于行政复议机关与被申请人同属于行政系统且通常是上下级机关之间的关系，因而，不存在外部监督所特有的

---

[11]　郑英龙：《从行政复议的价值定位看我国行政复议制度的缺陷》，载《杭州商学院学报》2003 年第 6 期；刘莘：《行政复议的定位之争》，载《法学论坛》2011 年第 5 期。

[12]　杨海坤、朱恒顺：《行政复议的理念调整与制度完善——事关我国〈行政复议法〉及相关法律的重要修改》，载《法学评论》2014 年第 4 期。

[13]　杨建顺：《行政复议制度改革构想》，载《检察日报》2019 年 11 月 20 日，第 7 版。

权力分工的限制，上级机关有权监督下级机关，可以补充调查取证以证明行政行为的合法性和合理性，可以要求下级机关补正其程序瑕疵，在不破坏上下级权力分工的界限的前提下，可以变更下级机关所作出的行政行为。行政复议作为行政自我监督体系的组成部分，在被申请人与行政复议机关之间，并不存在"敌对"关系，而是在相互衔接的不同行政程序阶段，为形成合法性与合理性相统一的行政决定而合作。[14]

三、新《行政复议法》修订的主要内容

新《行政复议法》的修订，涉及多个方面，具体包括扩展立法目的、扩大受案范围、扩张行政复议前置事项、适度集中行政复议权、优化行政复议程序、丰富复议决定类型等多项内容。

（一）扩展行政复议法的立法目的，增加行政复议化解行政争议的主渠道作用和推进法治政府建设

旧《行政复议法》规定的立法目的是"防止和纠正违法的或者不当的行政行为，保护公民、法人和其他组织的合法权益，保障和监督行政机关依法行使职权"，新《行政复议法》在此基础上又增加了"发挥行政复议化解行政争议的主渠道作用，推进法治政府建设"两个目的。行政复议立法目的的扩展，反映了我国目前多元化的纠纷解决机制中，要尽力发挥行政复议在纠纷解决方面的功能，使其成为解决行政争议的主渠道，使群众愿意并能够通过行政复议真正解决纠纷、维护自身合法权益。而行政复议制度中，行政争议的解决是建立在行政复议机关对行政行为的合法性和适用性进行审查核实的基础上的，故而实现了对行政权的有效监督，从而能够推进法治政府建设。需要注意的是，尽管立法目的在表述上有所扩展，但行政复议的主要功能依然表现为权利救济，只有在合法权益受到行政行为侵犯的情况下，公民才能行使权利救济请求权，启动行政复议程序。

（二）扩大行政复议受案范围，加强保护公民权利

新修订的《行政复议法》与旧《行政复议法》相比，可诉的行政行为的范围和受保护的权益的范围均得以扩大，体现了随着我国法治建设的不断推进，对公民权利的保护力度和对行政权监督的力度均得到了强化。而且与2014年修正之后的《行政诉讼法》相比，其在可诉行政行为的类型与数量方面均有所增加，但就增加的内容而言，并未见有实质性的拓展。值得注意的是，将"对行政机关作出的赔偿决定或者不予赔偿决定"纳入行政复议的受案范围，其意义不仅在于扩大了行政复议的受案范围，更重要的是，该规定改变了现行的行政赔偿程序。

（三）扩张行政复议前置事项，引流行政复议案件

与旧《行政复议法》相比，修订后的《行政复议法》专条规定了行政复议前

---

[14] ［德］弗里德赫尔穆·胡芬：《行政诉讼法》，莫光华译，法律出版社2003年版，第88页。

置制度。行政复议前置的重要意义在于，发生行政争议后，先由复议机关对行政行为的合法性和适当性进行审查，当事人不服的，再提起行政诉讼。这一制度在很大程度上能够发挥行政机关的专业特长，使得行政争议在行政程序中即可得到有效的解决。所以，具有一定的合理性。当然，这一制度迫使大量的行政案件先行进入行政复议，具有案件引流的作用，使得行政复议在争议解决中可能发挥主渠道的作用，但是，行政复议前置程序适用对象的扩张，不仅会限制公民对于救济手段的选择权，而且会增加诉累。当事人经由行政复议程序之后，对行政复议决定不服的，依然会提起行政诉讼，通过诉讼的方式最终解决争议。但是《行政复议法》修订之后关于适用行政复议前置程序的事项，事实上并没有突出表明行政事务具有很强的专业性，需要由复议机关先行判断。

（四）适度集中行政复议权，突出权威性与专业性

一段时间以来，行政复议体制改革的一个基本方向就是适度集中行政复议权。修订后的《行政复议法》规定，除了特殊管辖的外，由县级以上地方人民政府集中行使行政复议管辖权。同时，就行政复议人员的专业化、职业化提出了明确的要求，规定"国家建立专业化、职业化行政复议人员队伍"，以此来提升行政复议的权威性和专业性。新法虽然相对集中管辖权，但依然坚持了在行政组织系统内部，由上级行政机关对下级行政机关进行监督的制度设计，也就是坚持了1999年《行政复议法》所设定的行政内部监督制度。

（五）优化行政复议程序，兼顾效率与公正

有关行政复议程序方面，新《行政复议法》优化了原来的程序，既保障了高效解决争议，又贯穿了程序公正原则。在提高效率方面，简易程序的适用以及行政复议机关被授予调查取证权，都能够确保行政复议机关快速、高效地解决行政争议，提高解决行政争议的实效性。在保障当事人程序权利方面，新《行政复议法》不仅增加规定了说明理由制度，还创造性地设定了申请人和第三人及其代理人的阅卷权，这不仅保障了当事人在行政复议过程中的知情权，也为我国行政程序的正当化发展指明了方向。

（六）丰富行政复议决定类型，回应申请人不同的复议请求

不同于《行政诉讼法》中关于判决类型的分类设定，旧《行政复议法》采取了混同模式，即将维持决定、履行决定、撤销决定、变更决定或者确认违法决定等不同复议决定规定在同一个条款中（第28条），而且对于决定撤销、变更或者确认具体行政行为违法的适用情形未作任何区分。这样一种粗疏的制度设计并不能适应新时代权利救济的现实需求，遭到学者们的一致批评。《行政复议法》修订借鉴《行政诉讼法》对判决类型的制度安排，对行政复议决定类型重新进行了设计，以回应当事人权利救济的不同需要。有关行政复议决定类型，需要注意两个问题：一是保留了维持决定；二是变更决定在法律中所处的位置前置。保留维

持决定类型，表明行政复议对行政权的监督功能与保障功能并重；变更决定位置置于其他类型之前，突出行政复议行政性的特点，表明复议是上级行政机关对下级行政机关的监督，区别于行政诉讼以撤销判决为核心的制度设计。

四、行政复议法未来的发展方向

（一）进一步扩大行政复议的受案范围

我国行政复议的受案范围，取决于两个核心要素，即合法权益是否受到损害以及争讼对象是否属于行政行为，同时受限于《行政复议法》对受案范围的明确列举。如果不属于行政复议受案范围，即使具备这两个要素，行政复议机关也不予受理。最高人民法院在裁判文书中曾明确表示，行政协议争议虽然属于行政诉讼受案范围，但并不属于行政复议受案范围。[15] 这样一种有限列举的受案范围并不能满足我国公民权利救济的需要，行政复议受案范围的拓展势在必行，但关于扩大的边界尚未达成统一认识。有学者提出应将行政复议的受案范围拓展至传统特别权力关系理论所覆盖的行政争议领域，尤其是涉及教师、学生及公务员合法权益的争议事项；[16] 有学者进一步提出，要将国家行政扩展至社会行政，将具有公共管理职能的组织行使公共权力的行为、行政机关对其工作人员作出的行政处分，甚至国务院行政规范性文件和规章均纳入复议范围；[17] 还有学者认为，应尽可能将可识别的公法争议，如因行业协议、自治组织履行职责所引发的争议等，都纳入行政复议的受案范围。[18]

从德国行政法的发展来看，行政行为作为法治国的产物，一度成为限制公民权利救济的存在，因为行政行为不仅是撤销之诉的适法性要件，而且是所有行政法律救济的适法性要件。其结果是，行政行为的范围被不断扩展，使得传统行政行为理论遭到威胁，故而1960年德国《行政法院法》不再将行政行为视为提起行政救济的适法要件，而是将行政法律救济途径向所有的公法争议开放，行政行为因此丧失了其特殊的法律保护功能。[19]

与德国不同的是，在我国，不论是作为学术概念还是作为法律概念，行政行为始终是一个描述性的开放概念，其内涵与外延并不确定。[20] 从消极方面来看，概念不明确导致概念、制度、理论之间的脱节，影响了制度的精细化建构；从积

---

[15]　（2019）最高法行申 13485 号裁定书。

[16]　湛中乐：《论我国〈行政复议法〉修改的若干问题》，载《行政法学研究》2013 年第 1 期。

[17]　王万华：《〈行政复议法〉修改的几个重大问题》，载《行政法学研究》2011 年第 4 期。

[18]　余凌云：《论行政复议法的修改》，载《清华法学》2013 年第 4 期。

[19]　[德]哈特穆特·毛雷尔：《行政法学总论》，高家伟译，法律出版社 2000 年版，第 204 页。

[20]　这种不确定性可以在"马工程"教材《行政法与行政诉讼法学》（第二版）中姜明安关于行政行为概念的总结及观点可见一斑。该书写道：学者们对"行政行为"有不同的界定，其定义有最广义、广义、较广义、较狭义、狭义、最狭义之分。……本书"行政行为"一般采用较广义的定义，即包括抽象行政行为和具体行政行为，有时采用狭义的定义。

极方面来看，概念的开放性意味着受案范围的开放性，不会因之而限制公民的权利救济。例如，2014 年修正后的《行政诉讼法》将行政协议等纳入行政诉讼的受案范围，但作为核心概念的行政行为并未发生实质性变化。因而，在我国并不存在因行政行为的包容性不足而影响权利救济的问题，问题在于《行政复议法》对受案范围的限定性列举。

如果我们将行政复议与行政诉讼置于统一的行政权利救济体系中予以考察，可以看到，行政复议受案范围扩充的边界受制于行政诉讼的受案范围。在"先复议、后诉讼"的制度背景下，行政复议的高效性是以行政诉讼的公正性及最终性作为制度保障的，故而二者在受案范围方面应保持一致，否则将出现对行政复议不服却无法提起行政诉讼的情形，形成事实上的行政复议终局裁决。二者共同的发展方向是实现对公民权利的无漏洞保护。至于有学者提出将公务员处分等争议纳入行政复议的受案范围的观点，可以将其作为行政复议的特别程序予以考虑。行政复议与行政诉讼在权利救济方面主要的不同在于，行政诉讼原告只能主张行政行为违法而对其权益造成损害，而行政复议申请人既可以主张行政行为违法，也可以主张行政行为不合理而对其权益造成损害，该不同影响的是法院如何对经复议的行政案件的审查问题，并不影响行政复议的受案范围。

（二）按照效率优先兼顾公正排序进一步优化行政复议程序

关于行政复议程序价值的讨论中，效率与公正价值何者优先的问题，始终存在相反的观点。不论是效率优先，还是公正优先，均可找到大量的理论支持。对该问题的思考，不能脱离权利救济体系的制度结构。在行政诉讼作为确保公正的最后一道屏障的制度背景下，行政复议法以其行政性彰显其独特的制度特征，并进而与行政诉讼实现功能互补。为此，在价值上应坚持效率优先而非公正优先，并以此指导行政复议程序的改造。

在追求效率的同时，引入公正程序与之进行平衡，是各国行政程序法的基本经验，但有时立法者也会表现出谋求二者兼得的意图。例如，日本 2014 年修订后的《行政不服审查法》第 1 条所揭示立法的目的是"谋求国民在简易迅速且公正的程序之下……实现国民的权利利益之救济的同时，确保行政的适正运营"。立法者意图通过简易迅速以求高效便捷，通过程序公正确保实体公正。但此处的矛盾在于，简易迅速必然会减损程序的公正性，而公正的程序势必会降低行政效率，立法者欲求"效率与公正兼得"的本意注定不可能成功。由于有司法最终作为公正的最后保障，所以对于行政机关而言，虽然应当遵循正当程序推进行政过程，但在其价值选择上，还是应当以效率优先，兼顾公正。

在具体的制度设计中，由于不同案件对效率与公正的需求程度并不相同，应分别设立正式程序与非正式程序予以应对。在非正式程序中，以最低限度的程序公正为基础，建立简易迅速的程序制度，同时赋予行政机关更多的程序裁量权，由行政机关根据个案的具体情况，在符合法律授权目的的前提下进行合理裁量，以高效解决行政争议。在正式程序中，则应建立更能体现公正的程序制度，如代理制度、言词审理制度、听证制度、阅卷制度、调查制度等。在正式与非正式的程序之间，优先适用非正式程序。正式程序只适用于涉及重大公共利益的案件、社会影响较大的案件、存在复杂利益关系的案件，或者法律明确规定应采用正式程序的案件，否则应适用非正式程序。

（三）突出行政自我规制，强化合理性审查

行政复议的独特之处体现在对公民的权利救济是通过内部行政监督实现的，因而对公民的权利救济过程同时也是行政系统内部的自我规制过程。行政复议机关经由当事人申请而启动复议程序，对争讼行政行为的合法性与适当性进行审查，对偏离合法性与合理性的行政活动予以纠正，在实现对公民权利进行救济的同时，实现良好行政。日本有学者认为，借不服申诉的机会进行行政的自我统制，对行政处分的合法性与适当性进行审查，并进而谋求行政的统一性是日本行政不服审查制度存在的重要理由。[21]

一直以来，能否审查行政行为的合理性被视为行政诉讼与行政复议之间重要的制度区别。正如 1989 年关于《行政诉讼法（草案）》的立法说明中所指："人民法院审理行政案件，是对具体行政行为是否合法进行审查。至于行政机关在法律、法规规定范围内作出的具体行政行为是否适当，原则上应由行政复议处理，人民法院不能代替行政机关作出决定。"从实定法的规定来看，旧《行政复议法》与同期有效的《行政诉讼法》之间最主要的区别是能否对"明显不当"的行政行为进行审查。但在 2014 年之后，由于行政诉讼撤销判决的适用情形中，增加规定了"明显不当"，二者之间的这一所谓"主要"区别便不复存在。

这其中，对"明显不当的行政行为"是属于违法行政行为，还是不合理的行政行为，在理论上并非没有争议。从行政诉讼法规范解释的视角来看，因为行政行为的撤销是以合法性审查作为标准的，行政行为违法的，法院予以撤销；行政行为合法的，法院驳回原告的诉讼请求。因而，对于明显不当的行政行为，法院可以判决撤销。由此可以认为，立法者将明显不当的行政行为视为违法行为。对《行政复议法》中明显不当的行政行为，也应作同样解释。如果这个观点成立，我们可以看出，旧《行政复议法》并未体现出适当性审查的特点。而新《行政复议法》却未将明显不当作为行政行为违法的情形之一，但对"事实清楚，证据确凿，适用依据正确，程序合法，但是内容不适当"的行政行为，可以决定变更。

---

[21] ［日］盐野宏：《行政法Ⅱ［第四版］行政救济法》，杨建顺译，北京大学出版社 2008 年版，第 10 页；杨建顺：《行政自我规制的课题——以〈日本行政不服审查法〉的修改为素材》，载微信公众号"崇法学堂"，2020 年 6 月 26 日。

关于如何审查行政行为的适当性，不论行政复议实践，还是理论研究，并未给予足够的关注。2004年国务院公布的《全面推进依法行政实施纲要》即对合理行政提出了具体的要求，即"行政机关实施行政管理，应当遵循公平、公正的原则。要平等对待行政管理相对人，不偏私、不歧视。行使自由裁量权应当符合法律目的，排除不相关因素的干扰；所采取的措施和手段应当必要、适当；行政机关实施行政管理可以采用多种方式实现行政目的的，应当避免采用损害当事人权益的方式"。行政复议审查应以此为基础，加强行政自我规制，通过个案总结经验，形成合理性审查的一般规则。

（四）进一步扩大变更决定的适用范围，以适应复议行政性的特点

变更决定是行政复议机关对被申请人进行监督的一种决定类型，表明了较强的监督力度。与旧《行政复议法》不同的是，新《行政复议法》视变更决定为最重要的决定类型，置于其他决定类型之首，并就其适用设定了相应的条件。

在行政诉讼中，由于司法权与行政权之间的界限，变更判决的适用虽然得以承认，但以法律的明确规定为限，仅限于"行政处罚明显不当，或者其他行政行为涉及对款额的确定、认定确有错误的"情形。在旧《行政复议法》中，未对行政复议机关变更行政行为的权力边界作出限定，而新《行政复议法》对变更决定的适用设定了明确的情形，并且未保留兜底条款。这也意味着，作为上级行政机关的复议机关对作为下级的被申请人进行监督时，其权力也是要遵守法律设定的边界的。

上下级行政机关之间的权力边界，从组织法规范来看，《宪法》第108条明确规定了"县级以上的地方各级人民政府领导所属各工作部门和下级人民政府的工作，有权改变或者撤销所属各工作部门和下级人民政府的不适当的决定"。但在具体的职权行使过程中，上级机关是改变还是撤销不适当的决定，除了依据组织法规范之外，还应当考虑行为法规范所规定的上下级机关之间的权限分工。从行为规范来看，上下级机关之间的权力关系并不一致，有的规定了行政职权可以由上下级机关共同行使，而有的则明确规定由哪一级行政机关行使。在上下级之间共享权力的情况下，行政复议机关可以变更下级行政机关作出的行政行为；在上下级之间权限分工明确的情况下，行政复议机关则不宜直接变更下级行政机关作出的行政行为，以免破坏职权法定原则。

但是，从现有的规定来看，复议机关的变更权仅限于法律明确列举的三种情形，其共同点在于事实清楚。在事实清楚的情况下，撤销原行政行为，责令被申请人重新作出行政行为的，难免又生争讼。在不破坏上下级之间权限分工的基础上，复议机关可以径行变更原行政行为，进而作出新的行政行为，稳定行政法律关系。但新《行政复议法》关于变更决定的规定，失之于范围过窄。比如，当行政复议机关是作出原行政行为的机关时，对于自己作出的违法或者不适当的行政

行为，如果作出撤销决定，势必需要本机关重新作出决定，而直接作出变更决定可以减少无谓的程序流转，尽快定分止争。

五、行政复议程序与行政诉讼程序的衔接

在行政复议与行政诉讼如何衔接的关键问题上，学者们给予了足够多的关注，其中包括当事人的救济权利模式、行政复议的被告主体资格、法院是否以及如何对行政复议进行司法审查等。遗憾的是，迄今未能形成压倒性观点。因此2023年《行政复议法》修订，增加规定了行政复议前置，扩大了行政前置的适用范围，限制了当事人的权利救济方式的选择权。在二者的衔接上，笔者认为，依然应从权利救济体系的角度出发予以考虑。

（一）尊重当事人在权利救济方式上的自主选择权

目前我国在行政复议与行政诉讼的关系方面，采取了以当事人自主选择为主，复议前置与行政复议终局裁决为辅的制度模式。修订后的《行政复议法》取消了关于行政复议终局裁决的规定，增加规定了行政复议前置程序。取消行政复议终局裁决，意味着对行政权监督的力度增加，而增加规定行政复议前置程序，却构成了对当事人选择救济方式的权利的限制。有观点认为，应当以自主选择为原则，复议前置为例外；[22]而相反观点则认为，应充分发挥行政复议的专业性及合理性审查机能，以行政复议前置为原则，自主选择为例外。[23]共识的达成，有必要回溯到行政复议的功能定位，并由此展开分析。行政复议是为当事人设立的一项权利救济制度。对于当事人而言，当其权利受到侵害时，积极寻求权利救济还是放弃权利救济，由当事人自主决定。"举重以明轻"，在权利救济方式上面，也应当尊重当事人的选择权，赋予当事人自主选择的空间，只有在例外的情况下才采取行政复议前置模式，穷尽行政救济之后再提起行政诉讼。关于穷尽行政救济的理由，可能包括：能够确保行政机关利用其专业知识和裁量权完成法定任务，让行政程序连续发展不受障碍；保护行政自主性；可能影响法院的司法审查；能够确保行政系统内部有自我改进错误的机会，减少司法审查，节约司法资源。[24]但新《行政复议法》关于适用行政复议前置的若干情形的规定，似乎并不满足上述条件。在保护行政自主性和公民自主选择救济方式的权利之间，还需要在理论上作进一步的厘清，以便作出更合理的规定。

（二）复议机关作出维持决定的，不应作为被告

经过复议的案件，当事人不服提起行政诉讼的，行政复议机关在诉讼中的地

[22] 王万华：《完善行政复议与行政诉讼的衔接机制》，载《中国司法》2019年第10期。

[23] 耿宝建：《"泛司法化"下的行政纠纷解决——兼谈〈行政复议法〉的修改路径》，载《中国法律评论》2016年第3期；杨海坤、朱恒顺：《行政复议的理念调整与制度完善——事关我国〈行政复议法〉及相关法律的重要修改》，载《法学评论》2014年第4期。

[24] 王名扬：《美国行政法》（下），中国法制出版社年1995年版，第652页。

位如何，是行政诉讼法必须解决的问题。1989 年《行政诉讼法》第 25 条第 2 款规定："经复议的案件，复议机关决定维持原具体行政行为的，作出原具体行政行为的行政机关是被告；复议机关改变原具体行政行为的，复议机关是被告。"2014年修正后的《行政诉讼法》将该规定修改为"经复议的案件，复议机关决定维持原行政行为的，作出原行政行为的行政机关和复议机关是共同被告；复议机关改变原行政行为的，复议机关是被告"。对此学者们褒贬不一。这一制度修改的初衷在于改变行政复议机关"维持会"的现象，修正后的《行政诉讼法》在实施四年之后似乎获得了相应的数据支撑，但亦有论者指出，应理性看待复议机关受理复议案件数量的增加以及复议维持率的下降，不能归因于行政复议"双被告"的单一作用，而且实践中已经出现了复议机关由"维持会"转向"驳回会"的端倪，其副作用已经显现。[25] 故而，在二者的衔接上面，应改变以单一问题为导向的改革思路，从体系化视角出发，对制度进行逻辑一致的完善。

如果将行政机关和行政复议视作统一的行政过程，当复议机关作出维持决定时，对当事人权利义务产生影响的是原行政行为；当复议机关作出改变决定时，对当事人权利义务产生影响的是复议决定。《行政诉讼法》在确定被告主体资格方面，采用的是处分主义立场，即由作出侵害行政行为的行政主体作为被告。其根据是《行政诉讼法》第 2 条第 1 款之规定，即"公民、法人或者其他组织认为行政机关和行政机关工作人员的行政行为侵犯其合法权益，有权依照本法向人民法院提起诉讼"。故而，对经复议的案件，在确定被告时，也应采用处分主义的立场加以确定，即以作出处分行为的主体为被告。[26] 为此，有必要回到1989年《行政诉讼法》关于行政复议机关作为被告的制度安排，即"经复议的案件，复议机关决定维持原具体行政行为的，作出原具体行政行为的行政机关是被告；复议机关改变原具体行政行为的，复议机关是被告"。

（三）对行政复议的司法审查

在明确了经复议案件的被告主体资格之后，需要进一步考虑的问题是，在何种情况下视为复议机关维持了原行政行为，在何种情况视为复议机关改变了原行政行为。德国学界和实务界通说认为，当复议决定改变了原行政行为的理由（包括事实及依据）乃至处理结果（构成首次负担或补充负担时除外）时，只是赋予了原行政行为一个新的"形式"，司法审查的对象仍然是原行政行为，但此时的原行政行为并不是原来作出时的状态，而是已经复议决定修正之后以新形式出现

---

[25] 曹鎏、冯健：《行政复议"双被告"制度的困境与变革》，载《中外法学》2019 年第 5 期。

[26] 根据程序标的是原行政行为抑或复议决定，德国行政法理论存在原处分主义与裁决主义之别。其中，原处分主义系指原处分之违法仅得于原处分之撤销诉讼上主张，而不得于裁决之撤销诉讼中主张；裁决主义则指对原处分不得起诉，仅得对于以原处分为正当而驳回申请之裁决起诉。参见陈清秀：《行政诉讼法》，元照出版有限公司 2009 年版，第 334 页。

的原行政行为。[27] 在我国台湾地区，诉愿决定可以在改变原处分决定理由的基础上驳回诉愿申请，当事人不服提起诉讼的，被告是行政机关，审查对象也是原处分决定。[28]《最高人民法院关于适用〈中华人民共和国行政诉讼法〉的解释》即采纳了该观点。[29] 根据该解释第 22 条的规定，"复议机关改变原行政行为"，是指复议机关改变原行政行为的处理结果。复议机关改变原行政行为所认定的主要事实和证据、改变原行政行为所适用的规范依据，但未改变原行政行为处理结果的，视为复议机关维持原行政行为。因此，对经复议案件的司法审查，复议机关维持原行政行为的，应以作出原行政行为的行政机关为被告，以复议机关改变之后的事实、法律为审查对象，以此认定被诉行政行为的合法性；复议机关改变原行政行为的，应以复议机关为被告，并以改变后的行政行为作为审查对象。法院在司法审查过程中，"既要承认原行政行为和复议决定的区别，又要认可复议决定是行政系统在司法系统的最终呈现，行政诉讼要审查通过复议决定形式表现出来的行政系统行为；既要对复议过程中复议活动合法性进行监督，司法又需充分尊重复议程序中复议活动的效力，赋予行政复议活动'准一审'的效力，在复议决定采信证据、认定事实、适用法律的基础上进行合法性审查，而不是另起炉灶，重新认定和审查"[30]。对经行政复议之后提起诉讼的，法院在对争讼对象进行审查时，应区分复议程序正式与否而建立严格程度不同的审查标准。对经过正式程序作出的行政复议决定，法院应给予更高程度的尊重；如果是经由非正式程序作出的行政复议决定，法院则可以适当提升审查强度。

---

[27]　赵大光、李广宇、龙非：《复议机关作共同被告案件中的审查对象问题》，载《法律适用》2015 年第 8 期。

[28]　徐瑞晃：《行政诉讼法》，五南图书出版公司 2012 年版，第 61 页。

[29]　赵大光、李广宇、龙非：《复议机关作共同被告案件中的审查对象问题》，载《法律适用》2015 年第 8 期。

[30]　耿宝建：《行政复议法修改的几个基本问题》，载《山东法官培训学院学报》2018 年第 5 期。

论行政复议中的暂时性权利保护

——以行政复议与行政诉讼的衔接为中心

汤　莹

　　从行政过程论的视角观察，权利救济应当尽可能地在行政过程中加以实现。[1]《法治中国建设规划（2020—2025年）》在"加强对执法工作监督"部分提出要求："加强和改进行政复议工作，强化行政复议监督功能，加大对违法和不当行政行为的纠错力度。"行政复议监督功能的强化和纠错力度的增强有赖于配套制度的完善，进而保障权利救济的实质性效果。与行政诉讼不同的是，行政复议具有行政体系内自我监督的特色，无须直面司法权界限和行政效率之间的协调问题，在实现暂时性权利保护方面具有天然的优势。新修订的《行政复议法》第42条虽然限缩了停止执行的裁量空间并扩大了申请主体和适用情形，但是与行政诉讼相比，行政复议中的暂时性权利保护制度仍有进一步拓展的空间。因此，本文从规范和实践两个层面出发，着眼于行政复议与行政诉讼的衔接，再结合新修改的《行政诉讼法》《行政复议法》和相关案例进行分析，以期有益于行政复议中暂时性权利保护制度的完善。

一、制度发展不同步：行政复议中暂时性权利保护的现状

　　暂时性权利保护制度关乎权利救济的实效性。法院在对行政争议作出终局判决前，需要消耗一定的时间和经济成本，行政机关作为行政行为的支配者处于优势地位，为了防止行政相对人因行政行为的执行或者程序的继续进行可能遭受不利，暂时性权利保护制度的设置对于权利救济具有重要意义。[2]保护合法权益并不限于请求法院作出裁判这一种形式，行政复议作为简便、迅速的权利救济途径发挥着化解行政争议主渠道的作用，相应的暂时性权利保护制度应更加高效、为民。根据《行政复议法》的规定，行政复议机关收到行政复议申请后须在5日内审查决定是否受理；在适用普通程序时，自受理申请之日起60日内作出行政复议决定，最长可延长期限不超过30日。因此，当事人从提起行政复议申请到获得行政复议决定，最长的时间间隔可能超过3个月。在此期间，由于行政机关执

---

　　[1]　杨建顺：《行政诉讼制度实效性的期待与课题》，载《法学杂志》2015年第3期。

　　[2]　［日］盐野宏：《行政法Ⅱ［第四版］行政救济法》，杨建顺译，北京大学出版社2008年版，第137—138页。

行行政行为变动原来的法律状态，难免造成既定事实，以至于公民无法通过终局胜诉裁判实现其权利内容，最终导致权利落空。为了避免这种情形，对行政复议的当事人提供暂时性权利保护显得十分有必要。

我国于 1990 年制定的《行政复议条例》规定了行政复议不停止执行和三种例外停止执行的情形。《行政复议条例》经过一次修改，之后的《行政复议法》继承了行政复议不停止执行制度，并将其中第四种例外停止执行的情形由之前的"法律、法规和规章规定"限缩为"法律规定"。适用于法定情形的停止执行制度作为行政复议中仅有的一项暂时性权利保护制度被确立。2009 年和 2017 年两次修正《行政复议法》均未对行政复议中停止执行的相关内容作出修改，并一直沿用至 2023 年修法之前。伴随着社会治理需求的多样化和行政管理各个领域法制的不断完善，行政复议中暂时性权利保护制度在适用上一方面存在与其他法规范难以衔接的问题；另一方面无法满足实践中及时化解行政争议的客观需求。

行政诉讼中的暂时性权利保护制度随着 1989 年《行政诉讼法》的制定、实施、修改而不断完善，相关学术研究从最初围绕行政诉讼中行政行为是否停止执行以及作为原则还是例外，慢慢扩展到对先予执行、财产保全和行为保全等制度的关注。《行政诉讼法》在 2017 年修改之后，行政复议和行政诉讼中暂时性权利保护制度的衔接以及如何进一步完善行政复议中暂时性权利保护制度的课题并未受到关注。自 1991 年起实施的《行政复议条例》仅规定了以行政复议不停止执行为原则、例外停止执行的制度。[3] 自 1999 年起实施的《行政复议法》又基本沿袭了上述规定。[4] 学者们对于行政复议中暂时性权利保护制度的相关研究数量不多，并且多以行政复议不停止执行原则为核心命题，主要围绕"原则还是例外"展开论述，理论成果也呈现出和行政诉讼不停止执行相关研究的共通性。[5] 行政复议中的暂时性权利保护制度无论是在规范的完备性上，还是在学术研究的重视程度上，与行政诉讼中的暂时性权利保护制度相比都有很大差距。

《行政复议法（修订草案·二次审议稿）》将停止执行的申请人扩展到第三人，最终公布的修订版《行政复议法》对此予以明确规定，同时强化了法定情形"应

---

[3] 《行政复议条例》（1990 年）第 39 条规定："复议期间具体行政行为不停止执行。但有下列情形之一的，可以停止执行：（一）被申请人认为需要停止执行的；（二）复议机关认为需要停止执行的；（三）申请人申请停止执行，复议机关认为其要求合理，裁决停止执行的；（四）法律、法规和规章规定停止执行的。"

[4] 《行政复议法》（1999 年）第 21 条："行政复议期间具体行政行为不停止执行；但是，有下列情形之一的，可以停止执行：（一）被申请人认为需要停止执行的；（二）行政复议机关认为需要停止执行的；（三）申请人申请停止执行，行政复议机关认为其要求合理，决定停止执行的；（四）法律规定停止执行的。"

[5] 前期代表性研究有：胡建淼：《中外行政复议制度比较研究》，载《比较法研究》1994 年第 2 期；湛中乐：《论我国〈行政复议法〉修改的若干问题》，载《行政法学研究》2013 年第 1 期。

当"停止执行，并回归到《行政复议条例》对法规和规章中停止执行情形的适用。虽然此次修法对完善停止执行制度作出的努力值得肯定，但是，自《行政复议法》实施以来，行政复议中的暂时性权利保护制度并没有充分参照《行政诉讼法》的修改并及时进行相应的调整，使得行政复议和行政诉讼二者的暂时性权利保护机制在衔接方面始终存在不同步的现象。

二、制度衔接难实现：行政复议中暂时性权利保护的不足

暂时性权利保护在行政复议和行政诉讼之间的制度空隙难免会影响权利救济的效果。从制度目的和效果追求来看，行政复议和行政诉讼中的暂时性权利保护制度存在功能一致性和类型同构性的特点。因此，通过对照修改之后《行政诉讼法》中暂时性权利保护的规定，能够检视行政复议中暂时性权利保护存在的制度疏漏。

（一）制度规定的精细化不足

和1989年《行政诉讼法》关于诉讼不停止执行制度所采用的"不停止执行原则＋三种例外情形"的规定相似，《行政复议条例》将行政复议不停止执行制度规定为"不停止执行原则＋四种例外情形"。不停止执行的设计是出于国家行政管理活动的连续性、有效性和效率性的目的考量，同时以行政行为的效力理论和公权力优先理论作为理论基础。[6] 随着实践发展和认识的深化，暂时性权利保护制度也从停止执行逐步扩展到其他类型。例如，行政诉讼中暂时性权利保护制度的完善过程经历了从最初仅有的诉讼停止执行，到后续增加了先予执行制度，并补充了停止执行的相关规定。然而，此次《行政复议法》的修订仍旧维持了对仅有的四种例外情形适用行政复议停止执行的制度设计。

1. 现有规定缺乏利益衡量标准

通过比较分析行政诉讼和行政复议中的停止执行制度，可以发现二者都是从不同程序所涉及的相关主体的需求出发，作出了相应的规定。具体表现为：原告和被告（申请人和被申请人）、利害关系人（第三人）以及法院（行政复议机关）认为有停止执行的需要。但是，行政复议中的例外规定较为简略，仅以行政机关一方认为"需要"、行政复议机关认为申请人的"要求合理"作为判断依据。"需要"和"要求合理"具体包括哪些内容、应当提交何种证据并不明确，依据何种标准和程序才能认定停止执行的要求是合理的也尚不清晰。这些问题都有待《行政复议法》的配套规定给出更为细致的答案。

相比之下，和《行政复议条例》同一时期制定的《行政诉讼法》在制定之初就明确规定了"难以弥补的损失"这一积极要件作为原告停止执行需求的判断标准，并附加了"不损害社会公共利益"作为消极要件。在2014年修改《行政诉讼法》之际，立法者对停止执行制度的规定作出了进一步改进：明确停止执行的

---

[6] 杨建顺：《行政规制与权利保障》，中国人民大学出版社2007年版，第568—569页。

决定以裁定形式作出；将利害关系人纳入有资格申请停止执行的主体范畴，追加国家利益作为停止执行的消极条件；新增法院作为一方独立主体可以依职权裁定停止执行的规定；当事人不服法院的裁定可以申请行政复议进行救济。《行政复议法》虽然在2017年进行了修改，但是当时并未及时吸收行政诉讼中有关停止执行的新规定，也没有作出相应的调整和完善。

考虑到救济程序的时间要素，在"执行利益"和"延缓利益"之间进行风险分担与妥协正是暂时性权利保护制度的功能。以利益衡量作为关键考量要素多见于其他国家和地区的立法例。比如，美国《行政程序法》第705节规定了司法审查期间的救济，指出在必要的条件和限度内，为了防止不可弥补的损害，推迟行政行为的生效日期。我国台湾地区"行政诉愿法"同样选择以例外情形适用行政复议停止执行作为暂时性权利保护制度，其第93条并未采用以程序主体作为规定例外停止执行的形式，而是明确以"行政行为合法性疑义＋利益衡量"的标准来确定是否停止执行。[7] 总的来看，现行的《行政复议法》有关不停止执行的规定缺失利益衡量标准，未能体现出暂时性权利保护制度作为一种利益衡量机制的特点，在适用上缺少指导性。

2. 行政复议中暂时性权利保护制度体系不健全

目前，行政复议中的暂时性权利保护制度有且仅包含涉及停止执行的四项例外规定。停止执行针对的是行政机关作出的积极干预行为，这在自由法治国阶段对于防止行政权过度行使、排除公权力的违法侵害，以及实现权利的临时救济发挥着重要作用。但是，伴随着行政职能的扩张和公民权利的实现需求，涉及生存照顾和风险预防等方面的行政管理任务更加依赖于行政的积极给付作用。2023年修订后的《行政复议法》第11条对于行政复议范围的扩大也体现出这一点。当行政复议决定涉及一定期限内履行、变更或者责令重新作出行政行为等内容时，在行政复议过程中可能需要行政机关临时作出授益性行为，以及时回应权利人权利实现的需求。在推进法治政府建设和行政职能拓展的背景下，行政复议权利救济效果的发展表现为从排除权利侵害到实现权利内容，从权力有限与克制到权力充分履职。对于因行政机关拒绝、不履行给付职责等消极不作为所造成的权益侵害，权利人仅依据停止执行无法实现有效的权利保护。行政复议中的暂时性权利保护制度由于始终维持较为单一的停止执行，造成行政复议中暂时性权利保护体系的不健全，这种制度空缺亟须填补。

---

[7]　我国台湾地区"行政诉愿法"第93条规定：原行政处分之执行，除法律另有规定外，不因提起诉愿而停止。原行政处分之合法性显有疑义者，或原行政处分之执行将发生难以回复之损害，且有急迫情事，并非为维护重大公共利益所必要者，受理诉愿机关或原行政处分机关得依职权或依申请，就原行政处分之全部或一部，停止执行。前项情形，行政法院亦得依声请，停止执行。

针对不同行为类型设置相应的暂时性权利保护制度，有必要构筑适应行政法需要的暂时性权利保护制度体系。根据通说观点，以行政手段对公民的法律效果为标准，主要可以区分为侵害行政和给付行政。具有不同效果的行政行为对行政相对人的权利影响也有所不同，所适用的暂时性权利保护类型也有区别。例如，德国《行政法院法》第123条规定了暂时命令，适用于撤销之诉以外的其他情形。我国2014年修改的《行政诉讼法》吸收了实践和司法解释的经验，明确增设先予执行制度，有助于监督行政机关依法履行相关金钱给付义务，服务于原告在诉讼中因生活需要而急需实现的财产权益。遗憾的是，目前先予执行仅限于金钱给付，关于行为方面的诉前保全措施，仍有待补充。在行政诉讼中，法院临时命令行政机关作出某种行政行为可能引发司法机关干涉行政机关行使权力的担忧。而在行政复议中，行政复议机关与被申请人同属于行政系统，二者之间天然形成的监督关系则有效地避免了这一问题。因此，在行政复议中增加暂时命令具有比行政诉讼更加明显的制度优势。

（二）行政复议停止执行制度在实践中存在的问题

行政复议以不停止执行为原则，以停止执行为例外。自《行政复议法》实施以来，其他行政管理领域不断完善的法律制度与行政复议不停止执行的规定之间可能存在规范上的不融通，进而在实践中产生了适用难题。正如有学者指出，这一规定和我国行政强制执行制度之间存在张力。[8] 仅海关、税务、工商、公安等少数领域的行政机关拥有自行强制执行权，但这些少数领域却涉及大多数的行政争议。[9] 因此，虽然行政复议不停止执行对于其他大多数不具有强制执行权的行政机关而言并无太大影响，但是对于上述具有强制执行权的行政机关来说，它们所处理的大量行政争议可能由于行政复议不停止执行出现既成事实，而无法实现暂时性权利保护的功能。由于上述行政领域所具有的特殊性，行政复议停止执行在实践中的适用遭遇了一些困境。以下结合具体规范和案例展开分析。

1. 规范的不协调导致实践分歧

根据《行政复议法》关于提出行政复议申请的规定，一般情况下，申请行政复议的法定期限被限定在自行政相对人知道该行政行为之日起60日内。从《行政强制法》第44条的规定出发，限定当事人自行拆除的期限和法定申请行政复议或者提起行政诉讼的期限之间可能存在三种关系：一是拆除期限短于申请行政复议期限；二是拆除期限等于申请行政复议期限；三是拆除期限长于申请行政复

---

[8] 杨伟东、张艳蕊：《我国起诉不停止执行原则探索》，载《法学杂志》1997年第5期；石佑启：《对行政诉讼中不停止执行原则的评析》，载《中央政法管理干部学院学报》1997年第4期。

[9] 杨建顺：《关于行政执行权力配置的思考》，载《人民法院报》2002年8月12日。

议期限，但短于提起行政诉讼的期限。[10] 第三种情形的拆除期限并不影响行政相对人所享有的申请行政复议的法定期限。多数情况下，出于对行政管理效率的考量，行政机关告知行政相对人的拆除期限均短于法定的申请行政复议期限。由于权利保护程序的繁复必然影响行政行为的执行效率，实践中的强制拆除行为经常在法定申请行政复议期限届满前已经执行完毕，因而纠纷多发。

如果拆除期限短于申请行政复议的期限，在拆除期限届满后，当行政相对人未履行拆除义务也尚未申请行政复议时，拆除期限届满后立即执行的拆除行为是否合法？当拆除期限届满，在行政相对人提出行政复议申请后，拆除行为是否可以当然地继续执行？处理上述问题的关键就在于厘清申请行政复议或者提起行政诉讼的法定期限届满（要件1）和当事人未在指定期限内拆除（要件2）两个要件之间的关系。根据相关判决书，可以总结出实践中存在的两种观点：观点一认为，只要满足要件2，结合行政复议不停止执行原则，即便行政相对人申请了行政复议，也可执行拆除决定；观点二认为，只有同时满足两个要件，才能实施强制拆除，否则拆除行为违法。两种观点区别的核心在于《行政强制法》第44条是否构成法律规定的停止执行的情形，进而应当适用停止执行的例外规定，以下结合具体案例进行分析。[11]

观点一主张：行政相对人在法律规定的期限内申请行政复议或者提起行政诉讼并不影响行政机关在规定的期限内对违法建筑物实施强制拆除行为的合法性。在姬某某与海东市乐都区人民政府行政强制二审行政判决书中，法院指出，行政机关作出的《强制执行决定书》虽然明确了行政相对人有申请行政复议或者提起行政诉讼的救济权利，但这并不意味着行政机关必须经过法定的申请行政复议或者提起行政诉讼的期限届满之后才能实施拆除。[12] 在刘某某诉锡林浩特市城市规划局行政确认一审行政判决书中，法院认为：如果当事人对催告通知、催告履行的公告申请行政复议或者提起行政诉讼的，除非行政复议机关决定或者人民法院裁定中止执行，行政机关可以继续实施强制执行，行政机关不因当事人申请行政复议或者提起行政诉讼而暂时停止行政决定的执行，原告认为被告在行政复议期间拆除房屋的行为违法的理由不成立。[13] 观点一从本质上体现了强制执行程序与权利救济程序相分离的主张，秉持行政机关执行行为的优先性，具体而言，申请行政复议或者提起行政诉讼的期限，甚至是处于进行中的行政复议程序，都不必

---

[10] 《行政强制法》第44条规定："对违法的建筑物、构筑物、设施等需要强制拆除的，应当由行政机关予以公告，限期当事人自行拆除。当事人在法定期限内不申请行政复议或者提起行政诉讼，又不拆除的，行政机关可以依法强制拆除。"

[11] 本文所引用的裁判文书和案例均来自裁判文书网。

[12] 青海省高级人民法院行政判决书（2018）青行终110号。

[13] 锡林浩特市人民法院行政判决书（2018）内2502行初47号。

然影响行政机关执行拆除行为的合法性。

观点二的立场是，在法定的行政复议期限和行政诉讼起诉期限届满之前实施的强制拆除行为违法。在喻某、李某等与盘州市羊场布依族白族苗族乡人民政府一审行政判决书中，法院主张：在作出行政强制执行决定并公告后，必须同时满足申请行政复议或者提起行政诉讼期限届满和当事人未在指定期限内拆除这两个条件，行政机关才可以实施强制拆除行为。虽然强制执行决定书中载明的 60 日申请行政复议期限届满已经保障了原告申请行政复议的权利，但是行政诉讼的起诉期限尚未届满，未能充分保障原告提起行政诉讼的权利，行政机关实施强制拆除行为属于程序违法。[14] 在张某某与宜昌市城市管理执法局、宜昌市伍家岗区城市管理执法局行政强制一审行政判决书中，法院认为，在原告已经进入行政复议程序的情况下，强制拆除行为应当停止执行，行政机关在行政复议结束后根据行政复议的结果决定是否继续执行，行政复议期间执行强制拆除行为违法。[15] 观点二认为权利救济程序优先于强制执行程序，在权利救济途径和期限未被用尽的前提下，行政机关不能实施强制拆除行为。在胡某某、广西壮族自治区南宁青秀山风景名胜旅游区管理委员会再审行政判决书中，最高人民法院采用了第二种观点，认为：在行政复议和行政诉讼的法定期限内，应当停止执行强制拆除违法建筑物、构筑物、设施等，尚在当事人提起行政复议或者提起行政诉讼法定期限之内执行的强制拆除行为违法。[16]

通过分析上述案例所体现的代表性观点可知，《行政复议法》关于停止执行的规定和《行政强制法》第 44 条两个规范之间不协调、不明确的关系导致行政机关在适用法律时出现了分歧。相应地，法院在处理涉及强制执行的行政纠纷时显示出两种截然不同的处理方式，这也揭示了暂时性权利保护的程序成本与行政效率之间所存在的深层矛盾。

2. 规范供给不足与实践需求之间的矛盾

在现代社会，给付行政发挥着重要作用，行政相对人和行政机关在具有较强政策性和较大裁量空间的领域很容易产生争议。根据司法部网站公开的数据可知，2022 年行政复议案件多集中在公安、土地、市场监管和自然资源等领域，涉及行政处罚、举报投诉处理、政府信息公开等事项。[17] 目前，《行政复议法》缺失关于给付行政的暂时性权利保护制度，影响了行政复议和行政诉讼的有效衔接，不利于及时化解行政争议。行政复议和行政诉讼在分工上具有任务减负与互

---

[14] 贵州省水城县人民法院行政判决书（2020）黔 0221 行初 2 号。

[15] 湖北省宜昌市伍家岗区人民法院行政判决书（2015）鄂伍家岗行初字第 00016 号。

[16] 中华人民共和国最高人民法院行政判决书（2019）最高法行再 228 号。

[17] 《2022 年全国行政复议行政应诉案件统计数据》，载司法部网站，http://www.moj.gov.cn/pub/sfbgw/zwxxgk/fdzdgknr/fdzdgknrtjxx/202307/t20230711_482419.html，最后访问时间：2023 年 10 月 9 日。

补的关系。[18] 由于《行政诉讼法》修改并增加了有关给付行政的救济制度，行政复议法也应当作出相应的调整，发挥出解决行政争议专业性、技术性和效率性的优势。

根据《最高人民法院关于适用〈中华人民共和国行政诉讼法〉的解释》第69条的规定，未按照法律、法规规定先向行政机关申请行政复议，已经立案的，裁定驳回起诉；第93条规定，原告提起行政诉讼请求行政机关履行给付义务，须先向行政机关提出申请，否则人民法院裁定驳回起诉。行政复议程序逐渐显示出作为启动行政诉讼要件的特点，与行政诉讼共享法律标准，并且服务于共同的目标。[19] 这就要求运用全局性思维综合考虑行政复议和行政诉讼的共通制度在程序、标准方面的设计与配合。例如，《城市居民最低生活保障条例》第15条规定：城市居民对县级人民政府民政部门作出的不批准享受最低生活保障待遇或者减发、停发城市居民最低生活保障款物的决定或者给予的行政处罚不服的，可以依法申请行政复议；对复议决定仍不服的，可以依法提起行政诉讼。在高某某诉抚远市民政局停发最低生活保障金一案中，法院明确表示：对县级人民政府民政部门作出不批准享受城市居民最低生活保障待遇决定不服的，应当先申请行政复议，如果不服复议决定，再提起行政诉讼。[20] 从程序关联的角度看，行政复议体现为此类金钱给付型行政诉讼的前置程序，当事人未经行政复议程序直接提起行政诉讼会被驳回起诉。行政诉讼对行政机关未履行支付最低生活保障金的案件规定了先予执行的制度以暂时性地保护行政相对人的权利，而行政复议作为此类争议的必经前置程序却缺失对应的暂时性权利保护的规定。因此，行政复议也应当补充设置类似的暂时性权利保护制度，及时发放相关款项并解决争议，实现权利暂时且有效的救济，避免出现权利保护的真空和救济程序的反复循环。

三、夯实制度防空转：行政复议中暂时性权利保护的完善

行政复议中暂时性权利保护制度存在的问题凸显出进一步完善该制度的必要性和急迫性。作为混合程序的行政复议具有准司法性和行政性的优点。[21] 这为行政复议中暂时性权利保护制度功能的发挥提供了有利基础。行政复议主渠道作用的发挥在于完备相关制度以实质性解决行政争议，减轻法院审判行政案件的负担。因此，需要夯实行政复议的暂时性权利保护制度，强化公民权利救济的效果，防止程序空转。

[18]　刘飞：《德国公法权利救济制度》，北京大学出版社 2009 年版，第 25 页。

[19]　［德］弗里德赫尔穆·胡芬：《行政诉讼法》，莫光华译，法律出版社 2003 年版，第 59 页。

[20]　黑龙江省佳木斯市中级人民法院行政裁定书（2020）黑 08 行终 61 号。

[21]　杨建顺：《行政规制与权利保障》，中国人民大学出版社 2007 年版，第 555 页。

（一）细化停止执行的利益衡量标准

停止执行需要在行政机关的执行利益和私人的权利救济利益之间实现平衡。参考其他国家和地区的立法经验，是否停止执行需要考量的要素大致包括：行政行为的违法可能性、暂时性权利保护的必要性和重大公共利益。其中，前两者为积极要件，重大公共利益为消极要件。例如，日本《行政不服审查法》第25条规定，积极要件为有避免产生重大损害的紧急必要性；消极要件为可能给公共福祉造成重大影响或者本案没有理由。我国台湾地区"行政诉愿法"第93条规定，积极要件包括合法性明显有疑问、执行将发生难以回复之损害且有急迫情事；消极要件则是有维护重大公共利益必要。2014年修改后的《行政诉讼法》在第56条完善了停止执行的规定。其中，积极要件包括行政机关认为有需要、执行会造成难以弥补的损失；消极要件则是不损害国家利益、社会公共利益。通过对日本和我国台湾地区的相关规定进行比较可以发现，我国行政诉讼停止执行并没有明确规定"紧急性"要素。

1. 明确停止执行的积极要件

"有停止执行需要"所包含的内容，即存在暂时性权利保护的必要，是考量适用停止执行的关键因素。适用停止执行的一般前提为当事人已经处于正式的行政救济程序中，即提出了行政复议申请或者提起了行政诉讼。具体而言，暂时性权利保护的必要包括发生重大损害的可能性和提供保护的紧急性。相较于一般意义上的权利保护必要性，判断具有暂时性权利保护必要的标准更加侧重于时间的影响：在有实益标准的基础上强调实益的重大性，并在适时性标准的基础上强调及时性。[22] 在判断实益的重大性时须考虑该实益的性质、一旦执行就可能造成损害的程度、恢复的困难程度，以及执行行为的内容和性质。一般而言，事后容易恢复、与维持生活不密切的财产性利益不符合需要保护实益的重大性。例如，有关罚款的行政处罚经过行政复议被撤销，作出处罚决定的行政机关在事后通过依法退缴本金或者赔偿本金加利息的方式可以实现行政相对人的权利主张，因此不符合对行政相对人的实体权利产生重大影响的标准，此种情形就缺少暂时性权利保护的必要。

为了实现权利救济的及时性，在紧急情况下要求程序尽可能简便，并尽量控制作出决定的时间，因此，行政复议机关必须迅速决定是否停止执行并采取措施。具体可参考行政诉讼法解释第76条和第77条的规定，情况紧急的，必须在48小时内作出保全裁定；裁定采取保全措施的，应当立即开始执行。

2. 增加停止执行的消极要件

存在暂时性权利保护的必要，并不意味着行政相对人的权利当然地具有绝对

---

[22]　王贵松：《论行政诉讼的权利保护必要性》，载《法制与社会发展》2018年第1期。

优先的地位。现代行政机关拥有广泛的职能，行政任务涉及的利益和价值具有多样性和复杂性，行政机关与相关利益主体越来越多地形成多方行政法律关系。因此，行政复议机关在决定是否停止执行时必须进行利益衡量。我国《宪法》第51条规定公民行使权利时不得损害国家、社会、集体的利益和其他公民的合法的自由和权利，暂时性权利保护也不能突破这一限制。一般情况下，公共利益构成权利行使的界限。但是，当存在暂时性权利保护的特别必要时，还须进一步考量公共利益是否重大，这往往需要行政复议机关结合具体的法律规定和事实情况作出判断。此外，现代行政在调整对抗和冲突的诸多利害时，除行政相对人外的其他利害关系人的合法权益也在考虑范围之内，如行政复议中的第三人。

从停止执行的可替代性角度来看，若存在其他可以达到停止执行效果的措施，则排除停止执行的适用。例如，在行政复议程序中，行政机关依据法定程序撤销或者改变了被申请行政复议的行政行为，如果并非不利变更，此时可以视为与停止执行的效果等同，便没有适用停止执行的必要。

（二）健全暂时性权利保护的体系

1. 增加保全措施

与行政诉讼中存在的多样的暂时性权利保护手段不同，仅仅依靠停止执行难以应对逐步扩大的行政复议范围。德国的行政诉讼区分不同的诉讼类型分别规定了对应的暂时性权利保护机制：《行政法院法》第80条和第123条构成两条主要的暂时性权利保护途径，第123条所规定的暂时命令适用于除撤销诉讼外的其他诉讼类型。[23]暂时命令又可以分为保持当前状态的保全命令和暂时改变当前状态的调整命令。[24]日本在2014年修改《行政诉讼法》时，也根据不同的诉讼类型，新设置了临时课予义务和临时禁止两种暂时性权利保护制度。我国《行政诉讼法》在2014年修改后，在第57条新增了先予执行制度，之后又在行政诉讼法解释第76条至第78条补充了财产保全的规定。目前行政诉讼中的保全仅以财产为对象，可以结合实践和理论的发展考虑进一步扩展到行为保全。鉴于行政复议决定类型与行政诉讼的判决类型具有相似的对应性，我国《行政复议法》也可以参考行政诉讼中暂时性权利保护制度类型化的设计，补充保全制度，形成相对完备的暂时性权利保护体系。

2. 明确暂时性权利保护的解除条件

暂时性权利保护制度具有临时性特点，并非终局性的保障措施，因此，随着行政复议过程中情况的变化，存在被解除的可能。例如，我国台湾地区“行政诉愿法”第94条规定，停止执行的原因消灭，或者有其他情事变更的情形，可以

---

[23] ［德］弗里德赫尔穆·胡芬：《行政诉讼法》，莫光华译，法律出版社2003年版，第491页。

[24] 刘飞：《德国公法权利救济制度》，北京大学出版社2009年版，第97页。

依职权或者依申请撤销停止执行。日本《行政不服审查法》第 26 条也规定，作出停止执行决定后，由于停止执行明显影响重大公共福祉或者其他情事变更时，复议机关可以撤销停止执行的决定。当前，我国行政复议和行政诉讼中的停止执行均未设置解除条件。如果未能及时解除停止执行，可能会导致行政管理活动的程序长期处于中断状态，无法有效实现行政行为内容和行政管理的目的。应当补充规定暂时性权利保护的解除条件，保证行政活动的连续性，避免影响行政效率。由于特殊的紧急情况，在进入行政复议程序之前，申请人可能已经获得了暂时性权利保护。[25] 如果申请人不及时或者拖延申请行政复议，此时已经缺乏暂时性权利保护的必要，也可以作为解除条件，防止暂时性权利保护被滥用以致干扰正常的行政秩序。

3. 提供担保和救济

行政救济程序中的暂时性权利保护制度本质上是在行政机关与权利人之间进行的一种利益衡量机制。是否要求提供担保和担保的形式应当结合特定的暂时性权利保护的内容进行具体分析。为了应对由于滥用该制度可能产生错误或者造成损害的情况，应当要求申请人提供担保。一般情况下，在进入权利救济程序之前的财产保全均应提供担保。例如，对行政拘留申请行政复议涉及的停止执行，根据《治安管理处罚法》第 107 条规定，被处罚人对行政拘留处罚决定申请行政复议，可以向公安机关申请暂缓执行行政拘留，必须提供担保人或者交纳保证金。

如果申请人提出暂时性权利保护的申请被拒绝，而获得终局判决又需要经历漫长的时间，这一期间内权利保护的空隙应当得到填补，允许申请人对拒绝决定提出异议。行政诉讼对拒绝停止执行的裁定规定了可以申请一次复议的救济方式，但是具体的组织、程序和标准仍有待进一步明确。新修订的《行政复议法》增加了有关行政复议委员会的规定，随着实践经验的积累和理论研究的深入，在日后可以考虑作为暂时性权利保护拒绝决定的复议组织。

（三）增强暂时性权利保护在行政复议和行政诉讼中的衔接

暂时性权利保护作为临时性的权利保护措施，与终局裁决在权利救济和行政监督的功能上具有一定程度的相似性，可以视为临时性的"终局裁决"。获得终局裁决需要当事人负担举证责任和论证义务，暂时性权利保护制度也有提出证据和说明理由的要求。暂时性权利保护的申请人承担一定的说服义务：请求作出暂时性权利保护的一方需要举证证明确有提供保护的必要性以及行政行为存在违法性。同时，行政复议机关在利益衡量的基础上作出决定并说明理由。这种制度设计主要出于两个方面的考量：一方面，虽然临时性的权利救济并不影响行政机关

---

[25] 类似于《最高人民法院关于适用〈中华人民共和国行政诉讼法〉的解释》第 77 条规定的诉前保全。

对于实体内容的处理，没有从根本上改变行政行为的内容，但是，毕竟干预了行政行为原定的执行程序。为避免暂时性权利保护制度被滥用而干扰行政任务的实现，对权利人课予证明责任是合理的。另一方面，行政复议机关对于是否适用暂时性权利保护制度拥有较大的裁量空间，通过说明理由可以抑制权力恣意，担保利益衡量过程的审慎和公正。

行政复议中的停止执行还可能影响后续行政诉讼中停止执行的适用。尤其是行政复议程序本身作为行政性程序，行政复议机关说明的理由也为后续可能进行的行政诉讼提供了重要参考。例如，在胡某某与北京市安全生产监督管理局等二审行政判决书中，法院指出，"行政复议机关有权针对复议申请人提出停止执行原行政行为的申请，判断是否具有合理性并决定是否停止执行，法院在司法审查中应予以充分考虑和尊重"。[26] 应当注意的是，从行政复议到行政诉讼这一期间内有可能发生了影响适用暂时性权利保护制度的新情况。因此，法院不能回避在行政诉讼中再次对暂时性权利保护制度的适用进行审慎判断的义务而完全尊重行政复议机关之前的判断，应当基于案件事实和法律规定，再结合具体的证据材料审慎认定是否支持行政诉讼中当事人提出的暂时性权利保护申请。

四、结语

现代社会中的行政争议具有复杂性和多样性，涉及多方主体和多重利益。行政复议作为先于行政诉讼的正式救济程序，应当发挥对行政诉讼案件的分流和过滤功能，防止行政争议向司法程序下沉。暂时性权利保护制度不可或缺，不仅有利于让公民在行政复议中感受到公平、正义并切实有效地表达诉求和救济权利，同时也是实现及时纠正违法和不当行政行为目的的临时性措施。在行政复议和行政诉讼之间，应当坚持以"双向协调完善的路径"[27] 不断推进行政复议中暂时性权利保护制度的发展。此次修法将行政复议定位为化解行政争议主渠道的做法，体现出行政程序对于实质性化解行政争议的重要作用。在和行政诉讼进行制度比较的基础上，通过建构制度体系、健全配套措施、充分衡量多方主体的各种利益完善行政复议中的暂时性权利保护制度，有利于将行政争议化解在行政复议过程中，能够实效地实现权利救济。

---

[26]　北京市第二中级人民法院（2018）京 02 行终 1771 号。

[27]　杨建顺：《行政复议制度改革构想》，载《检察日报》2019 年 11 月 20 日，第 7 版。

法院启动行政规范性文件一并审查的关联性要件研究

叶益均

一、问题的提出

2014 年修正的《行政诉讼法》创设了行政规范性文件[1]一并审查制度,进而在法律层面明确了法院审查规范性文件的权力。一并审查制度的实施,有助于推动实现司法从源头审查行政行为合法性、保障相对人合法权益以及监督行政机关依法制定规范性文件的功能。根据《行政诉讼法》第 53 条的规定,一并审查请求需要符合以下条件才能够为法院所受理:其一,提出请求的主体是行政诉讼中"公民、法人或者其他组织";其二,请求审查的对象限于"国务院部门和地方人民政府及其部门制定的规范性文件",并且是行政行为作出的"依据";其三,应当在"对行政行为提起诉讼时"向法院提出请求。实践中,上述判断要件起到决定法院是否对规范性文件启动审查的"过滤器"作用,从而影响一并审查制度的运行实效。不过,法律规定只勾勒出大致框架,并没有为法院提供应当如何判断是否受理请求的清晰标准,尤其是"规范性文件""依据""正当理由"等概念的认定标准还存在进一步讨论的空间。相关规定的模糊性容易导致法院就同一或类似规范性文件的审查请求的认定结论产生冲突,进而削弱司法的权威性与公信力。

本文的研究对象是规范性文件与被诉行政行为之间的关联性要件,即上述规定中"依据"的认定标准。关联性是认定一并审查请求是否应受理的核心要件。对关联性的理解决定了能够进入司法审查的规范性文件范围,进而影响法院审查行政行为合法性的深度。法院在个案中对请求是否应受理的认定情况反映了一并审查请求要件的实践运作图景。在研究思路上,本文收集当事人提出一并审查请求的判决书和裁定书,选取其中能够反映法院特定观点或立场的具有代表性的裁判进行分析,展现关联性要件在司法实践中的理解与适用情况,特别是法院如何细化和发展要件认定思路以及由此产生的观点分歧。然后,在反思司法判定情况

---

[1]　根据《行政诉讼法》第 53 条的规定,一并审查的对象是"国务院部门和地方人民政府及其部门制定的规范性文件",即行政机关制定的规范性文件。为便于论述,下文将"行政规范性文件"简称为"规范性文件"。

的基础上，厘清实践中的争议问题，修正并完善关联性要件的认定思路。

二、关联性的司法判定

实践中，法院从行政机关援引规范的情况、规范对行政行为的作用效果以及行政行为类型三个角度认定"依据"。

（一）以行政机关的援引规范情况为标准

根据相关法律规定和正当程序的要求，行政机关在作出决定时应当说明理由和依据的规范，作为书面决定的一部分。[2] 一些法院仅以规范性文件没有被决定书引用为由拒绝审查。例如，在"刘某某诉惠州市惠阳区永湖镇人民政府行政处罚案"[3] 中，原告对被告要求拆除建筑物的通知提起诉讼，并申请审查惠府（2013）158 号文件，被告在答辩中也承认其通知行为系执行该文件的要求。然而，法院以被告作出的通知的内容里并没有将该文件列为依据为由而拒绝审查。也有法院将援引情况作为判断因素之一。在"李某某诉嵊州市人民政府行政征收案"[4] 中，法院指出被上诉人"在原审庭审中明确否认该文件系被诉房屋征收行为的依据，且从文件的内容看亦难以认定其系被诉房屋征收行为的依据"，因此不予审查。

（二）以规范的作用效果为标准

规范的作用效果指规范性文件对行政主体作出行政行为的影响。法院之间虽然就此达成一定共识，但是对部分标准的判断还存在分歧。

1. 规范性文件对行政行为具有拘束力

在个案适用过程中，规范若要对行政行为产生拘束力，则应当具备可适用性、强制性和创设性。首先，规范性文件具有可适用性。法条是以语言表达之行为或决定的规则，其必须被适用才能发挥作用。[5] 规范适用实质上是将案件事实涵摄于规范构成要件之下而引发相应法效果的过程。法院据此排除以下规范性文件：其一，用于查明事实的文件。在"陈某诉宁波市奉化区溪口镇人民政府政府信息公开案"[6] 中，二审法院认为《奉化市村集体资金资产资源管理制度》是用于证明被告未曾制作或保存相关信息的证据，而非作出信息公开决定的依据。其二，属于事实组成部分的文件。在"罗某诉中华人民共和国公安部信息公开案"[7] 中，法院将作为信息公开对象的《公安机关执法细则》视为事实根据而非法律依据，进而驳回原告的请求。其三，规定内容不契合案件事实的文件。

---

[2]　例如，《行政处罚法》第 44 条要求行政机关作出处罚决定之前需将处罚决定的事实、理由和依据告知相对人。第 59 条则规定行政处罚决定书应当载明"行政处罚的种类和依据"。

[3]　广东省博罗县人民法院（2018）粤 1322 行初 306 号行政判决书。

[4]　浙江省高级人民法院（2018）浙行终 1328 号行政判决书。

[5]　［德］卡尔·拉伦茨：《法学方法论》，陈爱娥译，商务印书馆 2003 年版，第 149 页。

[6]　浙江省宁波市中级人民法院（2019）浙 02 行终 46 号行政判决书。

[7]　北京市高级人民法院（2018）京行终 4040 号行政判决书。

在"王某兴、周某某、王某霞等诉宁波市镇海区人民政府、宁波市人民政府行政复议案"[8]中，二审法院认为《关于〈宁波市镇海区农村宅基地管理办法〉的补充意见》第4条因分别针对"有两个以上儿子或有入赘女婿的情形"及"有两个以上'农嫁非'女儿的情形"，不符合本案当事人一子一女的事实，所以不属于审查范围。

其次，规范性文件具有适用上的强制性。行政主体有义务遵循规范内容或在规范要件符合事实时予以适用。对行政行为仅起到参考作用的规范性文件不属于法院的审查范围。在"杜某某诉濉溪县人民政府、淮北市人民政府房屋征收补偿决定案"[9]中，二审法院认为涉案补偿决定并未依据《濉溪县国有土地上房屋征收与补偿暂行办法》第24条第2款的规定作出，因为《濉溪县国有土地上房屋征收与补偿标准》规定该文件所确定的基准价格只能作为协商补偿事宜或评估时的参考，被征收房地产及附属物的价格需要根据《国有土地上房屋征收评估办法》进行确定。同理，实践中大量存在的指导性规范[10]，由于对行政行为不产生拘束力，所以不属于审查范围。

最后，规范性文件应当具有创设性，而非重复规定上位法内容。法院虽然表面上在适用规范性文件，但因为其效力来源于上位法，所以实质上是在适用上位法规定。在"项某某诉仙居县公安局交通警察大队、仙居县人民政府行政处罚案"[11]中，法院认为原告申请审查的《仙居县公安局关于开展整治电动四轮车的通告（第一号）》的相关规定是对《浙江省实施〈中华人民共和国道路交通安全法〉办法》《道路交通安全违法行为记分分值》《机动车驾驶证申领和使用规定》等上位法内容的总结，因此行政机关的处罚行为依据的是上位法而非规范性文件。

2. 规范性文件是法院判断行政行为合法性的实际根据

规范性文件对行政行为的拘束力仅说明其具备影响行政行为合法性的能力，但并不意味着其在个案中能够作为法院认定行政行为合法性的实际根据，进而成为作出判决的考虑因素之一。当行政行为的合法性已经由特定规范所决定，法院便不再一并审查其他同样拘束行政行为的规范性文件。在"崔某某诉北京市延庆区延庆镇人民政府行政许可案"[12]中，虽然《延庆镇2014—2015年村民住宅抗震节能工程实施办法》中有关享受村民住宅抗震节能补贴的建筑层数条件的规定是

---

[8] 浙江省高级人民法院（2017）浙行终534号行政判决书。

[9] 安徽省高级人民法院（2018）皖行终1360号行政判决书。

[10] 指导性规范不具有法律效果和强制性，其内容为行政主体在特定阶段对某些事物所持的态度、倾向等，对法律适用和行政行为的实施起到指导作用。叶必丰、周佑勇：《行政规范研究》，法律出版社2002年版，第118—121页。

[11] 台州市中级人民法院（2018）浙10行终68号行政判决书。

[12] 北京市第一中级人民法院（2018）京01行终717号行政判决书。

行政机关作出信访答复中不予初审通过结论的依据，但是二审法院认为即使行政机关不援引该文件作为不予初审通过的依据，上诉人也会因其建筑面积超过《北京市抗震节能型农民住宅建设项目管理办法》的规定而不符合初审通过的条件，故没有审查的必要。

3. 审查范围是否限于涉及相对人权利义务的规范

有的判决将不涉及相对人权利义务的文件排除在一并审查的范围之外。在"赵某某与溧阳市城市管理行政执法局行政强制案"[13] 中，法院认为一并审查针对的是行政机关将其作为直接依据的规范性文件，而非行政行为作出过程中适用的所有规范性文件。原告申请审查的苏政办函〔2004〕86 号、常政发〔2004〕199 号、溧政发〔2005〕107 号文件主要涉及相对集中行政处罚权的内容，这些文件不影响相对人权利义务，也不是为执行法律规定或实施行政措施而制定的解释性或应用性规定，因此不予审查。

有的判决虽然没有说明理由和认定标准，但是从不予审查的文件类型来看，其实际上否定了组织规范与行政行为的关联性。例如，在"陆某某诉淮安市公安局直属分局行政处罚案"[14] 中，法院认为淮公文〔2012〕87 号文件不是行政处罚作出的依据。该文件明确被告直属分局具有等同于县级公安机关的地位，并拥有作出行政拘留决定的权力。再如，在"肖某某诉莆田市城市管理行政执法局、莆田市人民政府行政复议案"[15] 中，被告认为原告请求法院审查的闽政文〔2012〕16 号文件和另一文件共同构成被告行使相对集中处罚权的依据，但是法院认为该文件并非被告作出《责令改正通知书》的依据。

与上述观点相反，一些判决将不涉及相对人权利义务的程序和职权规定纳入审查范围。例如，在"北京青石岭旅游开发有限公司诉北京市水务局行政处罚案"[16] 中，法院应原告请求审查《北京市水行政处罚程序若干规定（试行）》，认为该文件第 6 条第 2 款"市、区水行政主管部门委托的水政监察机构主要负责人或者主管负责人在委托权限内也可视为水行政处罚机关负责人"的规定错误解释了《行政诉讼法》第 3 条的"行政机关负责人"，以及第 20 条第 1 款第 2 项中在一定罚款范围内须经"水政监察机构负责人集体讨论"的规定与《水行政处罚实施办法》第 30 条中同样情形下"水行政处罚机关负责人应当集体讨论决定"的规定不一致，从而认定为不合法。再如，在"余某某诉阜阳市城市管理行政执法局行政许可案"[17] 中，法院对阜政秘〔2017〕39 号文件进行一并审查并认可其合

[13] 常州市中级人民法院（2018）苏 04 行终 272 号行政判决书。

[14] 淮安市清江浦区人民法院（2018）苏 0812 行初 278 号行政判决书。

[15] 莆田市涵江区人民法院（2017）闽 0303 行初 5 号行政判决书。

[16] 北京市第一中级人民法院（2018）京 01 行终 934 号行政判决书。

[17] 临泉县人民法院（2017）皖 1221 行初 120 号行政判决书。

法性。该文件赋予了阜阳市城管局对违法建设的强制执行权，是其向相对人作出责令拆除违法建筑公告并在之后实施强制拆除的职权根据。

（三）以行政行为的类型为标准

行政行为是规范性文件的作用对象，法院在认定行为和文件之间的"依据"时也会受到行政行为类型的影响。

1. 关联行为

《行政诉讼法》第 53 条所指"行政行为"应当是作为本案诉讼客体的被诉行政行为。实践中，法院将不是被诉行政行为所依据的规范性文件排除在审查范围之外。在"张某某、宋某某诉淮安市淮阴区人民政府行政补偿案"[18] 中，原告申请审查淮政办发〔2015〕75 号文件的合法性，法院认为该文件是征收过程中的具体补偿问题所依据的规范，而非本案被诉的征收行为，因此不予审查。

在一些案件中，被诉行政行为需要根据其他行政行为作出。这些关联行政行为既可以作为后续行为的执行依据，也可以作为后续行为的要件之一。前者如决定后续行政强制内容的行政处罚，后者如机动车环保检验合格标志认定等过程性行政行为。实践中，法院一般将关联行为所依据的规范性文件排除在审查范围之外。例如，在"海盐县金点广告传媒有限公司诉海盐县综合行政执法局行政强制案"[19] 中，该案被告依据《浙江省城市市容和环境卫生管理条例》第 19 条的规定，以原告设置户外广告设施违反城市容貌标准为由作出责令限期拆除的处罚决定，并据此强制拆除广告设施。原告对强制执行行为提起诉讼并请求审查《城市容貌标准》《嘉兴市区户外广告设置管理办法》《海盐县城户外广告设置管理办法》，这些文件具体规定了行政处罚所依据的城市容貌标准。法院否定案涉行政行为系依据上述规定作出。再如，在"杨某某诉大连市公安局交通警察支队机场大队行政处罚案"[20] 中，行政机关以原告驾驶车辆驶入黄标车限行区域的行为违法为由作出处罚。原告请求一并审查辽宁省环境保护厅作出的《关于 2017 年继续实行机动车环保检验合格标志管理制度的通知》，该文件明确了认定黄标车的具体条件和方法。法院认为该文件不是行政机关作出处罚的依据。

同被诉行政行为产生关联的不仅限于行政行为，还包括行政主体作出的其他行政活动，以及非行政主体作出的具有法律效力的行为，如公安机关作出的交通事故责任认定书、房地产评估机构作出的房屋评估报告等。法院也同样不审查这些行为所依据的规范性文件。在"齐某某诉北京市延庆区人民政府行政补偿案"[21]

---

[18] 淮安市中级人民法院（2017）苏 08 行初 109 号行政判决书。

[19] 嘉兴市中级人民法院（2019）浙 04 行终 47 号行政判决书。

[20] 大连市中级人民法院（2019）辽 02 行终 538 号行政判决书。

[21] 北京市高级人民法院（2018）京行终 3333 号行政判决书。

中，原告请求审查房屋评估报告所依据的《北京市国有土地上房屋征收房地产价格评估机构选定办法》，该文件规定了选定房屋评估机构的方式和标准。法院以该文件非被告作出征收补偿决定的依据为由拒绝审查。

2. 行政不作为

行政不作为是指行政机关未主动作出行政行为的一种状态。[22] 相对人可以行政机关未切实履行法定职责为由向法院提起诉讼，进而由法院认定不作为是否违法并构成不履行法定职责。关于行政不作为的"依据"认定，法院在实践中呈现出以下三种认定思路：其一，法院认为行政机关实际上没有作出行政行为，因此和规范性文件之间不存在关联性。在"徐某某诉安徽省太和县人民政府不履行法定职责案"[23] 中，法院认为申请审查的规范性文件必须依托于行政行为，本案"由于行政机关尚未作出行政行为，人民法院无权单独审查规范性文件"。

其二，法院以相对人提起履行法定职责之诉为由否定"依据"，而不论行政机关实际上作出的行为类型。在"武某某诉阿巴嘎旗人力资源和社会保障局不履行法定职责案"[24] 中，法院虽然认为《关于规范城镇企业档案不全或丢失档案人员参加企业职工基本养老保险工作的通知》是被告针对原告以企业正式职工身份退休诉求所作出的信访答复的依据，但是原告的一并审查请求与确认不履行法定职责违法和要求履行法定职责的诉讼请求没有关联性。反之，在同样情况下，也有法院会对被告拒绝履行答复所依据的规范性文件进行审查。在"杨某某诉天津市和平区房地产管理局不履行法定职责案"[25] 中，法院对原告申请审查的《天津市公有住房变更承租人管理办法》第 10 条的合法性作出评价，以论证行政机关拒绝履行行为的合法性。

其三，法院仅审查与法定职责认定有关的规范性文件。在"毕某某诉芜湖县住房和城乡建设局不履行法定职责案"[26] 中，法院经审查认为，被告不具有出售公有房屋的法定职责，因此其不同意出售公有房屋不构成不履行法定职责，据此驳回原告提出审查《关于芜湖县公房收回问题处理补充意见的通知》的请求。在这一思路下，隐含的是法院在查找规定行政机关职责的相关规范的基础上，得出其不具有法定职责的结论。换言之，"依据"的认定标准在不履行法定职责案件中体现为规范是否规定了行政机关的相应职责。

---

[22] 虽然学理上对不作为和不履行法定职责的关系存在不同观点，但本文为论述便利，用"不作为"概念特指行政机关未作出行政行为的一种状态，以区别于经法院审查而确定违法的不履行法定职责。

[23] 安徽省高级人民法院（2019）皖行终 1041 号行政判决书。

[24] 锡林郭勒盟中级人民法院（2018）内 25 行终 58 号行政判决书。

[25] 天津市第一中级人民法院（2018）津 01 行终 449 号行政判决书。

[26] 芜湖市中级人民法院（2019）皖 02 行终 162 号行政判决书。

3. 行政协议

有的判决认为规范性文件不是成立行政协议的依据。在"肖某某诉泰兴市虹桥镇人民政府行政补偿案"[27]中，法院认为相对人申请审查的《被征收人须知》虽然规定了补偿标准、安置方式等与协议内容有关的事项，但是鉴于协议效力由当事人合意所赋予，这不同于具有强制性的单方行政行为，因此规范本身不是达成协议的依据。

与之相反，部分判决认可行政协议和规范性文件之间的"依据"关系。在"俞某某诉仙居县人民政府行政协议案"[28]中，二审法院通过分析规范性文件同协议内容的对应性来判断"依据"关系。对于原告申请审查的《关于同意批准仙居县汽车保修机械厂职工安置方案的批复》第1条第1、3、4、5小点，法院认为第3、4、5小点规定的医疗折算费、养老保险费、失业保险费的确定与补缴等问题在协议中并未涉及，所以不具有关联性。而第1小点规定的安置费则对应协议内容，因此予以审查。

三、关联性认定思路的厘清

下文将以上述三种关联性判定标准为检讨对象，在回应各种学理观点的基础上厘清实践争议，进而统一"依据"的认定思路。

（一）次要标准：行政机关的援引和举证情况

对于法院根据行政机关援引规范性文件的情况来判定关联性的做法，笔者认为这只能够作为一种具有参考意义的次要标准，而无法决定行政行为是否"依据"规范性文件作出，因为该标准无法涵盖行政机关实际适用的所有规范性文件。具体而言，行政行为"依据"的规范性文件包括行政机关作出的决定书所引用的"显性依据"，以及行政机关在答辩阶段进一步提供的用于证明行政行为合法性的"隐性依据"。[29]为避免一并审查，行政机关往往在执法文书中列举诸多位阶在规章及规章以上的法律依据，以淡化与规范性文件的直接关联。[30]因此，仅凭书面决定来推断审查范围显然是不够全面的。

如果将这种形式标准的审查范围延伸至行政机关在庭审阶段提供的规范性文件，似乎就能够解决上述问题。然而，考虑到行政机关存在适用规范错误的可能，法院应当审查规范性文件的可适用性，并将适用错误的文件排除于审查范围之外。[31]

---

[27] 泰州医药高新技术产业开发区人民法院（2018）苏1291行初229号行政判决书。

[28] 浙江省高级人民法院（2018）浙行终690号行政判决书。

[29] 章剑生：《论行政诉讼中规范性文件的合法性审查》，载《福建行政学院学报》2016年第3期。

[30] 张婷：《行政诉讼附带审查的宪法命题及其展开》，载《法学评论》2018年第3期。

[31] 霍振宇：《规范性文件一并审查行政案件的调查研究——以新行政诉讼法实施后北京法院审理的案件为样本》，载《法律适用》2018年第20期。

因为被错误适用的规范对行政行为不具有拘束力。而且，"行政机关的适法活动可能故意停留在思维领域"，进而不承认其实际适用某一规范作出行政行为，以逃避法院监督。[32]实践中，对于行政机关不认为是依据的规范性文件，法院不应一概认可。例如，在"罗某某诉盱眙县住房和城乡建设局其他行政行为案"[33] 中，被告在答辩中提出原告请求审查的《盱眙县问题楼盘推进工作意见》与本案不存在关联。法院则认为被告实际上依据该文件注销涉案房屋网签并重新网签在第三方名下，进而对该文件予以审查并认定其不合法。

综上，法院不应仅凭行政机关在行政决定书中的援引情况以及庭审中的举证情况来判断规范性文件是否属于审查范围，而需从实质角度来认定关联性。当然，考虑到行政机关在其管理领域具备一定的专业性，法院可以将其援引和举证情况作为判断可审查范围的参考，即一种起到辅助认定作用的次要标准。在具体操作层面，法院可以推定行政机关提供的规范性文件符合关联性要件，除非该结论能够被起决定性作用的实质标准所推翻。

（二）主要标准：规范性文件影响行政行为的合法性

根据上文所述，法院从实质角度认定关联性时以规范性文件对行政行为具有拘束力为前提，并在此基础上就审查范围应当限于对行政行为合法性产生影响还是涉及相对人权利义务的规范性文件存在分歧。笔者认为，一并审查作为依附于行政行为之诉的制度，主要用于解决行政行为源头不合法的问题。一方面，当事人提出一并审查请求需以行政行为之诉成立为前提，否则就会变成独立的规范审查诉讼。而且，根据《行政诉讼法》第64条中不合法规范性文件"不作为认定行政行为合法的依据"的规定，一并审查应当围绕行政行为的合法性展开。另一方面，在新《行政诉讼法》的制定过程中，赞同采用一并审查的论者认为，规范性文件需要通过具体行政行为的实施才能给相对人造成损害，其本身不会直接侵犯相对人的权益，因此不设置直接审查制度。[34]这也间接说明一并审查意在推进行政行为合法性的全面审查。此外，最高人民法院于2018年10月30日发布的"行政诉讼一并审查规范性文件典型案例"中也表达了上述审查理念。其在"成都金牌天使医疗科技有限责任公司诉四川省成都市科学技术局科技项目资助行政许可案"的典型意义部分指出，"人民法院对规范性文件的审查是为了确认诉争行政行为的直接依据是否合法进而确认行政行为的合法性"。因此，为实现法院对行政行为合法性的源头审查，法院应当将一并审查范围限于影响行政行为合法性的

---

[32] 李成：《行政规范性文件附带审查进路的司法建构》，载《法学家》2018年第2期。

[33] 淮安市淮阴区人民法院（2018）苏0804行初23号行政判决书。

[34] 全国人大常委会法制工作委员会行政法室编：《行政诉讼法立法背景与观点全集》，法律出版社2015年版，第289页。

规范性文件。

关于规范性文件影响行政行为合法性的认定，具体包括两种情形：一种是，若行政机关作出行政行为时所适用的规范性文件不合法，则意味着法律意旨的实现受到阻碍，从而导致该行政行为产生合法性瑕疵；另一种是，如果行政机关没有适用对行政行为产生约束的合法规范性文件，即应当适用却没有适用，则也有可能导致行政行为不合法。换言之，行政行为因偏离规范性文件的要求而产生合法性瑕疵。在后一种情况下，法院审查规范性文件合法性的意义在于确定行政行为违反规范性文件是否会影响其合法性认定。若规范性文件本身不合法，便对行政行为的合法性不产生影响。在判决方式上，法院如果认可规范性文件的法源性质，则可以通过扩大解释"法"的含义，进而采用"适用法律、法规错误"或"不履行法定职责"的判决理由；而在否认其法源地位的前提下，根据平等对待、保护合理信赖或期待等行政法原理，法院能够以"明显不当"为由否定行政行为的合法性。[35] 不过，从《行政诉讼法》第 53 条的文义来看，行政行为所依据的规范性文件应当限于行政机关实际适用的规范性文件，即行政机关按照文件设定的职权、程序、要件和效果作出行政行为。而且，当事人也不具有通过攻击行政机关应当适用但却没有适用的规范性文件之合法性，来否定行政行为合法性的动机。

进一步讨论的问题是，法院是否应当如前文所述，将审查范围限于其判断行政行为合法性的实际根据，进而排除其他影响行政行为合法性的规范性文件。具体而言，当行政行为可能违反多个合法性要件时，法院可仅以其中一种违法情形为由得到行为不合法的结论，并只审查与该合法性要件相关的规范性文件；在行政行为具备所有合法性要件的情况下，也可能存在行政机关适用违法规范性文件的现象。由于这并不影响行政行为的合法性结论，因此法院不审查与之相关的规范性文件。例如，行政机关以相对人不符合行政许可的多项条件而拒绝请求，此时若发现规定其中某项条件的规范不合法，也不影响拒绝许可请求的合法性。

法院采用上述标准的优点在于减轻了其审查压力，并提高了案件审理效率。然而，法院在判决中仅指出其中一种违法情形的做法，没有看到行政诉讼为潜在当事人确定权利义务的功能 [36]，也不利于彻底纠正违法行为以及引导行政机关重新作出正确决定 [37]。也正因行政机关重新作出的行政行为可能仍然存在不合法的问题，反而增加了相对人的诉累和法院的审理负担。不过，上述部分审查的缺陷

---

[35]　一般而言，行政行为违背既定的裁量基准，会被认定为"明显不当"。而相关案例显示，行政行为确有正当理由的除外。何海波：《论行政行为"明显不当"》，载《法学研究》2016 年第 3 期。

[36]　何海波：《行政诉讼法》，法律出版社 2016 年版，第 443 页。

[37]　余凌云：《对行政机关滥用职权的司法审查——从若干判案看法院审理的偏好与问题》，载《中国法学》2008 年第 1 期。

只存在于行政行为不合法的案件中。对于法院认定为合法的行政行为，由于不存在要求行政机关重作行为的情况，因此即使行政机关存在说理或适用规范错误的问题，也不会导致相对人的权利无法得到充分救济。据此，在当事人请求一并审查的规范性文件不是法院认定行政行为合法性的实际根据但同行为合法性存在关联时，法院可以根据行政行为的合法性认定结论作出判断：若行政行为被认定为不合法，法院出于全面论述理由的要求，应将规范影响合法性理解为一种理论上普遍成立的因果关系，而非个案中能够实际左右判决结果的联系，并审查该规范性文件；如果行政行为已经符合所有合法要件，法院则可以只审查判断行政行为合法性的实际根据，进而排除其他为行政机关所适用的规范性文件。

（三）不同行政行为类型下关联性的认定标准

以上述实质认定标准为前提，在不同行政行为类型下，法院的审查范围会存在差异，因此以行政行为属于关联行政行为、行政不作为、行政协议为由一概否定关联性的观点是不成立的。

1. 关联行政行为的"依据"

法院一并审查的范围应限于被诉行政行为所依据的规范性文件。问题在于，关联行政行为和被诉行政行为之间的合法性联系，是否意味着审查范围可以延伸至影响关联行为合法性的规范性文件？笔者认为，只要规范性文件能够通过关联行政行为而间接影响被诉行政行为合法性，就应当对其进行审查。具体而言，在关联行政行为所依据的规范性文件中，只有能够对其结论产生决定性影响的规范方可被纳入审查范围。如果规范性文件的合法性瑕疵不足以推翻关联行政行为的效力，如程序轻微违法、撤销会给公益造成重大损害等情形，则该关联行政行为的结论仍然能够作用于被诉行政行为且不影响其合法性评价。当然，法院在审理案件时，若不能通过比对规范性文件和关联行政行为的内容来排除效力影响的可能性，则仍有必要进行审查。

法院审查此类规范性文件还需以关联行政行为的可审查性为前提，这便涉及违法性继承的问题。为此，法院需要判断先行行为的内容是后续行为的构成要件之一，或者先行行为为后续行为提供执行依据。[38] 如果法院在个案中否定关联行政行为的违法性能为被诉行政行为所继承，则没有审查关联行政行为及其所依据的规范性文件的必要。此外，由非行政主体作出的具有法律效果的行为也可以成为行政行为的依据，其结论往往被用作证明案件事实的证据。当事人若请求一并审查能够影响此类行为效力的规范性文件，法院应当予以认可。

---

[38] 王贵松教授将两个行为之间的法定先后关系分为程序上的联动关系、要件上的先决关系、执行上的依据关系，其中的后两种关系存在实质效力上的关联。王贵松：《论行政行为的违法性继承》，载《中国法学》2015 年第 3 期。

2. 行政不作为的"依据"

如前文所述，法院对于行政不作为是否"依据"规范性文件，存在正反两种截然不同的观点。支持观点将审查范围限于规定行政职责的规范性文件；反对观点则分别以否定履行法定职责之诉和一并审查请求之间的关联性，以及行政不作为非《行政诉讼法》第 53 条规定的"行政行为"为由拒绝审查。

在履行法定职责之诉中，相对人可以根据最高人民法院 2018 年颁布的行政诉讼法解释第 68 条第 1 款，请求法院"判决行政机关履行特定法定职责或者给付义务"。不过，对于行政机关作出的拒绝履行行为，法院应当基于"判决撤销或者变更行政行为"的请求进行审查并采用撤销判决。具体而言，如果法院将拒绝履行作为履行法定职责之诉的被诉行为，则存在两种处理方式：一是认为行政机关无须履行法定职责或已经履行完毕，由此认定行政机关的拒绝答复合法；二是认为行政机关未履行法定职责，进而认定拒绝履行违法并采用履行法定职责判决，但这可能导致被告重新作出的行为与之前拒绝履行行为的效力相冲突。[39] 因此，履行法定职责之诉的审查对象应限于行政机关未作出明确表态的不予答复行为，即行政不作为。

基于上述判断可知，否定履行法定职责之诉和一并审查请求之间的关联性的观点，实质上乃是否定行政不作为和规范性文件之间的"依据"，由此可以将两种反对观点的理由相等同。需要注意的是，一些法院审理原告所提起的法定职责之诉时，既审查拒绝履行的合法性，又以原告提出要求履行法定职责的诉讼请求和一并审查规范性文件的诉讼请求之间不具有关联性为由，不予审查拒绝答复所适用的规范性文件。这实际上是以诉讼请求而非审查对象作为判断"依据"的要素，不符合《行政诉讼法》第 53 条中审查"行政行为"所依据的规范性文件的规定。

关于行政不作为是否能为《行政诉讼法》第 53 条中的"行政行为"概念所涵盖的问题，笔者持肯定观点。首先，《行政诉讼法》第 2 条规定的"行政行为"应当包括作为、不作为等行为类型。[40] 基于该条款的统领作用，《行政诉讼法》其他条款中所规定的"行政行为"，除非出于特殊目的，只要用于指代作为法院审理对象的被诉行政行为，便应采用与该条相同的解释。其次，与行政作为一样，不作为也能够对相对人的合法权益产生同等程度的侵害。在实现权利救济、监督行政以及解决纠纷的目的上，法院对两者的审查都具备相当的紧迫性和必要性，

---

[39] 章剑生：《行政诉讼履行法定职责判决论——基于〈行政诉讼法〉第 54 条第 3 项规定之展开》，载《中国法学》2011 年第 1 期。

[40] 全国人大常委会法制工作委员会行政法室编著：《中华人民共和国行政诉讼法解读》，中国法制出版社 2014 年版，第 7—8 页。

不存在孰轻孰重之分。如果将不作为排除在"行政行为"范畴之外，则意味着法院审查与行政作为而非不作为的合法性有关的规范性文件，导致两种行为的审查标准存在差异。这种区分审查标准的做法不仅没有相应的理由作为支撑，而且可能促使行政机关在实践中采用不作为来替代拒绝履行行为，以规避法院对规范性文件的审查。最后，若法院拒绝一并审查同不作为的合法性有关的规范性文件，则可能导致行政机关在履行重做判决时依据不合法规范作出行政行为。反之，如果事先审查该文件的合法性，则有助于避免行政机关作出违法决定。因此，无论是从理论还是从实践角度出发，第53条的"行政行为"都应当包含行政不作为。法院在行政不作为案件中的审查范围应限于同行政不作为的合法性相关的组织规范和根据。

3. 行政协议的"依据"

在行政协议案件中，法院应当审查能够对行政协议的合法性产生影响的规范性文件。在讨论审查范围之前，需要先确定规范性文件对行政协议的拘束力，即规范性文件是否能够作为"法"而被法院适用，抑或能够将行政协议违反规范性文件视为不合法。实践中，根据行政诉讼法解释第100条的规定，法院在审理行政协议案件时可以适用规范性文件。学理上，支持观点认为，规范性文件和法律法规一样，都是"公共资源管理、分配秩序的必要组成部分"，这些规范共同构成行政协议乃至相对人协议中权利的有效要件。[41] 只要规范性文件合法有效并具有实质拘束力，就可以被法院适用。[42] 反对观点认为，规范性文件应当排除在用于判断行政协议合法性的"法"之外。这一方面是因为在当前鼓励订立行政协议并减少法院动辄认定无效的价值取向下，有必要减少法院适用规范性文件而动辄认定协议无效的情况；另一方面则是出于满足实践中灵活调整法律关系的需要，应当允许行政协议的内容偏离规范性文件之规定。[43] 笔者认为，鉴于规范性文件对行政活动内容和程序的规制作用，以及行政机关在实践中大量制定并经常适用规范性文件的现状，一概否定规范性文件对行政协议的拘束力是不妥当也是不现实的。而且，规范性文件作为行政自我拘束的一种方式，其效力应当及于所有行政活动。仅以灵活调整法律关系为由否定其对协议的拘束力，可能导致行政机关以此为途径随意突破既定规则体系的约束。以原则上认可规范性文件的拘束力为前提，法院可以在综合考量协议和规范内容的基础上，否定部分因没有得到及时修改或清理等而明显不合理的规范性文件之拘束力。

---

[41]　陈国栋：《行政协议审判依据的审查与适用——76号指导案例评析》，载《华东政法大学学报》2018年第3期。

[42]　江必新：《行政协议的司法审查》，载《人民司法》2016年第34期。

[43]　张青波：《行政协议司法审查的思路》，载《行政法学研究》2019年第1期。

作为行政机关行使公权力的一种活动方式，行政协议和单方行政行为一样，应当在职权、程序和内容等方面受到法的拘束。在实践中，法院对行政协议的效力判断也采用了与行政行为类似的合法性审查标准。[44]同理，规范性文件的强制性规定当然属于审查范围。虽然如上文判决所述，行政协议的成立和生效需要以双方合意为必要条件，但是并不意味着双方意思表示一致是行政协议成立的唯一依据。实践中，既存在以规范性文件为参照而具体内容取决于双方意思表示一致的协议，也不乏由规范性文件明确相应内容的格式条款。前者由于所涉规范性文件不具有拘束力而将其排除在审查范围之外；后者则因规范性文件的拘束力而取代了部分本取决于意思自治的协议内容。退一步来看，即使行政协议不以具体的根据规范为依据，行政机关也至少应具备组织规范层面的授权。

四、结语

新《行政诉讼法》设立规范性文件一并审查制度，一方面，使司法审查规范性文件的时机、条件、程序、标准、效力等问题在法律层面得以明确，进而有助于该制度的规范化运作；另一方面，一并审查制度也为司法审查规范性文件设置了由法院主动审查之外的依申请审查的通道。这种具有当事人主义特征的规范审查启动机制不仅为当事人提供了一种在诉讼中攻击行政行为合法性的手段，也为法院施加了积极回应当事人诉求的义务。因此，法院启动一并审查的各种要件之认定，应当围绕保障当事人充分行使请求权、推动法院全面审查行政行为合法性的理念展开。

不过，一并审查制度尚无法实现对规范性文件的常态化监督。法院对于违法规范性文件的审查以行政行为之诉成立为前提，进而需待相对人合法权益遭受实际影响时方可介入并提供救济。而实践中不乏对相对人权利义务作出不合法或不合理设置的规范性文件。对于这类文件，行政系统内部的事前自主审查与事后备案审查因行政自我规制特性而饱受质疑；人大备案审查的实效性则因审查效率不高、审查能力不足而大打折扣。司法作为"维护社会公平正义的最后一道防线"，应当在规范性文件的监督工作上起到兜底作用，将行政机关与人大尚未实现有效监督的规范性文件予以"一网打尽"。对此，可以建立一种独立于行政行为之诉的规范诉讼制度。在诉讼启动要件的设置上，有必要采用更为宽松的标准，实现对规范性文件的预防性审查，进而防止行政机关依据此类文件作出对相对人的合法权益造成实际影响的行政行为。未来，伴随着规范性文件司法审查程序、标准和处理机制的逐步完善，规范诉讼制度的立法工作应当被及时提上日程。

---

[44] 陈无风：《行政协议诉讼：现状与展望》，载《清华法学》2015年第4期。

自动化行政的检察监督机制研究

张天翔

行政机关在行政活动之中大量地使用自动化行政设备，在这个年代是十分稀松平常的事情，以至于有的学者总结出了"Automated State"（自动化国家）的概念。[1] 这不仅在微观的具体行政行为层面有十分明显的体现，从宏观的层面来看，也形成了一定的共识，并且体现在了行政计划之中并指导行政实践。[2] 但是，从已有的研究成果来看，国内行政法学界对自动化行政的研究多是从行政裁量或是行政程序的角度出发[3]，本质上属于行政行为法的组成部分，罕有学者从行政救济法的角度分析这一问题。因此，十分有必要结合社会现实与制度体系，对自动化行政的法律救济与监督机制进行进一步的分析。

一、问题的提出：自动化行政的检察监督机制的建构前提

（一）自动化行政行为的制度体系已经存在了初步构建

所谓的自动化行政行为，在我国法体系的语境之下，是否能够成为一个法律概念，是具有一定的可质疑性的，在不同的解释方法之下会有不同的结果。我们很难像德国行政程序法一样，在我国的法律体系之中找出明确的类型化概念。[4] 但无论从哪个方面进行审视和分析，若宣称自动化行政行为的行政程序在我国的法律体系之中已经有所存在，应当是可以成立的。例如，《行政处罚法》第 41 条就规定了关于自动化行政设备在行政处罚行为之中的应用程序。在这一条款之中，法律同时规定了行政组织的内容与行政过程的内容。这在行政基本法的立法之中是相对罕见的，其原则性规定在某些行政领域已经形成了相对细化的体系性阐述，如在交通行政领域之中，对自动化行政程序就进行了相对细

---

[1] ［美］卡里·科利亚尼斯、苏苗罕、王梦菲：《自动化国家的行政法》，载《法治社会》2022年第 1 期。

[2] 杨建顺：《日本行政法通论》，中国法制出版社 1998 年版，第 121 页。

[3] 张涛：《自动化行政对行政程序的挑战及其制度因应》，载《华中科技大学学报（社会科学版）》2022 年第 5 期。

[4] Bull, Der "vollstndig automatisiert erlassene" Verwaltungsakt, DVBL 2017 S.409（410）; Schmitz/Prell（Fn.15），S.1273（1274）; Maurer（Fn.15），S.483.

致的规定。[5]

（二）自动化行政行为的行政救济的制度体系尚不具备实效性

尽管我国已经初步具备了自动化行政的制度结构体系，但仍然谈不上有多么完善，尤其是在自动化行政的法律监督与救济体系方面，并不具备实效性。所谓不具备实效性主要体现在两个方面：一方面，是在目前的行政行为的监督与救济体系之中，并没有给自动化行政专门的制度安排，以自动化的方式作出的行政行为，也没有专门的法律监督程序；另一方面，是指现有的行政救济体系难以与自动化行政相结合。自动化行政设备在行政行为中使用，其积极作用在于可以快速地完成既定的行政活动。[6]但从另一个角度来看，自动化行政行为的快速性也决定了其救济行为也应当具备一定的时效性。原因在于，目前自动化行政设备主要用于行政许可在内的可以快速得到结果的行政行为之中，而对于行政相对人而言，其时效性是行政相对人的信赖利益的十分重要的组成部分[7]，包括某些行政许可在内的行政行为对相对人来讲甚至有越快越好的倾向。这些行政行为一旦出现违法的情况，对相对人的权利造成实际损害的速度是不使用自动化行政设备的行政行为远远达不到的。而且，一旦超过一定的时间限度，相对人被减损的权利还无法实现恢复或是补偿，则会对行政相对人的日常生活造成十分严重的影响。

（三）检察机关本身具备监督与救济的双重职能

从以宪法为核心的统一的法秩序的角度来看，在我国的语境之下，检察机关本身就具备法律监督与法律救济的双重职能。因此，以检察机关的行政检察监督的方式实现自动化行政行为的法律监督与法律救济，并非在我国的行政行为的法律监督与救济体系之外，赋予某一机关监督与救济的权力，而是对我国现有的行政监督与救济体系的深入挖掘[8]。一方面，《宪法》规定了人民检察院是我国的法律监督机关[9]。另一方面，包括《人民检察院组织法》以及《人民检察院检察建议工作规定》在内的检察领域法律法规，明确规定了人民检察院有监督行政机关的行政行为的权力及其基本范畴[10]。同时，从行政救济法的角度来看，人民检察院也具备法律救济的职能。这一制度安排体现为行政机关实质性解决行政纠纷的 ADR（Alternative Dispute Resolution，ADR，替代性纠纷解

[5] 张天翔：《行政制裁中自动化行政设备的应用研究——以行政过程论为视角》，载《西部法学评论》2022 年第 3 期。

[6] 杨建顺：《行政规制与权利保障》，中国人民大学出版社 2007 年版，第 217 页。

[7] ［日］盐野宏：《行政法Ⅱ［第四版］行政救济法》，杨建顺译，北京大学出版社 2008 年版，第 100 页。

[8] 江国华、王磊：《行政违法行为的检察监督》，载《财经法学》2022 年第 2 期。

[9] 《宪法》第 134 条规定：中华人民共和国人民检察院是国家的法律监督机关。

[10] 《人民检察院组织法》第 20 条、第 21 条；《人民检察院检察建议工作规定》第 10 条、第 11 条。

决）程序与行政公益诉讼程序 [11]。这也就意味着，在自动化行政的法律监督与救济领域，具备双重职能的检察机关具备法律赋予的权限，同时也具备天然的优势。[12]

二、自动化行政的检察监督机制的特殊属性

检察机关对自动化行政行为进行检察监督，是其法律监督与救济职权在自动化行政领域的具体体现，也是行政检察监督这一命题在自动化行政领域的共性与个性的统一。从共性的方面来看，其体现为法治原则与谦抑性原则 [13]；从个性的方面来看，与其他领域的行政检察监督有所不同，自动化行政的检察监督机制具备三种自身的特殊属性，即法理性与技术性的统一、时效性和有效性的统一、附随性和独立性的统一，并且体现在不同的制度之中。把握自动化行政中检察监督机制的共性与个性的统一，是实现自动化行政中检察监督机制的具体制度安排的基础与前提。

（一）自动化行政的检察监督的审查标准：法理性与技术性的统一

自动化行政的检察监督机制的专业性是法理与技术的统一，即检察机关在针对某一行政活动的检察监督的过程之中，要同时对自动化行政行为涉及的法律问题与技术问题作出判断。这一属性在制度安排或是在自动化行政的检察监督机制的办案流程之中，体现在对自动化行政行为的违法判断标准之上。[14] 笔者认为，在对自动化行政的合法性审查过程之中，对自动化行政行为的法理性质进行判断是根本的标准，行政机关的技术违规往往是其行政违法的直接诱因，二者之间是表与里的关系。这一判断的依据在于，自动化行政设备的使用并没有造成行政行为的根本性的改变。所谓的全自动行政行为，目前来看，仍然是不存在的，技术的进步无法在行政活动之中完全代替公务员的人工作用，即使是目前自动化程度最高的行政行为，从其裁量的属性来看，这些高自动化的行政行为，如在决策段或者作用段进行的自动化行政行为，基本上是羁束性的，不具备裁量的空间。可以这样认为，在自动化行政的语境之下，自动化行政行为的行政违法往往是由于技术未能与行政正当程序有效结合，是由于行政机关在使用自动化行政设备时没有遵循行政基本法的要求，其根本属性在于法理层面的行政违法。[15]

但自动化行政在检察监督审查的过程中，技术也是十分重要的考虑因素。其原因在于，自动化行政行为的行政违法，其起始往往是行政机关对自动化行政设

[11] 《行政诉讼法》第 25 条。

[12] 陈家勋：《行政检察：国家行政监督体系中的补强力量》，载《现代法学》2020 年第 6 期。

[13] 刘艺：《社会治理类检察建议的特征分析与体系完善》，载《中国法律评论》2021 年第 5 期。

[14] 杨建顺：《日本行政法通论》，中国法制出版社 1998 年版，第 197 页。

[15] 杨建顺：《行政规制与权利保障》，中国人民大学出版社 2007 年版，第 237 页。

备的使用。即技术的使用往往是自动化行政行为行政违法的直接诱因[16]，而由于自动化技术本身具有不可控性，因此在执法实践之中，往往会出现行政机关按照基本行政程序进行了法制与技术审查，却造成了行政相对人权利损害的事实结果，审查的重点也将变化为行政机关是否履行了先行的技术审查义务，同时相对人权利损害的实际恢复，也导致行政机关在赔偿之后存在向第三方技术提供商追偿的可能性，以及第三方与行政机关之间的责任分配的讨论。因此，检察机关在对自动化行政行为进行审查时，要以法律规范尤其是行政程序规范为根本的标准，同时要兼顾技术的使用造成的责任认定与分配的问题，尤其要在损害发生之后，对行政机关应当承担的先行义务进行审查。

（二）自动化行政的检察监督的制度追求：时效性和有效性的统一

所谓的制度追求，就是制度体系在制定与安排时要达到的具体目标。对任何的行政救济手段而言，时效性与有效性都是要讨论的命题[17]，但是学界的通说在研究时，并未对时效性这一特征进行着重的展开，主要强调的是其有效性[18]。同时，其有效性的内涵因为司法审查权的存在，与检察监督权在宪法层面上存在巨大的差异，导致两种不同的救济体系的有效性实现也存在巨大的差别。但由于自动化行政行为的行政违法本身的特殊性，要求其监督与救济体系要同时具备高度的时效性与有效性。这不仅导致了自动化行政的检察监督体系与一般意义上的行政检察监督体系的区别，也使其与其他所有类型的法律监督与救济体系存在一定的区别，这就导致其制度安排应当呈现出一定的特殊性。

首先要明确的是，对自动化行政的检察监督体系而言，时效性是必须具备的特征，这一特征是由自动化行政行为导致的行政违法所确定的。与普通的行政行为导致的行政违法相比，由于自动化行政行为本身具备快速性的特征[19]，其所导致的行政违法往往也有快速性的特征，并且自动化程度越高的自动化行政行为，其导致的行政违法往往更加迅速，并且会对这些行政违法的权利救济产生实质意义上的影响[20]。例如，在"秒批"行为之中，行政行为由行政相对人在机器上填写自身的个人信息开始，到行政许可的文书从机器的投递窗口发出结束，过程不过几十秒，但是以国家名义作出的权利义务安排，以及相关的法律关系的改变就在这短短的几十秒之内完成了。在这一情况下，行政相对人的实体利益的减损十

[16] 覃慧：《数字政府建设中的行政程序：变化与回应》，载《行政法学研究》2022 年第 4 期。

[17] ［日］盐野宏：《行政法 II ［第四版］行政救济法》，杨建顺译，北京大学出版社 2008 年版，第 78 页。

[18] 杨建顺：《日本行政法通论》，中国法制出版社 1998 年版，第 390 页。

[19] 高秦伟：《数字政府背景下行政法治的发展及其课题》，载《东方法学》2022 年第 2 期。

[20] 徐绪堪、华士祯：《"互联网＋政务服务"背景下的政务 APP 评价——基于直觉模糊层次分析法》，载《情报杂志》2020 年第 3 期。

分迅速，现有的行政救济渠道（行政诉讼与行政复议），都无法在较短时间内实现权利的恢复。从制度的价值追求角度来看，自动化行政行为配套的行政救济程序必须要与其基本行政程序相符合，即在较短的时间内实现行政相对人权利的恢复，以及行政机关的行政行为之违法性的认定，否则这一制度体系就难以在自动化行政行为之中得到有效的运用。

其次要明确的是，对自动化行政的检察监督体系而言，必须要具备强大的有效性。自行政检察监督这一命题提出以来，其有效性如何实现，一直是理论界与实务界探讨的命题。笔者认为，自动化行政的检察监督机制的有效性的实现，其核心是发挥检察机关的法律监督与法律救济的制度衔接职能，实现检察监督与纪检监察体系、检察监督与行政公益诉讼制度的有效衔接，同时实现检察监督与行政执法本身的有效衔接。具体而言，即激活行政检察建议本身所蕴含的法律监督与问责衔接的职能，同时完善检察监督与公益诉讼案件移送的基本流程[21]，还要遵循以宪法为核心的统一的法秩序。具体内容笔者将会在后文进行论述。

（三）自动化行政的检察监督的程序特征：附随性和独立性的统一

所谓的附随性与独立性，是指自动化行政的检察监督程序应当与基本行政行为的检察监督程序相结合，即自动化行政的检察监督程序应当附随于其对应的基本行政行为的检察监督程序之中，并且由于自动化行政本身具备的特殊性，应当在自动化行政行为的检察监督体系之中设置对应的程序予以明确。长期以来，由于受德国法思想的影响，使用某一章节对具体问题进行具体规定，或是说法典化的分析路径几乎成为思维定式[22]，但其是否在所有的法律部门之中，针对所有的问题都适用，是十分值得商榷的[23]。这在自动化行政的检察监督体系的制度构建之中更为明显。在自动化行政这一命题上，大部分学者对自动化行政行为所涉及的法律问题给出的方案，是在统一的行政程序法典之中进行专章的规定[24]，但这会导致自动化行政行为的立法构成难以具备灵活性与可适应性，更无法实现保护实体权利这一基本命题。从规范层面来看，不同类型的行政行为会有不同的配套行政程序，也就意味着其对应的行政检察监督程序就会各不相同，很难找出一种完全统一的检察监督工作的程序对应所有的行政行为，这些行政程序所对应的行政实体权利也各不相同，实现的方法与保护的手段也会不同，因此，将自动化行政的检察监督程序从基本的行政检察监督程序之中剥离出来，是不现实的、不科学的，

---

[21]　杨治坤：《行政检察与行政执法的衔接机制研究》，载《江汉论坛》2022年第8期。

[22]　王万华：《我国行政法法典编纂的程序主义进路选择》，载《中国法学》2021年第4期。

[23]　杨建顺：《行政法典化的容许性——基于行政法学体系的视角》，载《当代法学》2022年第3期。

[24]　查云飞：《人工智能时代全自动具体行政行为研究》，载《比较法研究》2018年第5期。

也难以实现对行政相对人权利的保护。

强调以行政基本程序和实体权利的保护为自动化行政的检察监督程序的构建依据，不等于忽视自动化行政的特殊性。自动化行政的检察监督程序在构建之中，应当针对在收集——决策——作用的三个不同的阶段，针对不同阶段的自动化行政设备使用所导致的法律风险，进行针对性的法律监督与法律救济。自动化行政的检察监督程序应当针对全自动裁量的排除，进一步保护行政相对人的知情权与选择权，使用自动化设备的行政行为的公开、公平与公正的问题[25]，进行针对性的法律监督与法律救济。

三、自动化行政检察监督的行政 ADR 程序

所谓的行政 ADR 程序，是指在行政相对人的权利保障过程中，以非诉讼的方式实现的权利救济形式。[26] 从我国的行政救济制度体系来看，行政 ADR 程序大致包含行政机关自身的 ADR 程序与非行政机关的 ADR 程序。前者包含行政复议与信访制度[27]；后者则包含其他机关负责的 ADR 制度，以行政检察监督为例，则包含行政检察建议与检察机关实质性化解行政争议制度[28]。从类型化的角度来看，有的学者将行政检察监督划分为建议型、诉讼型、协商型三种。[29] 笔者认为，自动化行政检察监督的 ADR 程序，包含了适用范围、审查标准、检察机关的调查权、检察监督机制的谦抑性的保障、ADR 程序与公益诉讼程序的衔接在内的几个部分，也是本章论述的主要内容。

（一）自动化行政检察监督机制的 ADR 程序的审查与适用范围

依据行政过程论的基本原理，行政活动的全流程，都应当接受法律的监督，符合法治行政的基本要求。[30] 自动化行政的检察监督机制的 ADR 程序，其应当适用的范围包含三个主要的方面：自动化行政设备的采购与设置阶段的行政违法行为、自动化行政设备使用时的行政违法行为、因自动化行政行为违法导致的行政诉讼驳回起诉等诉讼问题。

1. 自动化行政设备的采购与设置阶段的行政违法行为

在自动化行政设备的采购与设置阶段，首先，检察机关应当着重审查行政机

---

[25] Scassa，Teresa .Administrative Law and the Governance of Automated Decision Making：A Critical Look at Canada's Directive on Automated Decision Making，U.B.C. Law Review，Vol. 54，Issue 1（2021），p. 251.

[26] ［日］盐野宏：《行政法Ⅱ［第四版］行政救济法》，杨建顺译，北京大学出版社 2008 年版，第 36 页。

[27] 杨建顺：《行政规制与权利保障》，中国人民大学出版社 2007 年版，第 331 页。

[28] 张步峰：《检察机关实质性化解行政争议的基本理据》，载《人民检察》2020 年第 21 期。

[29] 朱梦妮：《行政权检察监督的三种模式》，载《社会科学家》2022 年第 5 期。

[30] 杨建顺：《行政规制与权利保障》，中国人民大学出版社 2007 年版，第 109 页。

关是否履行了"法制与技术审查"的法律义务，即自动化行政设备在安装之前是否具备应有的技术性能，自动化行政设备本身是否符合法律的规定；其次，应当审查自动化行政设备的设置是否遵循了"科学、规范、合理的原则"，是否符合比例原则的要求；再次，应当审查自动化行政设备的设置是否遵循了行政公开的基本原则，是否在设置前后向社会公开自动化行政设备的设置地点、设置依据以及招投标过程；最后，应当审查行政机关本身是否具有操作自动化行政设备的软硬件条件，是否在设置时遵循了维护、检修设备的义务。[31]

2. 自动化行政行为实施过程中的行政违法

自动化行政行为在实施的过程中导致的行政违法，是自动化行政检察监督的 ADR 程序监督与救济的主要内容，其核心的审查内容在于，行政机关在自动化行政行为的作出过程之中，是否符合法定的行政程序。[32] 具体而言，在自动化行政行为的作出过程中，检察机关首先应当审查行政机关是否履行了行政公开义务，是否以法律规定的方式实现自动化行政行为的有效送达[33]，是否实现了自动化行政行为的过程与结果令公众知悉的法律要求；其次，检察机关应当审查行政机关是否尊重了行政相对人的抗辩权与申诉权，是否在自动化行政行为发生争议时履行了听证、公告在内的法律程序；最后，检察机关应当审查自动化行政行为行政裁量的实体内容与结果是否具备合理性，是否符合比例原则的要求。[34]

3. 行政诉讼救济不能情况下的补充救济

因自动化行政设备的使用导致的行政诉讼在近年来屡见不鲜，但因为自动化行政行为的行政违法获得成功的诉讼救济的情况却屈指可数。针对这种现象，有的学者总结出，当前涉及自动化行政执法的行政诉讼存在"繁案粗审""不愿审查""审查不能"的问题[35]，大量选择以行政诉讼来维护自身权利的行政相对人之正当权利无法通过诉讼的途径得到救济。在行政诉讼救济不能的情况下，检察机关发挥自身法律监督与救济的双重职能，通过诉讼检察建议以及检察机关牵头的行政纠纷实质解决机制来维护行政相对人的正当权利，是行政检察监督这一制度

---

[31]　本节四点审查内容，其规范依据《行政处罚法》第 41 条，《道路交通安全违法行为处理程序规定》第 15 条、第 16 条。

[32]　张凌寒：《算法自动化决策与行政正当程序制度的冲突与调和》，载《东方法学》2020 年第 6 期。

[33]　周文清：《过程论视野下自动化行政行为的司法审查——以道路交通非现场执法时空情境分析为视角》，载《行政法学研究》2022 年第 1 期。

[34]　覃慧：《数字政府建设中的行政程序：变化与回应》，载《行政法学研究》2022 年第 4 期。

[35]　周文清：《过程论视野下自动化行政行为的司法审查——以道路交通非现场执法时空情境分析为视角》，载《行政法学研究》2022 年第 1 期。

体系存在的应有之义。

（二）自动化行政检察监督机制的 ADR 程序之审查标准

如上文所述，自动化行政的检察监督机制本质上属于法理与技术的结合，即检察机关要同时对自动化行政行为所涉及的行政违法问题与技术违规问题进行判断。所谓的法理问题的内容，主要是指行政机关在自动化行政行为之中是否遵循了行政正当程序，是否尊重了行政相对人的正当权利。[36] 当然，从学理的角度来看，审查行政行为是否无效，是否可撤销的标准十分浩繁[37]，乃至于在司法机关内部，也难以得出十分统一的答案。但针对自动化行政行为本身的审查而言，笔者认为，在自动化行政行为的法律审查过程中，十分重要的一点在于，自动化行政设备的代位性和其程度，即事实意义上的全自动行政行为是否发生。

所谓的自动化行政设备的代位性，是指自动化行政设备在行政行为的作出过程之中，所替代人工的程度。这一概念在审查标准之中体现为司法机关应当审查行政机关是否仅以自动化行政设备得到的数据来作出行政行为和执法结果。众所周知，目前尚未出现真正的全自动行政行为，[38] 且绝大部分的高自动化的行政行为都属于完全的羁束行为，不具备裁量的空间。但这并不代表不存在事实意义上的全自动行政行为，因为行政机关对自动化行政设备的依赖，经常会出现自动化行政设备得到的数据与结果成为行政执法唯一依据的情况，这种条件下，机器就替代了行政机关完成了裁量的过程。这里以滕某某诉平度市交警大队、平度市人民政府一案为例[39]：原告滕某某认为，其驾驶的机动车辆在出厂时的设定时速为69km/h，根本无法得到被告行政机关所提出的 85km/h 的测速速度，故而不可能构成行政违法。但在本案中，行政机关所得到的违法依据，主要来自道路交通测速系统上抓拍得到的数据，没有其他有力的证据来得到完整的证据链，也没有针对原告的申辩理由，对原告的机动车的速度性能进行调查与测绘，在这一过程之中，交通行政执法机关对道路交通的测速设备的结果是完全信任的，道路交通的测速设备实际替代了行政机关完成了行政裁量的过程，构成了实际意义上的全自动行政行为，但这种信任与自动化行政设备本身是否可靠，是不能画等号的。因此，检察机关在审查的过程之中，应当着重审查行政机关在执法过程中是否形成了完整的证据链，是否仅凭自动化行政设备的结果得到裁量的依据，倘若形成了所谓的事实意义上的全自动行政行为，就意味着这一行政行为的裁量过程与结果

---

[36]　展鹏贺：《数字化行政方式的权力正当性检视》，载《中国法学》2021 年第 3 期。

[37]　胡建淼：《"无效行政行为"制度的追溯与认定标准的完善》，载《中国法学》2022 年第 4 期。

[38]　张天翔：《数字政府建设中的行政化行为类型化研究——以行政过程论为视角》，载《华侨大学学报（哲学社会科学版）》2023 年第 2 期。

[39]　山东省平度市人民法院（2015）平行初字第 234 号。

往往是不公正的。[40]

另外，检察机关要审查自动化行政设备本身是否具备其应当具备的技术效能，即从技术上看，自动化行政设备本身是否能得到有效且合理的结果。由于技术本身存在的物理问题，自动化行政设备本身不一定能够达到应有的正确结果，有可能其结果是十分不符合常理的，如尹某诉大连市公安局交通警察支队特勤大队、大连市公安局交通警察支队一案中[41]，原告称其测速点距离其母亲家小区入口仅 584 米，交警认定其当时车速为 91km/h 明显不符合常理，且根据交警提供的照片所记录的时间及行驶距离计算，远未达到 91km/h[42]。从一般社会的认知角度来看，在不到 1000 米的距离内，将私家车加速到近 100km/h，是不太具备可能性的，并且也违反一般的社会常识，不具备合理性。[43] 此时，检察机关就应当审查，自动化行政设备本身是否具备得到正确结果的技术性能，并在需要的情况之下，将有关证据移送至独立的第三方进行技术鉴定。

（三）自动化行政检察监督机制的 ADR 程序中检察机关的调查权

自动化行政检察监督机制的 ADR 程序中检察机关的调查权，即检察机关的行政检察调查核实权。与民事检察调查权，以及在刑事诉讼阶段检察机关的侦查权相比，检察机关的行政检察调查核实权规定较为模糊，且制度体系构建不全，缺乏明确的制度依据[44]，对自动化行政的检察监督机制而言亦然。笔者认为，自动化行政检察监督 ADR 机制中检察机关的行政检察调查核实权，应当是具备实质性调查核实权的权力，应当具备强力的保障事实机制与明确的调查范围与调查程序，从而为检察监督本身的实效性提供保障。

1. 调查核实权的手段与内容

所谓的行政检察的调查核实权，主要针对的对象包括行政诉讼、行政机关的行政行为以及行政行为之中的行政相对人。依据《人民检察院行政诉讼监督规则》与《人民检察院检察建议工作规定》[45]，针对不同的调查核实对象，检察机关的调查核实权具体见表 1。

---

[40]　王苑：《完全自动化决策拒绝权之正当性及其实现路径——以〈个人信息保护法〉第 24 条第 3 款为中心》，载《法学家》2022 年第 5 期。

[41]　大连市沙河口区人民法院（2019）辽 0204 行初 37 号。

[42]　周文清：《过程论视野下自动化行政行为的司法审查——以道路交通非现场执法时空情境分析为视角》，载《行政法学研究》2022 年第 1 期。

[43]　余凌云：《论行政诉讼上的合理性审查》，载《比较法研究》2022 年第 1 期。

[44]　韩成军：《行政检察调查核实权的规范化运行》，载《国家检察官学院学报》2021 年第 5 期。

[45]　《人民检察院行政诉讼监督规制》第 60 条、《人民检察院检察建议工作规定》第 14 条。

表 1 自动化行政检察监督的 ADR 程序中检察机关的调查核实权的具体手段

自动化行政检察监督的 ADR 程序中检察机关的调查核实权的具体手段	
诉讼监督中的调查核实手段	检察建议中的调查核实手段
（一）查询、调取、复制相关证据材料；	（一）查询、调取、复制相关证据材料；
（二）询问当事人、有关知情人员或者其他相关人员；	（二）向当事人、有关知情人员或者其他相关人员了解情况；
（三）咨询专业人员、相关部门或者行业协会等对专门问题的意见；	（三）听取被建议单位意见；
（四）委托鉴定、评估、审计；	（四）咨询专业人员、相关部门或者行业协会等对专门问题的意见；
（五）勘验物证、现场；	（五）委托鉴定、评估、审计；
（六）查明案件事实所需要采取的其他措施。	（六）现场走访、查验；
	（七）查明事实所需要采取的其他措施。

由于具体监督对象的特殊性以及检察机关本身的专业知识水平的差异，在自动化行政的检察监督机制之中，使用委托鉴定、评估的手段进行调查核实是十分常见的现象。例如，在上文所提及的尹某诉大连市公安局交通警察支队特勤大队、大连市公安局交通警察支队一案中，原、被告争议的重点在于监控测速设备本身是否能够得到正确可靠的数据与结论，此时若检察机关进行行政检察监督，则必须要借助专业机构的评估报告。但这一调查方式的具体内容，目前仍有大量值得完善的地方，笔者认为，这也是未来立法在完善制度体系过程中应当注意的。

另外还需要注意的问题是，查询、调取、复制相关证据材料的范围，即检察机关有无权力调阅关于行政违法案件的全部证据材料。[46] 由于检察机关本身既不负责具体的行政事务，也不负责行政诉讼案件的具体审查，因此检察机关在行政检察监督的案件办理过程中，证据来源相当大的一部分是行政机关与司法机关随案移交的案卷与证据材料。笔者认为，为了调查核实权的充分实现，有必要对这一条款进行细化的规定，即除了涉及国家秘密等特殊法益的案卷证据材料之外，涉案的所有案卷材料，检察机关都有权查询、调取，包含行政诉讼案件中的诉讼案卷的正副卷、执行案卷，以及涉及行政机关负责的行政执法的案卷与材料，尤其包含自动化行政设备运行的基础数据与性能说明。

2. 调查核实权的时效性保障措施

在自动化行政检察监督的 ADR 程序之中，检察机关的调查核实权如何得到时效性的保证，是十分重要的课题，乃至于对整个行政检察的制度体系而言，这一问题都是具有根本性的价值的。笔者认为，实现调查核实权的时效性，关键在

---

[46] 韩成军：《行政检察调查核实权的规范化运行》，载《国家检察官学院学报》2021 年第 5 期。

于树立与完善阻碍行政检察监督的法律责任制度。从规范来源的角度来看，《人民检察院行政诉讼监督规则》与《人民检察院检察建议工作规定》都规定了被监督的行政与司法机关在不执行监督内容情况下的法律责任与后果，其具体内容见表 2。

表 2　被监督机关不配合调查的法律责任

被监督机关不配合、不执行监督内容情况下的法律责任	
诉讼监督中的调查核实手段	检察建议中的调查核实手段
人民检察院调查核实，有关单位和个人应当配合。拒绝或者妨碍人民检察院调查核实的，人民检察院可以向有关单位或者其上级主管机关提出检察建议，责令纠正，必要时可以通报同级政府、监察机关；涉嫌违纪违法犯罪的。依照规定移送有关机关处理。	被建议单位在规定期限内经督促无正当理由不予整改或者整改不到位的。经检察长决定，可以将相关情况报告上级人民检察院，通报被建议单位的上级机关、行政主管部门或者行业自律组织等，必要时可以报告同级党委、人大，通报同级政府、纪检监察机关。符合提起公益诉讼条件的，依法提起公益诉讼。

　　笔者认为，在自动化行政检察监督的 ADR 程序之中，尤其针对行政行为的检察监督与检察建议，其时效性的保障机制与诉讼监督有一定的区别，即在调查核实的过程中，行政机关不配合检察机关的检察调查，不提供与案件有关的证据、材料、案卷，是否能够完善其附带的法律责任的追究体系，是保障检察机关实质的调查核实权的关键。笔者认为，为了保证在 ADR 程序之中检察机关的实质性的调查核实权，有必要进一步完善检察机关与纪检监察机关的衔接程序、与行政机关的上级机关以及行政机关所负责的人大机关的通报程序，同时，应当完善 ADR 程序与行政公益诉讼的衔接程序，将明显属于行政违法的、符合行政诉讼法的起诉条件的行政案件及时移送司法机关，进入行政公益诉讼程序。

　　3. 检察监督机制的谦抑性的保障

　　检察机关的行政检察监督应当具备谦抑性 [47]，在自动化行政的检察监督机制之中尤为如此。原因在于，自动化行政设备本身的使用是贯穿行政行为作出的全过程的，如果检察机关对自动化行政行为的审查过当，则很容易导致检察机关的检察建议替代行政机关的行政裁量的结果。[48] 此时，如果检察机关的检察监督行为越过了监督权所应有的界限，干预到了行政权本身的权力行使，则会违背行政检察监督的制度目标。因此，为了保证检察机关的检察监督的谦抑性，在自动化

---

[47]　江国华、王磊:《行政违法行为的检察监督》，载《财经法学》2022 年第 2 期。

[48]　杨建顺:《行政规制与权利保障》，中国人民大学出版社 2007 年版，第 501 页。

行政的检察监督体系之中，要明确检察监督权所触及的边界，明确在检察机关的检察监督之中，只针对行政行为是否合法进行审查和建议，只具备请求权与建议权，而没有实体的更改权，对行政行为的裁量性要予以尊重。同时，应当明确自动化行政的检察监督应当以被动审查为主，主动审查为辅，避免在自动化行政的法治化进程之中，检察监督改变行政裁量的实体与程序的情况。此外，应当明确，在诉讼、复议能够实现行政相对人权利有效救济的情况下，自动化行政检察监督的 ADR 程序不宜启动。

（四）自动化行政检察监督的 ADR 程序与行政公益诉讼的动态衔接

从组织结构的角度来看，自动化行政检察监督的 ADR 程序与行政公益诉讼往往是由不同的部门负责的。因此，笔者认为，若实现自动化行政检察监督的 ADR 程序与行政公益诉讼程序的动态衔接，有必要完善检察机关内部的行政案件移送程序[49]，同时，要从技术层面，为检察机关内容的工作人员进行必要的专业知识培训。从规范层面来看，当前行政诉讼法的规定为针对自动化行政的公益诉讼留出了足够的制度空间，但行政公益诉讼的案件范围始终是有限的，不能完全涵盖所有的行政活动[50]，故而有必要从立法层面予以明确。

完善自动化行政检察监督的 ADR 程序与公益诉讼的衔接程序的另一个十分重要的措施在于强化检察机关工作人员的专业知识培训。对技术问题的学习与研究往往不是检察机关的工作人员日常工作内容的范围，因此在审查自动化行政的行政违法案件时，检察机关往往要依赖行政机关提交的数据资料，以及第三方鉴定机构所提交的鉴定意见与报告，这就导致检察机关会陷入与行政机关相同的"机器依赖"之中。[51]与负责行政检察监督的部门的工作人员相比，负责公益诉讼的部门的工作人员往往很少接触行政机关使用的自动化行政设备的技术数据与资料，这就导致案件移交到有关部门后，负责公益诉讼的部门的工作人员往往无法处理这些案件的案卷与证据材料。因此，有必要从技术角度，对检察机关相关部门的工作人员进行技术培训，从而便于案件的办理，以及对自动化行政行为进行更加完善、细致的监督。

四、自动化行政检察监督的行政公益诉讼程序

针对自动化行政行为的行政检察监督与救济，是行政 ADR 程序与行政公益诉讼的结合，将符合法律规定的案件移交司法机关进行行政公益诉讼，是保证行

---

[49] 冯孝科、黄琛、李楠：《行政违法行为检察监督与行政公益诉讼辨析》，载《中国检察官》2022 年第 11 期。

[50] 冯孝科、黄琛、李楠：《行政违法行为检察监督与行政公益诉讼辨析》，载《中国检察官》2022 年第 11 期。

[51] 贾宇：《检察机关参与网络空间治理现代化的实践面向》，载《国家检察官学院学报》2021 年第 3 期。

政检察监督的实效性的重要手段。[52] 当然，也会有观点认为，现有的制度体系并未堵塞行政相对人以诉讼的方式应对自动化行政违法的通道，但仅就目前的司法实践来看，行政相对人能够在行政诉讼之中胜诉的情况屈指可数。[53] 原因在于，在行政诉讼两造结构之中本身就处于不利地位的行政相对人，在数字技术应用的背景之下，其不利地位被进一步拉大，行政相对人缺乏赢得行政诉讼的主客观条件。因此，有必要证明自动化行政背后的法益具备的公共利益性，以《行政诉讼法》第 25 条为制度基础，构建与 ADR 程序动态衔接的自动化行政的行政公益诉讼程序。

（一）自动化行政行为违法的公共利益减损证成

行政公益诉讼制度存在的前提，即行政行为所减损的是公共利益或者是国家利益，仅仅通过当事人诉讼无法实现公共利益的修复，必须由国家以提起诉讼的方式予以救济。[54] 因此，构建自动化行政违法的公益诉讼制度的前提，即要证成自动化行政行为所侵犯的是公共利益。在此之前，学界对自动化行政行为违法的公益性的判断，尚未有专门的研究。笔者认为，与其他类型的行政行为相比，由于自动化行政设备与网络技术自身的"倍增器"作用，在判定自动化行政行为侵犯的法益是否属于公共利益时，除了在传统的规范蕴含的实体权利的权利属性与内容的判断之外，还要对行政行为实施的形式与手段进行判断，从而认定事实意义上行政行为的不法之影响力。

1. 自动化行政行为违法的公共利益侵害性的实体权利基础：信息权与行政数据

自动化行政行为在进行过程之中，往往会对行政相对人的信息权进行一定的侵犯（或是说让渡）。[55] 从行政组织法的角度来看，这一过程的产物就是自动化行政数据。这一组织法上的产物，是公民的私权（个人信息权）在公法上的体现，涉及社会全体成员的公共权力——数据权。

在自动化行政行为的作出过程中，行政数据本身就是社会之数据权让渡的产物，因为其诞生于行政相对人的私生活之中，自动化行政数据具有私权性，首先体现在这些行政数据在客观上就是诞生于公民的私生活之中的，在内容上也和公

[52] 姜明安：《论新时代中国特色行政检察》，载《国家检察官学院学报》2020 年第 4 期。

[53] 有学者统计，以"电子警察""电子眼"为关键词，案由限定为"行政处罚""道路交通管理（道路）"两类进行检索，共检索出裁判文书 754 份（统计截至 2020 年 6 月 3 日），剔除重复和无关案件后剩余 662 份，其中一审 429 份，二审 221 份，再审 12 份。这些案件中相对人败诉率高达 95%，远高于其他的案件。周文清：《过程论视野下自动化行政行为的司法审查——以道路交通非现场执法时空情境分析为视角》，载《行政法学研究》2022 年第 1 期。

[54] 刘艺：《检察公益诉讼的司法实践与理论探索》，载《国家检察官学院学报》2017 年第 2 期。

[55] 丁晓东：《个人信息私法保护的困境与出路》，载《法学研究》2018 年第 6 期。

民的私生活息息相关。如若脱离公民这一主体，则自动化行政设备所记录的也不过是城市建筑和动植物所共同组成的照片。当然，自动化行政设备所记录的公民的私生活都是建立在公民在公共场所停留和活动之上的，或是在具备执法证件的情况下进入公民的住宅等私生活领域之中获得的。简言之，从客观上讲，公民的私生活本身就是构成自动化行政数据的主要数据来源，即使这些数据是产生于执法活动之中的，也是因为公民的私生活与公法规范相结合，这也和社会契约论所阐述的国家来源相吻合。也就是说，脱离了公民的私权，自动化行政数据也就无从谈起。其次，自动化行政数据在内容上与公民的个人信息权有相当大的重叠之处。一般认为，从司法上讲的个人信息权是公民的人格权的重要组成部分，其赋予了公民的信息权的内容边界。[56] 同样地，数据权在公法意义上应当属于广义的自由权的组成部分，是公民的自由权在信息世界的具体体现。倘若只认为自动化数据属于公物而忽视其私权性，无疑是对公民的个人信息权乃至是自由权的剥夺，也是忽视了公物作为全体社会成员共同利用的物质财产的根本属性。综上所述，无论是与何种类型的行政行为相结合，自动化行政设备的使用都会对不特定的多数行政相对人的私权造成影响，而这种私权利的集合，是具备公共利益属性的，而这种公共利益属性在行政活动之中具体的体现就是自动化行政设备所产生的行政数据。[57] 对这样一种全体社会成员个人信息与隐私集合的产物进行保护，毫无疑问属于行政公益诉讼应当保护的公共利益的范畴，因此将其视为公共利益是适当的。

2. 自动化行政行为违法的公共利益侵害性的形式基础：自动化技术的"倍增器"作用

从形式的角度来看，倘若认定某一权利属于公共利益，那么这一权利往往由社会公众全体行使或是被社会全体成员享受。一般意义上的自动化行政行为，从概念的角度出发，并不会与特定的行政行为类型或者行政相对人的实体权利进行绑定，但从行政行为作出形式的角度来看，由于自动化行政设备和网络技术的存在，自动化行政行为的行政违法对行政相对人的利益减损会以"倍增"的形式呈现，这也是网络技术的信息爆炸效应在自动化行政领域最直接的体现。具体而言，这种"倍增"效应体现在自动化行政行为之中，行政裁量的过程与结果被单一化了，行政机关会针对不同情况的不特定、多数的行政相对人作出同一种行为。这也就意味着，一旦行政机关在某一行为之中出现了行政违法，或者自动化行政设备在某一时间内出现了技术故障，那么权利减损的效果会及于不特定的多数行政

---

[56]　叶名怡：《论个人信息权的基本范畴》，载《清华法学》2018 年第 5 期。

[57]　赵宏：《从信息公开到信息保护：公法上信息权保护研究的风向流转与核心问题》，载《比较法研究》2017 年第 2 期。

相对人。从前，依据保护规范理论，在不使用自动化行政设备的行政行为之中，对行政相对人利益的减损往往仅限于行政相对人本人，或是有法定利益关系的第三人[58]，这一范围是确定的、有限的。而在自动化行政行为之中，这一范围被打破了，在社会生活之中有十分繁复的具象化体现。[59]这也体现了在信息时代，自动化行政设备的使用在实际影响层面的"爆炸"作用。[60]

3. 自动化行政行为违法的公共利益侵害性的主体基础：诉讼双方的不平等

脱胎于民事诉讼的行政诉讼（尤其是当事人诉讼）之所以采用两造固定、举证责任倒置在内的特殊的制度安排，正是由于行政相对人不具备与拥有庞大行政权的行政机关平等对抗的基础。无论是从制度层面，还是从诉讼的物质基础层面来看，都是如此。然而，由于自动化技术在行政活动之中的使用，行政诉讼双方之间的不平等被拉大了，因为在这一类的行政诉讼之中，双方争讼的重点往往在于，自动化行政设备本身是否具备应有的技术性能，以及行政机关使用这些行政设备时是否遵循了应有的行政程序。在这些案件的争讼之中，大部分情况下行政相对人既无法掌握专业的技术知识，也无法掌握自动化行政设备所产生的行政数据，更没有能力与第三方鉴定机构签订检测的协议，这就导致了自动化行政行为在救济阶段，也存在严重的"信息黑箱"。[61]这一不平等是无法通过当事人诉讼的制度安排来解决的，很容易导致在行政诉讼之中行政相对人的败诉。以2016年发生的田某某诉湘潭市公安局交通警察支队一案[62]为例，行政相对人起诉称，被告未将交通违法信息通知原告，原告对电子抓拍方式取证有合理怀疑，对电子监控设施、操作人员资格、操作程序无法知情和监督。然而仅就行政相对人而言，这些证据信息是无法通过自身的力量获取的，也难以通过政府信息公开的方式来获取，造成了诉讼双方的信息严重不对称，对最终的败诉造成了十分重要的影响。

（二）自动化行政检察监督的行政公益诉讼程序的制度实现

对《行政诉讼法》第25条的挖掘和分析，几乎成为我国研究行政公益诉讼的学者的必修课。在传统意义上，行政公益诉讼主要存在于《行政诉讼法》第25条明确规定的生态环境和资源保护、食品药品安全以及国有资产流失在内的方面[63]，

[58] 赵宏：《保护规范理论的历史嬗变与司法适用》，载《法学家》2019年第2期。

[59] 张天翔：《数字政府建设中的行政化行为类型化研究——以行政过程论为视角》，载《华侨大学学报（哲学社会科学版）》2023年第2期。

[60] 张雄、黄颖祺：《爆发式政策扩散的时空特征、路径模式与驱动因素——以健康码省际扩散为例》，载《发展研究》2022年第8期。

[61] 张凌寒：《算法自动化决策与行政正当程序制度的冲突与调和》，载《东方法学》2020年第6期。

[62] 湖南省湘潭市岳塘区人民法院（2016）湘0304行初57号。

[63] 林仪明：《我国行政公益诉讼立法难题与司法应对》，载《东方法学》2018年第2期。

但是近年来也陆续出现了相当多的其他领域的行政公益诉讼案件，如公民个人信息保护类型的行政公益诉讼案件，也是对《行政诉讼法》第25条所论述的"等领域"这一表述的扩大解释。因此，对自动化行政的行政公益诉讼机制而言，其制度构建的基础就是对第25条中"等领域"一词的解释，同时配合其他领域的法律供给，从而解决自动化行政公益诉讼的案由归属、移送标准、证据制度在内的问题。

1. 自动化行政公益诉讼的案由归属

在某一新的法律领域存在行政公益诉讼的需求后，对《行政诉讼法》第25条进行修改，增加新的诉讼类型，就成为理论界或实务界相对主流的观点。[64] 但笔者认为，对自动化行政的公益诉讼而言，很难以一个明确的案由来对其进行概括，因为自动化行政设备与行政行为的结合，是体现在几乎所有的行政部门之中的，也就表现为不同的行政部门类型，直接侵害的法益也各不相同。当然从理论上看，在《行政诉讼法》之中规定，使用自动化行政设备的行政违法作为一种单独的行政公益诉讼的类型也并非不可以。只是从诉讼结构来看，将自动化行政行为从基本的行政行为形态之中剥离出来，对行政相对人的实体权利的保障是十分不利的。[65] 因此，笔者认为，在规范体系对检察机关赋予了针对行政违法提起行政公益诉讼的权力之下，只要合理利用这些制度工具，激活检察机关的公益诉讼权即可。

2. 自动化行政行为的公益诉讼案件的移送标准

如前文所述，自动化行政的检察监督机制包括主动启动与被动启动两种不同的程序，无论是否由当事人申请的检察监督机制，检察机关都要面对一个十分现实的问题，即本案是否需要移送司法机关启动行政公益诉讼。笔者认为，明确自动化行政行为的公益诉讼案件的移送标准，是未来自动化行政的法律监督与救济体系面对的十分重要的任务。近年来，行政检察监督机制构建的目标之一，就是在检察建议阶段就以非诉的方式实现行政纠纷的实质性解决，与行政违法的及时纠正[66]，因此，自动化行政的违法案件在移交司法机关时，也要遵循这一原则。笔者认为，在检察机关主动启动的检察监督程序之中，只有自动化行政行为构成严重的行政违法，仅有检察建议无法实现行政违法的纠正，或者检察机关提起纠正违法检察建议，行政机关拒不改正的情况下，才能将案件移交司法机关启动行政公益诉讼程序。对检察机关被动启动的检察监督程序而言，为了实现行政相对人正当权利的及时救济，检察机关应当尽快完成案件的审查与移交工作，对涉及

[64] 邵俊：《个人信息的检察公益诉讼保护路径研究》，载《法治研究》2021年第5期。

[65] 杨建顺：《行政法典化的容许性——基于行政法学体系的视角》，载《当代法学》2022年第3期。

[66] 陈家勋：《行政检察：国家行政监督体系中的补强力量》，载《现代法学》2020年第6期。

严重行政违法，仅由检察机关牵头进行的行政纠纷实质性解决无法实现权利的救济，或者是在行政相对人的权利受到严重损害，需要及时申请司法机关进行司法执行或者其他法律程序的情况下，检察机关应当将有关的案件移交给司法机关予以审查，启动行政公益诉讼程序。

3. 自动化行政行为的公益诉讼案件的证据制度

自动化行政行为产生的行政证据在行政诉讼之中如何进行认定，一直以来在学界都有一定的争议，但是学界研究的直接对象，并非自动化行政行为产生的行政证据，而是电子证据。[67] 这二者之间有相当显著的区别。自动化行政行为产生的行政证据并不一定是电子化的，而电子化的行政证据也不一定是产生于自动化行政行为之中，二者有十分明显的区别。为此，应当在以下方面完善相关的证据制度：首先，是自动化行政行为的证据地位。笔者认为，作为证明行政违法的直接证据，将自动化行政行为产生的行政证据排除在证据体系之外缺乏其合理性。自动化行政行为产生的行政证据，应当在行政诉讼之中进行使用，以作为证明行政机关违法的材料。其次，是自动化行政行为产生的行政证据的证明力的问题。由于自动化行政行为的正当行政程序的规制目前还是处于缺位的状态，某些情况下自动化行政行为的行政程序并不严谨和正当，因此，其产生的行政证据的证明力也会因此而受到一定的减损。因此，在行政诉讼之中使用自动化行政行为产生的行政证据，其核心就是对这些证据收集与固定的行政程序进行审查，视其是否具备正当的行政程序而决定其是否可在行政诉讼之中使用。笔者认为，在行政诉讼之中使用由自动化行政行为产生的行政证据，有设计专门的证据补强机制的必要，以保证证据的证明力。

---

[67]　阎巍：《行政诉讼证据规则：原理与规范》，法律出版社 2019 年版，第 115 页。

第六章

部门行政法研究

交通安全失信联合惩戒制度的
行政法检视及完善[1]

张步峰

当前社会信用缺失，社会交易成本高企，加快社会信用体系建设、建立失信联合惩戒制度，近年来日益成为各个领域都在积极推进的一项重点课题。[2] 相对于市场监管、生态环境、科研管理、食品药品等其他领域，交通安全领域的信用管理制度建设较为滞后。此前国务院层面的一系列文件均没有提及建设交通安全领域的信用管理和失信联合惩戒制度，[3] 直到 2022 年 7 月 21 日《国务院安委会办公室关于印发〈"十四五"全国道路交通安全规划〉的通知》（安委办〔2022〕8 号）中才明确提出"建立健全道路交通安全信用体系……通过行政与市场手段……实现守信激励和失信惩戒"。至此，公安交通安全领域信用管理制度的体系架构初步建立，但具体制度和措施尚在摸索之中。交通安全失信联合惩戒作为其制度保障的重要一环，目前中央层面的制度规范存在缺失，主要是在地方层面以行政规范性文件为载体进行了一些先行先试，其制度设计与有关实践均存在诸多问题。该制度作为交通安全法治体系及社会信用体系建设的重要一环，在汽车文明时代对国民权利影响至深，实有深入探讨之必要。[4] 与该问题的重要性不相匹配的是，目前关于交通安全失信联合惩戒的研究成果稀少，虽然有关其他领域失信联合惩

---

[1]　本文首次发表于《公安学研究》2022 年第 6 期，有所改动。

[2]　2016 年国务院发布《关于建立完善守信联合激励和失信联合惩戒制度加快推进社会诚信建设的指导意见》，2019 年国务院办公厅发布《关于加快推进社会信用体系建设构建以信用为基础的新型监管机制的指导意见》，2020 年国务院办公厅发布《关于进一步完善失信约束制度构建诚信建设长效机制的指导意见》，2021 年国家发展改革委、人民银行发布《全国公共信用信息基础目录（2021年版）》和《全国失信惩戒措施基础清单（2021 年版）》以及各部门联合颁布了一系列关于联合惩戒合作备忘录。

[3]　此前《国务院关于加强道路交通安全工作的意见》（国发〔2012〕30 号）、公安部交通管理局《关于对严重交通违法行为公开示的通知》（公交管〔2017〕23 号）、国家发改委公安部等《关于加强交通出行领域信用建设的指导意见》（发改运行〔2017〕10 号）中有涉及交通安全信用管理的某些内容。

[4]　梅帅：《社会治理视域下失信惩戒机制：治理意义、要素构造与完善方向》，载《征信》2020年第 12 期。

戒的研究成果已然蔚为大观，但交通安全失信联合惩戒在道路交通安全法治体系中的定位、法律依据、惩戒措施、程序制度等方面存在一定特殊性。因此，本文尝试从行政法角度对其展开分析，归纳总结其经验与不足，以探求该制度可能完善的路径与方向。

一、交通安全失信联合惩戒制度之法理解读

交通安全失信联合惩戒制度立足于交通安全管理信息化、数字化，是交通安全法治体系和社会信用体系的重要组成部分，对推进我国交通治理体系现代化具有重要意义。

（一）交通安全失信联合惩戒制度的内涵厘清

交通安全失信联合惩戒制度是指多个行政机关、法律法规授权组织等主体依照交通安全失信信息及其失信等级联合对失信行为人采取限制性措施，以维护交通安全法秩序的制度。理解该制度，第一个关键词是"失信"。在学理上，对"失信"的理解存在不同学说，有的观点认为"违反法律法规、文明行为规范、职业道德"属于"失信"；[5] 有的观点将"丧失民事名誉"等同于"失信"；[6] 有的观点认为"信誉、商誉及社会责任的缺失"构成"失信"。[7] 上述观点从不同侧面揭示了"失信"的一些特点，但作为法制度来说，"失信"应该限定于法律领域，而不应涉入道德领域，违反职业伦理、文明行为规范、社会公德等不应纳入失信考量范围；进而，在交通安全领域，"失信"应该是对违反法定义务的行为人的一种信用评价。交通安全法秩序的安定性要求公共交通参与人遵循交通安全法秩序，这种法定义务除了保护其个人生命财产安全之外，还具有外部溢出效应，对他人生命财产安全以及公共财产安全具有责任，这种责任既是一种公共责任，也是一种法定责任。因此，交通安全领域的"失信"应该排除"丧失民事信誉"的内涵，而主要是"公法义务的违反及公共责任的缺失"。

第二个关键词是"联合"。多部门、多主体的信息共享并进行联合惩戒，导致失信行为人的失信成本成倍增长，以达到制裁失信行为人并预防失信行为发生的目的。在汽车普及的信息时代，交通安全领域违法行为人的违法成本较低，违法频率越来越高，机动车驾驶人违法违规现象普遍，超速超员、酒后驾驶、强行超车、疲劳驾驶、遮挡号牌、抢行加塞、开车使用手机等行为大量存在，造成大量的人身财产损失。全国人大常委会审议的道路交通安全法执法检查报告指出，近90%的人身伤亡交通事故是违法行为导致的，同时造成公共安全和公共财产

---

[5] 戴昕：《理解社会信用体系建设的整体视角：法治分散、德治集中与规制强化》，载《中外法学》2019年第6期。

[6] 沈毅龙：《公共信用立法的合宪性考察与调整》，载《行政法学研究》2019年第1期。

[7] 夏金莱：《金融领域失信联合惩戒制度研究》，载《法学评论》2022年第6期。

的巨大损失。[8] 显然，单个部门单一措施的制裁已经不足以遏制交通违法行为人的违法行为，因此，将违法行为通过一定的法技术转换为失信行为，多部门、多主体通过信息共享对失信行为人开展联合惩戒，更有利于遏制交通违法行为的发生，从而有效地维护交通安全法秩序。

第三个关键词是"惩戒"。交通安全失信联合惩戒主体采取限制性措施对失信主体进行制裁，这种制裁具有主客观上的双重性，主观上其目的是对失信主体进行报应性惩罚，客观上会对失信主体产生"减损其权益或增加其义务"的法效果。[9] 长期以来，交通违法行政处罚以及记分管理制度一直是交通安全领域具有惩戒性的成熟法制度，但针对某些交通违法行为的制裁力度仍不足以震慑违法行为人，因此将失信联合惩戒作为对这两种制度的补充，让违法行为人付出更多违法成本，有利于提升制裁效果和预防效果。

（二）交通安全失信联合惩戒制度的功能诠释

对交通安全失信联合惩戒制度的理解，不能拘泥于传统的行政行为论视角，因为其制度内涵十分丰富，远超传统的行政行为模式。交通安全失信联合惩戒并非单一行为形式，而是多种法制度的复数集合；也并非纯粹的外部行为，而是内外部行为相结合；也并非单一阶段的行为，而是多阶段行为的组合。所以，借助于行政过程论，将其视为一个有机整体，同时将该制度作为交通安全法治体系的重要一环，[10] 从其制度实际运行的现状进行分析，有助于厘清该制度的功能定位。

首先，交通安全失信联合惩戒制度是交通安全法治体系中的一种实效性保障制度，通过对交通安全参与主体失信行为的负面评价及制裁，强化对交通安全法秩序的维护。传统上维护交通安全法治体系的实效性保障制度包括交通违法行政处罚、记分管理两项，交通违法行政处罚是针对各种交通违法行为的制裁，而记分管理则是针对严重违法行为的预防和制裁，失信联合惩戒则是将重大违法行为以及一般违法行为累积到一定程度作为失信行为加以制裁。交通违法行政处罚、记分管理、失信联合惩戒形成一种针对交通违法行为危害社会的严重程度而形成的三级梯度制裁体系。从法治化程度来说，交通违法行政处罚与记分管理已经是较为成熟的行政法规制措施，失信联合惩戒则暂时还游离于行政与法治之间的地带，因而这种交通安全法治梯度制裁体系可以视为行政法规制措施与行政措施叠

[8] 王文硕：《近 90% 人身伤亡交通事故因违法行为导致》，载平安浙江网，http://www.pazjw.gov.cn/yaowen/201612/t20161223_2225735.shtml，最后访问时间：2023 年 10 月 9 日。

[9] 李洪雷：《论我国行政处罚制度的完善——兼评〈中华人民共和国行政处罚法（修订草案）〉》，载《法商研究》2020 年第 6 期。

[10] ［日］盐野宏：《行政法Ⅰ［第四版］行政法总论》，杨建顺译，北京大学出版社 2008 年版，第 56—58 页。

加而成。

其次，交通安全失信惩戒制度可以视为对现有交通违法行政处罚制度的功能补强。一方面，交通违法行政处罚对有些违法行为的处罚过轻，如对行人、乘车人、非机动车驾驶人违反道路通行规定的处警告或 5 元以上 50 元以下罚款。[11]由于制裁力度不够，遏制功能也就差强人意，如在外卖行业繁荣的背景下外卖员交通违法案件频发。以广州为例，2021 年网约配送行业交通违法查处量为 13 万宗，同比上升 278%，外卖行业电动自行车闯红灯（占比 40%）、不按车道行驶（占比 36%）、逆行（占比 16%）违法行为较为突出。[12]此时，交通安全失信联合惩戒可以弥补交通违法制裁和预防功能所存在的不足。另一方面，交通违法行政处罚存在滞后性。当今时代变化迅速，尤其技术领域的变革日新月异，出现了一些新型交通违法行为，如新能源技术、智能驾驶技术的出现与日益普及，交通安全领域出现了前所未有的问题需要应对，但交通违法行政处罚限于立法活动具有的滞后性，未能及时应对新兴技术带来的挑战。而失信联合惩戒制度因为其行政措施的性质，能够灵活、及时地应对新型问题与挑战，以弥补交通违法行政处罚在前沿领域所存在的空白。

最后，交通安全失信联合惩戒制度具有教育和预防功能。交通安全失信联合惩戒制度针对失信行为人施加联合惩戒，直接目的在于制裁，但同时为其提供信用修复机制，因而其最终目的在于教育、引导、督促其选择守法守信的行为方式，[13]预防其在以后再次作出违法、失信的行为，同时也教育、警醒、预防其他行为主体要守法守信，在全社会营造诚信守法共同维护公共交通安全的良好氛围。

（三）交通安全失信惩戒制度的运作机理

交通安全失信惩戒制度遵循"收集共享信息——确定失信等级——实施联合制裁——设置事后申诉救济"的运作逻辑。交通安全失信联合惩戒制度作为一个有机整体主要由四个相辅相成的具体内容所构成：收集共享交通安全失信信息，形成信息基础数据库；认定交通安全失信行为及其等级，确定惩戒的行为对象；实施交通安全失信联合惩戒措施，作出不同种类的制裁行为；设置事后申诉救济机制，对错误惩戒进行行政内部监督和纠正以保障当事人权利。其中，收集共享交通安全失信信息，是外部收集信息行为与内部部门间共享信息行为相结合的信息汇聚制度，且这些信息全部数据化形成数据库，作为后续实施失信联合惩戒措

---

[11]《道路交通安全法》第 89 条。

[12] 何生廷、卢婉珊：《去年广州电动自行车交通违法 112 万余宗，外卖骑手占 13%》，载《南方都市报》2022 年 3 月 27 日，第 8 版。

[13] 林彦：《信用惩戒制度对行政法治秩序的结构性影响》，载《交大法学》2020 年第 4 期。

施而采取的准备性行为；交通安全失信行为及其等级的认定，是确定惩戒的行为对象，这属于过程性行为；交通安全失信联合惩戒措施，是复数的行为形式，不仅存在多种类型的行政行为，还存在行政事实行为，其行为主体不仅有行政机关，还有事业单位、社会组织、企业等；事后申诉救济则设置了行政内部监督纠错机制。四个方面的内在逻辑具有一致性，是失信联合惩戒制度不可缺少的组成部分。

首先，建立制度基础——信息数据库的形成。失信联合惩戒措施高度依赖于行为主体的信用信息归集情况，因此交通安全信息数据的完整归集是制度基础。[14]交通安全失信信息归集一般包括两个内容：基础信息[15]和失信信息[16]。公安机关交通管理部门将机动车驾驶人、所有人基本信息叠加交通安全失信信息，便可以形成交通安全失信信息数据库。继而，公安机关交通管理部门将交通安全失信信息数据与同级的信用基础数据库联通共享、相互整合，可以建立对行为主体信用状况的"用户画像"。如今交通安全管理信息数据库已经十分强大，可以为开展数字化信用管理提供可靠的技术支撑。

其次，确定行为对象——交通安全失信行为认定及等级划分。交通安全失信联合惩戒的行为对象是交通安全失信行为，纳入制裁的行为不同是其从制度功能上独立于交通违法行政处罚和记分管理的关键。实践中纳入交通安全失信行为范围，主要是违反交通违法行为和少量的交通事故处理中的违约行为。交通安全失信联合惩戒纳入失信行为范畴的行为较为谨慎，限于"违法"和"违约"的传统模式，没有出现其他领域的泛道德化倾向。[17]关于交通安全失信行为认定方式有两种：一种是采用积分的定量法，公安机关交通管理部门将交通违法行为作为交通安全失信行为，除依法给予处罚外，采用累积记分的方式计算交通安全失信分值进行失信等级评价；另一种是采用定性法，公安机关交通管理部门将交通违法行为、交通事故发生后的不履行法定义务和约定义务的行为根据其严重程度直接规定为不同等级的交通安全失信行为。不论是定量还是定性，都会根据其失信严重程度区分不同的交通安全失信等级。交通安全失信等级则有三分法（一般、较重、严重失信），二分法（较重、严重失信），四分法（一般、较重、严重、特别严重失信）。

---

[14] 李振宁：《信用惩戒的特性及对地方立法的启示》，载《中共南京市委党校学报》2018年第2期。

[15] 基础信息包括机动车驾驶人、所有人基本信息。

[16] 失信信息主要包括机动车驾驶人、所有人交通违法处罚、交通事故信息以及在此基础上形成的交通安全失信信息内容、失信等级。

[17] 周海源：《失信联合惩戒的泛道德化倾向及其矫正——以法教义学为视角的分析》，载《行政法学研究》2020年第3期。

再次，实施惩戒措施——实施主体及行为类型。交通安全失信联合惩戒的实施主体非常广泛，既有公权力主体，也有私主体，还有介于公私之间的社会主体，机关事业单位、社会组织、行业协会、企业等都可能涵盖在内。[18] 失信联合惩戒措施种类繁多，一般会针对不同失信等级采取相应严重程度的惩戒方式。对于失信联合惩戒措施的法律性质，学界存在不同理解，代表性观点有"行政处罚说"（认为失信联合惩戒措施即行政处罚）[19]、"新型监管工具说"（认为失信联合惩戒是一种间接的、柔性化的管理方式）[20] 和"复合行为说"（认为失信联合惩戒措施是一种通过失信行为链接多个领域的复合惩戒行为）[21]。从交通安全失信联合惩戒措施来看，上述观点各有其道理。但以行政过程论观之，复合行为说更符合该制度的实际情况，但复合行为这一界定并未揭示该行为的法律性质，因此需要对失信联合惩戒措施进行类型化分析，明确其各类措施性质。措施的分类在学界和实务界各有不同，[22] 通行的分类方法是国家发改委、中国人民银行公布的《全国失信惩戒措施基础清单（2021版）》中采用的三分法：由公共管理机构依法依规实施的减损信用主体权益或增加其义务的措施、由公共管理机构根据履职需要实施的相关管理措施、由公共管理机构以外的组织自主实施的措施。[23] 该分类以实施主体作为分类标准，将公私法性质的措施并列，分类较为粗疏，不足以揭示各种措施的具体法律性质，而且目前交通安全领域存在一些前述分类不能涵盖的失信联合惩戒措施，因此本文不采纳这种分类法。根据其法律效果是否对相对人权益形成直接还是间接的不利影响以及不利影响的法律性质，交通安全失信联合惩戒措施可以分为四种（见表1）：（1）类行政处罚的惩戒措施，即具有行政处罚行为的逻辑结构与制裁效果的惩戒措施。[24] 此类惩戒措施符合《行政处罚法》第2条关于"行政处罚"的定义，也属于《行政处罚法》第9条所规定的行政处罚种类，涵盖声誉罚、资格罚、行为罚三种。（2）加重失信行为人公法义务的惩戒措施，即在某种行政执法活动中加重当事人的公法义务。此类措施虽然会在某种行政执法活动中加重失信行为人的公法义务，但并不构成一种独立的新义务，因此并非行政处

---

[18] 例如，《湖南省机动车驾驶人文明交通信用信息管理办法》规定的主体包括银行、教育、住建、交通运输、工商、保监等有关部门以及银行、保险、公路客运、旅游客运、校车服务、公路货运及危险化学品运输、工程运输、出租车等企业。

[19] 王锡锌、黄智杰：《论失信约束制度的法治约束》，载《中国法律评论》2021年第1期。

[20] 贾茵：《失信联合惩戒制度的法理分析与合宪性建议》，载《行政法学研究》2020年第3期。

[21] 陈国栋：《论违法行为的信用惩戒》，载《法学评论》2021年第6期。

[22] 门中敬：《失信联合惩戒措施的类型及行为属性》，载《山东大学学报（哲学社会科学版）》2021年第6期。

[23] 国家发改委、中国人民银行公布的《全国失信惩戒措施基础清单（2021年版）》规定了三类14种失信惩戒措施。

[24] 谭冰霖：《处罚法定视野下失信惩戒的规范进路》，载《法学》2022年第1期。

罚。[25]（3）减损失信行为人私法权益的惩戒措施，即在行政规范性文件中直接规定或者实施联合惩戒的部门责令私主体减损失信行为人的某种私法权益。此类措施虽然在个别领域中基于特殊目的比如金融安全的考虑由法律明确规定为监管措施，如《证券法》第 141 条规定国务院证券监管机构对虚假出资、抽逃出资的证券公司大股东可以责令其转让股权，但在大部分法域中基于公私二元论的立场，公权力尊重市场主体意思自治原则而不涉入私法权益。（4）无不利影响的管理措施，即对失信行为人权利义务不产生不利影响的惩戒措施。[26]

表 1 交通安全失信联合惩戒措施

处罚措施的性质	失信联合惩戒措施的具体内容
类行政处罚的惩戒措施	限制从业
	行业准入限制
	警告、通报批评、公开谴责
	公布交通安全失信信息
	责令停业整顿
	暂停或取消相关的职业资格或资质评定
	撤销行业荣誉称号
加重失信行为人公法义务的惩戒措施	从重处罚
	纳入重点监督检查对象
	增加许可条件
减损失信行为人私法权益的惩戒措施	内部批评教育或纪律处分，建议或责令处罚、转岗或解除聘用
	评优评先时应当作为不授予荣誉的重要依据
	限制贷款
	上浮保费
无不利影响的惩戒措施	不评文明单位

最后，设置救济机制——异议申诉与信用修复。各地普遍对失信行为人的权利救济设置了两种行政系统内部救济机制：对信息记录有误的异议申诉和对失信信息的信用修复。行政救济机制构成失信联合惩戒制度大厦的最后一块砖石，从

---

[25] 这里的"加重失信行为人的公法义务"，与《行政处罚法》第 2 条以"增加义务的方式予以惩戒"不同。行政处罚是针对违法行为给违法行为人增加一种新的义务作为制裁，而且这种义务是由《行政处罚法》予以定型化的。这里加重失信行为人的公法义务，是在某种执法活动中对其加重了一些义务，但没有增加新的义务，也不属于处罚的类型。

[26] 王伟：《失信惩戒的类型化规制研究——兼论社会信用法的规则设计》，载《中州学刊》2019 年第 5 期。

而形成制度闭环。（1）当事人可以向公安机关交通管理部门提出基本信息异议和失信信息异议的书面申请，公安机关交通管理部门应及时受理并核查，对符合条件应当更正记录。（2）交通安全失信行为人满足规定条件的可以进行信用修复。交通安全信用信息修复包括三种：第一种是自然修复，即交通安全失信信息所规定的有效期满后系统自动修复；第二种是救济修复，即经行政复议或行政诉讼，原处罚被变更或撤销，已不属于交通安全失信情形的，应当予以修复；第三种是奖励修复，即根据当事人为公益作出贡献的大小，可以对信用进行相应的修复，如参加文明交通志愿服务活动满一定时限、因见义勇为被市级以上表彰评为先进个人的等，可以对一般失信信用信息记录进行修复。

二、交通安全失信联合惩戒制度的问题检讨

实践中，交通安全失信联合惩戒制度存在诸多法治化不足的问题，需要展开深入检讨。有些问题是各个领域所共通的，[27] 但交通安全失信联合惩戒制度也存在诸多特殊问题。

（一）法律依据严重不足

有关交通安全失信惩戒制度的依据，中央层面主要是行政规范性文件，包括国务院及部委制定的指导意见与联合备忘录等政策文件，缺乏法律、行政法规、部门规章的直接依据。而在道路交通安全的专门立法领域，不论是法律还是行政法规、部门规章，[28] 都没有条款涉及公安交通安全领域的信用管理制度，甚至没有出现"信用"或"失信"的字眼。同样作为交通领域带制裁性措施的行政处罚、记分管理在《道路交通安全法》中具有明确的法规范依据，能够满足《立法法》《行政处罚法》《行政强制法》关于有关侵害国民权利行政行为的设定的法律位阶要求。相比之下，失信联合惩戒明显会对国民权利产生不利影响，尤其是多部门联合惩戒对国民权利的不利影响会呈几何级数倍增，但在设定上存在法律依据不足的问题。[29]

地方层面的行政规范性文件在第 1 条规定制定依据时列举五种上位规定：国务院有关失信联合惩戒制度的政策文件、《道路交通安全法》、公共信用信息管理的地方立法、地方有关失信联合惩戒的政策文件、实施《道路交通安全法》的地方性法规和地方政府规章。由于中央层面有关立法尚不完善，能够为各地在交通安全领域试行失信联合惩戒制度提供较为充足合法性依据的，应该主要是实施

---

[27]　吴堉琳、刘恒：《信用联合惩戒合作备忘录：运作逻辑、法律性质与法治化进路》，载《河南社会科学》2020 年第 3 期。

[28]　包括《道路交通安全法》《道路交通安全法实施条例》《道路交通安全违法行为处理程序规定》《道路交通事故处理程序规定》《道路交通安全违法行为记分管理办法》。

[29]　卢护锋：《信用惩戒滥用的行政法规制——基于合法性与有效性耦合的考量》，载《北方法学》2021 年第 1 期。

《道路交通安全法》的地方性法规。不过，这些地方性法规中只有少数涉及信用问题，大体可以分为两种情况：一种是规定将交通违法行为信息纳入征信管理但没有明确规定失信联合惩戒制度；[30] 另一种是明确规定了失信联合惩戒制度，并授权给市人民政府制定实施细则。[31] 即便如此，这些地方性法规并不能为当地交通安全失信联合惩戒制度提供充足的依据。根据地方性法规授权所制定的交通失信联合惩戒措施相关行政规范性文件，设定了诸如限制从业、责令停业整顿这类行政处罚措施，根据《行政处罚法》的规定，地方性法规具有这类处罚的设定权，但行政规范性文件则无权设定这类处罚。即使不将作为失信联合惩戒措施的限制从业、责令停业整顿视为行政处罚，则这类失信惩戒措施亦具有减损公民、法人和其他组织权利效果无疑，按照《立法法》的规定，则至少以效力位阶高于行政规范性文件的地方政府规章来执行地方性法规的授权，才能勉强满足《立法法》的要求。[32]

实际上，这些行政规范性文件设定了广泛的失信联合惩戒措施，既有针对人的，也有针对车的，既有处罚性质的，也有纪律处分性质的；且不是单一部门、行业、单位实施的惩戒，而是涉及跟交通安全管理有关系的几乎所有部门以及相关行业联合实施的惩戒，是一种全面系统的惩戒，一旦纳入失信联合惩戒名单，对当事人的权利义务就会产生巨大的不利影响，比纯粹的行政处罚还严重许多。在社会连带主义公法哲学看来，人总是处于社会相关联系之中的个体，[33] 现代人的生存生活高度依赖于人际联系及市场交换基础上所提供的物质条件与发展机会，因此国家与社会对个人的生存照顾构成现代人的基本权利，一些失信联合惩戒措施会限制个人从国家与社会获得生存照顾的机会，[34] 从而对当事人的基本权利构成限制，如对交通安全严重失信人员进行广泛的从业限制将对其劳动就业权构成限制。然而，这种失信联合惩戒的依据最多也仅仅是地方性法规的一种概括性授权，大多数地方则连地方性法规的概括性授权也不存在，只有行政规范性文件的依据。自从奥托·迈耶为控制行政权侵害公民权利的恣意性而引入法律保留原则以后，[35] 限制公民基本权利的行政行为即要求具有法律根据已成为共识，涉及

---

[30] 如《汕头经济特区道路交通安全条例》第77条。

[31] 如《南京市道路交通安全条例》第53条、《太原市道路交通安全管理条例》第56条，两地市政府分别据此制定了《南京市文明交通信用管理实施细则》和《太原市交通失信行为联合惩戒办法（试行）》。

[32] 彭錞：《失信联合惩戒制度的法治困境及出路——基于对41份中央级失信惩戒备忘录的分析》，载《法商研究》2021年第5期。

[33] 狄骥：《宪法学教程》，王文利等译，辽海出版社、春风文艺出版社1999年版，第6页。

[34] 陈新民：《公法学札记》，中国政法大学出版社2001年版，第47—48页。

[35] ［德］奥托·迈耶：《德国行政法》，刘飞译，商务印书馆2002年版，第66—72页。

基本权利限制的失信联合惩戒措施不能例外，应该具有法律的明确授权。可见，交通安全失信联合惩戒措施欠缺较多的合法性基础。

（二）失信行为范围认定及等级标准差异较大

首先，交通安全失信行为的范围存在宽泛且不一致的问题。其一，有些地方的交通安全失信行为的认定有些宽泛，容易对相对人权益造成过度限制。比如，一些地方会将行人多次通过路口或横过道路、不走人行横道或过街设施的行为、行人多次闯红灯列入失信行为。交通违法行为在经过行政处罚和扣分之后，当事人已经为其交通违法行为受到相应制裁而付出了相应成本，如果再纳入交通安全失信行为范围进行联合惩戒，就可能导致过罚不相当而违反比例原则。[36] 又如，一些地方将交通事故处理之后应该承担赔偿责任但违约的一方纳入交通安全失信行为的范围。违约行为会产生违约责任，对守约方来说有法定的民事救济途径，失信惩戒主要是各行政主体的联合惩戒，如果将合同违约方未经司法救济之前就纳入行政制裁的范围，则会导致行政制裁逾越其维护行政法秩序的功能范围，而过度延伸到民法秩序之中，僭越了行政权的权限。[37] 其二，各地一般以列举方式对交通安全失信行为进行认定，但各地对认定范围不统一。同一行为在 A 地不属于失信行为，而在 B 地则属于失信行为，造成交通安全领域同一行为在各地产生不同的信用评价。交通安全失信行为的认定范围不一致，不仅会损害各地政策的权威性、统一性，也会对汽车文明时代活动半径大、流动性大的国民造成很大的困扰，也不利于国内统一大市场的形成，大大增加国民生活成本，增加社会的整体交易成本。

其次，各地交通安全失信等级及其分类标准差异较大。总体来说，各地都是根据交通违法行为的单次及累计的危害后果、受行政处罚的严重程度来区分失信等级的。从划分模式上看主要有定量和定性两种，定量是累计信用分数来确定失信等级，定性则是在一定失信等级下列举相应的失信行为。但不论是定量还是定性，其相互间的差异都比较大。其一，同样采用定量方法，有的地方划分为一般、较重、严重、特别严重失信四档，有的地方则只划分为失信、严重失信两档。以超速为例，"机动车行驶超过规定时速百分之五十以上的"，有的地方规定"一次记 20 分"，20 分在"一般失信"分值之内；有的地方则规定"一次记 60 分"，达到"严重失信"分值了。[38] 其二，同样采用定性方法，且失信等级都分一般、较重、严重三档的地方，以酒驾为例，"饮酒、服用国家管制的精神药品或者麻醉

---

[36]　卢护锋：《信用惩戒滥用的行政法规制——基于合法性与有效性耦合的考量》，载《北方法学》2021 年第 1 期。

[37]　谭冰霖：《处罚法定视野下失信惩戒的规范进路》，载《法学》2022 年第 1 期。

[38]　《太原市交通失信行为联合惩戒办法（试行）》第 17 条和《大连市文明交通行为信用管理办法》第 12 条。

药品后驾驶机动车",纳入"较重失信行为"或"一般失信行为"的都有;以危险驾驶犯罪为例,"构成危险驾驶罪的",纳入"严重失信行为"或"较重失信行为"的都有。[39]

《国务院关于建立完善守信联合激励和失信联合惩戒制度加快推进社会诚信建设的指导意见》中强调"对重点领域的严重失信行为进行联合惩戒",因此各地一般将划定为较重、严重交通安全失信行为才纳入联合惩戒的范围,而对一般交通安全失信行为的主体只是予以提醒、教育。从表面来看,由于立法者的主观认识和各地交通安全管理的实际情况存在差异,各地对失信等级及其划分标准不太一致,导致同一种失信行为在各地产生的信用评价后果出现较大差异,这既不利于法制统一,也不利于国民预期的稳定性,难以引导国民形成统一的诚信交通行为模式。从实质来看,失信行为的范围及等级划分不一致是欠缺对失信行为的统一要件认定标准所造成的,目前对失信行为的规范供给存在不足,存在以违法和违约界定失信的倾向,违法行为与违约行为在公法和私法的领域中都已经实现要件定型化,不论是单独以违法或违约还是同时以违法加违约来界定失信行为,都不足以揭示失信行为的本质。这是造成失信行为认定差异巨大的根本原因。[40]

(三)联合惩戒措施定性模糊且行为法根据不足

交通安全失信联合惩戒措施的种类繁多,但定性模糊,其法律性质需要逐一厘清。

1.类行政处罚的惩戒措施

凡是直接对外部相对人带有制裁性后果的失信联合惩戒措施都可以归入此类。首先,公布失信信息、警告、通报批评、公开谴责这类失信联合惩戒措施,从《行政处罚法》的规定来看,警告、通报批评属于明确规定的处罚种类,而关于公布失信信息、公开谴责的法律性质在学界有两种不同观点。一种认为,"列入乃至公示黑名单,实际上是事实行为,而非作为法律行为的行政处罚"。[41]另一种认为,在性质上可以归属于通报批评这类行政处罚。[42]公布失信信息、公开谴责,纳入失信联合惩戒措施,制度设计上存在惩戒目的;从法律后果上来说则具有类似声誉罚的后果,会对当事人的声誉产生不利影响,降低当事人的社会评价,提高当事人从事市场活动、社会活动的交易成本,并会显著减少当事人

---

[39] 《湖南省机动车驾驶人文明交通信用信息管理办法》第8条、第9条和《洛阳市文明交通信用管理暂行办法》第6条、第7条。

[40] 谭冰霖:《处罚法定视野下失信惩戒的规范进路》,载《法学》2022年第1期。

[41] 王贵松:《论行政处罚的制裁性》,载《法商研究》2020年第6期。

[42] 朱芒:《作为行政处罚一般种类的"通报批评"》,载《中国法学》2021年第2期。

的交易机会。[43] 因此，本文认为公布失信信息、公开谴责应该属于行政处罚中的声誉罚。

其次，从业限制、行业禁入，这是对失信行为人的资格限制。前者如有的地方规定"各党政机关招录公务员、工勤人员，对有特别严重交通失信记录，被依法列为失信联合惩戒对象的，事业单位招聘工作人员时不得录用"。[44]《公务员法》第 26 条规定"被依法列入失信联合惩戒对象的，不得录用为公务员"，因此对列入失信联合惩戒对象的在公务员行业禁入有法律依据，但在机关招录工勤人员和事业单位招聘工作人员时也实施行业禁入，并无法律依据，尤其是工勤人员如果不是司机岗，其交通安全失信行为与其从事工勤工作（如保洁、后厨、园艺之类的工作）并不会存在实质性关联，对其实施这种广泛的职业禁入构成过度限制从业，涉嫌对当事人劳动就业权这种基本权利进行不当限制，违反了《国务院办公厅关于进一步完善失信约束制度构建诚信建设长效机制的指导意见》（以下简称《完善失信约束制度指导意见》）规定的对失信行为认定的"关联性"；后者如有的地方规定"公安机关交通管理部门对未落实交通安全主体责任达到较重失信、严重失信的客货运运输企业及共享单车企业，停办相应车管业务"[45]。如果车管业务[46] 停办，对运输企业和共享单车企业的影响很大，会极大地削弱其市场竞争力，直接对企业生存形成威胁，可能导致企业无法经营下去。从性质上来说，机动车登记属于行政许可，"不得申请行政许可"按照《最高人民法院关于行政案件案由的暂行规定》（法发〔2020〕44 号）的规定属于行政处罚范畴，申请许可的目的是取得某种资格，禁止申请许可实质上构成对资格的限制，虽然其发生在相对人取得资格之前，《行政处罚法》所规定的吊销或暂扣许可证是发生在取得资格之后，发生时间上的差异并不影响实际效果的差异，一样具有行政制裁性。因此，限制从业、行业禁入都可以归入《行政处罚法》所规定的处罚种类。

再次，责令停业整顿，这是对失信行为人的生产经营活动进行暂时性限制。特定行业的机动车驾驶员出现严重失信行为，则责令其所属企业停业整顿，[47] 命令失信行为人停止生产经营一定时间，带有明显的制裁性，属于《行政处罚法》中所规定的"责令停产停业"行政处罚种类。

---

[43]　如《太原市交通失信行为联合惩戒办法（试行）》第 23 条规定了按照失信程度定向公布失信信息制度。

[44]　《太原市交通失信行为联合惩戒办法（试行）》第 24 条第 2 款。

[45]　《南京市文明交通信用管理实施细则》第 34 条第 2 款。

[46]　车管业务包括车辆的注册登记、转移登记、抵押登记、注销登记、车辆检验等业务，即凡是与车辆管理相关的业务均属于车管业务。

[47]　《南京市文明交通信用管理实施细则》第 35 条。

最后，撤销行业荣誉称号。[48] 行业荣誉称号如果是行政主管部门颁发的，则是一种行政奖励，该奖励被撤销并非因为行为人在获得该奖励时存在瑕疵，而是因为行为人被列入交通安全领域的严重失信人，那么撤销该荣誉称号就具有褫夺荣誉称号的制裁性。如果行业荣誉称号是行业协会颁发的，则是否撤销属于行业自治的范畴，由行业协会自主决定，不属于行政机关实施的失信惩戒范畴。[49]

上述几种交通安全失信联合惩戒措施，其性质应该属于行政处罚，然而均由行政规范性文件设定，不能满足《行政处罚法》对设定行政处罚的法律文件的位阶要求，《行政处罚法》第 16 条明确禁止行政规范性文件设定行政处罚。[50] 这些法律性质属于行政处罚的制裁措施，以失信惩戒措施之名逸出《行政处罚法》的规范制约之外，也没有其他行政行为法上的授权，[51] 不能满足法律保留原则的要求，无助于交通安全领域信用管理制度的完善。[52]

2. 加重失信行为人公法义务的惩戒措施

首先，纳入重点监管对象。将交通安全失信行为人纳入重点监管范围，主要方式包括列为重点监管对象和适当提高抽查比例或频率。[53] 这种措施侧重于对交通安全领域的风险预防，常态化的日常监督检查还位于行政管理过程的前端，未对相对人的权利产生实际影响，只是相对其他市场主体而言失信行为人增加了忍受义务，但这是为了预防交通安全风险、保护公益所必要的，也并未超过合理限度。

其次，增加许可条件。驾驶证审验属于行政许可，《机动车驾驶证申领和使用规定》中规定了驾驶证审验的条件，有的地方在这些条件之外针对失信行为人又增加了一些额外条件，"上道路行驶的机动车未悬挂机动车号牌，或者故意遮挡机动车号牌的"构成一般交通安全失信行为，如果被交通处罚 1 次，需要参加不少于 4 小时的学习、警示教育及路面执勤才能办理驾驶证审验。[54] 按照《行政许可法》第 16 条规定，下位法只能对上位法规定的许可条件进行具体规定，不能增设许可条件。而未悬挂号牌或遮挡号牌这种交通违法行为并不构成《机动车驾驶证申领和使用规定》所规定的驾驶证审验的限制性条件，因而该规定在事实

---

[48] 《湖南省机动车驾驶人文明交通信用信息管理办法》第 14 条。

[49] 张晓莹：《行政处罚视域下的失信惩戒规制》，载《行政法学研究》2019 年第 5 期。

[50] 《行政处罚法》第 16 条规定："除法律、法规、规章外，其他规范性文件不得设定行政处罚。"

[51] ［日］盐野宏：《行政法 I［第四版］行政法总论》，杨建顺译，北京大学出版社 2008 年版，第 46—47 页。

[52] 刘筱童、李永明：《知识产权领域失信主体行政性惩戒制度问题研究》，载《知识产权》2021 年第 5 期。

[53] 贾茵：《失信联合惩戒制度的法理分析与合宪性建议》，载《行政法学研究》2020 年第 3 期。

[54] 《南京市文明交通信用管理实施细则》第 34 条第 1 款。

上构成增加了驾驶证审验的条件。

最后，从重处罚。有的地方将较重、严重交通安全失信记录作为对行为人交通违法处罚的固定从重情节，[55] 这实际上是将较重、严重交通安全失信记录作为交通违法处罚必须从重处罚的裁量因素。《行政处罚法》《道路交通安全法》及其配套的行政法规、部门规章都没有规定交通行政处罚的从重情节，只有少数实施《道路交通安全法》的地方性法规中规定了从重处罚的原则性规定，如"对严重妨碍道路交通秩序、危害公共安全的违法行为，从重处罚"，[56] 着重考虑的因素是本次交通违法行为社会危害后果的严重性。如前所述，较重、严重交通安全失信行为的评价是根据之前发生过的交通违法行为的单次及累计的危害后果、处罚的严重程度来评价的，而且有些危害后果不严重的交通违法行为累积到一定次数也会被列入较重交通安全失信行为，这种情形下行为人因为一次危害后果较轻、违法情节也较轻的交通违法行为，却被公安机关交通管理部门在法定幅度内从重处罚，将会构成行政处罚明显不当。因此，对较重、严重交通安全失信行为人的交通违法行为一律从重的规定，有欠妥当。

3. 减损失信行为人私法权益的惩戒措施

公安机关交通管理部门对交通安全失信行为人进行信用评价、进行联合惩戒，是一种公法行为，其直接法律效果应限于影响行为人公法上的权益。但各地的文件多将这种法律效果延伸到私法关系中，强制要求一些私主体参与到对交通安全失信行为人的联合惩戒中，明显超越了公私法的界限。[57]

首先，介入企业、社会组织的人事管理。有的地方规定一系列交通运输企业的驾驶员如果有较重、严重失信记录，则主管部门应该责令企业予以内部处罚、转岗乃至解聘。[58] 司机与企业之间是劳动关系，企业对司机进行招聘、管理、解聘，属于企业自主经营权范围，行政机关建立的交通安全信用体系对驾驶员的信用评级，只具有给企业提供内部管理参考的功能，企业有权自主决定是否给予驾驶员内部处罚、转岗乃至解聘。主管部门责令企业对其所属的较重交通安全失信人进行具体的人事处理，属于干预企业经营自主权。相比较而言，有的地方规定的是主管部门"建议"企业对有关交通安全失信行为人进行内部处罚、转岗、解聘，[59] 则较为合适。另外，还有的地方试行文件要求企事业单位、社会组织、行业机构不给交通安全失信行为人评优评先，[60] 其逻辑类似。

---

[55]《南京市文明交通信用管理实施细则》第 34 条第 1 款。

[56]《珠海经济特区道路交通安全管理条例》第 67 条第 3 款。

[57] 赵一平：《论违法行为失信惩戒的基准》，载《征信》2021 年第 7 期。

[58]《南京市文明交通信用管理实施细则》第 30 条第 2 款。

[59]《太原市交通失信行为联合惩戒办法（试行）》第 25 条第 2 款。

[60]《南京市文明交通信用管理实施细则》第 26 条。

其次，银行限制贷款、上浮贷款利率及保险上浮保险费率。大多数地方试行文件都规定了这类失信联合惩戒措施。[61] 银行、保险公司都是非常重视信用的市场主体，其内部本有一套针对客户的信用评价机制，政府公共信用系统对银行、保险筛选客户具有重要的参考价值，政府公共信用系统的信用评价也必定构成其对客户进行内部信用评价需要考虑的一个重要因子，但银行、保险在进行市场化经营时还需要综合考虑客户的其他情况，并不一定会仅仅根据其交通信用情况便对其限制贷款或上浮保险费率，如一个人因为存在严重的交通违章而被纳入交通安全严重失信名单，就一定会不给或少给其发放房贷。这两者之间并不存在必然的相关性，而且这是市场主体自主经营权范围的事项，行政干预有越俎代庖之嫌。

4. 无不利影响的惩戒措施

存在不评为文明单位这种拒绝给付的失信联合惩戒措施。[62] 文明单位评比是一种行政奖励，该奖励条件是主管行政机关设定的，获得奖励并非法定权利，拒绝将严重交通安全失信行为人评为文明单位，属于行政机关的职权范围，并不对当事人减损权益或增加义务，不能归属于行政处罚。相反，维护交通安全应属于文明单位的基本公共义务，将拒绝授予文明单位奖励列入交通安全失信联合惩戒措施并无不当。[63]

（四）程序规制和救济机制明显欠缺

首先，交通安全失信联合惩戒程序规制缺失。交通安全失信联合惩戒的基本程序应该包括：失信信息收集、共享和公布程序和失信惩戒实施程序。其一，失信信息收集、共享和公布程序，缺少当事人的参与。[64] 交通安全领域的失信信息由公安机关交通管理部门收集、分类整合，然后共享给同级公共信用平台，再由公共信用平台对外公布。综观各地的试行文件，并无有关交通安全失信行为人参与其中的程序制度设计。从正当程序的基本法理来说，任何人在受到不利处分时应该有权知晓并提出申辩意见。[65] 因此，这个过程至少有两个环节应该告知当事人并听取当事人意见：一是公安机关交通管理部门将交通安全失信行为人列入失信记录并进行失信等级评定时，应该告知当事人认定结果及其理由；二是公共信用平台在对外发布交通安全失信行为人的失信信息时，应该告知当事人公布的内容、方式和范围，并听取当事人意见。因为这两个环节会对当事人的权利产生不利影响并具有持续性的不利后果。但很遗憾，这两个告知程序在目前各地的试行文件中都是缺失的。其二，失信惩戒实施程序。在各地规定交通安全失信联合惩

---

[61] 《江苏省机动车驾驶人文明交通信用管理办法（试行）》第 15 条、第 16 条。

[62] 《洛阳市文明交通信用管理暂行办法》第 12 条。

[63] 张晓莹：《行政处罚视域下的失信惩戒规制》，载《行政法学研究》2019 年第 5 期。

[64] 杨丹：《失信惩戒对象的程序权利研究》，载《河南社会科学》2020 年第 3 期。

[65] ［日］南博方：《行政法》，杨建顺译，中国人民大学出版社 2009 年版，第 97—98 页。

戒的文件中，均仅规定了对交通安全失信行为人实施失信联合惩戒的具体措施，而并无实施程序的规定，也无准用性规定。比如，那些可以归类为行政处罚的失信惩戒，是否准用《行政处罚法》所规定的基本程序，并无规定。因而在实务中，失信联合惩戒实际上是由实施部门采用任意程序开展的。

其次，交通安全失信联合惩戒救济机制存在不足。目前各地大都规定了交通安全失信行为人可以采取信用修复和异议申诉两种方式进行救济，但这两种救济方式在实践中存在一些问题。其一，信用修复程序不完备。信用修复分为自然修复、救济修复和奖励修复三种，但各地规定不一致。有的规定了两种修复方式，有的规定了三种修复方式。因交通安全失信记录有效期时间的规定各地也不一致，因此交通安全失信记录自然修复时间也不一致。有的详细规定了修复流程，有的对修复流程的规定较为简略，欠缺一些基本程序规定，如对奖励修复，一般只是规定了奖励修复的条件，但这些条件如何操作才能满足以及当事人满足条件后如何申请办理的具体程序都没有明确规定。交通安全失信联合惩戒对当事人的权益影响非常大，因此信用修复应该做到及时，避免当事人列入失信名单时间过长，而造成过度制裁。其二，异议申诉程序缺乏监督，失信惩戒措施缺乏有效救济。各地试行文件针对基本信息和失信信息的记录大都规定了较为详细的异议申诉程序，主要内容包括申请人、异议条件、受理部门、受理期限、答复期限、答复结果、结果告知方式等。但是，失信行为人对异议结果是否可以提起行政复议或行政诉讼，各地文件均没有明确的规定；同时，失信行为人对失信惩戒措施是否可以提起行政复议或行政诉讼，也缺乏明确规定。因此，司法实践中在交通安全领域因为不服列入失信名单、不服失信惩戒措施或不服异议申诉结果提起行政诉讼的案件尚未出现，在其他领域不服失信联合惩戒措施的行政案件也较少。[66]由于失信联合惩戒相关法律性质在理论上和司法实践中都缺乏统一认识，各地法院的裁判结果也各不相同。例如，对于列入失信名单的行为，有的法院认为是内部行为，有的法院则认定其为实际影响相对人权利的外部行为；对于失信联合惩戒措施，有的法院认为其不是行政行为因而不可诉，有的法院认为是行政主体实施的失信惩戒措施是行政处理因而可诉。[67]

三、交通安全失信联合惩戒制度的完善路径

交通安全失信联合惩戒制度作为道路交通安全信用体系的一个核心组成部分，具有重要的实效性保障功能，[68]从目前各地试行文件内容来看，需要从定位、

---

[66]　在"中国裁判文书网"上，以"行政案件"+"失信惩戒"或"失信联合惩戒"作为关键词搜索，只查到2个对失信惩戒措施进行合法性审查的案件的裁判文书。

[67]　彭錞：《失信联合惩戒行政诉讼救济困境及出路》，载《东方法学》2021年第3期。

[68]　［日］盐野宏：《行政法Ⅰ［第四版］行政法总论》，杨建顺译，北京大学出版社2008年版，第147—148页。

依据、主体、认定、措施、程序等方面进行完善，方能实现其法治化。

（一）明确公法定位

交通安全失信联合惩戒制度，是对交通安全失信行为人的一种制裁，对于保障交通安全领域信用体系得到切实实施具有重要保障功能。但是，从目前的各地试行文件来看，交通安全失信联合惩戒制度对国民权利具有广泛限制，而且这种限制很可能会达到非常严重的程度，其不利法律后果甚至会超过作为国家正式制裁体系的行政处罚乃至某些较轻的刑事处罚，因此需要将其纳入法治轨道，提升其规范性，约束其宽泛性，在建设公共信用体系与保障公民权利之间达到一种均衡。

交通安全失信联合惩戒制度与交通违法行为行政处罚制度、记分管理制度共同构成交通安全领域的实效性保障制度体系，旨在维护交通安全秩序、预防和减少交通事故、保护公民人身财产安全。交通违法行为行政处罚制度，是这种实效性保障制度的核心。[69] 除行政处罚制度之外，《道路交通安全法》规定对机动车驾驶人的交通违法行为，实行累积记分制度。记分管理制度是当机动车驾驶人实施了交通违法行为，公安机关交通管理部门在对交通违法行为人进行行政处罚的同时，根据该行为危害程度通过记分制度进行综合评价，当累积到一定分值时对交通违法行为人作出相应限制的一种管理措施。记分管理制度是附随于交通行政处罚的，是对交通行政处罚的一种补充，虽然不是行政处罚，以管理教育引导为主，但也同样具有一定的制裁性，其自 2004 年实施以来对遏制严重违法行为、预防和减少重特大道路交通事故发挥了重要作用。[70] 交通安全失信联合惩戒制度的定位也应该是对交通行政处罚的一种补充，是对交通违法行为人进行行政处罚和记分管理的同时，对其信用进行分级评价，当累积到一定程度时对其作出相应失信联合惩戒的一种管理措施，其跟行政处罚和记分管理一样具有制裁性，而且这种制裁不仅仅限于公安机关交通管理部门，还会被其他机关联合实施。交通安全失信联合惩戒，跟交通行政处罚一样针对交通违法行为人的交通违法行为，但不同之处是其也会将交通事故中违反公法义务和公共责任缺失的表现纳入评价范围；跟记分管理制度一样是针对交通违法行为人的累计表现进行评价，但不同之处是失信联合惩戒是多个行政主体一起应用评价结果，记分管理制度只是公安机关交通管理部门单独应用评价结果。学界存在一些质疑观点认为失信联合惩戒有违《行政处罚法》所规定的"一事不再罚"原则，但其制裁的行为对象与交通违

---

[69]　杨建顺：《权力的规则》，北京大学出版社 2017 年版，第 158—160 页。

[70]　《〈道路交通安全违法行为记分管理办法（征求意见稿）〉等 3 个部门规章公开征求意见的公告》，载公安部网站，https://www.mps.gov.cn/n2254536/n4904355/c7752678/content.html，最后访问时间：2023 年 10 月 10 日。

法行政处罚并不一样。[71]交通违法行政处罚制裁的是一次交通违法行为，失信联合惩戒制裁的是基于一次或多次交通违法行为被处罚或者违反交通事故处理中的公法义务而导致的失信行为，因此可以认为不违反"一事不再罚"原则。[72]

可见，交通违法行为人违反了交通行政法秩序，会受到公安交通行政机关对其进行行政处罚、记分管理的双重制裁，再加上失信联合惩戒，已经将其交通违法成本提到了前所未有的高度。如果将行使失信联合惩戒的权力赋予行政主体以外的组织或企业，与交通违法行为人所违反的交通行政法秩序所应该承担的行政法责任的性质并不一致，会导致交通违法行为人的责任过于泛化，混淆行政法责任、民法责任，这与我国现行公私二元法体系不协调，也有违过罚相当原则。[73]因此，交通安全领域的失信惩戒制度的首要目的在于维护《道路交通安全法》所确立的交通行政法秩序，其应该定位为一种带有制裁性的行政管理措施，只有跟公安交通行政机关一样的行政主体才能联合实施，其他不是行政主体的组织、企业等不应该具有实施失信联合惩戒的权力。[74]

（二）提升立法位阶充足法律依据

整体来说，目前设定交通安全失信惩戒措施的大多是行政规范性文件，不足以为其提供权威、稳定的法律依据，容易在实施过程中受到各种质疑，因此，充实其法律依据是非常必要的。进言之，将失信惩戒措施纳入现行法框架，成为道路交通安全法规范体系的一个组成部分，该制度才具有充足的正当性法律基础。《完善失信约束制度指导意见》中强调在社会信用体系建设工作推进和实践探索中，要把握的第一条重要原则就是"严格依法依规"，失信惩戒"必须严格在法治轨道内运行"。作为依法律行政的核心要义的法律保留原则，要求行政机关在作出行政行为时不仅应具备组织法规范依据，同时也必须具备行为法规范根据，且该法规范应出自民意机关制定的法律文件。[75]因此，应该在法律层面充足交通安全失信惩戒措施的合法性根据。

一方面，应该在《道路交通安全法》中明确规定交通安全领域信用管理制度及失信惩戒制度，可以通过授权立法的方式交由行政法规或省级地方性法规对交通安全失信联合惩戒制度进行具体规定，将失信联合惩戒中的核心问题进行统一

---

[71] 李振宁：《信用惩戒的特性及对地方立法的启示》，载《中共南京市委党校学报》2018 年第 2 期。

[72] 张晓莹：《行政处罚视域下的失信惩戒规制》，载《行政法学研究》2019 年第 5 期。

[73] 李声高：《失信治理连带责任的法理质辩与规则适用》，载《法学杂志》2019 年第 2 期。

[74] 陈小君、肖楚钢：《失信惩戒法律规则的缺失与完善》，载《中南民族大学学报（人文社会科学版）》2021 年第 2 期。

[75] ［日］盐野宏：《行政法Ⅰ［第四版］行政法总论》，杨建顺译，北京大学出版社 2008 年版，第 44—47 页。

规定，如交通安全失信行为的含义、范围、失信等级及分级标准、失信联合惩戒措施的种类、实施失信联合惩戒的程序以及救济程序等。有关失信联合惩戒制度的这些重要问题必须由具有高位阶的法律法规予以规范，才能防止各地规定不一致甚至相互矛盾的现象，从而建立和维护失信联合惩戒制度的权威性。

另一方面，交通安全失信联合惩戒制度是一种联合惩戒，其制裁性比记分管理制度、交通行政处罚制度有过之而无不及，其设定应该遵循法律保留原则。有关公民基本权利的限制，应该遵守《立法法》有关立法保留的规定，由法律进行设定；[76] 对于公民、法人或其他组织减损权利或增加义务的其他措施，应当由法律、行政法规或者地方性法规规定。同时，应该区别不同性质的失信联合惩戒措施的设定，对属于行政处罚的，应当遵循《行政处罚法》有关行政处罚的设定，由法律、行政法规、地方性法规、行政规章按照各自法定权限进行设定和规定。有关许可的失信联合惩戒措施，应该遵守《行政许可法》的规定。除了与上位法保持一致遵守合法性原则之外，失信联合惩戒措施的设定应该遵循比例原则，制裁性与交通违法行为的危害后果相协调，不能为了达到管理目的而过度侵害当事人的合法权益。[77]

《完善失信约束制度指导意见》明确强调，"任何部门（单位）不得以现行规定对失信行为惩戒力度不足为由，在法律、法规或者党中央、国务院政策文件规定外增设惩戒措施或在法定惩戒标准上加重惩戒"。鉴于目前各地主要以行政规范性文件作为载体，为了保障法制统一性，对各地制定的行政规范性文件应该及时清理，对其进行内容的合法性以及合理性审查，防止越权制定失信联合惩戒措施以及滥用失信联合惩戒措施。同时，应该尽快修改道路交通安全相关地方性法规，在其中增加有关失信惩戒的条款，为当地的交通安全失信联合惩戒制度提供法规依据。

（三）统一失信行为的要件认定及分级标准

当前各地交通安全失信联合惩戒措施关于失信行为要件认定、失信等级划分及分级标准不太一致，最好能以行政法规的形式将其予以统一，同时授权各地的地方性法规可以基于统一的分级标准对失信等级中的具体失信行为因地制宜进行增减。

首先，关于交通安全失信行为要件的认定。交通安全失信联合惩戒制度是一种公法制度，因而应将交通事故中不履行民事义务的违约行为排除出失信行为。

---

[76] 周海源：《失信联合惩戒的泛道德化倾向及其矫正——以法教义学为视角的分析》，载《行政法学研究》2020 年第 3 期。

[77] 李振宁：《信用惩戒的特性及对地方立法的启示》，载《中共南京市委党校学报》2018 年第 2 期。

同时，交通安全失信行为应该不同于交通违法行为，因此需要建构与交通违法行为有本质区别的构成要件。交通违法行为本质是违反交通安全法秩序，交通安全失信行为则重在违反诚实信用义务，但这种诚实信用义务并非私法上的诚实信用义务，也并非公法上的行政主体所应该遵守的诚实信用义务，而是公法上的私人应该遵守的诚实信用义务，是一种私人的公义务。[78] 从社会连带主义公法哲学来说，既然人总是社会中的人，人们的生存生活总是相互联系相互依靠，则个人对他人对社会负有守信义务，[79] 当这种社会性义务被法定化之后就成为私人的一种公共责任。交通安全是一种典型的公共事务，私人色彩较弱，在交通安全法秩序中严重违反交通安全法秩序将会危害他人利益和公共利益，因此私人负有大量的公共责任。基于此，本文将交通安全失信行为要件认定为行为人"违反法定义务且公共责任缺失"的行为。

一方面，交通安全失信行为应该是行为人违反法定义务的行为，而不仅仅是违反公德的行为。失信行为人所违反的法定义务，包括交通安全管理规范和交通事故处理规范中的公法义务。[80] 另一方面，交通安全失信行为在违反公法义务的同时造成公共责任的缺失。失信行为天然包含了一种道德判断在其中，但并非宽泛的道德规范，而是被纳入法律规范的公共责任，即那些对公共交通安全的维护具有重要意义的规则。比如，购买新车因疏忽未及时悬挂机动车牌号，这种交通违法行为并未直接对本人、他人以及公共利益形成威胁，其公共责任属性不强，因此可以不纳入失信行为；但是，如果长期或多次未悬挂机动车牌号，则可以推定在主观上具有逃避监管破坏公共交通安全秩序的故意，目的多是逃避交通摄像监控以方便交通违章，从而危害交通安全，构成了公共责任的缺失，应纳入失信行为。因此，作为判断违反公法义务且公共责任缺失的标准包括两个内容：一是违反公法义务的单一行为是否具有严重危害公共交通安全的后果，如醉酒驾驶危害公共安全；二是违反公法义务的多次行为累积之后，其影响是否显著超出个人影响的范围达到了严重危害公共交通安全的后果。[81] 屡教不改的违法行为人信用不良符合社会的一般信用观念，同时将屡教不改者纳入失信惩戒可以弥补交通行政处罚未对屡教不改者从重处罚的不足。另外，不宜在失信行为要件中增加行为人的主观因素，因为失信联合惩戒作为行政制裁实施的频率非常高，从提高行政效率的角度考虑，可以像《行政处罚法》那样采取过错推定的原则。[82] 如此，可以从制裁的行为对象上，将交通行政处罚、记分管理、失信联合惩戒三者的不

---

[78] ［日］杨建顺：《日本行政法通论》，中国法制出版社1998年版，第190—191页。

[79] 狄骥：《宪法学教程》，王文利等译，辽海出版社、春风文艺出版社1999年版，第6—7页。

[80] 柯林霞：《失信惩戒制度下失信行为的范围及限度》，载《河南社会科学》2021年第1期。

[81] 赵一平：《论违法行为失信惩戒的基准》，载《征信》2021年第7期。

[82] 《行政处罚法》第33条第2款规定，"当事人有证据足以证明没有主观过错的，不予行政处罚"。

同制度功能区别开，并形成梯度制裁体系作为交通安全法治体系的实效性保障机制。

其次，将交通安全领域的失信等级进行两分或三分均有其合理性，重点是要统一等级划分及其标准。相比较而言，两分法更容易为国民接受和理解，更易于操作执行，可以在行政法规中统一划分为一般失信、严重失信两级。一般失信主要是失信行为人的失信行为对公共交通安全危害后果不严重，没有侵害社会重大法益，对其可以不采取联合惩戒措施，采取警示教育方式予以提醒即可；严重失信主要是指失信行为具有严重危害交通安全后果或者累计的一般失信行为较多导致具有危害交通安全的后果，需要对其采取联合惩戒措施。严重失信行为会被实施联合惩戒，因此要在法规中予以明确列举，以便国民知晓和遵循。

（四）强化程序规制

交通安全失信联合惩戒制度具有制裁性，因为是很多部门联合实施，制裁效果具有倍增效应，所以应该着重强化对其进行程序规制，才能在事前有效保护当事人权利。[83] 目前各地规定交通安全失信联合惩戒制度的程序规制基本付之阙如，应该重点完善告知和听取当事人意见的程序制度。

首先，告知程序。告知包括交通安全失信记录告知和失信惩戒告知两个程序。其一，只要当事人被列入失信记录，不论未来是否公开，在作出后都会对当事人权利产生实际影响，所以均属于应当告知的范围。[84] 法律法规应该明确规定告知方式和期限，并要求交通安全管理部门应该在将失信行为人列入失信记录后及时将"交通安全失信记录告知函"发送给当事人，告知函中应载明：当事人的基本信息、交通安全失信行为的具体信息和信息来源、列入失信记录的法律依据、列入失信记录的等级和期限并告知当事人救济期限和途径、认定机关名称和联系方式等。[85] 其二，实施失信惩戒措施中的告知。不论哪个行政主体实施失信联合惩戒措施，应该在实施之前将拟作出的措施种类、期限、理由、法律依据告知当事人；作出失信联合惩戒决定之后，将决定书送达给当事人，决定书中应载明：当事人基本信息、当事人失信信息、实施的措施种类、期限、理由、法律依据、救济途径及决定机关名称和联系方式等。公安机关交通管理部门信息管理系统十分先进，可以按照机动车备案信息中的联系方式，通过移动互联网应用程序、手机短信或者邮寄等方式高效地将上述"告知函"和"决定书"及时告知当事人。

其次，听取当事人意见的程序。交通安全失信记录如果不对外公开，基于行

[83] 杨丹：《失信惩戒对象的程序权利研究》，载《河南社会科学》2020年第3期。

[84] ［日］盐野宏：《行政法Ⅰ［第四版］行政法总论》，杨建顺译，北京大学出版社2008年版，第200—202页。

[85] 徐晓明：《行政黑名单制度：性质定位、缺陷反思与法律规制》，载《浙江学刊》2018年第6期。

政效率和当事人权益保护的平衡考虑，在列入失信记录之前可以不设置听取当事人意见的程序，当事人在收到告知函之后可以提起异议申诉，足以为当事人提供有效及时的救济。但对当事人实施公布失信信息以及其他失信联合惩戒措施之前，应该告知当事人，听取当事人申辩意见，而且，对于符合《行政处罚法》第63条规定的情形，像从业限制、行业禁入、责令停业整顿等，应该告知并保障当事人的听证权利。

行政主体在作出失信联合惩戒措施前告知并听取当事人意见的程序，是遵循正当程序原则的要求，应该在交通安全失信联合惩戒相关立法中予以明确规定。[86] 此外，正当程序具有保障公民权利、促进行政合理性、增强行政可接受性等功能，即使法定程序没有明确规定，行政机关在作出行政行为时尤其是对当事人作出不利行政行为时应该遵守基本的正当程序。[87] 司法实践中有裁判观点采取了这一立场，认为即使现行法律法规没有程序性规定，行政机关在将当事人列入失信名单时也应该遵守正当程序原则，履行告知义务并听取当事人的陈述、申辩。[88] 从事后的司法监督促进失信联合惩戒的程序规制，是除立法外提升失信联合惩戒程序化水平的有效途径。

（五）完善权利救济

社会信用体系建设提出"一处失信，处处受限"的原则，如果当事人受到不当失信惩戒时，权益受损将会非常严重，构建有效的事后权利救济实属必要。[89] 交通安全失信联合惩戒的救济机制存在诸多不畅，亟须完善。

1. 完善信用修复机制。交通安全失信联合惩戒的目的是对交通安全失信行为人进行制裁、教育及矫正其失信行为，失信信息的记录不能无限期，各地试行文件规定的最长期限一般是五年；同时，各地试行文件也规定了三种信用修复机制。首先，自然修复。各地文件都规定了不同等级的失信信息的有效期，当有效期届满时当事人信用在系统中自动修复。但在交通安全失信记录期内如果又发生交通安全失信记录，就需要重新确定失信等级以及有效期，交通安全失信记录有效期分别确定、合并执行，但合并后期限也不得超过最长期限，以示交通安全失信联合惩戒的限度。其次，救济修复。目前各地大多规定的是交通行政处罚决定被复议或诉讼撤销或变更，已经不属于失信情形，则应该进行信用修复。但作出失信认定的依据除了交通行政处罚决定之外，还有其他一些法律文书，如司法裁判文书、行政裁决等，因此应该规定：当作为交通安全失信行为决定依据的法律文书

---

[86] 杨建顺：《行政规制与权利保障》，中国人民大学出版社 2007 年版，第 789—790 页。

[87] 张步峰：《正当行政程序研究》，清华大学出版社 2014 年版，第 62—64 页。

[88] 安徽省宣城市中级人民法院（2019）皖 18 号终 145 号行政判决书。

[89] 卢护锋：《失信惩戒措施设定与实施的理论图景》，载《学术研究》2019 年第 12 期。

被撤销或改变时，则应该进行信用修复。最后，奖励修复。有些地方文件规定当失信行为人纠正失信行为、消除失信行为的危害后果之后，如果积极开展了恢复自身名誉的一些善行，如一年内参加文明交通志愿服务活动满一定时间的、因见义勇为被评为市级以上先进个人的、对提供暴恐等重大案件信息的、制止严重危害社会治安行为的、对查获交通肇事逃逸车辆及人员提供有效线索或者积极协助的，经当事人申请、公安机关交通管理部门认定可以修复部分信用或全部信用。

2. 完善对交通安全失信联合惩戒的行政复议和司法救济。目前各地试行文件对基本信息和失信信息的异议申诉机制已经较为完备，但对异议申诉结果以及对失信惩戒措施是否可以提起行政复议和司法救济，在理论界和实务界认识不太一致，目前被纳入复议审查和司法审查的案件较少，显然实务界普遍认为上述两种行为，一般不在行政复议和行政诉讼的审查范围内。这跟交通安全失信联合惩戒措施的多主体、多阶段性、多行为类型有关，[90] 实施主体既有行政主体也有非行政主体，失信联合惩戒措施中既有行政行为也有事实行为，既有公法行为也有私法行为，既有独立行为也有辅助行为。因此，按照现有的行政复议和行政诉讼针对行政行为合法性的审查模式，只有将交通安全失信联合惩戒措施予以独立的行政行为化才能纳入行政救济范围。其一，交通安全领域的失信惩戒联合措施都应该由行政主体实施，非行政主体不能实施；其二，交通安全失信联合惩戒措施分阶段、分行为类型予以救济：对列入失信信息但不公布的内部管理行为，当事人只能对基本信息和失信信息提起异议申诉，不服异议申诉时可以提起行政复议和行政诉讼；对列入失信信息之后所采取的失信联合惩戒措施如果构成独立行政行为，像公布失信信息、从业限制、禁业限制、责令停产停业、撤销行业荣誉称号等，可以针对这些对当事人权益产生实际影响的独立行政行为分别提起行政复议和行政诉讼，对那些违法加重当事人义务的失信惩戒措施，如违反上位法增加许可条件而拒绝许可的行为可以提起行政复议或行政诉讼，对那些虽然加重当事人公法义务但非独立行政行为的事实行为或辅助性行为，如列入重点监管对象等，则不能提起行政复议和行政诉讼。司法实践中有裁判观点强调："被上诉人市住建局（在公示不良信用信息之后）对上诉人发送的《关于不良行为记录告知函》中关于上诉人不良行为扣分记录，对上诉人的权利义务产生了实际影响，故被上诉人向上诉人作出的不良行为扣分记录可诉。"[91] 显然，这一裁判立场应该予以推广，才能为数量越来越多的受到失信联合惩戒的当事人提供有效的权利救济，同时对失信联合惩戒措施形成有效的司法监督。

---

[90] 彭錞：《失信联合惩戒行政诉讼救济困境及出路》，载《东方法学》2021 年第 3 期。

[91] 四川省南充市中级人民法院（2018）川 13 行终 132 号裁定书。

四、结语

诚信社会构建沿着法治化的道路进行，才能行稳致远。基于行政过程论的视角，直面道路交通安全失信联合惩戒制度存在的问题，从制度完善的角度不断提高其法治化程度，系统性提升其规范化、标准化、程序化，最终将交通安全失信联合惩戒制度融入现有道路交通安全法治体系，失信联合惩戒方有希望真正与交通行政处罚、记分管理一起成为交通安全管理实效性保障制度的三大支柱，为我国道路交通安全法秩序的安定性和道路交通信用体系建设保驾护航。目前我国正全力推进社会信用体系建设，但整体而言仍然没有完全纳入法治之光辐照之下，[92] 从单一领域信用管理制度着手探索其法治化建设的经验，同时完善相应的权利保障制度，由点及面推进社会信用体系的法治化，是我们所面临的重大理论和实践课题。

---

[92] 沈岿：《社会信用体系建设的法治之道》，载《中国法学》2019 年第 5 期。

中国自由贸易港区法治创新研究

许 兵

党的十八大以来，我国继续坚持改革开放方针，不断提高对外开放水平。在此背景下，2013 年我国在上海设立了第一个自由贸易试验区，此后又陆续设立了 20 个自由贸易试验区。2020 年，国家决定设立海南自由贸易港。这些自由贸易试验区和自由贸易港合称为自由贸易港区。自由贸易港区立足于自由贸易活动，开展制度创新，为全国提供可复制、可推广的经验和做法，有力地促进了法治建设和更高水平的对外开放，为建设法治政府提供了更加丰富的样本。

一、自由贸易港区法治创新的理论基础

（一）坚持改革开放是习近平新时代中国特色社会主义理论的重要内容

1.建立自由贸易港区是深化改革开放的重要成果

党的十八大以来，以习近平同志为核心的党中央高度重视改革开放，多次强调改革开放对推进我国社会主义建设、顺利实现"两个一百年"奋斗目标具有极其重要的作用。2014 年 12 月 5 日，习近平总书记在中共中央政治局第十九次集体学习时强调："改革开放是我国经济社会发展的动力。不断扩大对外开放、提高对外开放水平，以开放促改革、促发展，是我国发展不断取得新成就的重要法宝。开放带来进步，封闭导致落后，这已为世界和我国发展实践所证明。"[1]2016 年 7 月 1 日，习近平总书记在庆祝中国共产党成立 95 周年大会上指出："改革开放是当代中国最鲜明的特色，是我们党在新的历史时期最鲜明的旗帜。改革开放是决定当代中国命运的关键抉择，是党和人民事业大踏步赶上时代的重要法宝。"[2]2017 年 10 月 18 日，习近平总书记在中国共产党第十九次全国代表大会上的报告中指出："坚持全面深化改革。只有社会主义才能救中国，只有改革开放才能发展中国、发展社会主义、发展马克思主义。"[3]2018 年 12 月 18 日，习近平

---

[1] 《习近平主持中共中央政治局第十九次集体学习并发表重要讲话》，载中国共产党新闻网，http://jhsjk.people.cn/article/26161930，最后访问时间：2023 年 12 月 20 日。

[2] 《习近平在庆祝中国共产党成立 95 周年大会上的讲话》，载《人民日报》2016 年 7 月 2 日，第 2 版。

[3] 《习近平：决胜全面建成小康社会 夺取新时代中国特色社会主义伟大胜利》，载中国共产党新闻网，http://jhsjk.people.cn/article/29613458，最后访问时间：2023 年 12 月 20 日。

总书记在庆祝改革开放 40 周年大会上的讲话中指出："改革开放 40 年的实践启示我们：开放带来进步，封闭必然落后。中国的发展离不开世界，世界的繁荣也需要中国。我们统筹国内国际两个大局，坚持对外开放的基本国策，实行积极主动的开放政策，形成全方位、多层次、宽领域的全面开放新格局，为我国创造了良好国际环境、开拓了广阔发展空间。"[4]

正是随着我们党对改革开放的认识不断深化，自由贸易港区应运而生。2013 年在上海这个改革开放的前沿阵地设立了第一个自由贸易试验区，为推进自由贸易、开展制度创新进行试点。其后在上海自由贸易试验区经验基础上，国家又先后批准成立了 20 个自由贸易试验区，有力地促进了我国进一步改革开放。

2. 自由贸易港区的设立与发展成为新时代深化改革开放的新高地

2018 年 10 月，习近平总书记对自由贸易试验区建设作出重要指示："面向未来，要在深入总结评估的基础上，继续解放思想、积极探索，加强统筹谋划和改革创新，不断提高自由贸易试验区发展水平，形成更多可复制可推广的制度创新成果，把自由贸易试验区建设成为新时代改革开放的新高地，为实现'两个一百年'奋斗目标、实现中华民族伟大复兴的中国梦贡献更大力量。"[5]

每个自由贸易港区都不是凭空产生的，所在区域先前基本上都有良好的发展基础，是各地最具有发展活力和潜力的部分。在这样的条件下，自由贸易港区根据各自的发展特点，开展制度创新，在条件成熟的情况下在全国其他地方复制推广，必将进一步激发出发展活力。

（二）以法治保障改革开放是习近平法治思想的有机组成部分

1. 自由贸易港区是统筹国内法治与涉外法治的结合体

法治是国家核心竞争力的重要内容。我们谋划改革发展，必须统筹考虑和综合运用国际国内两个市场、国际国内两种资源、国际国内两类规则。[6]统筹国内国际两个大局是我们党治国理政的基本理念和基本经验，在法治建设和法治发展领域，体现为统筹推进国内法治和涉外法治，更好维护国家主权、安全、发展利益。[7]在自由贸易港区开展对外贸易，进行贸易往来，实行特殊的监管措施。我国已与 26 个国家和地区签署了 19 个自贸协定，自贸伙伴覆盖亚洲、大洋洲、拉丁美洲、欧洲和非洲。自由贸易港区制度创新有两个方面的来源：（1）将自由贸

---

[4] 《习近平在庆祝改革开放 40 周年大会上的讲话》，载《人民日报》2018 年 12 月 19 日，第 2 版。

[5] 《习近平：继续解放思想积极探索 加强统筹谋划改革创新 把自由贸易试验区建设成为新时代改革开放新高地》，载《人民日报》2018 年 10 月 25 日，第 1 版。

[6] 中共中央宣传部、中央全面依法治国委员会办公室编：《习近平法治思想学习纲要》，人民出版社、学习出版社 2021 年版，第 117 页。

[7] 黄进：《坚持统筹推进国内法治和涉外法治》，载《光明日报》2020 年 12 月 9 日，第 11 版。

易协定中确定的条款转化为国内的法律规则，即将国际经贸规则转为国内法予以实施；（2）吸收借鉴其他国家和地区的先进经验，结合本地实际情况，创造出新的法律规则。因此，自由贸易港区在创设法律规则时，结合了国内法治与涉外法治两方面的要求，能够保障我国顺利开展自由贸易的需求。海南自由贸易港建设是统筹推进国内法治和涉外法治、建立开放型经济新体制的典型案例。在海南自由贸易港建设过程中，统筹推进国内法治和涉外法治，分步骤、分阶段建立适应自由贸易港建设需要的监管模式和管理体制，积极探索形成适应自由贸易港建设需要的更加灵活高效的法律法规体系，加快推动制度型开放，以高水平开放带动改革全面深化。[8]

2. 自由贸易港区建设必须坚持共产党的领导

《中共中央关于党的百年奋斗重大成就和历史经验的决议》指出："历史和现实都证明，没有中国共产党，就没有新中国，就没有中华民族伟大复兴。"党的领导是中国特色社会主义最本质的特征，是中国特色社会主义制度的最大优势，是社会主义法治最根本的保证。习近平总书记指出："党的领导是中国特色社会主义法治之魂，是我们的法治同西方资本主义国家的法治最大的区别。"[9] 自 2013年设立上海自由贸易试验区以来，我国先后设立了 20 个自由贸易试验区和海南自由贸易港，这些自由贸易港区都是在以习近平同志为核心的党中央坚强领导下作出的重大决策部署的结果。自由贸易港区在我国还是新鲜事物，从诞生至今还不到十年的时间，但它们已经焕发出强劲的生命力，是国家对外开放最有活力的地方，为我国经济社会发展注入了新鲜血液。实践已经证明，只有在共产党的领导下，自由贸易港区才能保持正确的发展方向和前进道路。

3. 自由贸易港区建设必须坚持中国特色社会主义制度

建设自由贸易港区，必须在社会主义制度的前提下进行，即坚持以公有制为主体，多种所有制共同发展；实行以按劳分配为主的分配方式，健全完善社会主义市场经济体制。建立自由贸易港区是我国不断深化改革开放的结果，要求我们不能再走闭关锁国的老路。纵观古今中外的历史，任何一个国家在走向强国之路的过程中，无不是持续对外开放的。从国外来看，古代的罗马帝国、阿拉伯帝国、奥斯曼土耳其帝国在崛起之路上，在领土扩张的同时，也都在不断扩大对外贸易，壮大国家实力成为当时的地区霸主。近代以来的西班牙、葡萄牙、荷兰、英国、美国，在殖民扩张的同时，通过对外贸易，控制了原材料产地，占领了世界市场，成为世界强国。就我国而言，汉朝、唐朝时期同众多的国家深入交往，持续进行

---

[8] 王轶：《坚持统筹推进国内法治和涉外法治》，载《人民日报》2021 年 3 月 19 日，第 11 版。

[9] 中共中央宣传部、中央全面依法治国委员会办公室编：《习近平法治思想学习纲要》，人民出版社、学习出版社 2021 年版，第 13 页。

贸易往来，为开创汉唐盛世打下了坚实的经济基础。明朝初年郑和下西洋，既促进了对外贸易，又加强了与相关国家的交往。可惜自明成祖始，明清两代实行闭关锁国政策，限制与海外的贸易往来，与他国很少交流，未能及时跟踪世界各国的发展趋势，政治上强化封建专制制度，在科技与经济发展方面逐步拉大了与他国的差距，最终导致被西方列强连续打败，走上了丧权辱国的道路。1949 年以后，由于受到西方国家的抵制和严密封锁，我国与其他国家的经济技术交流和贸易往来遭受极大的限制，拉大了与其他国家的发展差距。实践充分证明了这样一个道理：对我们这样一个大国来说，关起门来搞建设是万万行不通的。

同样，自由贸易港区建设也不能走改旗易帜的邪路。我国实行改革开放，最终目的是走向强国之路，实现中华民族的伟大复兴，让人民生活更幸福。建设自由贸易港区，核心是制度创新，改变不合理的制度，创造出更有效率、更有活力的制度，进而在全国推广，让整个国家激发出更强的发展动力。但制度创新必须要维护社会主义法制的统一与尊严，不得违背社会主义法制的基本原则，否则就会与国家的改革开放背道而驰，就会破坏改革开放的总体布局。因此，自由贸易港区制度创新只有在遵循社会主义法治的基础上，才能发挥出更强的生命力和影响力，才能为国家的法治建设提供丰富的样本，才能更有力地促进和保障国家的经济社会发展。

4. 自由贸易港区建设充分体现了依法行政、建设法治政府的基本要求

建设自由贸易港区，首先要确保依法行政。依法行政是现代行政法的基本原则，法律规定了行政机关的权限范围和行使程序，为行政机关及其工作人员开展行政管理、进行行政执法确立规则。依法行政是现代社会法制的重要课题，是建设社会主义法治国家，构建小康社会、和谐社会的重要保证。[10]权力必须关进制度的笼子，要用法治给行政权力定规矩、划界限。[11]自由贸易港区是特殊监管区域，要更加强调法律意识、规则意识，一方面要对既有的法律制度进行改革；另一方面要根据监管要求进行制度创新，创造出全新的法律制度，创新执法体制，完善执法程序，严格执法责任，建立权责统一、权威高效的依法行政体制，为加快建设职能科学、权责法定、执法严明、公开公正、智能高效、廉洁诚信、人民满意的法治政府提供鲜活的改革经验和样本。

二、我国自由贸易港区的发展现状

（一）自贸试验区的成立及发展历程

2013 年 8 月，国务院正式批准设立中国（上海）自由贸易试验区。其后，历

---

[10]　杨建顺：《行政规制与权利保障》，中国人民大学出版社 2007 年版，第 75 页。

[11]　中共中央宣传部、中央全面依法治国委员会办公室编：《习近平法治思想学习纲要》，人民出版社、学习出版社 2021 年版，第 101 页。

经 2015 年、2017 年、2018 年、2019 年和 2020 年五次扩容，国务院又批准了 20 个自贸试验区。（见表 1）自贸试验区围绕制度创新这个核心任务，持续深化改革探索，充分释放了改革开放创新的红利，2021 年前 9 个月，21 个自贸试验区以不到全国千分之四的国土面积实现了全国 16.5% 的外贸规模，实际利用外资占全国比重达到 18.1%。这些自贸试验区为全国稳外贸、稳外资发挥了重要作用，充分发挥了全面深化改革和扩大开放试验田的作用，并将在新发展格局中发挥更大的作用。

表 1　我国现有自由贸易区生效时间统计

序号	名　　称	生效时间
1	中国（上海）自由贸易试验区	2013 年 9 月 27 日
	中国（上海）自由贸易试验区临港新片区	2019 年 8 月 6 日
2	中国（广东）自由贸易试验区	2015 年 4 月 20 日
3	中国（天津）自由贸易试验区	2015 年 4 月 20 日
4	中国（福建）自由贸易试验区	2015 年 4 月 20 日
5	中国（辽宁）自由贸易试验区	2017 年 3 月 31 日
6	中国（浙江）自由贸易试验区	2017 年 3 月 31 日
7	中国（河南）自由贸易试验区	2017 年 3 月 31 日
8	中国（湖北）自由贸易试验区	2017 年 3 月 31 日
9	中国（重庆）自由贸易试验区	2017 年 3 月 31 日
10	中国（四川）自由贸易试验区	2017 年 3 月 31 日
11	中国（陕西）自由贸易试验区	2017 年 3 月 31 日
12	中国（海南）自由贸易试验区	2018 年 10 月 16 日
	海南自由贸易港	2020 年 6 月 1 日
13	中国（山东）自由贸易试验区	2019 年 8 月 26 日
14	中国（江苏）自由贸易试验区	2019 年 8 月 26 日
15	中国（广西）自由贸易试验区	2019 年 8 月 26 日
16	中国（河北）自由贸易试验区	2019 年 8 月 26 日
17	中国（云南）自由贸易试验区	2019 年 8 月 26 日
18	中国（黑龙江）自由贸易试验区	2019 年 8 月 26 日
19	中国（北京）自由贸易试验区	2020 年 9 月 21 日
20	中国（湖南）自由贸易试验区	2020 年 9 月 21 日
21	中国（安徽）自由贸易试验区	2020 年 9 月 21 日

（二）自由贸易港区建设的特点

1. 自由贸易港区建设以制度创新为核心

自贸试验区的政府创新，按是否对既往职权的调整，可以分为两类：一是结构性制度创新，涉及政府相关部门职权调整；二是功能性制度创新，不涉及部门职权调整，只是在办事方法和手段上予以改进，提升行政效率。目前自贸试验区创新，大多集中在功能性制度创新。随着自贸试验区建设推进，各自贸试验区更多集中在结构性制度创新上，并起到引领整个国家制度创新的作用。自贸试验区的"先行先试"，正在为进一步深化改革作出自己独特的贡献。作为自由贸易试验区，法治毫无疑问应当先行，并起到火车头的作用，这不仅是全面深入贯彻依法治国的要求，也是世界自贸区建设的经验启示。自贸试验区应当成为"法治先行区"。自贸试验区应成为"法治示范区"，让在自贸试验区内各类企业拥有制度性安全。[12]赋予自贸试验区更大的改革自主权，对标高标准经贸规则，深化首创性、集成性、差别化的改革探索，加快推动形成更多的制度创新成果，持续释放改革开放红利，为形成新发展格局探索路径。

2. 自由贸易港区建设以可复制可推广为基本要求

国家设立自由贸易港区，目的是为扩大开放深化改革探索新路径、积累新经验。自由贸易港区不是政策的洼地，而是改革开放的高地，它的目的就是探索新途径、积累新经验，为全国的改革开放服务。因此，国家需要及时总结各领域"试得好、看得准、风险可控"的创新成果和做法，采用多种方式来发布，以持续释放自贸试验区作为改革开放"试验田"产生的红利。当然，自由贸易港区进行制度创新，开展行政活动的主要目的是实现公共利益。因此，自由贸易港区作出的创新性制度设计，无论是实体性的还是程序性的行政规定，都必须在保障相对人合法权益和确保行政公正合理的同时，尽可能有利于提高行政效率。[13]

3. 每个自由贸易港区都充分体现出自己的发展特色

各个自由贸易港区都是建设在本省（自治区、直辖市）对外开放程度最高、涉外经济发展最为活跃的地区，本身都具有良好的发展基础。鉴于各个省（自治区、直辖市）地处不同的地域，各地的自由贸易港区也就随之呈现出与本地经济发展水平相适应又体现出中央要求的不同特色。比如，上海自贸试验区涵盖外高桥保税区、外高桥保税物流园区、洋山保税港区和浦东机场综合保税区4个海关特殊监管区域，其中以外高桥保税区为核心，实行政府职能转变、金融制度、贸

[12] 王利平：《自贸试验区制度创新的几点思考》，中国（福建）自由贸易试验区网站，https://www.china-fjftz.gov.cn/article/index/aid/6061.html，最后访问时间：2023年10月8日。

[13] 杨建顺：《行政规制与权利保障》，中国人民大学出版社2007年版，第787页。

易服务、外商投资和税收政策等多项改革措施，大力推动上海市转口、离岸业务的发展。广东自贸试验区涵盖广州南沙新区片区，深圳前海蛇口片区和珠海横琴新区片区，江苏自贸试验区涵盖三个片区：南京片区 39.55 平方公里，苏州片区 60.15 平方公里（含苏州工业园综合保税区 5.28 平方公里），连云港片区 20.27 平方公里（含连云港综合保税区 2.44 平方公里）。南京作为我国高校和科研院所最为集中的城市之一，发展高新技术产业具有得天独厚的优势；苏州发展外向型经济已经形成了雄厚的基础，成为我国普通地级市里面 GDP 产值最高的城市；连云港是亚欧大陆桥出发地，是"一带一路"建设的强支点。在这三地建立自贸试验区，必将进一步推动江苏省全方位高水平对外开放。北京是京津冀地区经济实力最强、发展水平最高、国际化程度最高的直辖市，在京津冀协同发展的进程中发挥着引领作用，在高科技产业和服务业等支柱产业方面发挥着最为关键的作用。

三、自由贸易港区法治创新的实践及其成效

自由贸易港区自成立以来，始终坚持以制度创新为核心，在投资管理、贸易监管、金融创新、政府职能转变等领域形成了一大批可复制、可推广的改革试点经验。国务院先后在 2014 年公布 34 项、2015 年公布 8 项、2016 年公布 19 项、2018 年公布 30 项、2019 年公布 18 项、2020 年公布 37 项，共计 146 项复制推广改革试点经验。下面分领域介绍部分制度创新的实践做法。

（一）投资管理领域

1. 负面清单管理模式：负面清单管理是一种在世界范围内广泛应用的投资准入管理方法。政府通过清单明确列出禁止或限制企业投资经营的行业、领域和企业，未列入清单的行业、领域和企业应当全面开放，即企业经依法登记，方可从事投资经营活动。我国正在探索负面清单管理模式，旨在建立统一的市场准入制度，建立公平、公开、透明的市场规则，营造中外资本平等对待的投资环境。实行负面清单管理，使国有资本、民营资本和外资依法平等进入非上市领域，即在设立阶段给予外国投资者及其投资与国内投资者及其投资同等待遇，投资设立前企业的收购和扩张，相当于外商投资享受"准入前国民待遇"。

2. 注册资本"认缴制"：法律、行政法规和国务院决定规定需要事先批准的事项，除涉及国家安全和公民生命财产安全的事项外，不再实行工商登记前有关部门审批制度。企业法人向工商行政管理部门申请登记，取得营业执照后，可以从事一般生产经营活动；需要许可证的生产经营活动，应当向有关部门申请营业执照和有关文件。将注册资本实收登记制度变更为认购登记制度，放宽其他工商登记条件。于 2014 年 3 月 1 日正式实施。

3. 全程电子化登记：在开放各类企业"网上办事大厅"的基础上，通过在线电子数据传输，实现各类企业应用、受理、审批、发证、广告等环节的全电子无

纸化记录。

4. 公证"最多跑一次"：改革"取证方式"，减少对申请材料的要求。将群众提供的资料改为主动收集资料，将书面审查资料改为实地调查核实资料。创新"证书管理模式"，将海量移动转变为数据共享，实现在线、远程和家庭证书管理模式，提供延迟、延期、预订和紧急服务。

5. 电力工程审批绿色通道：福建自贸区福州片区率先提出并试行了电力项目审批领域多部门窗口受理、平行审批、联合勘探、统一出口的处理模式，加快和提高了电力项目破路、占道的审批效率。

（二）贸易监管领域

1. 海关公证电子送达系统：海关对于不能当场作出行政处罚决定的情形，请当事人及时以电子方式完成收货地址信息的收集。案件结案后，海关可以通过海关公证的电子送达平台或其他电子送达方式，向当事人送达处罚通知书、处罚决定书等法律文件，并全程以电子方式备案。

2. 国际贸易单一窗口：通过电子口岸平台实现报关员一点接入，一次性提交符合港口管理和国际贸易相关部门要求的标准化文件和电子信息。相关部门通过E—Port平台共享数据和信息，实现功能管理。处理状态（结果）应通过"一站式商店"统一传达给报告人。通过不断优化整合，"一站式"功能覆盖国际贸易链的各个主要环节，逐步成为企业获取港口管理相关服务的主要服务平台。通过"一站式"提高国际贸易供应链参与者系统的互操作性，优化通关业务流程，提高报关效率，缩短通关时间，降低企业成本，促进贸易便利化。

3. 货物状态分类监管：2014年11月，上海海关先行先试货物状态分类监管，允许非保税货物进入自贸试验区的海关特殊监管区域储存，与保税货物一同集拼、分拨、管理和配送，实时掌控、动态核查货物进、出、转、存情况。一个仓库、一个系统、一套设备、一套人员，就可以做好所有的相关业务，企业成本大幅降低。

2014年11月，上海海关率先对检验货物进行货物状态分类监管，允许非保税货物进入自由贸易试验区海关监管专区进行仓储、组装、配送、管理、与保税货物一并配送，并对进出口进行动态管控。做到一个仓库、一个系统、一套设备、一套人员能够完成所有相关业务，大大降低了企业成本。

（三）金融创新领域

1. 自由贸易账户：银行等金融机构根据客户需求在不同账户核算单位开立本币和外币账户，独立于现有的传统账户体系，属于中央银行账户体系的特殊账户。自由贸易账户遵循"一线自由、二线监管"的原则。总的来说，自由贸易账户体系已经形成了一个类似于"U型"的体系。"U型"体系理论上完全对外开放，有利于自贸区企业进入海外市场，进行贸易结算和跨境投融资交流，满足实体经济需求；在国内，这是一种有限的渗透，也就是说，根据某些规则，自由贸易账户和常规账户之间的渗透可以通过某种形式以人民币进行。

2. 跨境双向人民币资金池：以自贸区账户为主体，实现境内人民币资金池和境外人民币资金池资金双向流动。公司境外账户的人民币资金可直接转入区域内账户资金池，外币资金可在新加坡等地折算成人民币后转入资金池。人民币双向跨境资金池的特殊意义在于，在此之前，跨境资金流动必须提供使用证明，但现在可能是无原因的。企业必须根据自身需要配置资金，并根据不同的利率和汇率安排资金。人民币双向跨境资金池业务是跨国企业在境内外实体之间进行资金转移的有效方式，可以帮助企业通过资金池整合国内外企业的流动资金，甚至可以自动链接到全球资金池。这为企业资金运作提供了极大的便利和透明度，有助于企业进一步优化营运资本管理。

3. 跨境人民币集中收付：优化跨国企业集团往来账户人民币跨境集中收付。跨国企业集团指定为主办企业的境内成员企业，可根据实际需要在不同地点开立人民币银行结算账户，办理跨境人民币集中收付业务。

4. 外商投资企业外汇资本金意愿结汇：外商投资企业可以根据实际经营需要，将外汇业务划入资本金账户。本办法有助于外商投资企业规避外汇风险，减少结汇审批流程，扩大人民币使用业务范围。

5. 分布式共享模式实现"银政互通"：通过标准化的数据接口，通过专线将银行与相关部门联动起来，扩展了银行与政府信息实时共享的服务项目，有效办理抵押登记和抵押注销。

（四）政府职能转变领域

1. "证照分离"改革：上海自贸区自建立和扩大以来，率先改革企业登记制度，在市场准入方面实行"许可证后发"，即只要取得工商部门的经营许可证，即可从事一般的生产经营活动。经营需要许可证的生产经营活动，必须办理部门许可证手续。2015年12月16日，国务院审议通过《关于上海市开展证照分离改革试点总体方案》，决定率先在上海浦东新区实施"证照分离"试点改革。2021年6月3日，国务院发布《关于深化"证照分离"改革进一步激发市场主体发展活力的通知》，进一步激发市场主体发展活力，要求自2021年7月1日起，在全国范围内推行相关企业营业执照综合覆盖清单管理，通过直接取消审批、代审批等方式推进审批制度改革的同时，自贸区进一步加大改革试点力度，力争到2022年年底建立简单高效、公正透明、宽进严管的行业监管规则，极大地提高市场主体办理业务的便利性和预期性。

2. "一业一证"试点：自2019年以来，上海浦东新区将"一业一证"改革作为不断深化"放管服"改革、优化经营环境的重要途径。以方便、高效的"一件事"管理为目标，优化和重构行业准入业务流程，将多个行业准入相关许可整合为一个"行业综合许可证",大大缩短了审批环节和审批时间,简化了审批流程,有效提高了行政效率和业务效率,进一步激发市场主体的发展活力。上海浦东新区在便利店、体育场馆、宾馆、药店等43个行业开展"一业一证"改革。改革后,平均审批时间缩短了近90%,申请材料减少了近70%,填料减少了60%以上,受到市场主体的广泛欢迎。下一步,上海市浦东新区将推动"一业一证"改革,扩大到更多的行业和领域,不断优化牌照办理流程,缩短办理时间,加快构建从创业到发牌后牌照办理的"极简模式",有助于进一步改善企业经营环境。2020年11月,国务院正式批准由区级自主改革向国家级试点改革过渡,首批31个试点产业落地,实现了"一证准营"的目标,在全国范围内取得了成效。

3. "委托公证 + 政府询价 + 异地处置"财产执行云处置模式:福建省平潭综合实验区人民法院创建了该模式。执行申请人可以委托财产所在地的公证机关到其他地方收集财产事实证据,并提交指定的政府部门,由指定的政府部门根据有关财产的公证文件和录像资料,委托第三方评估机构进行直接的书面审查评估,并向法院出具价格认定书,将此作为网上拍卖的底价依据。网上拍卖成功后,由人民法院执行指挥管理平台委托异地法院完成拍卖财产的解封、解押、过户等交付手续。

4. 扩大内地与港澳合伙型联营律师事务所设立范围:2018年12月14日,商务部与香港特别行政区、澳门特别行政区政府以换文方式修订了《CEPA服务贸易协议》,将内地与港澳合作设立合伙型联营律师事务所的范围扩大到全国。

四、自由贸易港区法治创新的发展方向

《全面与进步跨太平洋伙伴关系协定》(CPTPP)、《美国—墨西哥—加拿大协定》(USMCA)、《区域全面经济伙伴关系协定》(RCEP)、《日欧经济伙伴关系协定》(EPA)体现了更高层次的规则水平、更多的规则内容和更严格的规则与标准。自由贸易港区应积极对标国际经贸新规则,结合自身特点,在货物贸易、跨境服务贸易、投资、金融和知识产权等领域的规则和程序方面开展制度创新。

(一)对标海关管理、贸易便利化和其他规则,以提高货物贸易通关效率

海关管理和贸易便利化是影响货物贸易的关键因素,也是更重要的传统问题。目前,CPTPP、USMCA、RCEP等新的国际经贸规则对快递货物、自动化、报关系统升级、加强海关合作、优化报关方式、实施清关后核查等方面作了详细规定。目的是简化通关手续,提高货物贸易效率。自由贸易港区应率先进行货物比选,积极探索快递货物和自动化,尽快取得成效。

(二)完善跨境服务贸易支付和转移规则,加快跨境服务贸易结算

新的国际贸易和经济规则,如CPTPP、USMCA和RCEP,强调成员国之间

跨境转移和支付的及时性，完善了许多领域的支付和转移规则，旨在实现跨境服务贸易领域的"及时"跨境支付和转移。自由贸易港区需要简化跨境支付结算手续，加快港区的国际结算。

（三）在基础投资领域负面清单、资本账户可兑换等方面提高投资自由化便利化水平

投资是国际经贸新规则中的传统话题之一，在投资领域，各国一直致力于达成更多协议，寻求更大的开放性。关于资本转移，新的国际经济和贸易规则，如CPTPP、USMCA、RCEP 和 EPA，允许资本项目和常规项目可兑换。自由贸易港区应发挥主导作用，率先开展基建项目收益便利化试点。[14]

---

[14] 高雅:《〈中国自由贸易试验区发展报告（2021）〉发布：释放制度创新红利》，载百家号"第一财经"，2021 年 10 月 27 日。

论校车安全协同治理

封蔚然

2022 年 7 月 21 日，国务院安委会办公室印发《"十四五"全国道路交通安全规划》，指出要"强化中小学校车安全保障，通过发展专用校车、定制公交等方式，标本兼治解决'黑校车'问题"。长期以来，"黑校车"问题成为校车安全管理领域屡禁不止的顽瘴痼疾。如何从根本上治理"黑校车"问题，亟待从理念建构和路径选择上进一步作出积极有益的探索。自 2012 年《校车安全管理条例》实施，以《校车安全管理条例》为核心的校车安全管理相关法规范在加强校车安全管理，保障乘坐校车学生人身安全，降低"涉校"交通事故发生率等方面发挥了重要的作用。不过，随着经济社会的发展，生育政策的调整，学校和人口布局的调整，校车供给和需求的变化以及校车服务行业的发展等多方面、多元因素的影响，有必要调适校车安全管理的理念，丰富和发展校车安全管理制度，建立健全相关的机制和程序。

一、校车安全管理的现实困境及成因分析

"黑校车"问题是校车安全管理领域一直备受困扰的难题，剖析其屡禁不止的深层原因，以探索校车安全管理的理念更新和路径选择。

（一）"黑校车"屡禁不止

《校车安全管理条例》第 2 条规定了什么样的车辆可以称为"校车"，合法的校车一般应当具备以下三个要件：其一，在资质方面，应当依照《校车安全管理条例》取得使用许可；其二，在用途方面，应当是用于接送接受义务教育的学生上下学；其三，车型应当为 7 座以上的载客汽车。其中，特别规定了接送小学生的车辆应当是按照专用校车国家标准设计和制造的小学生专用校车。另外，在附则中还规定，对于幼儿园确需使用车辆集中接送的幼儿，应当使用按照专用校车国家标准设计和制造的幼儿专用校车。校车作为一种特殊的专业运输车辆，相较于普通车辆有着更为严格的准入资格要求，而且，由于其服务对象大部分是义务教育阶段的青少年以及小部分确有需求的幼儿，此类人群自我保护意识和自我保护能力相对较弱、比较容易受到伤害，对于校车自身的安全性能和乘车安全都提出了极高的要求，这一点从小学生和幼儿必须使用专用校车可以看出。除此之外，《校车安全管理条例》也为取得使用许可的非专用校车提供了一定范围内的适用空间，统一称之为"校车"。这既为在立法之初一时难以全面配备专用校

车提供了过渡措施，也为在发展过程中多元化的校车供给模式留下了探索空间。不过，无论是专用校车还是非专用校车，其作为合法校车使用的前提都是取得校车使用许可。故而，不满足上述条件的，用于接送接受义务教育的学生以及幼儿上下学的车辆属于非法营运的校车，即所谓的"黑校车"。

"黑校车"存在极大的安全隐患。首先，"黑校车"没有校车使用许可资质。《校车安全管理条例》第14条规定了校车使用许可的取得条件，对拟申请准驾校车的车辆标准、驾驶人资格、车辆运行的合理性、安全管理制度的建设以及保险等方面设定了要求和门槛。所谓"防患于未然"，这些校车使用许可条件的设立，旨在严格把关校车安全的源头，在校车投入使用之前尽可能地将不安全的风险降到最低，使校车平安上路具有可信赖性。而没有依法取得校车使用许可的"黑校车"不具有准入资格，其潜在的风险和隐患难以知晓。其次，"黑校车"的车型大多难以满足中小学生和幼儿乘坐的安全标准。如前所述，中小学生和幼儿这类特殊的群体对乘车安全度要求极高，而且，由于其所处的身体发育阶段的特殊性，普通车辆上的安全设施不足以确保此类未成年人的乘车安全。更有甚者，有的"黑校车"司机利用了乘车学生身材较小的特点，尽可能多地运载学生，造成超员、超载，由此产生的安全隐患和可能导致的交通事故风险都是巨大的。最后，"黑校车"监管困难大，安全隐患难以及时排查。根据《校车安全管理条例》的规定，教育、公安、交通运输、工业和信息化、质量监督检验检疫、安全生产监督管理等多部门负责校车安全管理工作，然而，各部门的职能却比较泛化，不够明确，部门间的协调联动机制还不够健全，在履职过程中难免会陷入"多头管理"却仍旧有大量"漏网之鱼"的困境，再加之"黑校车"的取证较为困难，更为监管增大了难度。由此，"黑校车"在实质上接送学生上下学过程中可能存在的隐患就难以及时排查。

（二）"黑校车"问题长期存在的深层原因

2019年，国务院教育督导委员会办公室发布了第4号和第6号预警，要求加强校车管理，抵制"黑校车"。2021年，教育部《关于做好2021年中小学幼儿园安全管理工作的通知》指出，各地要规范发展专用校车，清理不符合国家校车标准但作为校车使用的载客汽车，明确退出期限，彻底淘汰在用的非专用校车。那么，为什么政策文件中都对"黑校车"明令禁止却还屡禁不止呢？大致可以总结为以下三种原因。

其一，需求与供给的不平衡。中国社会科学院人口与劳动经济研究所的专家学者在调研报告中指出，我国校车需求的增长与供给不足和服务质量差之间的矛盾突出，尤其体现在农村地区。[1] 例如，在广西、内蒙古、贵州等地，随着农村"撤

---

[1] 张车伟、王永洁、高文书：《中国校车服务：问题、经验借鉴与治理》，载《社会发展研究》2019年第2期。

点并校"和"陪读风潮"的兴起，学生上学距离变远，很多地方运力不足，再加之一些村、屯位置较为分散，无法形成有效的校车运行路线，校车标牌获批困难等原因，致使一些城郊和农村学校附近"黑校车"泛滥。[2] 其二，专用校车价格高、养护费用高、运营成本高，导致一些没有校车专用经费或者资金不足的中小学、幼儿园无力负担。此外，一些中小学各年级上下学时间不统一，专用校车使用率低、性价比不高等也成为一些学校选择不配备校车的理由。其三，管理部门众多，但各职能部门的分工不够明确，协作机制不够完善，靠出现重大问题后的事后追责为时已晚，而且，难以从根本上解决"黑校车"带来的风险和隐患问题。另外，权利与义务的不对等也在一定程度上造成了监管不力甚至监管缺失。[3] 不仅如此，尽管各地都积极倡导自觉抵制"黑校车"，但是，有些学生和家长在上下学通行上因确有困难，而校车的供给又难以保障的情况下，选择"黑校车"也不乏是出于无奈之举，而这又增加了"黑校车"的隐蔽性，使对"黑校车"的监管难上加难。

二、校车安全协同治理的理论依据与实践基础

长久以来，"黑校车"的整治一直是校车安全管理的重点和难点，然而"黑校车"的问题仅靠"管理"可能难以从根本上解决。转变政府职能，扎实推进依法行政，深入推进"放管服"改革，需要更新"校车安全管理"的理念，破解"校车安全管理"中的困境，探索更富有实效性的方式和路径。随着国家生育政策的调整，校车安全及其服务保障工作提质增效的课题越来越重要而紧迫。党的二十大报告指出，要"优化人口发展战略，建立生育支持政策体系，降低生育、养育、教育成本"。探索由"校车安全管理"向"校车安全协同治理"转型，在政府主导下，各相关主体协同配合，更多元的社会力量充分涌流，形成治理合力，让人民群众更有获得感、幸福感和安全感。

（一）校车安全协同治理的理论基础

校车安全协同治理模式的提出，以"参与型行政"为理论基础。"所谓参与型行政，亦称互动型行政，是指行政机关及其他组织在行使国家行政权，从事国家事务和社会公共事务管理的过程中，广泛吸收私人参与行政决策、行政计划、行政立法、行政决定、行政执行等行政过程，充分尊重私人的自主性、自立性和创造性，承认私人在行政管理中的一定程度的主体性，明确私人参与行政的权利和行政机关的责任和义务，共同创造互动、协调、协商和对话行政的程序和制度。"[4] 引入参与型行政的理念而尝试提出"校车安全协同治理"的模式，对于治

---

[2]　向定杰、雷嘉兴、刘懿德：《部分地区"黑校车"泛滥：7 座车塞了 25 个学生娃》，载百家号"新华客户端"，2022 年 2 月 3 日。

[3]　刘大伟：《碎片化与整体性：校车管理的失范与治理——基于整体性政府治理模式的分析》，载《教育科学研究》2014 年第 5 期。

[4]　杨建顺：《行政规制与权利保障》，中国人民大学出版社 2007 年版，第 171 页。

理"黑校车"问题、破解校车安全管理中的困境具有必要性和可行性。

首先，参与型行政强调政府要全面履行法定职能。这种参与强调的是以行政机关及其他组织依法行使国家行政权为基础，正如中共中央、国务院印发的《法治政府建设实施纲要（2021—2025 年）》中所强调的，"坚持法定职责必须为、法无授权不可为，着力实现政府职能深刻转变，把该管的事务管好、管到位，基本形成边界清晰、分工合理、权责一致、运行高效、法治保障的政府机构职能体系"。政府的不越位、不缺位、全面履行法定职能是推进政府实现有效治理的基础，也是推进政府治理模式改革创新的前提。校车安全治理以校车安全管理为核心，进一步夯实政府及其有关职能部门严格依法行政，切实履行法定的责任和义务是保障校车安全的关键。

其次，参与型行政主张在行政过程中，一定程度地引入社会力量的有序参与。强调既注重政府监管，又要广泛发动整个社会的力量，构建以政府监管为主导、企业自律、社会监督、法治保障、多方主体参与、多种要素发挥作用的社会协治体系。[5] 当社会组织或者个人有优势、有可能、有能力为政府治理提供某些方面的协助，进而能够更好地实现政府的治理效果时，承认其一定程度的主体性，并且，明确参与的阶段、享有的权利、应当遵循的程序等。这里的参与，是在政府主导之下既广泛却又有限度的参与，是基于充分的利益衡量之后，最大限度地鼓励和引导社会力量依法有序参与到行政过程中的模式。时任国务院总理李克强同志在全国深化"放管服"改革转变政府职能电视电话会议上的讲话中强调，"'放管服'改革旨在推动政府职能深刻转变，使市场在资源配置中起决定性作用和更好发挥政府作用，这是一场重塑政府和市场关系、刀刃向内的政府自身革命，也是近年来实现经济稳中向好的关键一招"[6]。校车安全服务保障，具有一定程度公共服务的属性，同时，校车问题的解决又是一项民生工程。对于某些地区接受义务教育的学生而言，能够有安全、便利的上下学交通出行方式是其对美好生活向往的需求，另外，随着国家生育政策的调整，一对夫妻可以生育两个甚至三个子女，校车安全服务保障相关制度的健全和完善也成为优化生育支持政策应当考量的题中应有之义，成为构建生育友好型社会配套制度机制建立健全的有益探索。而这一目标的实现，单靠政府的力量是不够的，还需要相关社会力量的协助、依法有序地参与到校车安全治理过程中，共筑校车安全服务保障的良性循环体系。

---

[5] 杨建顺：《"协治"——理想的参与型行政》，载《中国医药报》2014 年 1 月 14 日。

[6] 李克强：《在全国深化"放管服"改革 转变政府职能电视电话会议上的讲话》，载《中国行政管理》2018 年第 8 期。

最后，参与型行政主张明确各相关主体的权利、义务和责任，各司其职又互助协作。"参与型行政以法治行政原理为指导，倡导真正的参与和政民协治。"[7]基于法治行政原理的要求，行政过程中的一切活动都应当依法展开，不仅要求行政机关要全面履行法定职能，对于在行政管理中享有一定程度主体性的社会组织和个人也应当依照法定的权利、义务和责任参与到行政过程中，实现及时、有效地沟通对话，发挥社会力量的最大优势，发挥参与协治的最大效用。对于校车的治理而言，仅靠政府的供给或者监管可能存在诸多困难，这就为鼓励和引导社会力量的参与提供了契机。毋庸置疑，"安全性"是校车治理头等重要的因素，这就需要参与到校车治理过程中的其他主体在享有权利的同时，切实负起责任，进而为校车服务提供者营造合法规范的运营机制。

（二）校车安全协同治理的规范基础

《校车安全管理条例》第3条为学生上下学的出行方式和政府应当在什么情况下保障校车供给提供了分类依据，大致可以分为三个层次：首先，政府应当尽可能地保障学生就近入学或者在寄宿制学校入学。满足这类条件的学校原则上没有配备校车的必要，学生上下学出行便利，交通风险大大降低。其次，对于距离学校路程稍远的学生，政府通过发展城市和农村的公共交通，合理规划、设置公共交通线路和站点。最后，在前述条件无法满足的农村地区，政府负有保障义务教育阶段学生获得校车服务的义务。换言之，《校车安全管理条例》为降低义务教育阶段学生上下学的交通风险提供了三个层次、递进式的方案，政府的供给和学生出行方式的选择是有优先次序的。首先是政府尽可能地满足就近入学和寄宿制入学的需求，不能满足的，通过发展公共交通解决，对于仍旧无法满足的农村地区，提供校车服务。既规定了何种情形下政府负有校车服务保障义务，又为其他种类学生群体上下学的多元出行方式提供必要的、合理的、有效的支撑。

《校车安全管理条例》第9条规定，学校可以配备校车。也就是说，学校有选择配备或者不配备校车的权利。紧接着，第10条规定："配备校车的学校和校车服务提供者应当建立健全校车安全管理制度，配备安全管理人员，加强校车的安全维护，定期对校车驾驶人进行安全教育，组织校车驾驶人学习道路交通安全法律法规以及安全防范、应急处置和应急救援知识，保障学生乘坐校车安全。"2020年修订的《未成年人保护法》将校车安全管理的内容纳入其中，新增加一条作为第36条，规定："使用校车的学校、幼儿园应当建立健全校车安全管理制度，配备安全管理人员，定期对校车进行安全检查，对校车驾驶人进行安全教育，并向未成年人讲解校车安全乘坐知识，培养未成年人校车安全事故应急处理技能。"由此，从法律层面明确规定了使用校车的学校、幼儿园应当建立健全

---

[7]　杨建顺：《人民监督政府，参与型行政是个好办法》，载《检察日报》2014年3月5日。

校车安全管理制度，强化了学校在校车管理方面的职责。换言之，基于学校与学生的关系，使用校车的学校、幼儿园作为校车安全管理的直接责任人，应当严格依法履行职责，切实做好校车安全管理的各项工作，而这是全过程校车安全管理的重中之重。

除了学校之外，校车服务提供者、各方校车管理人员以及司乘人员均应当切实依法履行各自的职责，确保学生上下学的交通出行平安。根据《校车安全管理条例》第9条第1款的规定，依法设立的道路旅客运输经营企业、城市公共交通企业，以及根据县级以上地方人民政府规定设立的校车运营单位，可以提供校车服务。第31条第2款和第32条第1款分别规定了校车可以在公共交通专用车道以及其他禁止社会车辆通行但允许公共交通车辆通行的路段行驶；对于未设校车停靠站点的路段可以在公共交通站台停靠。上述规定，体现了校车的公共性，从绿色出行等理念的融入角度来看，应当大力发展公共交通事业，为适合于中小学生上下学的定制公交的发展提供了一定的规范基础。通过充分的调查研究，确定具有开通必要性的定制公交路线，满足学生上下学以及家长接送孩子的安全、便利，以及强化绿色环保可持续的出行理念和方式。

（三）校车安全协同治理的实践经验

《校车安全管理条例》制定颁布十年来，不同地区作出了一些因地制宜的校车管理模式的探索，一些地区取得了一定的积极成效，积累了一些经验。在校车供给方面，实施校车专用制度的"浙江德清模式"，成立独立运营的专业化国有校车运营公司的"山东青岛模式"，实行"政府监管、财政补贴、规范社会车辆运营"的"安徽宣州模式"，由专业机构组建校车公司、通过政府购买校车服务提供的"安徽天长模式"，由政府购买客运公司运输服务作为"临时校车"的"甘肃酒泉模式"，在公交公司内部优选组建校车分公司，由政府出资购买校车、校车分公司负责运营管理的"山东滨州模式"[8]、"陕西阎良模式"，采用学生专用时段公交班次和专用校车相结合方式的"浙江宁波模式"，等等。而这些地方校车运营模式的共同特点，大致可以总结为政府主导、市场和社会参与、市场化和公益性相结合的模式。[9]

从实践的经验来看，依法设立的道路旅客运输经营企业和城市公共交通企业以及根据县级以上地方人民政府规定设立的校车运营单位等社会力量参与到校车服务供给中，参与到保障校车安全的系统中，为义务教育阶段学生上下学的交通

---

[8]《829辆校车服务滨州市全市6.9万余学生》，载校车网，http://www.xiaoche001.com/xcxw/scdt/2016/1228/2016LbKGMA657S.html，最后访问时间：2023年10月10日。

[9] 张车伟、王永洁、高文书：《中国校车服务：问题、经验借鉴与治理》，载《社会发展研究》2019年第2期。

出行提供安全、便利的服务，作出了一些积极有益的探索和尝试。其中，经过实践检验具有共性的方式，或者具有显著优势的特殊做法，亟待总结归纳、提炼规律、固化经验，形成一些值得推广的普适性模式。同时，也应当尊重不同地区的特殊性，完善因地制宜发展的相关规范，为多元化的校车治理模式提供法治保障和支撑。

概言之，"校车安全协同治理"即以政府及其有关职能部门的管理为主导，依法设立的道路旅客运输经营企业和城市公共交通企业，根据县级以上地方人民政府规定设立的校车运营单位、依法取得道路旅客运输经营许可的个体经营者、校车行业协会、配备校车的学校以及其他利益相关者依照法规范的规定，参与到协助政府及其有关职能部门开展校车安全治理工作的过程中，从而形成以政府监管为主导，以多元主体的社会力量协治为辅助的全过程、系统性的校车安全治理模式。

三、校车安全协同治理的实现路径

从"校车安全管理"向"校车安全协同治理"转型，不仅需要在理念上进行更新和发展，还需要选择适宜的方式和路径。

（一）基础：完善法规范，明确各参与主体的权利、义务和责任

推进校车安全协同治理，需要有完善的法规范体系保障实施。《校车安全管理条例》作为校车安全管理领域第一部专门的行政法规，从总体上规定了政府及其职能部门的管理职责，学校和校车服务提供者的权利、责任和义务，校车使用许可制度，校车驾驶人、校车通行安全、校车乘车安全等方面的规定以及相应的法律责任等。《校车安全管理条例》在宏观层面搭建了一个总体的框架，其中也提出了诸如建立"校车安全管理工作协调机制""校车安全管理信息共享机制""校车安全管理责任书"等机制，不过，规定得相对笼统，不够明确、具体和可操作性。由于我国幅员辽阔，各地区的情况不尽相同，虽然有些地区采用了专用校车，但也缺乏一些针对性和行之有效的管理办法。[10] 另外，虽然陕西、福建、河南、广东、重庆、宁夏等省、自治区、直辖市先后配套制定了《校车安全管理条例》的实施办法，对相关制度作出了一定程度的细化规定，但仍然有一些规定不够明确具体、实施性较弱。

随着时代的发展，社会和经济生活的变化，人民群众需求的更新，需要将符合时代特征的新的发展理念通过法规范修订的方式融入其中。坚持以人民为中心的发展思想，将经过实践检验成熟的经验做法总结归纳上升为法规范，将实践中依然存在的诸多问题通过填补漏洞或者增补规定的方式提供法规范层面的解决方

---

[10]　刘大伟：《碎片化与整体性：校车管理的失范与治理——基于整体性政府治理模式的分析》，载《教育科学研究》2014年第5期。

案。在此过程中，首先，重点明确政府及其有关部门的职能和责任，明确范围和边界，明确各职能部门之间协调机制的运行规范。其次，明确社会力量参与校车安全协同治理的权利、义务和责任，明确"应当""可以""禁止"的行为规范，明确参与的步骤、顺序和方式等程序性规定，明确相应的评价机制和责任机制，切实保障各参与主体在法治轨道上有序参与协助政府及其有关部门推进校车安全治理过程中的各项工作，激发市场的内生动力，营造合法规范的运营机制。

（二）关键：政府及其职能部门依法全面履行职责

校车安全协同治理不是为了减轻政府的管理职责，反而对政府及其职能部门全面依法履行职责提出了更高的要求，社会力量是协同治理的定位，故而，更坚定了政府的主导地位，政府及其职能部门应当依法全面履行职责。"法无授权不可为，否则即构成越权；法定职责必须为，否则即构成不作为；法定职责依法为，否则即构成滥权。越权、不作为、滥权均要承担法律责任。"[11] 政府及其职能部门能否依法全面履行职责是校车安全协同治理能否有效实现的关键。

首先，进一步提升校车服务行政许可实施的法治化水平。《校车安全管理条例》规定了"校车使用许可"的相关内容，然而，实践中却存在一些地方没有能够有效落实校车使用许可制度的情况。[12] 依法规范校车使用许可，应当落实《行政许可法》所确立的基本原则，如《行政许可法》第 4 条规定了设定和实施行政许可应当符合合法性的原则，具体而言，应当符合依照法定的权限、范围、条件和程序这四个要件。该法第 5 条、第 6 条又规定了设定和实施行政许可应当符合合理性的原则，即应当遵循公开、公平、公正、非歧视、便民高效等原则。依法规范校车服务行政许可，遵循《行政许可法》确立的基本原则，规范校车服务行政许可裁量权的行使。同时，进一步明确和统一校车服务行政许可的标准，提高审批过程的透明度，对于符合法定要件的，严格依法、规范、及时审批，对于不符合法定要件的，不予批准，并做好理由的说明，切实把好校车服务的市场准入关，提升校车服务行政许可的法治化水平。

其次，完善对校车安全从生产到使用全过程的监管。重点在事前和事中的风险预防和隐患排查阶段，丰富政府监管的行政手段选择，建立健全常态化的监管与动态审查机制相结合的模式，夯实部门协作的工作机制，健全校车安全防范责任制。与此同时，对于政府监管不到位等问题进一步明确责任机制。《校车安全管理条例》第 56 条、第 57 条对政府及其有关职能部门不依法履行校车安全管理

---

[11] 姜明安：《新时代法治政府建设与营商环境改善》，载《中共中央党校（国家行政学院）学报》2019 年第 5 期。

[12] 向定杰、雷嘉兴、刘懿德：《部分地区"黑校车"泛滥：7 座车塞了 25 个学生娃》，载百家号"新华客户端"，2022 年 2 月 3 日。

职责的，规定了负有责任的领导人员和直接责任人员依法应当受到处分，然而，对于处分的具体规则和标准并未规定，亟待健全和进一步明确，由此，既为事后追责惩戒提供依据，又为尽职减责、尽职免责提供依据，从而督促政府及其有关职能部门依法全面履行职能。

（三）重点：建立健全协治的机制和程序

2019 年，《民政部关于健全留守儿童关爱保护体系的提案答复的函》指出："教育部会同有关部门指导各地积极贯彻国务院《校车安全管理条例》要求，通过增设公共交通线路、提供校车服务等方式来保障农村留守儿童上下学交通安全。" 2021 年，针对人大代表所提出的制定多元化校车供给政策的建议，《交通运输部关于十三届全国人大四次会议第 5069 号建议的答复函》指出，"鼓励符合条件的相关企业或个人提供校车服务"。另外，"数据显示，截至 2021 年年底，校车已覆盖全国 31 个省、自治区、直辖市，累计服务 1.04 亿学童，0—15 岁万车伤亡人数大幅下降。我国专用校车从零成长到目前市场保有量 18.4 万辆，覆盖学生占比 7.1%。"[13] 社会的需求呼唤着多元化校车供给方式，多元化主体的协治日益成为不容忽视的力量。

从"校车安全管理"向"校车安全协同治理"转型，也是推进"放管服"改革在校车安全管理领域的深化。在规范行政权力的运行范围、优化行政权力的运行机制的基础上，提供给市场主体更加稳定、公开、透明、可预期的市场环境，以激发市场活力和社会创造力，推动有效市场和有为政府的更好结合。[14] 需要着力完善多元参与主体的校车安全管理制度建设，进一步明确相关的规则和标准，以正当行政程序的理念着力推进健全程序性规定，完善相应的责任机制和权利救济途径。处理好政府和市场的关系，探索安全、便利、绿色的多元校车供给模式，使在校车安全治理过程中享有一定主体性的社会组织和个人依法有序地参与其中，与政府形成良性互动的关系，充分发挥各参与主体协助政府实现对校车安全有效治理，保障乘车学生人身安全的作用和目的。

四、结语

党的十八大以来，以习近平同志为核心的党中央坚持以人民为中心的发展思想。党的十九大报告指出："必须坚持人民主体地位，坚持立党为公、执政为民，践行全心全意为人民服务的根本宗旨，把党的群众路线贯彻到治国理政全部活动之中，把人民对美好生活的向往作为奋斗目标，依靠人民创造历史伟业。"党的

---

[13]　商车：《〈校车安全管理条例〉十周年 宇通联合各界发布〈"零"的宣言〉》，载《商用汽车新闻》2022 年第 7 期。

[14]　马怀德：《深刻认识"放管服"改革的重大意义 加快构建现代政府治理体系》，载《中国行政管理》2022 年第 6 期。

二十大报告强调："健全共建共治共享的社会治理制度，提升社会治理效能。"少年儿童是祖国未来的建设者和接班人，对于一些接受义务教育阶段的学生，尤其是对于一些上下学通行确有困难的农村地区学生以及学龄儿童较多的家庭来说，安全与便利的校车服务保障供给正是他们对美好生活向往的重要组成部分。校车安全协同治理坚持以人民为中心的发展思想，融入参与型行政的理念，在行政过程中充分发挥政府主导、社会多元力量参与协治的最大功效，健全监督管理和评价反馈机制，以期促进校车安全服务保障系统的良性循环。

论公安机关执法公开中的个人信息披露

欧元军

一、问题的提出

2021 年 11 月生效的《个人信息保护法》是个人信息权益保护的单行法，改变了以若干个人信息权益的法规范呈现的立法体例，系统地规定了个人信息处理者的个人信息处理原则、规则、个人在个人信息处理活动中的权利及个人信息处理者的义务。作为国家机关体系一部分的公安机关在执法中亦是个人信息的处理者，同时也是执法信息公开的法定职责的履行者，如何在执法公开中合法对个人信息进行披露，在什么情形下可以披露、可以披露的内容等个人信息披露的原则、规则问题是公安机关执法必须解决的课题。

就行政法领域而言，行政过程本身是信息的收集、积蓄、利用、提供的过程。行政立法是对所积蓄的信息的利用，行政调查是信息的收集，行政信息公开是以宪法上的人民主权为其法理基础的，其目的在于使对行政的公正参与和监督成为可能。在这种意义上的信息公开，与行政执法信息公开不同，此种公开申请人是不特定的人，是所有的个人，从立法政策需要可以不限于本国公民，请求的事项为要求行政机关所保存、持有的信息公开。另一种层面的行政信息公开，是具有案件性质的行政执法信息公开，其法理基础在于行政程序公开公正原则，从制度的构成上而言，行政执法信息公开与行政程序具有案件性紧密关联，因此可以获得执法信息的个人应与执法案件具有法律上的关联性。[1] 本文所探讨的执法公开既包括国家机关权力运行意义上的执法公开，也包括具有案件意义上的执法公开。然而在这两个层面的执法公开，都可能涉及个人信息披露，在第一个层面上的执法公开，个人信息保护与公民知情权相对应，在第二个层面上的执法公开，个人信息保护与案件当事人的陈述权、申辩权、行政复议权、诉权等权利保障等相对应。公权力行使机关的个人信息披露必须辨别权利体系下的何种权利优先保护及在特定情况下的具体权利保护权衡。个人信息披露的属概念个人信息保护的权利属性在个人权利体系中的位阶，是属于基本权利范畴还是基于隐私权范畴或

---

[1] ［日］盐野宏：《行政法 I ［第四版］行政法总论》，杨建顺译，北京大学出版社 2008 年版，第 216—222 页。

者还停留在权益层面，在我国现行法上和法理层面需要进一步明确。对个人信息保护与公共利益维护、案件当事人的实体权利和程序权利等之间的冲突规则，以及公安机关在刑事执法公开中的个人信息披露和行政执法公开中的个人信息披露是否存在必要的差异及何种差异，本文试图对以上问题作初步探讨。

二、公安执法公开中个人信息披露的基本原理

公安执法公开中个人信息保护研究的基点是个人信息保护研究，在此基础上探寻嵌入公安执法公开中的个人信息如何保护。

（一）个人信息保护的权利属性

个人信息保护或是个人信息受保护，是基于个人信息的权益，还是个人信息权利的存在，是民事权利，还是公法权利，以及在私法权利体系和公法权利体系下的权利属性，学术上一直存在争议。学术上的争议并没有因我国的《个人信息保护法》制定而消减。也可能恰是因为在学术上没有达成基本的共识，《个人信息保护法》对个人信息是权利还是权益以及若是权利，个人信息权的法律属性为何，没有一个清晰的结论。

我国学界关于个人信息保护的法律属性的观点主要有：第一大类，公法权利说或是公法保护说。此类观点又分为：一是基本权利说。认为个人信息受到保护是自然人的基本权利，我国的个人信息保护体系建构基础是《宪法》人格尊严条款，以该项基本权利为基点，以基本权利面向所对应的国家消极与积极保护义务为主线，建构出一套个人信息保护法律体系。[2] 二是个人信息相关权益被保护权说。此观点是建立在对个人信息权是一种基本权利和个人信息是他人言论自由的对象这两个观点批判基础之上的，认为个人信息兼具个体属性与社会属性，个人信息保护应当在具体场景中确立个人信息收集与利用行为的合理边界[3]。此观点还是在个人信息保护是公法权利这一大类的观点范畴之内，是对现有公法权利观的批判吸收，探讨一种新的公法权利观。三是个人信息权利束说。个人信息权利束包括知情、决定、查询、更正、复制、删除等权能，是国家在"保护法"理念下赋予个人的保护手段和工具。[4]

第二大类，民事权利说或民法保护模式说。此观点可分为：一是一般人格权说。我国个人信息保护立法重公法、轻私法，而民法可以为个人信息保护提供体系支持。立法应确立信息主体对个人信息的自主控制，个人信息权可以嵌入既有人格权规范体系。民法的间接保护模式和法益保护模式都存在缺陷，应采取权利

[2] 王锡锌、彭錞：《个人信息保护法律体系的宪法基础》，载《清华法学》2021 年第 3 期。

[3] 丁晓东：《个人信息的双重属性与行为主义规制》，载《法学家》2020 年第 1 期。丁晓东：《个人信息权利的反思与重塑》，载《中外法学》2020 年第 2 期。

[4] 王锡锌：《国家保护视野中的个人信息权利束》，载《中国社会科学》2021 年第 11 期。

保护模式。[5] 二是独立人格权说。个人信息权作为权利在属性上应被认定为一项独立的人格权，是一般人格权在信息时代发展中所形成的新的人权形态的具体展现，是信息时代保护个人人格的要求。[6] 三是隐私权说。在大数据时代，个人信息的人格利益仍应归入隐私范畴，因其无法被控制、必须共享而具有社会属性。隐私信息无法事先界定，只能进行动态判断，信息社会尤其呼唤以关系为视角的隐私公开的相对标准。[7] 四是非独立的民事权利说。大数据时代的个人数据权利涉及自然人的民事权益保护与数据企业的数据活动自由之间的关系协调。个人数据可以成为民事权利的客体，并应当通过私权制度对其加以规范和保护。自然人对个人数据的权利旨在保护其对个人数据的自主决定利益，从而防止因个人数据被非法收集和利用而侵害既有的人格权与财产权。[8]

（二）个人信息权的保护模式

从《个人信息保护法》的立法过程看，个人信息权的保护模式从"民法特别法"保护模式向"领域法"保护模式转移。个人信息保护的权利基础，不再是民事权利定位，而是更倾向于宪法基本权利的定位。而若将个人信息权作为基本权利，则有助于整合个人信息保护的公法机制和私法机制。[9] 从实定法分析，我国当下的个人信息权从属性上来看，以民事权利为主，同时兼具公法权利的属性，从发展方向以及应然的角度展望，个人信息权可能会被逐步纳入基本权利体系，是一个相对独立的基本权利。

学界关于个人信息保护的法律模式基本一致，公法私法共同保护模式，区别在于是以公法保护为核心还是以私法保护为核心。以公法保护为核心的观点认为，个人信息权益是工具性权利与目的性法益的集合。在内容构成上，个人信息权益体现为三层构造，对个人信息处理风险的规制及对人格尊严的维护，应主要以公共监管与执行机制为中心展开，建构公法和私法多元手段协同的个人信息保护机制。[10] 另一种观点倚重私法保护，认为个人信息权在本质上是包含财产利益的人格权。个人信息中的人格权益专属个人且不能让渡，而财产权益却因市场失灵而难以积极实现，可一体依人格权获得救济。[11]

---

[5] 王成：《个人信息民法保护的模式选择》，载《中国社会科学》2019 年第 6 期。

[6] 郑维炜：《个人信息权的权利属性、法理基础与保护路径》，载《法制与社会发展》2020 年第 6 期。王利明：《论个人信息权的法律保护——以个人信息权与隐私权的界分为中心》，载《现代法学》2013 年第 4 期。

[7] 房绍坤、曹相见：《论个人信息人格利益的隐私本质》，载《法治与社会发展》2019 年第 4 期。

[8] 程啸：《论大数据时代的个人数据权利》，载《中国社会科学》2018 年第 3 期。

[9] 张翔：《个人信息权的宪法（学）证成——基于对区分保护论和支配论的反思》，载《环球法律评论》2022 年第 1 期。

[10] 王锡锌：《个人信息权益的三层构造及保护机制》，载《现代法学》2021 年第 5 期。

[11] 彭诚信：《论个人信息的双重法律属性》，载《清华法学》2021 年第 6 期。

（三）《个人信息保护法》视角下的公安执法公开中个人信息披露

基于权力公开、公平、公正行使的原则，公安执法公开为原则，不公开为例外。在执法公开原则的拘束下，除了法定不公开之外，执法信息应向社会公众、与案件相关人员公布或披露，公布或披露的信息中或包含执法所涉的个人信息，由此《个人信息保护法》将公安执法公开的个人信息披露行为纳入法律拘束范围。

关于对执法主体披露的个人信息是否属于公共信息，有不同的观点。从域外的法治实践来看，也有不同观点。在美国各州有关信息公开的法律中，执法记录仪中的资料被认定为可公开的信息。部分州法律将所有类型的执法记录仪资料都认定为公共信息。[12] 我国学界主要有两种观点：一种观点认为，个人私密信息和公共信息之间的界限实际上模糊不清，没有办法事先划定好边界，个人信息实际上是社会整体信息的一部分，有时可能流向公共机关，成为公共数据进行披露使用，也可能流向私人领域，以隐私名义进行保护，其并不完全隶属于信息主体。[13] 另一种观点认为，政府信息保护制度与执法信息公开制度是基于不同的权利保护理念以及不同的信息来源形成的两种不同制度。政府信息由于运用公权力取得，属于公共财产，任何人均可以利用，并且不需要说明任何理由；个人信息尽管是在公权力运行过程中取得，但其在本质上是基于个人活动形成的个人信息，只能由个人使用。[14] 个人私密信息和公共信息之间有融合的部分，执法信息中的个人信息既有公共属性的一面，也有个人属性的一面，其公共属性是由于执法信息是一个整体，不能够脱离执法活动中自然人的信息而独立存在，正是基于其有公共属性的一面，才存在依法予以披露乃至在特定情况下强制性披露，如果是个人隐私，且不涉及执法活动及公共利益，这样的个人信息不存在执法中的个人信息披露的法律问题。而在法律层面需要探讨披露个人信息的正当性、合法性问题，是因为个人信息是法定权利的客体，公权力的行使受到私权利的制约是现代民主法治社会的基本形态。公安机关如何实现在执法公开中合法披露个人信息，必须要接受来自执法公开和个人信息保护两个方面的法规范拘束。在非案件性的信息公开领域，个人信息原则上不公开，公开为例外。以日本《信息公开法》为例，其分别规定了六种不公开的信息：关于个人信息，关于法人信息，关于国家的安全等的信息，关于公共安全等的信息，审议、探讨信息，事务、事业信息。其中关于个人信息，以个人被识别为理由，从隐私权保护的角度出发，规定原则上不公开。可以公开的例外情形：根据法令的规定或者作为惯例而公开的信息，为了保

---

[12] 高文英、陈依卓宁：《警察执法记录仪信息公开问题研究——以美国警察执法记录仪使用为视角》，载《净月学刊》2018 年第 1 期。

[13] 胡凌：《个人私密信息如何转化为公共信息》，载《探索与争鸣》2020 年第 11 期。

[14] 刘飞宇：《行政信息公开与个人资料保护的衔接——以我国行政公开第一案为视角》，载《法学》2005 年第 4 期。

护人的生命等而公布之被认为是必要的信息，公务员的职务以及与职务推行的内容有关的信息。[15]

执法信息公开关涉个人信息主体利益、与个人信息有利害关系人的利益与公共利益。在披露还是不披露个人信息的利益冲突中，全面而充分的利益解析并排除无关的考量因素是利益衡量的前提。[16]一般而言，倾向于披露的公共利益与知情权、民主政治、公众参与等价值相关，而不披露或披露内容减损及虚化，往往是个人信息内容与基本权利属性关联性高，或是不披露及披露不充分对公共利益损害之间关联度不高、影响不大等，但这些不确定性的概念和原则性的理解，加大了公安执法公开中个人信息披露规范难度，执法的情景性、裁量性较大。

三、公安执法公开中个人信息披露立法与实践

（一）域外执法公开和个人信息立法与法治实践

国家权力的公开运行，是执法程序正义的要求，正义不仅要实现，而且应以看得见的方式实现。执法公开与执法公平、公正是执法的基本原则，是现代法治的基本要求。国家权力来自人民，受到人民监督，对国家权力进行监督和制约，是宪法的基本原则。现代国家普遍建立对公权力运行监督制约法规范体系，执法公开原则要求及制度设计在现代国家已普遍确立。相较公权力行使公开立法，对个人信息保护单项立法及公权力机关执法中个人信息的保护的法规范制定则相对较晚。个人信息保护的单项立法缘起数字时代的到来，而在此单项立法之前个人信息保护被一般人格权或是隐私权的保护所涵摄，然而在数据技术的冲击下，在有些国家和地区以现有的制度框架内个人信息保护的范围、程度等可能不能够实现个人信息主体的权利维护的需要，在欧盟以及我国等国家和地区探索个人信息保护的单项立法的保护模式，以实现充分保障个人信息权利主体的利益，规制个人信息处理者的处理行为。

1. 从基本权利视角解读执法个人信息保护

以欧盟立法为例，欧盟在个人信息立法保护方面走在世界前列，立法保护的强度最高。欧盟个人信息保护的立法主要从两个层面规定，《欧洲欧盟基本权利宪章》[17]第8条第1款及《欧盟运行条约》[18]第16条第1款中均规定，人人均有权享有与其相关的个人数据之保护的权利，这在根本法上确认"自然人在其个人数据处理过程中获得保护是其拥有的一项基本权利"。在单行法上，以《欧盟议会

[15] ［日］盐野宏：《行政法I［第四版］行政法总论》，杨建顺译，北京大学出版社2008年版，第224页。

[16] 王敬波：《政府信息公开中的公共利益衡量》，载《中国社会科学》2014年第9期。

[17] the Charter of Fundamental Rights of the European Union（ the "Charter"）.

[18] the Treaty on the Functioning of the European Union（TFEU）.

和欧盟理事会于 2016/679 号法规》[19]和《欧盟议会和欧盟理事会于 2016/680 号指令》[20]具体建构个人信息保护的原则和规则。

《欧盟议会和欧盟理事会于 2016/679 号法规》是关于个人数据处理的自然人保护及个人数据自由流通的法规，是个人信息保护方面的一般法，其主要的原则有：（1）基本权利原则。自然人在其个人数据处理过程中获得保护是其拥有的一项基本权利。（2）比例原则和权衡原则。个人数据处理应以服务人类为要旨。个人数据保护权不属于绝对权利，应结合其社会功能考虑并根据比例原则与其他基本权利相互权衡。（3）个人数据处理行为合法公允原则。所有个人数据的处理行为均应合法公允，数据处理者应向自然人披露其相关个人数据收集、使用、查阅或以其他形式处理的事实，并向其告知与其相关的个人数据目前或将来会以何种程度被处理。（4）透明公开原则。要求个人数据处理相关的任何信息和交流应易于获得、便于理解，使用清晰平实的语言，尤其应向数据主体告知控制者身份、处理目的及与有关自然人相关的，确保处理行为公允透明的其他信息。（5）政府机关依法律处理个人数据原则。政府机关处理个人数据的法律依据由立法机关通过法律的形式提供。（6）收集目的与处理目的相吻合原则。处理个人数据的目的并非最初收集个人数据的目的的，只有在处理行为与最初收集个人数据时的目的相吻合的情况下方可被允许。在此种情况下无须再另行提供允许收集个人数据依据之外的其他依据。为开展公共利益活动或行使控制者职权而必须处理数据的，可根据欧盟或成员国法律确定，并规定哪些公共利益活动和目的再处理行为应当被认定为合法的再处理行为。

而《欧盟议会和欧盟理事会于 2016/680 号指令》调整"有权机关为防范、调查、侦查或起诉犯罪行为或执行刑事处罚（包括为防范安全威胁目的）而处理个人数据时对当事人的保护以及该等信息的自由流动"，其目的在刑事事项司法合作和警察合作领域中设定个人数据保护和个人数据自由流动的具体规则，是个人信息保护的特别法。《欧盟议会和欧盟理事会于 2016/680 号指令》规定，该指令所保护的个人信息包括应适用于有关已查明或可查明的自然人的任何资料。指令确立了若干原则，主要有：（1）"受目的拘束适用原则"，有权机关处理个人数

[19]　Egulation（EU）2016/679 of the European Parliament and of the Council of 27 April 2016 on the protection of natural persons with regard to the processing of personal data and on the free movement of such data, and repealing Directive 95/46/EC（General Data Protection Regulation）.

[20]　Directive（EU）2016/680 of the European Parliament and of the Council of 27 April 2016 on the protection of natural persons with regard to the processing of personal data by competent authorities for the purposes of the prevention, investigation, detection or prosecution of criminal of—fences or the execution of criminal penalties, and on the free movement of such data, and repealing Council Framework Decision 2008/977/JHA.

据时，应根据处理的目的遵守适用的数据保护规则。（2）"基于遗传特征歧视禁止原则"，遗传数据应定义为与自然人的遗传或后天遗传特征有关的个人数据，这些数据提供了有关该人生理或健康的独特信息，并通过对该人的生物样本的分析，特别是染色体、脱氧核糖核酸（DNA）或核糖核酸（RNA）分析，或通过对能够获得同等信息的另一元素的分析得出结果。考虑到遗传信息的复杂性和敏感性。（3）处理个人信息合法、公平及透明原则。任何处理个人信息的做法都必须合法、公平及透明，且只可为法律所规定的特定目的而处理。这本身并不妨碍执法当局进行秘密调查或录像监视等活动，只要这些活动是由法律规定和适当考虑到有关自然人的合法利益的，并且是必要和适当的措施，就可以为预防、调查、侦查或起诉刑事犯罪或执行刑事处罚的目的进行，包括防范对公共安全的威胁。欧盟以基本权利的视角对个人信息进行保护，将国家机关与公共机构一体纳入规制范围，同时不以机关的性质而是以信息处理行为对个人信息保护分为一般意义上的数据保护和特别法意义上的数据保护，对特定信息处理行为，主要是刑事事项司法合作和警察合作领域的信息处理行为进行规制，信息处理规制明确性和可操作以及人权保护力度处于较高水平。

在司法判决层面，德国联邦宪法法院在一系列判决中，对个人信息保护确定为其来源于一般人格权，认为个人原则上具有对其个人数据是否允许公开或允许适用的决定权限，在这一意义上，它包含了一种"信息自决的权利"，但这项权利的大部分内容会被公共利益所限制。这些限制需要具备一种合宪性的法律基础，并且立法者制定这些限制性规则时，必须注意到比例原则。[21]这样在立法、司法层面，欧盟国家以基本权利的视角来对待个人信息保护，形成了一个相对成熟的保护体系。

2. 以隐私权受保护为视角权衡执法利益和个人信息权利

在美国，《信息自由法》（FOIA）一般规定，任何人都有权要求查阅联邦机构的记录或信息，除非记录受到法律所载九项豁免中的任何一项。九类披露豁免信息是：涉及国防或外交政策的机密信息；内部人事规章制度；根据其他法律豁免的信息；商业秘密和保密的商业信息；受法律特权保护的机构间或机构内备忘录或信件；人事和医疗档案；执法记录或资料；有关银行监管的信息；地质和地球物理信息。[22]如何平衡执法信息披露与个人隐私保护是实践中的主要问题。例如，执法记录仪中的资料公开法实践，其涉及的问题主要有：一是执法记录仪资料的信息属性。有的州法律将所有类型的执法记录仪资料都认定为公共信息，可以公开，如明尼苏达州。二是影响执法信息公开范围的主要因素。公开范围狭窄的法

---

[21] ［德］康拉德·黑塞:《联邦德国宪法纲要》，李辉译，商务印书馆 2007 年版，第 335 页。

[22] https://foia.state.gov/Learn/FOIA.aspx，最后访问时间：2023 年 12 月 4 日。

律会阻止人们接触到冲突现场的视听资料，不公开的范围过度宽泛会妨害执法透明度。相反的意见是，规定更多执法记录仪资料公开豁免的条款来保护公众的隐私。

3. 解除公开范围冲突的路径方案

一种方案为模糊个人信息方案。例如，西雅图警方采用更有效率的方法对记录仪中脸部画面进行模糊化处理，并清除了画面中的声音。但这种解决方法会影响执法合法性判断及妨害警察执法的透明度。另一种方案是公共利益和隐私利益权衡方案。制定单行法律来规范执法记录仪资料的公开事宜。[23] 政府信息公开和免于公开之间需要进行平衡检验。一般而言，个人身份信息已被删减的警方调查记录不能免于公开。但是如果保密对有效执法或保护个人隐私权至关重要，并且公众对调查犯罪的利益不显著超过对个人隐私的伤害，那么执法机构制作的调查记录可以免于公开披露。大卫·柯尼格诉得梅因市及得梅因警察局案中，柯尼格的女儿多伊（Doe）是性侵的儿童受害者。1996 年 10 月，柯尼格要求市政府提供有关他女儿的所有记录。该请求通过姓名识别了 Jane Doe，并引用了她的案件编号。得梅因市拒绝了这一要求，声称不披露记录对执法至关重要，而且是申诉人要求不披露的。在接下来的两年里，柯尼格又多次提出书面要求，要求出示文件，每次都使用了无名女主的姓名和案件编号。该市拒绝了所有的请求。案件经过三审，法院终审裁决，即使市政府从记录中删除了受害者的身份信息，但事实仍然是，申请信息披露的申请人已经知道受害者的身份，因为他在申请中提到了受害者的名字。因此，该市避免暴露受害者身份的唯一方法是保留记录。[24] 在另一起案件中，伊恩·特恩布尔被判谋杀格伦·特纳，并于 2015 年被判处监禁。在监禁期间，伊恩·特恩布尔将财产转让给了他的妻子，特恩布尔夫人也是他遗产的共同执行人和受益人。特恩布尔于 2017 年去世。罗伯特·斯特兰奇是格伦·特纳的同事，目击了他的谋杀。斯特兰奇先生在新南威尔士州最高法院起诉特恩布尔夫人和其他遗嘱执行人，质疑财产转让的有效性。在这些诉讼中，新南威尔士州矫正服务专员遵从传票，提供了特恩布尔夫妇和他们儿子之间的通话录音。遗嘱执行人辩称，这些录音包含"个人信息"，受《隐私法》保护，不被披露。他们试图将传票搁置，或者不让斯特兰奇接触传票上的录音。法院裁决，由于《隐私法》第 6 条明确规定，法院的职能不受《隐私法》运作的影响，因此执法机构在收到传票后被要求披露个人信息时，无论出于"执法目的"或其他目的，都不受禁止披露个人信息的约束。在《隐私法》中规定了相互竞争的披露义务，在传

---

[23] 高文英、陈依卓宁：《警察执法记录仪信息公开问题研究——以美国警察执法记录仪使用为视角》，载《净月学刊》2018 年第 1 期。

[24] 158 Wn. 2d. 173，Aug. 2006 Koenig v. City of Des Moines.

票要求下执法机构有披露义务。当根据合法传票要求提供受《隐私法》保护的个人信息时，执法机构遵守传票不会违反其披露要求。执法中个人信息披露，涉及多方利益主体，在执法公开和个人信息披露之间做到合理的权衡，个案中的裁量需要执法者的较高法律素养、行政或司法经验、社会文化的理解力以及相对明确清晰的法规范指引、良好的社会舆论环境等，可以引入一般理性的执法人员的概念，以此视角判断个案中的执法公开的个人信息披露的合理性。

（二）我国执法公开和个人信息保护立法进程

执法公开和个人信息披露具体到公权机关执法中是一个行为的两个方面。然而，执法公开和个人信息披露立法有各自的价值取向，执法公开追求的主要价值促进执法机关执法公正，依法实现公共利益，与执法公开的职责对应的是公民的知情权。而个人信息保护专项立法，其是以保护自然人的个人信息利益为立法宗旨，与信息权对应的义务主体包括国家机关，执法机关在执法中必须承担保护个人信息的法定义务。这种义务包括消极义务和积极义务两个方面：所谓的积极义务，是国家机关保障个人信息保护权益的实现；而消极义务，是国家机关在执法中不侵犯个人信息主体的信息权。在执法公开中依法不披露个人信息，是执法机关在个人信息保护方面承担的消极义务。如何在执法中实现公共利益维护和个人信息权之间的平衡，是执法公开立法和个人信息保护立法共同面对的问题。

1. 两个维度视角下的公安执法公开的立法

公安执法公开的立法进程，应从两个维度的视角梳理改革开放以来我国的执法公开立法进程：一是从整体层面探讨国家机关的执法公开；二是以公安执法公开视角梳理公安机关的执法公开立法。

以行政行为法为主线，梳理部分行政行为公开的立法进程，整体而言执法公开的原则与制度逐渐精细化，执法公开的原则和制度与个人信息保护立法协同性加强。1996 年《行政处罚法》第 4 条规定"行政处罚遵循公正、公开的原则"，第 42 条第 1 款第 3 项规定"除涉及国家秘密、商业秘密或者个人隐私外，听证公开举行"。2000 年 12 月，中共中央办公厅国务院办公厅发布《关于在全国乡镇机关全面推行政务公开制度的通知》，明确推行政务公开制度的目的是"扩大基层民主、保证人民群众直接行使民主权利的精神，推进依法治国的进程，加强对行政权力运行过程的监督，密切党和政府同人民群众的联系"，公开的内容主要有"乡镇政府行政管理、经济管理活动的事项；与村务公开相对应的事项；乡镇政府各部门和派驻站所公开的事项"。2003 年《行政许可法》第 5 条规定，"设定和实施行政许可，应当遵循公开、公平、公正的原则。有关行政许可的规定应当公布；未经公布的，不得作为实施行政许可的依据。行政许可的实施和结果，除涉及国家秘密、商业秘密或者个人隐私的外，应当公开"。"行政机关作出的准予行政许可决定，应当予以公开，公众有权查阅。"2007 年《政府信息公开条例》

规定，政府信息公开的原则为"公正、公平、便民""及时、准确""不得危及国家安全、公共安全、经济安全和社会稳定"，对不予公开的范围为"行政机关不得公开涉及国家秘密、商业秘密、个人隐私的政府信息。但是，经权利人同意公开或者行政机关认为不公开可能对公共利益造成重大影响的涉及商业秘密、个人隐私的政府信息，可以予以公开"。《政府信息公开条例》（2019 年修订）规定"行政机关公开政府信息，应当坚持以公开为常态、不公开为例外，遵循公正、公平、合法、便民的原则""行政机关应当及时、准确地公开政府信息。行政机关发现影响或者可能影响社会稳定、扰乱社会和经济管理秩序的虚假或者不完整信息的，应当发布准确的政府信息予以澄清。""依法确定为国家秘密的政府信息，法律、行政法规禁止公开的政府信息，以及公开后可能危及国家安全、公共安全、经济安全、社会稳定的政府信息，不予公开。""涉及商业秘密、个人隐私等公开会对第三方合法权益造成损害的政府信息，行政机关不得公开。但是，第三方同意公开或者行政机关认为不公开会对公共利益造成重大影响的，予以公开。"《行政许可法》（2019 年修正）规定"设定和实施行政许可，应当遵循公开、公平、公正、非歧视的原则。有关行政许可的规定应当公布；未经公布的，不得作为实施行政许可的依据。行政许可的实施和结果，除涉及国家秘密、商业秘密或者个人隐私的外，应当公开。未经申请人同意，行政机关及其工作人员、参与专家评审等的人员不得披露申请人提交的商业秘密、未披露信息或者保密商务信息，法律另有规定或者涉及国家安全、重大社会公共利益的除外；行政机关依法公开申请人前述信息的，允许申请人在合理期限内提出异议"。"行政机关作出的准予行政许可决定，应当予以公开，公众有权查阅。"《行政处罚法》（2021 年修订）规定"行政处罚遵循公正、公开的原则"。"具有一定社会影响的行政处罚决定应当依法公开。公开的行政处罚决定被依法变更、撤销、确认违法或者确认无效的，行政机关应当在三日内撤回行政处罚决定信息并公开说明理由。"

关于公安执法公开的立法主要分为三个阶段：（1）没有明确规定执法公开。例如，1994 年《治安管理处罚条例》在原则和制度层面没有明确规定"执法公开"。（2）法律层面、执法制度层面的公开阶段。1999 年《公安部关于在全国公安机关普遍实行警务公开制度的通知》规定，公安机关的执法办案和行政管理工作，除法律法规规定不能公开的事项外，都要予以公开。警务公开涉及执法依据、制度和程序、刑事执法、行政执法和警务工作纪律。2005 年《治安管理处罚法》以法律原则的形式规定了治安管理处罚公开。[25] 此种意义上的执法公开，主要是对执法制度的公开，一般不涉及具体案件中的个人信息披露。（3）体现具体案件

---

[25] 《治安管理处罚法》（2005 年）第 5 条。2012 年修正的《治安管理处罚法》关于公开原则的规定没有发生变化。

执法信息阶段。例如，为贯彻落实党的十八届四中全会《关于全面推进依法治国若干重大问题的决定》提出的关于建立执法全过程记录制度的要求，公安部制定了《公安机关现场执法视音频记录工作规定》。与美国不同，我国对于执法记录仪使用过程中产生的资料，原则上不主动公开，[26]超出警察本人调取权限的必须经过批准。在实务中，基于保护隐私权、侦查工作需要等考虑，更倾向于"不公开"执法记录仪中的资料。此外，具体工作指引性的立法还有《公安机关办理犯罪记录查询工作规定》《公安机关讯问犯罪嫌疑人录音录像工作规定》。除这些执法某些环节和内容的专项立法外，全面系统对公安执法公开工作进行法规范的是公安部制定的《公安机关执法公开规定》（2012 年制定，2018 年修订）。《公安机关执法公开规定》（2012 年）规定，立法目的是"为了规范公安机关执法公开行为，保障公民的知情权、参与权、表达权和监督权，促进便民利民，实现公正廉洁执法"，规定明确执法公开是公安机关依照法律、法规、规章和其他规范性文件规定，向社会公众或者特定对象公开刑事、行政执法的依据、流程、进展、结果等相关信息，以及开展网上公开办事的活动。将公开区分为"向社会主动公开""不宜向社会公开而是向特定对象告知或提供查询服务"两种情形，[27]同时规定了不得公开信息的情形。[28]规定了公开的原则为"遵循公平公正、合法有序、及时准确、便民利民的原则"。《公安机关执法公开规定》（2018 年）较 2012 年的《公安机关执法公开规定》不同的地方是，在"总则"部分：将"遵循公平公正、合法有序、及时准确、便民利民的原则"修改为"公平公正、合法有序、及时准确、便民利民的原则"，增加一条为"执法公开情况检查评估、执法公开撤回、纠正及更新以及紧急处置"，即"公安机关应当对执法公开情况进行检查评估。执法信息不应当公开而公开的，应当立即撤回；公开的执法信息错误或者发生变更的，应当立即纠正或者更新；执法信息公开后可能或者已经造成严重后果的，应当依法紧急处置"。

2. 从零散的法律规范到法典化的《个人信息保护法》

在制定《个人信息保护法》之前，我国对个人信息进行保护的规范散见于刑法、民法以及行政法的法规范文本中。在公法层面，如《刑法》《社会保险法》《统计法》《护照法》《居民身份证法》等，又如涉及"个人信息"的行政法规和规范性文件包括《戒毒条例》《彩票管理条例》《现役军人和人民武装警察居民身份证申领发放办法》《国务院办公厅关于社会信用体系建设的若干意见》等。[29]2021

---

[26]　《公安机关现场执法视音频记录工作规定》第 17 条。

[27]　《公安机关执法公开规定》（2012 年）第 3 条。

[28]　《公安机关执法公开规定》（2012 年）第 4 条。

[29]　姚岳绒：《宪法视野中的个人信息保护》，华东政法大学 2011 年博士学位论文。

年制定的《个人信息保护法》规定若干个人信息保护原则、制度、规则。在总则部分规定了"处理个人信息应当遵循合法、正当、必要和诚信原则""处理个人信息应当具有明确、合理的目的，并应当与处理目的直接相关，采取对个人权益影响最小的方式""收集个人信息，应当限于实现处理目的的最小范围，不得过度收集个人信息""处理个人信息应当遵循公开、透明原则，公开个人信息处理规则，明示处理的目的、方式和范围"等原则。在"国家机关处理个人信息的特别规定"部分，规定了"国家机关为履行法定职责处理个人信息，应当依照法律、行政法规规定的权限、程序进行，不得超出履行法定职责所必需的范围和限度""国家机关为履行法定职责处理个人信息，应当依法履行告知义务；有法律、行政法规规定应当保密或者不需要告知的情形的，或者告知将妨碍国家机关履行法定职责的除外"。《个人信息保护法》初步建构了个人信息保护原则、制度及规则。

四、公安执法公开中的个人信息披露的体系性反思

在法治中国建设和数据化时代背景下，公安执法公开中的个人信息披露的立法及法治实践所面临的挑战是多元的，其中主要有两个方面：一是个人信息的法律属性在法律体系及法律规范中的清晰度。相较于有些国家和地区，我国法治建设属于后发国家，对个人信息的保护法典化以及个人信息保护的法治实践不够。关于国家机关个人信息保护承担的职责的规定较为原则，从立法进程来看，规制国家机关个人信息披露行为的法规范依托于政务公开立法中，主要从政务公开视角审视个人信息披露，个人信息保护与执法公开的法律上的关系没有在立法和法律实践上理顺。二是公安机关在执法公开中的个人信息披露的原则、权限及规则明确性和可操作性。公安机关作为执法机构体系的一个组成部分受到一体法律体系拘束和公安机关作为行政执法和刑事执法的主体所应承担的职责之间的差异性，需要在个人信息披露规则方面有所不同，而在现有的规则体系中，没有充分体现出来，可能需要进一步在现有的法体系和法治实践中反思和建构。

（一）执法公开中个人信息保护的权利属性缺失

执法公开中的个人信息保护权利属性缺失，从执法公开和个人信息保护两个立法脉络中可以得到验证。在公法制定和修改中加入执法公开的条款，一方面是行政法治化、行政民主化的要求，同时也是中国融入全球化的要求，其中包括世界贸易组织的透明度原则的要求，要求公权力机关行使公权力公开透明，所有的与贸易关联的立法、执法要公开、公平、公正。实行行政公开的意义在于利于公民知情权的保护和实现、利于公民参政议政权的实现、利于行政效率的提高、适应建设廉洁政府的需要。[30] 而国家一切权力属于人民、公民知情权、公民参与权以及政府信息公开的产生与发展，是执法公开的宪法原则基础、法律基础、政治

---

[30]　何建华、袁飞：《行政公开的法律思考》，载《政法论坛》2002年第2期。

基础和实践借鉴,[31]因此这种立法脉络是从公权力行使的正当性角度出发,而与个人信息保护的角度显著不同,因此在执法公开的立法中,包括个人信息披露在内的个人信息处理行为仅是处于附随地位,将个人信息保护表述为个人隐私,在国家秘密、商业秘密列于同一条款,即"除涉及国家秘密、商业秘密或者个人隐私的外,应当公开"。此种立法表述,缺失个人信息权或是个人信息利益概念,与个人信息有关联是个人隐私,而个人隐私仅是个人信息的一部分,同时没有表述为"个人隐私权",其保护的力度弱化。

在《个人信息保护法》制定之前,《民法典》对个人信息保护的法规范程度最高。《民法典》总则编第五章"民事权利"中第111条规定,自然人的个人信息受法律保护;第四编人格权第一章"一般规定"第999条规定,为公共利益实施新闻报道、舆论监督等行为的,可以合理使用民事主体的姓名、名称、肖像、个人信息等;在第六章"隐私权和个人信息保护"第1034条规定,个人信息的概念以及个人信息中的私密信息适用有关隐私权的规定,第1035条规定处理个人信息的"合法、正当、必要,不过度"原则,第1036条规定处理个人信息不承担民事责任的情形,第1037条规定自然人可以对个人信息查阅、复制、提出异议及请求更正,第1038条规定信息处理者的作为和不作为,第1039条规定国家机关、承担行政职能的法定机构及其工作人员对履职中知晓的个人信息应予保密。

《民法典》对个人信息规定了法律保护,但是将个人信息保护区分为两个类型,一个是适用隐私权保护,另一个是不作为隐私权保护的个人信息保护,区分的标准是前者所称的个人信息是个人信息中的私密信息,因此《民法典》没有将个人信息作为独立的人格权,而是将其分解为一部分等同隐私权,另一部分作为隐私权相近的人格利益。将个人信息保护一分为二,在逻辑上不能做到自洽,从立法体例而言,从整体上看,《民法典》的立法态度是将个人信息利益作为隐私权的一部分或从属部分,没有将其从传统的隐私保护中单列出来,这与数字时代发展不是相契合的。而这种将个人信息保护从属于隐私权的保护,在法体系中也与公法层面的个人信息保护冲突,如《民法典》第1039条规定的国家机关对履职中获知的个人信息保密规定与执法公开法规范中的个人隐私豁免公开的规定存在法体系的不协调,执法公开中的个人隐私豁免,并不包括所有个人信息。

在公法层面,我国《个人信息保护法》的立法目的表述为"保护个人信息权益,规范个人信息处理活动,促进个人信息合理利用"[32],将个人信息权益纳入法律保护,与私法保护的差异是没有将个人信息保护区分为隐私权保护和类隐私保护,但该法在第二章"个人信息处理规则"第二节规定"敏感个人信息的处理规

[31]　吴新梅:《公安行政执法公开相关法律问题探究》,载《云南警官学院学报》2017年第2期。
[32]　《个人信息保护法》第1条、第2条。

则"，该法第 28 条，对敏感信息进行界定，并规定处理敏感信息的一般原则。[33]
由此，将个人信息保护区分为敏感个人信息保护和非敏感个人信息保护两类。《民法典》与《个人信息保护法》关于个人信息及个人信息保护规则的分类，是私法和公法对个人信息的不同解读，私法解读下的个人信息，是从人身权、财产权的角度分析个人信息，因此个人信息的权益更接近隐私权，而公法解读下的个人信息，包括宗教信仰等公法层面的公民信息。我国目前法体系在公法和私法两个层面都没有将个人信息保护作为权利看待，而是作为权益，虽然在保护方式、保护程度、保护范围等方面也不断适应数字化时代个人信息保护的需要，但从个人信息的内容和对自然人影响的程度等方面考虑，从法体系协调统一角度分析，应当明确个人信息保护的权利属性，从整体而言要作为基本权利看待，从而实现对个人信息主体的个人信息充分保护。在个人信息披露的实践中，较为普遍地存在个人信息权益不被尊重的情况。例如，根据《公安机关执法公开规定》第 22 条第1 款的规定，公安机关在行政程序中的案件办理情况和结果等执法信息应向特定对象公开，并为特定对象提供查询服务。特定对象如需获取上述信息，应通过查询方式获得。因此申请获取的上述信息，在实践中，行政程序中的当事人、利害关系人以政府信息公开名义申请查阅案卷材料均不能通过申请政府信息公开的方式获得，亦不属于行政诉讼的受案范围，其诉讼请求也得不到法院的支持。[34] 因申请方式没有符合《公安机关执法公开规定》，就得不到案件信息披露，这不仅存在《公安机关执法公开规定》与上位法规定不一致的问题，还存在对行政程序中的当事人、利害关系人的个人信息权利属性的错误认识。在全社会不仅包括公安机关在内的公权力机关需要尊重个人信息权，新闻媒体、用工单位等处于相对优势地位的社会主体也应从基本权利的高度审慎对待个人信息披露。

（二）执法公开原则与个人信息披露调适

在不同执法领域，执法公开原则的表述不尽相同，这增加了与个人信息披露原则的协调难度。

不同执法领域，同样是法律制裁，但制裁程度不同，行政处罚与刑事制裁都是执法，执法公开衡量是否需要一致？例如，《行政处罚法》第 5 条第 1 款规定："行政处罚遵循公正、公开的原则。""具有一定社会影响的行政处罚决定应当依法公开。"在行政处罚领域，确定了"具有一定社会影响力的行政处罚决定公开原则"，这个原则考量的因素是什么，是否意味着只有当公共利益高于被处罚人

---

[33] 《个人信息保护法》第 28 条规定："敏感个人信息是一旦泄露或者非法使用，容易导致自然人的人格尊严受到侵害或者人身、财产安全受到危害的个人信息，包括生物识别、宗教信仰、特定身份、医疗健康、金融账户、行踪轨迹等信息，以及不满十四周岁未成年人的个人信息。只有在具有特定的目的和充分的必要性，并采取严格保护措施的情形下，个人信息处理者方可处理敏感个人信息。"

[34] 河南省高级人民法院（2020）豫行申 962 号行政裁定书。

个人利益的情况下，才会对被处罚人的行政处罚决定公开？事实上，行政处罚决定公开与否的背后涉及公共利益与个人利益之间的权衡。虽然刑事制裁的公开亦有其公私利益的考量，但行政处罚决定公开对政治利益和社会利益等公共利益的保障不及刑事制裁，程序性要求相较于刑事诉讼较为宽松，但行政处罚的公开一样会对相对人的人格尊严等个人利益带来影响，甚至造成严重损害。衡量处罚决定公开的公私利益，其所据以增进的公共利益通常小于贬损的个人利益，因此对于某些社会影响较大的、具有社会警示作用的行政处罚，从维护社会公共利益角度进行必要的公开，以实现公共利益与个人之间利益的最佳平衡。[35]强化对行政执法活动的监督是处罚决定公开的主要目的，实现对社会的风险警示是处罚决定公开的附带功能，声誉制裁并非处罚决定公开的法定目的。行政处罚决定公开不适用"以公开为原则"的要求，仅有符合法定要求的行政处罚决定才应当公开；"具有一定影响力的行政处罚决定"可理解为针对侵害社会公共利益、社会影响较大的违法行为所作出的行政处罚决定。考虑到个人信息保护和声誉保护的要求，以自然人为处罚对象的行政处罚决定应以匿名公开为原则，进行去标识化处理。针对错误公开行为，应建立便利当事人行使更正、删除等请求权的机制，允许当事人提起行政复议和诉讼，并就损害主张赔偿。[36]而与行政处罚显著不同的是，行政许可法将行政许可公开为原则，不公开为例外。[37]其背后立法政策，主要在于行政处罚是一种行政制裁，公开对被处罚人的声誉会产生负面影响，只有在社会影响较大、公共利益显然超过个体利益情况下，才存在行政处罚决定公开。而行政许可是一种赋权行为，赋权与否不存在对申请人产生不利影响，尤其在行政许可涉及重大公共利益情况下，申请人的申请信息不能仅仅视作个人信息，其必须接受受到行政许可影响的社会公众的审视，从而维护有效维护公共利益。

作为公权力机关的公安机关在行使权力，审视执法公开原则与个人信息披露之间如何协调时，应立足公安执法基本原则，谨慎实施执法公开中个人信息披露。公安执法的原则主要有：依法行政的原则；公共性的原则（也称私生活自由的原则，是指对不影响一般社会生活正常运行，不危及每个人的生命、身体、自由及财产等的私人生活，不得行使警察命令和强制的权能，而要恪守私生活不可侵的原则、私人住所不可侵的原则和民事上的法律关系不干涉的原则）；比例原则。行使警察权，必须限于为维持秩序所必要的最小限度，其条件及其形态必须与因秩序违反而产生的障碍程度相当。在以强制性权力来限制权利和自由时，必须始

[35]　孙丽岩：《论行政处罚决定公开的利益权衡——从与刑事制裁公开的对比角度》，载《政法论坛》2021年第6期。

[36]　孔祥稳：《行政处罚决定公开的功能与界限》，载《中外法学》2021年第6期。

[37]　《行政许可法》第5条。

终尊重这一原则。[38] 因此，在权衡公安执法是否公开个人信息以及如何公开时，应遵循实定法和公安执法原则的拘束。

五、公安执法公开中个人信息披露的层次化约束

个人信息保护体系，应建构以基本权利为核心的多层级权利保护机制。个人信息的权利属性是建构在人格利益基础上的，从权利保护的发展脉络分析，个人信息权面向基本权利，是将个人信息的具体人格利益权利化，可以防止来自国家主体和平等民事主体的对个人信息的侵害。在法治实践中，来自优势地位的民事主体和行使国家权力的国家机关，以基本权利属性界定个人信息权更有利于对个人信息的维护。在此基础上，民法和行政法等部门法保护为公安执法公开中的个人信息披露提供了层次化约束。在另一个层面，从披露行为本身和披露涉及的个人信息与基本权利的关联度，对公安执法公开中个人信息披露行为进行约束。

（一）宪法及基本法律两个层面约束

现代国家的宪法原则一般包括：人民主权原则、平等原则、法治原则、权力分工原则等。而个人信息披露立法和执法实践必须受到宪法原则的约束。比如，执法机关对公民的敏感信息的收集和披露，包括性别、民族、居住地址等，是否符合平等原则是一个问题。在社会生活中在很多表格的填写，民族信息往往都是必填项。在一些多民族国家采集和披露民族信息的行为受法律不同程度的限制，甚至完全禁止采集公民民族信息，无限制地采集和披露公民民族信息并差别对待违反平等原则。[39]

在宪法规范层面包括内容和效力对公权机关行使披露个人信息行为的效力。例如，2021年6月欧盟法院裁决拉脱维亚要求道路安全当局公布交通违规罚分数据的立法违反了欧盟法律的案件。1997年《拉脱维亚道路交通法》规定，"有关……一个人驾驶车辆的权利，对一个人施加的道路交通违章罚款，但没有在法律规定的期限内支付以及其他信息被记录在全国车辆和司机的登记册上，这些信息被视为公共信息"。"为了影响车辆驾驶员的行为，促进其安全驾驶和遵守道路交通规则，以便尽可能地降低人的生命、人的健康和人的财产风险，违反交通安全规则的违法行为及扣分被登记在全国车辆和司机的名册上。"根据该法，扣分在扣分过期时予以取消。视扣分数目，司机必须接受警告、道路安全培训或测试或强制驾驶等措施禁止一段时间。

欧盟法院判决陈述，《欧盟基本权利宪章》（以下简称《宪章》）第8条第1款及《欧盟运行条约》第16条第1款均规定，人人均有相关的个人数据得到保护的权利。但是尊重私生活和保护个人信息的基本权利并不是绝对权利，必须结

---

[38]　杨建顺：《警察履职合法合规的五大原则》，载《紫光阁》2016年第9期。

[39]　郭延军：《采集公民民族信息的宪法界限》，载《中外法学》2016年第6期。

合它们在社会中的作用加以考虑，并与其他基本权利加以权衡。根据《宪章》第52条第1款规定，由法律规定此种权衡，然而此种权衡必须尊重保护个人信息基本权利的实质，权利的限制必须遵守比例原则。根据比例原则，只有在必要和真正符合欧洲联盟承认的普遍利益的目标或为保护他人的权利和自由的需要时，才可作出限制。限制性的立法只有在严格且必要的情况下制定，必须制定明确的规则规定有关措施的范围和适用规则，如为公共利益或行使公职而执行的任务在诉讼程序中披露所涉及的个人信息，是必要的。

欧盟法院认为，《拉脱维亚道路交通法》没有满足比例原则的要求。每一个国家都有大量的方法对道路交通违法行为的处罚，特别严厉的处罚是通过剥夺有关驾驶人驾驶车辆的权利，也可以采取许多预防措施，包括公共措施开展宣传运动，要求司机采取个别措施培训和考试。向社会公布有关道路交通违章事项的个人资料，包括与罚分有关的资料，有可能构成严重的干扰尊重私人生活和保护个人数据的基本权利，因为它可能引起社会的反对，并导致对数据主体的污名化。首先，鉴于所涉数据的敏感性和严重性干涉数据主体的基本权利，尊重其私生活和对个人资料的保护。其次，考虑到公布包括罚分在内的违法人的个人资料的措施效果调查结果，其对改善道路安全的目标并不明显，不能合理地与其他限制较少的方法一样有效地实现目标。准许任何人，不需要与获取的数据之间建构特定利益，可以获知被罚分的某个司机的身份证号码，这种披露制度可能导致将这些数据披露给与公众利益目标无关的人士，包括经营性机构。欧盟法院否定了拉脱维亚要求道路安全当局公布交通违规罚分数据立法的法律效力，并认为为了实现改善道路安全的目标，没有必要设立这样的制度。[40]

以基本权利的视角审视公权力机关的个人信息披露，可以凸显个人的基本权利的防御功能与国家的消极义务。防御功能的意义在于维护个人免受国家恣意干涉的空间。立法机关对公民基本权利作出限制需要遵守两个方面的原则，在限制方式上，遵循"法律保留原则"；在限制理由上，必须出于"公共利益"需要，前者构成了基本权利限制的形式标准，而后者构成了基本权利限制的实质标准。行政机关的消极义务，一是合法干预公民权利，限制公民自由与财产，或对公民科以义务或负担，受法律保留原则限制和依据法律明确授权行使；二是合理行使行政裁量权，遵守"比例原则"。[41]

在宪法之下，构建对执法公开中个人信息披露的保护法律体系。从民法、行政法、刑法等部门法对公安执法公开中个人信息披露行为进行约束。

---

[40]　Judgment of 22 June 2021, Latvijas Republikas Saeima（Points de pénalité）（C-439/19）ECLI: EU: C: 2021: 504.

[41]　张翔：《基本权利的规范建构》，高等教育出版社2008年版，第71—72页。

面向社会公开的执法信息主要分为两种情况：一是公开的执法信息不涉及具体的人和具体的事。由于与具体的个人信息没有直接关联，法律限制条件比较少。例如，公安部交通管理局组织对 2020 年上半年全国道路交通事故多发、造成人员死亡集中的路段进行排查，并对全国道路交通事故情况进行分析，梳理出全国道路交通事故多发 10 大路段和肇事突出 10 大交通违法行为。[42] 发布这类信息属于行政指导类执法行为，对社会起到警示作用，不是侵益性行政行为，法律规制相对较少。二是公开的执法信息涉及具体的个人信息，法律规制严格。例如，公安机关发布通缉令，法律设置的条件是：（1）应当逮捕的犯罪嫌疑人。（2）犯罪嫌疑人在逃。[43] 发布通缉令直接指向个人，对个人信息利益产生严重的影响，是典型的侵益性执法行为，只有在法定条件下才可以实施。涉及具体的个人信息，往往具有案件性信息属性，一旦出现偏差，必然会严重影响个人的基本权利。例如，通缉对象不符合应当逮捕条件、通缉对象发生错误等，这必然会引发事后纠错机制，包括国家赔偿等救济机制启动。

案件性的个人信息披露的基本原则，主要有依法披露原则、比例性原则等。没有法律的规定，公权力机关不得向社会和第三方披露个人信息。在实践中，有些规范性文件制定涉及违法，如向用人单位通报机动车驾驶员违反交通规则并要求违法行为人所在单位对其进行惩戒的规范性文件。宁夏回族自治区中卫市文明办、市直机关工委和市公安局联合下发的通知，中卫市对机关事业单位干部职工驾驶非机动车闯红灯、逆向行驶、驾驶机动车不礼让斑马线行人、违法停车等一般交通违法行为，由交警部门在依法处理的同时抄告其所在单位。[44] 将一般违法行为抄报违法行为人所在单位，是将个人信息披露违法行为人所在单位，没有法律依据，违背了行政合法性原则，如违反比例原则的个人信息披露行为。在案件披露中，将个人信息包括敏感信息，甚至是个人私生活，如个人作风、道德批判等表述，既没有法律上的依据，也违反了比例原则中的必要性和适当性。

（二）从公安执法行为和披露个人信息的内容的角度约束执法公开中的个人信息披露

1. 不同执法行为的差异化的披露原则和规则

一种分类是，以刑事行为和非刑事执法行为为区分标准。例如，欧盟的立法体例将公权机关执法不同行为实施中的个人信息的保护承担职责和遵守的规则进

---

[42] 《公安部交通管理局公布 2020 年上半年事故多发 10 大路段和肇事突出 10 大交通违法行为》，载中国政府网，https://www.gov.cn/xinwen/2020−07/27/content_5530289.htm，最后访问时间：2023 年 12 月 4 日。

[43] 《刑事诉讼法》第 155 条。

[44] 张亮：《宁夏中卫：机关事业单位干部职工交通违法将抄告所在单位》，载中国新闻网，https://www.chinanews.com.cn/gn/2020/08−28/9276589.shtml，最后访问时间：2023 年 10 月 10 日。

行区分，一般执法行为遵循的是《欧盟议会和欧盟理事会于 2016/679 号法规》，有权行使"为防范、调查、侦查或起诉犯罪行为或执行刑事处罚（包括为防范安全威胁目的）而处理个人数据时对当事人的保护以及该等信息的自由流动"的机关在实施以上行为时其遵守的法律是《欧盟议会和欧盟理事会于 2016/680 号指令》。

另一种分类是，按照行政执法的类型，可以将公安行政执法行为分为侵益性行为和受益性执法行为。行政许可是典型的受益性行为，行政许可公开性的公共利益相较于个体信息主体的信息保护在很多情况下是处于更应受保护的位置，如治安类特种行业许可等。与此不同的是，行政处罚、行政强制是侵益性行为。我国《治安管理处罚法》规定，具有一定社会影响的行政处罚决定应当依法公开。此种规定在一定程度上反映出了立法者对侵益性行为公开的态度，社会影响较小，违法情形轻微的，行政处罚决定不需要向社会公开，这合理平衡了个人信息主体信息保护和公共利益维护之间的平衡。

除向社会是否公开外，侵益性行为所涉个人信息是否可以对案外第三人披露，这涉及了公众知情权和保护公民信息权之间的冲突问题。比如，在齐某某诉上海市松江区人民政府等复议案中，齐某某向上海市松江区人民政府提出申请，要求获取沪松府强拆字（2013）第 39 号文件。松江区政府作出松信公开（2015）48 号政府信息公开申请告知，向齐某某提供涉案信息中，保留当事人姓氏，隐去其名字，隐去其住所及违法建筑的具体地址（隐去个体路名及门牌号，表述为上海市松江区泗泾镇），其余内容不变。齐某某不服，向上海市人民政府提起行政复议。松江区政府在行政复议答复书中称，涉案信息中部分内容涉及个人隐私，因此在向齐某某提供政府信息时，隐去了相关当事人的名字及具体地址。上海市政府作出沪府复字（2015）第 274 号行政复议决定，维持了被诉告知。在公开相关信息可能侵害第三方合法权益时，行政机关应根据比例原则，作出适当处理，以取得与同受法律保护的其他权利之间的平衡。因案涉信息所涉行政行为不涉及齐某某，并未侵害齐某某的个人合法权益。而公开涉案信息中隐去的内容，可能会给相关权利人造成潜在的损害，并且隐去部分信息，未侵害齐某某获取政府信息的权利，亦与行政机关依法行政不存在关联性。[45]

2. 从披露个人信息的内容以及披露的对象范围的角度建立规则

主要有以下三个规则：一是以个人信息关联度及个人信息敏感度为标尺，与个人信息关联度高的社会公众、第三方主体获得信息披露权利受到规制弱；反之，则个人信息披露受到规制强。二是个人信息敏感度越高，则个人信息基本权利属性越强，个人信息披露受到规制强；反之，则个人信息披露受到的规制弱。三是

---

[45] 章剑生、胡敏洁、查云飞主编：《行政法判例百选》，法律出版社 2020 年版，第 118—119 页。

执法信息中所体现公共利益性越弱，执法信息中的个人信息披露必要性越弱；反之，则个人信息披露的必要性强。通缉令与维护打击违法犯罪行为的公共利益关联，涉嫌犯罪行为的性质暴力越强烈、现实危险性越大、攻击性越强，通缉令所披露犯罪嫌疑个人信息的清晰度越强、敏感信息保护程度越低。

当然，有些信息披露较为复杂，尤其在涉及特定主体的利益维护时。例如，在英国，关于可以对犯罪记录证书中的一部分非定罪信息进行披露，存在法律争议。有观点从基本人权的角度对作为强化犯罪记录证书（Enhanced Criminal Record Certificate，ECRC）一部分的非定罪信息披露法律进行了批判性评价。将个人与刑事调查或起诉联系起来的个人信息的传播可能会产生特别的负面影响。也有观点认为，作为强化犯罪记录检查的一部分，当一个人试图与需要照顾或监督的儿童或成人密切接触时，警察可以向"披露和禁止服务"（DBS）[46] 检查活动提供他们所掌握的关于该个人的任何非定罪信息，只要这些信息被认为是相关的，应该被披露。[47] 非定罪信息披露显然对个人利益影响极大，但是如果不披露，可能会存在对与此信息主体紧密接触的第三方群体的利益产生严重的影响。这个角度判断有较高的难度，更多受立法者的价值平衡理性程度、社会大众的价值观念、执法者的个人素养等因素影响。

总体而言，个人信息披露豁免所体现的私人利益与个人信息披露所体现的公共利益之间存在一个平衡，这是一个基本原则。比如，美国司法部诉新闻自由委员会记者案。1924 年，美国国会拨款使司法部门建立一个收集和保存指纹以及其他的犯罪标识记录的程序。该法令授权司法部门用"各州的、城市的和别的机构的官员"来交换这样的信息。之后，国会创立了 FBID 标识部门，并且给予它"用恰当的各州、城市和刑事机构的被授权的官员来获得、收集、分类和保存犯罪标识及犯罪记录以及交换说明的犯罪记录标识记录"的责任。该刑事犯登记表包括信息：对关注对象的出生日期和身体特征以及被捕、被起诉、判罪、监禁的历史记录。通常地，一个刑事登记表一直被保存，直到它的对象达到 80 岁的高龄。因为刑事登记表的数量太大，它们有时候会不正确或者不完全，而且它们有时包含关于别的同样名字的人的信息。在自愿的基础上，与 FBI 交换刑事登记表数据的机构遍及地方、州和联邦的法律执行部门。这种信息的主要用途是在对侦查和

---

[46] 陈欢、王小英：《英格兰私立早期教育机构注册管理制度的经验及其对我国的启示》，载《外国教育研究》2019 年第 4 期。2002 年，英国内政部犯罪记录局便开始为所有在工作中需要直接接触儿童的人员进行犯罪记录检查。2012 年犯罪记录局与安保局合并成"披露和禁止服务局"，犯罪记录检查也更名为"披露和禁止服务"（Disclosure and Barring Service，DBS）检查。

[47] Purshouse, J.（2018）. Non-conviction disclosure as part of an enhanced criminal record certificate: Assessing the legal framework from a fundamental human rights perspective. Public Law, 2018（4）, 668–686.

起诉违法者的时候起协助作用。一个案例源自一名记者和新闻自由记者委员会请求披露关于梅迪柯家族的四个成员的犯罪记录的信息。宾夕法尼亚州犯罪委员会证明了这个家族公司梅迪柯企业是一个被有组织的犯罪人物支配的合法的商业机构。据称，因为一个腐化的国会议员的安排，该公司已经得到了许多国防合同。联邦最高法院裁决，一个第三方的对关于私人的法律执行的记录或者信息的请求能够被合理地期待侵犯公民的私域，对私人而言此隐私利益具有最高性，而第三方寻求的是将梅迪柯的刑事犯罪登记表转换为一个新闻故事细节，这不是国会制定的《信息自由法》所体现的公共利益。其所体现的公共利益是：公民将知道"他们的政府正在做什么"，这意味着为公共利益披露的信息是这样的信息，即能够阐释机构在法令职责下的绩效，而梅迪柯刑事犯登记表披露将不会阐释 FBI 的程序或者帮助公众评价国防合同。披露一个极其重要的个人信息并让此信息成为一个新闻故事细节，而新闻故事细节所能够体现的公共利益不足以通过利益平衡测试。

六、结语

我国《个人信息保护法》立法和法治实践都处于初步阶段，公安执法公开中个人信息保护更是存在很多需要研究探索的地方。从立法精细化程度和立法理念与法治发达国家比较而言还存在一定的距离。例如，国家机关处理个人信息的合法性基础在《个人信息保护法》中就需要澄清。根据我国《个人信息保护法》第 13 条和《民法典》第 1036 条规定，国家机关处理个人信息具有多元的合法性基础：法定基础包括履行法定职责所必需，订立、履行合同或人事管理所必需，为应急所必需，合理处理已自愿或合法公开的个人信息，法律、行政法规规定的其他情形；意定基础指取得个人同意；酌定基础指为维护公共利益或者信息主体合法权益而合理处理个人信息。不同的合法性基础对应不同的告知同意规则，需准确理解适用。[48] 公安机关在行政执法和刑事执法中的个人信息保护所依据基础性法律有差异性，刑事执法中对犯罪嫌疑人的信息利益的维护，主要体现在刑事诉讼法所界定的当事人的诉讼权利，必要时，需要将这种信息利益凸显出来，因刑事执法中个人信息披露对犯罪嫌疑人的个人利益影响重大，其应更接近基本权利的保护程度，需要公安机关更加重视个人信息披露规则。

基于中国国情，我国公安执法中的个人信息披露与西方国家的信息披露的法治实践有很大的不同，在有些地方，如对与个人信息有高度关联性的特定利益人告知执法信息可能不够。但在有些地方披露又超出个人信息权利保护界限，甚至达到了侵害个人基本权利的程度。如何在立法上和实践中进一步平衡公共利益、第三方利益、个人信息主体的利益，细分披露规则，需要实务界和学界共同努力。

---

[48]　彭錞：《论国家机关处理个人信息的合法性基础》，载《比较法研究》2022 年第 1 期。

邮政管理部门对邮政企业实施
行业监管的法理分析

潘　迪

　　邮政体系是国家战略性基础设施和社会组织系统之一，具有通政、利商、便民功能，是国民经济的重要组成部分。2006 年，我国邮政体制改革进一步深化，在剥离原国家邮政局企业职能的基础上重组国家邮政局，为国家邮政监管机构。同时设立省（区、市）邮政管理局作为省（区、市）邮政监管机构，2012 年又设置了地市级监管机构。国家邮政局及其所属机构行使政府邮政监督管理职能，统一监管普遍服务和邮政市场。将原国家邮政局的企业职能、经营性资产和人员分离出来，组建而成的中国邮政集团公司^[1]实行企业运作。通过这几年的努力建立了企业独立自主经营，政府依法监管的邮政体制并实现了法定化。但是通过改革厘清政府和企业关系的目标还远未实现，这既有国家整体改革层面的原因，也有行业自身的改革路径依赖。表现有三：其一，政府基于公有制的传统思维，以维护公有制的主体地位、防止国有资产流失为名，以企业财产所有者的身份干预企业自主经营行为较多，对于行业管理部门监管权限的科学范畴如何界定，具体应当划到哪里仍然需要深入研究；其二，企业借助行政权力维持垄断地位，强调对国计民生的重要作用，实质是助长了行政垄断，限制了市场竞争，降低了社会福祉；其三，政府与企业权力（利）义务（责任）不对等。政府作为出资人享有获得利润回报的权利，但多年来，对企业投入多，回报少。

　　针对以上问题，本文尝试从法学视角，尤其是行政法学的角度进行初步探讨。

一、行政法学上的行政

　　行政法学研究的国家行政，通常指国家行政机关的整个职能活动，除了基本职能属于行政性质以外，另外也有部分活动具有立法和司法的性质，如行政机关制定行政法规和规章的活动就是行使行政性立法权，行政机关裁决部分行政争议和部分民事争议的活动就是行使行政性司法权。这种对行政的界定方法是形式上

---

　　[1]　2019 年 12 月中国邮政集团公司改制为中国邮政集团有限公司，由财政部依据国家法律、行政法规等规定代表国务院履行出资人职责。

的，即以国家机关的性质作为标准。[2] 而行政学在研究行政时，对行政的界定往往不是采取形式标准，而是采取实质标准，即以某种职能活动是否具有执行、管理性质作为界定行政的依据。行政管理是对人事、财务管理和其他内部的执行、管理活动。

《邮政法》第 4 条第 1 款提到"国务院邮政管理部门负责对全国的邮政普遍服务和邮政市场实施监督管理"，即一种国家行政、形式行政，国务院邮政管理部门在邮政领域所进行的执行、管理活动，包括邮政行政立法和邮政行政调解等活动。

二、邮政管理部门享有的行政权

作为行政法学上的行政，主要是指行政机关执行国家法律、管理国家内政外交事务的职能。行政权即指执行、管理权，主要是指行政机关执行国家法律、管理国家内政外交事务的权力。[3]

行政权从其权力内容来看包括国防权、外交权、治安权、经济管理权、社会文化管理权等；从权力形式考察包括行政立法权、行政命令权、行政处理权、行政司法权、行政监督权、行政强制权、行政处罚权等。随着世界经济全球化演进和我国改革的不断深入，为解决"市场失灵"问题，国家行政对经济进行宏观调控，对价格、利率、产业发展结构等进行规制，保证经济的平衡发展。而为了解决"政府失灵"问题，对政府调控、规制行为的权限、手段、程序进行规范（对规制的规制），保证行政权的正当行使，防止权力滥用。此外，国家行政还有限度地进入"私领域"，对私人财产权、经营权、契约权进行适当干预。为保障社会公正，政府可以对企业从事的公益服务事业进行一定程度的干预，要求其对社会提供平等服务，反对不正当差别对待。

邮政体制改革方案以及《邮政法》将监督邮政服务质量、监督管理邮政普遍服务和邮政市场的行政职责赋予邮政管理部门，为履行行政管理职责必然需要配备与之相适应的行政权力。任何行政主体在行使权力的同时，必须履行行政职责；在履行行政职责的同时，应当享有行政权力。没有无职责相伴的权力，也没有无权力相伴的职责。

三、国家对邮政企业的二元治理结构

邮政改革方案提到中国邮政集团公司作为国有独资企业，依法经营邮政专营业务，承担邮政普遍服务义务，受政府委托提供邮政特殊服务，对竞争性邮政业

---

[2]　姜明安主编：《行政法与行政诉讼法》（第五版），北京大学出版社、高等教育出版社 2011 年版，第 3 页。

[3]　姜明安主编：《行政法与行政诉讼法》（第五版），北京大学出版社、高等教育出版社 2011 年版，第 6 页。

务实行商业化运营。由此，从邮政企业[4]所承担的业务属性来看，包括信件的专营；实现社会公共利益的邮政普遍服务（包括特殊服务，下同）；以及间接用于公共目的的商业服务。

包括提供邮政普遍服务的邮政设施在内的邮政网络是国家重要的通信基础设施。在邮政普遍服务领域，国家提供公用财产的目的，是满足公共用邮需求，保障公民的基本通信权利。政府主要承担公共服务职能，不以营利为目的。通过立法将邮政网络等通信基础设施授权邮政企业使用和管理，其他单位和个人无权擅自使用。此时邮政管理部门代表国家行使行政监管职权，包括对国有公用财产的设定、变更和废止，以及制定相应的使用规则，这些均属于公法上的处分权。[5]国有公用财产的使用原则是无偿的，收费是例外，需要经过正式的法律授权。因此，收取费用的性质应属于公法性质，非私法上的支付对价。

邮政企业的竞争性业务属于间接用于公共目的的商业服务，其运营以营利为目的，以国有资产的保值增值为原则。邮政企业在参与市场竞争时，与其他市场主体并无不同，应享有同等的竞争地位。也就是说，根据市场原则，邮政企业与其他主体的财产在平等参与、公平竞争的前提下实现国有财产的保值增值。但是，其得天独厚地拥有国家邮政通信网络的使用权，此时即变为国有企业财产。作为国家出资的企业，政府代表国家履行出资人职责，享有出资人权益，而企业享有法人所有权。政府代表国家对用于出资并获取收益的财产享有所有权，但又与私人所有权存在很大差异，尤其是在财产的取得、转让和处分上要受到人大、审计、监察等机关的监督。

通信基础设施属于公共设施，体现为人与物的结合体，[6]在利用关系中必然涉及设置者、管理者和利用者三方法律关系：设置者即国家拥有私法上的所有权；管理者即行政机关拥有公法上的管理权，依据不同的法律或规则管理着人与物；利用者即公民享有的权利也具有公法性质。公民依公共目的利用公共设施，管理者即负有"强制缔约"义务，无正当理由不得拒绝。公共设施的管理者有制定规则的权力，其规则构成了此种利用关系的重要法律要素。

政府对企业同时拥有公法上和私法上的职能，政府的公共管理职能与国有资产出资人职能应加以区分，但不可能完全分开。虽然邮政企业兼有实现社会公共利益的邮政普遍服务，以及用于公共目的商业服务这两种经营职能，但两者具有本质差异（前者受公法调整，后者更多受私法调整），由此产生公法与私法的混

---

[4] 《邮政法》第84条规定："邮政企业，是指中国邮政集团公司及其提供邮政服务的全资企业、控股企业。"

[5] 马俊驹：《国家所有权的基本理论和立法结构探讨》，载《中国法学》2011年第4期。

[6] 杨建顺主编：《行政法总论》，中国人民大学出版社2012年版，第114页。

合法律关系不足为奇。邮政管理部门以管理者身份与企业之间形成公法关系，依据特别法的规定（如邮政普遍服务监督管理办法）对利用国有通信基础设施实行监督和管理。同时，国家以出资人的身份与企业形成私法关系，政府代表国家享有所有者权益。

四、对邮政企业的监督管理

邮政企业性质的二元性，导致对其监管与一般的行业监管不同。依照《邮政法》规定，邮政企业按照国家规定承担提供邮政普遍服务。除此之外，邮政企业还可以依法从事邮政市场的竞争性业务。邮政管理部门负责对邮政普遍服务和邮政市场实施监督管理。其中的实质性问题有两个：一是监管什么；二是如何监管。

法律对普遍服务的含义、承担主体有明确规定，并要求邮政企业应当对信件、单件重量不超过十千克的包裹的寄递以及邮政汇兑提供邮政普遍服务。国家邮政局"三定"规定要求其推动建立覆盖城乡的邮政普遍服务体系，推进建立和完善普遍服务和特殊服务保障机制，提出邮政行业服务价格政策和基本邮政业务价格建议，并监督执行。其中推动和推进的内容实质上是两项任务目标。这与工商、食药等部门的职责规定明显不同。要实现这两项任务离不开邮政企业，法律赋予了邮政管理部门以下职权。

1. 管控资金的权力

主要包括财政补贴资金和普遍服务基金。补贴资金的来源是财政。邮政体制改革方案明确规定，邮政企业要建立健全成本削减激励机制，在保证普遍服务能力和服务标准的前提下努力降低普遍服务成本。在此基础上，邮政普遍服务亏损由国家财政补贴。法律要求对补贴资金加强监督。但监督主体到底是谁？按照该方案规定，国家邮政局、财政部门分别作为邮政企业的行政主管和国有资产管理部门，条件成熟后另行研究调整管理关系。两者的权限划分始终是模糊的，行政主管对财政资金的监管权限实际上少之又少，所谓的国有资产管理部门虽然实质上做事的只是一个处、科，但掌握了强大的话语权和资源，条件成熟进行管理关系调整成了未了之局。2008年国家颁布了《企业国有资产法》，其第11条规定，国务院和地方人民政府根据需要，可以授权其他部门、机构代表本级人民政府对国家出资企业履行出资人职责。第12条规定，履行出资人职责的机构代表本级人民政府对国家出资企业依法享有资产收益、参与重大决策和选择管理者等出资人权利。第二章对履行出资人职责的机构行使的出资人权利规定得十分清楚。但在实践中就是没办法落地。主要原因有两个方面：一是政企合一时期的制度路径依赖。政企分开时企业掌握了原合一时期的主要资源，处于相对强势地位，管理难度大。二是邮政普遍服务基金还未落地，其核心问题是缴纳主体及比例。基金的性质应当是用在普遍服务上。如果由快递企业缴纳，但其又不能利用普遍服务基础设施，则阻力过大且理论上难以服人。如果由邮政企业缴纳，实操上可能性又低。这一问题与前述第一个问题纠结在一起，解决之道可能依托于改革的进一步深化落实到位。

2. 审批权限

主要是撤销提供普服局所和停限办普服业务两项审批。这两项审批权这些年在保障普遍服务标准、能力方面发挥了重要作用。但作为邮政管理部门仍然存在执法不到位的问题。

3. 标准化管理

邮政法规定邮政普遍服务标准由国务院邮政管理部门会同有关部门制定，并规定违反标准的法律后果。这属于邮政执法中的"黄金条款"，在实践中发挥了重要作用，但这里面有个前提，要求普遍服务标准要科学、要满足经济社会发展需要。在实际执法中，真正敢用、会用这一条的机构仍然不够多，这里面仍然有复杂的政企关系原因。

4. 服务规范的要求

比如，营业时间、收寄验视制度、车辆优惠政策和优先通行措施等。不少内容都通过标准和规范性文件进行了细化，对提升服务能力发挥了积极作用。

5. 资费管理

2015年已经在资费管理方面修改了邮政法，主要规定实行政府指导价或者政府定价的邮政业务范围，以中央政府定价目标为依据，具体资费标准由国务院价格主管部门会同同级财政部门、邮政管理部门制定。

6. 企业主要领导人员履职、薪酬方面的管理

国有企业依然坚持党管干部原则，上级党组织和国有资产监管机构按照管理权限对国有企业领导人员进行管理。企业内部的薪酬分配是企业法定的权利，但是国有企业市场化程度不高带来了不合理的"高"薪酬问题，薪酬不能真实反映企业的效益和领导人员的贡献。国有企业领导人员的薪酬管理应当纳入法治轨道，要实行与选任方式相匹配、与企业功能性质相适应、与经营业绩相挂钩的薪酬分配办法。

7. 法律责任

邮政法规定邮政企业人员有违法行为的，对直接负责的主管人员和其他直接责任人员给予处分。实际上现实中几乎形同虚设，监管部门对这一条的执行管控力度很弱。

至于邮政企业从事快递业务的，邮政法第六章有专门规定。在这项竞争性业务中，邮政企业与其他快递企业一样，享有同样的权利，同时也要依法守规，诚信经营。邮政管理部门主要有以下三项监管职权：一是行政许可权。邮政企业也经营快递业务，我国对经营快递业务实行市场准入制度，邮政企业同样适用快递业务经营许可相关规定。二是行政处罚权。这主要由行政处罚法和邮政法调整。

三是行政强制权，邮政法第七章有专门规定。这些市场监管方面的权力与其他市场管理相比，没有过多的不同点。

以上阐释的问题，在相关的法律法规中其实都有不同程度的涉及，中国的问题往往是立法层面已到位，而执行层面却存在缺位、错位、越位的问题。在邮政管理领域，若能按照现有法律规定对企业实施监管，一些问题将不成为问题。2015 年中共中央、国务院发布了《关于深化国有企业改革的指导意见》，2017 年国务院办公厅印发《中央企业公司制改制工作实施方案》，其中将国有企业分为商业类和公益类，这种根据国有资本不同的战略定位和发展目标以及国有企业在经济社会中发挥的不同作用进行分类管理的模式，将成为国有企业改革的基础。

环境行政处罚裁量基准的目的审查

何　倩

行政法的精髓在于裁量[1]，2021 年修订的《行政处罚法》首次规定了裁量基准，规范行使行政处罚裁量权。而在环境行政处罚领域，早已有不少地方制定了裁量基准，很多地方与时俱进，每隔两三年就会更新裁量基准。特别是在 2019 年生态环境部公布《关于进一步规范适用环境行政处罚自由裁量权的指导意见》后，裁量基准的制定几乎成为一种"风潮"。可以预见，未来会有更多的地方制定裁量基准。针对环境违法行为的行政制裁，制定并遵循裁量基准是行政机关自我规制的重要手段，其对于环境行政领域行政权的约束和保障，起到了重要作用。但同时，环境执法领域裁量基准的适用效果一直存疑。裁量基准在效力方面属于"参照适用"的文件，而非必须适用的法律规范。另外，裁量基准把强裁量转化为弱裁量，将广泛的选择权削减为有限的选择权[2]，如果规定过严，执法人员的适用空间被压缩，限定过松，则可能起不到规范作用。

一、环境行政处罚裁量的考量因素

如何避免裁量基准成为束之高阁的文件，需要在制定裁量基准时，兼具灵活性和规范性。裁量基准"将行政法规范中的裁量规则予以具体化，以判断选择的标准化为个案中的裁量决定提供更为明确具体的指引"[3]。环境处罚裁量基准规范个案中的裁量权行使，为了确保行政行为的合理性，需要对个案的利益进行衡量，在裁量基准中也应保有利益衡量的空间和弹性。环境保护中的利益衡量较为复杂，裁量基准的制定除合理运用技术性手段外，还需要符合环境领域治理整体目标，在裁量要件的设定中，为利益衡量留下空间，才能让裁量基准在环境行政规制中真正发挥作用。换言之，环境领域的执法不同于一般违法行为的执法，一般违法行为根据行为的违法程度进行相应的制裁即可。但在环境执法领域，各种利益交织，需要考量更为复杂和多元化的利益，环境保护既要推动生态文明建设，也要保障社会经济的可持续发展。

在对环境违法行为的处理措施相对单一的时期，行政处罚聚焦环境违法行为

---

[1] 杨建顺：《行政规制与权利保障》，中国人民大学出版社 2007 年版，第 1 页。

[2] 余凌云：《行政自由裁量论》，中国人民公安大学出版社 2013 年版，第 358 页。

[3] 王贵松：《行政裁量基准的设定与适用》，载《华东政法大学学报》2016 年第 3 期。

本身，确保行政处罚与环境违法行为的违法性相对应。而最近几年，随着生态文明建设入宪，生态环境损害赔偿制度、检察环境公益诉讼制度、惩罚性赔偿制度等确立，围绕着环境违法行为的处理措施呈现立体化的现象，对环境违法行为的规制已存在着众多方式。这意味着违法者可能会面临众多责任形式，众多责任的叠加是否会超过必要限度，是需要综合考量的问题。例如，在贵州某案中，有学者认为存在责任重复的情况。[4] 因此，作为重要规制方式的行政处罚与各制度的衔接成为重要课题。在民法和刑法都逐步深入环境治理领域情形下，行政处罚继续抱持制裁与恢复的公私法二元区隔，已经不合时宜。[5] 环境治理的法治化必须打破部门法的藩篱。[6] 行政机关在进行裁量作出环境行政处罚时既要避免行政执法权的缺位，又要避免责任交叉重复加重相对人的负担。

因此，在环境治理领域，既需推动生态文明建设，又要保障社会经济的可持续发展，既要形成严密的"法网"规制违法行为，又要避免不合理地加重相对人的负担，这些目的的实现应贯穿环境治理领域的各个方面，在实施环境行政处罚措施进行裁量时，也同样需要围绕上述目的展开。如何在裁量时对不同的价值、利益进行衡量，形成合理的行政决定，比例原则的适用成为不二之选。作为行政裁量的重要原则，比例原则在适用时，也应将上述目的作为衡量的标准。通过适用比例原则平衡各方利益，在裁量基准中按比例原则设定各种因素和条件的适用。

二、环境行政处罚与比例原则的目的性审查

行政机关实施裁量时必须坚持比例原则。[7] 鉴于环境治理中多元、复杂的利益冲突，环境行政处罚需遵循比例原则，平衡各方利益，确保行政行为的合理性。在设定裁量基准时也需要遵循比例原则的要求。尤其是裁量因子，可将多元利益和其他规制方式的影响，合理科学地设置其中。在多元利益冲突、多重规制方式之下，只有明确环境治理的整体目标，进而形成指引环境行政处罚措施的目的，才能确保环境行政处罚裁量在多重利益冲突中不偏离方向。

按照比例原则传统三阶理论，行使裁量权进行规制时首先需要进行适当性审查。也就是说环境行政处罚需要遵循立法目的。在环境行政领域，环境行政规制的实效与规制目的手段之恰当合比密切相关，比例原则强调"目的—手段"间理

---

[4]　龚学德：《论公法制裁后环境民事公益诉讼中的重复责任》，载《行政法学研究》2019 年第 5 期。

[5]　谭冰霖：《环境行政处罚规制功能之补强》，载《法学研究》2018 年第 4 期。

[6]　张震：《中国宪法的环境观及其规范表达》，载《中国法学》2008 年第 4 期。

[7]　杨建顺：《行政规制与权利保障》，中国人民大学出版社 2007 年版，第 515 页。

性平衡，环境行政规制遵循比例原则乃其应有之义。[8] 甚至有学者提出将三阶论改为四阶论，对目的的正当性也应该予以审查，纳入比例原则的适用之中。[9] 因为缺乏目的的正当性，对手段正当性的论证成为无源之水，适用比例原则审查规制手段之初，规制目标的确定及其正当性审查成为不可回避的环节。[10] 任何手段都是应目的而生的，目的是手段的前置内容。[11] 确定目的是行政规制的前提，而在环境行政领域，随着社会经济和科学技术的发展，环境的标准和要求一直在发生变化，从不需要规制，到简单的处罚和强制，再到复杂的环境治理、修复、损害赔偿等多方面的需求，环境领域的规制目的是随着时间发展变化的，对目的本身的探讨也应是有意义的。环境规制目的本身应具有正当性，应符合生态环境保护整体目标的要求。据此目的确定裁量因素，环境行政裁量行为才能更好地适用比例原则，确保环境行政裁量行为不孤立于生态环境保护的整体目标，更加具有合理性，也能够与其他治理措施衔接，保持目标一致。

因此，在适用比例原则作出环境行政处罚进行裁量时，需要对发展变化中的目的进行梳理，才能有的放矢，确保行政行为的合理性。在对环境违法行为进行规制时，需要把环境因素和环境保护的价值融合，这较之于一般的行政违法行为的规制要更为复杂。例如，我国各地都采取措施禁烧秸秆，作为一种环境规制措施，应符合环境规制的目的，即防治空气污染、保护生态环境、促进资源综合利用，而秸秆禁烧仅仅是达到防治空气污染目的的阶段性措施，更为重要也更容易被忽略的措施其实是综合利用，这是达到规制目的的更深层次的手段。[12] 在具体规制中，如果缺乏对目的的全方位考量，就会导致手段简单化。行政规制聚焦目的的实现，才能确保行政裁量的手段具有实效。目的与手段之间的平衡是行政裁量合理化、有效性的途径。

三、我国环境规制领域的目的与功能

在环境规制中，要形成"导向清晰、决策科学、执行有力、激励有效、多元参与、良性互动"的环境治理体系。[13] 环境规制涌现了很多新的措施和手段，多

---

[8] 高利红、李胤：《比例原则视角下地方环境行政规制合理化研究——以农作物秸秆禁烧为切入点》，载《中国人口·资源与环境》2017 年第 12 期。

[9] 刘权：《比例原则适用的争议与反思》，载《比较法研究》2021 年第 5 期。

[10] 蒋红珍：《论比例原则——政府规制工具选择的司法评价》法律出版社 2010 年版，第 211 页。

[11] 梅扬：《比例原则的适用范围与限度》，载《法学研究》2020 年第 2 期。

[12] 高利红、李胤：《比例原则视角下地方环境行政规制合理化研究——以农作物秸秆禁烧为切入点》，载《中国人口·资源与环境》2017 年第 12 期。

[13] 中共中央办公厅、国务院办公厅印发《关于构建现代环境治理体系的指导意见》，载中国政府网，http://www.gov.cn/zhengce/2020-03/03/content_5486380.htm，最后访问时间：2022 年 10 月 21 日。

种制度交织"形成严密的法治"网络。在环境规制领域，衔接和协调不同制度，形成有效的治理体系，就需要以环境治理的总体目的为导向。而目的的正当性和合法性，首先需要符合宪法。宪法在整个国家治理体系中的作用和地位，决定了应以宪法确定的国家目标为统领，各个部门法在宪法规定下制定更为具体的立法目的。

在环境领域，不仅仅是违法行为本身的程度，违法行为带来的后果以及是否可修复、修复到位，都是需要考虑的因素。而其中涉及的赔偿、修复问题存在与其他制度的衔接。要确保各种规制方式朝着共同的方向实现，就需要确定整个环境规制领域的总体目的，从最上层建筑统领，从而保证各规制方式的协调统一。

2014 年修订的《环境保护法》中提及立法目的是：保护和改善环境，防治污染和其他公害，保障公众健康，推进生态文明建设，促进经济社会可持续发展。相比较原《环境保护法》，增加了"推进生态文明建设"及"促进经济社会可持续发展"的内容。2018 年《宪法》修改时，正式将"生态文明"纳入，并加入了"美丽中国"的建设目标，在《宪法》第 26 条规定的国家义务即"国家保护和改善生活环境和生态环境，防治污染和其他公害"。环境规制领域的目的，需要从宪法确定的国家任务或国家目标中进行引导。宪法上的环境利益兼具公法、私法和社会法属性，宪法为环境治理中公法、私法和社会法的沟通与协调提供规范平台。[14] 环境治理是系统工程，尽管不同部门法在环境保护中有各自的调整方式，但在环境治理方面，应该在宪法统领的目标之下展开。环境领域法律的制定具有"前瞻性"，需要以宪法上规定的"国家目标"进行"规制"和"引导"[15]。宪法上规定的国家目标"构成国家权力裁量空间的基准"。[16] 传统行政行为的单方性、强制性和管制性，以及以结果为向导，与多元利益冲突的生态环境问题，存在适配性问题，需要摆脱制度惯性，[17] 进行调整。

"促进生态文明，建设美丽中国"成为环境领域规制的总体目标。围绕着这个目标，在原有行政规制、刑法规制、民事侵权制度的基础上，逐步加入了生态环境损害赔偿制度、检察环境公益诉讼制度、惩罚性赔偿制度。环境规制是整体性的，不隶属于某一部门法，只有系统性、整体性观念的整体主义方法论才能应对现代复杂的环境问题，须以"人与自然生命共同体"理念为指引。[18] 依照宪法

---

[14] 张震:《中国宪法的环境观及其规范表达》，载《中国法学》2008 年第 4 期。

[15] 张翔:《国家目标作为环境法典编纂的宪法基础》，载《法学评论》2022 年第 3 期。

[16] 张翔、段沁:《环境保护作为"国家目标"——〈联邦德国基本法〉第 20a 条的学理及其启示》，载《政治与法律》2019 年第 10 期。

[17] 秦天宝:《环境法法典化的行政法课题与调适》，载《法学评论》2022 年第 3 期。

[18] 吕忠梅:《习近平法治思想的生态文明法治理论之核心命题：人与自然生命共同体》，载《中国高校社会科学》2022 年第 4 期。

规定，国家在环境领域的保护义务的目的至少包含两个方面，一是不恶化；二是改善。[19] 行政法作为宪法实施的最为重要的部门法，宪法所确定的环境领域的国家义务，也直接规范行政手段和措施。为了保证行政规制手段的有效性，减少不同规制手段之间的冲突，行政规制环境违法行为时，应以目的为导向。环境行政行为应围绕环境整体有效治理的目的，而不仅仅是方便监管。环境法治的国家制度目标是实现治理的有效性。"有效实现环境治理"应作为一种根本性的规范功能指向。[20] 该有效性意味着在进行具体规制中，既要推动生态文明建设，也要保障社会经济的可持续发展。正如环境行政处罚的目的，不仅在于惩罚本身，更多的在于通过惩罚手段实现某些环境保护目的，如对环境质量的维护、对潜在风险的预防，以及对相关社会问题尤其是环境公平问题的处理。

四、其他国家环境行政处罚中的考量因素

（一）美国

美国没有严格区分行政、民事责任，很多行政处罚措施都是由行政法官、法院作出。处罚与恢复并没有做严格区分，环境规制作为一个整体展开。一般通过两个途径：一是向行政法官提起请求行政裁决给予处罚；二是行政机构向司法机构提起诉讼，请求法院判决给予处罚。[21] 根据案件的严重程度，大致可分为民事行政执法行为、民事司法行为、刑事诉讼，美国环保局（以下简称 EPA）均可作出上述行为或提起诉讼。

在进行规制时，需要考量的问题包括科学不确定性、市场失灵、错位问题、认知偏差和被保护的利益。作为规制最重要方式的制裁（惩罚），面临"如何定价"的问题。[22] 因为环境违法行为的规制需要实现多重功能，系统性、复杂性是其特点。除了及时制止侵害，还需要考虑是否可以恢复，除了违法收益，还有因违法节省的环保成本。因此，在进行规制裁量时需要考虑的因素也是多元的。大多数处罚政策会考虑"违法行为的严重程度"以及"因为违法所获得的不当利益"，除此之外，还会考虑"违法者的主观因素（故意还是过失）"、"之前的违法情况"、"与当局的合作态度"以及"违法者的支付能力"、"违法者是否已经采取措施以避免未来类似违法行为的发生"。[23]

---

[19] 王锴：《环境法典编纂的宪法基础》，载《法学评论》2022 年第 5 期。

[20] 张震：《中国宪法的环境观及其规范表达》，载《中国法学》2008 年第 4 期。

[21] ［美］詹姆斯·萨尔兹曼、巴顿·汤普森：《美国环境法》（第四版），徐卓然、胡慕云译，北京大学出版社 2016 年版，第 70 页。

[22] ［美］詹姆斯·萨尔兹曼、巴顿·汤普森：《美国环境法》（第四版），徐卓然、胡慕云译，北京大学出版社 2016 年版，第 12、41 页。

[23] ［美］詹姆斯·萨尔兹曼、巴顿·汤普森：《美国环境法》（第四版），徐卓然、胡慕云译，北京大学出版社 2016 年版，第 70、71 页。

这些相关因素（如严重性、为守法作出的努力、违法收入等）的权重以及如何计算最后的处罚数额，属于执法者自由裁量的范围。EPA 负有将抽象的政策目标转化为具体监管的责任，通常将违法经济收益作为罚款基础数额，再根据相关影响因子进行调整，确定最终的处罚数额。EPA 处罚的原则包括：设定和调整处罚额时坚持公正、公平原则和最大限度地维护环境利益原则；为达到有效威慑目的，对屡犯、故意违法行为提高处罚力度；鼓励自查、自报和与执法部门合作的行为；将违法处罚的环境效果与违法者的利益、社会效果共同考虑，提高执法的可行性与有效性。由此可见，EPA 执法处置并不以处罚为目的，而是以环境效益和处罚效果最大化为目标。[24] 值得一提的是，美国从 1995 年开始实施的"守法激励"政策：可免除"基于权重的处罚"，减少基于权重计算的处罚额的 25%；不提起刑事诉讼；不强制要求提交例行的审计报告。[25]

从美国政策来看，一是规定处罚的裁量因素，具体的权重比例由执法机关自由裁量，各种裁量因素与规制的原则或目标相对应。二是由于统一的司法制度不存在衔接的问题，按照案件的严重程度，管制机构 EPA 可以采取行政执法行为，也可以向法院提起民事诉讼，最严重的可提起刑事诉讼。从这个意义上说，其实都是行政监管机构采取的规制措施。三是主要的制裁措施是罚款，罚款的目的一方面使得违法者不会因为违法占据优势市场地位，避免不正当竞争；另一方面以最大限度地维护环境利益为根本目的。

（二）意大利

《意大利环境法典》将行政处罚与刑事处罚统一规定在法典中，如"水污染防治"部分"处罚"分为两节："行政处罚"与"刑事处罚"。该法规定行政处罚的适用条件后，均以"构成犯罪的除外"，意味着构成犯罪的不单独进行行政处罚，以此与刑事处罚衔接。行政处罚措施以行政罚款为主，其行政罚款由违法行为发生地所在的大区或自治省、市政机关科处。行政处罚的全部收入归大区财政，根据水体修复作业和减少污染作业进行分配，用于实施预防措施和修复措施。在强制命令处罚之前，责任人完全修复损害的，行政处罚可以减少 1/2 至 2/3。[26] 因此，修复行为是衡量处罚的一个重要裁量因素。如果进行了相应的修复，则减少行政处罚。并且，针对环境违法行为的行政罚款专款专用，用于该地区的预防和修复措施。

---

[24]　秦虎、张建宇：《美国环境执法特点及其启示》，载《环境科学研究》2005 年第 1 期。

[25]　秦虎、张建宇：《美国环境执法特点及其启示》，载《环境科学研究》2005 年第 1 期。

[26]　《意大利环境法典》，李钧、李修琼、蔡洁译，法律出版社 2021 年版，第 155—159 页。

（三）德国

德国通过《基本法》第20a条，将环境保护列为国家目标。[27] 德国环境法典（专家委员会草案）目前还未通过，但在草案总则的规定中，可以观察德国对于环境违法行为处以罚款时，裁量考虑的因素包括：已进入环境中的物质的性质、危险性和数量，以及因违法而造成的环境污染的严重程度和范围。[28]

德国行政法学者阿斯曼提出，环境法领域具有高度复杂性，因对自然生活基础的作用关联性掌握不足而有认知问题，因有发生不可逆转损害的危险，有管制问题，对所欲保护的对象有许多使用利益与权利存在，产生分配利益。个人责任与团体责任重叠。他将环境保护的行政任务概括为，排除环境损害、预防环境危害、避免其他环境风险并重新恢复自然的运作功能。[29] 由于环境领域的特殊性，环境法要实现的功能不同于一般行政法对违法行为的规制，需兼具排除、预防、恢复等多重功能，因此在行政行为的裁量方面自然也要有所体现。

（四）日本

在日本《水质污染防治法》《土壤污染防治法》《大气污染防治法》中均规定了"罚则"部分，对环境违法行为的制裁措施主要有：徒刑、罚金、监禁、过失罚款等。[30] 行政执法机关可直接以违反上述法规定的行政上的义务为依据直接给予刑事处罚，而不经过法院审判，该种制裁方式被称为直罚主义，也属于行政刑法领域的措施。[31] 日本的环境直罚制度确实实施起来，不会存在责任重复的问题，行政执法机关的依据很明确，对于环境违法行为，先发禁令等管制措施，如果违法者不遵守，则继续追加限制人身自由的徒刑或进行罚金处罚。执法的过程很清晰，目的也明确，就是为了制止违法者的排污等环境违法行为。由于不经过法院，在程序上较有效率，直罚有着较强的威慑作用。

从上述梳理来看，一些国家在环境规制中不存在不同措施衔接的问题，在环境保护领域没有泾渭分明的部门法之间的藩篱。但是在我国环境领域，不同的规制措施规定在众多部门法中，由于不同部门法发展程度不一，不同制度或措施间的衔接并不顺畅，我国也没有类似日本的环境直罚制度，存在多个机关或机构共

---

[27] 《德意志联邦基本法》第20a条规定："出于对后代的责任，国家在宪法秩序的范围内，通过立法并依法由行政和司法机构对自然生活环境和动物予以保护。"

[28] 德国联邦环境、自然保护和核安全部编：《德国环境法典（专家委员会草案）》，沈百鑫等译，法律出版社2022年版，第63页。

[29] 谭冰霖：《环境行政处罚规制功能之补强》，载《法学研究》2018年第4期；[德]施密特·阿斯曼：《秩序理念下的行政法体系建构》，林明锵等译，北京大学出版社2012年版，第109页。

[30] 董旭慧、张云晓主编：《日本环境法律法规汇编》，中日友好环境保护中心编译，中国环境出版社2020年版，第85、178、241页。

[31] 徐占国：《日本环境直罚主义制度及借鉴研究》，载《长沙大学学报》2012年第1期。

同行使环境领域规制的权限。因此，部门法之间的协调与统一成为无法回避的课题。从国家目标出发，达成相对统一的生态环境保护目的共识，是破除环境领域部门法的"藩篱"的前提。而作为实现国家目标最为重要的手段，行政规制也需要回应，在规制中将视野从违法行为本身，逐渐关注到生态环境保护的整体目标。

五、环境行政处罚裁量基准应符合目的正当性要求

作为行政机关自我规制的方式，裁量基准成为重要的规制依据文件。要确保裁量基准不流于形式并真正能够具有"实效性"，需要与环境行政领域的目的或功能相适用。裁量基准如果缺乏足够的科学性，规范之间存在效力的冲突，那么执法人员可能会在规则中迷失并最终放弃对于最佳裁量基准的适用；而如果行政裁量权细化过度，裁量基准内部拘束力过于刚性，缺少个案变通执行的特殊规定，又存在挤占裁量空间、剥夺裁量权限、僵化裁量适用的风险。[32] 裁量基准要确定而具体，但在某些领域，需要有一定的空间，如在行政机关负有防止危险、确保安全的领域里，因为行政机关仅仅通过适用事前设定的基准并不能充分履行自身的责任，所以，保障预见可能性的要求在确保安全的要求面前就要退缩，人们期待的不是基准的整齐划一地适用，而是根据最新的知识慎重处理。[33] 环境领域的执法，不仅仅是对违法行为进行处罚，对违法行为的制止、防止危害扩大，乃至修复，都是重要的目的。很多环境违法行为是持续的，而不是短时间或单次的，因此需要考量采取何种措施能够及时制止违法行为。除了行为违法性外，其破坏的生态能否修复，也会对执法方式有所影响。根据环境规制领域的国家目标，环境行政规制目的在于：制止违法行为、对违法行为的惩戒与威慑（与不法利益挂钩）、环境的修复（明确提出将生态修复作为裁量因子，从轻或减轻，而不仅仅打"擦边球"，如改正、整改、恢复原状等）。在行政处罚的裁量基准制定中，需将上述目的融合进去，为环境行政处罚的裁量提供一定的指引。根据目的需要，裁量基准需具备一定的灵活性和弹性，如在从轻、减轻等因素里，增加与其他制度协调或衔接的规定，能够使得执法人员在具体行使时以目的为指引，进行更为合理的裁量，而不是机械适用简单划一的裁量基准。

一是制止违法行为。我国环境行政处罚的执法方式要创新，首先应在制止而不在罚，防止以罚换取事实上的合法性。[34] 考虑到有些环境违法行为带来的损害是不可逆的，及时制止违法行为，是环境行政处罚的重要目的。比如，日本的直罚制度，制止的命令或禁令是第一位的，如果没有遵守，就可采取更为严厉的罚

---

[32]　王杰：《论行政处罚裁量基准的逸脱适用》，载《财经法学》2022 年第 1 期。

[33]　［日］芝池义一『行政法総論講義』（有斐閣，2006 年）294—295 頁。转引自王贵松：《行政裁量基准的设定与适用》，载《华东政法大学学报》2016 年第 3 期。

[34]　龚学德：《论公法制裁后环境民事公益诉讼中的重复责任》，载《行政法学研究》2019 年第 5 期。

金和限制人身自由的措施。罚金的目的是制止，而不是通过罚金，换取一定事实上的"合法性"。禁令先行，罚金后行。在多地的行政处罚裁量基准中，规定了"不罚"的情况，包括"自行实施关停或者实施停止建设、停止生产等措施的""其他违法行为轻微并及时纠正，没有造成危害后果的"等，山东省在生态环境行政处罚裁量基准规定的同时，进一步细化了程序，以是否进入立案环节为界限，区分了两种不予处罚的适用程序。[35] 在行政处罚措施作出前，先行制止，罚款后行，鼓励停止违法行为，而不是以罚换取继续违法的"门票"。

二是对违法行为的惩戒与威慑。从罚款数额的设定来看，现行的环境行政罚款在很大程度上仍未将相对人所获的不法利益纳入其中，未处理好守法成本、违法成本与违法所得之间的量比关系，从而导致威慑不足。[36] 在裁量基准的设定中，不仅需考虑违法行为的程度，在计算具体处罚数额时，将相对人获得的不法利益纳入计算公式。减少通过行政处罚换取"合法性"的情形出现，实现行政处罚对环境违法行为作出者的威慑目的。

三是环境的修复。不少裁量基准中都会将"主动消除或者减轻生态环境违法行为危害后果的"作为认定"从轻或者减轻处罚"的情形之一。但在实际中适用效果并不明确，因为认定危害后果消除或减轻，有时需要长期的生态环境的监测和修复效果的评估机制，很多地方环境行政管理机关考虑到适用难度，往往忽视该因素。山东省明确了"轻罚"的认定标准，将"生态环境损害赔偿"与"环境行政处罚"两项工作进行了有效衔接，规定企业在作出行政处罚决定前，已履行完成生态环境损害赔偿责任，对受损生态环境进行了修复或者对无法修复的进行了替代修复和赔偿的，可以认定为从轻或者减轻处罚的情形，以此推动企业主动修复环境损害、消除环境影响，改善生态环境质量。[37] 也有不少案例中将生态环境损害赔偿作为行政处罚作出时的考虑因素。建议明确履行生态修复责任作为轻罚的标准，达成了生态环境损害赔偿协议作为考虑的情节，而不是以"整改""改正""消除"等时间不确定、标准模糊等情节作为裁量因素。

---

[35] 《全文实录〈山东省生态环境保护综合行政执法事项目录清单（2020年版）〉新闻发布会》，载山东省生态环境厅网站，http://sthj.shandong.gov.cn/dtxx/zcjd/202008/t20200807_3195803.html，最后访问时间：2022年10月21日。

[36] 谭冰霖：《环境行政处罚规制功能之补强》，载《法学研究》2018年第4期。

[37] 《全文实录〈山东省生态环境保护综合行政执法事项目录清单（2020年版）〉新闻发布会》，载山东省生态环境厅网站，http://sthj.shandong.gov.cn/dtxx/zcjd/202008/t20200807_3195803.html，最后访问时间：2022年10月21日。

第七章

行政法治案例评析

行政处罚的正当性分析

——以"毒芹菜"案为例

白贵秀

2022年，一件行政处罚案引发舆情高度关注，"卖5斤芹菜被罚款6.6万元"让网民产生了激烈争论，随后国务院督查组及时对此案展开调查，最后作出"过罚失当"的结论，要求当地进行整改。然而，仍有一些人士对"过罚失当"的结论提出质疑，认为执法者是在依法处罚，并无不当之处。如果有错，错在立法者制定的法律不合情理，而不能怪罪于执法者。甚至认为，过于照顾网民的情绪，将背离依法行政、建设法治国家的宗旨。鉴于该案件具有一定意义的典型性，本文结合该案件对行政处罚的正当性进行分析，以期助推依法行政的实效性得以确保。

一、案件事实

相关资料显示，2021年10月，陕西省榆林市市场监管局在食品安全"双随机"监督抽检中，依法对榆阳区"好太太调味品销售部"的芹菜进行抽检。11月25日，检验结论显示，所抽批次芹菜的毒死蜱实测值为0.11mg/kg，超过《食品中农药最大残留限量》（GB 2763—2021）在芹菜上规定≤0.05mg/kg的限量值，为不合格。11月29日，榆阳区市场监管局收到该批次芹菜的检验报告，12月3日，依法对该销售部进行了现场检查，未发现同批次抽检不合格芹菜。同时向该销售部负责人罗亚雄送达了《检验报告》和《检验结果告知书》，告知其依法享有复检权利，当事人未提出复检申请。经调查询问，当事人称该批次芹菜从榆阳区麻地湾农贸市场购进，共计7斤，但不能提供供货方的资质和票据，其中2斤用于抽样检验，其余5斤以每斤4元的价格全部对外售出。因涉案芹菜售卖给个人，无购买者信息，无法召回[1]。

榆阳区市场监管局认定当事人的行为违反了《食品安全法》的规定，并依据《陕西省市场监督管理局行政处罚裁量权适用规则基准和裁量基准》对当事人作出没收违法所得20元，并处罚款6.6万元的行政处罚决定。[2]

---

[1] 《榆林官方承认芹菜案确实存在问题 过罚不当》，载央视频，https://share.fjdaily.com/displayTemplate/news/videoDetail/1105/1576316.html?isView=true，最后访问时间：2023年10月10日。

[2] 《毒死蜱超标芹菜案相关问题的法律分析》，载《中国食品安全报》2022年9月6日，第3版。

二、该行政处罚案所引发的舆论争点梳理

（一）执法裁量不合理，过罚失当

大多数网民认为，卖 5 斤芹菜，案值仅 20 元，却遭到罚款 6.6 万元的行政处罚，违背了过罚相当原则。而且对一个个体经营者来说，一年的经营收入也不过区区几万元，这样大额的处罚，会让一个并不富裕的家庭遭遇困境。面对督查人员，榆林市市场监督局副局长承认"芹菜案"确实存在问题，在处罚上过罚不当。[3]

据央视报道，"此次事件中，榆林市市场监管负责人也表示将更多通过责令改正、批评教育等措施，督促小微主体合规经营。国务院第九次大督查第十六督查组成员陈晓也表示，执法不能只讲力度，市场监管部门在维护好市场秩序的同时，也要为小微主体的生存创造良好的环境"[4]。

这种认为"执法不能只讲力度不要温度"的观点，契合当下呼唤"人性执法"的理念，与提倡政府职能从管理型转向服务型的要求相一致。特别是近年来遭遇疫情，经济不景气，小微企业大都面临生存困难。2021 年，我国《行政处罚法》修订后增加了"没有主观过错不罚""首违可以不罚"等条款，表明了"少罚慎罚、呵护市场活力的决心"。

（二）该案事实确凿，法律依据充分，程序合法，处罚数额符合自由裁量放权的原则和基准[5]

此种观点认为，首先该商户售卖农药毒死蜱残留超标的芹菜，这一事实毋庸置疑，根据《食品中农药最大残留限量》（GB 2763—2021），毒死蜱在芹菜中的残留限量值为 ≤ 0.05mg/kg，当事人销售的芹菜中实测值为 0.11mg/kg，检验结论为不合格，是为该案事实确凿；《食品安全法》第 124 条规定："违反本法规定，有下列情形之一，尚不构成犯罪的，由县级以上人民政府食品安全监督管理部门没收违法所得和违法生产经营的食品、食品添加剂，并可以没收用于违法生产经营的工具、设备、原料等物品；违法生产经营的食品、食品添加剂货值金额不足一万元的，并处五万元以上十万元以下罚款；货值金额一万元以上的，并处货值金额十倍以上二十倍以下罚款；情节严重的，吊销许可证：（一）生产经营致病性微生物，农药残留、兽药残留、生物毒素、重金属等污染物质以及其他危害人体健康的物质含量超过食品安全标准限量的食品、食品添加剂；……"陕西省榆林市市场监管局根据《食品安全法》第 124 条第 1 款第 1 项的规定作出处罚，因其

---

[3] 《榆林官方承认芹菜案确实存在问题 过罚不当》，载央视频，https://share.fjdaily.com/displayTemplate/news/videoDetail/1105/1576316.html?isView=true，最后访问时间：2023 年 10 月 10 日。

[4] 《榆林官方承认芹菜案确实存在问题 过罚不当》，载央视频，https://share.fjdaily.com/displayTemplate/news/videoDetail/1105/1576316.html?isView=true，最后访问时间：2023 年 10 月 10 日。

[5] 《毒死蜱超标芹菜案相关问题的法律分析》，载《中国食品安全报》2022 年 9 月 6 日，第 3 版。

售卖货值金额不足一万元，处以 6.6 万元罚款，在"并处五万元以上十万元以下罚款"的范围之内，是为法律依据充分；《食品安全法》第 2 条第 2 款规定："供食用的源于农业的初级产品（以下称食用农产品）的质量安全管理，遵守《中华人民共和国农产品质量安全法》的规定。但是，食用农产品的市场销售、有关质量安全标准的制定、有关安全信息的公布和本法对农业投入品作出规定的，应当遵守本法的规定。"为此，适用《食品安全法》对当事人进行处理，是为法律适用正确。《食品安全法》第 136 条规定："食品经营者履行了本法规定的进货查验等义务，有充分证据证明其不知道所采购的食品不符合食品安全标准，并能如实说明其进货来源的，可以免予处罚，但应当依法没收其不符合食品安全标准的食品；造成人身、财产或者其他损害的，依法承担赔偿责任。"但此免责条款，规定了食品经营者需要履行进货查验等义务，本案中，因当事人没有履行进货查验以及留存相关票证的义务，不符合免责条件。故市场监管局依法对当事人不适用该条规定，是准确的。

这种观点的逻辑是当事人既然不能提供票证，那就是没有履行本法规定的进货查验等义务，不能证明其不知道所采购的食品不符合食品安全标准，也就不能适用免责条款。所以，罚款是必须的，而且法律明文规定了处罚最低数额是 5 万元，因而罚款 6.6 万元也是合法的。特别是事关"舌尖上的安全"，如果不严格依法查处违法行为，可能会面临执法不严的质疑。[6] 在当地的执法实践中，就出现过执法人员因为没有对商户进行处罚，使得本应当归于财政收入的罚没资金应收未收，从而以造成国有资产流失为名而被问责的先例。

但也有学者明确指出"不能因为没有提供记录就推定'涉嫌经营超过食品安全标准限量食品'"[7]。

这种认为"事实确凿，法律依据充分，程序合法"执法正确的观点貌似有理，让笔者想起当年也曾轰动一时的交警执法案件，因为出租车司机着急送孕妇去医院，不得已闯了红灯，而交警根据当时的规定就拦下出租车，要求司机当场缴纳罚款才可以通行，结果由于警察的拦阻，孕妇来不及就医死在路上。这个故事中的警察坚信自己在依法执法，没有错误。依照当时的规定，确实可以当即执行罚款。但实则是执法人员欠缺真正对执法目的的理解，因为所有的执法目的都是维护公共秩序和保障人民的生命财产安全。当执行罚款与人的生命危险相冲突时，以任何一个正常认知的社会人都会毫不犹豫作出救人为先的判断，但该警察却漠

---

[6] 《榆林芹菜案背后：起罚 5 万困扰执法，类案中有法院改判罚 1 万》，载《南方都市报》2022 年 9 月 2 日，第 1 版。

[7] 王贵松：《卖 5 斤芹菜罚款 6.6 万元：执法问题还是立法问题？》，载明德公法网，http://www.calaw.cn/article/default.asp?id=14754，最后访问时间：2023 年 10 月 10 日。

视孕妇的生命危险，以执法为名坚决要求先缴纳罚款才可放行，我们很难说他是在正确执法。本案中，卖 5 斤芹菜得 20 元，在消费者没有出现任何危害后果的情况下，执法人员却作出了 6.6 万元的巨额罚款，超出社会正常人的接受程度，引起舆情巨大反应，故不能说他是在正确执法。笔者认为，执法人员欠缺对依法行政内涵的真正理解，也欠缺对社会公众感情、大众生活的基本认知，机械地为了罚款而罚款，虽是执法的名义却做了背离法治的事情。

（三）适用法律依据错误

有人认为，芹菜属于农产品，对于农药残留超标的问题应当适用《农产品质量安全法》第 50 条，对农药残留等超标违法行为处罚，规定二千元以上二万元以下罚款，因而本案可以处以二千元以上的罚款。[8] 此种观点可以降低处罚额度，罚款二千元似乎更符合"过罚相当"的原则。而《食品安全法》第 124 条第 1 款第 1 项规定，对农药残留等超标的违法行为，货值金额不足一万元的，罚款为五万元以上十万元以下，亦即最低罚款金额为五万元。

《农产品质量安全法》第 3 条第 2 款规定："《中华人民共和国食品安全法》对食用农产品的市场销售、有关质量安全标准的制定、有关安全信息的公布和农业投入品已经作出规定的，应当遵守其规定。"而《食品安全法》第 2 条第 2 款规定："供食用的源于农业的初级产品（以下称食用农产品）的质量安全管理，遵守《中华人民共和国农产品质量安全法》的规定。但是，食用农产品的市场销售、有关质量安全标准的制定、有关安全信息的公布和本法对农业投入品作出规定的，应当遵守本法的规定。"由此可见，适用《食品安全法》进行处罚，就法律适用而言，并无错误。

同时，笔者注意到，新修订的《农产品质量安全法》在对农药残留等超标的违法行为处罚方面已经与《食品安全法》进行了无缝对接，在表述方面严格一致，"货值金额不足一万元的，并处五万元以上十万元以下罚款，货值金额一万元以上的，并处货值金额十倍以上二十倍以下罚款"，可见处罚起点为五万元的额度不会改变。

也有人认为，本案错误地使用了《食品安全法》的相关条款。根据该法第 65 条规定："食用农产品销售者应当建立食用农产品进货查验记录制度，如实记录食用农产品的名称、数量、进货日期以及供货者名称、地址、联系方式等内容，并保存相关凭证。记录和凭证保存期限不得少于六个月。"根据相关案情的介绍，该案当事人仅仅是进货时未查验许可证和相关证明文件，或者未按规定建立并遵守进货查验记录、销售记录制度，显然是违反了《食品安全法》第 65 条的规定。

---

[8] 王恺雯：《芹菜"3300 倍罚单"背后，合法不合理怎么破？》，载观察者网，https://www.guancha.cn/WangKaiWen2/2022_08_31_655942.shtml，最后访问时间：2023 年 10 月 10 日。

因而应当依照《食品安全法》第 126 条第 1 款第 3 项规定给予"责令改正，给予警告；拒不改正的，处 5 千元以上 5 万元以下罚款"。[9] 此种观点，可以不予罚款，责令改正，予以警告即可，除非当事人拒不改正。

（四）立法不合理，给基层执法带来困难

有人认为，即使"芹菜案"有问题，其根源也不是执法问题，而是立法问题。[10] 立法过于理想化，造成难以具体操作的困境。按照《食品安全法》的规定，经营者想要免责，不仅要履行进货查验义务、"有充分证据证明"其对超标情况不知情、"并能"如实说明其进货来源。对于本案而言，榆林罗某夫妇不过是开蔬菜店个体户，是不折不扣的小微主体，并不具备除日常经验外的检验条件。即便是榆林市监的抽检，也是耗时一个月后才有的结果，难不成指望这些个体户在进菜的时候都先拿几个样品花一个月时间'履行进货检验'之后再行销售？[11]

关于罚款数额的规定，有人认为"立法者应当预想到社会的复杂多样性，不能一上来就把罚款起点定在 5 万元"。对于执法人员而言，如果不在《食品安全法》规定的幅度内进行处罚，则存在一个"要么不予处罚，要么高额罚款"的两难处境：前者可能涉及执法懈怠，有可能被巡视督察时追究问责，当地就有过因执法人员不予处罚当事人的情形而被追究行政责任的情形，而后者又造成过罚不相当。当此情形，让执法者如何自处？[12]

（五）执法人员以追求罚款为目的，靠山吃山

许多网民认为，执法人员明知执法不合理，但以创收为目的，故意进行大额罚款。"明明可以抢钱，还非要以处罚的名义。"据相关报道，国务院第九次大督查第十六督查组查阅榆林市市场监管局行政处罚台账发现，自 2021 年以来，该局对小微市场主体罚款超过 5 万元的食品安全案件有 21 起，案值几十元至几百元不等，罚款数额与违法所得的比例达到 100 倍至 200 倍，个别案件超过 3000 倍。据说在榆林，还有商户因为 1.6 元的违法所得被罚款 5000 元；有商户因为售卖 4 板过期酸奶被罚 2 万元等现象。这足以说明"过罚不当"在当地已经成为一个突出的现象。"有了'靠山吃山'，通过罚款创收的意味。"[13]

[9] 王贵松：《卖 5 斤芹菜罚款 6.6 万元：执法问题还是立法问题？》，载明德公法网，http://www.calaw.cn/article/default.asp?id=14754，最后访问时间：2023 年 10 月 10 日。

[10] 《"毒芹菜天价罚款"九问》，载微信公众号"突泉市场监督管理局"，2022 年 8 月 31 日。

[11] 文一刀：《榆林"芹菜案"：那些呼喊反转的人，正在怎样偷换概念》，载百家号"清样"，2022 年 8 月 31 日。

[12] 蔡乐渭：《5 斤芹菜被罚 6.6 万：促进"过罚相当"需完善立法》，载《经济观察报》2022 年 8 月 29 日，第 5 版。

[13] 齐鲁壹点：《"毒芹菜天价罚款"并非偶发，究竟是谁在"靠山吃山"》，载《齐鲁晚报》2022 年 8 月 3 日，第 3 版。

（六）食品检验具有高度或然性，难以作为执法依据

芹菜案的处罚原因是农药残留超标，证据是那份检验报告，但检验报告有效性并不可靠。根据食品检测专业人士的观点，食品检测的有效性受到样品的真实性（如冒充的样品）、抽样的随机性与代表性、检测方法与技术、判定依据等因素的影响，检验报告有时候仅仅就是一张纸而已。

专业人士认为，应当更加科学理性地对待所谓食品安全问题。该案件的报道称之为"毒芹菜"并不科学。如果把一个只经过一次检验，并没有验证，而且含量只有千万分之一级别程度的产品冠以"毒"字，那也是极不科学、极不负责任的。也有人对如此迟缓的检测提出质疑，消费者买了芹菜不可能放一个月才吃，还怎么召回？对食品安全到底有何意义？笔者认为，本案检测时间过长，影响了执法效率，不能起到防患于未然的效果。对本案来说，假如当事人对检验结果提出质疑，不认可检验结论，也无法要求重新检验了。最为关键的是，如果当事人怀疑执法人员取走的芹菜样品与送检做实验的样品并不一致，即执法人员有故意违法栽赃陷害的可能时，执法者能否排除如此怀疑呢？执法记录仪有没有记录检测全过程？因此，根据这样的检测作出处罚，总有一种"葫芦僧判断葫芦案"的意味，缺乏"让人看得见的正义"，法治的精神没有真正得到彰显。

三、行政处罚的正当性分析

行政处罚是指特定行政主体对公民、法人或者其他组织违反行政法律规范、尚未构成犯罪的违法活动进行法定制裁的行为。[14] 行政处罚作为一种侵益性行政行为，受到行政法基本原则的拘束，即满足合法性原则和合理性原则的要求。有关行政处罚的具体法律规定，存在于多部法律之中。其中《行政处罚法》相当于行政处罚的一般性法律，而其他法律、行政法规、规章等对有关行政处罚的规定条款，则属于特别法。按照法律适用的位阶顺序，上位法优于下位法，特别法优于一般法。

对行政处罚进行正当性分析，首先要理解"正当性"的含义。"正当性"一词作为政治学、哲学、法学等人文学科领域的一个常用概念，尽管其本源生自伦理哲学，运用在法学领域，其解释并不统一，但在使用的语境方面大体是一致的，即正当性是一种价值判断，兼具合理性、合法性、正统性，还意味着合乎自然正义和社会道德。一切行政行为只要通过了正当性检视，便无须遭受质疑。对于行政处罚进行正当性分析，必须以行政行为所遵循的基本原则为依据，即合法性原则与合理性原则。

（一）关于行政处罚的合法性与合理性原则

合法性原则的法，既包括实体法，也包括程序法。合乎程序法的实质在于保

---

[14]　杨建顺：《行政法总论》，中国人民大学出版社 2012 年版，第 192 页。

证行为程序公正而无偏私。[15] 合法性原则，内涵丰富，具体细分，包括处罚法定原则、公正公开原则、处罚与教育相结合原则、保障相对人权利原则、一事不再罚原则。[16]

合理性原则，内涵丰富，容纳了公平原则、公正原则、平等原则、合乎目的原则、必要性原则、效率原则、比例原则和最小侵害原则等。[17] 需要说明的是，比例原则在行政法上的地位，几乎等同于合理性原则。比例原则是一个多义的概念，包括一阶论、三阶论和四阶论。[18] 总的来说，比例原则可表述为：目的与手段均衡，方式、方法和手段协调，所选择手段的轻重程度顺序正确。具体含义包括罚过适当原则，最小侵害原则，合理性原则。

（二）该案的分析

首先，以合法性原则与合理性原则（比例原则）对该案进行分析，可以发现，在合法性方面，执法机关依据实体法——《食品安全法》进行了处罚，符合特别法优于一般法的规定，但在处罚程序方面，却不无瑕疵之虑。《食品安全法》没有明确规定处罚程序，自然要适用《行政处罚法》的规定，《行政处罚法》第63条规定："行政机关拟作出下列行政处罚决定，应当告知当事人有要求听证的权利，当事人要求听证的，行政机关应当组织听证：（一）较大数额罚款；……"本案作出6.6万元的罚款，应当告知当事人有要求听证的权利，但据相关报道并没有此种安排。

其次，就合理性原则而言，本案的案值仅有20元，但罚款的数额高达3300倍，严重违反了比例原则和最小侵害原则，属于"以大炮打小鸟"的行为。本案之所以引起网民的强烈情绪，与其对普通大众的认知和社会心理造成的不适感受关系较大。比例原则要求达到行政目的，要以最少侵害相对人的方式来实现。本案中，之所以对当事人处以罚款，是为了达到保障食品安全的行政目的，处罚只是手段而不能作为行政目的。而维护和保障食品安全，更为重要的一环在于生产食品的前端，即要求和监督农民种植芹菜，不应当使用违禁农药或者超标使用有关农药，再一环节就是监督或者禁止不合格的农产品流入市场。而从本案来看，仅仅在于末端治理，其效果难以达到行政目的。因而有人质疑其罚款的真正目的，是"靠山吃山"，而保障食品安全反倒只是托词而已。

再次，从合理性原则下的效率原则与合目的原则而言，芹菜是否有毒，需要尽快得出结论，进而及时保障食品安全。但本案一个月以后才出检测结果，菜已

---

[15] 杨建顺：《行政规制与权利保障》，中国人民大学出版社 2007 年版，第 116 页。

[16] 杨建顺：《行政法总论》，中国人民大学出版社 2012 年版，第 192—199 页。

[17] 杨建顺：《行政规制与权利保障》，中国人民大学出版社 2007 年版，第 119 页。

[18] 杨建顺 2016 年为丰台区执法人员开展的普法讲座《警察执法的正当程序与比例原则》笔记。

经卖了，消费者也已经吃了，于事何补呢？而以危害结果而定，本案并没有出现危害结果（当然并不能排除体内积累了有毒成分，日后或许会自我代谢分解，或者会日久成疾）。因此，在欠缺危害结果的情况下，或者危害后果是如此遥远、如此渺小的情况下，加以高额罚款显然是不恰当的，以教育为主要手段似乎更为妥当。

我国台湾地区学者洪家殷认为，法定原则应与便宜原则相结合，即当违法行为已经构成法规范所规定之违反秩序之要件，根据规定该行为应有可罚性，但在个案中，行政机关仍有放弃继续追诉及制裁的权能。[19]

就法律适用而言，《食品安全法》第 126 条第 4 款规定："食用农产品销售者违反本法第六十五条规定的，由县级以上人民政府食品安全监督管理部门依照第一款规定给予处罚。"第 126 条第 1 款规定："违反本法规定，有下列情形之一的，由县级以上人民政府食品安全监督管理部门责令改正，给予警告；拒不改正的，处五千元以上五万元以下罚款；情节严重的，责令停产停业，直至吊销许可证：……（三）食品、食品添加剂生产经营者进货时未查验许可证和相关证明文件，或者未按规定建立并遵守进货查验记录、出厂检验记录和销售记录制度；……"因此，本案依据《食品安全法》第 126 条第 1 款第 3 项处罚，考虑到本案并没有出现危害后果，"责令改正，给予警告"，进行适当教育更为妥当。

最后，就合理性原则而言，本案仅仅依据一纸检测结论就进行大额处罚，难以实现公平、公正。如前所言，检测结果具有很大的偶然性和主观性，虽然当事人没有对检测结论提出质疑，但仅凭一次检测结论进行如此大额处罚欠缺正当性基础。试问本案当事人对检测结论并不认可（没有出现危害后果），要求重新检测如何执行？假如 5 斤芹菜没有全部售出，当事人要求重新检测，那么一个月后的检测结果其准确性还有保障吗？本案如此迟延的检测结论，不容置疑地强加给当事人，其权利如何得以保障？

（三）关于立法的正当性考量

良法是善治的前提。立法者无论出于什么目的，规定什么样的处罚，都应当遵守行政法的基本原则，特别要符合比例原则。比例原则又称为禁止过度原则，主要源自法治国家原则。最早仅是德国警察法上所适用的原则，后渐渐发展为宪法上的原则，而适用于所有的国家行为，包括立法行为。[20] 我国的行政处罚法将此原则吸收归纳为过罚相当的原则。近年来，"小过错、高罚款"已经成为一种

---

[19]　翁岳生主编：《行政法》中国法制出版社 2002 年版，第 834 页。

[20]　翁岳生主编：《行政法》，中国法制出版社 2002 年版，第 833 页。

现象，最为重要的原因就在于立法问题。[21] 或许立法者的本意就是要让违法者倾家荡产，退出食品市场。但在现实国情之下，这些人的生计和就业无法解决会带来更大的社会问题。"食品行业是一个庞大的系统，行业参与者众多，经营者参差不齐，有大型的年经营额上百亿元的上市公司，也有年销售额不过千元的农村小卖部，统一的起罚标准显然不合适。基层监管人员不会反对对非法添加的食品生产者罚5万元的规定，但是对一家小卖部、早餐店罚款5万元显然太过严厉。因此近年来，食品安全执法难、执行难就没有间断过。"[22]

从与本案相关的《食品安全法》来看，其规定了生产经营农药残留物质含量超过食品安全标准限量的食品、食品添加剂货值金额不足一万元的，并处五万元以上十万元以下罚款；货值金额一万元以上的，并处货值金额十倍以上二十倍以下罚款。这种以5万元的固定金额作为处罚起点，其正当性依据为何？为什么起点是5万元而不是5千元或者1千元呢？据悉，2015年修改《食品安全法》时，基于民众对于食品安全的不安而采取了"重典治乱"的做法，全国人大常委会为了落实"四个最严"（最严谨的标准、最严格的监管、最严厉的处罚、最严肃的问责）的食品安全管理要求，在修法审议时几次提高处罚力度，起罚点从2000元增加到5万元，最终形成了现在的规定。[23] 但《行政处罚法》明文规定"设定和实施行政处罚必须以事实为依据，与违法行为的事实、性质、情节以及社会危害程度相当"。即立法在设定处罚时，应考虑违法的程度与惩罚的力度相匹配。而这种大幅度提高处罚力度，在正当性方面，值得研究。所谓"乱世用重典"的严惩重罚是否能培养出法治的良好生态，令人质疑。"只要违法就罚个倾家荡产"的观点，忽视了社会生活的复杂性，不仅违背了过罚相当原则以及惩罚与教育相结合的原则，也会激化矛盾引起更大纠纷。亚里士多德指出："法治应包括两重意义：已成立的法律获得普遍的服从，而大家所服从的法律又应该本身是制定得良好的法律。"这种法治要义被广泛应用，视为圭臬。[24] 问题引导立法，立法解决问题。当前需要及时完善相关立法。党的二十大报告明确提出"推进科学立法、民主立法、依法立法，统筹立改废释纂，增强立法系统性、整体性、协同性、时效性"。笔者在此建议，食品安全法等相关立法的修改应当尽快提上日程。

[21] 蔡乐渭：《5斤芹菜被罚6.6万：促进"过罚相当"需完善立法》，载《经济观察》2022年8月29日，第9版。

[22] 木子李：《榆林芹菜案，立法的"锅"不能总让执法者背》，载微信公众号"食药法苑"，2022年9月2日。

[23] 王贵松：《卖5斤芹菜罚款6.6万元：执法问题还是立法问题？》，载明德公法网，http://www.calaw.cn/article/default.asp?id=14754，最后访问时间：2023年10月10日。

[24] 杨建顺：《权力的规则》，北京大学出版社2017年版，第219页。

（四）关于行政督导问题

行政督导是行政系统内部为了保障执法的公平公正而设置的自我监督、自我纠正的行为。自本案发生舆情以来，国务院督导组及时进行调查，对案件的有效解决发挥了积极作用，收到良好的社会效果。但从有关材料所披露的信息来看，在当地以往的案件中，曾经有类似案件，由于危害结果显著轻微，执法人员作出了不予处罚的决定，但却被当时当地的督察机关以怠于执法为名予以处分追责的情形。比如，基层执法人员检查小商店发现几袋过期食品，如果处罚，最低就是5万元，这对于一个年收入不过几千元的经营者而言，确实承受不起，甚至会以生命威胁，但不予以处罚，就可能会被认为是失职渎职，执法不公。[25] 所以基层执法人员的执法裁量权受到行政督导的严格控制。行政督导，作为上级机关手中的指挥棒，对基层执法人员起到了"唯马首是瞻"的作用。

笔者认为，行政督导不仅仅是"督"即督察、监督，更应有"导"，即引导、指导的含义。其在督察方面，重点应当检查基层执法人员是否存在"吃拿卡要"及贪污受贿等侵害百姓合法利益的不法行为。其督导行为应当遵从行政法上的说明理由制度，即只要执法人员对自己作出的行政裁量说明了正当的理由，就应该基于正当性考量予以尊重，毕竟他们直面当事人，当事人的现实处境他们比督导人员更清楚。在推行服务型、参与型行政理念背景下，与其严苛地依赖相对不够完善的法条规定执法，不如请当事人一起参与说明当时的执法理由以及到现场检查执法效果。从我国执法实践来看，很少从行政过程论的角度全面把握行政裁量，而德国和日本等国家比较重视行政主体判断的过程。基于过程论对行政行为进行检视，审查行政程序或者行政裁量过程的适当性与合理性是相对比较容易的。而且应当承认，程序公证问题应被视为行政法治和法学的重要问题。在法治国家程序不再被视为工具，而具有自身的价值，它与实体问题同样重要。[26]

另外，行政督导更应当把侧重点放在"导"之上。指导基层执法人员运用法治思维和法治方式执法，在个案中合法合理行使裁量权。注重教育引导，防止出现"管得了的看不见，看得见的管不了"现象。推行审慎包容监管，推广轻微违法免罚和初次违法慎罚制度。做到宽严相济、法理相融，让执法既有力度又有温度。

四、结语

"民以食为天。"食品安全关系千家万户的生命和健康，加强食品安全领域的执法力度，以保护人民群众的切身利益，本是题中应有之义。但同时也应关注到，

---

[25]　木子李：《榆林芹菜案，立法的"锅"不能总让执法者背》，载微信公众号"食药法苑"，2022年9月2日。

[26]　白贵秀：《环境行政许可制度研究》，知识产权出版社2012年版。

在当今社会，价值和利益呈现出多元化、复杂化的趋向，各种权利和利益都具有较强的发展变化性，因而调整各种权利和利益的手段也应当多元化，而不能"一刀切"。特别是发生新冠疫情以来，人民群众的生活受到极大影响，一些低收入群体面临生存困境。如果一味地严厉执法，推行惩罚性赔偿和巨额罚款，甚至终身禁入，可能会使其生存权不保，因而造成法益上的不合比例。食品安全需要综合治理，既要强调前端的预防（如引导菜农合理使用农药），又要注重全过程的监督，同时还要注重对立法和执法效果的评估，形成一套组合拳。特别是基于公共利益的需要在面对人民的诸利害对抗时，一方面要致力于调整诸利害的客观基准的探索和具体执行（法规范形成和执行过程）；另一方面又必须基于极具政策性判断的基准来调整诸利害（政策形成和纠纷解决过程）。这就要求坚持利益均衡、适度裁量和比例原则。[27]

---

[27]　杨建顺：《公共利益辨析与行政法政策学》，载《浙江学刊》2005 年第 1 期。

朱某诉甲市公安局行政处罚案

——行政处罚作出时应兼顾行政合理性原则

张宏娟　王　蒙

一、案情简介与评析

自 2003 年以来，原告朱某租用宋某某的某区冶金路废品收购站营业执照，长期收购废品。2008 年 6 月 1 日，被告甲市公安局决定对朱某收购赃物案立案侦查。当月 16 日，朱某主动投案，17 日被甲市公安局刑事拘留，于 7 月 16 日取保候审。甲市公安局将查获的金属及现金 2 万元予以扣押，6 月 24 日、7 月 21 日分别出具各 1 万元现金扣押清单，7 月 30 日出具金属等物品扣押清单，并于当日将查获的金属向某区再生资源回收公司变现处置，变现款 12.0257 万元。2015 年 7 月 2 日，甲市公安局将扣押的 2 万元现金退还朱某。因朱某向甲市人民检察院反映监督撤销刑事立案并纠正违法刑事侦查行为，退还或者赔偿被非法扣押财物，甲市人民检察院向甲市公安局发出《纠正违法通知书》。甲市公安局于 2016 年 3 月 15 日，以朱某隐匿、掩饰犯罪所得案上游犯罪无法查清为由，决定撤销刑事案件，转为行政案件。同年 4 月 26 日，甲市公安局在该局门口、朱某在甲市居住处各张贴行政处罚告知公告。5 月 4 日，甲市公安局作出白公（治）决字〔2016〕第 37 号公安行政处罚决定，根据《废旧金属收购业治安管理办法》第 3 条、《治安管理处罚法》第 59 条第 4 项之规定，对朱某行政拘留十日，并处罚款 1000 元。同日，该局根据《治安管理处罚法》第 11 条第 2 款之规定，作出白公（治）缴字〔2016〕第 37 号追缴决定，对扣押的生产性废旧金属变现款 12.0257 万元予以追缴。行政处罚决定与追缴物品清单邮寄送达给朱某。朱某不服，向甲市人民政府申请行政复议。甲市人民政府于同年 8 月 23 日作出白政复决字〔2016〕7 号行政复议决定，认为甲市公安局白公（治）决字〔2016〕第 37 号公安行政处罚决定认定事实清楚，证据确实充分，适用依据正确，内容适当，决定予以维持。朱某不服，提起行政诉讼。

在行政法的典则和规范体系中有两个有机的构成部分：一个是行政法的规则，就是在行政法治过程中设定具体权利和义务的那些规范，通常情况下，它们是能够予以操作的。另一个则是行政法的原则，它被认为是指导和规范行政法的立法、执法以及指导、规范行政行为的实施和行政争议处理的基础性法则，是贯穿具体规范同时又高于行政法具体规范，体现行政法基本价值观念的准则[1]。在 2014 年修订的《行政诉讼法》中，不仅延续了之前的行政合法性审查原则，还对行政行为合理性审查提出了要求，《行政诉讼法》第 77 条规定，行政处罚明显不当，或者其他行政行为涉及对款额的确定、认定确有错误的，人民法院可以判决变更。本案不仅对行政行为的合法性进行了判断，当没有法律规则可以适用时，通过对行政行为的合理性进行审查，具体考量是否符合比例原则，行政处罚中是否符合过罚相当原则来进行判断，弥补了适用法的规则时的不足，达到了行政行为形式合法与实质合法的统一。

二、行政合理性原则的基本内涵和适用领域

合理性原则是行政法治原则的一个重要组成部分，指行政决定内容要客观、适度、符合理性。因此，有关正义、平等、正当等法价值都被统摄在行政合理性原则之中，行政合理性原则往往做广义解释[2]。比如，国务院《全面推进依法行政实施纲要》指出：合理行政是指"行政机关实施行政管理，应当遵循公平、公正的原则，要平等对待行政管理相对人，不偏私、不歧视。行使自由裁量权应当符合法律目的，排除不想管因素的干扰；所采取的措施和手段应当必要、适当；行政机关实施行政管理可以采用多种方式实现行政目的的，应当避免采用损害当事人权益的方式"。根据这一规定，可以看出合理性原则主要包括以下三点：一是行政行为必须符合法律的目的，法律授予行政机关某种权力是为了有效地实现法律的目的，行使自由裁量权不得违背法律的目的；二是行政行为必须具有合理的动机，行政行为的动机必须符合法律的要求；三是行政行为的作出应考虑相关的因素，而不考虑无关的因素，行政机关作出行政行为，应全面考虑行为所涉及或影响的因素，使行为有充分、合理的根据。可见，合理性原则，作为中国行政法的一个基本原则，其内涵非常丰富，容纳了公平原则、公正原则、平等原则、合乎目的原则、必要性原则、效率（益）原则、比例原则和最小侵害原则等。合理性原则产生的主要原因是行政（自由）裁量权具有扩张特性，诚然，为了执行公务的需要，行政裁量权必须存在；但与此同时，由于行政裁量权较少受到法律的约束，常常处于被滥用的危险境地。故此，既应当承认行政裁量权的作用，又应当加强对行政裁量权的控制。合理性原则从实质方面对行政（自由）裁量权的行使提出了要求，要求其内容合理。[3]

三、行政合理性原则在行政处罚中的具体适用

随着行政法理论的发展，我国有关行政法基本原则的研究日益完善，行政合

[1]　姜明安主编：《行政法学》，法律出版社 1998 年版，第 7—8 页。
[2]　汪燕：《行政合理性原则与失当行政行为》，载《法学评论》2014 年第 5 期。
[3]　杨建顺：《行政规制与权利保障》，中国人民大学出版社 2007 年版，第 119 页。

理性原则越来越被狭义地理解，狭义的行政合理性原则类似于德国的比例原则。比例原则是制约行政裁量的基本原则，作为公法原则被广泛应用并有丰富含义，而作为行政法上的比例原则，其主要含义是：行政主体实施行政行为应当兼顾行政目标的实现和保护相对人的权益，如果行政目标的实现可能对相对人的权益造成不利影响，则这种不利影响应被限制在尽可能小的范围之内，二者应当有适当的比例。在行政处罚中，比例原则体现为过罚相当原则，即如果相对人违反行政管理而应当被处罚时，行政主体所决定的处罚应当与被处罚人的违法行为相当[4]。2021 年修订后的《行政处罚法》第 5 条第 2 款为过罚相当原则，规定设定和实施行政处罚必须以事实为依据，与违法行为的事实、性质、情节以及社会危害程度相当。过罚相当是行政处罚设定需要遵守的法定原则，这是由行政处罚的性质和行政处罚权的设置共同决定的。一方面，行政处罚兼具处罚和教育的功能，必须根据违法行为的事实、性质、情节等因素方能同时起到处罚和教育的功能，在本次新修订的行政处罚法中，就强化了处罚与教育相结合的原则。另一方面，行政处罚权的设置是分散多层次的，只有设定统一的实体标准，方能保证行政处罚设定权合法有效一致地行使。这就要求凡是有权设定行政处罚的机关，在最初设定时就应当全面、客观地分析违法行为的性质、社会危害程度规定行政处罚[5]。2021 年修订后的《行政处罚法》第 34 条就明确了行政处罚裁量权基准制度，规范行使行政处罚自由裁量权。

《治安管理处罚法》第 19 条规定，对于主动投案，向公安机关如实陈述自己的违法行为的，减轻处罚或者不予处罚。这也是过罚相当原则在该法中的体现，鼓励违法行为人主动投案，减轻处罚程度，达到提高公安机关办案效率、维护社会正常秩序的目的。本案中，甲市公安局根据《治安管理处罚法》第 59 条第 4 项规定，对朱某非法收购生产性废旧金属的行为作出拘留十日，罚款一千元的顶格处罚，并未考虑本案中朱某在刑事侦查阶段存在主动投案的情节，也未考虑案件已经过了八年时间，朱某八年中再没有其他违法行为，行政关系和社会管理秩序在新的条件下也已经得到了修护，故对此行为再进行行政处罚已经不具有教育警示、纠正违法行为的目的，有违行政处罚的立法目的。甲市公安局对朱某的行政处罚违反了行政合理性原则，其处罚程度明显过重，没有做到过罚相当，应予变更。

四、行政合理性原则是对合法性原则的重要补充和更高要求

我国《宪法》第 5 条规定："一切国家机关和武装力量、各政党和各社会团体、

---

[4]　胡建淼：《行政法学》，法律出版社 2015 年版，第 54 页。

[5]　全国人大常委会法制工作委员会国家法室、行政法室编著：《〈中华人民共和国行政处罚法〉释义》，法律出版社 1996 年版，第 9 页。

各企事业组织都必须遵守宪法和法律，一切违反宪法和法律的行为，必须予以追究，任何组织和个人都不得有超越宪法和法律的特权。"行政机关作为国家机关的重要组成部分，其行政行为必须合法。我国《行政诉讼法》规定，人民法院审理行政案件，对具体行政行为是否合法进行审查，合法性审查原则是行政诉讼的一项基本原则。人民法院审查具体行政行为的合法性，主要是审查行政机关的具体行政行为是否超出了其法定的权限，是否符合法律、法规的规定，是否遵守法定的程序，是否滥用职权，查明认定事实证据是否清楚，这也是合法性审查的应有之义。但法律规定是有限的，而社会实践治理中的情况是多种多样的，行政机关在作出行政行为时并不能确保这个行为法律已经作出了明确规定，当法律没有规定时，行政机关能否根据自由裁量权作出相关行为以及应该作出怎样的行政行为才合法合理呢？本案中就遇到了这种情况，《行政处罚法》和《治安管理处罚法》对于没有被发现的违法行为的追诉时效作了明确规定，但对于立案侦查八年后撤销刑事案件转为行政案件再进行处罚，是否有追诉时效，法律并没有明确规定。人民法院在对此类行政行为进行合法性审查时，不能简单地以行政行为没有法律授权而认定其违法，因为当法律没有明确规定，行政机关又必须作出一行为时，行政机关只能依据法律、法规赋予的职责权限，基于法律、法规及行政的目的和精神，针对具体的行政法律关系，自由选择而作出公正合理的行政决定，也即行政机关基于自由裁量权作出行政行为。人民法院在审查此类行政行为时，就必须基于行政合理性原则，来判断行政机关作出行政行为时是否公平、公正，符合法律精神和行政执法目的。运用行政合理性原则来判断行政机关自由裁量权是否合法是人民法院对行政行为合法性审查的重要补充。

但正如行政主体必须优先适用行政法规则，而不是适用行政法原则，因为原则与规则相比，它是较为抽象的，真正意义上的行政法治必须做到法律有明文规定者应当按法律规定而为之。合法性原则主要是成文法（制定法）上演化的原则，而合理性原则主要是执法适法上演化的原则，二者起源不同。[6] 人民法院在审查行政行为时，应首先根据合法性原则来审查行政机关的行政执法主体资格、行政行为是否适用法律正确，程序是否合法，有没有超越法律行使职权。当穷尽法律规定而对行政行为的自由裁量无法判断或者自由裁量存在较大空间时，对于行政机关的相关判断取舍，便需要运用合理性原则所提供的要素来检验。合理性原则实际上是合法性原则的引申、补充，是适法性原则在裁量问题上的进一步要求。正如本案中，首先通过严格对照法律规定，对甲市公安局的行政执法主体资格，行政处罚适用的法律法规、处罚程序来进行合法性审查，在审查处罚时效问题上时，因当前法律对此没有作出明确规定，运用行政合理性原则，综合考量违法情

---

[6] 杨建顺：《行政规制与权利保障》，中国人民大学出版社 2007 年版，第 119 页。

节、法律精神、处罚目的，在实现行政管理目标的前提下尽可能地将对行政相对人的不利影响控制到最小，实现手段和目的的均衡性。

合理性原则既有利于保障行政权的公正行使，又有利于维护公民个人和组织的合法权益，有助于实现更高层次的依法行政，最大限度地追求公共利益。行政审判中，法官应以合法性原则为原则，以合理性原则为补充，既要确保行政诉讼保障行政相对人合法权益的目的，又不能随意无限扩大适用合理性原则来苛责行政行为尽善尽美，损害行政效率从而影响公共利益的实现。

图书在版编目 (CIP) 数据

新时代中国行政法前沿问题研究 / 杨建顺主编；刘艺，许兵，张步峰副主编. —北京：中国法制出版社，2023.12

ISBN 978-7-5216-3830-1

Ⅰ.①新⋯　Ⅱ.①杨⋯②刘⋯③许⋯④张⋯　Ⅲ.①行政法—研究—中国　Ⅳ.① D922.104

中国国家版本馆 CIP 数据核字（2023）第 247792 号

责任编辑：宋　平　　　　　　　　　　　　　　　　　封面设计：李　宁

新时代中国行政法前沿问题研究
XINSHIDAI ZHONGGUO XINGZHENGFA QIANYAN WENTI YANJIU

主编 / 杨建顺

经销 / 新华书店

印刷 / 北京虎彩文化传播有限公司

开本 / 710 毫米 × 1000 毫米　16 开　　　　　印张 / 30.25　字数 / 593 千

版次 / 2023 年 12 月第 1 版　　　　　　　　　　2023 年 12 月第 1 次印刷

中国法制出版社出版

书号 ISBN 978-7-5216-3830-1　　　　　　　　　　定价：98.00 元

北京市西城区西便门西里甲 16 号西便门办公区

邮政编码：100053　　　　　　　　　　　　　传真：010-63141600

网址：http://www.zgfzs.com　　　　　　　**编辑部电话：010-63141825**

市场营销部电话：010-63141612　　　　　　**印务部电话：010-63141606**

（如有印装质量问题，请与本社印务部联系。）